不動産 私法

民法 및 民事特別法의 理論과 事例

不動産 私法

民法 및 民事特別法의 理論과 事例

유병조 지음

한국학술정보㈜

| 머리말 |

　부동산 관련 법률 중에는 민법, 등기법, 공법, 세법, 지적법 등 법률의 범위가 상당히 광범위하게 산재해 있으나, 무엇보다 제일 중요한 법이 민법이기에 민법을 먼저 이해하는 것이라 할 수 있다. 특히 민법은 그 범위와 이에 따른 규정들이 너무나 방대하여 이를 정확히 이해하고 해석한다는 것은 결코 쉬운 일이 아니다. 왜냐하면 민법은 그 법규정의 방식이 추상적이고 압축·요약되어 있기 때문이다. 특히 민법은 판례가 주옥같이 쌓여 있다. 판례는 법률 이론의 응용이고 결론이니만큼 판례에 대하여 소홀히 할 경우 법학 공부를 포기하는 것과 같다. 따라서 판례를 이해하기 위해서는 암기하는 것이 아니고 관련된 법이론 부분을 읽고 이해한 다음 보는 것이 순서가 아닌가 생각된다.

　이 책은 부동산 관련 법률들을 쉽게 이해할 수 있도록 학설은 물론 판례를 최대한 인용하여, 학생들로 하여금 이론과 실무가 함께 이루어져 스스로 분쟁을 예방할 수 있도록 최대한 노력하였으며, 그동안의 실무 경험을 토대로 이런저런 문제들을 제기하여 사례를 연습해 봄으로써 보다 쉽게 법률의 이해에 접근할 수 있도록 하는 데 중점을 두었다.

　저자의 무능함으로 미진하고 부족한 면이 많은 이 책이 부동산 관련 법률을 배우고 싶은 독자 여러분 특히 필자에게 배우는 대학생들에게 얼마나 도움이 될지 걱정이 앞선다.

끝으로 이 책이 나오기까지 도움을 주신 대전지방변호사회 김병구 변호사와 인천지방변호사회 전택윤 변호사 두 후배에게 깊은 감사를 드리며, 특히 판례를 조사하여 보완하고 지적하여 수정해 주신 정연문 박사와 이익선 박사의 노고를 잊을 수 없다. 그리고 항상 힘들어도 곁에서 3년 동안 변함없이 지켜보고 용기를 준 것에 진심으로 고마움을 전하며, 이 책이 출판될 수 있도록 흔쾌히 허락해 주신 한국학술정보(주) 출판사업부 모든 분들께도 감사를 드린다.

2009. 4. 1.
지은이 씀

| 목차 |

第1章 民法의 意義와 體系

第2章 權利의 變動

第3章 物權法 一般

第4章 物權法 各論

第5章 債權總論

第6章 債權各論

第7章 民事特別法

第 1 章

民法의 意義와 體系

第1節 民法의 意義

1. 民法

민법이란 어떠한 것이며 그 의의는 무엇인지를 알아볼 필요가 있다. 왜냐하면 부동산에 관한 법률은 결국 민법체계 가운데에서 대부분을 차지하고 있기 때문이다. 따라서 민법의 지위를 살펴보면 私人間의 재산권이나 채권·채무, 친족 및 상속에 대해서 규율하고 있다. 즉 민법 가운데서 전자를 규율하는 법은 財産法이라 부르고, 후자를 규율하는 법은 家族法이라 부른다. 정치나 공직에 관심이 없고 범죄를 저지르고 살지 않는다면 개인에게 있어서 법적으로 가장 중요한 문제는 재산문제와 가족문제일 수밖에 없으므로, 민법은 평범한 일반시민에게 가장 중요한 법이라 할 수 있다. 특히 민법은 재산권에 있어서 인간이 어떤 有體物을 소유할 경우 소유권의 성격 등을 규율하며, 소유권의 객체가 되는 부동산이나 동산 기타 등등의 정의를 내리고 그 보호를 위한 가치가 담겨 있다. 그리고 私人間의 채권·채무관계에서는 여러 가지 약속의 불이행시 어떠한 가치에 의해서 어떻게 보호할 것인지 역사적으로 형성된 사회적 합의가 나타나 있다.

그러므로 민법은 사람이 살아가면서 주변 사람들과 필수적으로 부딪히는 재산관계에 있어서 자유를 보장하면서, 사회적으로 허용되는 범위를 벗어난 자유에 개입하여 상호간 의사의 불일치시 합리적인 결과를 가져오기 위한 최소한의 規律이라 볼 수 있다.

2. 私法으로서의 民法

법에는 여러 가지 법이 있다. 헌법, 행정법, 형법, 민사소송법, 형사소송법, 노동법, 사회보장법, 세법, 상법 등이 그 예이다. 민법도 이러한 여러 가지 법 가운데 하나이다. 헌법, 행정법, 형법, 민사소송법, 형사소송법, 세법 등이 公法

에 속한다면, 민법은 상법과 함께 私法에 속한다. 공법은 국가와 개인 간의 수직적 종속관계를 다루고, 사법은 개인 간의 수평적 대등관계를 다룬다.[1]

3. 原則的 任意規範으로서의 民法

민법과 상법 같은 사법은 원칙적으로 개인의 의사를 보충하는 역할만을 하기 때문에 강행적으로 적용되지 않고 임의적으로 적용된다. 개인의 의사가 없거나 불분명할 때에 한하여 보충적으로 적용되는 것이다. 반면에 헌법, 행정법, 형법, 민사소송법과 같은 공법은 개인의 의사와 상관없이 강행적으로 적용된다. 그러므로 공법은 사법보다 더 신중하고 엄격하게 제정되고 적용돼야 한다. 따라서 공법에는 이유강제원칙이 적용되는 반면, 사법에는 이유강제원칙이 적용되지 않는다.[2]

4. 一般法으로서의 民法

민법은 사법 중에서도 일반사법이다. 모든 사람에 대해 普遍的으로 적용되어야 하고, 모든 시간, 모든 장소에 대해서 보편적으로 적용되어야 한다. 따라서 상법, 노동법, 소비자보호법 등과 같이 상인, 노동자, 소비자와 같은 특별한 인적 범위에 대해서만 적용되는 법은 특별사법으로서, 일반사법인 민법전 내에 원칙적으로 들어올 수가 없게 돼 있다. 20세기 후반 이후 이러한 특별사법이

---

1) 최근 들어서 현대 공동체주의 법학자들은 이러한 공·사법 분류에 대해 반대하는 경향을 보이고 있다. 왜냐하면 20세기 후반 들어서 사법 내에 강제규정의 숫자가 많아지고 노동법이나 경제법과 같은 새로운 성질의 법이 출현하면서, 사법의 공법화 현상이 매우 뚜렷해져서 더 이상 사법과 공법을 구분하는 것이 무의미한 것처럼 보였기 때문이다. 하지만 분배적 정의(iustitia distributiva)를 목표로 국가의 고권적이고 강제적인 개입을 내용으로 하는 공법과, 교환적 정의(iustitia commutativa)를 목표로 시민 상호간의 자유로운 거래를 뒷받침해 주는 역할을 하는 사법은, 원칙적으로 전혀 판이한 성질을 갖기 때문에 양자를 개념적으로 구분해 줘야 할 이유는 충분하다. 물론 사법 내에도 강제규정이 많은 것은 사실이지만, 이러한 강제규정들은 사인 간의 자유로운 거래의 조건 및 거래시스템 자체의 보호를 위해서 국가가 단지 기준을 설정해 주는 것에 불과한 것이다. 개인 간의 자유로운 거래에 국가의 가치평가적인 개입을 막기 위해서라도 공법과 사법은 엄격히 구분되어야 할 것이며, 사법의 공법화 현상에도 제동이 가해져야 할 것이다. 이은영, 『민법학강의』 박영사, 1995, 5쪽.
2) 공·사법 구별에 관한 학설 중, 결정설은 기속적 결정을 내용으로 하는 법을 公法이라고 하고, 자유로운 결정을 내용으로 하는 법을 사법이라고 하는데 결정설은 羈束裁量과 자유재량에 바탕한 견해로서, 理由强制의 原則은 羈束裁量을 전제로 하는 공법에만 적용되고, 사적자유원칙은 사법에만 적용된다.

점차 비대화하는 추세이지만, 법은 원칙적으로 각 개인에 대해 일반적이고 형식적인 기준만을 제시할 수 있을 뿐이고, 각 개인의 특수한 사정에 대해서는 각자에 맡겨야 하는 것이 원칙이다. 그러므로 이러한 특별사법의 비대화 경향은 우려스러운 일이 아닐 수 없다. 이러한 특별사법은 물론 일반사법인 민법보다 우선해서 적용되지만 아주 예외적인 경우에 적용되는 법이기 때문에, '例外法擴大解釋禁止(singularia non sunt extendenda)' 원칙에 따라 제한적으로만 해석되어야 하며, 확대해석이나 유추해석은 가급적 지양되어야 한다.

5. 實體法으로서의 民法

민법은 본질적으로 당사자의 권리·의무를 규정하는 행위규범으로서 실체법이다. 반면 민사소송법은 법원에 의한 재판규범으로서 절차법에 속한다. 민사소송법 외에도 민사절차법에는 법원조직법, 소송촉진 등에 관한 특례법, 소액사건심판법, 가사소송법, 화의법, 부동산등기법, 공탁법, 파산법, 비송사건절차법 등이 있다.

6. 形式的으로서의 民法

1958년 법률 제471호로서 제정되어 1960년에 시행된 민법은 총 1118개조의 법률을 말하고, 실질적으로 볼 때는 사법에 있어서 상법, 근로기준법, 저작권법, 부동산등기법, 가등기담보 등에 관한 법률 등과 같은 특별사법이 아닌 일반사법을 말한다.

總則	민법의 적용순위(1)		
	민법의 해석기준(2)		
	권리의 주체	자연인	권리능력(3)
			행위능력: 미성년자, 금치산자, 한정치산자, 무능력자의 상대방의 보호
			주소(18)
			부재자, 실종선고(27)
		법인: 법인격 없는 사단, 법인격 없는 재단, 법인의 설립, 법인의 능력(법인의 불법행위능력), 기관, 소멸	
	권리의 객체: 물건 — 동산과 부동산, 주물과 종물, 원물과 과실		
	법률행위	목적에 대한 유효요건	목적의 확정 — 해석의 표준 / [당사자의 경제적, 사회적 목적]
			사실인 관습(106)
			임의규정(105)
			조리(1)
			(목적의 실현가능)
			목적의 적법
			목적의 사회적 타당성(공서양속에 반하지 않을 것)(103)
		의사와 표시와의 불일치	표의자가 불일치를 알고 있는 경우: 비진의 의사표시(107), 통정허위표시(108)
			표의자가 불일치를 알지 못한 경우: 착오(109)
		하자 있는 의사표시: 사기, 강박에 의한 의사표시(110)	
		대리	대리권(118, 127), 대리행위(114, 116)
			무권대리: 표현대리(125, 126, 129), 협의의 무권대리(130 — 130)
		무효와 취소(137 — 146)	
		조건과 기한(147 — 154)	
	기간(155 — 161)		
	시효(162 — 184): 취득시효, 소멸시효		

財産法	物權	총론		물권의 종류(물권법정주의)(185): 점유권, 소유권, 지상권, 지역권, 전세권, 유치권, 질권, 저당권			
			물권의 변동	물권변동을 목적으로 하는 법률행위의 효력발생: 형식주의			
				물권변동에 있어서의 공시	부동산: 등기(186)		
					동 산: 인도(188)		
					[일정한 입목 분묘기지권 등: 명인방법]		
				동산물권의 선의취득(249)			
				물권의 소멸: 혼동(191)			
		점유권(물권적 지배의 질서유지)					
		소유권(물건의 전면적인 지배)	상린관계, 소유권의 취득(취득시효, 선점, 습득, 발견, 첨부: 부합, 혼화, 가공)				
			공동소유(공유, 합유, 총유)				
		용익물권(물건의 이용)	지상권, 지역권, 전세권				
		담보물권(물건의 담보가치의 이용)	유치권, 질권, 저당권, [변칙담보]				
	債權	총론	채권의 목적(373)				
			채권의 효력	채무불이행에 기초한 손해배상청구(390 – 399)			
				채권자지체(400)			
				책임재산의 보전: 채권자대위권(404), 채권자취소권(406, 407)			
			채권의 소멸: 변제, 대물변제(466), 공탁, 상계, 경개, 면제, 혼동				
			다수당사자 간의 채권관계: 분할채권관계(408), 불가분채권관계(409), 연대채무(413 – 427), 보증채무(428 – 448)				
			채권양도(449 – 452)				
			채무인수(453 – 459): 중첩적 채무인수, 면책적 채무인수				
			지시채권(508 – 522)				
			무기명채권(523 – 526)				
		각론	계약	총론	계약의 성립: 청약, 승낙, 계약체결상의 과실(535)		
					계약의 효력	쌍무계약에 특수한 효력: 동시이행의 항변권(536), 위험부담(537)	
						제삼자를 위한 계약(539 – 542)	
					계약의 해제, 해지(543 – 553): 약정해제, 법정해제		
				각론	재산을 대상으로 하는 계약	재산의 양도를 목적으로 하는 계약: 증여, 매매, 교환	
						재산의 이용을 목적으로 하는 계약: 소비대차, 사용대차, 임대차	
					노무를 대상으로 하는 계약: 고용, 도급, 현상광고, 위임, 임치		
					기타 계약: 조합, 종신정기금, 화해		
			사무관리(734 – 740)				
			부당이득(741 – 749)				
			불법행위	일반적 불법행위의 성립요건	주관적요건: 고의, 과실(750), 책임능력(753, 754)		
					객관적요건	이익의 침해, 가해의 위법성(750)	
						가해행위에 따른 손해의 발생	
				특수한 불법행위	책임무능력자의 감독자의 책임(755)		
					사용자의 배상책임(756), 공작물의 하자에 의한 책임(758)		
					동물점유자의 책임(759), 공동불법행위자의 책임(760)		
					[자동차손해배상책임, 환경오염책임, 제조물책임, 의료과오책임]		
				불법행위의 효과: 손해배상청구(750 – 752, 762, 763)			

家族法	親族	친족관계(767 - 777) - 친족의 범위: 8촌 이내의 혈족, 4촌 이내의 인척, 배우자(777)				
		호주와 가족(778 - 799): 家(家)의 성립과 소멸, 부흥), 호주권, 가족				
		혼인	약혼(800 - 806)			
			혼인의 성립	실질적요건(807 - 811), 형식적요건(812 - 814)		
				혼인의 무효와 취소(815 - 825)		
			혼인의 효력	일반적 효력(826 - 828)		
				재산상 효력(829 - 833)	부부재산계약(829)	
					법정재산제	일상가사채무의 연대 책임(832)
						부부별산제(830)
			이혼	협의 이혼(834 - 839의 2), 재판상 이혼(840 - 843)		
				이혼의 효과(일반적 효과, 子에 대한 효과 - 면접교섭권, 재산상효과 - 위자료, 재산분할 청구권)		
			[사실혼]			
		부모와 자	친생자	혼인 중의 출생자, 혼인 외의 출생자(844 - 854)		
				인지(855 - 864), 준정		
			양자: 입양의 요건(866 - 882), 입양의 무효와 취소(883 - 897), 파양(898 - 908)			
			친권: 친권자(909), 친권의 효력(913 - 923), 친권의 상실(924 - 927)			
		후견: 후견인(928 - 940), 후견인의 임무(941 - 956), 후견의 종료(957 - 959)				
		친족회(960 - 973)				
		부양(974 - 979)	부부간의 부양			
			가족 간의 부양			
		호주승계: 호주승계인, 호주승계의 효력				
	相續	상속	상속의 개시(997 - 999)			
			상속인 (1000 - 1004)	직계비속 - 직계존속 - 형제자매 - 4촌 이내의 방계혈족(1000)		
				배우자(1003)		
			상속의 효력	일반적 효력(1005 - 1008의 3)		
				상속분(1009 - 1011)		
				상속재산의 분할(1012 - 1018)		
			상속의 승인 및 포기	단순승인(1025 - 1027)		
				한정승인(1028 - 1040)		
				포기(1041 - 1044)		
			재산의 분리(1045 - 1052)			
			상속인의 부존재(1053 - 1059)			
		유언: (유언의 일반 방식)자필증서유언(1066), 녹음(1067), 공정증서유언(1068), 비밀증서유언(1069), 구수증서(1070), 유증				
		유류분: (유류분권리자)직계비속, 배우자, 직계존속, 형제자매(1112)				

第2節 權利關係

1. 意義

법은 각 개인에게 주관화된 것으로서, 법에 의해 누군가가 어떤 신념, 가치, 이익 등을 주장할 수 있게 되는 것이다. 재산법적 관계에서 예를 들자면, 매매의 법률관계에서 매수인이 매도인에 대해 갖게 되는 物件引渡請求權과 매도인이 매수인에 대해 갖게 되는 代金支拂請求權 등이 그와 같다. 따라서 법에 의해 부여된 자기 권리를 주장하고 행사하는 자는 그 누구에게도 종속되거나 비굴해할 필요를 느끼지 않는다.

2. 權利의 種類

(1) 絕對權

절대권은 제한 없이 누구에 대하여서나 효력을 주장할 수 있는 권리이며, 아무도 함부로 이것을 침해하지 못하는 권리를 말한다. 예컨대 물권, 무체재산권, 인격권 등이 이에 속한다. 모든 사람에게 주장할 수 있는 권리라는 뜻에서 對世權이라고도 하며 一身專屬權과 支配權 등으로 나뉠 수 있다.

1) 人格權

생명, 신체, 건강, 자유, 명예에 관한 권리를 말한다. 개인이 가질 수 있는 권리 중에 가장 중요하고 핵심적인 권리이며, 그 어느 누구도 침해해서는 안 되는 권리이다. 가족법상의 일신전속권, 예를 들면 친권 등도 인격권과 유사한 권리로서 절대권에 해당한다.

2) 支配權

목적물을 직접적·배타적으로 지배하는 권리를 말한다. 대표적인 것이 물권, 그중에서도 소유권이다. 이 밖에도 무체재산권인 저작권, 특허권, 상표권 등이 지배권의 범주에 속한다.

(2) 相對權

相對權은 어느 특정인에 대하여서만 주장할 수 있는 권리를 말하는데, 특정인인 채무자에게만 효력이 미치는 채권이 이에 속한다. 특정인에 대해서만 주장할 수 있는 권리라는 뜻에서 對人權이라고도 하며 청구권, 형성권, 항변권 등을 예로 들 수 있다.

1) 請求權

상대권 중에서도 가장 대표적인 권리이다. 누군가가 특정한 상대방에 대하여 일정한 作爲 또는 不作爲를 요구할 수 있는 권리를 말한다. 채권이 대표적인 것이다. 보통 계약에 의해서 발생하지만, 不法行爲法이나 가족법과 같은 법률규정에서 발생하기도 하며, 소유권과 같은 지배권에서도 발생한다. 다시 말해 소유권과 같은 지배권을 가지고 있는 자는 반환청구권이나 방해금지청구권 등의 청구권을 매개로 해서 자기 지배권을 비로소 실현할 수 있게 된다.

2) 形成權

권리자의 일방적인 의사표시에 의하여 법률관계를 발생·변경·소멸시기는 권리로 착오나 사기, 강박에 의해 의사를 표시한 자, 계약상대방의 과실로 계약이행을 받을 수 없게 된 자는 취소권, 해제권과 같은 形成權을 행사해서 상대방의 作爲나 不作爲 없이도 자기 혼자서 일방적으로 법률관계를 결정할 수 있다. 이러한 形成權은 일방적 의사표시 외에도 법원의 확정판결에 의하여 행사될 수도 있다(민법 제406조).

3) 抗辯權

청구권의 효력을 막아 給付를 거절할 수 있는 권리로 권리자에 의해 일방적으로 행사된다는 점에서 形成權과 비슷하지만, 형성권이 타인의 권리 자체를 소멸시킬 수 있는 반면, 항변권은 상대방 권리의 관철만을 저지할 수 있다는 점에서 큰 차이점이 있다. 항변권에는 동시이행의 항변권(민법 제536조), 최고·검색의 항변권(민법 제437조), 限定承認의 항변권(민법 제1028조) 등을 들 수 있으며 보통의 경우 청구권, 형성권, 항변권 등을 묶어서 相對權이라고 부른다.

<표 2> 권리의 분류

내용에 따른 분류	재산권	물권, 준물권, 채권, 무체재산권 등	
	인격권	생명권, 신체권, 자유권, 명예권, 초상권 등	
	신분권	친족권, 상속권	
	사원권	공익권, 자익권	
작용(효력) 에 따른 분류	지배권	물권, 준물권(광업권, 어업권 등), 인격권, 친권·후견권 등	
	청구권	채권, 물권적 청구권, 부양청구권, 상속회복청구권 등	
	형성권	당사자의 의사표시만으로 효력이 발생하는 경우	동의, 추인, 최고, 철회, 취소, 해제, 해지권, 상계권, 예약완결권, 약혼해제권, 상속포기권, 부부간 계약취소권 등
		법원의 판결이 있어야 효력이 발생하는 경우	채권자취소권, 혼인취소, 재판상 이혼, 입양취소, 재판상 파양, 협의파양취소권, 친생부인권 등
		청구권으로 불리지만 실질은 형성권인 경우	지료증감청구권, 차임증감청구권, 매매대금감액청구권, 지상권소멸청구권, 지상물매수청구권(이설 있음), 부속물매수청구권, 공유물분할청구권 등
	항변권	연기적 항변권	동시이행항변권, 보증인의 최고·검색항변권 등
		영구적 항변권	상속인의 한정승인항변권 등

3. 權利의 競合

하나의 생활사실이 수개의 법규가 정하는 요건을 충족하여 그 결과 수개의 권리가 발생할 때, 그 수개의 권리가 동일한 목적을 가지며 그 행사로 역시 같은 결과를 가져오는 것을 말한다. 예컨대 임대차기간 종료 후 임대인은 임차인에게 임대차에 기하여 반환청구권을 행사할 수도 있고(민법 제615조), 소유권에 기하여 반환청구권을 행사할 수도 있는 것과 같다(민법 제213조). 그 밖에 채무불이행으로 인한 손해발생이 동시에 불법행위의 요건을 갖추는 경우, 양자를 모두 援用할 수 있는 것도 마찬가지이다. 이때 각 개개의 권리는 독립하여 존재하며 서로 관계없이 이를 행사할 수 있고, 또한 각 권리는 단독으로 시효 기타에 의해 소멸하는 수가 있다. 그리고 두 개의 권리 중 어느 하나를 행사함으로써 그 목적을 달성하게 되면 다른 권리도 그 존재의 목적을 잃고 소멸하여 버린다. 또한 동일한 생활사실이 수개의 법규가 정하는 요건을 충족하지만, 그중의 한 법규가 다른 법규를 배제하는 것일 때는 그 한 법규만이 적용된다. 이러한 현상은 수개의 법규가 특별법과 일반법과의 관계에 있는 경우에 많이 볼 수 있다. 예컨대 國家賠償法 제2조는 민법 제756조를 배제하는 것과 같다. 그 밖에 하나의 법규가 이와 경합하는 다른 법규에 비하여 법률효과를 제한하는 경우에도 법조경합이 일어나서 제한적 법률효과 규정이 보통의 규정보다 더 우선적용 된다. 예컨대 無償任置에 있어서 受置人은 임치물을 자기 재산과 동일한 주의로써 보관하면 되고(민법 제695조), 선량한 관리자의 주의까지 할 필요는 없다.

4. 權利의 行使와 義務의 履行

(1) 權利의 行使

권리의 내용을 실현하는 것을 권리의 행사라 한다. 지배권에 있어서는 사용·수익·처분 청구권에 있어서는 이행의 청구 및 그 결과의 수령, 형성권에 있어서는 일방적 의사표시 또는 판결에 의한 행사, 항변권에 있어서는 항변사유의 행사를 말한다.

특히 물권은 배타적 권리이기 때문에 이러한 권리의 행사에도 순위가 있어야 한다. 따라서 제한물권은 소유권에 우선하고 그 종류가 다른 제한물권 상호간은 법률이 규정에 의해 순위를 정하며, 종류가 같은 제한물권 상호간은 먼저 성립한 권리가 우선한다. 반면 채권에는 별다른 순위가 없이 선행의 원칙이 적용되어 먼저 채권을 행사하는 자가 다른 채권자에 우선한다.

(2) 權利의 保護

1) 國家救濟

권리는 국가로부터 보호를 받지 못하면 권리로서 제 기능을 발휘할 수가 없게 된다. 定式裁判에 의한 구제로서는 판결에 의하여 권리를 실현하는 재판제도와 조정위원회에 분쟁해결을 의뢰하는 調整制度, 당사자가 선임한 사인의 판단에 복종함으로써 분쟁을 해결하는 仲裁制度가 있다. 판결이 있거나 조정·중재가 성립되었음에도 불구하고, 의무자가 이에 따르지 않는 경우에 국가의 강제력이 동원되는데, 이를 強制執行制度라고 한다. 이러한 강제집행을 보전하거나 현재의 권리상태를 유지하기 위한 것으로서 가압류 및 假處分制度가 있다.

2) 私力救濟

자기 또는 제삼자의 이익을 방어하기 위해서는 타인의 불법행위에 대하여(민법 제761조 제1항), 또는 급박한 危難에 대하여(민법 제761조 제2항), 타인에게 가해행위를 할 수 있고 이에 대해서는 불법행위의 규정이 적용되지 않는다. 또한 권리자는 점유침탈에 대하여 스스로 자기의 청구권을 실현할 수 있다(민법 제209조).

(3) 信義誠實의 原則

신의성실의 원칙[3]은 모든 사람이 사회공동생활의 일원으로서 상대방의 신뢰에 반하지 않도록 성의 있게 행동할 것을 요구하는 법원칙이다. 이는 로마법에 기원을 두고 있으나 프랑스민법에서 근대 사법상 처음으로 규정했으며, 스위스민법이 민법 전체의 최고원리로 발전시켰다.[4] 계약관계와 같이 일정한 법률관계에 있는 자는 서로 상대방의 신뢰에 어긋나지 않도록 성실성을 가지고 행동해야 한다. 이에 관해 우리 민법 제2조 제1항은 권리의 행사와 의무의 이행은 신의에 좇아 성실히 하여야 한다고 규정하여 이에 우리나라 학계에서는 기존에 신의칙이 민법 최고의 원리라는 견해가 우세했으나, 최근 들어 사적자치의 원칙을 민법의 최고원리로 파악하고 신의칙을 예외적으로 적용되어야 할 제한규정으로 평가하는 견해도 힘을 얻고 있다. 그러나 신의칙은 민법 영역에서의 법

---

3) 민법상의 신의성실의 원칙은, 법률관계의 당사자는 상대방의 이익을 배려하여 형평에 어긋나거나 신뢰를 저버리는 내용 또는 방법으로 권리를 행사하거나 의무를 이행하여서는 안 된다는 抽象的 규범을 말하는 것으로서 신의성실의 원칙에 위배된다는 이유로 그 권리행사를 부정하기 위해서는 상대방에게 신의를 공여하였다거나 객관적으로 보아 상대방이 신의를 가짐이 정당한 상태에 이르러야 하고 이와 같은 상대방의 신의에 반하여 권리를 행사하는 것이 정의관념에 비추어 용인될 수 없을 정도의 상태에 이르러야 한다(大判 1991.12.10, 91다3802).

4) 이 원칙은 로마법상의 '일반적 惡意의 抗辯(exceptio doli generalis)'에 유래하는 것인데, 근대법에서 이를 사법(거래법)을 지배하는 최고의 원리로 삼았다(프랑스민법 1134조, 독일민법 157·242조, 스위스민법 2조 2항 등).

원리였으나 근래 공법 분야에서도 적용되는 법원리로 자리매김하고 있다.

(4) 權利濫用禁止(aemulatio)의 原則

권리는 애당초 법이 보호하는 자기의 이익을 추구하는 것이므로 자기 이익을 추구하지 않고 권리행사라는 이름 아래 신의칙에 반하여 타인에게 손해만을 가하는 것은 이미 권리의 행사가 아니다. 따라서 이러한 신의칙에 반한 권리행사는 인정되지 않는다. 이에 관해 우리 민법 제2조 제2항은 "권리는 남용하지 못한다."고 규정하고 있다. 주로 물권과 같은 지배권에 대해 적용되는 원칙이지만 우리 인간생활 전반에도 참고할 수 있는 원칙이다. 독일민법도 "권리행사는 타인에게 손해를 가할 목적만을 가질 때에는 허용되지 않는다."는 쉬카아네(schikane)금지규정[5]으로 계승되었고, 스위스민법 제2조 제2항 "권리의 명백한 남용은 법의 보호를 받지 못한다."는 규정을 거쳐 우리 민법에 계수되었다.

따라서 권리남용이 인정될 경우 청구권은 법에 의한 조력을 받지 못하고 형성권은 권리행사에 따른 효과를 인정받지 못하며, 상대방의 권리를 침해했다면 불법행위에 기한 손해배상책임을 부담하고 더 이상 권리행사가 허용될 수 없는 경우에는 법률의 규정에 의해 권리를 박탈당할 수도 있다.[6]

---

5) 민법 제2조 제2항은 "權利는 濫用하지 못한다."라고 규정하고 있다. 외형상으로는 권리의 행사인 것과 같이 보이나, 구체적인 경우에 실질적으로 검토할 때에는 권리의 공공성·사회성에 반하는 권리 본래의 사회적 목적을 벗어난 것이어서, 정당한 권리의 행사로서 인정할 수 없는 행위가 權利濫用이다. 근데 초기에는 권리행사의 자유가 인정되었으며, 권리남용이란 생각할 수 없었나. 이에 대한 반성이 19세기 중엽부터 먼저 프랑스에서 있게 되고, 권리행사 자유에 대한 수정원칙으로서 權利濫用 금지의 원칙이 서서히 판례를 통하여 형성되어 갔다. 독일민법 제266조는 이른바 쉬카아네를 금지하는 규정을 두고 있다. 그러나 프랑스의 초기의 판례가 인정한, 그리고 독일민법이 규정하는 쉬카아네의 금지는 권리행사 자유를 근본적으로 수정하는 것은 아니었다. 권리 자유의 원칙을 수정하는 원칙으로서의 진정한 권리남용 금지가 확립된 것은 권리의 공공성·사회성이 인정되면서부터이다. 왜냐하면 권리의 공공성을 인정할 때에 비로소 쉬카아네금지의 법리에서와 같은 권리자의 주관적 의사를 표준으로 하지 않고, 권리 본래의 사회적 목적을 벗어난 행사가 있느냐 없느냐를 표준으로 하는 권리남용을 인정할 수 있게 되기 때문이다. 이러한 견지에서 처음으로 권리남용을 규정한 것은 스위스민법이다. 동법 제2조 제2항은 "권리의 명백한 남용은 법의 보호를 받지 못한다."고 규정하고 있다. 즉 여기서는 권리자의 가해목적이라는 주관적 요소는 권리남용을 인정하는 데 있어서 요구되는 요건은 아니다. 민법은 스위스민법을 본받아 "권리는 남용하지 못한다."고 규정하고 있다.

6) 權利濫用은 사회적 목적에 부합하지 않는 권리의 행사가 있어야 한다. 물론 권리남용의 권리의 행사는 권리의 불행사를 포함하고 있으며 객관적 기준은 ㉠ 신의칙 위반, ㉡ 사회질서 위반, ㉢ 정당한 이익의 흠결, ㉣ 권리의 경제적·사회적 목적에의 위반 등으로 권리가 인정되는 본래의 목적이나 권리의 公共性과 社會性에 반하여 권리의 행사 또는 불행사하는 것이다(大判 1998.6.12, 96다52670). 다만 권리의 행사가 강행법규를 위반하였다거나 권리행사의 방법이 不法行爲를 구성한다고 하더라도 반드시 권리남용이 되는 것은 아니다(권리남용성립을 부인한 대법원 판례로 大判 1997.7.22, 97다18165, 1995.10.13, 94다52928, 1996.5.14, 94다54283).

〈표 3〉 신의칙과 권리남용의 구체적 적용에 관한 판례

신의칙 위배로 인정한 경우	계쟁토지가 학교의 교사부지 등으로 사용되는 사정을 알면서 양수한 후 20년 가까이 행사하지 않던 토지인도청구권을 행사하는 것은 신의칙에 위배된다(大判 1992.11.10, 92다20170).
	농지에 대해 자경의사가 있는 것처럼 소재지관서의 증명을 받아 소유권이전등기를 마친 후 증여세의 부과를 면하기 위하여 등기의 무효를 주장하는 것은 신의칙에 위배된다(大判 1990.7.24, 89누8224).
	은행에 보증금 없이 임차하고 있다고 말하고 확인서까지 써 준 임차인이 경락인인 은행에 보증금반환을 내세워 건물의 명도를 거부하는 것은 신의칙에 위배된다(大判 1987.11.24, 87다카1708).
	당연무효인 수용결정에 대하여 아무 이의 없이 보상금을 수령하고 수용자의 점유를 12년간 용인해 온 자가 새삼 그 수용결정에 하자가 있음을 이유로 이전등기의 말소를 청구하는 것은 신의칙에 위배된다(大判 1995.9.26, 94다54160).
	경매목적인 부동산의 소유자가 경매가 진행 중인 사실을 알면서 이의 없이 배당금을 수령하고 경락인 명의로 부동산을 인도해 준 후 그 기초가 된 근저당권이나 공정증서의 무효를 주장하여 이전등기의 말소를 청구하는 것은 신의칙에 위배된다(大判 1993.12.24, 93다42603).
	해임된 근로자가 퇴직금과 해고수당을 조건 없이 수령하고 타 업체에 취업하여 유사수준의 봉급을 받고 있으면서 해고 후 3년이 지난 후에 제기하는 해고무효소송은 신의칙에 위배된다(大判 1992.8.14, 91다29811).
	채권자가 채권을 담보하기 위하여 제삼자의 부동산을 채무자에게 명의신탁하게 한 다음 그 부동산에 대하여 강제집행하는 것은 신의칙에 위배된다(大判 1981.7.7, 80다2064).
신의칙에 위배되지 않는다고 본 경우	강행규정에 위반된 투자수익보장약정을 권유한 자가 나중에 약정금의 이행을 구하는 상대방에 대하여 무효주장을 하는 것이 신의칙에 반하지 않는다. 상대방은 불법행위손해배상청구를 할 수 있고 과실상계를 당하게 된다.
	강행규정에 위반된 국토이용관리법상 허가구역 내에서 허가받지 않은 매매의 경우 매도인이 매수인에게 무효주장을 하는 것이 신의칙에 반하지 않는다. 상대방은 불법행위손해배상청구를 할 수 있고 과실상계를 당하게 된다.
권리남용 금지원칙에 위배되지 않는다고 본 경우	송전선이 토지 위를 통과하고 있는 점을 알면서 토지를 취득하였다고 하여 그 토지에 대한 소유권행사가 제한된 상태를 용인하였다고 할 수는 없으므로 그 송전선의 철거 등을 청구하는 것은 권리남용금지원칙에 위배되지 않는다(大判 1995.8.25, 94다27069).
	토지소유자가 10여 년간 송전선 설치에 관하여 이의를 제기하지 않았다거나 철탑부지에 대한 사용승낙이 있었다는 사정만으로는 그 권리가 실효되었다거나 부당이득반환청구가 신의칙에 위배된다고 할 수 없다(大判 1995.11.7, 94다31914).

(5) 權利濫用禁止原則의 要件 및 適用에 관한 判例

1) 主觀的 要件을 함께 要求한 事例(主流的 立場)

토지소유권행사가 권리남용에 해당한다고 할 수 있으려면, 주관적으로 그 권리행사의 목적이 오직 상대방에게 고통을 주고 손해를 입히려는 데 있을 뿐 권리자에게 아무런 이익이 없을 경우이어야 하고, 객관적으로는 그 권리행사가 사회질서에 위반된다고 볼 수 있어야 하는 것이다. 따라서 이러한 경우에 해당하지 않는 한 비록 그 권리행사에 의해 권리자가 얻는 이익보다 상대방의 손해가 현저히 크다 하더라도 권리남용이라고 할 수 없다.[7]

---

7) 大判 1986.7.22, 85다카2307, 1991.6.14, 90다10346, 1994.11.22, 94다5458.

2) 客觀的 要件만으로 主觀的 要件이 追認된다고 본 事例

권리의 행사가 상대방에게 고통이나 손해를 주기 위한 것이라는 주관적 요건은 권리자의 정당한 이익을 결여한 권리행사로 보이는 객관적인 사정에 의하여 추인할 수 있다.[8]

3) 客觀的 要件만으로 權利濫用을 인정한 事例

중혼 성립 후 10여 년 동안 혼인취소청구권을 행사하지 아니하였다 하여 권리가 소멸되었다고는 할 수 없으나 그 행사는 권리남용에 해당한다[9]고 판시하여, 대체로 객관적 요건에 중점을 두면서 이를 통하여 주관적 요건을 追認하는 경향을 보이고 있다.[10]

5. 權利主體

권리의 주체란 권리가 귀속되어 있는 자를 말한다. 마찬가지로 의무의 귀속자는 의무주체이다. 모든 권리·의무에는 그 주체가 있으며, 주체 없는 권리나 의무는 있을 수 없다. 예컨대 매도인은 매매대금지급청구권에 있어서 권리의 주체이다. 또한 권리·의무의 주체를 법적 인격 또는 법인격이라고 부르며, 자연인과 법인이 모두 권리·의무의 주체이나.

(1) 能力이다

1) 權利能力

권리주체가 될 수 있는 지위 또는 자격을 가리킨다. 권리능력의 발달과정은 신분제도에서 인도주의에 기초한 인간평등으로의 합리화 과정으로 요약할 수 있다. 고대사회에서는 노예에게 권리능력을 인정하지 않았다. 모든 사람에게 평등한 권리능력을 인정한 현행법규정은 근대시민법사상의 역사적 산물이다.

---

8) 大判 1993.5.14, 93다4366.
9) 大判 1993.8.24, 92므907.
10)大判 1998.6.12, 96다52670, 1999.9.27, 99다27613.

2) 意思能力

자기 행위의 의미와 결과를 판별할 수 있는 정신능력을 말한다. 즉 자신의 행위에 의해 법률효과(권리·의무의 변동)가 생기는 것을 인식할 수 있는 정신능력을 의미한다. 따라서 의사무능력자의 법률행위는 무효이고, 의사능력의 유무는 개별적·구체적 경우에 따라 판단할 문제이다.

3) 行爲能力

행위능력[11]이란 단독으로 유효한 법률행위를 할 수 있는 능력을 말한다. 행위능력자는 완전한 의사능력을 가진 것을 전제로 한다. 따라서 행위무능력자의 법률행위는 취소할 수 있다. 이는 의사능력과는 달리 획일적·형식적으로 결정된다. 로마법에서는 행위능력을 부모로부터 독립한 성숙남성에게만 부여했으나, 현행법은 만 20세가 넘은 모든 여성·남성에게 원칙적으로 행위능력을 부여한다.

① 未成年者의 取消權

미성년자가 법률행위를 함에는 법정대리인의 동의를 얻어야 한다(민법 제5조 제1항 전단). 그러나 권리만을 얻거나 의무만을 면하는 행위는 그러하지 아니하다(민법 제5조 제1항 후단). 전항의 규정에 위반한 행위는 취소할 수 있으며(민법 제5조 제2항), 행위무능력자의 취소권행사는 선의의 제삼자에게도 대항할

---

11) 민법은 재산적 법률행위가 빈번히 반복해서 행하여진다는 사실을 고려하고, 특히 행위의 상대방이나 기타의 제삼자가 받게 될 불측의 손해를 경감하기 위하여, 일정한 劃一的 기준을 정하여, 이 기준을 갖추는 때에는 구체적인 경우에 있어서 표의자의 정신상태나 행위의 난이를 묻지 않고서 그자가 단독으로 행한 일정범위의 법률행위에 관하여는 일률적으로 무조건 취소할 수 있는 것으로 하고 있다. 그 기준은 신체적 능력에서 정신적 능력으로 변하는 추세이다. 과거에는 출산능력을 기준으로 남자는 14세, 여자는 12세가 되면 행위능력을 얻었으나, 현행법은 남녀 모두 20세가 되어야 행위능력을 갖게끔 하고 있으며(민법 제4조, 제5조), 그 밖에 心神薄弱者와 낭비자로서 법원의 限定治産宣告를 받은 자는 限定治産者라 하고(민법 제9조, 제10조), 心神喪失者로서 법원의 禁治産宣告를 받은 자는 禁治産者라 하여 행위능력을 박탈하고 있다(민법 제12조, 제13조). 한편 부모의 동의를 얻어 약혼할 수 있는 연령은 남자는 18세, 여자는 16세이며(민법 제801조), 遺言能力은 남녀 모두 17세면 갖게 된다(민법 제1061조). 판례를 살펴보면, 1. 법정대리인의 동의에 대한 입증책임(＝상대방): 미성년자의 법정대리인의 동의가 있었다는 점에 관한 입증책임은 그 행위의 유효를 주장하는 상대방에게 있다. 2. 임금청구소송에서 미성년자의 행위능력: 미성년자는 원칙적으로 법정대리인에 의해서만 소송행위를 할 수 있으나, 미성년자 자신의 노무제공에 따른 임금청구는 勤勞基準法 규정에 근거하여 미성년자가 독자적으로 할 수 있다. 3. 표의자가 법률행위 당시 心神喪失이나 心神微弱 상태에 있어 禁治産 또는 限定治産宣告를 받을 만한 상태에 있었다고 하여도 그 당시 법원으로부터 禁治産 또는 限定治産宣告를 받은 사실이 없는 이상 그 후 금치산 또는 限定治産宣告가 있어 그의 법정대리인이 된 자는 禁治産 또는 限定治産者의 행위능력규정을 들어 그 선고 이전의 법률행위를 취소할 수 없다. 4. 무능력자의 詐術에 의한 취소권의 배제: 민법 제17조에 이른바 '무능력자가 詐術로써 능력자로 믿게 한 때'에 있어서 詐術을 쓴 것이라 함은 적극적으로 사기수단을 쓴 것을 말하는 것이고 단순히 자기가 능력자라 사언함은 詐術을 쓴 것이라고 할 수 없다.

수 있다. 이는 민법 제109조, 제110조의 錯誤, 詐欺, 强迫으로 인한 취소를 선의의 제삼자에게 대항하지 못하게 한 것과 다르며 이와 같이 법률은 무능력자를 특별히 보호하고 있다. 따라서 행위무능력자의 취소는 사실상 무효의 법률행위와 같은 법적효과를 발생한다.

② 法定代理人의 同意權과 取消權

법정대리인은 미성년자의 법률행위에 동의를 할 권리가 있다. 법정대리인이 범위를 정하여 처분을 허락한 재산은 미성년자가 임의로 처분할 수 있다(민법 제6조). 법정대리인은 미성년자가 아직 법률행위를 하기 전에는 동의와 허락을 취소할 수 있다(민법 제7조).

③ 未成年者의 營業行爲

미성년자가 법정대리인으로부터 허락을 얻은 특정한 영업에 관하여는 성년자와 동일한 행위능력이 있다(민법 제8조 제1항). 법정대리인은 전항의 허락을 취소 또는 제한할 수 있다. 그러나 선의의 제삼자에게 대항하지 못한다(민법 제8조 제2항). 여기서 영업은 상법상의 영업을 의미한다. 영업에 부합된 일체의 행위의 예로서는 점포의 임대차, 신용거래, 소비대차, 대출을 위한 담보제공 및 설정행위 등을 들 수 있으며, 이는 미성년자가 자기계산하에 영업에 착수한 것이므로 모든 손익이 본인에게 당연히 귀속된다. 그러나 美風良俗에 빈하는 영업행위는 未成年者保護法違反이므로 미성년자에게 허용될 수 없다. 또한 법정대리인은 영업에 관한 동의를 함에 있어 원칙적으로 친족회의 동의를 얻어야 한다(민법 제950조 제1항 제1호). 미성년자가 자신의 영업을 등록하기 위해서는 친권자, 후견인 또는 친족회의 동의를 첨부하여 신청해야 한다.[12]

④ 限定治産者의 法律行爲

한정치산자는 의사결정능력 또는 판단력이 온전치 못한 사람 또는 자신의 분수에 맞지 않는 소비로 생활에 어려움을 초래하는 사람에 대하여 법원이 한정치산 선고를 하게 된다(민법 제9조). 한정치산 선고를 받게 되면 계약 등 법률행위를 함에 있어 일정한 제한을 받게 되는데, 그것은 민법 제10조에서 규정한

---

12) 非訟事件節次法 제222조, 제223조.

바와 같이 미성년자에 대한 규정을 준용하게 된다.[13] 그런데 미성년자의 법률행위에 대하여 우리 민법은 원칙적으로 법정대리인의 동의를 얻어야 하고, 그러한 동의 없이 한 법률행위는 취소할 수 있도록 규정하고 있기 때문에 따라서 한정치산자는 미성년자와 동일하게 법정대리인의 동의를 얻어서 유효한 법률행위를 할 수 있다.

⑤ 無能力者의 相對方의 催告權

취소할 수 있는 법률행위는 법률효과의 확정이 불안정상태, 즉 부동상태에 있다. 이 부동상태는 追認할 수 있는 날로부터 3년 내에 법률행위를 한 날로부터 10년 내에 행사하여야 한다(민법 제146조). 따라서 무능력자의 상대방은 무능력자가 능력자가 된 후에 이에 대하여 1개월 이상의 기간을 정하여 그 취소할 수 있는 행위의 追認 여부의 확답을 催告할 수 있다(민법 제15조 제1항 전단). 이때의 催告는 意思表示의 要求(Aufforderung)와 履行의 督促(Mahnung)이라는 두 가지 의미를 갖는다. 최고의 상대방은 능력자가 된 후의 본인이나 법정대리인이므로, 취소권자가 무능력자로 있는 한 이들에 대한 최고는 무효이다. 한편 1개월이라는 熟考期間은 무능력자보호를 위하여 정한 것이므로 상대방이 저녁까지, 금주 내 등의 단기간을 주고 최고하는 것은 위법이다. 최고에 대하여 기간 내에 취소한다 또는 추인한다는 확답이 있으면 법률관계는 확정된다. 취소의 경우 법률행위는 최초부터 없었던 것이 되어 모두 원상회복의무가 발생하며, 또한 이 최고의 확답에는 條件이나 期限을 붙이지 못한다. 이는 일방의 의사결정으로 상대방의 지위를 더욱 불확실하게 하기 때문이다. 또한 취소나 追認의 확답은 이를 철회하지 못한다.

〈표 4〉 무능력자 상대방의 최고의 효과

유예기간 내 확답이 있을 경우	확답대로의 취소 또는 추인의 효과 발생 (그러나 이는 최고 자체의 효과가 아니라 의사표시의 효과임)		
유예기간 내 확답이 없을 경우 (최고의 효과 발생)	능력자로 된 본인에 최고시	추인간주(민법 제15조 제1항 후단)	
	법정대리인에 최고시	추인에 특별절차 요하지 않는 때	추인간주(민법 제15조 제2항)
		추인에 특별절차(친족회 동의 등) 요하는 때	취소간주(민법 제15조 제3항)

---

13) 민법 제5조 내지 제8조의 미성년자에 관한 규정은 限定治産者에게 준용된다(민법 제10조).

⑥ 無能力者側의 沈默 效果

능력자로 된 무능력자나 법정대리인이 그 기간 내에 확답을 발하지 아니한 때에는 그 행위를 追認한 것으로 본다. 특별한 절차를 요하는 행위에 관하여는 그 기간 내에 그 절차를 밟은 확답을 발하지 않으면 追認한 것으로 본다(민법 제15조 제2항). 그러나 債務引受(Schuldubernahme)의 승인에 대한 확답최고에 있어서 沈默을 거절로 본 것(민법 제455조 제2항)을 고려하면 우리 민법은 법률행위의 효력이 확정되지 않았을 때 확답최고에 대한 침묵을 거절의 의사표시로 보고 있기에 민법 제15조는 이러한 원칙에 반한다. 물론 우리 민법은 당사자에게 이익이 되는 행위나 당사자 간에 이미 법률관계가 존재했을 경우, 침묵을 승낙의 의사표시로 보고 있다. 예를 들어 임대차계약의 묵시의 갱신(민법 제689조), 고용계약의 묵시의 갱신(민법 제662조), 상속의 묵시적 승인(민법 제1026조 제2항) 등이 그러하다. 하지만 의사표시에 있어서 싫다는 좋다의 표시보다 심리적 부담이 된다. 따라서 침묵은 흔히 거절, 권리행사의 의사, 즉 形成權이 없는 것으로 보는 것이 옳다고 생각되므로 민법 제15조 제2항은 입법론적으로 문제가 많은 條項이라고 볼 수 있다.

⑦ 無能力者 相對方의 撤回權과 拒絕權

무능력자의 계약은 追認이 있을 때까지 상대방이 그 의사표시를 철회할 수 있다(민법 제16조 제1항 전단). 그러나 상대방이 계약 당시에 무능력자임을 알았을 때에는 그러하지 아니하다(민법 제16조 제1항 후단). 여기서 무능력자임을 몰랐다는 입증책임은 상대방, 즉 철회권자가 부담한다. 또한 무능력자의 단독행위는 추인이 있을 때까지 상대방이 거절할 수 있다(민법 제16조 제2항). 이때 무능력자임을 알았거나 몰랐거나 문제가 되지 않는다. 왜냐하면 단독행위의 거절은 무능력자에게 부담이 되지 않기 때문이다. 또한 이러한 철회나 거절의 의사표시는 상대방이 무능력자에 대하여도 할 수 있다(민법 제16조 제3항). 철회나 거절의 의사표시 수령은 무능력자의 의사결정을 요구하지 않으므로, 여기서 무능력자는 꼭 행위능력을 가지고 있어야 할 필요가 없기 때문이다.

<표 5> 무능력자 상대방의 최고권, 철회권, 거절권 비교

	최고권(민법 제15조)	철회권(민법 제16조 제1항)	거절권(민법 제16조 제2항)
성질	준법률행위(의사의 통지), 형성권	법률행위(의사표시)	준법률행위(의사의 통지)
상대방	법정대리인 및 능력자로 된 후의 무능력자에 대해 가능(능력자로 되기 전의 무능력자에 대한 최고는 무효)	법정대리인 및 무능력자 본인에 대해서도 가능	법정대리인 및 무능력자 본인에 대해서도 가능
선의 요부	선의 不要(상대방이 계약 당시에 무능력자임을 알고 있었어도 행사 可)	선의 要 (상대방이 계약 당시에 무능력자임을 알고 있었던 때에는 행사 不可)(민법 제16조제1항 단서)	선의 不要(通)
방법	취소할 수 있는 행위 적시, 1개월 이상 유예기간을 정해하여야 한다(민법 제15조 제1항).	본인의 추인이 있기 전에 하여야	본인의 추인이 있기 전에 하여야
효과	유예기간 내 확답 여부에 따라 법정의 효과 발생(민법 제15조)	취소와 동일하게 계약의 소급적 소멸효과 발생	단독행위의 소급적 소멸효과 발생

⑧ 無能力者의 詐術行爲

무능력자가 詐術[14]로써 능력자로 믿게 한 때에는 그 행위를 취소하지 못한다 (민법 제17조).

4) 訴訟能力

법률행위에서 행위능력의 관념은 소송법에서는 소송능력이라고 일컬어진다. 소송능력은 단독으로 유효하게 소송행위를 하거나 또는 받을 수 있는 능력이다. 소송능력은 소송법상의 관념이기 때문에 민법의 행위능력규정이 그대로 적용될 성질의 것은 아니나, 우리 民事訴訟法은 민법 기타의 법률에서 행위능력이 인정되는 자에게는 당연히 소송능력을 인정하고 있다.[15] 소송능력이 없는 자가 한 소송행위는 취소될 수 있는 것이 아니라 무효이다.

5) 責任能力

위법행위로 인한 민사 및 형사책임을 질 수 있는 능력으로 법률행위에 있어서의 의사능력의 관념은 채무불이행과 불법행위에 있어서 책임능력이라고 일컬

---

14) 민법 제17조에 이른바 '무능력자가 詐術로써 능력자로 믿게 한 때'에 있어서의 詐術을 쓴 것이라 함은 적극적으로 사기수단을 쓴 것을 말하는 것이고 단순히 자기가 능력자라 사언함은 詐術을 쓴 것이라고 할 수 없다. 미성년자와 계약을 체결한 상대방이 미성년자의 취권권을 배제하기 위하여 민법 제17조 소정의 미성년자가 詐術을 썼다고 주장하는 때에는 그 주장자인 상대방 측에 그에 대한 입증책임이 있다(大判 1971.12.14, 71다2045).

15) 民事訴訟法 제47조.

어진다. 현행법은 원칙적으로 過失責任主義를 취하고 있기 때문에, 손해배상책임이 생기려면 자기 행위의 결과가 위법한 것으로서 법률상 비난받는 것임을 인식하는 정신능력을 가지고 있어야 한다. 요컨대 자기 행위의 책임을 인식할 수 있는 능력이 책임능력인 것이다. 따라서 민사 및 형사책임에 대하여 구체적으로 살펴보면 다음과 같다.

① 民法上 責任能力

법률행위에 있어서의 의사능력을 불법행위에 있어서는 責任能力(V－erschuldensfhigkeit) 또는 不法行爲能力(Deliktsf higkeit)이라고 한다. 불법행위법(민법 제750조 이하)이 과실책임주의를 취하고 있기 때문에, 행위자에게 불법행위책임을 지우려면 행위자가 자기의 행위의 결과를 변식할 수 있는 정신적 능력 내지 판단능력을 가지고 있어야 하므로 이러한 의미에서 불법행위에 관한 판단능력을 법률행위에 있어서의 의사능력과 구별해서 책임능력이라고 부르고 있는 것이다.

따라서 자기의 행위의 책임을 辨識할 수 있는 능력을 가지지 못한 자에 대해서는 불법행위책임, 즉 손해배상책임이 생기지 않는다. 즉 민법은 미성년자로서 그 행위의 책임을 辨識할 지능이 없는 자와 心神喪失者를 책임능력이 없는 것으로 하고(민법 제753조, 제754조), 원칙적으로 그 감독자가 책임을 지는 것으로 규정하고 있다(민법 제755조). 독일민법에서는 7세 미만의 자는 모두 책임능력이 없는 것으로, 7세 이상 18세 미만의 자는 개별적으로 판단력의 존부에 따리 책임능력을 결정하도록 규정하고 있다.[16) 미성년자의 책임능력에 관한 우리 판례를 살펴보면, 14세 3개월 된 자에 관하여 특별한 사정이 없는 한 사회통념상으로 불법행위에 대한 책임을 변식할 지능이 있다고 하고,[17) 싸움을 하다가 철봉으로 피해자의 두부를 강타하여 사망케 할 당시에 중학교 2학년에 재학하고 있었던 13세 3개월 되는 자에 관하여 역시 책임변식능력을 인정하고 있다.[18) 그러나 14세 2개월 된 중학생이 야간에 레슬링 놀이를 하다가 피해자를 갑자기 밀어서 상해를 입힌 사안에서, 그 중학생에게 책임변식능력을 인정하지 않았다.[19) 민법 제754조를 적용함에 있어서는 불법행위 당시에 행위자가 심신

---

16) 獨逸民法 제828조.

17) 大判 1969.2.25, 68다1822.

18) 大判 1969.7.8, 68다2406.

상실자였다는 사실만으로 충분하며, 심신상실의 상태에 있었을 필요는 없다. 미성년자이더라도 심신상실의 상태에서 가해행위를 한 경우에는 민법 제754조가 적용된다. 심신상실의 상태를 본인이 고의 또는 과실로 초래한 경우에는 책임은 면하지 못한다(민법 제754조 단서).

② 刑法上 責任能力

責任能力(Schuldf higkeit)이란 행위의 불법을 통찰하거나 이에 따라 행위를 조종할 수 있는 행위자의 능력을 말한다. 형법은 책임능력의 의미에 대하여서는 아무런 규정을 두지 아니하고 단지 형법 제9조(형사미성년자), 형법 제10조(심신장애자), 형법 제11조(농아자)에 걸쳐 책임능력 결함자에 관한 규정을 두고 있을 뿐이다. 이들 규정에 비추어 볼 때 우리 형법은 행위자가 일정한 생물학적 성숙의 단계에 이르러야 한다는 관점에서 책임능력을 연령에 결부시키는 한편, 행위자의 정신적·심리적 상태에 결부시키고 더 나아가 신체적 불완전성을 드러내는 한 경우인 농아자에게도 관련시키고 있다. 그리고 책임능력 결함자의 양태로서는 책임무능력자(형사미성년자 및 심신상실자)와 한정책임능력자(심신미약자 및 농아자)의 두 가지를 인정하고 있다.

(2) 自然人

권리능력의 시기는 자연인이 권리주체로 평가되는 시기를 말한다. 우리 민법 제3조에서 "사람은 생존한 동안 권리와 의무의 주체가 된다."고 하여, 탄생과 동시에 권리능력을 취득하는 것으로 규정하고 있다. 탄생의 시점에 대해서는 태아가 모체에서 분리되는 시기를 기준으로 다음과 같이 학설이 나뉜다.

1) 陣痛說(分離開始說)

규칙적인 진통을 수반하면서 태아의 분만이 개시될 때, 즉 분만을 개시하는 진통이 있을 때를 사람의 시기라고 하는 학설을 말한다. 통설의 입장이며, 대법원 판례의 입장이기도 하다. 이는 특히 형법상[20] 영아살해죄와 관련하여 중요

---

19) 大判 1978.11.28. 78다1805.
20) 刑法 제251조

하다. 진통설을 취하는 경우에도 소위 압박진통인 경우에 분만이 개시된 것으로 보아야 한다는 견해가 있으나, 분만은 자궁구와 자궁경부의 개방진통, 즉 분만 제1기에 이미 개시한 것으로 보아야 할 것이다. 그러나 제왕절개수술에 의하여 태아를 분만하는 경우에는 진통설의 이론이 그대로 적용될 수가 없다. 이 때에는 분만을 대신하는 의사의 수술, 정확히 말하면 자궁의 절개에 의하여 태아는 사람이 된다고 보아야 하며, 분만개시설이라고도 한다.

2) 一部露出說

태아가 일부 노출되었을 때 권리능력을 취득한다는 학설이다. 형법 제250조, 살인죄의 객체에나 해당할 뿐이다.

3) 完全露出說

태아가 완전히 빠져나와 노출되었을 때 권리능력을 취득한다는 학설이다. 우리 민법뿐 아니라 독일민법,[21] 스위스민법[22]도 취하고 있는 태도이다.

4) 獨立呼吸說

태아가 첫울음을 터뜨렸을 때 권리능력[23]을 취득한다는 학설이다. 예를 들어 유복자인 태아가 몸이 완전노출되었으나 첫울음을 울지 못한 채 사망한 경우 이는 사산이 되어 할아버지 유산에 대한 상속권은 고모와 어머니가 均分해서 갖게 된다(민법 제1000조, 제1003조 제1항). 그러나 만약 全部露出說을 취한다면 비록 독립호흡을 못 했을지라도 할아버지에 대한 상속권을 취득한 후 사망한 것이 되어 태아와 어머니가 할아버지에 대해 공동상속을 하게 된다. 그러나

---

21) 獨逸民法 제1조.
22) 스위스民法 제31조.
23) 태아의 권리능력: 첫째, 정지조건설이다. 이는 태아가 특정한 권리에 있어서 이미 태어난 것으로 본다는 것은, 설사 태아가 권리를 취득한다고 하더라도 이를 대행할 기관이 없으니 살아서 출생한 때에 출생시기가 문제의 사건의 시기까지 소급하여 그때에 태아가 출생한 것과 같이 법률상 취급한다고 해석하여야 상당하므로 그가 모체와 같이 사망하여 출생의 기회를 못 가진 이상 배상청구권을 논할 여지가 없다(大判 1976.9.14, 76다 1365). 둘째, 사인증여에서 태아의 권리능력의 인정 여부(부정): 민법은 사인증여에 관해 유증에 관한 규정을 준용하도록 규정하고 있지만, 유증의 방식에 관한 민법규정은 단독행위를 전제로 하는 것이어서 계약인 死因贈與에는 적용되지 아니한다(大判 1996.4.12, 94다37714). 셋째, 태아의 수증능력유무(부정) 및 법정대리인에 의한 수증행위의 가부(소극): 태아에게는 일반적으로 권리능력이 인정되지 아니하고 손해배상청구권 또는 상속 등 특별한 경우에 한하여 제한된 권리능력을 인정하였을 따름이므로 증여에 관하여 태아의 수증능력이 인정되지 아니하였고, 또한 태아인 동안에는 법정대리인이 있을 수 없으므로 법정대리인에 의한 수증행위도 할 수 없다(大判 1982.2.9, 81다534).

태아는 이미 사망하고 없으므로 어머니가 태아의 몫까지 상속, 결국 어머니가 할아버지 유산의 3분의 2를 갖게 된다.

(3) 胎兒의 保護

태아는 사람이 아니므로 권리능력이 없기에 민법 제3조의 규정에 따라 상속능력도 손해배상청구권도 없다는 결과가 된다. 그러나 일찍부터 로마법과 우리 민법 제1000조 제3항, 제1064조는 태아에게 상속과 遺贈을 인정하고 있다. 로마법상 태아는 사람이 아니므로 권리의 주체가 될 수 없었으나 태아의 이익을 위하여서 출생시까지 상속은 연기되었다. 또한 로마법은 태아의 保佐人(curator ventris)을 둘 수 있게 하였으며, 특히 遺腹子는 로마상속법상 중요한 의미가 있었다. 한편 태아의 이익과 관련하여 로마법학자 간에 태아가 모체에서 분리된 독자적인 권리주체이냐 아니면 모체의 구성 부분에 지나지 않느냐에 관하여 견해의 차이가 있었으나, 태아는 이미 출생한 것으로 본다고 하였다. 또한 불법행위의 경우 태아는 복수권의 주체로 가해자를 반격할 수 있었다. 즉 가해자의 반격에 갈음하여 태아에게 손해배상청구권을 인정한 것이다. 그러나 이는 태아가 살아서 출생한 경우에만 행사할 수 있었으므로 태아는 권리의 귀속주체이지 현실적인 권리행사의 주체는 될 수 없었다.

그리고 認知의 경우 생부나 생모가 자기의 아들딸을 승인하여 법률상의 친자관계설정을 목적으로 하는 單獨行爲이다. 아버지만이 태아에 대한 인지청구권(민법 제858조)이 있을 뿐 어머니가 임신 중인 태아에 대해 인지청구하는 것은 말이 되지 않는다. 또한 태아는 아버지에 대한 인지청구권이 없다. 이는 태아에 갈음하여 대리권을 행사할 자가 없기 때문이다. 다만 태아는 출생 후에 생부나 생모를 상대로 인지청구의 소를 제기할 수 있다(민법 제863조). 그런데 어머니가 임신 중인 태아에 갈음하여 생부에 대한 인지청구권을 행사할 수 있는지 문제이나 현행법은 이를 인정하지 않는다.

1) 權利能力 取得始期

태아가 살아서 출생하였을 때에야 비로소 사건[24] 발생시에 遡及하여 그간의 모든 권리를 취득한다는 정지조건설과 死産을 해제조건으로 태아에게 미리 모든 권리취득을 인정하여, 임신과 동시에 권리능력을 취득하고 死産인 때에는 사건 발생시에 遡及하여 모든 권리의 소멸을 인정하자는 해제조건설이 있다. 현행 다수설은 해제조건설이나(태아의 보호), 판례는 소수설인 정지조건설(법적 안정성)의 입장을 취하고 있다.

2) 遺腹子의 相續權

판례는 유복자의 상속권을 당연히 인정하고 있다. 예를 들어 유복자가 태아이던 중에 아버지가 사망하여 어머니와 기타 가족이 상속재산을 분할취득한 경우, 유복자는 출생 후에 상속재산회복청구(민법 제999조) 소송으로 그의 상속분을 회복할 수 있다.

3) 不法行爲에 기한 損害賠償

정지조건설에 따라 태아는 살아서 출생하였을 때에만 상속, 손해배상청구권 등을 취득하는 것이다. 살아서 출생하기만 했다면 태아의 법률관계, 혼인의 원인, 즉 법률혼, 사실혼, 동거, 강간 등으로 인한 임신 모든 것을 묻지 않는다.[25]

4) 相續과 受贈

停止條件說은 태아를 법률관계에서 제외하지만, 解除條件說은 태아를 법률관계에 산입하고 있다.

5) 法定代理人

민법은 태아의 법정대리인을 규정한 바 없고, 母를 태아의 법정대리인으로 인정하지만 이는 재산상속의 경우일 뿐이다. 母가 법정대리인일 경우에도 이해가 상반될 때에는 특별대리인을 선임한다(민법 제921조). 또한 자기계약·쌍방

---

24) 불법행위, 상속, 遺贈 등.

25) 예를 들어 운전기사가 임신 8개월인 산모를 들이받아 태아를 사산한 경우 법원은 아버지나 어머니가 태아를 대신하여 행사한 손해배상청구권을 부인하였다. 다만 아버지나 어머니 자신의 손해에 대한 배상청구만을 인정했을 뿐이다.

대리의 금지도 고려해야 한다(민법 제124조). 따라서 우리나라도 외국의 입법에서 볼 수 있듯이 태아의 권리보호를 위하여 가정법원의 감독하에 법정대리인을 두어야 할 필요성이 인정되고 있다.[26)]

6) 遺贈과 死因贈與

태아의 유증수령능력은 인정하나 사인증여수령능력은 부인한다. 증여는 계약 당사자능력을 요구하는데 태아에게는 당사자능력이 없기 때문이다. 제삼자를

---

26) 태아의 법적지위에 관한 정지조건설에 의해 태아가 출생하기 전 상속재산을 분할한 경우에 그 처리가 문제된다. 즉 상속재산분할은 상속인 전원이 참여하지 않는 한 그 효력이 없다. 그런데 정지조건설에 따르면 태아는 아직 권리능력이 없고, 출생하면 遡及하여 상속개시의 시점에 권리능력을 가지는 것이므로, 일응 상속 재산분할을 유효하게 할 수 있다고 할 것이다. 그러나 태아가 출생한 경우, 민법 제1014조를 유추하여 가액 지급을 하면 된다는 견해가 있다. 인지의 경우 출생시에 소급하여 부자관계가 발생하기 때문에 사후인지의 경우 결과적으로 상속개시의 시점에 이미 상속인의 지위를 가진 것으로 인정된다. 이 점에서 사후인지와 태아의 경우가 유사하다는 것이고, 그러한 이유 때문에 민법 제1014조를 類推適用할 수 있다는 것이다. 그런데 인지의 경우 출생시에 遡及하여 부자관계를 인정하지만, 제삼자의 권리를 침해할 수 없도록 규정하고 있고(민법 제860조 단서) 사후인지의 경우에도 상속재산분할의 효과에 영향을 주지 않은 채로 가액분할을 인정하고 있다. 이 점에서 보면 인지의 소급효는 애초부터 제한적인 성격을 가진 것이다. 태아의 권리능력 취득을 상속개시의 시점에 소급하는 것도 이런 제한을 가진 것이라고 이해할 때에만 민법 제1014조의 유추적용이 정당할 수 있다. 그러나 태아의 권리능력 취득을 상속시에 소급시키는 민법의 규정에는 어떤 다른 제한을 가하고 있지 않기 때문에, 遡及效라는 점에서는 유사성이 있지만 민법 제1014조를 類推適用할 정도의 유사성은 없다고 볼 여지도 있다. 이런 입장을 취하면 태아가 출생하면 상속분할의 합의 역시 소급하여 그 효력을 상실한다는 해석도 가능하다. 만일 해제조건설에 의하면 첫째, 태아도 그 법정대리인을 통하여 상속재산의 분할에 참가할 수 있다는 것이 논리적일 것이다. 그러나 이 경우에도 첫째, 민법 제909조, 911조에서의 '미성년인 子'에 태아도 포함된다고 해석하여야 한다. 그래야만 태아의 母가 친권자로 인정될 것이고, 그 母가 상속재산분할에 있어서 대리권을 행사할 수 있을 것이다. 둘째, 태아가 상속인이든 대습상속인이든 상속재산 분할에 있어서 母 역시 상속인이 되므로 상속재산분할협의에 있어서 母는 태아와 민법 제921조의 이해상반행위를 하게 되므로 특별대리인을 선입하여야 할 것이다. 그런데 이때 친권자인 母가 태아의 특별대리인의 선임을 법원에 청구하여야 하는데(민법 제921조) 아직 출생하지 않은 자를 대리할 특별대리인을 법원이 선임하고, 그자로 하여금 아직 출생하지 않은 자를 대리하여 제삼자와 계약을 체결할 수 있게 한다는 것은 현행법의 해석론으로는 난점이 있을 수 있다. 또한 태아가 특별대리인을 통해 상속재산분할협의라는 계약에서의 권리주체로 될 수 있다는 것은 태아의 개별적 보호주의에 합치하는지도 의문이다. 상속재산분할협의에서 태아를 권리주체로 인정하지 않거나 이를 인정하지만 그의 특별대리인을 선임할 방법이 현행법에서 구비되어 있지 않더라도, 해제조건설에 따르면 태아는 상속개시의 시점에 이미 출생한 것으로 간주되므로, 태아를 배제한 상속재산분할협의는 무효라고 할 것이다. 따라서 태아를 배제한 상속재산분할협의는 출생할 태아의 지위를 현저히 불이익하게 만들기 때문에 효력이 없다. 왜냐하면 상속재산분할에 있어서 친생자인 태아를 혼외자인 사후피인지자와 동일하게 취급할 필요성이 있는지도 의문이고, 애초부터 그 소급효에 제한이 되는 후자와 그런 제한을 두지 않는 전자를 동일하게 취급할 해석론적 근거도 불충분하다. 이를 감안하면 해제조건설을 취하든 정지조건설을 취하든 태아를 배제한 상속재산분할협의는 무효라고 하는 것이 타당할 것이다. 원래 친권은 출생이 완료된 시점부터의 미성년인 子에 미치는 것이다. 그렇기 때문에 독일민법 제1912조는 "태아에게는 그 보호가 필요한 한도에서 장래의 권리를 보전하기 위해 재산관리인을 둔다. 子가 이미 출생하였더라면 친권자의 보호권이 귀속되었을 한도에서 그 보호는 부모의 권한에 속한다."는 규정을 두고 있다. 장래의 권리란 제삼자를 위한 계약에서의 수익자로서의 권리, 불법행위에 기한 손해배상청구권 등이 여기에 속한다. 한편 상속재산분할에 있어서도 독일민법 제2043조 제1항은 "예상되는 공동상속인의 출생으로 인해 상속분이 아직 정해지지 않은 경우에는 그 불확실성이 제거될 때까지 분할이 연기된다."는 규정을 두고 있는데, 우리 민법은 태아의 장래의 권리를 보전하기 위해 독일민법과 유사한 특별규정을 두지 않기 때문에 결국 위와 같은 문제가 발생하는 것이라고 생각된다. 따라서 해석론으로는 현행법의 미비점을 인정한 상태에서 태아의 보호에 충실한 해석이 필요할 것이다.

위한 계약(민법 제539조)에서 태아가 수익자가 될 수 있는가 여부에 대해서도 판례는 법적 안정성을 위해 수익자가 될 수 없다고 보고 있다.

7) 人工受精

인공수정에는 배우자 간 人工受精(AIH: artificial insemination by husband)과 타인으로부터의 人工受精(AID: artificial insemination by donor) 두 가지가 있다. 인공수정에 의한 태아가 남편의 자식으로 인정될 수 있느냐의 문제는 수정되어 아내의 체내에 착상될 정자가 남편의 것이냐, 제삼자의 것이냐에 달려 있다. 유전학적으로 보면 인공수정의 출생자는 제삼자, 즉 증여자의 자식이지 남편의 자식은 아니다. 판례는 남편의 동의하에 남편의 정자와 제삼자의 정자가 섞인 경우 남편의 자식으로 추정하고 있다. 그리고 체외수정, 즉 시험관상태의 영체를 태아로 볼 것인가, 즉 이 상태 중에 있을 때 남편이 사망한 경우 수정란을 태아로 보아 상속능력을 인정할 것인가가 문제되는데, 법원은 모체 내에서 수정·착상된 태아만을 인정하려는 입장이다. 한편 대리모에 의한 출생, 즉 아내 외의 여성의 모체에 남편의 정자를 수정하는 행위는 미풍양속위반으로서 무효로 하고 있다(민법 제103조).

(4) 權利能力의 終期

사람은 생존한 동안 권리와 의무의 주체가 된다(민법 제3조). 西歐에서는 뇌사제도를 援用하여 종래보다 사망의 시점을 단축하고 있다. 사망은 특히 종교와 밀접한 관련이 있는데, 그 원인은 영혼불멸사상, 환생설, 사후심판 및 구원설, 사후세계 존재설 때문이다.

1) 自然死와 法律死

사망에는 자연사와 법률사가 있는데, 법률사에는 인정사망,[27] 실종선고사망 (민법 제28조), 동시사망추정(민법 제30조)이 있다. 인정사망은 시체만 발견되지 않았을 뿐인 경우이고, 실종선고사망은 생존사망의 증명이 없는 경우이며, 동시사망추정은 2인 이상이 동일한 위난으로 사망한 경우이다.

---

27) 2007년 12월 10일 제정된 家族關係登錄例規 제200호 제5조(실종선고의 청구) 인정사망 후에도 이해관계인은 사망으로 보게 되는 민법 제28조의 효과를 받기 위하여 실종선고의 청구를 할 수 있다.

2) 死亡의 定義

사망에 대해 종래에는 심장·맥박정지설이 다수였으나 근래에는 뇌파정지설이 많아지고 있다. 심장정지설보다 뇌파정지설에서 사망의 시기가 앞당겨진다. 흔히 사망의 순서는 뇌사상태에서 맥박정지로 이행되기 때문에 뇌파정지설을 인정하면 심장을 포함한 장기이식이 용이해진다. 동양은 사망에, 서양은 출생에 많은 의미를 부여하고 있다. 그리고 출생, 사망, 시간의 경과는 자연적 사건으로서는 가장 중요한 법률사실이다.

3) 死亡의 法律效果

상속법상으로 상속이 개시되고(민법 제980조, 제997조), 상속인의 자격이 결정되며(민법 제984조, 제1000조, 제1001조), 유언의 효력이 발생하고, 사망자의 공유지분은 다른 공유자에게 귀속되며(민법 제207조), 생명보험금청구권이 발생한다.[28] 그 밖에도 사망으로 인해 사용대차, 위임, 인척관계 등 기존의 법률관계는 소멸한다. 다만 피상속인이 상속인의 재산상의 법적 지위를 승계한다.

(5) 住所

주소란 사람의 생활관계의 중심지이며, 생활의 근거가 되는 곳이라고 할 수 있다(민법 제18조 제1항). 그 기준에 관하여 입법주의가 나뉜다. 주소는 민법상 장소와 관련된 사람의 법률관계를 규율하는 기준이 된다. 예컨대 주소는 不在者(민법 제22조), 失踪者(민법 제27조 이하), 債務履行地(민법 제467조 제2항), 相續開始地(민법 제981조) 등의 법률관계에 있어서 기준이 된다.

1) 形式主義와 實質主義

본적 등 형식적 기준에 의하여 주소를 획일적으로 결정하는 입법주의를 형식주의라고 한다. 반면 생활의 실질관계에 의하여 구체적으로 결정하는 것을 실질주의라고 한다. 우리 판례는 실질주의를 취하고 있다.[29]

---

28) 불법행위에 기한 손해배상청구권은 침해와 동시에 사망자에게 발생한다.

29) 주소를 정하는 표준으로 형식주의와 실질주의가 있다. 형식주의란 형식적 표준, 예컨대 가신의 제단이 있는 곳, 본적지 따위에 따라서 劃一的으로 주소를 정하는 주의이고, 실질주의는 생활의 실질적 관계에 기하여 구체적으로 결정하는 주의이다. 형식주의는 법률관계를 명확하게 하는 장점이 있으나, 오늘날과 같이 사람이 여

2) 客觀主義와 意思主義

사실을 요건으로 하여 주소를 결정하는 것을 객관주의라고 하고, 의사를 요건으로 하여 주소를 결정하는 것을 주관주의라고 한다. 우리 민법은 객관주의를 취하고 있으나, 독일민법과 프랑스민법, 스위스민법은 주관주의를 취하고 있다.

3) 單一主義와 複數主義

주소의 개수를 단일화하는 것을 단일주의라고 하고, 주소의 개수가 두 개 이상인 것을 복수주의라고 한다. 우리 민법은 복수주의를 취하고 있다.

(6) 不在者의 財産管理

부재자란 용이하게 귀환할 수 없는 자[30]를 말한다. 그러나 수형자는 부재자가 아니다. 이때 부재자의 재산관리가 문제된다. 본인이 지정한 재산관리인의 경우와 법원이 선임한 재산관리인의 경우로 나누어 살펴볼 수 있다.

1) 本人이 指名한 財産管理人

이때의 재산관리인은 受任人(민법 제608조 이하) 또는 임의대리인이다. 따라서 위임계약, 대리권수여 범위에 따른다. 재산관리권의 범위를 정하지 않을 경우 보존·이용·개량행위만을 할 수 있다(민법 제118조). 여기서 이용행위에는 임대차도 포함되나 처분행위는 할 수 없으므로 용익담보물권의 설정 또는 매각행위는 불가능하다. 부재자는 재산관리인이 위임계약을 위반한 경우 손해배상을 청구할 수 있다.

2) 家庭法院의 介入

부재자가 재산관리인을 정하지 않았거나 재산관리인의 재산관리권이 소멸하거나, 부재자가 生死不明된 경우, 利害關係人[31] 또는 檢事의 청구에 의해 법원은 재산관리인을 지명·개임할 수 있다(민법 제22조 제1항, 제23조).

러 곳에 전전하면서 활동하고, 각종의 생활관계가 각지 가소에 散在하게 되어서는 도저히 유지할 수 없으므로 민법은 실질주의를 취하고 있다. 곽윤직, 『민법총칙(신정판)』, 박영사, 1996, 185쪽.

30) 유학, 취업, 해외체류 중인 자.

31) 채권자, 보증인, 物上保證人, 推定相續人 등.

3) 法院이 指名한 財産管理人

법원에서 관리처분에 관한 구체적 지시 명령을 내린다. 재산관리인은 관리할 재산목록을 작성하여야 하고(민법 제24조 제1항), 법원의 명령에 의하여 부재자의 재산을 보존하기 위해 필요한 처분을 해야 하며(민법 제24조 제2항), 그 비용은 부재자의 재산에서 지급받아야 한다(민법 제24조 제4항). 법원은 그 선임한 재산관리인으로 하여금 재산의 관리 및 반환에 관하여 상당한 담보를 제공하게 할 수 있고(민법 제26조 제1항), 그 선임한 재산관리인에 대하여 부재자의 재산으로 상당한 보수를 지급할 수 있다(민법 제26조 제2항).

〈표 6〉 법원이 선임한 재산관리인의 권한 범위에 관한 판례

허가의 방법	허가받은 재산에 대한 장래의 처분행위뿐 아니라 기왕의 처분행위를 추인하는 방법으로도 할 수 있다. 따라서 관리인이 허가 없이 부재자 소유 부동산을 매각한 경우라도 사후에 법원의 허가를 얻어 이전등기절차를 경료케 하였다면 추인에 의하여 유효한 처분행위로 된다(大判 1982.9.14. 80다3063, 大判 1982.12.14. 80다1872).
재산관리인의 권한소멸시기	법원에 의하여 부재자재산관리인으로 선임된 자는 그 부재자의 사망이 확인된 후라 할지라도 위 선임결정이 취소되지 않는 한 관리인으로서의 권한이 소멸하지 않는다(大判 1971.3.23. 71다189, 大判 1991.11.25. 91다11810).
허가취소 결정의 효력	법원의 허가를 얻어 권한초과행위를 한 후에는 그 허가결정이 취소되더라도 소급효가 없으며, 취소 전의 처분행위는 유효하다(大判 1960.2.4. 4291민상636).
허가받은 처분행위의 한계	법원의 허가가 있더라도 그 처분은 부재자의 이익을 위한 것에 한정되고, 부재자의 이익을 위한 정당한 관리행위가 아닌 때에는 그 권한범위를 일탈한 것으로서 무권대리로 되고 표현대리가 성립하지 않는 한 본인에 대하여 효력이 없다. 따라서 관리인이 법원의 매각처분허가를 얻더라도 부재자와 아무 관계없는 남의 채무의 담보를 위하여 부재자 재산에 근저당권을 설정한 때에는 달리 그 권한이 있다고 믿음에 정당한 이유가 없는 한 상대방은 선의, 무과실이라 볼 수 없고 본인은 책임이 없다(大判 1976.12.21 75마551, 大判 1977.11.8. 77다1159).

(7) 失踪宣告

부재자는 귀환의 가능성은 있지만, 시일이 경과함에 따라 귀환가능성이 희박해진다. 급기야 생존·귀환의 가능성 없다는 확신을 가지게 될 경우 부재는 실종으로 귀착된다. 이때 殘存者를 위해 신분 재산관계를 확정시킬 필요가 생긴다. 실종선고라 함은 부재자의 생사불명의 상태가 일정기간 계속된 경우에 가정법원의 선고에 의하여 사망으로 의제하는 것을 말한다.

먼저 생존, 사망의 증명이 없어야 한다. 사망의 증명이 있으면 사망이지 실종은 아니다.[32] 그 다음 생사불명상태의 법정기간이 경과해야 한다. 보통실종의 실종기간은 5년이며 최종소식시부터 기산한다. 전쟁실종, 선박실종, 항공실종, 위난실종은 실종기간이 1년이며 전쟁이 종지한 때, 선박이 침몰한 때, 항공기가 추락한 때, 위난이 종료한 때부터 기산한다(민법 제27조 제2항). 그리고 이해관계인이나 검사의 청구가 있어야 한다(민법 제27조). 여기서 이해관계인이란 실종선고로 인하여 권리를 취득하거나 의무를 면하게 되는 자이며, 단순히 사실상의 이해관계만을 갖는 자는 포함되지 않는다. 그 다음 公示催告를 하여야 하는데, 그 기간은 6개월 이상이다. 실종선고가 확정되면 실종선고를 받은 자는 실종기간이 만료한 때에 사망한 것으로 본다(민법 제28조). 선고가 취소되지 않는 한, 생존 등의 反證을 해도 실종선고의 효력이 부인되지 않는다. 단 실종선고를 받은 자가 생존하여 새로운 주소에서 법률관계를 형성하거나 종래의 주소에 돌아와 새로운 법률관계를 형성하는 것은 가능하다. 왜냐하면 실종선고는 실종자의 주소를 중심으로 하는 사법상의 법률관계만을 종료시키는 것이며, 권리능력을 박탈하는 제도가 아니기 때문이다. 또한 공법상의 법률관계에는 아무런 영향이 없다. 그리고 실종선고를 받는 경우에 사망으로 보는 시기까지는 생존한 것으로 추정된다. 실종선고를 받지 않고 있다면 부재기간이 아무리 길다 해도 부재자의 생존은 추정된다.

第3節 權利의 客體

1. 意義

권리의 객체란 구체적으로 권리가 성립할 수 있는 대상을 말한다. 권리의 종류에 따라 그 대상을 살펴보면 물권은 물건, 채권은 채무자의 행위(급부), 형성권은 법률관계, 무체재산권은 정신적 산물 등이 권리의 객체에 해당한다. 국가가 빈곤하다는 의미는 권리의 객체보다 주체가 많다는 의미로 해석된다.

특히 모든 물건이 어느 누구에게 귀속되지 않는 물건은 없다. 물론 민법 제252조 이하 무주의 동산, 야생동물, 유실물발생이 있기는 하나 오늘날 이런 권리의

---

32) 家族關係登錄 등에 관한 法律 제84조.

객체의 취득은 예외에 속한다. 따라서 권리주체에 귀속되는 이 권리의 객체란 넓은 의미에서 재산권 또는 재산이다.[33] 이 재산이란 재산적 가치 있는 모든 客體, 有體物, 無體物을 포함한다. 이 권리의 객체가 되는 재산에는 두 가지 의미가 있다. 첫째, 재산은 재산권자라는 권리의 주체의 관점에서 파악할 때 가능성을 의미한다. 둘째, 재산의 기능적인 측면에서 파악할 때 이는 타인에게 영향을 미칠 수 있는, 즉 타인을 지배할 수 있는 能力으로 발현된다. 시민사회가 재산을 기초로 한 지배관계의 설정으로 나타나는 것은 재산의 본질적 속성으로 당연한 결과이다. 이런 의미에서 재산은 이미 그의 情態的인 객관적 실재로서 경제적 생활영역에 국한하지 않고 사회·정치적 영향을 행사하게 된다. 따라서 어느 경우를 막론하고 모든 개인의 윤리적 인격완성은 그의 자율성을 결정하는 재산적 기초 없이 성립될 수 없다는 점에서 사유재산제도는 불가결한 조건이다. 왜냐하면 재산은 그 소유자의 인격발전이나 자유로운 의사결정에 영역을 부여하고 있기 때문이다.

2. 物件

민법상 물건이라 함은 유체물뿐 아니라 전기 기타 관리할 수 있는 자연력을 포함한다(민법 제98조).

(1) 民法上의 物件의 要件

1) 有體物이거나 또는 管理可能한 自然力일 것

유체물이란 공간의 일부를 차지하고 사람의 五感에 의해 知覺할 수 있는 형태를 가진 물건을 말한다. 관리가 가능할 것이란 상대적 개념이지만 해, 달, 별, 바다, 공기, 전파 등과 같이 배타적 지배가 불가능한 것을 민법상 물건에서 제

---

33) 넓은 의미에서 권리의 객체란 거래의 대상이 될 수 있는 모든 것이 이에 해당된다. 이른바 재산권의 객체가 되는 것으로서 민법 제563조는 매매의 객체로서 재산권을 규정하고 있는데, 이 재산권의 내용이 될 수 있는 것을 권리의 객체라 할 수 있다. 그러나 민법 제98조는 위에 본 재산권의 객체라는 의미로 사용치 않고 그 범위를 유체물 및 관리할 수 있는 자연력으로 사용하고 있다. 따라서 전자는 물리적으로 일정한 공간을 차지, 외형상 그의 존재를 인식할 수 있는 구체적 목적물이며, 후자는 관념상 그의 존재를 인식할 수 있는 대상 등인데, 민법은 이와 같이 극히 협소한 물건의 개념을 설정하여 위에서 본 재산권 개념에 의해 무체재산권, 제작, 특허 등은 이에 포함되지 않는다.

외한다는 의미이다. 이러한 자연력으로서는 전기·열·빛·소리·향기·에너지·권리 등을 들 수 있다. 따라서 바다는 어업권의 객체가 될 수 있다.

2) 外界의 一部일 것

자기의 신체에 대해서는 인격권이 성립할 뿐 소유권은 성립하지 않는다. 신체의 일부[34]는 물건이 아니다. 인체의 일부이더라도 생체로부터 분리된 것은 물건으로 취급한다.[35] 인체의 일부를 분리시키는 채권계약 또는 절단된 물건의 처분행위도 사회질서에 반하지 않는 한 유효하다. 단 屍體는 특수소유권의 대상으로 상주에게 귀속한다는 것이 통설이다.

3) 獨立한 物件일 것

一物一權主義의 원칙에 의거하여 물건은 독립되어야 한다. 독립성 여부는 사회통념 또는 거래관념에 따라 결정된다. 다만 예외적으로 물건의 일부나 집단 위에 하나의 물권을 인정하여야 할 사회적 필요나 실익이 있고,[36] 公示가 가능하거나 公示와 무관할 때는 물건으로 看做한다.[37] 또 물건의 본질적 구성 부분[38]은 분리하여 독립한 물건으로 할 수 없다.

(2) 物件의 分類

1) 物件의 一部, 單一物, 合成物, 集合物

물건의 일부는 一物一權主義의 원칙상 권리의 객체가 되지 못한다. 물건의 일부에 물권을 인정하여야 할 필요성이나 실익이 있고 公示가 가능하거나 公示와는 무관한 경우 물건의 일부도 권리의 객체가 된다. 예를 들어 부동산의 일부는 用益物權의 대상이 될 수 있고, 未分離果實, 수목의 집단은 明認方法에 의하여 독립한 물건으로 처분할 수 있다. 단일물은 形體上 단일한 일체를 이루고 각 구성 부분이 개성을 잃고 있는 물건을 말하고, 합성물은 각 구성 부분이 개

---

34) 인체에 고착된 의치, 의안, 의수, 의족 등.

35) 모발, 혈액, 치아 등.

36) 공장저당권 등.

37) 선박, 중기, 자동차 등.

38) 어느 부분을 훼멸하거나 또는 그 본질을 변하게 하지 않고서는 분리할 수 없는 것.

성을 잃지 않고 그들이 결합하여 단일한 형체를 이루고 있는 물건을 말한다. 물건의 소유자가 각각 다른데, 이것이 결합하여 합성물이 되면 소유권의 변동이 있게 된다(민법 제256조 이하). 마지막으로 집합물은 하나하나가 단일물 또는 합성물인 다수의 물건이 집합하여 경제적으로 단일한 가치를 가지고 거래상으로도 일체로서 다루어지는 것을 말한다. 이는 원칙상 하나의 물건이 아니지만, 特別法에 의해 예외적으로 하나의 물건으로 다루어지는 경우이다.[39]

2) 融通物과 不融通物

융통물이란 사법상 거래의 대상이 될 수 있는 물건을 말한다. 불융통물에는 공용물, 공공용물, 禁制物 등이 있다.

3) 可分物과 不可分物

가분물이란 물건의 성질 또는 가격을 현저하게 손상하지 않고도 분해할 수 있는 물건을 말하고,[40] 불가분물은 그렇지 않은 물건을 말한다.[41] 공유물의 분할(민법 제269조), 다수당사자의 채권관계(민법 제408조 이하)에 있어서 구분의 실익이 있다.

4) 代替物과 不代替物

대체물이란 물건의 개성이 중요시되지 않고 단순히 종류·품질·수량에 의하여 물건이 정해지며 동종·동질·동량의 물건으로 바꾸어도 당사자에게 영향을 주지 않는 물건을 말하며,[42] 부대체물은 그렇지 않은 것을 말한다.[43] 消費貸借, 消費任置의 목적물은 대체물에 한한다.

5) 特定物과 不特定物

특정물이란 구체적인 거래에 있어서 당사자가 물건의 개성을 중요시하여 동

---

39) 鑛業財團抵當法, 工場抵當法 등.
40) 금전, 곡물, 토지 등.
41) 소, 말, 건물 등.
42) 금전, 서적, 술, 곡물 등.
43) 서화, 골동품, 소, 말, 건물 등.

종의 다른 물건으로 바꾸지 못하게 한 물건을 말한다. 불특정물은 그렇지 않은 것을 말한다. 채권목적물의 보관의무(민법 제374조), 채무변제의 장소(민법 제467조), 매도인의 담보책임(민법 제570조 이하)에 있어서 구별의 실익이 있다. 대체물·부대체물이 그 목적물 자체 개성에 의해 객관적으로 정해지는 반면, 특정물·불특정물은 주관적으로 정해진다. 양자는 일치하는 경우가 많으나 반드시 그런 것은 아니며, 오늘의 일상적인 動産去來는 대량생산으로 인한 종류채권의 특정이 그 거대한 비중을 차지하고 있다.

6) 消費物과 非消費物

물건의 성질상 한번 사용하면 다시 동일한 용도에 사용할 수 없는 물건을 소비물이라고 하며, 이는 소비대차의 목적물이 될 수 있다. 반면 물건의 용도에 따라 반복해서 사용·수익할 수 있는 물건을 비소비물이라고 하는데, 이는 사용대차·임대차의 목적물이 될 수 있다.

3. 不動産과 動産

토지 및 그 定着物은 부동산이고(민법 제99조 제1항), 부동산 이외의 물건은 동산[44]이다. 부동산은 登記로 公示하고(민법 제186조), 동산은 占有로 公示한다 (민법 제188조). 또한 부동산은 동산에 비하여 경제적 가치가 크며, 특히 토지는 양적으로 제한되어 있고 건물은 주거 또는 경제생활의 중심을 이루기 때문에 동산에 있어서보다 특별한 보호를 요한다. 하지만 이는 沿革的 이유로서 오늘날 그 의의를 상실했다.

1) 土地

토지의 소유권은 정당한 이익이 있는 범위 내에서 토지의 상하에 미친다. 토지의 構成物[45]은 토지의 구성 부분으로서 별개의 물건이 아니다. 미채굴의 광물

---

44) 동산이라 할지라도 20톤 이상의 선박, 자동차, 항공기, 중기는 등기 내지 등록이 되도록 되어 있다.

45) 암석, 흙, 지하수 등.

은 국유에 속하는 독립한 부동산으로서, 국가의 排他的인 채굴취득허가권의 객체가 된다. 토지의 일부는 분필절차를 밟기 전에는 이를 양도하거나 制限物權을 설정하거나 또는 시효취득하지 못하나, 단 用益物權을 설정할 때는 예외이다.

2) 土地의 定着物

토지에 固定的으로 부착되어 용이하게 이동될 수 없는 물건은 정착하고 있는 토지의 일부에 지나지 않는다.[46] 그러나 건물, 立木法에 의한 樹木, 입목법의 적용을 받지 않는 수목의 집단, 明認方法을 갖춘 미분리의 과실,[47] 농작물은 토지와 별개의 부동산으로 인정된다.[48]

3) 動産

부동산 이외의 물건은 모두 동산이다(민법 제99조 제2항). 정착물이 아닌 토지의 부착물건, 전기 기타 관리할 수 있는 자연력은 동산이다. 특정의 채권자를 지정하지 않고서 채권증서의 정당한 소지인에게 변제하여야 할 증권적 채권[49]은 무기명채권이라고 하는데, 이는 동산이 아니며 채권편에 규정된다. 금전은 동산이지만 일정액의 가치를 나타내는 것으로서 개성이 없으므로 동산에 관한 규정 가운데에는 금전에 적용되지 않는 것이 있다.

4. 主物과 從物

경제적 운명을 같이하고, 법률적 운명도 같이하도록 하기 위해 主從關係를 인정한 것으로서, 물건의 소유자가 그 물건의 상용에 공하기 위하여 자기 소유인 다른 물건을 이에 부속하게 한 때에는 그 물건을 主物이라 하고 주물에 부속되는 다른 물건을 從物이라 한다(민법 제100조 제1항). 예를 들면 배와 노,

---

46) 교량, 돌담, 도로의 포장 등.

47) 과일, 담뱃잎, 뽕잎 등.

48) 곽윤직, 앞의 책, 311쪽. 판례는 타인의 토지 위에서 위법하게 경작된 농작물도 경작자의 것이라고 판시하고 있다(大判 1963.2.21, 62다913, 1965.7.20, 65다874, 1967.7.11, 67다893, 1968.6.4, 68다613・614, 1969.2.18, 68도906 등).

49) 상품권, 승차권, 입장권, 무기명국채 등.

자물쇠와 열쇠, 주택과 따로 된 광, 시계와 시곗줄, 안채와 사랑채, 가옥과 덧문관계 등을 말한다. 그러나 주물 그 자체의 효용과 직접 관계가 없으면 주종관계는 성립하지 않는다.

1) 從物의 要件

① 주물의 상용에 이바지할 것
② 주물·종물 모두 독립한 물건일 것
③ 주물·종물 모두 동일한 소유자에게 속할 것[50]
④ 장소적 관계에 있을 것 등의 요건을 갖추어야 한다. 따라서 주물·종물 모두 부동산이든 동산이든 가능하다.

2) 從物의 效果

종물은 주물의 처분에 따른다(민법 제100조 제2항)고 하여 법률적 운명을 같이하는 것이다. 저당권의 경우 설정 당시의 종물은 물론 설정 후의 종물에 대해서도 저당권의 효력이 미친다(민법 제358조). 단 주물의 처분에 있어서 종물을 제외시키는 약정 및 주물을 제외한 종물만의 처분도 가능하다.

3) 從物理論의 準用

건물양도와 건물소유를 위한 대지의 임차권 사이, 원본채권과 이자채권 사이 능 권리 상호간에도 성립한다.

5. 元物과 果實

물건으로부터 생기는 경제적 수익을 과실이라 하고, 과실을 생기게 하는 물건을 원물이라 한다.[51]

---

50) 제삼자의 소유에 속하는 것을 계약으로 주물에 따르게 하는 것도 가능하다.
51) 권리의 과실은 과실이 아니다.

1) 天然果實

물건의 용법에 의하여 수취하는 산출물은 천연과실이다. 천연과실은 분리와 더불어 독립한 물건이 된다. 화분에 열린 과일, 경주용 말의 새끼 등도 천연과실이다. 우리 민법은 과실의 취득에 대하여 천연과실은 그 원물로부터 분리하는 때에 이를 수취할 권리자[52]에게 속한다고 한다.

2) 法定果實

물건의 사용대가로 받는 금전 기타의 물건을 말한다. 따라서 임대료, 이자 등이 이에 속한다. 다만 지연이자는 법정과실이 아니다. 다만 원물과 과실은 모두 물건이어야 하므로 노동의 대가, 권리사용의 대가, 원물사용의 대가를 받을 수 있는 권리 등은 법정과실이 아니다. 그리고 법정과실은 수취할 권리의 존속기간 일수비율로 취득한다(민법 제102조 제2항).

---

52) 우리 민법에서 수취권자는 원칙상으로 원물의 소유자이지만(제102조 제1항), 이는 임의규정이며, 또한 예외적으로 선의의 점유자(제201조), 지상권자(제279조), 전세권자(제303조), 매도인(제587조), 사용차주(제609조), 임차인(제618조), 친권자(제923조), 수유자(제1079조)가 과실을 수취할 수도 있다. 한편 유치권자(제323조), 질권자(제343조), 저당권자(제359조)는 자기 채권의 변제에 충당하는 권리로서 갖는 과실수취권자이다.

第 2 章

權利의 變動

第1節 權利의 變動一般

1. 意義

사람의 사회적 생활관계는 流動的이며 끊임없이 변화한다. 항상 새로운 생활관계가 발생하고, 기존의 생활관계는 변경되거나 소멸되기 때문이다. 이러한 변화는 법의 세계에서 법률관계의 발생, 변경, 소멸로서 나타난다. 법률관계는 결국 권리·의무의 관계이므로 법률관계의 변동, 즉 법률효과는 권리·의무의 변동이라는 것이 된다. 그리고 近代法은 권리본위로 되어 있으므로 법률효과는 권리의 변동, 즉 권리의 발생·변경·소멸이라는 모습으로 나타난다.

2. 權利의 發生

권리가 어떤 자에 관하여 발생한다는 것은 그자가 권리를 취득한다는 것이다. 권리의 취득은 크게 원시취득과 승계취득으로 구분할 수 있다.

(1) 原始取得

세상에 그 누구에게도 전혀 없었던 권리가 특정인에게 새로 발생하는 것으로 타인의 권리에 기함이 없이 특정인에게 권리가 새로 발생하는 것을 말한다. 즉 사회적으로 이전에 없던 권리가 새로이 발생하는 것이다. 따라서 원시취득은 신축한 건물의 소유권 취득, 取得時效(민법 제245조), 善意取得(민법 제249조), 무주물 선점(민법 제252조), 유실물 습득(민법 제254조), 매장물 발견(민법 제254조), 添附(민법 제256조), 매매계약에 기한 채권의 취득 등이 여기에 해당한다.

(2) 承繼取得

원시취득처럼 이전에 전혀 없던 권리가 새로 발생하는 것이 아니라 타인에게 이미 속하고 있던 권리가 다른 특정인에게 이전되는 것을 말한다. 이러한 승계 취득에는 이전적 승계와 설정적 승계로 나누어진다.

1) 移轉的 承繼

구 권리자의 권리가 그 동일성을 유지하면서 신권리자에게 이전되는 것이 이전적 승계이다.

① 特定承繼[53]

개개의 권리가 개개의 취득 원인에 의하여 취득되는 경우이다.

② 包括承繼[54]

여러 개의 권리가 하나의 취득원인에 의하여 일괄적으로 한꺼번에 권리가 취득되는 경우이다.

2) 設定的 承繼[55]

구 권리자의 권리는 존속하면서 신권리자가 그 권리의 내용의 일부를 취득하는 것을 말한다. 즉 타인의 권리가 소멸하지 아니하고 그대로 존속하면서 그 권능 중의 일부를 취득하는 것을 말한다.

이 중 이전적 승계는 권리가 동일성을 유지하면서 그 주체의 변경만이 생기는 것인데, 包括承繼[56]와 特定承繼[57]가 있다. 그리고 설정적 승계는 전 권리자가 자기의 권리를 그대로 보유하면서 그 권리에 기초하여 새로운 권리를 창설하여 신권리자에게 취득시키는 것인데, 여기서 구권리는 신권리에 의해 제한을 받는다. 예를 들면 소유권에 기한 지상권·전세권·저당권이 그것이다.

(3) 權利의 消滅

권리가 어떤 자에 관하여 소멸한다는 것은 그 사람이 권리를 상실한다는 것

---

53) 매매, 임대차, 증여, 死因贈與, 교환에 의한 소유권의 취득 등.
54) 상속, 包括遺贈, 회사의 합병 등.
55) 소유권에 지상권, 전세권 등의 제한물권을 설정하는 경우 또는 임차권을 설정하는 경우 등.
56) 하나의 취득원인에 의하여 다수의 권리가 일괄해서 취득되는 것으로서 상속, 包括遺贈, 회사의 합병 등이 있다.
57) 개개의 권리가 개개의 취득원인에 의하여 취득되는 것으로서 매매 등을 말한다.

이다. 즉 권리주체로부터 권리가 이탈하는 것이다. 이에는 상대적·주관적 소멸과, 절대적·객관적 소멸이 있다.

(4) 權利의 變更

권리가 그 동일성을 유지하면서 그 주체·내용·작용이 변경되는 것을 권리의 변경이라 한다. 주체의 변경은 권리의 승계에 해당하고, 내용의 변경은 성질적 변경[58]과 수량적 변경[59]으로 나눌 수 있으며, 작용의 변경은 선순위저당권자의 저당권이 소멸한 경우 후순위저당권이 선순위로 승진한 것과 같이 저당권 순위가 변경한 경우 등을 말한다.

3. 權利變動의 原因

법적 강제효과가 귀속되는 생활관계를 法律要件이라 한다. 반대로 말해서 법률관계란 일정한 법률요건에 법적 효과가 귀속될 것을 요구하는 사회생활관계를 의미한다. 법학이란 법률요건(구성요건)에 法律效果가 귀속되는 관계를 객관적으로 인식함을 그 연구대상으로 한다. 법률요건의 성립 없이 법률효과는 발생(귀속)되지 않는다. 즉 법률요건은 법률효과를 발생시키는 데 필요한 사실의 총체이며 그의 구성요소로 이루어진다. 이 법률요건의 구성요소를 法律事實이라 한다. 그러므로 법률사실이란 법적 효과가 귀속되는 법률요건의 제 사실을 의미한다. 법률효과의 귀속을 요구하지 않는 사실은 단순한 생활사실이지 법률사실은 아니다. 법률효과가 귀속될 법률요건의 내용을 달리하듯 법률사실은 모든 법정요건에 따라 그 내용을 또한 달리한다.

(1) 容態

법률사실 가운데서 사람의 의식이나 정신작용에 의한 법률사실을 용태라고 한다. 외부적 용태와 내부적 용태로 나눌 수 있다.

---

58) 물건인도청구채권이 채무자가 그 의무를 이행하지 않아 손해배상채권으로 변경되는 경우.

59) 물건의 부합 또는 일부 멸실에 의해 소유권이 증감되는 경우.

1) 外部的 容態

의사가 외부에 표현되는 용태로서 작위·부작위를 포함한다. 단 사교적 담화와 같이 법률사실로서 가치가 인정되지 않는 행위는 행위가 아니다. 적법행위와 위법행위로 나누는데, 적법행위에는 의사표시와 準法律行爲가 있다. 의사표시는 법률행위의 불가결의 요소로서, 일정한 법률효과의 발생을 의욕하는 효과의 표시이다. 반면 준법률행위는 법률적 행위라고도 하며, 행위자의 의도와는 관계없이 법률의 규정에 의하여 일정한 효과가 부여되는 것을 말한다. 준법률행위에는 표현행위와 비표현행위가 있다.

2) 表現行爲와 非表現行爲

표현행위는 의식내용의 표현행위에 기인하여 법률효과가 발생하는 행위를 말하고, 비표현행위는 법률상의 효과발생을 위하여 의식내용을 표현하는 것이 필요하지 않은 행위로서 법률이 외부적인 행위에 일정한 법률효과를 부여한 것을 말한다. 표현행위에는 의사의 통지, 관념의 통지, 감정의 표시가 속하고, 비표현행위에는 순수사실행위, 혼합사실행위가 속한다.

3) 意思의 通知, 觀念의 通知, 感情의 表示

① 意思의 通知

의사를 외부에 표시하는 점에서는 의사표시와 같으나 그 의사가 법률효과에 향해진 효과의사가 아닌 점에서 의사표시와 다른 것을 말한다. 催告[60]와 拒絶[61]이 이에 속한다. 다만 무능력자 상대방의 거절은 의사의 통지가 아니라 의사표시에 해당한다.

② 觀念의 通知

사실의 통지라고도 하며, 표시된 의식내용이 그 무엇을 의욕하는 의사가 아니라 어떤 객관적 사실에 관한 관념 또는 표상에 지나지 않는 것이다. 따라서 채권양도, 채무승인, 사원총회소집통지, 대리권을 수여한 뜻의 통지가 이에 속한다.

---

60) 채권자의 催告로 인한 채무자의 이행지체효과 발생 등.
61) 채권자의 수령거절로 인한 채권자지체의 법률효과 발생 등.

③ 感情의 表示

일정한 감정을 나타내는 행위. 민법 제556조 및 제841조에 규정한 용서가 그 예이다. 이에 대한 법률효과는 행위자가 원했건 원하지 않았건 관계없이 법률 자체에 의하여 생기는 것이므로 의사표시가 아니며, 의사의 통지 및 관념의 통지와 같이 준법률행위의 일종이다.

4) 純粹事實行爲와 混合事實行爲

① 純粹事實行爲

외부적 결과의 발생만 있으면 법률이 일정한 효과를 주는 행위로서, 과실의 분리행위나 건물의 파괴행위와 같이 외부적 결과의 발생만 있으면 법률효과를 인정하여 주는 것으로 매장물 발견, 주소의 설정, 加工, 遺失物拾得 등이 있다.

② 混合事實行爲

어떠한 의식과정이 내포되고 있어야 법률효과의 발생을 인정하여 주는 행위로서, 先占, 拾得, 添附, 부부의 동거, 사무관리, 물건의 인도 등이 있다.

5) 違法行爲

법질서에 위반되기 때문에 행위자에게 불이익한 효과를 발생케 하는 법률사실로서 채무불이행(민법 제390조 이하)과 불법행위(민법 제750조)가 있다.

6) 內部的 容態

내부적 의사 또는 관념을 말하며, 예외적인 경우에 한하여 일정한 법률효과가 부여된다. 관념적 용태와 의사적 용태가 있다. 관념적 용태는 일정한 사실을 아느냐 모르느냐의 내심적인 사실을 말하고,[62] 의사적 용태는 어느 사람이 일정한 의사를 가지느냐 안 가지느냐 하는 내심적인 사실을 말한다.[63]

---

62) 선의, 악의, 정당한 대리인이라는 신뢰 등.
63) 소유의 의사, 事務管理에 있어 본인의 의사 등.

(2) 事件

사람의 정신작용에 기하지 않은 법률사실을 사건이라고 한다. 출생, 사망, 실종, 시간의 경과, 물건의 자연적 발생과 소멸, 부당이득이 이에 속한다. 사람에 의한 천연과실의 분리·물건의 파괴·부합·혼화 등과 같이 사람의 정신작용에 의할 수 있는 것이라도 사람의 행위에 의하지 않고서 생기는 과실의 분리, 물건의 파괴의 경우와 동일한 효과가 생기는 경우에는 이를 사건에 포함시킨다.

〈표 7〉 법률사실의 분류

용태	외부적 용태	적법행위	의사표시	청약, 승낙, 시효완성 후의 채무승인 등		
			준법률행위	표현행위	의사의 통지	각종 최고와 거절
					관념의 통지	대리권수여 표시
						채권양도의 통지
						채권양도의 승낙
						승낙연착의 통지
					감정의 표시	용서
				비표현행위	순수사실행위	매장물 발견
						주소 설정
						가공
					혼합사실행위	사무관리, 변제
						무주물선점 등
		불법행위	불법행위, 채무불이행			
	내부적 용태	관념적 용태	선의·악의, 정당한 대리인이라는 신뢰 등			
		의사적 용태	소유의 의사, 사무관리에서의 본인의사			
사건	·사람의 정신작용을 기초로 하지 않는 법률사실 – 사건 ·사람의 출생과 사망·실종, 물건의 자연적인 발생·소멸, 기간의 경과, 시효의 완성, 부당이득, 과실의 분리, 혼화, 혼동 등					

第2節 法律行爲

1. 意義

법률행위란 의사표시를 요소로 하는 사법상의 법률요건이며, 의사표시란 법률효과의 발생을 원하는 의사의 표시이다. 일정한 법률효과의 발생을 목적으로 하는 단일 또는 복수의 의사표시를 불가결의 구성요소로 하는 법률요건을 말한다. 가장 대표적인 것으로 계약을 들 수 있다. 법률행위는 법률요건이기 때문에 법률효과를 발생시키는 데 필요하고도 충분한 법률사실이 모두 포함되어야 한다. 하지만 법률행위는 의사표시가 불가결한 요소로 포함된다는 점에서 다른 법률요건과 뚜렷이 구별된다.

(1) 法律行爲와 意思表示

법률행위는 의사표시를 불가결의 요소로 한다. 법률행위는 행위자, 즉 표의자가 원하는 대로의 일정한 사법상의 효과를 발생케 한다. 반면 의사표시는 일정한 법률효과의 발생을 목적으로 하는 의사를 요소로 하는 법률사실이다. 의사표시는 단독행위로만 법률행위가 되기도 하고, 다른 의사표시 계약, 합동행위 등 기타의 법률사실과 결합하여 법률행위를 이루기도 한다. 의사표시는 법률행위가 됨으로써 효과가 발생한다. 의사표시에 하자가 있으면 법률행위 전체에 영향을 미친다. 법률효과의 발생을 의도한 당사자의 의식의 표현의 방법에는 제한이 없다. 흔히 언어, 거동,[64] 침묵, 서면 등의 방법이 행해진다. 우리의 의사표시는 모호함이 일반적 현상이다. 또한 일반거래에 있어서 모든 의사표시가 명백한 것은 아니다. 따라서 해석의 문제로 귀착된다.

(2) 意思表示의 心理的 傳達過程

1) 效果意思(Erfolgswille)

의사의 진정성, 즉 실현가능한 효과의사이며, 신분법상, 재산법상과 같이 법률효과의 귀속을 의욕하는 내심의 생각을 말한다. 약혼, 결혼, 이혼 등 신분행위에 있어서는 절대적으로 중요하다. 그리고 시장경제사회에서 돈을 벌어야 하겠다는 것은 모든 시민의 일반적 효과의사로 봐야 한다. 왜냐하면 시장경제는 자본이 권력을 창출하기 때문이다.

---

64) 기본생활자 공급계약으로 대량교통수단, 수도, 전기, TV, Radio, 주차행위 등.

2) 表示意思(Erklaerungswille)

內心의 효과의사를 외부에 의식전달수단을 통하여 거래의 상대방 또는 민법 제675조 이하, 현상광고, 고용계약과 같이 불특정다수인에게 통지하여야겠다는 내심의 의사결정을 말한다. 이 단계에서 표의자의 의사전달로써 시기, 방법, 장소 등 의사결정이 진행된다. 위의 갑돌이·갑순이 양 당사자는 표시의사를 결정하는 데 주저했다. 법률행위의 효과가 크면 클수록 표시의사의 결정이 신중히 행하여진다. 하지만 투기행위에 있어서 표시의사결정에 신중하면 부적절하다. 투기행위는 효과의사와 표시행위만이 있는 관계이다.

3) 表示行爲(Erklaerungsakt)

타인이 효과의사의 내용을 인식할 수 있는 행위의 표시를 말한다. 표시행위와 묵시, 명시 등 그 방법은 묻지 않는다. 이 의사표시에서 효과의사와 표시행위로 법률행위는 성립하는가 아니면 표시의사까지도 포함된 개념이냐는 관점의 차이이다.

다만 법률행위의 효과귀속에 있어서 의사주의(Willenstheorie)와 표시주의(Erklärungstheorie)라는 관점에서는 표시의사가 법률행위해결의 불가결한 요건은 아니다. 의사주의와 표시주의란 효과의사와 표시행위 간에 모순·불일치가 발생한 경우 어느 것에 법률효과를 인정할 것인가에 대한 이론의 내립인데, 흔히 본인의 의사를 존중하여야 할 법률행위, 즉 신분행위는 의사설이 압도적으로 적용되며, 제삼자의 거래관계에서는 외관신뢰에 따라 표시설이 우세하다.

(3) 法律行爲의 成立要件과 效力

1) 法律行爲의 一般的 成立要件

법률행위의 실질적 유효 여부를 묻지 않고 법률행위라고 할 수 있을 만한 최소한의 외형적·형식적인 요건을 말한다. 그러나 모든 법률행위에 요구되는 요건을 말하며, 당사자, 목적, 의사표시 세 가지이다. 성립요건의 입증책임은 법률행위의 효과를 주장하는 자가 입증해야 한다. 법률행위가 법률효과를 발생하기 위해서는 권리·의무의 발생원인이 적극적으로 존재해야 하기 때문이다. 반면 법률행위의 효력요건은 법률행위의 무효를 주장하는 자가 그 요건의 부존재를 입증해야 한다. 효력요건은 법률행위의 효력을 부인하는 규정에 포섭되지 않는다는 의미의 소극적 요건을 말하기 때문이다.

2) 特別成立要件

법률의 규정에 의해 정해지는 성립요건을 말하며, 예를 들어 일정한 방식을 요하는 유언이 이에 속한다.

3) 法律行爲의 效力

이미 성립한 법률행위가 법률상 효력을 발생하는 데 필요한 모든 요건을 말한다. 일반적 효력요건과 특별 효력요건이 있다. 일반적 효력요건은 당사자가 능력을 가지고 있을 것, 목적이 확정, 가능, 적법하고, 사회적 타당성이 있을 것, 의사와 표시가 일치하고 하자가 없을 것 세 가지이다. 그러나 특별 효력요건은 예를 들어 대리권의 존재, 조건의 성취, 기한의 도래, 유언자의 사망 등이 이에 속한다.

(4) 法律行爲의 種類

1) 單獨行爲와 相對方 없는 單獨行爲

한 사람에 의한 한 개의 의사표시로 성립하는 법률행위를 말하며, 상대방 있는 단독행위와 상대방 없는 단독행위로 나눈다. 상대방 있는 단독행위는 단독행위가 효력을 발생하려면 의사표시가 상대방에게 도달하여야 하는 것이다.[65]

그러나 상대방 없는 단독행위의사표시만 있으면 곧 효력이 발생하는 법률행위로 의사표시를 수령할 자가 특정되지 않은 것이다.[66] 그 다음 계약은 2인 이상의 당사자가 청약과 승낙이라는 서로 대립하는 의사표시를 하고 그 합치로 성립하는 대립적·교환적인 법률행위를 말한다. 하지만 이를 광의의 계약이라고 하고 채권계약만을 협의의 계약이라 하기도 한다. 마지막으로 합동행위는 平行的·求心的으로 방향을 같이하는 2개 이상의 의사표시가 합하여 성립하는 법률행위를 말한다.[67]

---

65) 法定代理人의 同意, 債務免除, 相計, 追認, 取消, 解除, 解止, 時效利益의 抛棄 등이다.
66) 遺言, 財團法人의 設立行爲, 權利의 抛棄 등이다.

2) 要式行爲와 不要式行爲

요식행위는 의사표시에 일정한 방식을 요하는 행위를 말한다.[68] 그러나 불요식행위 의사표시에 일정한 방식을 요하지 않는 행위를 말한다. 우리 민법은 법률행위 자유의 원칙에 입각하고 있으므로 의사표시의 방식도 원칙상 자유이다. 그러나 당사자로 하여금 혼인 등 신중하게 법률행위를 하게 하기 위하여, 또는 법인설립행위, 유언, 단체협약체결에 대하여 법률행위의 존재와 범위를 명료하게 하기 위하여, 그리고 어음행위 등과 같이 외관을 신뢰하고 신속하며 안전하게 거래할 수 있도록 하기 위하여 일정한 방식을 요구하는 것이다.

3) 生前行爲와 事後行爲

사후행위는 유언, 死因贈與와 같이 행위자의 사망으로 그 효력이 발생하는 법률행위이나, 생전행위는 기타 보통의 행위를 말한다.

4) 處分行爲와 管理行爲

일반적으로 처분행위라고 할 때에 그것은 관리행위에 대한 관념이다. 사무적 처분행위와 법률적 처분행위를 포함한다. 사실적 처분행위는 재산을 깨뜨려 버리거나 소비해 버리는 것과 같이 재산을 손상 또는 멸실케 하거나, 그의 성질을 변하게 하는 사실적 행위를 말하고 법률적 처분행위는 직접 재산권의 변농이라는 법률효과를 생기게 하는 법률행위를 말한다. 따라서 물권행위와 준물권행위는 처분행위인 것이다. 그러나 처분행위는 이들에 한하는 것은 아니며, 形成權의 행사도 그 결과 권리변동을 가져오는 경우에는 역시 처분행위가 된다. 또한 타인에게 대하여 처분의 동의나 허락을 하거나 처분권을 주는 것도 처분행위이다. 요컨대 물권행위나 준물권행위는 처분행위이나 처분행위는 이에 한하지 않음을 주의하여야 한다. 처분행위가 유효하기 위하여서는 반드시 처분자에게 처분의 권한이 있어야 한다. 그러나 관리행위는 보존행위 및 물건이나 권리의 성질이 변하지 않는 범위 안에서 이용 또는 개량하는 행위이다.

---

67) 社團法人 設立行爲를 가리킨다.
68) 婚姻 등의 家族法上의 行爲, 法人의 設立行爲, 어음·수표행위 등을 가리킨다.

5) 債權行爲, 物權行爲, 準物權行爲

① 債權行爲

채권을 발생시키는 법률행위, 즉 매매, 증여, 임대차 등은 모두 채권행위이다. 그런데 채권은 특정인(채권자)이 다른 특정인(채무자)에 대하여 일정한 행위, 즉 급부를 요구할 수 있는 권리이므로 채권이 발생한다는 것은 한쪽 당사자(채권자)가 다른 쪽 당사자(채무자)에게 일정한 급부를 요구할 수 있게 되는 법률관계, 즉 채권채무관계가 성립한다는 것을 뜻한다. 그러므로 채권행위가 행하여지는 경우에 이를 채무자의 처지에서 본다면 그는 언제나 일정한 채무 내지 의무를 부담하게 된다. 여기서 채권행위는 이를 의무부담행위라고도 일컫는다. 이러한 의무부담행위인 채권행위에 있어서는 채무자가 그의 채무를 이행하는 때에 비로소 그 목적을 완전히 달성하게 되며 여기에 채권행위 내지 의무부담행위의 특색이 있다. 이와 같이 채권행위는 언제나 이행이라는 문제를 남기게 되나 다음에서 설명하는 물권행위나 준법률행위에 있어서는 그러한 이행의 문제는 생기지 않으며 이 점에서 크게 다르다. 여기서 물권행위나 준물권행위와 같은 법률행위는 채권행위를 의무부담행위라고 부르는 데 대하여 이를 처분행위라고 일컫는다.

② 物權行爲

물권의 발생, 변경, 소멸, 즉 물권의 변동을 일어나게 하는 물권적 의사표시를 요소로 하여 성립하는 법률행위[69]이며 물권변동을 일으키게 할 채무를 발생케 하는 법률행위인 채권행위와 구별된다. 직접 물권변동을 초래하고 이행이라는 문제를 남기지 않는 데에 그 특색이 있다. 물권행위에 관하여는 成立要件主義와 對抗要件主義라는 두 입법주의가 대립하고 있다. 성립요건주의는 물권변동이 생기려면 이를 목적으로 하는 의사표시, 즉 물권행위 외에 등기나 인도를 필요로 하는 주의이다. 이에 대하여 대항요건주의는 당사자의 물권행위만 있으면 곧 물권변동의 효력은 생기고 등기나 인도는 물권변동을 제삼자에게 대항하기 위한 요건으로 하는 입법주의이다.

---

69) 소유권의 이전 지상권이나 저당권과 같은 제한물권의 설정행위 등.

③ 準物權行爲

물권 이외의 채권이나 지적 재산권 등 권리를 종국적으로 변동시키고 이행이라는 문제를 남기지 않는 법률행위이다. 물권양도 지적 재산권의 양도 채무면제 등이 이에 속한다.

6) 有因行爲와 無因行爲

법률행위의 효력이 그 전제가 되는 원인의 존부에 영향을 받는 경우에는 그 법률행위는 유인행위라고 하고, 그 원인의 존부에 불구하고 효력이 인정되는 경우에 그 법률행위는 무인행위이라고 한다. 매매계약은 대금청구권의 원인이므로 매매계약인 채권행위는 유인행위이며, 배서에 의한 지시채권양도(민법 제513조~제515조) 과 어음행위·수표행위는 출연을 하는 일정한 목적 또는 이유가 없더라도 효력이 있으므로 무인행위이다.

7) 信託行爲

신탁행위라 함은 신탁자가 수탁자에게 권리를 부여하면 수탁자는 이 권리를 자기 자신을 위해서가 아니라 신탁자 또는 제삼자를 위하여 행사하도록 하는 법률관계를 설정하는 법률행위를 말한다. 민법해석상으로는 신탁자가 그에 의하여 의도된 경제적 목적(채권의 담보 또는 채권의 추심) 달성에 필요한 힌도를 넘는 권리를 수탁자에게 부탁하면서 수탁지가 그 목적의 범위 안에서 그 권리를 행사할 의무를 지게 하는 법률행위[70]를 말하는데, 수탁자는 외부에 대하여 원칙적으로 진정한 권리자로서의 지위를 갖는다.[71] 신탁법상으로는 신탁설정자(위탁자)가 신탁인수자(수탁자)와의 특별한 신탁관계에 기하여 위탁자가 특정의 재산권을 수탁자에게 이전하거나 기타의 처분을 하고 수탁자로 하여금 일정한 자(수익자)의 이익을 위하여 또는 특정의 목적을 위하여 그 재산권을 관리·처분하게 하는 법률관계를 신탁이라고 한다. 여기서 신탁재산은 내부적으로도 수탁자에게 절대적으로 이전한다. 그리고 신탁행위 이외의 모든 출연행위는 비신탁행위이며 이에 관하여 명의신탁과 더불어 뒤에서 자세히 논하고자 한다.

---

70) 信託法 제1조.
71) 名義信託, 讓渡擔保, 추심을 위한 채권양도 등이 이에 속한다.

2. 法律行爲의 目的

행위자가 그의 법률행위에 의해 발생시키려고 하는 법률효과를 법률행위의 목적이라고 한다. 따라서 법률행위의 목적은 법률행위의 목적물과 구별된다. 예컨대 부동산에 관한 매매의 목적은 매수인의 소유권이전청구권과 매도인의 매매대금청구권이며, 매매의 목적물은 부동산이다. 법률행위에 의하여 표의자가 의욕한 법률효과를 발생시키기 위해서는 법률행위의 목적이 확정될 수 있을 것, 실현될 수 있을 것, 그리고 그 목적이 법질서에 의하여 허용될 것이 필요하다.

(1) 目的의 確定

법률행위의 목적은 확정할 수 있어야 한다. 그렇지 않으면 무효이다. 그러나 법률행위의 성립 당시에 확정될 필요는 없고, 목적이 실현된 시점까지 확정될 수 있으면 된다. 이는 법률행위해석의 문제와 관련하여, 법률행위해석의 기준은 민법 제106조에 따라 법령 중의 선량한 풍속 기타 사회질서에 관계없는 규정과 다른 관습이 있는 경우에 당사자의 의사가 명확하지 아니한 때에는 그 관습에 의한다. 결국은 당사자의 목적, 사실인 관습, 임의규정, 신의성실의 원칙에 의하여 법률행위를 해석한다.

(2) 目的의 可能

법률행위의 성립 당시에 법률행위의 목적이 실현불가능한 것이면 그 법률행위는 무효이다. 물리적으로 가능하다고 하더라도 사회관념상 불가능으로 평가되는 경우도 무효가 될 수 있다. 따라서 법률행위목적의 가능 혹은 불능의 판단기준은 그 시대의 사회관념에 따라 결정된다. 그리고 불능은 확정적인 것이어야 하며 일시적으로 불능이라도 가능하게 될 가망이 있으면 불능이 아니다. 정지조건부 법률행위의 조건성취가 불가능한 때에는 전체를 불능으로 한다.

1) 原始的 不能과 後發的 不能

법률행위 성립시에 불능인 것이 원시적 불능이며, 법률행위 성립 후 그 이행

전에 불능인 것이 후발적 불능이다. 원시적 불능이 있으면 법률행위는 무효로 된다. 다만 채무자가 그 불능을 알았거나 또는 알 수 있었을 때에는 그 상대방이 계약의 유효를 믿었기 때문에 받은 손해를 배상하여야 한다(민법 제535조). 후발적 불능의 경우에는 채무자의 고의·과실이 있으면 계약의 이행불능으로 인한 손해배상(민법 제390조) 및 계약해제(민법 제546조)가 문제되고, 채무자의 고의·과실이 없으면 위험부담(민법 제537조, 제538조)이 문제된다.

2) 全部不能과 一部不能

법률행위의 목적이 전부불능인 것을 전부불능이라고 하고, 급부의 일부가 불능이거나 성질이 각각 다른 급부 중의 하나가 불능인 경우 일부불능이라고 한다. 일부불능은 민법 제137조의 일부무효의 법리에 의하여 원칙적으로 전부무효이다. 단 그 무효 부분이 없어도 법률행위를 하였으리라고 인정될 때에는 무효 부분을 제외한 나머지 부분만은 그대로 유효하다.

3) 客觀的 不能과 主觀的 不能

어느 누구도 법률행위의 목적을 실현할 수 없는 것이 객관적 불능이며, 해당 채무자만이 실현할 수 없는 것이 주관적 불능이다. 객관적 불능의 개념을 사용하면, 종류채무에 관하여 조달의무를 인정하게 되므로 채무의 목적물이 조달가능한 한 채무자는 이를 이행하지 않으면 안 된다.

(3) 目的의 適法

민법상 선량한 풍속 기타 사회질서에 관한 규정을 강행규정이라고 하고, 그렇지 않은 규정을 임의규정이라고 한다. 강행규정에 반하는 법률행위는 무효이므로, 법률행위의 목적이 적법하다는 것은 강행규정에 반하지 않는다는 의미이다.

1) 强行規定

강행규정[72]은 선량한 풍속 기타 사회질서를 법률로 규제한 하나의 구체적 표현에 불과하며, 강행규정과 양속질서, 즉 사회적 타당성은 모두 사적자치의 한

---

72) 민법 총칙 편에서는 권리능력·행위능력·법인제도·소멸시효제도에 관한 규정들이 강행규정이다.

계를 규정한다. 우리 민법은 어떠한 규정이 강행규정에 해당하는지에 대하여 명문의 규정을 두고 있는 경우도 있지만(민법 제608조), 그렇지 않은 경우에는 법규의 성질 및 사회적 의의 등을 고려하여 구별하여야 한다. 그 기준에는 첫째, 사회의 기본적 윤리관을 반영하는가,[73] 둘째, 가족관계 질서의 유지에 관한 것인가, 셋째, 법률질서의 기본구조에 관한 것인가,[74] 넷째, 제삼자나 사회 일반의 이해에 직접 중요한 영향을 주는 것인가,[75] 다섯째, 거래의 안전을 위한 것인가,[76] 여섯째, 경제적 약자를 보호하는 것인가[77]를 들 수 있다.

2) 團束規定

행정법상 단속규정[78]은 일정한 행정목적을 실현하기 위하여 설정된 것이다. 국가가 일정한 행위를 단속할 목적으로 그것을 금지하거나 제한하는 데 지나지 않으므로 그에 위반하여도 벌칙의 적용이 있을 뿐이고 행위 자체의 사법상의 효과에는 영향이 없다. 그러나 허가를 받지 않고 매매계약 후 이중매매할 경우 채권행위의 유효설과 유동적 무효설에 따르면 형법상 배임죄 여부는 달라질 수 있다.[79]

3) 脫法行爲

강행법규가 금지하고 있는 것을 회피수단에 의하여 실질적으로 실현하는 것을 말하며 원칙적으로 무효라 할 것이다. 다만 양도담보와 같이 결과의 발생이 아닌 특정의 수단, 형식 내지 행위를 금지하는 데 중점이 있는 경우에는 유효하다.

4) 效力規定

효력규정[80]은 엄격한 표준으로 일정한 자격을 정하는 것이다.[81] 이러한 허가

---

73) 민법 제103조 및 친족상속법.

74) 권리·행위능력, 법인.

75) 物權法定主義.

76) 유가증권.

77) 민법 제104조, 제289조, 제608조, 제652조, 賃貸借保護法 등.

78) 판례가 단속규정으로 판시한 예로서(규정에 위반한 사법상 행위의 효력까지 부정되는 것은 아니다) 1. 부동산 등기 특별조치법상의 中間省略登記 금지위반, 2. 주택건설촉진법상의 국민주택 전매행위 금지위반, 3. 토지 거래 신고 대상임에도 거래신고를 하지 않은 경우, 4. 구상호신용금고법상 동일인대출액 한도규정을 위반, 5. 증권거래법상 일임매매제한규정을 위반한 일임매매약정, 6. 금융실명제하에서 타인 명의의 예금계약을 하는 것.

79) 이충, 「토지거래허가제도의 법적 문제점과 개선방안」, 연세대학교(석사학위논문), 2003, 77쪽.

나 면허를 받은 자가 그 명의를 대여하는 계약은 무효이다. 그러나 위의 명의 대여계약으로 명의를 빌린 자가 제삼자와 맺은 계약, 즉 광업권자의 명의를 빌려서 채굴한 광물을 매각하는 경우 유효하다고 할 수 있다.

(4) 目的의 社會的 妥當性

민법 제103조나 제104조는 다 같이 구민법 제90조의 공공의 질서 또는 선량한 풍속에 반하는 사항을 목적으로 하는 법률행위의 범주에 속하는 것으로서 전자가 행위의 객관적인 성질을 기준으로 하여 그것이 반시회질서적인 여부를 판단할 것임에 반하여, 후자는 행위자의 주관적인 사항을 참작하여 그 행위가 현저하게 공정을 잃은 것인지 여부를 판단할 것이라는 차이가 있음에 지나지 않는다[82] 고 판시하면서, 제104조의 불공정한 법률행위도 제103조의 반사회질서의 행위의 하나이며, 따라서 양자는 별개가 아니라고 보아 제104조 위반이 되지 않는 경우에도 제103조 위반 여부를 검토하여 무효로 할 수 있다[83]고 보고 있다.

우리 민법 제103조는 "선량한 풍속 기타 사회질서에 위반한 사항을 내용으로 하는 법률행위는 무효로 한다."고 규정하고 있다. 법률행위의 당사자가 법령 중의 선량한 풍속 기타 사회질서에 관계없는 규정과 다른 의사를 표시한 때에는 그 의사에 의한다. 여기서 선량한 풍속은 사회의 일반적 도덕관념을 말하고,

---

80) 판례기 효력규정(무효)으로 판시한 예로서(규정에 위반한 행위의 사법상 효력은 부정된다) 1. 사립학교법상채무부담에 감독청 허가를 요하는 규정을 위반한 차입행위, 2. 상호신용금고법상 차입 등 채무부담행위에 사원 3분의 2 이상과 이사회의 동의를 요하는 규정, 3. 전통사찰보존법상 사찰재산양도에 관할청의 허가를 요하는 규정(단 이를 위반하면 流動的 無效), 4. 국토이용관리법상의 토지거래허가를 요하는 규정(단 이를 위반하면 流動的 無效), 5. 증권거래법상 투자수익 보장약정 금지규정, 6. 부동산중개업법 시행규칙 부동산중개 수수료 약정 한도액을 제한하는 규정, 7. 담배사업법상 지정업자가 아닌 자의 담배사재기 금지규정, 다만 이미 지급한 대가가 불법원인급여는 아니므로 반환청구는 가능하다. 즉 담배사업법은 원료용 잎담배의 생산 및 수매와 제조담배의 제조 및 판매 등에 관한 사항을 규정하고 있기는 하나, 원래 담배사업이 반드시 국가의 독점사업이 되어야 한다거나 담배의 판매를 특정한 자에게만 하여야 하는 것은 아니어서 그 자체에 반윤리적 요소가 있는 것은 아니고, 또한 담배사재기가 물가안정에 관한 법률에 의하여 금지되고 그 위반행위는 처벌되는 것이라고 하여도 이는 국민경제의 정책적 차원에서 일정한 제한을 가하고 위반행위를 처벌하는 것에 불과하므로, 이에 위반하는 행위가 무효라고 하더라도 이것을 선량한 풍속 기타 사회질서에 반하는 행위라고는 할 수 없다. 따라서 요건을 충족하진 못하지만 사회적 타당성에 반하는 것은 아니다. 이는 불법원인급여에서 '불법'에는 해당하지 않으므로 이미 급부한 담배매매대금의 반환을 청구할 수 있게 된다고 판시하였다(大判 2001.5.29, 2001다1782). 8. 의료법에서 의료인이나 의료법인 등 비영리법인이 아닌 자의 의료기관개설을 금지하는 규정, 9. 긴실임면허를 받은 건설업자가 건설업면허가 없는 자에게 건설업면허를 대여하는 행위.

81) 광업권, 어업권, 증권회사 등.

82) 大判 1965.11.23, 65다28.

83) 大判 2000.2.11, 99다56833.

사회질서는 우리 사회생활의 평화와 질서를 유지하는 데 있어서 일반국민이 반드시 지켜야 할 일반규범[84]을 말한다. 이러한 사회적 타당성에 반하는 행위로는 다음과 같은 것들이 있다.

1) 正義에 反하는 行爲

범죄 기타의 부정행위를 권하거나 이에 가담하는 계약[85] 등은 설령 계약당사자 모두에게 이익이 되는 법률행위라 하더라도 다른 제삼자에게 직접적인 피해를 주는 것이기 때문에 당연히 무효이다. 그 밖에 이익을 받고 범죄를 하지 않겠다는 계약, 인종·성별·종교 등을 이유로 인간을 차별하는 내용의 계약 등은 사회적 강자나 사회적 다수자의 부당한 기득권을 인정함으로써 자유경쟁의 기본전제를 파괴하는 계약이므로 무효라고 할 수 있다.

2) 倫理的 秩序에 反하는 行爲

자기 부모에 대하여 불법행위에 기한 손해배상을 청구하는 행위, 자기 부모와 동거하지 않겠다는 계약을 체결하는 행위, 妾關係를 위한 증여계약, 유부남이 다른 여자와 맺은 혼인계약 등은 인륜도덕의 핵인 부모자식관계와 일부일처제의 규범을 파괴하는 계약이므로 당연히 무효이다.[86] 다만 妾關係를 끊기 위해 대가를 지불하는 계약은 비록 일부일처제에 도움이 되는 계약이라 하더라도 인간의 애정을 돈과 맞바꾸는 내용이므로 무효라고 봐야 할 것이며(妾關係 끊기 위한 것 그로 인한 자녀 양육비 등은 유효), 이혼계약이나 자녀 양육비 등에 관한 계약은 가족관계를 파괴한다기보다 자유로운 사랑을 추구하는 개인의 당

---

84) 국가, 사회의 공공적 질서, 일반적 이익.

85) 폭력을 영업수단으로 하는 주식회사에 출자하는 행위, 법원에서의 위증에 대해 대가를 지불하기로 하는 행위, 경매·입찰의 담합행위, 살인도급행위, 부동산 이중매매를 적극 권유하여 매수하는 행위이다. 특히 이중매매는 매도인 甲이 제1매수인 乙과 먼저 매매계약을 한 후, 乙과의 매매계약을 해제하지 않은 상태에서, 제2매수인 丙에게 소유권을 이전하는 것으로서, 만일 이후 丙이 제삼자 정에게 소유권을 이전한 경우 이중매매는 유효하다. 왜냐하면 제2매수인(丙)의 소유권이 유효이기에 제삼자 丁은 선악 불문하고 소유권을 취득하는 것이다. 그러나 제2매수인이 반사회적 법률행위에 해당하면 절대적 무효로 다시 매수한 제삼자는 선악 불문하고 소유권을 취득할 수 없다. 부동산의 제2매수인이 매도인의 背任行爲(제1매수인에 대하여)에 적극 가담하여 제2매매계약이 반사회적 법률행위에 해당하는 경우에는 제2매매계약은 절대적으로 무효가 될 것이다. 따라서 부동산의 이중매매가 반사회적 법률행위에 해당하는 경우에는 이중매매계약은 절대적으로 무효이므로, 당해 부동산을 제2매수인 병으로부터 다시 취득한 제삼자는 설사 제2매수인이 당해 부동산의 소유권을 유효하게 취득한 것으로 믿었더라도 이중매매계약이 유효하다고 주장할 수 없다(大判 1996.10.25, 96다29151).

86) 大判 1960.9.29, 4293民上302.

연한 권리라 할 수 있으므로 당연히 유효한 것으로 봐야 할 것이다. 그 밖에도 자살을 돕는 대가로 돈을 받는 행위, 입양 알선의 대가로 돈을 받는 행위, 매매 춘행위 등은 설령 다른 제삼자들에게 직접적인 피해를 주지 않는 계약이라 하더라도 인간의 존엄에 반하므로 무효라고 봐야 할 것이다.

3) 個人의 自由를 매우 심하게 制限하는 行爲

평생 노예로 살겠다는 약속, 일생 동안 독신으로 살겠다거나 절대 이혼하지 않겠다는 약속, 자기 영업의 자유나 기타의 거래활동을 영구적으로 제한하겠다는 약속, 자기가 장차 취득하게 될 전 재산을 양도하는 행위 등도 비록 계약당사자의 자유의사에 의해 체결된 것이라고는 하나 당사자 일방이 일시적 자유의사에 의해 자신의 영구적 자유를 제한한 경우라 할 수 있으므로 무효라고 봐야 할 것이다.

4) 지나치게 射倖的인 行爲

인간사회에서 동서고금을 막론하고 도박이 있어 왔다. 도박은 사행심을 조장하여 미풍양속을 해치고 사회질서를 문란케 하는 반사회적 행위로서, 일시적인 오락에 불과하여 위법성이 없는 경우를 제외하고는 형법상 처벌된다.[87] 그리고 도박계약은 민법 제103의 규정에 따라 무효가 된다.[88] 특히 도박에 관하여 우리 민법에서 직접적인 규정은 없으나 외국의 경우 민법에 직접 규정을 둔 나라도 있다. 예컨대 독일민법 제762조와 프랑스민법 제1965조와 제1967조에 도박과 관련한 규정이 있다. 따라서 도박에 진 빚을 토대로 하여 그 노름빚을 갚기로 하는 계약, 도박으로 진 빚의 변제로서 토지를 양도하는 계약, 도박자금의 대여 등은 투자가 아닌 투기 그 자체로서의 투기를 내용으로 하는 계약이므로 일단 무효라고 볼 수 있다. 그러나 경마투표권, 주택복권 등의 계약은 피해의 정도가 크지 않으며 엄격한 관리를 거치므로 예외적으로 반사회성이 조각되어 유효할 수도 있다.[89]

---

87) 刑法 제246조, 제247조, 제249조.
88) 大判 1959.7.16, 4291民上2060.
89) 황영선, 사례중심의 민법, 대학출판사, 1996, 48쪽.

5) 反社會秩序의 效果

선량한 풍속 기타 사회질서에 위반한 행위는 무효이다. 물론 이러한 무효는 이를 주장할 소송상의 이익이 있는 자에 한하여 주장 또는 항변할 수 있다. 이렇게 무효가 되면 채권행위의 경우 채권의 효력이 생기지 않으므로 채무자는 이행할 필요가 없다. 그러나 이행 후에는 민법 제746조의 不法原因給與 법리에 의해 채무자는 이를 반환청구하지 못하며, 소유권에 기한 물권적 청구권도 행사하지 못한다.

주의할 점은 타인의 無思慮, 窮迫을 이용하여 부당한 이득을 얻으려고 하는 폭리행위로서 민법 제104조는 제103조의 예시이다.

6) 動機의 不法

동기란 의사형성과정에서의 한 요소로서 의사를 결정짓게 한 원인이 되는 것을 말하며, 동기의 불법이란 그러한 동기가 선량한 풍속 기타 사회질서를 위반하는 것을 말한다. 민법 제103조는 법률행위가 선량한 풍속 기타 사회질서를 위반하는 경우 이를 무효로 하고 있는데, 동기의 불법의 경우에도 그대로 적용할 것인가의 문제이다.

학설은 첫째, 동기가 표시된 때에 한하여 표시된 동기가 법률행위의 내용을 이루어 사회질서에 반하는 것이면 법률행위는 무효로 되는 것이라는 표시설, 둘째, 동기가 표시된 때는 물론이고, 동기가 표시되지 않았더라도 상대방이 알았거나 알 수 있었을 때에는 법률행위가 무효로 된다는 인식설, 셋째, 유·무효의 이익을 비교형량하거나 불법성의 정도를 비교하는 등의 종합적인 판단을 바탕으로 법률행위의 효력 여부를 결정한다는 형량설, 넷째, 유형별로 구별하여, 특히 단독행위에서의 동기는 표시의 유·무를 묻지 않고 동기의 불법이 단독행위의 무효로 되는 것이고, 계약에서의 동기는 원칙적으로 계약의 내용이 되지 않으므로 계약의 효력에 아무런 영향을 미치지 않으나, 표시되지 않았더라도 통상의 주의를 하였더라면 상대방이 알 수 있었을 경우에는 무효로 된다는 유형설 등 여러 주장을 표현하고 있으나, 판례는 다음과 같이 판시하고 있다.

다수의 견해는 종래의 판례가 표시설[90]을 취하다가 최근의 판례는 인식설을

---

90) 大判 1972.10.31. 72다1271·1272.

받아들이고 있는 것으로 설명하고 있으나, 판례는 '표시되거나 상대방에게 알려진' 경우라고 한정하고 있으며, 동기의 불법이 의사표시의 형성에 영향을 미친 경우는 의사표시의 하자의 문제로 파악하고 있다. 즉 "민법 제103조에 의하여 무효로 되는 반사회질서 행위는 법률행위의 목적인 권리·의무의 내용이 선량한 풍속 기타 사회질서에 위반되는 경우뿐 아니라 그 내용 자체는 반사회질서적인 것이 아니라고 하여도 법률적으로 이를 강제하거나 법률행위에 반사회질서적인 조건 또는 금전적 대가가 결부됨으로써 반사회질서적 성질을 띠게 되는 경우 및 표시되거나 상대방에게 알려진 법률행위의 동기가 반사회질서적인 경우를 포함하나, 이상의 각 요건에 해당하지 아니하고 단지 법률행위의 성립과정에 강박이라는 불법적 방법이 사용된 데에 불과한 때에는 강박에 의한 의사표시의 하자나 의사의 흠결을 이유로 효력을 논의할 수는 있을지언정 반사회질서의 법률행위로서 무효라고 할 수는 없다."고 판시하였다.[91]

결국 동기의 불법의 경우 정의의 관념에 비추어 어느 범위까지 법률행위의 효력에 영향을 미치게 할 것인가의 문제에 대해 신의칙상의 기준을 구체적으로 제시한 것으로 본다. 다만 계약에 있어서 동기가 표시된 경우에는 이미 의사표시의 내용으로 편입된 것으로 보아 동기의 불법의 문제가 아니라 의사의 불법으로서 당연히 법률행위가 무효로 되는 것이며, 표시되지 않았더라도 상대방이 알았거나 약간의 주의만 하면 알 수 있었음에도 알지 못한 중대한 과실의 경우에는 동기의 불법이 법률행위를 무효로 만든다고 본다. 단독행위의 경우에는 동기의 표시유무를 불문하고 동기의 불법으로 법률행위는 무효로 된다.

그러나 법률행위 자체는 公序良俗에 반하지 않으나 그 목적이나 동기가 공서양속에 위반하는 경우에 그 법률행위를 무효로 할 것인가에 대하여, 비록 동기가 공서양속[92]에 반하는 것이라 하더라도 그 법률행위의 내용 자체가 공서양속에 반하지 않을 때에는 설령 상대방이 그 동기의 불법을 알았거나 알 수 있었다 하더라도 그 법률행위는 유효하다고 봐야 할 것이다.

---

91) 大判 2002.12.27, 2000다47361.
92) 공공의 질서와 선량한 풍속을 아울러 이르는 말로서 법률사상의 지도적 이념으로 법률행위 판단의 기준이 되는 사회적 타당성이 인정되는 도덕관이다.

<표 8> 반사회질서행위(민법 제103조 위반) 여부에 관한 판례

반사회질서로 서 무효로 본 경우	정의 관념에 반하는 행위	ⅰ) 밀수나 도박을 위한 자금의 대차, 출자(大判 1962.4.4, 4294민상1296 등), 도박으로 부담한 채무의 변제로서 토지를 양도하는 계약(大判 1959.10.15, 4291민상262) ⅱ) 경매나 입찰에서 부정한 약속을 하는 담합행위 ⅲ) 범죄의 포기를 대가로 금전을 주는 계약 ⅳ) 공무원의 직무에 관한 사항에 관해 특별한 청약을 하고 그 대가를 지급하는 계약(大判 1971.10.11, 71다1645) ⅴ) 사용자가 노동조합 간부에게 근로자들의 임금인상 요구가 있을 때 이를 적당히 무마해 달라는 청탁을 하고 그 대가를 약속하는 경우(大判 1956.5.10, 4289민상115) ⅵ) 소송의 일방 당사자를 위하여 진실의 증언을 하고 승소시 소송가액의 일정액을 배분받 기로 하는 계약(당연한 의무의 이행을 조건으로 용인될 수 있는 한도를 초과한 급부 제공의 약속이기 때문) ⅶ) 제2매수인이 매도인의 배임행위에 적극 가담하여 이루어진 이중매매(大判 1970.10.23, 70다2038)
	기본적 인륜에 반하는 행위	ⅰ) 자가 부모와 동거하지 않는다는 계약 ⅱ) 첩계약(처의 동의 여부와 무관하게 무효) 및 처의 사망, 이혼시 입적한다는 부수적 계약 ⅲ) 혼인예약 중 동거를 거부하는 경우에 금원을 지급하기로 하는 계약(大判 1963.11.17, 63마587) ⅳ) 부부관계의 종료를 해제조건으로 하는 증여계약(大判 1966.6. 21, 66다530)
	개인의 자유를 지나치게 제한하는 행위	ⅰ) 절대로 이혼하지 않겠다는 각서를 쓴 행위(大判 1969.8.19, 69므18) ⅱ) 독신계약(여자 은행원을 채용하면서 근무기간 중 혼인하지 않을 것을 정한 약관 등)
	생존의 기초인 재산처분 행위	사찰이 그 존립에 필수불가결인 재산을 증여하는 행위(大判 1970.3.31, 69다2293)
반사회질서에 해당하지 않는다고 본 경우		ⅰ) 불륜관계의 단절을 조건으로 하는 금전지급계약, 첩의 생활비나 자녀의 양육비를 지급하는 계약(大判 1980.6.24, 80다458) ⅱ) 부정행위를 용서받는 대가로 손해를 배상함과 아울러 가정에 충실하겠다는 서약의 취지에서 처에 게 부동산을 양도하되 부부관계가 유지되는 동안에는 처가 임의로 처분할 수 없게 한 계약 (大判 1992.10.27, 92므204) ⅲ) 동업자 간에 협정요금의 준수 및 종업원을 유인고용하지 않기로 하고 위반시 위약금을 물기로 한 계약 ⅳ) 해외에 파견된 근무자가 귀국 후 3년간 회사에 근무하여야 하고, 위반시 해외 파견에 소요된 경비 를 배상하여야 한다는 회사의 내규(이는 근무기간의 제한이 아니라 경비반환채무의 면제기간을 제 한한 것으로서 유효; 大判 1982.6.22, 82다카90) ⅴ) 상속세 면탈을 목적으로 피상속인 명의로부터 직접 타인에게 소유권이전등기를 경료하는 행위(大判 1964.7.22, 64다554) ⅵ) 양도소득세 회피를 위한 명의신탁 내지 매매계약의 체결(大判 1991.9.13, 91다16334; 1992.12.22, 91다35540)

(5) 不公正한 法律行爲

민법 제104조에 규정된 불공정한 법률행위는 당사자의 窮迫 輕率 無經驗으로 인하여 현저하게 공정을 잃은 행위는 무효로 한다. 급부와 반대급부 간의 가치

차이가 지나치게 커지는 경우를 막기 위해 만든 규정이므로 매매, 임대차, 高利消費貸借의 경우에 주로 적용된다.[93] 그리고 불공정한 법률행위가 성립하기 위해서는 궁박, 경솔, 무경험은 모두 구비되어야 하는 것이 아니고, 그중 일부만 갖추어져도 충분하다.[94] 객관적으로 급부와 반대급부 사이에 현저한 불균형이 존재하고 주관적으로 위와 같은 균형을 잃은 거래가 피해 당사자의 급박, 경솔 또는 무경험을 이용하여 이루어진 경우에 한하여 성립[95]하는 것으로서 약자적 지위에 있는 자의 급박, 경솔 또는 무경험을 이용한 暴利行爲를 규제하려는 데에 그 목적이 있으므로, 피해 당사자가 급박, 경솔 또는 무경험의 상태에 있었다고 하더라도 그 상대방 당사자에게 위와 같은 피해 당사자 측의 사정을 알면서 이를 이용하려는 의사, 즉 폭리행위의 악의가 없었다면 불공정한 법률행위는 성립하지 않는다.[96] 판례는 "사실과 다른 고소에 의하여 구속된 상태에서 시부모와 남편 및 본인까지도 병중에 있었고, 경영하던 회사는 부도 위기에 처하는 등 정신적·경제적으로 궁박한 상태에 있었으며, 합의의 내용도 고소인의 주장을 그대로 인정하고 이루어진 것이라면 그 합의가 불공정한 법률행위에 해당한다."고 판시하고 있다.[97]

1) 暴利者의 意圖

일방 당사자에게 상대방의 궁박·경솔 또는 무경험의 상태를 이용하려는 의사가 있었어야 한다. 이러한 폭리행위의 악의가 없었다면 불공정한 법률행위는 성립하지 않는다. 따라서 피해 당사자가 궁박, 경솔, 무경험의 상태에 있었다고 하더라도 그 상대방 당사자에게 피해 당사자의 사정을 알면서 이를 이용하려는 의사, 즉 폭리행위의 악의가 없었다면 불공정한 법률행위는 성립하지 않는다.[98]

---

93) 민법 제339조(流質契約禁止), 민법 제607조와 제608조(代物返還의 豫約)도 불공정한 법률행위를 무효로 하는 규정들이다.

94) 大判 1999.5.28. 98다58825.

95) 大判 1991.5.28. 90다19770. 예를 들어 매도인 측에서 매매계약이 불공정한 법률행위로서 무효라고 하려면 객관적으로 매매가격이 실제가격에 비하여 현저하게 헐값이고 주관적으로 매도인이 궁박, 경솔, 무경험 등의 상태에 있었으며, 매수인 측에서 위와 같은 사실을 인식하고 있었다는 점을 주장·입증하여야 한다.

96) 大判 1997.7.25. 97다15371.

97) 大判 1998.3.13. 97다51506.

98) 大判 1988.9.13. 86다카563.

2) 窮迫・輕率・無經驗

민법 제104조 소정의 궁박이라 함은 급박한 困窮을 의미하는 것이고 이는 경제적 원인에 기인할 수도 있고, 정신적 또는 심리적 원인에 기인할 수도 있으며,[99] 당사자가 궁박의 상태에 있었는지 여부는 그의 신분과 재산상태 및 그가 처한 상황의 절박성의 정도 등 제반 상황을 종합하여 구체적으로 판단하여야 한다.[100] 경솔은 선천적 경솔 또는 주위사정으로 피할 수 없었던 고려의 부족으로 이해되나,[101] 무경험은 일반적인 생활경험 및 사회경험, 지식의 결여를 의미하며, 그 대표적인 사례는 청소년, 정신박약아, 외국인, 장기질환자 등이다. 대리가 있었던 경우라면, 본인의 경솔・무경험은 그 대리인을 기준으로 하여 판단하고, 궁박상태에 있었는지의 여부는 본인의 입장에서 판단하여야 한다.[102]

3) 顯著한 不均衡

법률행위가 현저하게 균형을 잃은 경우에도 곧바로 궁박, 경솔하게 이루어진 것으로 추정되지는 않는다. 궁박, 경솔 또는 무경험의 상태에 있었다는 사실, 상대방이 이 사실을 알고 있었다는 사실, 그리고 급부와 반대급부 간에 현저한 불균형이 있음을 모두 주장자가 입증하여야 한다.[103] 그리고 급부와 반대급부의 객관적 가치에 큰 차이가 있어서 현저하게 공정을 상실해야 한다. 객관적 차이 여부는 산술적 개념이 아니다. 궁박・경솔 또는 무경험을 판단하는 시점뿐만 아니라 현저한 불균형의 여부를 판단하는 시점도 법률행위 시라고 본다.

---

99) 大判 1999.5.28, 98다58825.

100) 大判 1992.4.14, 91다23660.

101) 공무원이 토지의 평당 단가를 2,100원으로 기재하여야 할 것을 그 10배인 21,000으로 오기한 것은 輕率로 인한 것이다(大判 1977.5.10, 76다2953).

102) 大判 1972.4.25, 71다2255.

103) 無經驗이라 함은 일반적인 생활체험의 부족을 의미하는 것으로서 어느 특정영역에 있어서의 경험부족이 아니라 거래일반에 대한 경험부족을 뜻(大判 2002.10.22. 2002다38927)하는 것으로서, 현저하게 균형을 잃은 경우라는 것은 사고로 사망한 자의 유족이 받을 수 있는 손해배상 액수의 8분의 1밖에 되지 않는 합의금을 받기로 하고 가해자나 사용자에 대하여 민・형사상 책임을 더 묻지 않기로 한 경우(大判 1979.4.10. 78다2457), 매매가격이 시가의 약 8분의 1 정도로 현저한 차이가 있고 매도인이 평소 어리석은 사람인 것이 인정되며 또한 매수인은 이 건 부동산을 매수한 후 약 3개월 후에 매수가격이 4~5배 정도로 전매한 경우(大判 1977.12.13. 76다2179), 민사소송과 함께 형사고소를 제기하여 구속 및 거액이 손해배상 가능성을 내세워 위협함으로써 아무런 법률적인 소양도 없는 자들로부터 시가 2억 2천만 원 상당인 임야를 금 7억 5천만 원을 받고 양도하기로 약정을 맺는 것(大判 1995.4.11. 94다17000, 17017) 등이다. 大判 1969.12.30. 69다1873. 1970.11.24. 70다2065.

불공정행위로 인정한 경우	ⅰ) 대물변제의 목적물인 부동산의 가액이 채권액의 3~4배에 달한 경우
	ⅱ) 매매가격이 시가의 1/8 정도로 현저한 차이가 있고 매수인은 이를 매수한 3개월 후에 매수가격의 4~5배 정도로 전매한 경우
	ⅲ) 건물을 철거당하여 생업을 중단하게 될 궁박한 상태에서 시가의 1/3에 미달하는 금액으로 이루어진 건물매매(大判 1973.5.22. 73다 231)
	ⅳ) 신체사고로 인한 손해배상금으로 사고 후 일주일밖에 되지 않은 시기에 그 받을 수 있는 금액의 1/8도 안 되는 금액으로 합의한 경우(大判 1979.4.10. 78다2457)
	ⅴ) 농촌에 거주하는 79세의 노인으로부터 감정가격의 30%에도 미치지 못한 가격으로 토지를 매수하고 계약금으로 매매대금의 1/3 이상을, 계약 다음 날 중도금으로 고액을 지급하는 등 이례적인 매매계약을 맺은 경우(大判 1992.2.25. 91다40351)
	ⅵ) 구속된 남편을 석방시키기 위하여 회사에 대한 물품잔대금채권이 얼마인지도 확실히 모르면서 남편을 대리하여 위임장과 포기서를 작성해 준 채권포기행위(大判 1975.5.1375다92)
불공정행위로 볼 수 없다고 한 경우	ⅰ) 매매가격이 시가보다 저렴하다는 사실만으로는 폭리행위로 인정될 수 없다.
	ⅱ) 기부행위(증여)와 같이 아무 대가관계 없이 일방적인 급부를 하는 행위는 그 성질상 공정성 여부를 논할 수 있는 법률행위라 할 수 없다(大判 1997.3.11. 96다49650).
추인가능성	불공정행위로서 무효인 행위는 추인에 의하여 유효로 될 수 없고, 법정추인규정이 적용될 여지도 없다(大判 1994.6.24. 94다10900).

3. 法律行爲의 解釋

(1) 意義

법률행위의 목적 내지 내용을 명확히 하는 것이다. 이는 결국 그 법률행위를 구성하고 있는 의사표시의 내용을 정확하게 파악하는 것을 의미한다. 따라서 법률행위의 해석은 의사표시, 즉 법률행위적 의사표시의 규범적 의미내용을 탐구하는 것을 말한다. 법률행위의 내용은 언제나 명료하게 표현되거나 논리적으로 정돈되어 있는 것은 아니다. 그러므로 의사표시의 존부에 관한 결정이 필요한 경우, 의사와 표시가 일치하지 않은 경우, 표의자가 표시행위에서 사용한 개념이 객관적인 문언의 의미와 다른 경우, 표시행위가 다의적인 경우에는 법률행위의 해석이 필요하다.[104]

특히 해석에 있어서 의사설과 표시설의 논쟁이 있었으나, 표의자의 의사와 표시행위가 모두 중요하다고 할 것이다. 독일의 라렌쯔(Larenz)는 의사표시를 효력표시행위라고 보았고, 의시와 표시의 2분석 구소를 부인했다. 그에 따르면 법률행위의 해석은 책임귀속의 문제로서 표시행위에 내재하는 여러 가지 의미

---

104) 김준호, 『민법강의(이론과 사례)』, 법문사, 1999, 171쪽.

들 가운데에서 법적인 관점에서 기준적인 것으로 판단되는 의미를 확정하는 것이다. 즉 표시행위에 대한 표의자와 수령자의 사실상의 이해관계와는 상관없이 객관적이며 규범적인 표시행위의 의미를 탐구하는 것이다. 그러나 양 당사자가 표시에 대하여 동일한 의미로 이해한 경우에는 표시 자체가 다의적일지라도 그 의미가 효력을 가진다고 한다.

반면 플루메(Flume)는 의사표시를 법률행위적 행위와 그 결과로서의 규율로 나누고, 일단 의사표시의 사실적 이해가 해석의 기초가 된다는 전제하에 이것이 불가능한 경우에 한하여 가치평가를 통한 규범적 해석에 따라서 의사표시의 책임귀속을 결정한다. 플루메의 견해를 따르면 법률행위의 해석은 원칙적으로 사실문제로서 법원이 직권으로 확정할 수 없고, 상고심은 사실심의 해석에 구속된다. 이에 관한 자백은 당사자와 법원을 구속한다.

(2) 法律行爲 解釋의 方法

1) 意義

상대방 없는 의사표시에서는 상대방에 대한 신뢰보호의 문제가 없으므로 표의자의 진정한 의사를 탐구하는 쪽으로 해석되어야 한다. 이에 대해 상대방 있는 의사표시에서는 표시를 신뢰한 상대방의 이익이 문제되므로 일정한 방법에 의한 해석이 요청된다. 그러한 해석방법으로 자연적 해석, 규범적 해석, 보충적 해석의 3가지가 인정된다.

2) 自然的 解釋

표현의 문자적·언어적 의미에 구속되지 않고 표의자의 진의, 즉 내심의 효과의사를 밝히는 것으로 적용영역에는 첫째, 유언과 같이 표의자의 이익만 중시되는 상대방 없는 단독행위, 둘째, 의사표시의 당사자가 표시를 사실상 같은 의미로 이해한 경우,[105] 셋째, 비록 표시된 바에 의하면 상대방은 표의자가 무엇을 의욕하였는지 명확히 알 수 없으나 기대가능한 주의를 기울이면 표의자의

---

105) 표의자의 잘못된 표시에도 불구하고 상대방이 표의자의 진의를 올바로 파악하였을 때에는, 표의자의 진의에 따른 법률효과가 주어지게 되므로 자연적 해석 방법이 적용된다(誤表示無害의 原則, false demonstration onnocet).

진의를 알 수 있는 경우에는 상대방의 신뢰는 보호할 가치가 없으므로 자연적 해석의 방법이 적용되게 된다. 이에 대한 판례의 사안을 보면 甲이 국가 소유인 X토지를 불하받는 과정에서 서로 간의 착오로 인접한 국가 소유의 Y토지로 잘못 표기하여 매매계약이 체결된 사안에서, "계약의 해석에 있어서는 형식적인 문구에만 얽매여서는 아니 되고 쌍방 당사자의 진정한 의사가 무엇인가를 탐구하여야 하는 것이므로, 계약서에 그 목적물을 X토지가 아닌 Y토지로 표시하였다 하여도, 위 X토지에 관하여 이를 매매의 목적물로 한다는 쌍방 당사자의 의사합치가 있은 이상, 위 매매계약은 X토지에 관하여 성립한 것으로 보아야 한다."[106]고 판시하여 자연적 해석을 법률행위 해석의 한 방법으로 받아들이고 있다.

3) 規範的 解釋

내심적 효과의사와 표시행위가 일치하지 않는 경우에 표시행위의 객관적 의미 혹은 상대방이 그 표시에 부여한 의미를 탐구하는 해석방법으로, 적용영역은 계약이나 상대방 있는 단독행위처럼 상대방의 신뢰를 보호하여야 할 법률행위의 경우에 적용된다. 이러한 경우라도 상대방의 신뢰는 정당한 경우에만 보호되므로 상대방이 표의자의 진의를 이해했거나 이해가 가능했을 경우에는 자연적 해석에 의하게 된다. 이에 대한 판례의 사안을 보면 "'충원걸'이라고 써 준 것은 모든 결제가 끝난 것으로 해석하는 것이 영수증 작성자의 의사에 부합한다."[107]고 보았으며, "최대한 노력하겠다는 문언을 기재한 경우는, 법적으로는 부담할 수 없지만 사정이 허락하는 한 그 이행을 하여 주겠다는 취지로 해석함이 상당하다."[108]고 판시하였다.

4) 補充的 解釋

법률행위의 내용에 틈[109]이 있는 경우 이를 보충하는 해석방법이다. 통설적 견해는 법률행위 해석의 한 방법으로 보충적 해석을 인정하고 있으나, 이에 대

---

106) 大判 1993.10.26, 93다2629, 2636.
107) 大判 1969.7.8, 69다563.
108) 大判 1994.3.25, 93다32668.
109) 間隙

하여는 법의 적용일 뿐 법률행위의 해석과는 무관하다는 견해도 있다. 적용영역으로 보충적 해석은 자연적 해석과 규범적 해석에 의하여 법률행위의 성립이 인정된 후에 비로소 문제가 된다. 한편 자연적 해석과 규범적 해석의 결과 틈이 드러난 경우 임의규정이 존재하는 때에는 그 임의규정(민법 제106조)이 적용된다. 따라서 법관에 의한 보충적 해석은 임의규정에 의하여도 보충되지 않는 경우에 비로소 행하여지는 것이다.

① 補充的 解釋의 方法

보충적 해석이 탐구하는 것은 실제의 의사가 아니고 가정적 의사이다. 즉 법관은 "만일 당사자들이 고려하지 않았던 사정을 고려하였다면 당사자들이 계약시에 어떻게 의욕하였을 것인가를 살펴야 한다."는 판시를 예상해 볼 수 있다. 그리고 보충적 해석은 특히 신의성실의 원칙 및 거래관행이 중요한 해석 자료로 활용하고 있다.

② 補充的 解釋의 限界

보충적 해석은 私的自治 및 신의성실의 원칙의 존중하에서 행하여져야 하기 때문에 법관에게 자유로운 법 창조의 권능을 부여하는 것은 아니다. 따라서 보충적인 해석에서는 당사자의 의사와 계약의 내용으로부터 생기는 한계를 고려되지 않으면 안 된다.

5) 解釋의 基準

해석기준의 원칙은 일반적으로 당사자가 企圖하는 목적 및 법률행위 당시의 제반 사정·관습·신의성실의 원칙 혹은 임의규정을 들고 있는데 이에 관하여 살펴보면 다음과 같다.

첫째, 임의규정으로서 법률행위의 당사자가 법령 중의 선량한 풍속 기타 사회질서에 관계없는 규정과 다른 의사를 표시한 때에는 그 의사에 의한다(민법 제105조). 즉 당사자의 의사표시의 내용이 임의규정과 다를 때에는 임의규정이 배척되고, 임의규정과 같을 때에는 임의규정이 해석에 의하여 확정된 법률행위에 대하여 효력을 부여해 준다.

둘째, 당사자가 企圖하는 목적으로서 당사자가 그 법률행위에 의하여 달성하고자 하는 사회적·경제적 목적을 말한다. 계약서에 사용된 문자의 의미는 계약당사자가 企圖하는 목적과 계약 당시의 제반 사정을 참작하여 합리적으로 해석하여야 한다. 의사표시가 행해진 당시의 사정도 표시행위로부터 개념적·논리적으로 분리되는 것이므로 법률행위에 대한 해석의 기준이 된다.

셋째, 사실인 관습으로서 법률행위의 당사자가 이에 따를 것이라는 의사를 가지고 있는 것으로 인정되는 거래상의 관습을 말한다(민법 제106조). 사회관행에 의하여 발생한 사회생활규범인 점에서 관습법과 같으나, 사회의 법적 확신이나 인식에 의하여 법적 규범으로서 승인된 정도에 이르지 못한 것이라는 점에서 관습법과 다르다. 관습법은 법원으로서 법령과 같은 효력을 갖는 관습으로서 강행법규에 저촉하지 않는 한 법칙으로서 효력이 있는 것이며, 사실인 관습은 법령으로서의 효력이 없는 단순한 관행으로서 법률행위 당사자의 의사를 보충함에 그친다. 사실인 관습이 법률행위해석의 기준이 되기 위해서는 강행규정에 위반하지 않고 임의규정과는 달라야 하며, 당사자의 의사가 불명확해야 한다. 그러나 관습의 존재를 당사자가 알 필요는 없다.

〈표 10〉 관습법과 사실인 관습에 관한 판례표 12

	관 습 법	사실인 관습
정의	관습법이란 사회의 거듭된 관행으로 생성한 사회생활규범이 법적 확신과 인식에 의해 법적 규범으로 승인된 것이다.	사실인 관습이란 사회의 거듭된 관행으로 인한 사회생활규범인 점이 관습법과 같으나, 다만 사회의 법적 확신, 인식에 의해 법적 규범으로 승인될 정도에 이르지 못한 것이다.
효력	'법원'으로서 법령과 같은 효력을 가지므로 법령에 저촉되지 않는 한 법칙으로서의 효력이 있다.	법령으로서의 효력이 없는 단순한 관행으로서 법률행위의 당사자의 의사를 보충함에 그치는 것이다.
주장 / 입증책임	i) 당사자의 주장, 입증을 기다림이 없이 법원의 직권으로 이를 확정하여야 한다. ii) 그러나 관습의 존재 자체도 명확하지 않을 뿐 아니라 그 관습이 사회의 법적 확신이나 인식에 의해 법적 규범으로까지 승인된 것이나 여부를 가리는 더욱 어려운 일이므로, 법원이 이를 알 수 없는 경우 결국은 당사자가 이를 주장, 입증할 필요에 이르게 될 것이다(大判 1983.6.14, 80다3231).	i) 종전판례 - 사실인 관습은 일상생활에 있어서의 일종의 경험칙에 속하고 경험칙은 일종의 법칙으로서 당사자의 주장이나 입증에 구애됨이 없이 법관이 직권에 의하여 판단할 수 있다(大判 1977.4.12, 76다1124). ii) 변경판례 - 사실인 관습은 법령과 같은 효력이 없으므로, 원칙상 그 존재를 당사자가 주장, 입증하여야 한다(大判 1983.6.14, 80다3231). iii) 사실인 관습의 존부와 그 내용은 증인의 증언에 의해서도 인정될 수 있다(大判 1964.9.22, 64다515).
구체적 적용	가정의례준칙 제13조의 규정과 배치되는 관습법이 효력을 인정하는 것은 관습법의 제정법에 대한 열후적, 보충적 성격에 비추어 제1조의 취지에 어긋나는 것이다(大判 1983.6.14, 80다3231).	임치계약에 있어 임치인이 출고시에 이의 없이 수치물을 반환받았으면 책임이 면제된다. 이는 사실인 관습으로 거래방법에 따라 임치계약을 해석하여야 할 것이다(大判 1967.12.18, 67다2093).

넷째, 신의성실원칙으로서 당사자가 企圖한 목적이나 사실인 관습들에 의하여 법률행위의 내용을 확정할 수 없는 경우에 신의성실의 원칙 및 조리로 법률행위의 의미를 구체화해야 한다. 하지만 신의칙은 법률상의 행동원리가 아니다. 다만 해석상의 기술로서 법률행위 당사자의 권리행사 및 의무이행과 관련해서 그 구체적 타당성을 판단하는 기준이 될 뿐이고, 적극적 법형성규범이 될 수는 없다.

다섯째, 例文解釋으로서 판례는 부당한 내용의 계약조항이 존재하는 경우에 이를 예문이라고 하여, 당사자는 이에 구속될 의사가 없기 때문에 계약 내지 그러한 조항은 무효로 한다. 그러나 법률행위의 해석은 법률행위의 내용이 명료하지 않은 경우에만 개입할 수 있는 것이므로, 계약의 조항이 명료한 경우에는 이를 무시하거나 수정할 수 없다고 본다.

4. 意思表示

의사표시라 함은 일정한 법률효과의 발생을 의욕하고 외부에 표시하는 행위를 말한다. 우리 민법은 의사표시라는 표제로 非眞意表示(민법 제107조), 通情虛僞表示(민법 제108조), 錯誤에 의한 의사표시(민법 제109조), 사기·강박에 의한 의사표시(민법 제110조), 그리고 의사표시의 효력발생시기(민법 제111조)에 관하여 규정하고 있다.

그리고 의사표시는 효과의사, 표시의사, 행위의사와 같은 의사적 요소와 표시행위와 같은 행위적 요소로 구성된다. 효과의사는 표의자가 일정한 법률효과의 발생을 의욕하는 것을 말하고, 표시의사는 법률효과발생의 의욕을 외부에 표시하려는 의사를 말하며, 행위의사는 일정한 행위를 표시한다는 의사를 말한다.

(1) 沈默에 의한 意思表示(Willenserkla"rung durch Schweigen)

침묵자가 그 침묵의 의미를 인식하지 못하고 침묵하는 경우, 침묵은 의사표시로 인정되지 않는다. 침묵이 의사표시로서 인정되기 위해서는 특별한 상황이 있어야 한다. 예컨대 계속적인 법률관계에 있어서 반복되어 온 청약에 대한 침묵은 승낙의 표시로 취급되는데, 이는 계속적 법률관계에 있어서 기존의 의사표시와의 관계 또는 관행을 기초로 하는 것이다. 또 침묵자에게 침묵이 의사표시가 된다는 인식이 있어야 한다.

(2) 推斷的 行爲에 의한 意思表示(Konkludente Willenserkla"rung)

행위자가 이행 및 수령행위를 하면서 이것에 의하여 어떠한 법률관계의 형성을 객관적으로 표시하는 경우를 말한다. 통상의 의사표시를 직접적 의사표시라고 한다면 推斷的(包含的) 行爲[110)에 의한 의사표시를 간접적 의사표시라고도 한다.

(3) 意思實現에 의한 意思表示

우리 민법 제532조는 의사실현에 의한 계약성립에서 명시적 표시행위가 없는 의사표시를 인정하고 있다. 특히 의사실현은 보통의 의사표시와는 달리 통지의 목적이 없다는 점에서 차이가 있지만, 자기결정에 따른 법률관계의 형성은 존재하기 때문에 의사실현도 의사표시라고 볼 수 있다.

(4) 法律이 擬制하는 意思表示

우리 민법은 의사표시가 존재하지 않음에도 불구하고 일정한 경우에는 어떤 의미를 가지는 의사표시나 약정이 존재하는 것으로 看做하는 규정을 두고 있다. 법이 당사자의 추정적 의사와는 상관없이 사안의 합리적 해결을 위하여 정책적으로 마련한 것이다. 예를 들어 무능력자의 상대방이 하는 催告에 대하여 법정대리인이 침묵하는 경우에, 우리 민법 제15조 제2항은 그 침묵을 追認으로 看做한다. 하지만 이는 무능력자의 재산을 거래안전에 우선해서 보호해야 한다

---

110) 임대차의 黙示的 更新(제639조), 취소할 수 있는 법률행위의 法定追認(제145조), 의사실현에 의한 계약의 성립(민법 제532조) 등이 그 예이다. 그 외에도 어떤 상품을 매수해 줄 것을 청약하면서 송부를 했더니 상대방이 승낙이라는 의사표시를 하지 않고 포장지를 뜯고 사용한다면 사용행위는 승낙이라는 의사표시를 포함하고 있는 것이다. 이에 대한 판례로서 "임대인이 임대차계약기간 중에 임차인에게 인상된 임대차보증금 및 차임을 납부한 후 새로운 임대차계약을 체결하되, 만약 이를 납부하지 아니하면 기존의 인대차계약을 해지하고 명도절차를 진행하겠나ᆢ 통지한 경우, 그 통지는 기존의 임대차계약 기간 중의 계약해지를 의미하는 외에 장차 기존의 임대차계약상의 임대차보증금과 차임을 인상하는 것으로 그 계약조건을 변경하지 않으면 계약을 갱신하지 않겠다는 의사표시까지 포함된 것으로 본다."(大判 2002.6.28, 2002다23482) 따라서 推斷的(包含的) 의사표시란 직접 효과의사의 표명을 목적으로 한 것은 아니지만 그로부터 일정한 효과의사의 존재를 추단할 수 있는 행위라고 정의할 수 있다.

는 민법의 정신에 반하는 것이다. 따라서 이 경우의 침묵은 追認拒絶로 看做하는 것이 타당할 것이다.

(5) 自動化된 意思表示

현금자동지급기에 의하여 현금을 지급하거나, 자동판매기에 의해서 지하철승차권을 구입하는 행위처럼 사람의 행위가 아니라 기계설비에 의해서 의사표시가 이루어지는 경우를 자동화된 의사표시라고 한다. 자동화된 기계설비에의 정보입력과 그 이용은 결국 인간의 행위에 의하여 이루어지므로 이를 이용하는 의사표시는 통상의 의사표시와 동일하기에 민법의 규정이 적용된다.

5. 眞意 아닌 意思表示

非眞意意思表示 또는 心理留保라고도 하는데, 이는 의사와 표시가 일치하지 않는다는 것을 표의자 스스로 알면서 하는 의사표시로서 표시된 대로의 효력을 가진다(민법 제107조 제1항 본문). 그러나 진의 아님을 상대방이 알았거나 알 수 있었을 경우에는 무효이다(민법 제107조 제1항 단서). 독일민법은 우리 민법과 달리 의사표시에 의한 법률효과의 발생을 상대방이 모르게 留保하는 경우와, 상대방이 알 것이라는 기대에서 유보하는 경우로 나누어 다루고 있다. 상대방이 모르게 留保하면 이는 유효이다. 그러나 상대방이 알 것으로 생각하고 留保하면 이는 무효가 된다. 특히 비진의표시가 표시된 대로 효력을 발생하는 것은 표의자가 이를 의욕하였기 때문이다. 즉 표의자가 진의를 상대방 모르게 숨기고 그와 다른 표시행위를 하면서 상대방이 표시된 대로 법률효과가 발생한다고 믿도록 하는 것이 표의자의 의사이고, 이 의사에 따라 비진의표시는 표시된 대로 효력을 발생하는 것이다. 반면에 진의 아님을 상대방이 안 경우는 표의자가 일부러 자기의 효과의사와 배치되는 의사를 상대방 모르게 留保한 것이 아니므로 비진의표시에 해당하지 않는 것으로 된다. 따라서 의사와 표시가 일치하지 않는 진의 없는 의사표시의 문제로 되돌아가서 의사표시는 무효가 된다.

(1) 要件

의사표시와 진의가 불일치해야 하고 표의자 스스로가 이러한 불일치를 알고 있어야 한다. 그리고 이 경우에 표의자의 동기는 문제되지 않으며, 여기서 진의는 특정한 내용의 의사표시를 하고자 하는 표의자의 생각을 말하는 것이지 표의자가 진정으로 마음속에서 바라는 사항을 뜻하는 것은 아니라고 봐야 한다.[111] 왜냐하면 진의를 표의자가 진정으로 마음속에서 바라는 사항, 진심과 같은 것으로 해석할 경우 이 세상에 유효한 것으로 남아날 계약은 거의 존재하지 않게 될 것이기 때문이다.

(2) 效果

원칙상 의사표시는 표시된 대로 효력을 발생한다. 그러나 예외적으로 상대방이 진의 아님을 알았거나 알 수 있었을 경우에는 무효로 한다. 이때의 무효는 성질상 표의자만이 주장할 수 있으며, 상대방은 주장할 수 없다. 알았거나 알 수 있었을 경우 여부를 판단하는 시점은 의사표시가 상대방의 영역에 도달한 때를 기준으로 하며, 상대방이 의사표시의 내용을 알 수 있는 상태가 존재할 필요는 없다.

(3) 類推適用

민법 제107조 제1항 단서는 형평에 부합하는 규정이므로 이해관계가 유사한 경우에 이를 類推適用함으로써 그 적용범위를 확대하는 것이 바람직하다. 예를 들어 조합장이 조합을 위하여 차용하는 것이 아니라는 것을 은행이 주의하였더라면 알 수 있었을 경우, 민법 제107조 제1항 단서를 유추하여 貸借契約은 그 효력을 발생할 수 없다. 또한 비진의표시에 관한 민법규정은 상대방 없는 단독행위에도 유추적용된다. 예컨대 진의 아닌 유언에 있어서 수증자로 된 자가 유언의 진의를 알고 있을 경우, 그 유언은 유효로 할 필요가 없다. 따라서 민법 제107조 제1항은 본문뿐 아니라 단서까지도 상대방 없는 단독행위에 유추적용 된다.[112]

---

111) 大判 1993.7.16, 92다41528.

그러나 본인의 의사를 존중해야 할 신분행위에는 적용되지 않는다. 株式引受 請約, 財團法人 設立 등과 같은 집단적 거래행위에 있어서는 진의 아닌 의사표시로 언제나 효력을 발생한다.[113] 순전히 객관적으로 표시행위에 법적 효과를 귀속시키는 거래생활로서 경매, 중개상의 행위에서도 언제나 효력을 발생한다.

(4) 不法行爲에 대한 責任

비진의표시가 무효로 되는 경우에 상대방이 표의자의 비진의표시를 진의표시로 신뢰하여 손해를 입었다면, 표의자는 불법행위책임(민법 제750조)에 의한 손해를 배상할 책임이 있다. 다만 상대방도 진의 아님을 알 수 있었으므로 過失相計(민법 제396조)가 가능하다. 비진의표시가 예외적으로 무효가 되는 경우에도 그 무효는 선의의 제삼자에게 대항하지 못한다(민법 제107조 제2항).

6. 通情虛僞表示

통정허위표시[114]는 상대방과 통정해서 하는 진의 아닌 허위의 의사표시를 말한다. 즉 거짓 의사표시를 한 표의자가 스스로 그런 사정을 알면서 그에 관해

---

112) 김주수, 『민법총칙(제5판)』, 삼영사, 2001, 360쪽.

113) 商法 제302조.

114) 通情虛僞表示에 대한 몇 가지 판례를 살펴보면 다음과 같다. 1. 한국자산관리공사가 부실채권 등 자산의 양도한 금융기관과 실질적으로 동일한 지위에 있다고 할 수는 없고, 또 한국자산관리공사가 부실채권 등 금융기관의 부실자산을 인수함에 있어 금융기관과 협의하여 인수가격 등 인수조건을 정하고 이를 유상으로 인수함과 아울러 담보물권까지 이전받는 점에 비추어 보면 한국자산관리공사는 금융기관과 대출명의인 사이의 통정한 허위표시에 따라 외형상 형성된 법률관계를 토대로 실질적으로 새로운 법률상 이해관계를 가지게 된 민법 제108조 제2항의 제삼자에 해당된다(大判 2004.1.15, 2002다31537). 2. 通情한 허위표시에 의하여 외형상 형성된 법률관계로 생긴 채권을 가압류한 경우, 그 가압류권자는 허위표시에 기초하여 새로운 법률상 이해관계를 가지게 되므로 민법 제108조 제2항의 제삼자에 해당한다고 봄이 상당하고, 또한 제삼자는 선의이면 족하고 무과실은 요건이 아니다(大判 2004.5.28, 2003다70041). 3. 민법 제108조 제1항에서 상대방과 통정한 허위의 의사표시를 무효로 규정하고, 제2항에서 그 의사표시의 무효는 선의의 제삼자에 대항하지 못한다고 규정하고 있는데 여기서 제삼자는 특별한 사정이 없는 한 선의로 추정할 것이므로, 제삼자가 惡意라는 사실에 관한 주장·입증책임은 그 허위표시의 무효를 주장하는 자에게 있다(大判 2006.3.10, 2002다1321). 4. 乙이 甲으로부터 부동산에 관한 담보권설정의 대리권만 수여받고도 그 부동산에 관하여 자기 앞으로 소유권이전등기를 하고 丙에게 그 소유권이전등기를 경료한 경우, 丙은 乙을 甲의 대리인으로 믿고서 위 등기의 原因行爲를 한 것도 아니고, 甲도 乙 명의의 소유권이전등기가 경료된 데 대하여 이를 통정·容認하였거나 이를 알면서 放置하였다고 볼 수 없다면 이에 민법 제126조나 제108조 제2항을 類推할 수는 없다(大判 1991.12.27, 91다3208).

상대방과 합의한 경우로 허위표시를 요소로 하는 법률행위를 假裝行爲[115]라고 하며, 허위표시에 의하여 당사자 사이에 隱匿되는 행위를 隱匿行爲라고 한다. 예를 들면 증여의 의사를 감추고 매매를 가장하는 경우, 증여는 은닉행위이고, 매매는 가장행위가 되는 것이다. 은닉행위는 허위표시가 아니며, 법률행위에 요구되는 요건을 갖추고 있는 한 법률행위로 성립할 수 있다. 하지만 가장행위는 선의의 제삼자[116]를 제외한 모든 사람에 대하여 무효이다(민법 제108조).

그러나 법률적 효과와 경제적 목적이 상이한 信託行爲는 허위표시가 아니다.[117] 일정한 의사표시에 관한 당사자의 이해와 표시의 객관적 의미가 상이한 경우에, 당사자가 사실상 일치하여 제대로 이해한다면 당연히 당사자가 이해한 대로 의사표시의 효력을 인정해야 하므로 잘못된 표시는 허위표시가 아니다.

(1) 要件

의사표시가 있어야 하고, 표시행위의 의미에 대응하는 표의자의 의사가 존재하지 않아야 하며, 표의자가 이 사실을 알고 있어야 하고,[118] 이에 관해 상대방과 의사의 합치가 있어야 한다.[119] 의사표시의 상대방이 다수일 경우 假裝의 합의는 모든 상대방과의 사이에 성립하여야 한다.

(2) 立證責任

의사표시의 존재를 제외한 모든 요건들은 허위표시로서 무효를 주장하는 자가 주장·입증해야 한다. 제삼자가 허위표시의 무효를 주장하는 경우에는 언제나 제삼자가 소송상·실체법상의 이익을 가지고 있음을 입증하여야 한다. 그러

---

115) 상대편과 짜고서 한 진의 아닌 의사표시로서, 의사표시의 결함 중 의사와 표시가 일치하지 않는 의사의 欠缺의 모습의 하나이다. 單獨虛僞表示인 진의 아닌 의사표시와는 表意者가 일부러 진의와 다른 의사표시를 하는 점에서 유사하지만, 허위의 의사표시를 혼자서 하는 것이 아니라 상대편과 通謀하여서 한다는 점에서 구별된다. 강제집행을 면탈하기 위해 부동산을 양도하는 것으로 꾸미는 가장매매나 채무를 부담하고 있는 것으로 꾸미는 가장채권이 대표적인 예이다.

116) 허위표시에 기초한 외관을 신뢰하여 새로운 이해관계를 맺은 자를 말한다. 하지만 판례는 이 새로운 이해관계를 맺은 자에 허위표시자와 동일시할 수 있는 자는 포함시키지 않고 있다. 상속인은 허위표시자의 지위를 그대로 상속하기 때문에 허위표시의 무효로부터 보호되는 선의의 제삼자임을 주장할 수 없다.

117) 곽윤직, 『민법총칙』, 박영사, 2004, 410쪽.

118) 만일 이 경우에 모른다면 중요 부분에 錯誤로 민법 제109조의 규정이 적용된다.

119) 상대방과의 의사표시가 없었다면 민법 제107조 非眞意意思表示에 해당된다.

나 의사표시의 당사자가 아닌 제삼자가 허위표시를 입증하는 것은 어려운 일이므로, 일정한 정도의 간접사실·보조사실이 입증된다면 허위표시의 성립을 추정할 수 있다.

그러면 통정허위표시를 증명하려면 사실상 이 부분이 가장 힘든 부분이다. 어디까지나 통정허위표시는 계약 당사자들의 내심의 의사에 관한 것이기 때문에 제삼자가 그것을 증명한다는 것은 거의 불가능하다. 다만 그러한 허위표시가 詐害行爲의 요건을 갖추었을 때는 채권자취소권을 행사하여, 소유권을 원소유자(채무자)에게 돌려놓을 수 있을 것이다. 그러나 사해행위임을 입증하기 위해서는 매도인이 그 당시 채무초과상태였으며 그 부동산이 매도인의 유일한 재산임을 증명해야 한다.

(3) 第3者에 대한 效果

허위표시는 그 내용에 따른 효과가 발생하지 않으므로 무효이다(민법 제108조 제1항). 당사자 사이뿐만 아니라 제삼자에 대한 관계에서도 허위표시는 원칙적으로 무효이다. 다만 허위표시의 무효를 가지고 선의의 제삼자에게 대항하지 못한다(민법 제108조 제2항). 여기서 제삼자란 허위표시의 당사자 및 包括承繼人 이외의 자로서 허위표시에 의하여 형성된 외형상의 법률관계를 토대로 새로운 이해관계를 갖게 된 자를 의미한다. 판례는 가장매매의 매수인으로부터 목적부동산을 다시 매수한 자, 가장매매의 매수인으로부터 저당권을 설정받은 자, 가장양수인의 압류채권자 등을 제삼자로 인정하는 한편, 대리인과 상대방의 허위표시에 있어서 본인, 채권의 가장양수인으로부터 추심하기 위하여 채권을 양수한 자, 재산권을 가장 양도한 채무자의 권리를 대위행사하려는 채권자, 토지임차인에 의해 건물을 가장양도당한 토지소유자, 자기 주식을 가장양도당한 회사, 저당권이 가장포기된 경우 후순위저당권자, 제삼자를 위한 계약이 가장일 경우 제삼자, 채권이 가장양도된 경우 채무자, 가장양수인의 일반채권자 등은 제삼자로 인정하지 않는다.

1) 第3者에 해당되는 경우

① 가장매매의 매수인으로부터 그 목적부동산을 다시 매수한 자

② 가장매매의 매수인으로부터 저당권을 설정받은 자

③ 가장매매에 기한 대금채권의 양수인

④ 가장소비대차에 기한 채권의 양수인

⑤ 통정에 의한 타인명의의 예금통장의 명의인으로부터 예금채권을 양수한 자

⑥ 가장매매의 매수인에 대한 압류채권자

2) 第3者에 해당되지 않는 경우

① 假裝賣買에 기한 손해배상청구권의 양수인

② 채권의 假裝讓渡에 있어서의 채무자

③ 채권의 假裝讓受人으로부터 推尋을 위하여 채권을 양수한 자

3) 善意의 第3者

선의라 함은 의사표시가 허위표시임을 제삼자가 알지 못하는 것이다. 대리인이 있을 경우 제삼자의 선의 여부는 대리인을 기준으로 판단된다(민법 제116조 제1항). 제삼자의 선의를 판단하는 시기는 법률상 새로운 이해관계를 맺은 시기이다. 민법 제108조 2항은 선의의 제삼자의 무과실을 요구하고 있지 않으므로 선의로 서 족하다. 제삼자의 악의는 이를 주장하는 자가 입증하여야 한다. 선의의 제삼자 로부터 다시 권리를 취득한 자는 전득시에 악의일지라도 선의의 제삼자에 해당한 다. 선의의 제삼자는 유효만을 주장할 수 있을 뿐 다시 무효를 주장하는 것은 禁反 言原則(promissory estoppel)[120)에 반하므로 허용되지 않는다.

---

120) 約人이 없는 약속은 법적 구속력이 없으나 그러한 약속을 믿고 행동한 자에 대하여 아무런 보호가 없다면 경우에 따라서는 정의의 관념에 반하는 경우가 있을 수 있다. 즉 약속자가 수약자로 하여금 약속을 신뢰하도록 하여 일정한 이행이 예상되는 약속을 한 경우에, 이러한 약속을 강제함으로써만 부정의(injustice)를 피할 수 있는 경우에는 그 구속력이 인정되는 것이 바람직하므로, 따라서 약속자는 약인의 결여에 대하여 주장하는 것이 금지되고, 그 약속은 약인이 없이도 유효하게 되는바, 이를 '약속에 의한 금반언 원칙'이라 한다. 이는 영미법에서 'estoppel의 법리'로 발전된 것이 독일법에 수용되어 '선행행위와 모순되는 행위의금지'가 되었다. 다시 독일법 이론이 한국에 수용되어 신의성실의 원칙의 발현형태로서 인정되고 있다 행위자가 일단 특정한 표시를 한 이상 나중에 그 표시를 부정하는 주장을 하여서는 안 된다는 원칙으로 이를 채택한 것을 금반언의 원칙이며, 영미법상의 원칙으로서 기록에 의한 금반언, 날인증서에 의한 금반언, 행위에 의한 금반언 등이 있다. 기록이나 날인증서에 의한 금반언을 법적 금반언, 행위에 의한 금반언을 형평적 금반언이라고 한다. 금반언은 실체법상의 원칙이며, 법의 일반원칙으로 인정된다. 금반언이 주장될 수 있기 위해서는 일방 당사자의 표현이 애매하지 않고 명백하여야 하며, 표현이 자의적이고 무조건적이며 권한 있는 자에 의한 것이고, 그에

(4) 撤回

허위표시는 무효이므로 철회는 논리적으로 무의미하나, 허위표시가 때로는 선의의 제삼자에 대해 유효한 것으로 취급될 수도 있으므로 철회의 필요성이 존재한다. 하지만 철회가 있기 전에 이해관계를 맺은 선의의 제삼자에 대하여 철회를 가지고 대항할 수 없으며, 철회 후에 이해관계를 맺은 제삼자에 대해서도 등기 또는 권리증서 등 허위표시의 외형을 제거한 경우에만 철회를 가지고 대항할 수 있다. 허위표시의 외형이 제거된 후에 이해관계를 맺은 제삼자는 비록 허위표시의 존재에 관하여 선의이더라도 보호되지 않는다.

(5) 適用範圍

상대방 없는 단독행위에도 허위표시에 관한 규정이 적용된다. 적용을 부정하면 이 단독행위에 의하여 다른 특정인이 직접 수익하는 경우, 이 수익을 원상으로 복구할 수 없게 되기 때문이다. 합동행위에 대해서도 원칙적으로 의사표시의 규정이 적용되므로 본 조는 원칙적으로 적용되며, 신분행위도 재산관계와 밀접한 관계가 있는 상속재산분할의 협의(민법 제1013조), 재산상속의 포기(민법 제1014조) 등에 관해서도 본 조의 적용을 긍정한다. 그러나 관청의 수령을 필요로 하는 한정승인(민법 제1030조)과 같은 의사표시에는 본 조가 적용되지 않으며, 소송행위나 공법행위에도 적용되지 않는다. 판례는 진정권리자가 허위의 외관을 형성하는 데 대해서 적극적으로 관여한 사안에 대하여 허위표시 규정을 유추적용하지 않고 명의신탁이론으로 해결하여 양도담보나 추심목적의 채권양도와 마찬가지로 유효하다고 판시하였으나, 1995년 부동산실권리자명의등기에 관한 법률이 제정됨으로써 명의신탁행위는 동년 7월 1일 이후 법적으로 무효가 되기에 이르렀다.[121]

대하여 타방 당사자가 선의의 신뢰를 가졌어야 한다. 우리의 판례도 "公賣로 인한 매득금 중에서 체납세금과 체납처분비용으로 충당한 잔여액을 환불 청구하여 이를 수령한 사실이 있는 부동산소유자들이 그 후 다시 공매처분의 무효를 들고 나옴은 금반언 및 신의성실의 원칙에 위반된다."고 판시함으로써 정면으로 이 원칙을 인정하고 있다. 또한 "근저당권자가 담보로 제공된 건물에 대한 담보가치를 조사할 당시 대항력을 갖춘 임차인이 그 임대차 사실을 부인하고 임차보증금에 대한 권리주장을 않겠다는 내용의 확인서를 작성해 준 경우, 그 후 그 건물에 대한 경매절차에서 이를 번복하여 대항력 있는 임대차의 존재를 주장함과 아울러 근저당권자보다 우선적 지위를 가지는 확정일자부 임차인임을 주장하여 그 임차보증금반환채권에 대한 배당요구를 하는 것은 특별한 사정이 없는 한 금반언 및 신의칙에 위반되어 허용될 수 없다."고 본 사례도 있다. 특히 국세기본법도 금반언의 원칙과 같은 내용인 신의성실원칙에 대한 명문규정을 두고 있다.

121) 不動産實權利者名義登記에 관한 法律 제4조.

7. 錯誤에 의한 意思表示

우리는 흔히 신중하게 생각하지 않고 성급하게 부동산거래계약을 체결한 후에 계약을 취소해 달라는 요구가 적지 않다. 부동산거래는 거래금액이 적지 않기 때문에 매우 신중하게 결정될 것으로 생각하지만, 순간적인 느낌이나 감정에 좌우되어 의사표시를 결정하는 경우가 있다. 예를 들어 부동산 매매계약을 체결한 후에 확인해 보니 계약 당시에 답사한 땅과 계약서에 매매대상토지로 표기한 땅이 다르다거나, 시세에 비해 터무니없이 비싸게 매수한 경우이다. 이런 경우에 민사적으로는 '의사표시의 착오'라는 논리로 계약의 취소를 논하게 되는데, 착오를 이유로 계약을 취소하기 위해서는 세 가지의 요건이 필요하다. 첫째, 법률행위의 내용에 대해 착오가 있어야 하고, 둘째, 중요 부분의 착오이어야 하며, 셋째, 착오가 중대한 과실에 기인한 것은 아니어야 하기 때문에 착오를 이유로 계약을 취소하기는 쉽지 않다. 그러므로 이런 혼란을 방지하기 위해서는 매수 목적인 토지의 위치가 혼동되지 않도록 계약서상에 위치에 관한 거래대상물의 특징을 明記해 둘 필요가 있다. 또한 계약을 체결할 때 動機가 중요하다. 즉 전원주택을 짓기 위한 토지매매라고 한다면 그러한 목적을 계약서상에 직접적으로 명기해 두는 것도 하나의 방법이 될 수 있다. 왜냐하면 주택을 건축할 수 없게 되는 상황이 발생할 경우 계약을 취소할 수 있는 좋은 방법이 될 수 있기 때문이다. 결론적으로 전원주택을 건축하기 위해 토지를 매수하였고, 계약 당시에는 건축이 가능한 것으로 알았으나 나중에 확인해 보니 건축이 불가능하여 계약을 취소한다는 주장인데, 이는 학설상 '動機의 錯誤'라고 한다. 따라서 의사표시에 착오가 있는 경우 일정한 요건 아래에서 표의자가 이를 취소할 수 있어(민법 제109조), 표의자가 표시와 진의의 불일치를 알지 못하는 점에서 착오는 민법 제107조 비진의표시와 구별된다.

(1) 錯誤에 대한 種類

1) 動機의 錯誤

효과의사를 결정하는 과정에서 표의자가 동기나 목적에 착오를 일으킨 경우이다. 동기의 착오를 이유로 의사표시를 취소할 수는 없으나, 동기가 표시되어 상대방이 알고 있는 경우에는 의사표시의 내용이 되므로 동기의 착오를 이유로 하여 의사표시를 취소할 수 있다. 법률행위의 해석에 의하여 동기가 법률행위의 내용이 된다면 동기의 착오는 이미 동기의 착오가 아니라 내용상의 착오가 된다. 따라서 동기의 착오에 대하여 판례를 살펴보면 다음과 같다.

첫째, 경계선을 침범하였다는 상대방의 강력한 주장에 의하여 착오로 그간의 경계 침범에 대한 보상금 내지 위로금 명목으로 금원을 지급한 경우, 진정한 경계선에 관한 착오는 위의 금원 지급 약정을 하게 된 동기의 착오이지만 그와 같은 동기의 착오는 상대방의 강력한 주장에 의하여 생긴 것으로서 표의자가 그 동기를 의사표시의 내용으로 표시하였다고 보아야 하고, 또한 표의자로서는 그와 같은 착오가 없었더라면 그 의사표시를 하지 아니하였으리라고 생각될 정도로 중요한 것이고 보통 일반인도 표의자의 처지에 섰더라면 그러한 의사표시를 하지 아니하였으리라고 생각될 정도로 중요한 것이라고 볼 수 있으므로, 위 금원 지급 의사표시는 그 내용의 중요 부분에 착오가 있는 것이 되어 이를 취소할 수 있다.[122]

둘째, 동기의 착오가 법률행위의 내용의 중요 부분의 착오에 해당함을 이유로 표의자가 법률행위를 취소하려면 그 동기를 당해 의사표시의 내용으로 삼을 것을 상대방에게 표시하고 의사표시의 해석상 법률행위의 내용으로 되어 있다고 인정되면 충분하고 당사자들 사이에 별도로 그 동기를 의사표시의 내용으로 삼기로 하는 합의까지 이루어질 필요는 없지만, 그 법률행위의 내용의 착오는 보통 일반인이 표의자의 입장에 섰더라면 그와 같은 의사표시를 하지 아니하였으리라고 여겨질 정도로 그 착오가 중요한 부분에 관한 것이어야 한다. 그리고 동기의 착오가 표의자의 중대한 과실로 인한 때에는 취소하지 못하는데, 여기서 '중대한 과실'이라 함은 표의자의 직업, 행위의 종류, 목적 등에 비추어 보통 요구되는 주의를 현저히 결여하는 것을 의미한다.[123]

셋째, 매수인이 토지에 대한 전용허가를 받기 위해서는 구 중소기업창업지원법에 의한 사업계획의 승인을 받는 등의 복잡한 절차를 거쳐야 한다는 사실을 모르고 곧바로 벽돌공장을 지을 수 있는 것으로 잘못 알고 있었다고 하여도, 그러한 착오는 동기의 착오에 지나지 않으므로 당사자 사이에 그 동기를 의사표시의 내

---

122) 大判 1997.8.26, 97다6063.
123) 大判 1998.2.10, 97다44737.

용으로 삼았을 때 한하여 의사표시의 내용의 착오가 되어 취소할 수 있다. 그러나 매수인이 공장의 신축부지로 사용하기 위하여 토지를 매입하였는데, 그 토지가 개간농지로서 농지의 전용을 제한하는 법령에 의한 복잡한 절차를 거쳐야만 공장의 부지로 사용할 수 있다는 사실을 매수인이 알고 있었고, 또 그 토지가 곧바로 공장의 부지로 전용될 수 있다는 것을 당사자들이 의사표시의 내용으로 삼지 않은 경우, 부지의 전용이 매매계약의 동기가 되었다고 할 수 없다고 하여 매수인의 동기의 착오를 이유로 한 의사표시의 취소 주장을 배척한 사례이다.[124]

넷째, 의사표시는 법률행위의 내용의 중요 부분에 착오가 있는 때에는 취소할 수 있고 의사표시의 동기에 착오가 있는 경우에는 당사자 사이에 그 동기를 의사표시의 내용으로 삼았을 때에 한하여 의사표시의 내용의 착오가 되어 취소할 수 있는 것이며, 법률행위의 중요 부분의 착오라 함은 표의자가 그러한 착오가 없었더라면 그 의사표시를 하지 않으리라고 생각될 정도로 중요한 것이어야 하고 보통 일반인도 표의자의 처지에 섰더라면 그러한 의사표시를 하지 않았으리라고 생각될 정도로 중요한 것이어야 한다. 이에 매수인이 부동산을 매수하면서 잔금지급 전에 그 부동산을 은행 등에 담보로 넣어 대출을 받아 잔금을 마련하기로 계획을 세우고 매도인들에게 그와 같은 자금마련 계획을 알려 잔금지급 전에 매수인이 대출을 받을 수 있도록 협조하여 주기로 약속하였다는 사실만으로, 바로 매수인이 계획하였던 대출이 제대로 이루어질 수 없는 경우에는 그 부동산을 매수하지 아니하였을 것이라는 사정을 매도인들에게 표시하였다거나 매수인들이 이러한 사정을 알고 있었다고 단정할 수는 없다 할 것이어서, 매수인이 대출을 받아 잔금을 지급하려 하였던 잔금지급 방법이나 계획이 매매계약의 내용의 중요한 부분으로 되었다고 할 수는 없다[125]는 이유로, 그 취소를 인정한 원심판결을 파기·환송한 사례이다.

2) 表示上의 錯誤

1천 원을 1만 원으로 표기한 경우와 같이 표시행위를 잘못한 것으로 표시행위에 대응하는 표시의사가 존재한 이상 의사표시는 성립하지만 착오에 해당하나.

---

124) 大判 1997.4.11, 96다31109.
125) 大判 1996.3.26, 93다55487.

3) 内容上의 錯誤

파운드(£)를 달러($)와 같은 가치로 알고 1파운드를 1달러로 표기한 경우와 같이 표의자가 표시행위 자체에는 착오가 없었으나 표시행위의 의미를 잘못 이해한 경우이다.

4) 表示機關의 錯誤

표의자가 사자 또는 우체국을 매개로 하여 표시행위를 하고, 이러한 매개자가 표의자의 의사와는 다르게 표시행위를 하는 것을 말하는데, 이는 표시상의 착오에 준하여 취급되지만, 표시기관으로서의 사자가 아니라 전달기관으로서의 사자가 잘못한 경우에는 의사표시의 부도달문제가 발생하고(민법 제111조 제1항), 대리인이 잘못 표시한 경우에는 대리인의 의사표시의 효과만을 문제 삼는다(민법 제116조).

5) 法律의 錯誤

법률의 규정 또는 그 의의에 관하여 잘못 인식하는 것으로 법률행위 내용의 중요 부분에 관한 것일 때 취소가 가능하다.

6) 計算上의 錯誤

계산기초가 법률행위의 내용으로 되었다고 인정되는 경우에 내용상의 착오로서 취소가 가능해진다.

(2) 要件

법률행위 내용의 중요 부분에 착오가 있어야 하는데, 여기서 법률행위 내용의 중요 부분이란 의사표시에 의하여 달성하려고 한 사실적 효과의 중요 부분을 말하므로 구체적 사정에 따라 가려져야 할 것이다. 즉 개인에 중점을 두는 법률행위에 있어서 사람의 동일성, 목적물의 동일성, 임대차를 使用貸借로 알았거나 연대보증을 보증으로 잘못 안 경우, 토지의 경계·현황, 상해의 정도·결과 및 치료기간은 중요 부분에 해당하고, 地籍의 부족, 목적물의 소유자, 매매목적물의 시가 등은 중요 부분에 해당하지 않는다. 또한 법률행위내용의 중요

부분에 착오가 있다고 하더라도 표의자에게 중대한 과실이 없어야 한다(민법 제109조 제1항 단서). 예를 들면 부동산경매에서 현황조사를 하지 않은 것이나 주식매매를 영업으로 하는 자가 주식의 양도제한을 하고 있는 회사의 정관을 조사하지 않은 것은 중대한 과실이지만, 地籍이 잘못 지시된 것을 믿은 것만으로는 중대한 과실이 되지 않는다. 단 중과실이 있었다 하더라도 상대방이 표의자의 착오를 알면서 이를 인용한 경우 중과실을 援用할 수 없다. 따라서 중요 부분에 대한 판례를 살펴보면 다음과 같다.

첫째, 법률행위 내용의 중요 부분에 착오가 있다고 하기 위해서는 표의자에 의하여 추구된 목적을 고려하여 합리적으로 판단하여 볼 때 표시와 의사의 불일치가 객관적으로 현저하여야 하는바, 재건축아파트 설계용역에서 건축사 자격이 가지는 중요성에 비추어 볼 때, 재건축조합이 건축사 자격이 없이 건축연구소를 개설한 건축학 교수에게 건축사 자격이 없다는 것을 알았더라면 재건축조합만이 아니라 객관적으로 볼 때 일반인으로서도 이와 같은 설계용역계약을 체결하지 않았을 것으로 보이므로, 재건축조합 측의 착오는 중요 부분의 착오에 해당한다.

둘째, 법률행위 내용의 중요 부분에 착오가 있는 때에는 그 의사표시를 취소할 수 있으나 그 착오가 표의자의 중대한 과실로 인한 때에는 취소하지 못하는 것인바, 여기서 중대한 과실이라 함은 표의자의 직업, 행위의 종류, 목적 등에 비추어 보통 요구되는 주의를 현저히 결여한 것을 의미한다.

셋째, 설계용역계약 체결을 전후하여 건축사 자격이 없다는 것을 묵비한 채 자신이 미국에서 공부한 건축학교수이고 모건축연구소라는 상호로 사업자등록까지 마치고 건축 설계업을 하며 상당한 실적까지 올린 사람이라고 소개한 경우, 일반인의 입장에서는 그에게 당연히 건축사 자격이 있는 것으로 믿을 수밖에 없었을 것이므로, 재건축조합 측이 그를 무자격자로 의심하여 건축사자격증의 제시를 요구한다거나 건축사단체에 자격 유무를 조회하여 이를 확인하여야 할 주의의무가 있다고 볼 수는 없다고 보아 재건축조합의 착오가 중대한 과실로 인한 것이 아니다.[126)]

넷째, 의사표시는 법률행위의 내용의 **중요** 부분에 착오가 있는 때에는 취소할 수 있고, 의사표시의 동기에 착오가 있는 경우에는 당사자 사이에 그 동기

---

126) 大判 2003.4.11. 2002다70884.

를 의사표시의 내용으로 삼았을 때에 한하여 의사표시의 내용의 착오가 되어 취소할 수 있는 것이며, 법률행위의 중요 부분의 착오라 함은 표의자가 그러한 착오가 없었더라면 그 의사표시를 하지 않으리라고 생각될 정도로 중요한 것이어야 하고 보통 일반인도 표의자의 처지에 섰더라면 그러한 의사표시를 하지 않았으리라고 생각될 정도로 중요한 것이어야 한다.[127]

다섯째, 착오가 법률행위 내용의 중요 부분에 있다고 하기 위해서는 표의자에 의하여 추구된 목적을 고려하여 합리적으로 판단하여 볼 때 표시와 의사의 불일치가 객관적으로 현저하여야 하고, 만일 그 착오로 인하여 표의자가 무슨 경제적인 불이익을 입은 것이 아니라고 한다면 이를 법률행위 내용의 중요 부분의 착오라고 할 수 없다.

여섯째, 郡유지로 등기된 군립공원 내에 건물 기타 영구 시설물을 지어 이를 郡에 기부채납하고 그 부지 및 기부채납한 시설물을 사용하기로 약정하였으나 후에 그 부지가 군유지가 아니라 里 주민의 총유로 밝혀진 사안에서, 군수가 여전히 공원관리청이고 기부채납자의 관리권이 계속 보장되는 점에 비추어 소유권 귀속에 대한 착오가 기부채납의 중요 부분에 관한 착오라고 볼 수 없다.[128]

〈표 11〉 착오에 있어 '중요 부분' 해당 여부에 관한 판례

중요 부분의 착오에 해당됨	i) 농지인 줄 알았는데 대부분 하천부지인 경우 등 토지의 현황, 경계에 관한 착오(大判 1974.4.23. 74아54) ii) 귀속재산이 아닌 토지를 귀속재산인 줄 알고 국가에 증여한 때 iii) 신체침해로 인하여 발생한 손해배상의 합의에 있어 피해자가 상해의 정도·결과 및 치료기간을 잘못 　　알고 합의한 때, 특히 그로 인하여 예측하지 못한 후유증이 발생한 때(大判 1981.4.14. 80다2452) iv) 근정당권설정계약에 있어 채무자의 동일성에 관한 물상보증인의 착오(大判 1995.12.22. 95다 37087) v) 신용보증기금이 대출은행이 잘못 작성한 거래상황확인서를 믿고 연체대출금이 없는 것으로 오신하여 　　신용보증한 때(大判 1996.7.26. 94다25964)
중요 부분의 착오에 해당되 지 않음	i) 지번에 표시된 지적이 실제 면적보다 작은 때(大判 1969.5.13. 69다196) ii) 매수 토지의 실제 면적이 장부상의 면적과 다소 차이 나는 때와 같이 토지의 면적, 평수에 관한 착오 　　(大判 1956.2.23. 4288) iii) 토지 현황의 부지로 시가보다 싼 값으로 매도한 때 등 토지의 시가에 관한 착오(大判 1991.2.12. 90다 　　17927) iv) 매매 또는 임대차 목적물이 타인의 소유임을 알지 못한 때(大判 1975.1.28. 74다2069) v) 치료비 지급 채무의 보증에 있어 치료 원인을 잘못 안 때(大判 1981.9.8. 81다98) vi) 운수회사가 자기 회사 소속 운전사의 과실이 있는 것으로 오인하여 치료비 부담 채무가 발생하는 것을 　　오인하고 병원에 대하여 부상자의 치료비 지급 채무를 연대보증한 경우(大判 1975.4.22. 75다387) vii) 착오로 인하여 표의자가 어떤 경제적 불이익을 입은 것이 아닌 때(大判 1999.2.23. 98다47924)

---

127) 大判 1999.4.23. 98다45546.
128) 大判 1999.2.23. 98다47924.

(3) 效果

착오를 이유로 법률행위가 취소되면 그 법률행위는 처음부터 무효인 것으로 본다(민법 제141조). 취소에 의하여 무효가 되는 것은 착오 있는 의사표시 그 자체이고, 그러한 의사표시 등에 의하여 성립하는 계약 자체는 아니지만, 그 무효 부분이 없었더라면 그 법률행위를 하지 않았을 것으로 인정되는 경우에는 나머지 부분도 무효로 된다(민법 제137조). 착오를 이유로 취소하는 자는 착오에 빠진 데 과실이 있을 경우 민법 제535조에 의해 상대방에게 신뢰이익을 배상할 의무를 부담한다.

(4) 適用範圍

민법 제109조는 재산행위를 규율하는 규정이기 때문에 가족법상 행위에는 적용되지 않는다. 또한 공법상의 행위, 소송상의 행위에도 적용되지 않는다. 그러나 단체법상 회사성립 후에 주식을 착오로 인수한 자의 주식인수행위는 거래 안전을 위해서만 취소권을 배제하며, 화해계약은 화해당사자의 자격 또는 화해의 목적인 분쟁 이외의 사항에 착오가 있는 경우를 제외하고는 착오를 이유로 취소 못 한다(민법 제733조).

8. 瑕疵 있는 意思表示

자유이어야 할 의사가 타인의 위법한 간섭으로 말미암아 방해된 상태하에서 자유롭지 못하게 행하여진 의사표시, 즉 사기나 강박에 의한 의사표시를 하자 있는 의사표시라고 하는데 이러한 의사표시는 취소할 수 있다(민법 제110조 제1항). 한편 상대방 있는 의사표시에 관하여 제삼자가 사기[129]나 강박[130]을 행한

---

129) 故意로 사람을 欺罔하여 착오에 빠지게 하는 위법행위로서 隨意契約에 의해서 매수할 자격이 없음에도 불구하고 있는 것처럼 허위로 신고하는 것이 있다. 따라서 사기에 의한 의사표시란 표의자가 타인의 기망행위로 動機의 착오에 빠져서 한 의사표시를 말한다.

130) 고의로 해악을 주겠다고 위협하여 공포심을 일으키게 하는 위법행위를 말한다. 예를 들어 해결사를 불러 폭력을 가하겠다거나(作爲의 強迫) 법정에서 유리한 증언을 할 수 있지만 그것을 하지 않겠다는 것(不作爲의 強迫) 등이 있고, 설령 살인이나 폭행 등을 농담 삼아 얘기했다 하더라도 받아들이는 표의자가 이를 진실로 받아들였다면 이는 충분히 강박으로 인정될 수 있다. 물론 강박의 내용은 강박자의 미래의 자유의사에 달려

경우에는 상대방이 그 사실을 알았거나 알 수 있었을 경우에 한하여 그 의사표시를 취소할 수 있다(민법 제110조 제2항). 그러나 이러한 의사표시의 취소는 선의의 제삼자에게 대항하지 못한다(민법 제110조 제3항).

(1) 要件

詐欺者 또는 强迫者의 고의가 있어야 한다. 詐害行爲 또는 强迫行爲가 없었으면 그러한 의사표시를 하지 않으리라는 것을 알면서 상대방이 이러한 의사표시를 할 것을 의욕하여야 하는 것이다. 즉 欺罔行爲 및 强迫行爲에 관한 고의, 착오 및 공포심 야기에 관한 고의 및 이에 기한 의사표시를 하게 하려는 고의가 각각 존재해야 한다. 기망행위와 착오, 강박행위와 공포심에는 인과관계가 있어야 하나 이러한 인과관계는 주관적인 것으로 족하다. 다만 착오나 공포심이 없었더라도 그러한 의사표시를 했을 것이라고 인정될 때에는 인과관계가 부정된다. 사해행위와 강박행위에는 위법성이 있어야 한다.

(2) 效果

표의자의 상대방이 사기·강박을 한 때에는 표의자는 그의 의사표시를 취소할 수 있다(민법 제110조 제1항). 표의자가 의사표시를 취소하지 않는 한 사기·강박에 의한 의사표시는 유효하며, 상대방이 있는 의사표시에 관하여 제삼자가 사기나 강박을 행한 경우에는 상대방이 그 사실을 알았거나 알 수 있었을 때에 한하여 그 의사표시를 취소할 수 있다(민법 제110조 제2항). 그리고 선의·악의 및 과실유무의 판단은 의사표시 당시를 기준으로 결정하며, 유언·소유권의 포기 등 상대방 없는 의사표시의 경우 표의자는 언제든지 취소할 수 있다.

(3) 第3者에 대한 取消의 效果

사기·강박을 이유로 한 의사표시의 취소는 선의의 제삼자에게 대항하지 못

있는 것이어야 하며, 단순한 사실의 고지나 상황의 언급은 강박에 해당되지 않는다. 또한 형사상적법절차의 고지나 단지 강력하게 요구했을 뿐이거나 형사고소 및 취하를 조건으로 내거는 것 역시도 강박에 속하지 않는다.

한다(민법 제110조 제3항). 사기에 의한 의사표시를 취소하면 의사표시를 취소한 후에 그 상대방과 법률행위를 한 제삼자에 대해서도 대항하지 못한다. 그리고 제삼자는 특별한 사정이 없는 한 선의로 추정되므로 표의자가 취소의 효과를 주장하려면 제삼자의 악의를 입증할 필요가 있다.

(4) 適用範圍

신분행위·단체적 행위·소송행위·공법상의 행위에는 민법 제110조가 적용되지 않는다. 기망에 의하여 법률행위 내용의 중요 부분에 착오가 발생할 경우에 표의자는 선택적으로 취소권을 행사할 수 있고, 민법 제109조가 성립할 수 없는 경우에는 민법 제110조에 의하여 취소할 수 있다. 기망에 의하여 하자 있는 권리나 물건에 관한 매매가 성립한 경우에는 담보책임과 민법 제110조가 경합하는데, 매수인은 이에 대해서도 담보책임과 민법 제110조의 취소권을 선택적으로 행사할 수 있다. 또한 상대방 및 제삼자의 사기·강박에 의한 의사표시의 표의자는 불법행위 민법 제750조에 의한 손해배상청구권을 행사할 수도 있다.

9. 意思表示의 效力發生

(1) 意義

모든 표의자는 자신의 의사가 실현되기를 원하며, 또한 법률은 각 개인의 의사가 실현되기를 법률상 보장하고 있다. 모든 의사표시가 반드시 상대방에게 전달되어야 하는 것은 아니다. 이른바 상대방 없는 단독행위, 유언, 재단법인을 설립하는 행위는 일방적 의사표시로서 유효히 성립한다. 그러나 대부분의 법률행위는 표의자의 의사를 수령해야 할 당사자가 있어야 한다. 이를 수령을 요하는 의사표시라 한다. 이른바 상대방 있는 의사표시이다.

민법에서 의사표시의 효력발생시기가 문제됨은 隔地者 간의 의사표시만이 문제이지 대면 중 의사의 교환은 표시행위와 수령행위가 동시에 발생하므로 문제될 것이 없다. 특히 과학의 발달, 통신기술의 발달은 이 효력발생시기에 관한 문제에 관하여 거대한 변혁을 가져왔다. 따라서 오늘날 문제됨은 서면에 의한 의사표시가 문제되고 있을 뿐 통신시설을 통한 의사의 전달은 모두 격지자 간의 의사표시로 인정되고 있다(민법 제111조~제113조). 그러나 예외적으로 격지자 간의 계약은 승낙의 통지를 발송한 때에 성립하고(민법 제531조), 승낙의 기간을 정하지 않은 계약의 청약은 청약자가 상당한 기간 내에 승낙의 통지를 받지 못한 때에는 그 효력을 잃는다(민법 제529조). 승낙의 기간을 정한 계약의 청약은 청약자가 그 기간 내에 승낙의 통지를 받지 못한 때에는 그 효력을 잃는다(민법 제528조 제1항). 승낙의 통지가 전항의 기간 후에 도달한 경우에 보통 그 기간 내에 도달할 수 있는 발송인 때에는 청약자는 지체 없이 상대방에게 그 연착의 통지를 하여야 한다(민법 제528조 제2항 본문).

(2) 立法主義

1) 表白主義

이는 의사표시가 성립한 때, 즉 외형적 존재를 가지게 된 때에 효력이 생긴다고 하는 주의이다. 예컨대 표의자의 의사표시가 서면으로 행하여지는 경우에, 그 서면의 작성이 끝난 때에 효력이 생기는 주의지만 상대방은 그 서면의 작성에 관하여 전혀 알지 못하는데 효력이 생긴다는 것은 너무나 표의자의 입장에 기울어진 것으로 타당하다고 할 수 없다.

2) 發信主義

의사표시가 외형적 존재를 갖추어 상대방에게 발신된 때 효력이 발생한다는 원칙이다. 신속을 요하는 거래의 요구에 적합하며, 다수의 사람에게 동일하게 통지를 하여야 할 경우에 장점을 갖는다. 특히 商法에서는 발신주의[131]를 채택한 경우가 많으며, 우리 민법은 그 밖에 무능력자의 상대방이 취소할 수 있는 행위의 추인 여부의 최고를 할 경우 이에 대한 본인의 확답(민법 제15조 제1항), 사원총회의 소집통지(민법 제71조), 무권대리인의 상대방의 추인 여부에 최고에 대한 확답(민법 제131조), 채무인수에서 채무자의 최고에 대한 채권자의

---

131) 商法 제52조, 제53조, 제67조, 제88조, 제363조.

확답(민법 제454조), 격지자 간 계약성립(민법 제531조)에 관하여 발신주의를 취하고 있다.

3) 到達主義

의사표시가 상대방에게 도달한 때 효력이 발생한다는 원칙이다. 양 당사자의 이익을 잘 조화한 입법주의이다. 도달주의를 채택하면 의사표시의 효력발생시기를 객관적으로 확정할 수 있고, 표의자도 통상 그 시점을 예상할 수 있으므로 법률관계를 간단명료하게 할 수 있다. 우리 민법은 제111조에서 원칙적으로 도달주의를 채택하고 있다.

4) 了知主義

상대방이 의사표시의 내용을 요지한 때 효력이 발생한다는 원칙으로 상대방이 요지한 시기를 입증하기가 곤란하다. 그러나 대화자 간의 의사표시에 관해서는 우리 민법도 요지주의를 취한다고 해석된다.

(3) 意思表示의 到達

사회통념상 채무자가 통지내용을 알 수 있는 객관적인 상태에 놓여 있는 것을 말한다. 이사표시 상대방의 순수한 공간적 支配權을 의미하는 것이 아니라, 상대방이 의사표시를 알 수 있는 가능성, 즉 인식의 예측성인 것이다. 구체적으로 매도인이 소유권을 유보한다는 의사표시를 잘 알아볼 수 없도록 상품송부서의 귀퉁이에 조그맣게 기재한 경우 상대방이 요지할 수 있는 상태가 되지 않았으므로 의사표시의 도달은 없는 것이다. 특히 우편함에 투입하거나 수신기에 투시한 경우 투입 또는 투시된 때에 의사표시와 야간에 투입된 때에는 읽을 수 있는 상태에 있게 된 때 의사표시는 도달한 것으로 본다. 편지함에 투입되었으나 본인이 없어서 우체부가 우체국으로 편지 찾으러 오라고 했을 경우는 부도달이며, 임대인이 해지통고를 보통편지로 한 경우에도 임차인이 편지 받은 일이 없다고 했을 경우 임대인은 도달을 입증해야 한다. 수신인불명의 서신 등은 개봉하기 전에는 의사표시가 도달된 것이 아니며, 수신인이 수취를 거절한 경우에는 의사표시는 도달된 것이 아니다.

그리고 전달자가 의사표시의 수령권한이 있는 경우에 수령한 의사표시와 대리인이 의사표시를 수령한 경우 본인에게 의사표시가 도달한 것으로 본다. 수령권한 없는 자가 의사표시를 수령하면 그가 상대방에게 의사표시를 전달한 때에 의사표시는 도달한다. 조서 또는 확정판결은 의사표시에 갈음하며, 의사표시의 상대방이 원고가 아니라 제삼자 또는 관청인 경우에는 그에게 도달해야 효력이 발생한다.

1) 到達의 效果

의사표시는 상대방에게 도달한 때에 그 효력이 생긴다. 만일 의사표시의 불착·연착으로 인한 불이익은 표의자의 부담이다. 그리고 최고기간의 계산도 도달한 때로부터 산정한다. 연착한 승낙에 관해서는 특별규정이 있다(민법 제528조). 의사표시가 도달하고 있는 한 의사표시의 발신 후 표의자가 사망하거나 행위능력을 상실하더라도 도달의 효력에는 특약이 없는 한 영향이 없다(민법 제111조 제2항). 대리권과 같은 의사표시를 할 권한을 잃은 경우도 마찬가지다. 임대인이 해지통고를 한 후 사망한 경우에도 해지표시는 유효히 도달하며, 독신녀가 자기 아파트를 팔겠다고 청약을 하고 그 후 혼인한 후 부부공동재산으로 등기한 경우, 낭비자가 그의 말을 팔겠다고 한 후 한정치산선고를 받은 경우, 땅을 팔겠다고 하고 그 후 정신이상이 되어 금치산자가 된 경우 이들의 의사표시는 유효히 성립한다. 단 도달장애사유가 상대방의 歸責事由에 의한 것인 경우 장애가 없었으면 도달하였을 시점에 의사표시는 도달한다.

2) 意思表示의 撤回

발신 후 도달 전에는 그 의사표시를 철회할 수 있다. 그러므로 의사표시가 상대방에게 도달하기 전에 또는 이와 동시에 철회의 통지가 상대방에게 도달하는 때에는 그 의사표시는 효력을 발생하지 않는다.

3) 意思表示의 公示送達

표의자가 과실 없이 의사표시의 상대방을 알지 못하는 경우 또는 의사표시의 상대방의 소재를 알지 못하는 경우에 민사소송법 제180조의 公示送達 방법에 따라서 의사표시를 도달하게 할 수 있다(민법 제113조). 의사표시는 도달에 의하여 효력을 발생하기 때문에(민법 제11조) 표의자가 상대방을 알 수 없거나 주소를 모를 때 의사표시의 효력을 발생시킬 수가 없으므로 이러한 불편을 제거하려고 의사표시를 도달하게 할 수 있게 만든 제도이다.

① 要件

상대방을 알지 못하거나 상대방의 주소를 알지 못해야 하며, 상대방 또는 그의 주소를 알지 못하는 데 표의자가 무과실이어야 한다.

② 公示方法

공시송달은 법원서기관 또는 서기가 송달한 서류를 보관하고, 그 사유를 법원게시장에 게시함으로써 행한다.[132]

③ 效果

게시 후 2주일이 경과한 때에 상대방에게 도달한 것으로 看做한다.[133]

4) 意思表示의 受領能力

타인의 의사표시 내용을 이해할 수 있는 능력을 말한다. 상대방 있는 의사표시에 있어서 표의자의 입장에서는 상대방에의 도달문제가 발생하고, 상대방의 입장에서는 수령의 문제가 발생하는데, 수령능력은 이때 수령자가 가져야 할 능력이다. 우리 민법은 모든 무능력자를 수령무능력자로 규정하고 있다(민법 제112조). 우리 민법이 의사능력 및 행위능력 이외에 수령능력에 관한 규정을 둔 근거는 의사표시의 도달 자체가 상대방이 요지할 수 있는 상태가 될 것을 요건으로 하기 때문이다. 의사표시가 효력을 발생하면 일정한 법률효과가 생기게 되므로 행위무능력자를 보호하려는 취지에서 의사표시의 수령에 있어서도 행위능력을 필요로 한다.

① 受領無能力者에 대한 意思表示의 效力

수령무능력자에 대한 의사표시는 표의자가 그 도달, 즉 효력발생을 주장할

---

132) 民事訴訟法 제180조 제1항.

133) 民事訴訟法 제181조.

수 없다. 그러나 수령무능력자가 도달을 주장하는 것은 무방하다. 그리고 무능력자의 법정대리인이 의사표시의 도달을 한 후에는 표의자도 의사표시의 도달을 주장할 수 있다(민법 제11조 단서). 미성년자와 限定治産者가 예외적으로 독립적인 법률행위를 할 수 있는 경우에는 의사표시의 수령능력도 있다.

② 適用範圍

상대방 없는 의사표시에 관해서는 민법 제112조의 적용이 없다. 발신주의를 택하는 의사표시나 공시송달에 의한 의사표시도 적용하지 않는다.

第3節 代理

1. 意義

대리는 대리인이 본인의 이름으로 법률행위를 하고 그 법률효과가 직접 본인에게 귀속하는 제도이다. 즉 대리인이 본인의 이름으로 의사표시를 하거나 의사표시를 수령함으로써 그 법률효과가 직접 본인에게 귀속하는 제도이다. 이는 '법률효과는 표의자에게 귀속된다.'는 원칙에 대한 예외이다.

2. 法律上의 性質

대리인이 한 법률행위의 효과가 왜 법률행위를 하지 않는 본인에게 귀속하는가라는 이론적 근거를 둘러싸고 학설의 대립이 있다.

(1) 本人行爲說

대리인의 행위를 본인의 행위로 擬制하는 설이다. 따라서 법률행위의 여러 요건134)은 본인을 표준으로 판단한다.

(2) 代理人行爲說

행위당사자는 대리인이며 행위의 효과는 법률의 규정에 의해 본인에게 귀속한다. 따라서 법률행위의 여러 요건은 대리인을 표준으로 정한다.

(3) 共同行爲說

본인의 대리인에 대한 의사와 대리인의 상대방에 대한 의사가 결합하여 효력을 발생한다.

3. 代理가 認定되는 範圍

(1) 法律行爲

대리는 법률행위를 대리하는 것이므로 법률행위적 의사표시에 한하여 허용된다. 하지만 법률행위라 하더라도 대리를 금지하는 법률의 규정이 있거나 법률행위의 성질상 대리에 적합하지 않은 경우 대리는 허용되지 않는다. 一身專屬的인 行爲[135]가 이에 속한다. 그 밖에 당사자 사이의 약정에 의해 대리를 금할 수도 있다. 그러나 상법상 지배인의 包括代理權은 원칙적으로 이를 제한할 수 없다.[136]

(2) 不法行爲

불법행위는 대리가 허용되지 않으며, 법인의 경우 이사 기타 대표자가 직무

---

134) 행위능력, 의사의 흠결 등.

135) 一身專屬權(향유전속권·행사전속권)이란 권리 중에서 주체와의 사이에 특히 긴밀한 관계가 있기 때문에 그 주체만이 향유할 수 있는 것(향유전속권), 또는 그 주체만이 행사할 수 있는 것(행사전속권)으로, 전자는 양도·상속(민법 제977조 이하)에 관하여 제한을 받지만 양도·상속이 다 같이 불가능한 것(친권, 부부상호의 권리 등)과 양도만이 불능하고 상속이 가능한 것(양도금지의 특약이 있는 채권, 민법 제449조 제2항 불가분채권)이 있다. 후자는 채권자대위권의 목적이 될 수 없다(민법 제404조 채권자대위권). 이들 2종류의 일신전속권은 관점을 달리하므로 두 가지 뜻에서의 일신전속의 권리도 적지 않으나(친권 등의 신분권에 많나) 행사에 관하여만 일신전속의 것(위자료청구권은 그 예라고 해석된다)이라든가 향유에 관하여만 일신전속의 것(양도금지의 특약이 있는 채권, 종신정기금채권 등)도 있다. 그리고 공권은 공익적인 취지에서 부여되는 결과로 권리주체와의 사이에 긴밀한 관계가 인정되어 일신전속적 성격을 가지는 일이 많다(봉급청구권·연금청구권 등).

136) 商法 제11조.

에 관하여 타인에게 한 행위에 손해배상책임을 져야 한다고 하나, 이는 대리인이 아닌 대표기관에 관한 규정으로 불법행위에는 대리가 적용되지 않는다. 다만 대리인이 본인의 피용자인 경우에는 본인이 사용자책임을 부담할 수 있다(민법 제756조).

(3) 事實行爲

사실행위는 대리가 허용되지 않는다. 따라서 제삼자의 협력이 있더라도 그것은 대리가 아니라 사실상의 보조행위에 불과하다. 사실행위가 의사표시와 결합하여 법률행위를 구성하는 경우[137]에 그러한 법률행위의 대리를 허용하는 의미에서 예외적으로 사실행위의 대리를 허용할 뿐이다.

(4) 準法律行爲

준법률행위는 대리가 허용되지 않으나, 의사의 통지나 관념의 통지와 같이 의사표시와 유사한 행위에는 의사표시규정의 유추적용이 가능하므로 대리규정의 유추적용이 가능하다고 볼 것이다.

4. 代理의 種類

(1) 任意代理와 法定代理

대리권이 법률에 의하여 주어지느냐에 따라 결정된다. 무능력자의 법정대리인, 부재자를 위한 재산관리인, 상속재산 관리인의 관계도 일종의 법정대리라 할 수 있다. 임의대리와 법정대리의 구별은 複任權 및 대리권의 소멸에 실익이 있다.

(2) 能動代理와 受動代理

능동대리는 본인을 위하여 제삼자에 대하여 의사표시를 하는 대리를 말하며, 수동대리는 본인을 위하여 제삼자의 의사표시를 수령하는 대리를 말한다. 상대

---

137) 動産讓渡契約 및 質權設定契約에서 物件의 引渡行爲.

방 있는 단독행위의 무권대리(민법 제136조), 顯名主義의 요건(민법 제114조, 제115조) 등에서 그 구별의 실익이 있다.

(3) 有權代理와 無權代理

대리인으로서 행동하는 자가 정당한 대리권을 가지느냐의 여부에 따라 유권대리와 무권대리로 구분한다. 본인으로의 효과귀속 유무와 요건(민법 제114조, 제130조)에서 유권대리와 무권대리는 구분된다.

5. 代表와 代理

대리인은 본인에게서 독립한 주체인 반면, 대표자는 법인의 기관으로서 법인의 분신 또는 자체이다. 따라서 기관인 대표의 행위는 법인 자신의 행위이지 별개의 법률효과 귀속주체가 있는 것은 아니다. 이는 불법행위책임에서 현저히 나타난다. 대리인의 불법행위는 자신의 책임이지 본인의 책임이 아니며, 대표의 업무에 관한 불법행위는 법인의 책임이지 자연인인 대표기관의 책임이 아니다. 대내적으로 법인이 대표에게 구상권을 행사하는 것은 별개의 문제이다. 또한 대리는 법률행위에만 적용됨에 반하여 대표는 법인의 법률행위, 사실행위, 불법행위에도 적용된다. 독민법은 대표로 하지 않고 대리라고 하며 다만 법인기관에 책임을 가중시킬 뿐이다.

6. 代理의 3面 關係

대리는 본인과 대리인과의 대리권 관계, 대리인과 상대방과의 대리행위 관계, 상대방과 본인과의 관계로 구분된다. 그러나 대리행위의 효과가 발생하기 위해서는 우선 본인에게 법률행위의 효과를 직접적으로 귀속시킨다는 것을 내용으로 하는 대리행위가 있어야 하고, 대리인으로서 행위하는 자에게 대리권이 있어야 하며, 본인으로 되는 자는 권리능력을 갖고 있어야 할 것을 요한다.

7. 代理權

(1) 意義

대리인이 본인의 이름으로 의사표시를 하거나 또는 의사표시를 받음으로써 직접 본인에게 법률효과를 귀속시킬 수 있는 타인의 본인에 대한 법률상의 지위 또는 자격을 말한다.

(2) 代理權의 發生原因

1) 法定代理權의 發生原因

① 당연히 대리인이 되는 경우는 친권자(민법 제911조, 제920조), 후견인의 경우이다.

② 본인 이외의 일정한 지정권자의 지정에 의한 경우는 지정후견인, 지정유 언집행자(민법 제1093조, 제1094조)의 경우이다.

③ 법원이 선임하는 자가 대리인이 되는 경우는 부재자재산관리인(민법 제23 조, 제24조), 상속재산관리인(민법 제1023조, 제1040조, 제1044조, 제1047 조, 제1053조), 유언집행자(민법 제1096조)의 경우이다.

2) 任意代理權의 發生原因

임의대리권의 발생은 본인이 대리인에게 대리권을 부여하는 授權行爲에 의해 발생한다. 이는 기초적 내부관계[138]를 발생케 하는 행위와 구별되는데, 수권행 위는 상대방의 수령을 요하는 단독행위로서 대리인이 될 자의 의사표시는 필요 하지 않다. 또한 수권행위는 민법상 不要式行爲이며 묵시적으로도 가능하다. 따 라서 대리하는 법률행위가 요식행위인 경우에도 수권행위가 그 방식을 따라야 할 필요는 없다. 위임 · 고용 · 도급 · 조합계약 등이 무효이거나 취소 기타의 사 유로 실효한 경우 수권행위도 그 영향을 받아 소급하여 그 효력을 잃게 되는지 에 관해서는 무인설과 유인설의 대립이 있다. 따라서 유인설과 무인설을 구별 해 보자면 다음과 같다.

---

138) 委任, 雇傭, 都給, 組合 등.

첫째, 유인설(有因說, 少數說)에 의하면 본인과 대리인 사이의 기초적 법률관계가 무효 및 취소 또는 해제되면, 수권 행위도 그 영향을 받아 효력을 상실한다(민법 제128조).

둘째, 무인설(無因說, 多數說)에 의하면 수권행위는 단독행위이므로 그 원인되는 기초적인 계약관계로부터 구별되어 원인관계가 무효 및 취소 또는 해제된 경우에도, 상대방의 보호와 거래의 안전을 위하여 수권행위에는 영향을 미치지 않으며 여전히 유효하다는 설이지만, 당사자의 통상 의사해석상 수권행위와 원인관계는 유인관계와 관련하여 유인설이 당사자의 의사를 존중하는 해석론이라는 점에서 타당하다.

3) 代理權의 範圍

① 法定代理權

법률의 규정을 해석함으로써 그 범위를 결정한다. 한편 지배인은 임의대리인이지만 대리권범위는 법률로 규정되어 있다.[139] 이러한 법률의 규정은 强行規定이다.

② 任意代理權

수권행위에 의해 결정되는 것으로 의사표시해석의 일반원칙에 따라 정하나 보통 계약체결의 대리권이 부여된 경우 해제권은 인정되지 않는다. 만일 임의대리인에게 부동산처분에 관한 서류가 교부된 경우 부동산처분의 대리권이 부여된 것으로 인정하며, 융자를 위한 등기부등본과 인감증명서가 교부된 경우 융자는 할 수 있으나 처분은 하지 못한다.

그리고 대리권의 범위가 명백하지 않은 경우 대리인은 민법 제118조의 규정에 따라 보존행위 및 일정한 범위 내에서 이용·개량행위를 할 수 있다. 보존행위는 재산의 가치를 현상 그대로 유지하는 것을 목적으로 하는 행위로서, 예를 들면 가옥의 수선, 소멸시효의 중단, 미등기부동산의 등기, 기한도래 채무의 변제, 부패하기 쉬운 물건의 처분 등이 이에 해당한다. 대리의 목적인 물건이나 권리의 성질을 변하지 아니하는 범위에서 그 이용 또는 개량하는 행위도 가능하다. 이용행위는 재산의 수익을 꾀하는 행위를 말하고, 개량행위는 사용가치 또는 교환가치를 증가하는 행위를 말한다.

---

139) 商法 제11조 제3항.

4) 代理權의 制限

① 財産管理人에 대한 制限

법원이 선임한 재산관리인이 민법 제118조에 규정한 권한을 넘는 행위를 함에는 법원의 허가를 얻어야 한다. 부재자의 생사가 분명하지 아니한 경우에 부재자가 정한 재산관리인이 권한을 넘는 행위를 할 때에도 같다(민법 제25조).

② 自己契約 및 雙方代理의 禁止

대리인이 한편으로는 본인을, 다른 한편으로는 자신의 자격으로 자기 혼자서 본인·대리인 사이의 계약을 맺는 자기계약과 대리인이 한편으로는 본인을, 다른 한편으로는 상대방을 대리하여 자기만으로써 쌍방의 계약을 맺는 쌍방계약도 금지된다(민법 제124조). 본래 대리인은 다소 자기의 재량에 의하여 본인의 권리·의무를 좌우하는 것이므로, 대리인의 자의로 본인의 이익을 해하지 않기 위해서 자기계약과 쌍방대리를 원칙적으로 금하는 것이다. 다만 예외적으로 본인의 위임·허락이 있는 경우나, 채무의 이행인 경우에는 자기계약과 쌍방대리가 허용된다. 민법 제124조에 위반하면 무권대리행위로서, 본인에 대하여 당연히 효력이 생기지는 않지만 본인이 추인하면 완전 유효하게 된다.

③ 共同代理

다수의 대리인이 공동으로 하여서만 대리권을 행사할 수 있는 대리를 말한다. 원래는 대리인이 수인인 경우에도 각자 대리의 원칙이 적용되므로 각자가 본인을 대리한다. 그러나 법률 또는 수권행위에 다른 정함이 있으면 다수의 대리인이 공동으로 하여서만 본인을 대리할 수 있다. 공동대리의 제한에 위반하면 권한을 넘는 무권대리가 된다(민법 제126조). 수동대리에 있어서는 상대방의 보호와 거래상의 편리를 위하여 각 대리인이 단독으로 수령할 권한이 있으며 공동으로 할 필요가 없다.

5) 代理權의 消滅

우리 민법은 법정대리권의 소멸에 관해서는 개별적으로 규정하고 있다(민법 제22조, 제23조, 제924조, 제925조, 제927조, 제939조, 제957조). 임의대리권과 법정대리권에 공통된 소멸원인은 민법 제127조에서 임의대리권에 특유한 소멸원인은 민법 제128조에서 규정하고 있는데, 이들 규정은 임의규정이므로 특약이나 특별법에 의해 배제될 수 있다.

① 共通의 消滅原因

본인의 사망, 대리인의 사망, 대리인의 금치산 또는 파산이 있다(민법 제126조).

② 任意代理人에 特有한 消滅原因

원인된 법률관계의 종료, 수권행위의 철회, 본인의 파산이 있다(민법 제128조).

(3) 代理行爲

대리에서는 법률행위를 하는 자는 본인이 아니고 대리인이며, 본인에게는 다만 그 법적 효과가 발생할 뿐이다. 따라서 대리인과 상대방 사이에는 대리인이 법률행위를 할 때 그 효과가 본인에게 발생한다는 것을 표시할 필요가 있으며, 대리인의 의사표시에 하자가 있을 때에는 대리인과 본인 가운데 누구를 기준으로 할 것인가, 그리고 대리인은 행위능력이 없어도 대리행위를 할 수 있는가가 문제된다.

1) 顯名主義

대리인은 대리행위를 함에 있어서 그 행위가 본인을 위한 것임을 표시하여야 한다(민법 제114조 제1항). 즉 법률행위는 대리인이 하지만 본인의 이름으로 하여야 한다. 우리는 민법은 독일민법과는 달리 민사상의 대리에만 현명주의를 요구하고 상행위에 있어서는 이를 요구하지 않는다.[140] 대리인이 반드시 대리인임을 표시하여 의사표시를 하여야 하는 것은 아니고 본인 명의로도 할 수 있다. 대리인이 본인을 위한 것임을 표시하지 않고 의사표시를 한 경우에 그 의사표시는 대리인 자신을 위한 것으로 한다. 그러나 상대방이 알았거나 알 수 있었을 경우 대리에 대한 효력은 있으나(민법 제115조) 이 규정은 수동대리에는 적용이 없다.

---

140) 商法 제48조.

2) 代理行爲의 瑕疵

대리행위의 하자에 관하여는 민법 제116조가 적용되므로 대리인을 표준으로 하여 결정한다. 이 규정은 임의대리뿐만 아니라 법정대리에 관해서도 적용된다.

① 非眞意表示

대리인이 비진의표시를 한 경우에는 그 의사표시는 표시된 대로 효력을 발생한다. 그러나 상대방이 비진의표시임을 알았거나 알 수 있었을 때에는 무효이다. 수동대리인 경우에도 이에 준한다. 또한 여기에서 본인은 선의의 제삼자에 해당하지 않는다.

② 虛僞表示

본인과 상대방의 허위표시는 민법 제116조에 따라서 대리행위가 유효하다고 볼 이유가 없으므로, 이 경우에는 법률행위는 대리인과 아무런 관계가 없고 본인이 실질적인 당사자이므로 제116조의 적용은 배제된다. 대리인과 상대방의 허위표시는 이를 무효라 하더라도 본인보호에 합당하지 않은 것이 없으므로 상대방은 본인에 대하여 무효를 주장할 수 있다.

③ 錯誤

대리행위에 착오가 있는지, 또는 표의자, 즉 대리인에게 중대한 과실이 있는지의 여부는 대리인을 기준으로 해서 판단한다. 그러나 대리인의 착오를 이유로 해서 대리행위를 취소할 수 있는 권한은 본인에게 있다고 해석해야 한다. 다만 대리인은 본인의 취소권행사를 대리할 수 있을 것이다.

④ 詐欺·强迫

상대방에 의하여 대리인이 사기나 강박을 당했을 경우 본인은 대리인을 기준으로 사기나 강박을 판단하여 이를 취소할 수 있다. 대리인의 사기나 강박에 의해서 상대방이 의사표시를 한 경우 상대방은 민법 제110조 1항에 의해서 이를 취소할 수 있다. 제삼자의 사기나 강박에 의해서 상대방이 의사표시를 한 경우 대리인이나 본인이 사기나 강박행위를 알았거나 알 수 있었을 때에 한하여 이를 취소할 수 있다.

⑤ 本人이 알았거나 알 수 있었던 事情

의사표시의 효력이 어느 사정을 알았거나 과실로 알지 못한 사실에 의하여 영향을 받은 경우에는 법률행위를 한 대리인을 기준으로 하여 이 사실의 유무를 판단하여야 한다. 다만 대리인이 본인의 지시에 좇아 법률행위를 했다면, 본인은 자기가 안 사정 또는 과실로 알지 못한 사정에 관한 대리인의 악의·과실을 민법 제116조 1항에 따라 주장할 수 없다.

3) 代理人의 能力

대리인이 법률행위를 할 수 있는 의사능력을 가져야 하는 것은 통상의 법률행위와 같지만, 대리인은 행위능력자임을 요하지 않기 때문에 금치산자도 임의대리인이 될 수 있게 된다. 그러나 민법 제117조 규정은 임의규정이며, 특약으로 배제할 수 있다. 민법 제910조, 제937조, 제1098조는 무능력자가 법정대리인이 되는 것을 금지하고 있다. 또한 민법 제117조는 본인이 대리인의 무능력을 이유로 그 대리행위를 취소할 수 없다는 의미이며, 본인과 대리인 간의 수권행위가 대리인의 무능력 때문에 취소할 수 없는가는 별개의 문제이다. 수권행위가 위임·고용 등 원인된 법률행위와 합체되어 존재할 때 기초관계가 무능력을 이유로 취소되면 수권행위도 실효됨이 원칙이나, 거래안전을 위하여 대리권은 소급하여 소멸하지 않고 이미 행해진 대리행위의 효력에는 영향이 없다.

4) 代理의 效果

대리인에 의한 법률행위의 효과는 본인에게 귀속한다(민법 제114조). 여기서 본인에게 귀속하는 효과란 대리행위로부터 발생하는 모든 법률행위적 효과는 물론 비법률행위적 효과로 불리는 계약의 취소권 등 모든 효과도 본인에게 귀속한다. 단 대리인의 불법행위에 대해서는 본인의 책임이 없다.[141] 그리고 본인은 의사능력이나 행위능력자임을 요하지는 않으나 반드시 권리능력자이어야 한다.

(4) 復代理

대리인이 그의 권한 내의 행위를 행하게 하기 위하여 대리인 자신의 이름으로

---

141) 기초적 내부관계에 있어서 본인이 사용자로서의 책임을 지는 것은 별개의 문제이다.

선임한 본인의 대리인을 말한다. 민법상의 수권행위나 복임수권행위는 대리권의 양도가 아니다. 복대리인에 대한 대리인의 감독권과 해임권은 대리인이 복대리인을 자기책임으로 선임·사용하는 데서 오는 효과이다. 따라서 복임행위의 성질은 기본적으로 본인의 대리권수여행위와 동일하다. 다만 대리인이 자기 대리권의 범위 내에서 본인을 위하여 대리권을 수여한다는 점이 복임행위의 특색이다.

1) 代理人의 復任權과 責任

① 任意代理人의 復任權

임의대리인은 본인의 승낙이 있거나 부득이한 사유가 있는 때에만 제한적으로 복임권을 갖는다(민법 제120조). 복임권에 기하여 복대리인을 선임한 경우에는 본인에 대하여 그 선임 및 감독에 관하여 책임을 져야 한다. 부적임자를 선임하거나 감독을 게을리하여 본인에게 손해를 주면 손해배상책임도 부담한다. 대리인이 본인의 지명에 따라 복대리인을 선임한 경우에는 본인이 지명한 자가 부적임 또는 불성실함을 알고 본인에게 통지나 그 해임을 태만한 경우에만 책임을 진다(민법 제121조).

② 法定代理人의 復任權

법정대리인은 언제나 복대리인을 선임할 수 있으며, 선임·감독에 있어서의 과실이 없이도 복대리인의 행위에 대하여 모든 책임을 진다(민법 제122조). 그러나 부득이한 사유로 복대리인을 선임한 경우에는 복대리인의 선임·감독에 과실이 있는 경우에 한하여 책임을 진다(민법 제121조 제1항, 제122조 단서).

2) 復代理人의 地位

① 代理人에 대한 關係

복대리인의 대리권은 대리인의 대리권의 범위보다 넓을 수 없다. 대리인은 복대리인의 선임 후에도 대리권을 계속 유지하나, 대리인의 대리권이 소멸하면 복대리권도 소멸한다. 그리고 대리인과 복대리인 모두가 본인의 대리인이며, 복대리인은 대리인의 감독을 받는다.

② 相對方에 대한 關係

복대리인은 그 권한 내에서 본인을 대리한다. 따라서 복대리인의 대리행위에 관해서는 대리의 일반원칙이 적용되므로 대리인과 동일한 권리·의무를 갖는다 (민법 제123조).

③ 本人에 대한 關係

복대리인은 본인의 대리인이며, 본인에 대하여 대리인과 동일한 권리·의무를 갖는다. 본인과 복대리인 사이에는 아무런 기초적 내부관계가 발생하지 않으나, 민법 제123조 2항의 규정으로 대리인과 동일한 기초적 내부관계를 갖게 된다.

④ 復代理權의 消滅

대리권 일반의 소멸원인으로서 본인의 사망, 복대리인의 사망, 복대리인의 금치산 또는 파산으로 소멸한다. 또한 대리인·복대리인 사이의 수권행위가 소멸됨으로써 소멸하며, 대리인이 가지는 대리권이 소멸함으로써 같이 소멸한다.

(5) 無勸代理

대리권이 전혀 없는 경우와 대리권의 범위를 벗어난 경우가 있다. 무권대리는 본인이나 대리인에 대해서는 아무런 법률효과가 없고, 다만 무권대리인이 상대방에 대해 불법행위상의 책임을 지는 데 불과한 것이다. 그러나 이렇게만 할 경우에는 대리권의 유무와 범위에 대해 상대방이 쉽게 알 수 없으므로 거래의 안전과 상대방의 보호에 문제점이 생기게 된다. 또한 무권대리는 원래 대리권이 없이 행해진 대리행위이므로 그 효과를 본인에게 귀속시킬 수는 없다. 그렇다고 무권대리인이 대리의사를 갖고 행한 것이므로 대리인에게 그 효과를 귀속시킬 수도 없다. 그래서 민법은 무권대리인과 본인과의 사이에 특수한 관계가 있을 경우에는 무권대리행위를 통해서도 본인에게 일정한 법률효과를 일으킬 수 있게 했고, 그렇지 않을 경우에는 무권대리인의 책임을 특히 중하게 했다. 따라서 전자를 표현대리(민법 제125조, 126조, 129조), 후자를 협의의 무권대리(민법 제130조 이하)라고 한다. 협의의 무권대리행위는 계약에서 본인에 대하여 당연히 효과를 발생하지 않는다(민법 제130조). 다만 본인은 追認權(민법

제130조)이 있으므로 그가 원한다면 무권대리에 期限 계약의 효력을 발생시킬 수 있다. 즉 본인이 상대방에 대하여 무권대리를 추인하지 않으면 본인에게 아무런 효력도 미치지 못한다. 그 대신 상대방에게는 추인 여부에 대한 확답을 독촉하는 催告權과 본인이 추인할 때까지 철회할 수 있는 철회권이 인정된다. 만일 본인의 추인을 얻지 못할 경우에는 선의의 상대방이 불의의 손해를 입게 되므로 상대방의 선택에 따라서 무권대리인에게 이행 또는 손해배상의 책임을 지도록 한다. 단독행위의 무권대리는 무효가 원칙이지만, 행위 당시에 상대방이 무권대리행위에 동의했거나 그 대리권을 다투지 않았을 때에는 계약의 경우와 동일하게 취급한다.

1) 本人과 相對方

무권대리행위는 본인에 대하여 효과가 발생하지 않으나, 본인의 추인으로 무권대리행위의 법률효과가 발생할 수 있다(민법 제130조).

① 本人의 追認權

추인은 효력의 발생이 불확정한 행위에 관하여 그 행위의 효과를 자기에게 직접 발생케 하는 것을 목적으로 하는 의사표시로서 본인의 추인은 상대방·무권대리인 등의 동의나 승낙이 필요 없는 단독행위이고 추인권은 형성권의 성질을 갖는다. 추인에 특별한 방식은 없고 明示的·默示的 追認이 모두 인정된다. 추인의 상대방은 무권대리인 또는 상대방이다.[142] 추인이 있으면 소급해서 유권대리행위였던 것과 같은 법률효과를 발생한다. 다만 다른 의사표시가 있으면 추인의 소급효는 배제된다. 또 추인의 소급효는 제삼자의 권리를 해하지 못한다(민법 제133조 단서). 적용범위는 상대방이 취득한 권리와 제삼자가 취득한 권리 모두 배타적 효력을 가질 때이다.

② 本人의 追認拒絕權

본인이 적극적으로 추인의 의사 없음을 표시하여 무권대리행위를 무효로 하는 것을 말한다. 추인거절의 상대방과 방법은 추인과 동일하다.

---

142) 민법 제132조에 의해 無權代理人에게 한 경우 상대방이 모르면 追認의 효과를 주장할 수 없다.

③ 相對方의 催告權

여기서 최고는 본인에 대하여 무권대리행위의 추인 여부의 확답을 독촉하는 행위이다. 상당한 기간을 정하여 무권대리행위의 추인 여부를 확답하라는 뜻을 표시하여 본인에게 하여야 한다. 본인이 기간 내에 확답이 없으면 추인을 거절한 것으로 간주한다(민법 제131조). 우리 민법은 상대방을 보호하기 위하여 발신주의를 채택하고 있다.

④ 相對方의 撤回權

철회는 무권대리행위의 상대방이 무권대리인 사이의 계약을 확정적으로 무효로 하는 행위이다. 철회는 본인의 추인이 있기 전에 본인이나 무권대리인에게 하여야 한다(민법 제134조). 철회권은 선의[143]의 상대방에게만 인정된다. 입증책임은 본인이 부담하며, 본인이 상대방의 악의를 입증해야 한다.

2) 相對方과 無權代理人

① 無權代理人의 責任

무권대리인이 그 대리권을 증명하지 못하고 또 본인의 추인을 얻지 못한 때에는 상대방의 선택에 좇아 계약의 이행 또는 손해배상의 책임을 부담한다(민법 제135조). 즉 무권대리인이 행한 계약의 효력이 본인에게 귀속했을 경우에 본인이 부담했어아 할 의무와 동일한 의무를 무권대리인에게 부담시키고 있다. 따라서 무권대리인의 이러한 책임은 민법 제135조에 의하여 발생하는 법정책임이며 무권대리인의 과실을 요건으로 하지 않는 이른바 무과실책임이다.

② 責任發生의 要件

무권대리인이 대리권 있음을 증명할 수 없어야 하고, 상대방이 대리권 없음을 알지 못하고 알지 못하는 데 무과실이어야 하며,[144] 본인의 추인이 있거나 표현대리가 되는 것과 같은 직접 본인에게 책임을 물을 사정이 없어야 한다. 또한 상대방이 아직 철회권을 행사하지 않았어야 하며, 무권대리인은 행위능력자어아 한다.

---

143) 선의의 결정시기는 계약 당시이다.
144) 이때의 立證責任은 대리인이 부담한다.

③ 責任의 內容

무권대리인은 상대방의 선택에 따라 이행 또는 손해배상책임을 진다. 이행은 본인이 이행하였을 것과 동일한 내용을 이행하여야 하고, 손해배상은 적극적인 계약이행의 이익을 배상해야 한다. 무권대리인은 선택채무의 규정에 의해 어느 하나에 대하여 책임을 진다.

3) 本人과 無權代理人

본인의 추인이 없으면 본인과 무권대리인 사이의 법률관계는 없다. 본인의 추인이 있으면 사무관리가 일단 성립하고(민법 제734조), 그 행위로 본인의 이익이 침해되면 불법행위가 성립하며(민법 제750조), 대리인에게 부당한 이득이 생기면 부당이득이 성립한다(민법 제741조 이하).

4) 單獨行爲의 無勸代理

① 相對方 없는 單獨行爲

능동대리 및 수동대리를 묻지 않고 언제나 무효이다. 본인의 추인이 있어도 무권대리행위의 효력이 발생하지 않는다.

② 相對方 있는 單獨行爲

무권대리행위의 효력이 발생하지 않으므로 원칙은 무효이다. 그러나 예외적으로 능동대리는 상대방이 대리권 없는 행위에 동의[145]하거나 대리권을 다투지 아니할 때 계약의 무권대리와 동일한 효력을 인정하며, 수동대리는 상대방이 무권대리인의 동의를 얻어 행위를 한 때에 계약의 무권대리와 동일한 효력을 인정한다(민법 제136조).

---

145) 사실 우리 민법 제136조의 규정은 독일민법 제180조의 규정을 그대로 가져온 것이다. 그런데 가져와도 어설프게 가져왔다고 생각된다. 왜냐하면 독일어 einverstanden을 동의로 번역했기 때문에 민법 제136조의 법문은 법을 공부하는 모든 이들의 입장에서 매우 이해하기가 쉽지 않은 표현이 되었다. 독일어에서 einverstanden은 동의라는 뜻보다는 인정하다 또는 받아들이다, 양해하다(agree)의 뜻이 더 강하다. 반면 우리 민법 제264조에서 말하는 동의는 독일어로 하면 Zustimmung인데, 이것이야말로 말 그대로 동의한다(approve)는 뜻이며, 우리 민법 제629조에서 말하는 동의는 독일어로 하면 Erlaubnis인데, 이는 동의한다는 뜻보다는 승낙한다(admit)는 뜻이 더 강하다. einverstanden, Zustimmung, Erlaubnis란 말을 모두 동의로 똑같이 우리나라 민법 입안자들이 더 정확히 말하면 일본민법을 그대로 베꼈으니까 일본민법 입안자들이 번역을 해 놓으니까 학생들을 비롯하여 모든 이들의 입장에서는 자꾸 불필요한 混同이 벌어지게 된 것이다. 사견을 말하자면, 우리 민법 제136조의 동의는 동의가 아니라 인정으로, 민법 제629조의 동의는 승낙으로 용어를 바꿔야 할 것이다.

(6) 表現代理

대리인에게 정당한 대리권이 없음에도 불구하고 대리권이 있는 것과 같은 외관이 존재할 뿐 아니라 이에 대하여 본인이 어느 정도의 원인을 제공하고 상대방이 무권대리인을 정당한 대리인으로 신뢰하여 법률관계를 형성하였을 경우에, 이를 신뢰한 상대방을 보호하고 거래안전을 도모하기 위하여 무권대리행위에 의한 법률효과를 정당한 대리행위에서와 같이 본인에게 부과하는 대리제도의 유형을 표현대리라고 한다. 표현대리는 실제로는 존재하지 않는 대리관계를 상대방이 존재한다고 믿은 경우에, 법률이 상대방의 이익을 위하여 그러한 상황에 기여한 본인에게 일정한 책임을 부담시키는 것이므로 표현대리에 의한 법적 책임의 근거는 일종의 신뢰책임이라고 할 수 있다. 이는 본인이 자신의 비법률행위적 행동에 기하여 상대방에게 신뢰를 조성시킨 경우에 그에 대하여 책임을 지우는 것이라고 이해할 수 있다.

따라서 표현대리는 대리권수여의 표시에 의한 표현대리(민법 제125조), 권한을 넘은 표현대리(민법 제126조), 대리권 소멸 후의 표현대리(민법 제129조)로 나눌 수 있어 다음과 같이 살펴보고자 한다.

1) 代理權授與의 表示에 의한 表現代理

제삼자에 대하여 타인에게 대리권을 수여함을 표시한 자는 그 대리권의 범위 내에서 행한 그 타인과 그 제삼자 간의 법률행위에 대하여 책임이 있다. 그러나 제삼자가 대리권이 없음을 알았거나 알 수 있었을 때에는 그러하지 아니하다(민법 제125조).

즉 대리인에게 실제로는 대리권을 수여하지 않았으나, 본인이 제삼자에 대하여 타인에게 대리권을 수여함을 표시하였기 때문에 상대방이 대리권이 있는 것으로 신뢰하고 거래행위를 한 경우를 대리권 수여의 표시에 의한 표현대리라 한다. 민법 제125조는 본인이 제삼자에 대하여 자기의 의사로 타인에게 대리권을 수여했다는 표시를 하는 것을 예정한 규정이기 때문에 법정대리에는 적용되지 않는다. 대리권수여의 표시에 의한 표현대리 요건은 본인이 제삼자에 대하여 타인에게 대리권을 수여하였음을 표시해야 한다. 표시의 방법은 위임장이 보통이고, 표시의 의미는 관념의 통지로 봐야 할 것이다. 철회를 한다면 표시와 동일한 방법으로 상대방에게 하여야 한다. 여기서 제삼자는 대리행위의 상대방이 될 자를 말한다. 그 다음 무권대리인이 표시된 대리권의 범위 내에서 대리행위를 하여야 한다. 만일 표시된 대리권의 범위를 넘으면 민법 제126조가 적용된다. 또 대리행위는 표시를 받은 상대방과의 사이에서 한 것이어야 하며, 제삼자인 상대방이 대리권의 부존재를 알았거나 알 수 있었을 때에 민법 제125조는 적용되지 않는다. 즉 상대방은 알지 못한 데에 선의·무과실이어야 한다. 상대방의 선의·무과실은 추정되므로, 본인은 상대방의 악의·과실을 입증해야 한다.

2) 權限을 넘은 表現代理

대리인이 그 권한 외의 법률행위를 한 경우에 제삼자가 그 권한이 있다고 믿을 만한 정당한 이유가 있는 때에는 본인은 그 행위에 대하여 책임이 있다(민법 제126조). 즉 대리인에게 그 대리권의 범위를 넘는 법률행위를 한 것이나 다소의 대리권이 있기 때문에 그 법률효과가 직접 본인에게 귀속되는 경우를 말한다. 부부간 가사대리권의 경우 일상가사대리권 외에 문제된 越權行爲에 관하여 그 권한을 수여받았다고 믿을 만한 정당한 사유가 있어야 민법 제126조가 적용된다. 권한을 넘은 표현대리의 요건은 먼저 대리인이 권한 밖의 행위를 하였어야 한다. 이때 대리인은 일정범위의 대리권을 반드시 가져야 한다. 기본 대리권과 월권행위가 동일한 종류일 것을 요하는가 다툼이 있으나 동일한 종류일 것을 요하지 않는다는 것이 다수설이다. 민법 제125조와 제129조의 표현대리가 성립하는 범위를 넘는 경우에는 민법 제126의 표현대리가 성립하는가에 대하여 다수설은 긍정한다. 그 다음 상대방이 그 행위가 대리권 내의 행위라고 믿는 데 선의·무과실이어야 한다. 상대방의 선의·무과실은 추정되므로 본인이 상대방의 악의·과실을 입증해야 한다.

3) 代理權消滅後의 表現代理

대리권의 소멸은 선의의 제삼자에게 대항하지 못한다. 그러나 제삼자가 과실로 인하여 그 사실을 알지 못한 때에는 그러하지 아니하다(민법 제129조). 즉 대리권의 소멸 후에 대리인으로서 행위하였으나 종전에는 대리인이었기 때문에 그 법률효과가 직접 본인에게 귀속하는 경우를 말한다. 대리권 소멸 후의 표현대리의 요건은 대리권이 소멸한 후에 대리행위를 하여야 하고, 상대방이 대리권의 소멸을 모르는 데 선의·무과실이어야 하며, 대리권이 이전에 존재하였다는 것과 상대방의 신뢰 사이에 상관관계가 있어야 한다.

4) 表現代理의 效果

표현대리의 요건이 충족되면 표현대리인이 한 법률행위의 효과는 본인에게 발생한다. 다시 말해 본인은 무권대리인의 대리행위에 대하여 책임을 진다.

① 撤回와 追認

통설에 의하면 표현대리에 관한 규정은 상대방의 보호 거래의 안전을 위하여 본인을 구속하는 제도에 지나지 않으며, 그 밖의 점에 대해서는 무권대리로서의 성질을 가지고 있다. 따라서 무권대리와 마찬가지로 상대방은 표현대리에 대한 추인 여부의 확답을 최고할 수 있고, 그의 의사표시를 철회할 수도 있다. 이에 대응하여 본인은 표현대리를 추인함으로써 상대방의 철회권을 소멸시킬 수 있다. 즉 철회와 추인 중 어느 것이 먼저 있었느냐에 따라 표현대리제도의 운명은 확정되게 된다. 반면 거래안전을 위해 본인은 표현대리라는 사실을 주장할 수 없다.

② 無權代理人의 責任

상대방이 표현대리를 주장하지 않고 무권대리행위로서 철회도 하지 않은 채 민법 제135조에 의한 무권대리인의 책임을 물을 수 있는가? 다수설은 이를 긍정한다. 왜냐하면 표현대리는 본질상 무권대리임을 전제로 하기 때문이다. 따라서 민법 제135조의 자구에 구애되어 이를 축소 해석하여야 할 이유가 없고, 긍정함으로써 상대방보호에도 충실할 수 있다. 반면 소수설은 표현대리가 성립하는 경우 먼저 표현대리규정에 의하여 문책을 한 뒤에 2차적으로 협의의 무권대리의 규정을 적용할 수 있다고 한다. 왜냐하면 대리행위의 상대방은 본래 본인과 거래할 것을 기대하고 있는 것이고 또 본래의 대리에서도 본인과의 사이에만 효과가 발생한 것인데, 완전한 대리가 아닌 표현대리의 경우에 본인의 책임과 무권대리인의 책임을 선택적으로 추궁할 수 있게 한다면, 상대방의 보호에 너무 치우쳐서 형평을 잃게 된다는 것이다. 그리고 본인과 표현대리인의 관계에서 본인에 손해가 생기면 본인은 손해배상을 청구할 수 있다.

③ 代理權 濫用理論

대리인이 대리권 범위 내에서 대리행위를 하면 그 법률효과가 본인에게 발생한다. 그러나 대리인이 본인의 이익에 반하여 대리권을 악용할 수 있으므로, 이러한 배신행위에 해당하는 대리행위도 본인에게 효력이 발생한다고 하면 본인에게 매우 불리하다. 따라서 거래의 안전을 해치지 않는 범위 내에서 본인을 보호하기 위해, 대리권이 남용된 경우에 일정한 범위에서 대리의 효과를 인정하지 않고 있다. 특히 대리인의 상대방이 대리인의 배임적 의도를 알았거나 알수 있었을 경우에는 민법 제107조 제1항 단서의 규정을 적용하여 법률행위의 효력을 부정할 수 있다.

第4節 無效·取消, 條件·期限, 期間

1. 無效

(1) 無效와 取消

무효란 법률요건으로서의 법률행위에 부여되어야 할 법률효과가 처음부터 전혀 발생하지 않은 것을 말한다. 반면 취소는 법률행위가 일단 유효한 법률행위로서 효력을 발생하였으나 후에 법률행위가 있었던 때에 소급하여 효력을 잃게 되는 것을 말한다. 무효와 취소는 법의 목적을 달성하기 위한 기술에 불과하기 때문에 어느 법률행위를 무효로 할 것인가 또는 취소로 할 것인가 하는 것은 법적 가치판단과 입법정책의 문제이며, 필연적인 이론적 이유가 따로 있는 것은 아니다.

(2) 無效와 法律行爲의 不存在

법률행위가 성립요건을 갖추었으나 효력요건을 갖추지 못할 때에 이를 법률행위의 무효라고 하며, 법률행위가 성립요건도 갖추지 못한 때를 법률행위의 부존재라 한다. 법률행위가 무효가 되었다 해서 아무런 법률효과도 발생시키지 못하는 것은 아니며, 법률행위는 사실적 현상으로는 존재하나 법적으로, 당해 규율이 의욕한 대로의 효력을 발생하지 않을 뿐이다.

(3) 法律行爲의 段階

효력의 확정성의 정도에 따라 사회질서 위반과 같은 확정적 무효, 무권대리행위와 같은 불확정적 무효, 무능력자의 행위와 같은 불확정적 유효, 확정적 유효의 단계로 나뉜다. 또 효력 주장자를 표준으로 절대적 무효, 상대적 무효, 민법 제107조 제2항, 제108조 제2항, 제109조 제2항, 제110조 제3항에서 선의의 제삼자에 의한 상대적 유효의 주장, 절대적 유효로 나누어 볼 수 있어 이를 구체적으로 나누어 살펴보고자 한다.

1) 絶對的 無效와 相對的 無效

절대적 무효는 무효인 법률행위의 효과를 누구에게나 주장할 수 있는 무효로서, 의사무능력자의 행위, 법률행위의 내용의 不能·不確定·强行法規違反·反社會秩序의 行爲, 不公正한 法律行爲, 不法條件附 法律行爲 등이 있다. 상대적 무효는 거래의 안전을 위해 제삼자에 대해서는 주장할 수 없는 무효로서, 眞意 아닌 意思表示의 예외적 경우와 通情虛僞表示를 들 수 있다.

2) 當然無效와 裁判上 無效

당연무효는 법률행위를 무효로 하기 위하여 특별한 행위나 절차를 요하지 않으며 법률상 당연히 무효인 것을 말한다. 반면 재판상 무효는 법률관계의 획일적 확정을 위해서 소에 의해서만 무효의 주장이 가능하도록 하여 재판에 의한 무효선고를 기다려서 비로소 무효로 되는 것을 말한다. 재판상 무효에는 회사설립의 무효, 회사합병의 무효, 주주총회 결의의 무효, 신주발행의 무효, 자본감소의 무효 등이 있다.

3) 全部無效와 一部無效

일부무효는 무효의 원인이 법률행위의 내용의 일부분에만 존재하는 경우로서 전부무효로 되는 것이 원칙이나, 예외적으로 무효 부분이 없더라도 법률행위를 하였을 것이라고 인정될 때는 나머지 부분은 유효하다(민법 제137조).

(4) 無效의 追認

무효행위는 추인하여도 유효로 되지 않음이 원칙이나, 당사자가 무효임을 알면서 추인한 때에는 새로운 법률행위를 한 것으로 본다(민법 제139조). 따라서 당사자가 무효임을 알면서 추인하여야 하고, 이 경우 새로운 법률행위는 따로 법률행위의 요건을 갖추어야 하며, 가족법상의 행위는 그 성질상 추인을 인정하지 않는다. 그리고 追認에는 非遡及的 追認과 遡及的 追認과 債權的 遡及的 追認이 있다.

첫째, 비소급적 추인은 당사자가 무효임을 알고 추인한 경우 새로운 법률행위로 보고 장래에 향하여 효력발생을 인정하는 것이다.

둘째, 소급적 추인은 소급하여 효력을 발생하지 않으나 당사자 사이에서 또는 제삼자의 권리를 해하지 않는 범위 내에서 제삼자에 대한 관계에 있어서도 소급적으로 추인을 인정하는 것이다.

셋째, 채권적 소급적 추인은 당사자 사이에 있어서만 소급하여 행위시부터 유효하였던 것으로는 것이다.

(5) 無效行爲의 轉換

무효행위의 전환이란 본래 의도한 법률행위로서는 무효라고 하더라도 다른 법률행위의 요건을 구비하고 있는 경우에는 후자의 법률행위로서의 효력을 인정하는 제도를 가리킨다. 예를 들어 독일민법 제140조는 "무효인 법률행위가 다른 법률행위의 요건에 적합한 경우에 당사자가 만약 그 무효를 안 때라고 하면 다른 법률행위를 의욕한 사정을 인정할 수 있는 때에는 다른 법률행위는 그 효력을 가진다."고 규정하여 무효행위의 전환을 일반적으로 인정하고 있다. 민법상으로는 불요식의 단독행위에 관하여 연착된 승낙(민법 제530조), 조건을 붙이거나 변경을 가한 승낙(민법 제534조)을 새 청약으로 보아서 무효행위의 전환을 규율하고 있다. 또한 요식행위에 대한 무효행위전환의 예로서는 비밀증서에 의한 유언에 결함이 있는 때에는 그 증서가 자필증서의 방식을 갖추고 있으면 자필증서유언으로서의 효력을 인정하는 경우가 있다(민법 제1071조).[146] 즉

---

146) 무효인 법률행위가 다른 법률행위의 요건을 갖추어야 하고, 당사자가 그 무효를 알았더라면 다른 법률행위

甲이라는 행위로서는 무효인 법률행위가 乙이라는 행위로서의 요건을 갖추고 있으면 乙이라는 행위로 그 효력을 인정하는 것이다(민법 제138조).

2. 取消

(1) 取消의 槪念

법률행위에 취소의 원인이 있는 경우 이를 취소할 수 있는 법률행위라 하며, 이때도 법률행위의 효력은 발생한다. 그러나 그 효력은 후에 특정인에 의한 취소의 의사표시가 있으면 소멸되며, 취소된 법률행위는 처음부터 무효인 것으로 간주된다(민법 제141조). 따라서 취소는 법률행위의 효력이 발생되기 전에 그 효력발생을 저지시키는 撤回와 다르고, 완전히 유효한 계약의 효력을 소멸하게 하는 解除와도 다르다. 이러한 좁은 의미의 취소 외에도 취소의 원인이 없는 완전히 유효한 법률행위의 효력을 소멸시키는 경우, 詐害行爲의 취소(민법 제406조), 부부간의 계약의 취소(민법 제828조), 신분상의 행위의 효력을 소멸시키는 경우, 혼인의 취소(민법 제816조), 입양의 취소(민법 제884조), 재판 또는 행정처분의 효력을 소멸시키는 경우, 실종선고의 취소(민법 제29조), 법인설립허가의 취소(민법 제38조)에도 취소라는 용어가 쓰인다. 그러나 이들 넓은 의미의 취소에는 제140조 이하의 취소에 관한 규정이 적용되지 않는다.

(2) 좁은 의미의 取消

좁은 의미의 취소에 있어서 취소의 의사표시는 특정한 자만이 할 수 있는데 이를 取消權者라고 한다. 취소권자는 무능력자, 하자 있는 의사표시를 한 자, 그 대리인 또는 승계인이다(민법 제140조). 무능력자라도 취소의 의사표시는 단독으로 할 수 있다. 瑕疵 있는 意思表示란 원래 사기나 강박에 의한 의사표시를 말하지만(민법 제110조), 여기서는 착오로 인한 의사표시(민법 제109조)도

를 하는 것을 의욕하였으리라 인정되어야 하며, 제2의 행위가 要式行爲인 때에는 전환이 불가능하지만, 일정한 형식 그 자체를 필요로 하는 것이 아니라 확정적인 의사를 서면으로 나타내는 것에 불과하면 전환이 가능하다고 할 수 있다.

포함된다. 승계인에는 무능력자 또는 하자 있는 의사표시를 한 자의 포괄승계인과 특정승계인이 포함되나 취소권만의 승계는 인정되지 않으므로, 특정승계인이란 취소할 수 있는 행위에 의하여 취득한 권리를 승계한 자를 말한다.

그리고 취소권은 形成權이므로 취소는 취소권자의 일방적인 의사표시에 의하여 이루어지며 특별한 방식이 요구되지 않는다. 취소의 의사표시는 상대방이 확정되어 있는 경우에는 상대방에 대하여 해야 한다(민법 제142조). 상대방이라 함은 취소할 수 있는 법률행위의 상대방을 말한다. 따라서 상대방이 확정되어 있는 경우란 계약, 합동행위, 상대방 있는 단독행위의 경우를 말하며, 상대방으로부터 취소할 수 있는 법률행위의 대상인 권리를 특정승계한 자는 취소의 상대방이 되지 못한다. 그리고 제삼자에 의한 사기·강박에 의해 의사표시를 한 경우에도 그 제삼자는 취소의 상대방이 아니다. 취소권자에 의한 취소의 의사표시가 상대방에게 도달하면 법률행위는 처음부터 무효였던 것이 된다. 따라서 취소시까지 존재했던 채무는 발생하지 않았던 것이 되어 더 이상 이행할 필요가 없게 되고, 채무가 이미 이행되어 있으면 원상으로 회복되어야 한다. 이 경우 당사자가 부담하는 의무의 성질에 관하여 다툼이 있으나 통설은 부당이득반환의무로 보고 있다. 다만 무능력을 이유로 취소를 한 자는 취소된 법률행위에 의하여 받은 이득이 현존하는 한도에서만 상환하면 된다(민법 제141조).

(3) 取消의 效果

취소의 효과는 원칙적으로 모든 사람에 대하여 주장할 수 있다. 다만 착오와 사기·강박에 의한 취소는 선의의 제삼자에게 대항하지 못한다(민법 제109조 제2항, 제110조 제3항). 여기서 제삼자라 함은 상대방과 그의 包括承繼人이 아닌 자로서 취소할 수 있는 법률행위를 전제로 하여 새로운 법률관계에 선 자를 말하며, 선의란 취소권자와 상대방이 한 법률행위에 취소의 원인이 있다는 것을 모르는 것을 말하고, 대항할 수 없다는 것은 취소의 효과, 즉 법률행위의 효력이 없다는 것을 주장하지 못함을 말한다. 그리고 선의의 제삼자와 법률행위를 한 자는 악의인 경우에도 보호된다. 취소할 수 있는 법률행위는 취소에 의하여 소급적으로 무효인 것이 되므로 그 효력은 불확정적이다. 그러나 추인이 있으면 확정적으로 유효한 것이 된다.

(4) 取消할 수 있는 法律行爲의 追認

법률행위 자체를 취소하지 않는 것으로 확정시키는 의사표시(민법 제143조)로서 추인을 할 수 있는 자는 취소할 수 있는 자이다. 추인은 취소의 원인이 종료한 후에 하지 않으면 효력이 없다(민법 제144조 제1항). 그리고 추인은 그 행위가 취소할 수 있는 것임을 알고 해야 하며, 그 성질은 상대방이 있는 단독행위로서 취소와 동일한 방법으로 해야 한다. 추인 후에는 취소하지 못하므로 법률행위는 확정적으로 유효하게 된다. 무능력자의 상대방은 무능력자가 능력자로 된 후 그에 대하여, 아직 능력자가 되지 못한 때는 그 법정대리인에 대하여 추인 여부를 최고할 수 있으며, 최고기간(1개월 이상) 내에 확답을 하지 않으면 원칙적으로 추인한 것으로 본다(민법 제15조). 나아가 취소권자가 추인할 수 있는 후에, 추인이라고 인정할 만한 일정한 행위를 하는 때는 그의 의사를 묻지 않고 추인한 것으로 간주되는 경우가 있는데(민법 제145조), 이를 법정추인이라고 하며 그 효과는 추인의 경우와 동일하다. 취소할 수 있는 행위가 확정적으로 유효하게 되는 사유로는 추인과 법정추인 외에 취소권의 소멸이 있다. 취소권은 추인할 수 있는 날, 즉 취소원인이 종료한 때로부터 3년이 지나거나 법률행위를 한 날로부터 10년이 지나면 소멸하게 되며(민법 제146조), 그 결과 법률행위는 유효한 것으로 확정된다. 이 두 기간 중 어느 것이든 먼저 만료되면 취소권은 소멸하며, 취소권이 형성권이므로 그 기간의 성질은 시효기간이 아니라 除斥期間이다.

(5) 取消의 方式

취소권행사는 명시적이든 묵시적이든 상관없이 상대방에 대한 의사표시에 의한다. 사해행위의 취소(민법 제406조), 혼인·입양 등의 가족법상 행위의 취소(민법 제816조, 제884조), 회사설립의 취소, 주주총회결의의 취소 등은 訴로써 하여야 한다.

3. 條件

(1) 意義

법률행위의 효과의 발생 또는 소멸에 관하여 이를 제한하기 위하여 당해 법률행위의 내용으로서 부가되는 約款을 附款이라고 한다. 이 중 법률행위의 효력의 발생 또는 소멸을 장래의 객관적인 불확실한 사실의 성부에 의존케 하는 법률행위의 부관을 조건이라고 하고, 법률행위의 당사자가 그 효력의 발생 소멸 또는 채무의 이행을 장래에 발생하는 것이 확실한 사실에 의존케 하는 법률행위의 附款을 기한이라고 한다. 조건은 법률효과의 발생 또는 소멸에 관한 것이며, 법률행위의 성립에 관한 것은 아니다.

(2) 條件의 種類

1) 停止條件과 解除條件

정지조건은 법률행위의 효력발생을 장래의 불확실한 사실에 의존케 하는 조건을 말하고, 해제조건은 법률행위의 효력소멸을 장래의 불확실한 사실에 의존케 하는 조건을 말한다.

2) 積極條件과 消極條件

적극조건은 조건이 되는 사실이 현상의 변경에 있는 경우를 말하고,[147] 소극조건은 조건이 되는 사실이 현상이 변경되지 않음에 있는 경우를 말한다.[148] 조건의 내용을 이루는 사실의 모습을 기준으로 한 분류이나, 법률상 구별할 특별한 실익은 없다.

3) 隨意條件과 非隨意條件

조건의 성부가 당사자의 일방적 의사에만 의존하는 조건을 수의조건이라고 하고, 조건의 성부가 당사자의 일방적 의사에만 의존하지 않고 다른 행위나 제

---

147) 예: 내일 비가 온다면~.
148) 예: 내일 비가 오지 않는다면~.

삼자의 의사에 결합하여야 하는 조건을 비수의조건이라고 한다. 수의조건에는 純粹隨意條件과 단순수의조건이 있는데, 순수수의조건은 조건의 성부가 당사자 일방의 의사에만 의존하는 것으로 항상 무효이지만,[149] 單純隨意條件은 당사자 일방의 의사뿐만 아니라 의사결정에 기인한 사실상태의 성립도 있어야 하는 것으로 항상 유효이다.[150] 일반적으로 수의조건부계약이라 함은 경매를 하지 않고 체결하는 계약을 말한다. 비수의조건은 偶性條件과 混成條件으로 나누는데, 우성조건은 조건의 성부가 당사자의 의사와는 관계없이 자연의 사실·제삼자의 의사나 행위에 의하여 그 성부가 결정되는 조건이고,[151] 혼성조건은 조건의 성부가 당사자 일방의 의사 외에 제삼자의 의사도 있어야 결정되는 조건이다.[152]

4) 假裝條件

외관상 형식적으로는 조건이지만 실질적으로는 조건으로서의 효력이 인정되지 못하는 것을 말하며, 法定條件·旣成條件·不法條件·不能條件이 이에 속한다. 법정조건은 법률행위가 효력을 발생하기 위해서는 법률에 의하여 요구되는 여러 가지의 요건 내지 사실을 갖추어야 하는 것을 말하고, 기성조건은 조건이 법률행위 당시에 이미 성립하고 있는 경우를 말하며(민법 제151조 제2항), 불법조건은 조건이 선량한 풍속 기타 사회질서에 위반하는 경우를 말하고(민법 제151조 제1항), 불능조건은 객관적으로 실현이 불가능한 사실을 그 내용으로 하는 조건을 말한다.[153]

(3) 條件을 붙일 수 없는 法律行爲

조건을 붙이는 것이 강행법규 또는 사회질서에 반하는 결과가 되는 경우,[154] 조건을 붙임으로써 상대방의 지위를 현저하게 불리하게 하는 경우[155] 조건을

---

149) 예: 내 마음이 내키면 이 시계를 주겠다.

150) 예: 내가 독일을 가면 선물을 사주겠다.

151) 예: 내일 비가 온다면~.

152) 예: 네가 갑녀와 결혼한다면~.

153) 민법 제151조 제3항 '정지조건이면 무효, 해제조건이면 조건 없는 법률행위'

154) 가족법상의 행위와 어음행위·수표행위 등.

155) 取消, 免除, 追認, 相計 등 단독행위에는 원칙적으로 조건을 붙일 수 없으나, 채무의 면제, 遺贈, 그리고 상대방이 동의하거나 불리하게 되지 않으면 가능하다.

붙이지 못한다.

(4) 條件成就와 不成就의 擬制

1) 條件의 成就로 擬制되는 경우

조건의 성취로 불이익을 받을 자가 신의성실에 반하는 방해행위를 하여 조건이 성취되지 않을 경우 상대방은 조건성취를 주장할 수 있다.[156] 당사자는 조건성취로 직접 불이익을 받게 되는 자에 한정되지만, 해제조건부의 제삼자를 위한 계약에 의하여 권리를 취득한 자는 당사자에 포함된다. 방해행위가 법률이 인정하는 조건부 권리에 대한 침해이면 불법행위에 의한 손해배상청구권도 발생할 수 있다.

2) 條件不成就로 擬制되는 경우

조건의 성취로 이익을 받을 당사자가 신의성실에 반하여 조건을 성취시킨 경우 상대방은 조건의 불성취를 주장할 수 있다(민법 제150조 제2항).

(5) 條件附 法律行爲의 效力

1) 條件의 成否確定前의 效力

조건의 성부가 확정되기 전 당사자의 일방은 조건의 성취로 일정한 이익을 얻게 될 기대를 가지므로 期待權의 일종이 발생한다. 조건부권리의 의무자는 조건의 성부가 미정인 동안에 조건의 성취로 인하여 생길 상대방의 이익을 해하지 못한다(민법 제148조). 따라서 의무자의 조건부권리의 처분은 무효이다. 조건부권리나 의무도 일반 규정에 따라 이를 처분·상속·보존·담보로 할 수 있다(민법 제149조).

2) 條件의 成否確定후의 效力

정지조건부 법률행위는 조건이 성취되면 법률행위의 효력이 발생하고, 불성취로 확정되면 무효가 된다(민법 제147조 제1항). 해제조건부 법률행위는 조건

---

156) 形成權.

이 성취되면 법률행위의 효력은 소멸하고, 불성취로 확정되면 효력은 소멸하지 않는 것으로 확정된다.

3) 效果가 發生하는 始期

조건성취의 효력은 원칙적으로 소급하지 않는다. 정지조건이 성취되면 법률효과는 그 성취된 때로부터 발생하고, 해제조건이 성취되면 법률효과는 그 성취된 때로부터 소멸한다. 하지만 당사자의 의사표시로 소급효를 주는 것은 무방하다 (민법 제147조 제3항). 조건성취시부터 법률행위 성립시까지 어느 시점까지든지 소급이 가능하다. 하지만 소급효로 제삼자의 권리를 침해하는 것은 불가능하다.

4. 期限

(1) 意義

법률행위의 당사자가 그 효력의 발생과 소멸, 그리고 채무의 이행을 장래에 발생할 확실한 사실에 의존케 하는 법률행위의 부관을 기한이라 한다. 장래사실의 발생이 확정적이라는 점에서 불확정적인 조건과 다르다.

(2) 期限의 種類

1) 始期와 終期

시기는 법률행위의 효력의 발생 또는 채무이행의 시기를 장래에 발생할 것이 확실한 사실에 의존케 하는 기한을 말한다. 반면 종기는 법률행위의 효력의 소멸을 장래에 발생할 것이 확실한 사실에 의존케 하는 기한이다.

2) 確定期限과 不確定期限

확정기한은 기한의 내용이 되는 사실의 발생시기가 확정되어 있는 기한을 말한다. 불확정기한은 기한의 내용이 되는 사실의 발생시기가 불확정한 기한을 말한다.

(3) 期限을 붙일 수 없는 法律行爲

1) 始期를 붙일 수 없는 法律行爲

혼인이나 입양과 같이 성립과 동시에 효력이 발생하여야 하는 법률행위, 상계·취소와 같이 소급효가 있는 법률행위에 시기를 붙이는 것은 무의미하므로 시기를 붙일 수 없다. 그러나 어음행위나 수표행위는 시기를 붙일 수 있다. 조건과 달리 시기는 그 도래가 확실하기 때문이다.

2) 終期를 붙일 수 없는 法律行爲

종기를 붙일 수 없는 법률행위의 범위는 해제조건을 붙일 수 없는 법률행위와 대체로 같다.

(4) 期限의 到來

기일의 도래 또는 기간의 경과로써 기한은 도래한다. 기한은 반드시 도래하여야 하므로 일정한 사실의 발생을 기한으로 한 경우, 그 사실이 불발생하면 불발생이 확정된 때 기한이 도래한다. 또한 기한의 이익의 포기나 상실이 있으면 기한은 도래한다.

(5) 期限附 法律行爲의 效力

1) 期限到來前의 效力

민법은 조건부권리의 침해금지와 조건부권리의 처분을 기한부법률행위에 준용한다. 단 채무의 이행에 기한이 붙은 경우에는 채권·채무가 이미 발생하였으므로 기한부권리·의무의 문제는 없다.

2) 期限到來後의 效力

법률행위에 시기를 붙인 경우 기한이 도래한 때로부터 효력이 발생한다. 법률행위에 종기를 붙인 경우 기한이 도래한 때로부터 효력이 상실한다. 소급효는 절대적으로 없다.

(6) 期限의 利益

기한이 도래하기까지는 의무를 지지 않고 권리를 잃지 않는 것과 같이 기한이 도래하지 않음으로써 당사자가 받는 이익을 말한다. 기한은 채무자의 이익을 위한 것으로 추정한다. 따라서 기한의 이익이 채권자에게 있다고 주장하려면 채권자가 입증하여야 한다.

1) 期限의 利益의 抛棄

기한의 이익은 포기할 수 있으나 상대방의 이익을 해하지 못한다. 기한의 이익이 상대방을 위하여서도 존재할 때 상대방의 손해를 배상하고 포기할 수 있다. 예컨대 이자부소비대차의 채무자는 이행기까지의 이자를 지급하여 기한 전에 변제할 수 있다.

2) 期限의 利益의 喪失

채무자가 담보를 손상하거나 감소 또는 멸실케 한 때(민법 제388조 제1항), 채무자가 담보제공의 의무를 이행하지 아니한 때(민법 제388조 제2항), 채무자가 파산한 때[157] 채무자가 갖는 기한의 이익은 상실된다.

5. 期間

어느 시점에서 어느 시점까지의 계속된 시간을 말한다. 기일은 특정의 시점을 말하므로 계속의 관념이 없으며, 기간은 법령이나 재판상의 처분 또는 법률행위에 의한 기간의 계산방법이 정해져 있지 않을 경우에는 公·私法 모두 민법의 규정이 보충적으로 적용된다(민법 제155조).

---

157) 破産法 제116조.

(1) 期間의 計算方法

1) 自然的 計算方法

기간을 아무 인위적인 가감 없이 자연적 시간에 따라서 시·분·초를 단위로 시간의 흐름을 순간으로부터 순간까지 계산하는 방법이다. 즉시를 기산점으로 하고(민법 제15조), 정해진 시·분·초의 종료시가 기간의 만료점이 된다. 비교적 단기간의 계산에 채용되는데, 정확하나 번거롭다.

2) 曆法的 計算方法

기간을 달력에 의해 계산하는 방법으로 일·주·월·년을 단위로 하는 기간계산에 사용한다. 간편하나 부정확하다. 기산점에 있어 초일은 算入하지 않지만, 예외적으로 0시로부터 시작한 때에는 초일을 산입한다(민법 제157조). 그리고 만료점에 있어서는 말일의 종료, 즉 오후 12시 경과로 기간이 만료하며(민법 제159), 월 또는 년으로 정한 때에는 이를 일로 환산하지 않고 달력에 의해 계산한다. 기간의 계산은 주·월·년의 처음으로부터 하지 않을 때는 최후의 주·월·년에서 그 기산일에 해당하는 날의 전일로 기간이 만료한다. 월 또는 년으로 정한 경우에 최후의 월에 해당 일이 없을 때에는 그 월의 말일로 기간이 만료한다(민법 제160조). 기간의 말일이 공휴일이면 그 翌日로 기간이 만료하나(민법 제161조), 공휴일에 거래하는 관습이 있으면 그에 의한다(민법 제106조).

(2) 期間의 逆算方法

민법의 계산방법은 일정한 기산일로부터 과거에 遡及하여 계산되는 기간에도 준용된다.

第5節 消滅時效

1. 意義

일정한 사실상태·외관형식·권리의 부재가 장기간 계속된 경우 이 상태가 진실한 권리관계와 합치되지 않더라도 권리관계로 인정하려는 제도이다. 전자는 취득시효, 후자는 소멸시효라 한다. 원래 법은 부당한 사실상태를 진정한 권리관계에 합치시키려는 것이 제1차적 목적이다. 반면 시효제도는 정의를 희생하여 법적 안정성을 확보하려는 것이다. 법적 안정성[158]이란 법적 관계의 붕괴를 방지하는 것이며, 증거보존의 곤란을 고려하는 것이지, 장기간 권리의 불행사는 보호할 가치가 없다고 보는 것은 아니다. 권리는 그 자체적 실현이 내재된 가치이지 보호할 가치 없는 권리란 自己矛盾이다. 법적 안정성이란 공익을 위한 사권의 희생(Opfer fuer Gemeinwohl)이며, 시효[159]는 법적 안정성을 확보하기 위한 수단이지 진정한 권리를 희생하여 사실관계에 있는 자에게 권리를 취득시키려는 목적은 결코 아니다.

2. 時效의 性質

시효는 일정한 사실상태가 일정한 기간 계속함을 요소로 하는 法律要件이다.

---

158) 인간이 법에 따라 안심하고 생활할 수 있는 법에 의한 안정 또는 법 자체의 안정, 즉 법에 의하여 보호되는 사회생활의 질서와 안정을 말한다. 법 전체는 사회 전체의 질서를 형성하고, 사회질서를 유지하는 것은 법의 목적이고 이념이기도 하다. 질서야말로 인간사회에 있어서 안정성과 상호 교섭의 최저한의 기준이며, 인간의 번영과 문화창조의 출발점이다. 따라서 법은 질서의 안정을 제1차적인 목표로 삼되, 그 질서는 선과정의의 기준에 비추어 정당하다고 판단되는 것이어야 한다. Radbruch, Gustav는 법이 사회의 질서를 유지할 수 있는 실효성을 확보하기 위해 법적 안정성이 전제되어야 하며, 그러기 위해서는 법의 내용이 명확해야 하고, 법이 함부로 자주 변경되어서는 안 되고, 법의 실행은 실제로 확실히 행해져야 하며, 법은 국민의 의식에 맞아야 한다고 했다. 법적 안정성의 추구는 成文法의 발달을 가져왔고, 법률해석에 있어서 槪念法學의 우위성을 가져오게 하였다. 그러나 이러한 점들은 법의 또 다른 이념인 정의와 합목적성을 고려하지 않은 법의 기능에 관한 이념의 추구였다. 사회생활은 끊임없이 발전하고 변하므로 법질서의 지나친 고정성은 법과 사회생활과의 유리를 초래하고, 정의·합목적성과 모순되는 결과를 초래한다. 그러므로 사회의 발전에 순응하고 사회의 진전과 정의의 요구에 따라 변화할 수 있는 유연성을 법에 부여하는 것이 오히려 법적 안정성을 유지하는 길이 된다.

159) 법의 이념이 정의, 법적 안정성, 合目的性이라면 時效制度는 법질서의 법적 안정성이라고 할 수 있다.

시효는 재산권에만 적용될 뿐 가족법상의 권리에 적용되지 않는다. 시효에 관한 규정은 강행규정이며, 時效規定은 엄격하게 해석된다. 따라서 어떤 권리에 관하여 시효에 걸리지 않는 것으로 특약을 할 수 없고, 소멸시효를 단축·경감하는 것은 상관없지만 이를 排除·延長·加重할 수는 없으며, 시효에 관하여 착오를 주장할 수 없다.

(1) 取得時效와 消滅時效

1) 取得時效

어떤 사람이 마치 그가 권리자인 것과 같이 권리를 행사하고 있는 사실상태가 일정한 기간 동안 계속한 경우에 그와 같은 권리행사라는 外觀의 사실상태를 근거로 하여 그 사람이 진실로 권리자냐 아니냐를 묻지 않고서 그자에게 권리를 취득게 하는 제도이다.

2) 消滅時效

권리자가 그의 권리를 행사할 수 있음에도 불구하고 일정한 기간 동안 그 권리를 행사하지 않는 상태, 즉 권리불행사의 상태가 계속한 경우에 그자의 권리를 소멸케 하는 제도이다.

(2) 除斥期間과 消滅時效

제척기간은 일정한 권리에 관하여 법률이 정한 존속기간을 말하며, 이는 권리관계를 신속하게 확정하여 제삼자의 법률관계를 안정시키기 위해 정해지는 기간이다. 제척기간과 소멸시효의 가장 큰 차이점은 제척기간에는 遡及效가 인정되지 않으나 소멸시효에는 遡及效가 인정된다는 것이다(민법 제167조). 법조문이 '소멸시효로 인하여' 혹은 '소멸시효가 완성한다.' 등으로 표현하면 소멸시효기간이고 그렇지 않으면 제척기간이다. 형성권은 그 행사에 의하여 곧바로 법률효과가 발생하므로 일반적인 청구권의 경우와 같이 권리불행사로 소멸시효의 요건이 성취될 여지가 없다. 따라서 형성권에 관하여 권리행사의 기간이 정해져 있는 경우에는 이를 제척기간으로 해석하는 것이 옳을 것이다.

3. 消滅時效의 要件

소멸시효의 요건 첫째, 권리가 소멸시효의 목적이 될 수 있어야 하고, 둘째, 권리자가 법률상 그의 권리를 행사할 수 있음에도 불구하고 행사하지 않았어야 하며, 셋째, 권리불행사의 상태가 일정기간 계속되어야 한다. 그러나 시효의 중단·정지사유가 있는 경우는 제외한다. 그리고 소멸시효에 걸리는 권리고서 우리 민법은 소멸시효의 대상이 되는 권리를 재산권에 한하고, 신분권과 인격권과 같은 비재산권에는 이를 적용하지 않는다. 따라서 재산권에 대하여 알아보면 다음과 같다.

(1) 所有權

소유권은 시효에 걸리지 않는다. 마찬가지로 계약목적물을 인도받은 후에 있어서의 소유권이전등기청구권에 대하여 시효의 대상이 안 된다.[160) 계약목적물을 인도받아서 사용하고 있는 것은 권리 위에 잠자는 것이 아니기 때문이다. 소유권에 기한 물권적 청구권 역시 시효에 걸리지 않으며, 占有權과 相隣權, 共有物分割請求權(민법 제268조)도 시효소멸하지 않는다.

(2) 擔保物權

담보물권은 담보물권의 附從性 때문에 피담보물권과 독립하여 소멸시효에 걸리지는 않는다.

(3) 其他의 權利

광업권·어업권·특허권·상표권은 소유권과 성질이 동일한 것으로 보아 소멸시효가 안 걸리는 것으로 본다. 다만 이러한 권리들은 특별법에 존속기간이 정해져 있다. 그리고 공법상의 권리는 소멸시효에 걸린다.

---

160) 大判 1993.12.21. 91다41170.

4. 消滅時效의 起算點

　소멸시효는 권리를 행사할 수 있는 때로부터 진행한다(민법 제166조 제1항). 권리행사에 법률상 장애가 없음에도 불구하고 권리를 행사하지 않고 있다면 소멸시효가 진행된다고 할 것이다. 다만 법률적 장애와는 달리 사실적 장애는 소멸시효의 기산을 방해하지 못한다. 따라서 단순히 권리자가 권리의 존재 자체를 몰랐다는 이유만으로 소멸시효의 기산이 늦춰지지는 않는다.

(1) 辨濟期를 정한 債權

　확정기한부 채권은 기한이 도래한 때, 불확정기한부 채권은 기한이 객관적으로 도래한 때가 소멸시효의 기산점이다. 악의나 과실을 묻지 않는다. 다만 지체책임(민법 제387조 제1항)은 채무자가 기한도래를 안 때부터 부담한다.

(2) 期限을 정하지 않은 債權

　채권이 성립한 때가 소멸시효의 기산점이다. 채권자가 최고(민법 제603조 제2항), 및 해지통고(민법 제635조)를 한 후 일정기간 또는 상당기간 경과 후에 현실로 권리를 행사할 수 있는 채권에서는 청구나 해지통고를 할 수 있는 때로부터 일정기간이 경과해야 그때부터 소멸시효가 진행된다.

(3) 預金債權

　보통예금은 최후의 예금 또는 반환시부터, 정기예금은 그 기간의 만료시부터 소멸시효는 진행한다.

(4) 條件附權利

　정지조건부권리에서는 그 조건이 성취되어야 권리행사가 가능하므로 조건의 성취시가 소멸시효의 기산점이다.

(5) 選擇債權

예를 들어 무권대리인의 상대방이 무권대리인에 대하여 가지는 계약이행 또는 손해배상청구권의 소멸시효는 상대방이 선택권을 행사할 수 있을 때로부터, 즉 대리권의 증명 또는 추인을 얻지 못한 때로부터 진행한다.

(6) 損害賠償請求權

채무불이행에 의한 손해배상청구권은 채무불이행된 때로부터, 불법행위에 의한 손해배상청구권은 그 손해 및 가해자를 안 때로부터(민법 제766조 제1항) 소멸시효가 진행한다.

(7) 不當利得返還請求權

부당이득을 수령한 때로부터 소멸시효가 진행한다. 취소할 수 있는 행정처분으로 인한 부당이득반환청구권의 경우 행정처분을 취소하는 행정소송의 판결이 확정된 때부터 소멸시효가 진행한다.

5. 消滅時效의 期間

(1) 普通의 債權

일반채권의 소멸시효기간은 10년이다(민법 제162조 제1항). 그러나 불법행위에 의한 손해배상청구권의 소멸시효기간에 대해서는 특별규정이 있다(민법 제766조). 상행위로 인한 채권의 소멸시효기간은 5년이다.[161] 그리고 1년의 단기소멸시효에 걸리는 채권(민법 제164조)과 3년의 단기소멸시효에 걸리는 채권(민법 제163조)들이 있다.

---

161) 商法 제64조.

(2) 其他

판결[162] 등에 의하여 확정된 채권은 10년, 채권 및 소유권 이외의 재산권은 20년, 불법행위로 인한 손해배상청구권은 피해자나 그 법정대리인이 그 손해 및 가해자를 안 날로부터 3년, 불법행위를 한 날로부터 10년이 소멸시효기간이다.

6. 消滅時效의 中斷

시효기간의 경과 중에 시효의 기초가 되는 사실상태와 상반되는 사실이 발생하면 소멸시효의 진행은 중단되고 이미 진행한 시효기간의 효력은 소멸하고 마는 것을 말한다.

(1) 民法 第168條

1) 請求

재판상의 청구는 소송의 각하, 기각 또는 취하의 경우에는 시효중단의 효력이 없다. 이와 같은 경우에도 6개월 내에 재판상의 청구, 파산절차참가, 압류 또는 가압류, 가처분을 한 때에는 시효는 최초의 재판상 청구로 인하여 중단된 것으로 본다. 파산절차참가는 채권자가 이를 취소하거나 그 청구가 각하된 때 시효중단의 효력이 없다. 지급명령은 채권자가 법정기간 내에 가집행신청을 하지 아니함으로 인하여 그 효력을 잃은 때 시효중단의 효력이 없다. 화해를 위한 소환은 상대방이 출석하지 않거나 화해가 성립되지 않은 때에는 1개월 내에 소를 제기하지 않으면 시효중단의 효력이 없다. 임의출석의 경우에는 화해가 성립되지 않은 때에도 시효중단의 효력이 없다. 최고는 6개월 내에 재판상의 청구, 파산절차참가, 화해를 위한 소환, 임의출석, 압류 또는 가압류, 가처분을 하지 않으면 시효중단의 효력이 없다.[163]

---

162) 파산절차에 의하여 확정된 채권 및 재판상의 화해, 조정 기타 판결 등.

163) 가압류나 가처분을 해 두고서도 정작 본안소송을 장기간 제기하지 않는 경우가 적지 않은데 예기치 않은 낭패를 볼 수 있다. 예를 들어 빌려 준 돈을 받지 못해 채무자의 부동산에 가압류를 해 두었지만 채무자를 상대로 돈을 달라는 재판을 제기하지 않고 몇 년이 흐른 경우이다. 법적으로는, 가압류를 해 두면 돈 받을 채

2) 押留·假押留·假處分

채권자의 청구나 규정위반으로 취소된 때에는 효력이 없다.

3) 承認

승인은 시효가 진행하는 도중에 시효의 이익을 받을 자가 상대방에 하여 그 권리의 존재를 시인하는 행위로 처분능력이나 권한을 요하지 아니한다.

(2) 時效中斷의 效果

시효가 중단되면 그때까지 경과한 시효기간은 이를 算入하지 않는다. 또한 시효중단의 효력은 당사자 및 승계인 사이에만 효력이 있다. 단 예외적으로 地役權, 連帶債務, 保證債務에는 중단의 효력이 미친다. 시효중단 후 그 시효의 기초가 되는 사실상태가 다시 계속하면 그때부터 새로이 시효기간은 진행된다. 청구로 중단된 때에는 재판이 확정된 때, 압류·가압류·가처분으로 중단된 때

권의 소멸시효 진행이 그때부터 중단될 뿐만 아니라 가압류가 부동산등기부에 등재된 상태에서는 더 이상 소멸시효가 진행되지도 않는다는 생각 때문이다. 그러나 이는 채권자의 권리보호에 미흡할 수 있다. 만일 가압류를 해 두고 몇 년씩이나 본소송인 대여금청구의 소를 제기하지 않으면, 민사집행법에 따라 사정변경에 의한 가압류 취소 사유가 될 수 있다. 본소송 제기도 없이 장기간 가압류와 같은 보전처분만 해 두게 되면 장기간의 보전처분으로 인해 채무자의 이익이 크게 침해될 수 있다. 보전처분을 한 이후 장기간 본소송을 제기하지 않아 보전처분의 취소사유가 될 수 있는 기간은 관련법의 개정으로 크게 차이가 있는데, 2002년 7월 1일 이전에 신청된 보전처분은 10년 내에, 2002년 7월 1일부터 2005년 7월 27일까지 신청된 보전처분은 5년 내에, 2005년 7월 28일부터 신청된 보전처분은 3년 내에, 보진처분집행 이후 본안소송을 제기하지 않으면 보전처분 취소사유가 된다. 결국 가압류를 해 두고 장기간 본소송을 제기하지 않게 되면, 채권의 소멸시후가 중단되기 때문에 실제적으로는 채무자에 대한 대여금채권 자체는 그대로 살아 있을 수 있지만, 절차적으로는 가압류집행이 취소당할 수 있게 된다. 채권이 소멸되지 않고 존재하고 있다는 것과, 장기간 본소를 제기하지 않아 절차법적으로 가압류가 말소된다는 것과는 다른 차원의 문제이기 때문이다. 물론, 채권은 여전히 살아 있기 때문에 가압류집행이 취소되기 이전에 다시 가압류를 신청하면 새로운 가압류가 인용될 수 있을 수도 있다. 또 사정변경에 의한 보전처분 취소 재판은 채권자와 채무자 쌍방을 법원에 소환해서 심문을 한 다음에 취소 여부를 판단하는 것이 원칙이라는 점에서 가압류 취소 재판기일소환장을 받은 가압류 채권자로서는 가압류 취소 재판에서 기존의 가압류가 취소되어 등기부에서 말소되기 이전에 즉시 다시 가압류신청을 하는 기회를 가질 수는 있다. 그렇지만 이런 식의 조치는 채무자가 해당 가압류재산을 그대로 보유하고 있는 전제하에서만 가능하다는 점에서, 만일 채무자가 가압류 취소 재판을 하기 이전에 다른 사람에게 해당 부동산을 매매해서 소유권을 이전한 다음에 가압류 취소 재판을 제기한다면 채무자의 재산이 아니라는 점에서 새로운 가압류가 여의치 않을 수 있다. 이 점은 가처분도 마찬가지일 수 있다. 부동산을 사서 이전등기를 받지 못해 임시로 처분금지가처분만 해 둔 채 몇 년이 흘렀는데, 채무자인 매도인이 이 부동산을 다른 사람에게 팔아 버리고서 이전등기까지 한 후에 事情變更에 의한 가처분취소를 구하게 되면, 매도인이 이중매매에 따른 背任罪로 형사처벌될 수 있는 것은 별론으로 하더라도, 가처분해 둔 해당 부동산에 대한 권리취득이 불가능할 수 있다. 결국, 가압류, 가처분과 같은 보전처분을 해 두고 본소송을 제기하지 않은 채 장기간 방치하는 것은 매우 위험할 수 있다는 점에서, 사정변경에 의한 보전처분취소사유가 되기 이전에 본소송을 반드시 제기할 필요가 있다. 大判 2006.7.4. 2006다32781, 2000.4.25. 2000다11102, 民事執行法 제288조 및 제301조.

에는 이들 절차가 끝났을 때,[164] 승인으로 중단된 때에는 승인이 상대방에게 도달된 때부터 새로이 시효기간이 진행된다.

7. 消滅時效의 停止

시효기간이 거의 완성할 무렵 시효중단행위를 하는 것이 불가능하거나 또는 대단히 곤란한 사정이 있는 경우에 그러한 사정이 없어질 때까지 일정기간에 한하여 시효의 완성을 유예시키는 제도를 말한다. 따라서 소멸시효기간 만료 전 6개월 이내에 무능력자의 법정대리인이 없는 때 무능력자가 능력자로 되거나 법정대리인이 취임한 때로부터 6개월 내에는 시효가 완성하지 않는다(민법 제179조). 재산을 관리하는 부모 또는 후견인에 대한 무능력자의 권리는 그가 능력자가 되거나 후임의 법정대리인이 취임한 때로부터 6개월 내에는 소멸시효가 완성하지 않으며, 부부의 일방의 타방에 대한 권리는 혼인관계가 종료한 때로부터 6개월 내에는 소멸시효가 완성하지 않는다(민법 제180조). 상속재산에 속한 권리는 상속인의 확정·관리인의 선임 또는 파산선고가 있는 때로부터 6개월 내에는 소멸시효가 완성하지 않으며(민법 제181조), 천재 그 밖의 사변으로 소멸시효를 중단할 수 없을 때에는 그 사유가 종료한 때로부터 1개월 내에는 시효가 완성하지 않는다(민법 제182조).

---

164) 가압류에 의한 시효중단의 효력기간에 대하여 물품대금의 경우 우리 민법은 소멸시효기간을 3년으로 규정하고 있으며(민법 제163조 제6항), 소멸시효는 가압류에 의하여 중단되고(민법 제168조 제2항), 시효가 중단된 때에는 중단까지에 경과한 시효기간은 이를 산입하지 아니하며, 중단사유가 종료한 때로부터 새로이 그 시효가 진행(민법 제178조)하도록 규정하고 있다. 그리고 가압류에 의한 소멸시효 중단의 효력에 관하여 대법원은 "민법 제168조에서 가압류를 시효중단사유로 정하고 있는 것은 가압류에 의하여 채권자가 권리를 행사하였다고 할 수 있기 때문인데, 가압류에 의한 집행보전의 효력이 존속하는 동안은 가압류채권자에 의한 권리행사가 계속되고 있다고 보아야 할 것이므로 가압류에 의한 시효중단의 효력은 가압류의 집행보전의 효력이 존속하는 동안은 계속되며, 민법 제168조에서 가압류와 재판상의 청구를 별도의 시효중단사유로 규정하고 있는 데 비추어 보면, 가압류의 피보전채권에 관하여 본안의 승소판결이 확정되었다고 하더라도 가압류에 의한 시효중단의 효력이 이에 흡수되어 소멸된다고 할 수도 없다."라고 판시하고 있다(大判 2000.4.25, 2000다11102). 따라서 부동산가압류로 인한 집행보전의 효력이 존속하고 있는 동안은 가압류의 피보전채권에 관한 소멸시효는 중단되어 있다고 할 것이다. 다만 주의할 것은 가압류가 집행된 뒤에 3년간 본안의 소를 제기하지 아니한 때 채무자는 가압류가 인가된 뒤에도 그 취소를 신청할 수 있다는 사정변경 등에 따른 가압류 취소 규정(민사집행법 제288조 제1항)에 의거 가압류법원은 가압류가 집행된 뒤에 채권자가 3년간 본안의 소를 제기하지 아니한 때에는 채무자 또는 이해관계인의 신청에 따라 결정으로 가압류를 취소할 수도 있다.

8. 消滅時效의 效力

(1) 消滅時效完成의 效果

소멸시효의 완성으로 그 기산일에 소급하여 권리가 소멸한다. 그런데 민법은 소멸시효가 완성한다고만 규정하고 있을 뿐 구체적으로 완성한다는 것이 무엇을 의미하는지는 해석에 맡겨져 있다.

(2) 學說의 差異

1) 絶對的 消滅說(多數說)

시효의 완성으로 사권 자체가 절대적으로 소멸한다고 보고, 소멸시효가 완성한다는 것은 소멸한다를 의미하는 것이라고 해석한다. 단 辯論主義 원칙상 당사자가 주장하지 않으면 고려되지 않는다. 소멸시효완성 후에 채무자가 시효완성의 사실을 모르고 변제한 때에는 이른바 도덕관념에 적합한 비채변제가 되어 그 반환을 청구할 수 없다.

2) 相對的 消滅說(小數說)

권리는 당연히 소멸하지 않고 소멸시효완성을 주장할 수 있는 권리가 생길 뿐이라고 해석한다. 따라서 소멸시효완성 후에 채무자가 시효완성의 사실을 모르고 변제한 때에는 그 반환을 청구할 수 없다.

(3) 消滅時效 利益의 抛棄

소멸시효 이익의 포기는 시효완성의 이익을 받지 않겠다는 의사표시이다. 이로써 권리의 취득과 상실이 확정적으로 발생하지는 않는다. 포기한 자가 이를 바꾸어서 시효의 이익을 다시 주장할 수는 없고, 재판도 시효의 문제가 없는 것으로 처리한다.

1) 時效期間 完成前과 後의 抛棄

시효기간 완성 전 소멸시효의 이익은 시효기간의 완성 전에 미리 포기하지 못한다(민법 제184조 제1항). 같은 취지에서 소멸시효는 법률행위에 의하여 이를 연장·가중할 수는 없으나 이를 단축·경감할 수 있으며, 시효기간 완성 후에는 민법 제184조 1항의 반대해석에 따라 이는 유효하다. 시효완성 후 포기는 상대방에 대한 의사표시로 하는, 이른바 상대방 있는 단독행위이다.

2) 處分能力과 處分權限

포기는 처분행위이므로 처분능력과 처분권한이 있어야 한다.

3) 抛棄의 效果

포기에 의하여 시효의 이익은 발생하지 않는다(절대적 소멸설). 포기의 효과는 상대적이다. 즉 시효이익을 받을 자가 수인 있는 경우에 그중의 1인이 포기하더라도 그 효과는 다른 자에게 미치지 않는다. 주된 권리의 소멸시효완성은 종속된 권리에 그 효력이 미친다(민법 제183조).

第 3 章

物權法 一般

第1節 物權法의 意義와 基本原則

1. 物權法의 意義

인간과 재물 간의 관계, 구체적으로 어떤 재물이 어떤 법적 주체에게 속하며, 그 법적 주체가 그 재물에 대해 어떤 권한을 갖는가 하는 문제에 대하여, 전근대적 습속이나 사실적 지배력 등에 구애됨이 없이 국가가 기준을 정하여 규율하고 잘못된 것을 바로잡기 위한 법이 물권법이다. 이 물권법에서 기본골격이 되는 것은 憲法 제23조 1항 "모든 국민의 재산권은 보장된다."라고 규정하고 있듯이 사유재산제도라고 할 수 있으며, 이 물권법에서 가장 핵심이 되는 권리는 역시 소유권이라고 할 수 있다. 따라서 민법은 제2편 물권 편이 그 중심을 이루지만 商法 기타 물권에 관한 특별법에도 사람의 재화에 대한 지배, 이용관계를 규율하는 규정들이 散在되어 있으며, 이러한 물권에 관한 규정들은 물권법에 속한다.

2. 物權法의 法源

형식적 의미의 물권법은 민법전 제2편 물권 편에 있는 민법 제185조에서부터 제372조까지의 규정을 가리킨다. 하지만 실질적 의미의 물권법은 민법전에 있는 물권 편뿐만 아니라 모든 법령에 산재되어 있는 물권에 관한 법을 모두 가리킨다.[165] 또한 민법 제1조에 의하여 관습법[166]에도 법원으로서의 효력이 인정되므로 사회일반적으로 법률과 동일시되는 관습도 법원이 될 수 있다.

그리고 법원이 어떤 소송사건에 대해서 법률에 따라 판단을 내린 경우, 이 판단이 비슷한 사건에 대해 구속 내지는 참고가 될 수 있다.[167]

---

165) 不動産登記法, 集合建物의 所有 및 管理에 관한 法律, 假登記擔保 등에 관한 法律, 工場抵當法, 鑛業法, 河川法, 道路法 등이 물권에 관한 규정으로 당연히 물권법의 법원이 된다.

166) 판례에 의하여 관습법으로 인정된 것은 동산의 讓渡擔保, 수목의 집단 및 미분리의 과실의 소유권이전에 관한 明認方法, 名義信託, 慣習法上의 法定地上權, 墳墓基地權, 事實婚 등이 있다.

167) 우리나라의 경우 하급법원은 상급법원의 선판례를 사실상 존중하고 있다.

3. 物權의 本質

물권은 어떠한 물건을 직접 다스려서 그 물건으로부터 다른 사람의 방해를 받지 않고 이익을 얻을 수 있는 권리이다.

(1) 物權의 特質

1) 直接的 支配

물권자는 다른 사람의 행위와 상관없이 권리를 스스로 직접 실현한다. 반면 채권자는 반드시 다른 사람의 행위가 있어야 자기 권리를 실현할 수 있다. 예를 들면 소유권을 가진 사람은 자기 소유물에 대해 다른 사람의 행위와 상관없이 마음대로 이익을 얻을 수 있지만, 금전채권을 가진 사람은 채무자가 돈을 갚아야 자기 채권으로부터 이익을 얻을 수 있다.

2) 排他的 支配

물권자는 그 물건에 대해 다른 사람이 갖는 권리를 배척할 수 있다. 예를 들면 소유권자는 자기 소유물에 대해 다른 사람이 권리를 갖지 못하도록 막을 수 있다. 반면 채권자는 채권의 목적물에 대해 다른 사람이 무슨 권리를 갖건 원칙적으로 이를 배척할 수 없다. 즉 집 한 채를 사기로 한 채권지는 상대방이 그 집을 다른 사람에게 팔더라도 이를 배척할 수 없다. 오직 계약위반으로 인한 손해배상을 계약상대방에게 청구할 수 있을 뿐이다.

3) 絕對的 保護

물권은 모든 사람의 개입과 침해를 배제함으로써 물건을 지배할 수 있는 권리이다. 반면 채권은 채무자인 특정인에 대해서만 그 권리의 내용을 청구할 수 있는 권리이다(민법 제213조, 제214조).[168] 따라서 물권자는 자기 권리에 대해 누군가가 침해를 하면 그 침해가 고의·과실에 의한 것이건 아니건 간에 바로 그자

---

168) 소유자는 그 소유에 속한 물건을 점유한 자에 대하여 반환을 청구할 수 있으나, 점유자가 그 물건을 점유할 권리가 있는 때에는 반환을 거부할 수 있다. 또한 소유자는 소유권을 방해하는 자에 대하여 방해의 제거를 청구할 수 있고 소유권을 방해할 염려 있는 행위를 하는 자에 대하여 그 예방이나 손해배상의 담보를 청구할 수 있다.

에 대해 자기 권리의 목적물을 돌려달라거나 자기 권리에 대한 침해를 더 이상 하지 말 것을 요구할 수 있는 반면 채권자는 그러한 침해에 대해 그 침해한 자가 채무자가 아닌 이상, 손해배상이나 부당이득반환만을 청구할 수 있을 뿐이다.

(2) 物權의 客體

1) 物件

원칙적으로는 형체가 있는 물건 및 전기 기타 관리할 수 있는 에너지만이 물권의 객체가 될 수 있다(민법 제98조). 여기에는 동식물 등의 생명체도 포함되지만, 인간은 물권의 객체가 되지 않는다. 또한 채권이나 地上權, 傳貰權 등의 권리도 예외적으로 물권의 객체가 될 수 있다(민법 제345조, 제210조, 제371조).

2) 特定된 物件

물건은 현실적으로 존재하여야 하고 특정되어야 한다. 채권법상의 목적물과 달리 물권법상의 물건은 물권의 절대성을 감안해 볼 때, 그 법률관계의 명료가 더욱 요청되기 때문이다. 다만 집합물 위에 저당권 등 물권이 설정되는 경우에 있어서는 집합물의 구성 부분에 변화가 생기더라도 예외적으로 특정성을 잃지 않는 것으로 본다.

3) 獨立된 物件

물건은 하나의 독립한 물건이어야 한다.[169] 물건의 일부나 그 구성 부분은 일반에게 공시하는 것이 곤란하고 직접 지배하는 이익도 적기 때문이다. 그렇지만 1필의 토지의 일부나 1동의 건물의 일부 같은 것은 등기함으로써 독립성을 갖출 수 있다. 예를 들어 1필의 토지의 일부에 대해서는 부동산등기법상의 등기방법에 따라 용익물권을 설정할 수 있다. 그러나 소유권에 관해서는 분필절차를 밟지 않으면 안 된다.[170] 1동의 건물에 대해서는 등기법상 구분소유로

---

169) 一物一權主義로서 첫째, 하나의 물건에 兩立할 수 없는 물권은 동시에 둘 이상 성립할 수 없으나, 서로 종류가 다른 물권은 하나의 물건 위에도 성립할 수 있다. 즉 소유권과 制限物權 관계라든지 또는 종류가 같은 경우라도 순위가 다른 저당권의 경우는 양립할 수 있다. 둘째, 물건의 일부나 구성 부분 또는 집합물에 대해 하나의 물권은 성립할 수 없으나, 1필의 토지 일부에 전세권설정 등 用益物權을 설정할 수 있고 集合建物의 경우 1동의 건물 일부에 대한 구분소유권이 인정될 수 있으며, 수목의 집단, 未分離果實, 공장재단 등에 대해서는 수개의 물건 위에 하나의 물권이 성립할 수 있다.

하여 등기할 수 있도록 하고 있으므로(민법 제215조) 그 일부에 대하여도 소유권이 성립할 수 있다.

第2節 物權의 種類

1. 物權法定主義

물권의 종류와 내용은 당사자가 마음대로 創設할 수 없다. 오로지 민법이나 그 밖의 법률에서 정하는 것에만 인정된다(민법 제185조). 물권자가 그 물권을 排他的으로 지배하려면 제삼자가 그러한 사실을 알고 있어야 한다. 그러기 위해서는 일반에게 물권의 귀속 여부가 公示되어야 하는데, 물권이 법정되지 않고서는 공시원칙이 관철될 수 없다. 또 사회적으로 힘 있는 자가 힘 없는 자를 지배하기 위해, 법에 규정된 것보다 자기에게 유리한 물권을 창설하는 것을 막기 위해서도 물권법정주의는 필요하다. 이에 관하여 판례를 살펴보면 첫째, "미등기 무허가건물의 양수인이라 할지라도 그 소유권이전등기를 경료받지 않는 한 건물에 대한 소유권을 취득할 수 없고(成立要件主義上), 그러한 건물이 취득자에게 소유권에 준하는 관습상의 물권이 있다고 볼 수 없다."[171] 둘째, 관습상의 통행권에 대하여 "成文法과 慣習法 어디에서도 근거가 없으므로, 관습상의 통행권을 인정하는 것은 물권법정주의에 관한 법리를 오해하여 판결결과에 영향을 미친 위법을 저지른 것"이라고 판시하였다.[172]

그러나 이러한 물권법정주의는 당사자가 그 밖의 물권을 자유로이 창설하는 것을 금하는 원칙으로서 사실상 너무 정형적이고 경직된 것일 수 있다. 그런데 우리 민법은 제1조에서 관습법도 법원으로 인정하고 있고, 민법 제185조는 관습법에 의한 물권의 성립을 인정하고 있으므로 이로써 물권법정주의의 경직성을 어느 정도 해소할 수 있다. 하지만 그만큼 법적 안정성을 해할 수 있으므로

---

170) 地籍法 제17조 이하, 不動産登記法 제93소 이하.

171) 大判 1996.6.14, 94다53006.

172) 大判 2002.2.26, 2001다64165.

그때그때 적절한 입법으로 해결할 것이 필요하다.

2. 物權의 分類

(1) 民法典이 認定하는 物權

1) 本權과 占有權

본권은 물건을 觀念上 지배할 수 있는 권리이다. 이에 반해서 점유권은 물건을 지배할 수 있는 법률상의 권원의 유무에 관계없이 사실상 지배하고 있는 상태, 그 자체를 보호하기 위한 물권이다.

2) 所有權과 制限物權

소유권은 물건을 전면적으로 지배할 수 있는 권리이다. 이에 반하여 制限物權은 물건의 일부권능만을 지배할 수 있는 권리로서 用益物權과 擔保物權으로 나뉜다. 용익물권은 물건의 사용가치만을 지배하는 물권이며, 담보물권은 물건의 교환가치만을 지배하는 물권이다. 다시 말해 용익물권자는 물건을 사용할 수 있고, 그 사용에 대해 배타적 권리를 갖지만, 그 물건을 마음대로 처분할 수는 없으며, 담보물권자는 그 물건을 사용할 권리를 갖는 것은 아니지만, 그 물건의 소유자가 빚을 안 갚으면 그 물건에 대해서 다른 채권자에 우선해서 처분권을 갖는다.

3) 不動産物權과 動産物權

부동산에 대한 물권은 등기에 의해서 공시되지만, 동산에 대한 물권은 점유하고 있다는 사실로 공시가 될 뿐이다. 용익물권으로서 지상권, 지역권, 전세권, 담보물권으로서 저당권 등은 부동산물권이지만, 담보물권인 질권은 동산물권이다.

(2) 慣習法上의 物權

판례가 관습법상의 물권으로 인정하는 것에는 墳墓基地權과 法定地上權이 있다.

1) 墳墓基地權

다른 사람의 토지 위에 허락 없이 무덤을 쓴 경우에는 20년간 무사히 占有함으로써 그 墓地자리에 대해 그 墓地를 지키고 벌초하고 제사 드리는 데 필요한 범위 내에서의 지상권 등 사용권을 얻게 된다.

2) 法定地上權

토지와 그 지상의 건물이 경매 등으로 다른 소유자에게 속하는 경우 법률의 규정이나 관습법에 의해 당연히 성립하는 지상권을 말한다. 따라서 법정지상권은 토지에 저당권을 설정할 당시 지상에 건물이 존재하고 있고, 토지와 건물의 소유자가 동일인이었다가 그 이후에 저당권의 실행으로 토지소유자와 건물소유자가 달리된 경우에 성립된다.

3. 物權의 效力

(1) 優先的 效力

다른 권리에 우선하는 효력이다. 물권의 직접적, 배타적 성격으로부터 당연히 발생하는 효력이다. 단지 점유권은 물권임에도 불구하고 이러한 우선석 효력을 갖지 않는다.

1) 物權 相互間

두 개 이상의 소유권이 동일한 물건 위에 동시에 성립하는 것은 불가능하다. 하지만 제한물권의 경우는 동일한 물건 위에 동시에 두 개 이상이 성립할 수 있다. 이 경우에는 시간적으로 먼저 성립한 제한물권이 후에 성립한 제한물권에 우선한다. 따라서 채권법상 채권자평등의 원칙과 구별되는 부분이다.

2) 債權에 優先하는 效力

같은 물건에 대하여 물권과 채권이 같이 존재하는 성우에는 어느 것이 먼저 생겼는가를 묻지 않고 언제나 물권이 우선한다. 예를 들어 채무자가 파산하거나 강제집행을 받는 경우, 채무자의 물건에 대해 소유권을 가진 자는 일반채권자에 우선하여 파산법상의 還取權[173]을 행사하거나 민사소송법상의 第3者 異議의 訴[174]를 제기할 수 있고, 채무자의 물건에 대해 담보물권을 가진 자는 파산법상의 별제권[175]을 행사하거나, 민소법상의 우선변제청구의 소를 제기할 수 있다.[176]

그러나 임금채권,[177] 소액보증금반환청구권[178] 등은 성립시기를 불문하고 질권, 저당권에 우선한다. 또한 보증금반환청구권[179]과 조세채권[180]은 물권보다 먼저 성립되었을 경우 물권에 우선한다. 그 밖에 공시방법[181]을 갖추거나 가등기[182]를 한 경우에는 그 시점을 기준으로 물권과의 우열이 정해진다.

(2) 物權的 請求權

물권자가 물건에 대한 지배를 하는 데 있어 그 지배가 방해를 당하거나 방해를 당할 염려가 있을 때, 물권자가 방해자에 대해서 그 방해를 제거하라고 요구하거나 그 방해의 예방에 필요한 행위를 하라고 요구할 수 있는 권리, 물건의 점유를 침탈당했을 때 그 물건의 반환을 청구할 수 있는 권리를 말한다.

1) 種類

방해의 모습 또는 청구의 내용에 따라 物權的 返還請求權,[183] 物權的 妨害除去請求權,[184] 物權的 妨害豫防請求權[185]으로 나눌 수 있다. 또한 그 기초가 되는 물권의 성질에 따라 점유권에 기한 물권적 청구권(민법 제203조, 제204조),

---

173) 破産法 제79조 이하.
174) 民事訴訟法 제509조.
175) 破産法 제84조 이하.
176) 民事訴訟法 제526조.
177) 勤勞基準法 제30조 제2항.
178) 住宅賃貸借保護法 제8조 및 제12조.
179) 住宅賃貸借保護法 제3조의 2 제1항. 이 경우 대항요건 및 확정일자를 갖춰야 한다.
180) 國稅基本法 제35조 제1항 3호, 납부기한이 도래한 후 설정된 것.
181) 住宅賃貸借保護法 제3조.
182) 不動産登記法 제3조, 제6조 제2항.
183) 물건을 도둑맞았을 경우와 채권을 양도받는데 채권을 양도한 사람이 채무자로부터 채권을 추심하여 금전을 이미 수령해 버린 경우.
184) 단독주택 주차장문 앞 불법주차한 경우와 내 토지 위에 불법으로 재목과 자갈 등을 쌓아 놓은 경우.
185) 옆 건물이 곧 무너질 것 같은 경우.

본권에 기한 물권적 청구권(민법 제213조, 제214조, 제290조, 제301조, 제319조, 제370조)으로 나눌 수 있다.

2) 不法行爲에 의한 損害賠償請求權과의 關係

방해자가 고의나 과실 없이 물권을 침해할 가능성만 보여도 행사할 수 있는 것이 물권적 청구권이다.[186] 반면 불법행위에 의한 손해배상청구권(민법 제750조)은 방해자의 고의나 과실을 필요로 하며 물권이 침해되어 현실적으로 손해가 발생해야 성립한다. 하지만 방해자에게 고의 또는 과실이 있었고 손해도 발생한 경우에는 두 개의 청구권이 모두 발생할 수 있다.[187] 이 경우 원칙적으로는 물권적 청구권이 우선하겠지만, 현실적으로는 두 개의 청구권 가운데 어느 것이라도 행사할 수 있다.

3) 性質

첫째, 물권적 청구권은 청구권의 일종이다. 채권적 청구권은 아니지만 어쨌거나 청구권이므로 채권법상의 이행지체에 관한 규정(민법 제387조)이나 채무의 변제에 관한 규정(민법 제203조)이 유추적용된다. 따라서 방해자는 기한이 도래한 때 또는 이행청구를 받은 때 즉시 청구사항을 이행하지 않으면 그때로부터 지체의 책임을 부담하며, 이행에 물권자의 협조가 필요한 경우에는 이행준비의 완료를 통지하고 그 수령을 최고함으로써 불이행의 책임을 면한다.

둘째, 물권석 청구권은 물권에 의존하는 권리이므로 언제나 물권과 그 운명을 같이한다. 물권이 이전되면 따라 이전되고 소멸하면 함께 소멸하나, 물권과 따로 물권적 청구권만을 독립하여 양도하는 것은 불가능하다.

셋째, 물권적 청구권은 다른 채권적 청구권에 우선한다. 하나의 물건에 대하여 물권과 채권이 동시에 성립하는 경우, 물권이 채권에 우선하기 때문이다.

---

186) 제삼자가 토지소유자에게 속아 그 토지 위에 지상권이 존재한다는 사실을 모르고 건물을 신축하려 하여 그 토지 위의 지상권을 침해하게 된 경우.

187) 자기 땅에 고층건물을 지으면 이웃 땅의 비닐하우스에 볕이 전혀 들지 않는다는 사실을 뻔히 알면서도 무단으로 고층건물을 지어서 비닐하우스 내의 상추재배를 망친 경우.

4) 費用負擔

물권적 청구권을 상대방의 적극적인 행위를 청구하는 권리, 즉 행위청구권[188]으로 보고 있다. 따라서 그러한 행위에 필요한 비용은 언제나 방해자인 상대방이 부담한다. 민법 제473조 본문 "변제비용은 다른 의사표시가 없으면 채무자의 비용으로 한다."를 유추적용해 볼 때 원칙적으로 비용은 방해자가 부담해야 할 것이다. 하지만 상대방의 행위와 전혀 관계없이 물권의 침해상태가 발생한 경우에는 민법 제473조 단서의 취지에 따라 물권자가 비용을 부담하여야 할 것이다.

5) 消滅時效

소유권에 기한 물권적 청구권은 소멸시효에 걸리지 않으나 소유권 이외의 제한물권에 기한 물권적 청구권은 20년의 소멸시효에 걸린다고 보고 있다. 소유권은 그 본질상 항구성이 있으나, 그 반면에 제한물권은 일시적인 권리이다. 왜냐하면 민법 제162조 2항에서 규정하고 있듯이 '채권 및 소유권 이외의 재산권'에 해당하기 때문이다.

6) 適用의 擴張問題

① 人格權 등에 기한 物權的 請求權 類似의 權利

물권적 청구권은 물건을 직접적·배타적으로 지배하는 절대권으로부터 발생하는 권리이므로 물권이 아니라 하더라도 인격권·무체재산권 등 절대권 기타 이와 유사한 성질의 권리에 관하여 물권적 청구권과 유사한 권리를 인정할 수 있다. 예를 들어 매연, 소음, 진동 등에 의해 일조, 통풍, 정온, 조망 등 주거환경이 침해될 경우 피해자는 침해자에 대해 인격권에 기한 방해배제청구권을 행사할 수 있으며,[189] 저작물의 불법복제사용에 대해서는 저작권침해금지가처분 소송을 제기할 수 있다. 그러나 일반주민들의 인근공원에 대한 사실상의 이용권만으로는 물권적 청구권이 발생할 수 없다는 판결도 있다.[190]

---

188) 노종천, 「물권적 청구권과 비용부담의 문제」, 숭실대학교, 1997, 73~83쪽.

189) 釜山高等法院 1995.5.18, 95카합5, 대학의 교육환경침해를 이유로 그 인접대지 위에 건축 중인 24층 아파트 중 18층 초과 부분에 대한 건축공사를 금지한 사례.

190) 大判 1995.5.23, 94마2218.

② 賃借權에 기한 物權的 請求權 類似의 權利

대항력을 갖춘 부동산임차권자는 소유권에 기한 물권적 청구권규정의 유추적용을 받아 물권적 청구권을 행사할 수 있고, 대항력을 갖추지 않은 부동산임차권자라도 점유권에 기한 물권적 청구권을 행사할 수 있는 것은 물론 債權者代位制度(민법 제404조)에 의해 자기 채권을 보전하기 위한 범위 내에서 임대인이 갖는 물권적 청구권을 대신 행사할 수 있다.[191]

第3節 物權의 變動

1. 意義

물권이 생겨나고 바뀌고 없어지는 효과를 가져오는 사실을 모두 물권변동이라 한다. 단순히 물권을 얻고 잃고 물권을 갖는 사람이 바뀌는 물권의 득실·변경보다 넓은 개념이다.

2. 物權變動의 模襲

(1) 變動의 原因에 따른 境遇

법률행위에 의한 경우와 법률의 규정에 의한 경우로 나눌 수 있다. 법률의 규정에 의한 것으로는 取得時效(민법 제203조), 消滅時效(민법 제162조), 混同(민법 제191조), 無主物先占(민법 제252조), 遺失物拾得(민법 제253조), 埋藏物發見(민법 제254조), 添附(민법 제256조 이하), 相續(민법 제1005조), 公用徵收,[192] 沒收,[193] 競賣[194] 등을 들 수 있다.

---

191) 예를 들어 상가건물 소유자로부터 상가점포의 운영을 허가받았지만 아직 건물에 입주하지는 않은 임차권자는 건물이 소유지가 불법점유자들에 대하여 가지는 명도청구권을 대위하여 행사할 수 있다.

192) 土地收用法 제67조.

193) 刑法 제48조.

(2) 公示制度

물권에는 排他性이 있기 때문에 물권이 누구에게 속해 있는가, 물권이 어떠한 내용을 갖는가를 바깥에서 알 수 있는 일정한 상징이 필요하게 된다. 이러한 상징을 공시방법이라 하고, 이러한 공시방법을 통하여 물권을 공시하는 제도를 공시제도라고 한다. 공시방법에는 대표적인 것이 등기가 있다. 부동산물권은 등기로 공시하고, 동산물권은 점유로 공시하고, 수목집단이나 미분리과실 등은 명인방법에 의해 공시한다.

(3) 公示의 原則

1) 意義

물권이 바뀌고 움직일 때에는 바깥에서 알 수 있는 어떤 상징이 갖춰져 있어야 한다는 원칙이다. 그러한 상징으로서는 등기와 인도, 등록, 통지, 신고 등을 들 수 있다. 이러한 상징이 없으면 물권은 움직여질 수 없다. 독일민법과 우리민법은 부동산물권과 동산물권 모두에 대해 공시의 원칙을 인정하지만, 불란서민법은 부동산물권에 대해서만 공시의 원칙을 인정한다.[195]

2) 效果

공시방법이 갖춰져 있지 않으면 바깥에서는 물론이고 물권을 주고받은 당사자 간에서도 물권이 움직여질 수 없게 된다. 구민법은 불란서민법을 따라서 바깥에서는 물권이 움직여지지 않은 것으로 취급하였지만, 물권을 주고받은 당사자 간에 있어서는 물권이 움직여진 것으로 취급했다. 다만 제삼자에게 대항하지 못했을 뿐이다. 하지만 현행민법은 독일민법을 따라서 물권을 주고받은 당사자 간에도 물권이 움직여지지 않은 것으로 취급하고 있다.

3) 方法

부동산물권에 관한 등기 이외에도 동산물권에 관해서는 화물상환증, 선하증권,

---

194) 民事訴訟法 제646조 제2항 및 제728조.

195) 김상용, 물권법(전정판증보), 법문사, 2003, 68쪽.

창고증권 등 증권의 배서·교부가 있고, 선박·자동차·항공기·중기 등에 관해서는 공적 장부에의 등기·등록이 있다. 물권변동 이외에도 광업권,196) 어업권,197) 특허권,198) 저작권199)의 등록과 채권양도의 통지(민법 제450조), 혼인(민법 제812조), 認知(민법 제853조), 입양(민법 제878조) 등의 신고가 공시방법으로 사용된다.

(4) 公信의 原則

등기 및 인도 등의 공시방법에 의하여 올바르게 공시된 것을 믿고 거래한 자가 있는 경우에, 그 공시된 것이 실제와 다르다 하더라도, 마치 공시된 대로의 권리가 존재하는 것처럼 다루어서, 그 믿은 사람을 보호해야 한다는 원칙이다.

1) 認定根據

물권이 있다는 사실을 일정한 표지에 의해 바깥에 알려야 한다는 공시의 원칙으로부터 그 공시된 것을 본 사람이 공시된 대로의 권리관계가 있을 것이라고 추측하게 되는 추정적 효력이 나오게 된다. 이러한 추정적 효력으로부터 그 표지가 진실한 것이라고 믿고 거래한 자는 그 표지가 진실이 아니라 하더라도 권리를 취득하게 된다는 善意取得의 효력이 나오게 된다. 이렇게 공신의 원칙을 인정하면 진정한 권리자는 불이익을 받게 되지만, 그 대신 공시방법을 신뢰하고 거래한 자가 보호를 받게 되기 때문에 거래가 원활해진다.

2) 우리 民法의 態度

독일민법은 부동산물권과 동산물권 모두에 대해서 이 원칙을 인정하고 있고 우리 민법 제249조와 프랑스민법은 동산물권에 대해서만 이 원칙을 인정하고 있다. 우리 민법이 공신의 원칙을 동산물권에만 인정하는 이유는 부동산물권의 공시방법인 등기의 경우 현재 등기부의 등기표시가 불완전하며 진실한 거래관계와 일치하지 않는 경우가 적지 않기 때문이다. 왜냐하면 토지대장과 등기부가 따로 존재하고, 인감증명제도는 부실하며, 등기필증이 멸실된 경우 보증서만

---

196) 鑛業法 제43조.
197) 水産業法 제43조.
198) 特許法 제72조.
199) 著作權法 제57조.

으로도 등기를 신청할 수 있게 하고 있고, 등기신청의 심사는 형식적 심사주의를 취하고 있기 때문이다. 반면 동산물권의 경우는 동산거래가 부동산거래에 비해 훨씬 더 빈번하고, 그의 원활한 유통에 사회경제 전체가 의존하고 있으며, 공시방법인 인도가 등기에 비해 공시방법으로서 불완전하기 때문에, 공신의 원칙으로써 거래안전을 이루지 않을 수 없다고 한다.

3) 眞正한 權利者의 救濟

공신의 원칙에 의해 동산물권을 박탈당하게 된 진정한 권리자는 새로운 권리자에 대해서는 아무런 권리도 행사하지 못하며, 다만 동산물권을 박탈한 자, 예를 들어 진정한 권리자라고 거짓으로 칭하고 자기 것도 아닌 동산물권을 타인에게 양도한 자에 대하여서만 불법행위에 기한 손해배상청구권(민법 제750조) 및 부당이득의 반환청구권(민법 제741조)을 행사할 수 있다. 그러나 이러한 청구권은 채권에 지나지 않기 때문에 그 거짓으로 양도한 자에게 재산이 없는 경우에는 만족을 얻을 수 없게 된다.

4) 善意 第3者의 被害

우리나라는 부동산물권에 대해서 공신의 원칙을 인정하지 않고 있기 때문에, 부동산거래에 있어서 선의의 제삼자가 도처에서 억울한 피해를 입고 있는 것을 볼 수 있다. 예를 들어 등기의 진정성을 믿고 부동산을 매수한 자는, 사후에 부동산매도인이 진정한 소유자가 아닌 것으로 밝혀질 경우, 그 부동산의 원소유자가 부동산소유권을 자기에게 이전하라고 요구할 때에 대항할 수 없게 된다. 부동산매매대금 및 그 이자는 오로지 부동산매도인에 대하여 손해배상 및 부당이득의 반환으로 청구할 수 있을 뿐이며, 그 부동산매도인에게 재산이 없는 경우에는 만족을 얻지 못하게 된다.

5) 類似한 制度

民法總則上 의사표시에 있어서 비진의표시나 중대한 과실로 인한 착오의 의사표시를 유효하게 한 것(민법 제107조 제2항, 제109조), 債權法上으로는 채권의 준점유자에 대한 변제를 유효하게 한 것(민법 제470조), 영수증소지자에 대한 변제를 유효하게 한 것(민법 제471조), 대리인인 것처럼 보인 자와 한 법률

행위를 유효하게 한 것(민법 제125조 이하) 등을 들 수 있고, 어음·수표법상에 있어서는 어음·수표를 소지한 자는 악의·중과실이 아닌 한 그 어음·수표를 선의취득한 것으로 보는 것을 들 수 있다.[200]

3. 不動産物權의 變動

(1) 不動産 登記

1) 登記의 意義

국가기관인 국가공무원이 법정절차에 따라서 등기부라는 공적인 장부에 부동산에 관한 일정한 권리관계를 기재하는 것 또는 기재된 것을 말한다.

2) 登記의 種類

권리관계를 적는가에 따라 사실의 등기(표제부의 등기), 권리의 등기(갑구란, 을구란의 등기)로 나뉘고, 처음 행해졌는가 여부에 따라 권리보존등기(미등기부동산에 관해서 소유자의 신청에 따라 처음으로 행해지는 등기), 권리변동등기로 나뉘며, 등기의 효력에 따라 종국등기,[201] 예비등기(물권변동에 대한 간접적인 예비를 위해 행해지는 등기로서 가등기, 예고등기 등)로 나뉜다. 따라서 등기는 여러 종류가 있으나 여기서는 중요하다고 생각되는 가등기와 예고등기에 대하여 간략하게 살펴보고자 한다.

① 假登記

부동산물권(소유권·저당권 등) 및 그에 준할 권리(권리질권·임차권 등)의 설정·이전·변경·소멸의 청구권을 보전하기 위해 미리 예비로 하는 등기이다. 예를 들어 집 한 채를 사기로 하고 중도금을 낸 상태에서 장래의 소유권이전청구권을 보전하기 위해 미리 가등기를 할 수 있다. 원칙적으로 그 가등기의 근거가 되는 本登記가 가능한 경우에만 가등기를 할 수 있으며, 가등기의무자

---

200) 어음법 제16조, 수표법 제21조.
201) 부동산의 물권변동의 효력(채권인 경우에는 대항력)을 발생시키는 등기이다(기입, 변경, 경정, 말소, 회복, 멸실등기).

와 함께 신청하든가 가등기의무자의 승낙서를 첨부하여 가등기권리자가 단독으로 신청하여야 한다.[202] 가등기의무자가 이러한 승낙서의 교부를 거부하면 판결을 얻어 신청해야 한다.[203] 가등기를 하게 되면 나중에 본등기를 할 때에는 그 등기순위는 가등기의 순위에 의한다.[204] 따라서 가등기 이후에 등기된 다른 등기는 가등기에 의해 본등기를 한 자에게 우선할 수 없다.

② 豫告登記

등기원인이 무효 또는 취소되었다는 이유로 등기의 말소 또는 회복의 소송이 제기된 경우에 受訴法院의 직권으로 등기소에 촉탁하여 행해지는 등기이다.[205] 제삼자에게 부동산에 관한 기존등기에 어떤 소의 제기가 있다는 것을 경고해 주는 사실상의 효과만이 있을 뿐이다.

3) 登記簿

부동산에 관한 권리관계를 기재하는 공적 장부를 말한다. 토지등기부와 건물등기부의 두 가지가 있다.[206] 1필의 토지 또는 1동의 건물에 대하여 한 장의 용지를 사용하며,[207] 1등기용지에는 등기번호란·표제부가 1장, 갑구[208]가 1장, 을구[209]가 1장으로 모두 3장이 있을 수 있다.

區分建物의 등기용지에 관한 원칙으로는 각 구분건물은 구분소유권의 목적이 되는 것이므로, 구분건물은 법률적으로 1개 건물이라고 할 수 있다. 따라서 각 구분건물별로 1개의 등기용지를 사용하여 등기를 하여야 하나, 소유권의 목적이 되는 수개의 건물이 구조적으로 1동에 속하여 있다는 특성 때문에, 1동에 속하는 구분건물 전부에 대하여 1용지를 사용하도록 하고 있다. 예를 들어 아파트의 경우 1동 건물 전체에 대한 등기부 안에 1동 건물 및 1동 건물에 속한 101호, 102호, 103호 등 각 호수별 등기부가 함께 구성되어 있다.

---

202) 不動産登記法 제37조.
203) 不動産登記法 제29조.
204) 不動産登記法 제6조 제2항.
205) 不動産登記法 제4조 및 제39조.
206) 不動産登記法 제37조.
207) 1부동산 1용지의 원칙; 不動産登記法 제15조.
208) 소유권에 관한 사항을 기재하는 곳.
209) 제한물권에 관한 사항을 기재하는 곳.

4) 臺帳

토지대장·임야대장·가옥대장 등을 말한다. 대장과 등기부는 기재내용의 일치 내지 부합을 위하여 절차적으로 의존·협력관계에 있다. 부동산의 물권적 상황 내지 동일성에 관한 사항에 관해서는 등기부가 대장의 기재를 따르지만,[210] 권리 그 자체의 변동에 관해서는 대장이 등기부의 기재를 따른다. 다만 소유권보존등기에 관해서는 등기부가 대장의 기재를 따른다.[211]

5) 登記事項

사권의 목적이 되는 모든 토지와 건물, 즉 부동산은 등기할 수 있다.[212] 사권의 목적이 되지 않는 公有水面下의 토지나 하천구역은 등기할 수 없다. 이러한 사권의 목적이 되는 부동산에 관한 물권 가운데서 占有權과 不動産留置權, 민법 제302조의 특수지역권[213]을 제외한 모든 물권은 등기할 수 있다. 물권은 아니지만 부동산임차권과 還買權도 등기할 수 있다(민법 제621조, 제592조). 물권의 변동은 변동의 종류·원인을 불문하고 모두 등기되어야 한다.[214]

6) 登記節次

등기의 진정이 보장되거나 등기의무자가 없는 경우가 아니라면 등기는 등기권리자와 등기의무자가 공동으로 신청하여야 한다.[215] 다만 등기신청은 대리인에 의해 할 수 있으며, 이 경우에는 자기계약·쌍방대리를 금지하는 민법 제124조의 규정은 적용되지 않는다. 한편 채권자는 자기의 이름으로 채무자가 가지는 등기신청권을 대위할 수도 있다(민법 제404조).[216] 등기신청을 할 때는 신청서와 등기원인을 증명하는 서면,[217] 이전의 등기필증, 대리권한을 증명하는 서면, 인감증명서 등의 서면을 제출하여야 하며, 이에 대해 등기공무원은 형식

---

210) 不動産登記法 제55조 제10항.
211) 不動産登記法 제130조.
212) 不動産登記法 제14조 제1항.
213) 어느 지역의 주민이 집합체의 관계로 각자가 자기의 토지에서 초목, 야생물 및 토사의 채취, 방목 기타의 수익을 하는 권리가 있는 경우.
214) 不動産登記法 제2조.
215) 不動産登記法 제28조.
216) 不動産登記法 제52조.
217) 매매계약서나 저당권설정계약서, 판결등본, 유언장 등에 관할구청장 등의 검인을 받은 것.

적 요건을 충족했는지 여부를 형식적 심사[218]를 하고 신청이 적법하다고 인정되면, 이 신청사항을 등기부에 기입 또는 말소하고 등기필증을 등기권리자에게 교부한다.[219] 등기공무원이 신청을 기각하면 이에 불복하는 자는 관할지방법원에 이의신청을 할 수 있고, 등기공무원의 부당한 처분으로 손해를 입은 자는 국가를 상대로 손해배상을 청구할 수 있다.[220]

7) 登記簿의 滅失

대법원장이 3개월 이상의 기간을 정하여 그 기간 내에 등기의 회복을 신청하는 자는 그 등기부에 있어서의 종전의 순위를 보유한다는 취지의 고시를 하여야 한다.[221] 그 기간 내에 적법한 멸실회복등기가 행해지지 않으면 소유권자는 통상의 절차에 따라 새로운 등기, 즉 소유권보존등기를 신청하여야 하며, 제한물권을 가진 자도 제한물권이 소멸한다고 할 수는 없을 것이다.[222]

8) 登記의 不法抹消 · 遺脫

어떤 물권의 등기가 이해관계인이나 제삼자의 불법행위 또는 등기공무원의 잘못으로 말소된 경우 판례에 의하면 물권은 소멸하지 않고, 말소된 등기의 회복등기가 행하여지면 그 회복등기는 말소된 종전의 등기와 동일한 순위의 효력을 가진다.[223] 물권의 등기는 물권의 효력발생요건일 뿐 효력존속요건은 아니기 때문이다. 일단 등기된 사항이 다른 등기부에 옮겨 적는 과정에서 등기공무원의 고의 · 과실로 유탈된 경우도 마찬가지로서 등기공무원이 직권으로 이를 다시 고칠 수 있고, 그렇게 고치기 전이라도 종전 등기의 효력은 존속된다.

9) 二重保存登記

우리나라의 등기부는 1부동산 1등기용지주의에 의하여 물적으로 편성되어 있다.[224] 따라서 하나의 부동산에 대하여 이중으로 등기하지 못한다. 그러나 등기

---

218) 不動産登記法 제55조.
219) 不動産登記法 제67조 제1항.
220) 國家賠償法 제2조.
221) 不動産登記法 제24조.
222) 大判 1988.10.25, 87다카1232.
223) 大判 1968.8.30, 68다1187.

부색출장의 정리미비나 확인미진으로 인하여 동일 부동산에 대하여 두 개 이상의 등기용지가 비치되어 있는 경우가 발생할 수 있다. 판례는 이러한 이중보존등기가 표시란에 행해진 경우 등기의 先後에 관계없이 부동산의 실체상황과 일치하는 보존등기만이 효력을 가진다고 한다.[225] 반면 사항란에 행해진 경우에는 먼저 행해진 등기가 원인무효라는 아무런 자료가 없는 한 먼저 행해진 등기만이 유효하고 뒤에 한 등기는 효력이 없다. 그리하여 뒤에 행해진 보존등기를 기점으로 하여 제삼자 명의의 등기가 종료된 경우에도 이들 등기는 모두 무효가 된다.[226] 어차피 부동산등기에 공신력은 인정되지 않기 때문에 이러한 무효등기를 신뢰하고 거래한 제삼자는 진정한 권리자에 대해 대항을 하지 못하게 된다.

10) 內容的 不合致

등기가 물권적 합의와 내용에 있어서 합치하지 않으면 합의된 물권변동은 발생하지 않고, 따라서 등기된 권리변동도 처음부터 성립하지 않은 것으로 된다. 예컨대 아파트를 팔고 사기로 했는데, 어느 단독주택에 대해서 소유권이전등기가 행해진 경우 그 등기는 당연무효이다. 또한 지상권설정의 합의가 있었는데 전세권설정등기가 행해진 경우에도 그 등기는 당연무효가 된다. 이러한 경우에 당사자가 원하는 대로의 물권변동을 생기게 하려면 경정등기를 하거나 그 등기를 말소한 후 다시 물권적 합의에 부합하는 등기를 해야 한다.

11) 部分的 不合致

물권적 합의와 등기가 그 내용에 있어서 완전히 부합하지 않고 일부분만이 부합하고 있거나, 일부분만이 부합하지 않는 경우에는 그러한 부분적 불일치만으로 등기가 전적으로 무효가 되는 것은 아니다. 즉 물권적 합의로는 토지 30평에 대해서만 합의했는데, 50평에 대해서 등기한 경우에는 30평의 한도 내에서 효력이 생기고, 10평에 대해서만 등기한 경우에는 원칙적으로 전부무효가 되지만, 10평만으로도 물권적 합의를 했을 것으로 해석되면 등기기재의 한도에서 효력을 인정해야 한다(민법 제137조).

---

224) 不動産登記法 제15조.

225) 大判 1968.11.19, 66다1473.

226) 大判 1981.10.24, 80다3265, 大判 1990.11.27, 87다카2961.

12) 中間省略登記

甲과 乙 사이에 어떤 물권의 이전을 위한 물권적 합의가 있었으나 乙 앞으로 이전등기를 하지 않은 상태에서 乙이 다시 丙과 동일한 물권의 이전을 위한 물권적 합의를 한 경우에 마치 甲으로부터 丙에게 직접 물권이 이전되는 것과 같이 등기를 행하는 것을 말한다. 이는 租稅負擔을 回避하고 등기비용을 절감할 수 있다는 이유로 많이 행하여져 왔는데, 1990년 不動産登記特別措置法이 檢印契約書를 登記原因書面으로 사용하게 하고,[227] 매수인란과 계약연월일을 백지로 한 계약서의 사용을 금지하며, 중간자도 소유권이전등기를 하게 함으로써 매수인이 당사자지위를 이전하는 계약을 체결하거나 검인계약서를 재작성하지 않는 한 중간생략등기를 하기가 어렵게 되었다.[228]

13) 거짓 登記原因에 의한 登記

등기부에는 반드시 등기원인을 기재하도록 되어 있지만,[229] 거래계에서는 세금관계 또는 등기절차의 번거로움 등으로 실제의 등기원인과 다르게 표시하여 등기신청을 하는 경우가 많다. 판례는 증여에 의한 것을 매매에 의한 것으로 행한 등기는 무효라고 할 필요가 없다거나,[230] 대물변제로 인한 소유권이전등기를 함에 있어서 매매를 등기원인으로 기재한 경우 그 등기는 유효하다고 한다는[231] 식으로 이러한 등기의 유효성을 인정한다. 거래의 안전을 고려한 때문으로 생각된다.

14) 無效登記의 有用

어떤 등기가 행하여져 있으나, 그것이 실체적 권리관계에 부합하는 것이 아니어서 무효로 된 후에, 그 등기에 부합하는 실체적 권리관계가 있게 된 때에 이 등기는 유효하게 된다는 것이 판례의 입장이다.[232] 단 무효등기의 유용이 인정되는 것은 사항란의 등기를 유용한 경우뿐이며, 표제부등기의 유용은 인정되지 않는다.

---

227) 그러나 2005년 7월 29일 公認仲介士의 業務 및 不動産 去來申告에 관한 法律 제27조 및 같은 법 시행규칙 제17조에 따라 부동산거래계약내용을 신고하고 소유권이 이전할 수 있도록 규정하였다.

228) 판례는 구법시대 이래로 중간자 전원의 합의가 있는 한 중간생략등기를 유효한 것으로 인정하고 있다.

229) 不動産登記法 제57조 제2항.

230) 大判 1980.7.22. 80다791.

231) 大判 1955.4.27. 4287민336.

232) 大判 1986.12.9. 86다카716.

또 등기상의 이해관계를 가진 제삼자가 있는 경우에도 유용은 인정되지 않는다.

15) 時間的 不合致

물권적 합의와 등기의 중간에 당사자가 행위능력을 상실하거나 권리귀속에 변동이 생기거나 처분할 권리를 상실한 경우가 문제된다. 처분자는 물권적 합의시뿐 아니라 등기이전시에도 행위능력 내지 처분할 권리를 가지고 있어야 하므로, 취득자는 법정대리인의 동의를 구하거나 새 권리자와 다시 물권적 합의를 하여야 한다.

16) 登記를 갖추지 않은 不動産取得者義 法的 地位

민법 제186조 규정에 따라 형식주의 아래에서는 물권적 합의가 있더라도 등기가 없으면 부동산물권변동은 일어나지 않으므로, 등기명의인인 양도인이 법률상 소유자이다. 양도인에 대해 강제집행이 행해질 경우 등기를 갖추지 않은 부동산취득자는 第3者 異議의 訴를 제기하지 못하고, 양도인이 파산하더라도 還取權이 인정되지 않는다. 다만 판례는 "대지의 매수인이 아직 소유권이전등기를 받지 아니하였다 하여도 매매계약의 이행으로 그 대지를 인도받은 때에는 매매계약의 효력으로서 이를 점유, 사용할 권리가 생기는 것으로 보아야 할 것이고, 매수인이 대지상에 건물을 소유하고 그 대지를 무상으로 사용하고 있는 상태에서 그 대지의 매매계약을 체결한 경우에도, 다른 약정이 없는 한 매수인은 그 매매계약을 이행하는 과정에서 이를 점유, 사용할 권리를 가진다고 보는 것이 상당하다."고 하여, 등기를 갖추지 않은 부동산매수인이 부동산매도인에 대하여 부동산반환거부권을 행사할 수 있는 것으로 보고 있다.[233]

(2) 法律行爲에 의하지 않는 不動産物權의 變動

1) 原則

민법 제187조 본문은 "相續·公用徵收·判決·競賣 기타 법률의 규정에 의한 부동산에 관한 물권의 취득은 등기를 요하지 않는다."고 규정함으로써, 제

---

233) 大判 1992.7.28, 92다10197.

186조의 등기주의에 대한 예외를 두고 있다. 이를 법률행위에 의하지 않는 부동산물권변동 또는 법률의 규정에 의한 부동산물권변동이라고도 한다.

2) 例外

문제는 이에 따른 부동산물권변동이 생긴 후 그 등기를 하지 않고 방치하는 동안에 필연적으로 實體法上의 권리와 등기부상의 권리가 불일치하는 결과가 발생하게 됨으로써 등기의 외관을 신뢰한 선의의 제삼자에게 불측의 손해를 야기할 수 있다는 데 있다. 따라서 민법은 제187조에 의하여 물권을 취득하였더라도 그 취득을 등기하지 않는 한, 목적물에 관한 물권을 처분할 수 없다(민법 제187조 단서)고 규정하여 위 원칙의 적용범위를 제한하고 있다. 또한 민법은 20년간 부동산을 점유한 자는 등기함으로써 소유권을 취득한다고 하여 민법 제187조의 예외를 인정하고 있다.

3) 財團法人의 設立에 있어서 出捐財産의 歸屬

민법 제48조 제1항은 "生前處分으로 재단법인을 설립하는 때에는 출연재산은 법인이 성립한 때로부터 법인의 재산이 된다."고 규정하고, "遺言으로 재단법인을 설립한 때에는 출연재산은 유언의 효력이 발생한 때로부터 법인에 귀속된 것으로 본다."(제2항)고 규정하고 있다. 그런데 출연재산 속에 부동산물권이 포함되어 있다면 그 부동산물권이 재단법인에 귀속하는 것은 민법 제186조에 의하여 등기를 한 때인가, 아니면 '법인이 성립 등기한 때' 또는 '유언의 효력이 발생한 때'인가 하는 것이 문제이다. 그러나 판례는 출연자와 법인의 사이에서는 등기 없이도 출연부동산이 법인설립과 동시에 법인에게 귀속되나, 법인이 취득한 부동산을 가지고 제삼자에게 대항하기 위해서는 민법 제186조에 따라 등기를 필요로 한다.

4) 消滅時效의 完成과 物權의 消滅

소유권을 제외한 제한물권(지상권·지역권·전세권)은 소멸시효의 대상이 된다. 그러나 이러한 물권에 관하여 소멸시효가 완성되면 등기 없이도 물권이 소멸되는가, 아니면 등기를 하여야만 물권이 소멸되는가? 민법의 문언상 시효기간이 완성되면 권리는 절대적으로 소멸한다고 보기 때문에 등기의 말소를 기다리지 않고 물권은 소멸한다고 보아야 할 것이다.

5) 制限物權의 消滅請求 또는 消滅通告

지상권 등에 대하여 2년 이상의 지료를 지급하지 않은 때라든가, 일정한 방법으로 목적물을 사용하지 않은 때라는 등 일정한 요건하에 지상권설정자와 전세권설정자는 지상권 또는 전세권의 소멸을 청구할 수 있다(민법 제287조, 제311조). 또한 전세권의 존속기간이 정해져 있지 않은 때 각 당사자는 언제든지 상대방에 대하여 전세권의 소멸을 통고할 수 있고, 상대방이 통고를 받은 날로부터 6월이 경과하면 전세권은 소멸한다(민법 제313조). 이러한 소멸청구 내지 소멸통고가 있는 경우에, 그 제한물권은 말소등기를 하지 않아도 당연히 소멸하는가? 이러한 소멸청구나 소멸통고는 形成權의 행사이므로 말소등기 없이도 설정자의 소멸청구의 의사표시만으로 소멸의 효과가 발생한다고 할 것이다.

6) 不動産物權의 抛棄

권리의 포기도 일종의 形成權의 행사로서 말소등기 없이 소멸의 효과가 발생한다. 단지 이러한 형성권의 행사로 인한 권리소멸의 경우에 등기를 믿고 권리를 취득한 선의의 제삼자에 대해서는, 민법 제548조 제1항 단서가 유추적용 되어 그 권리를 소멸시키지 못한다고 할 것이다.

(3) 登記請求權

1) 意義

일방 당사자(등기권리자)가 타방 당사자(등기의무자)에 대하여 등기에 협력할 것을 청구할 수 있는 實體法上의 권리이다. 이러한 등기청구권은 서로 다른 당사자에 대하여 등기신청에 협력할 것을 청구하는 사법상의 권리로서, 등기공무원인 국가기관에 대하여 등기를 신청하는 公法上의 권리인 등기신청권과는 구별된다.

2) 登記原因에 따른 登記請求權의 性質

법률행위에 의한 부동산물권변동의 경우에는 채권적 청구권으로 보는 것이 판례의 태도이다. 취득시효에 의한 등기나 부동산임차권·부동산환매권의 등기도 마찬가지이다. 채권적 청구권인 경우에는 채권적 효력밖에 없고, 10년의 소멸시효에 걸리며, 그 양도는 채권양도의 방법(민법 제449조 이하)에 따라 하여야 한다. 반면 민법 제187조에 의한 등기는 등기청구권이 존재할 여지가 없으며, 법정지상권 등의 설정등기청구권이나 실체관계와 등기가 일치하지 않는 경우 거짓등기의 말소등기청구권은 물권적 청구권으로 보아야 할 것이다. 등기청구권이 물권적 청구권인 경우에는 그 청구권은 소멸시효에 걸리지 않으며, 그 양도는 물권양도로서 특별한 제한 없이 자유롭게 이루어질 수 있을 것이다.

(4) 登記의 效力

1) 本登記의 效力

권리창설적 효력, 대항적 효력, 순위확정적 효력, 점유적 효력, 추정적 효력 등으로 나뉠 수 있다.

① 權利創設的 效力

물권적 합의에 부합하는 등기가 갖추어지면 부동산물권변동의 효력이 생긴다. 이와 같이 물권변동을 발생케 하는 효력을 등기의 권리변동적 효력 내지 창설적 효력이라고 부른다. 물권변동의 효력이 생기는 시기는 등기를 신청한 때가 아니라 실제로 등기부에 기재된 때에 발생한다. 그러므로 등기공무원이 등기신청을 접수하고 등기필증까지 교부하였다 하더라도[234] 실제로 등기부에 기재되지 않은 경우에는 등기의 권리변동적 효력은 발생하지 않는다.

② 對抗的 效力

부동산 지상권·지역권·전세권·저당권 등 제한물권과 부동산환매권·부동산임차권에 관하여는 권리변동 외에 존속기간·지료·전세금·이자·지급시기 등 일정한 사항을 등기할 수 있고, 이들을 등기하면 제삼자에 대해서 대항할 수 있다. 이를 등기의 대항적 효력이라고 한다.

③ 順位確定的 效力

같은 부동산에 관하여 등기한 권리의 순위는 법률의 다른 규정이 없으면 등기의 전후 내지 선후에 의하여 정해지는데,[235] 이러한 등기의 효력을 순위확정

---

234) 不動産登記法 제85조.
235) 不動産登記法 제5조 제1항.

적 효력이라고 한다.

④ 登記의 占有的 效力

민법 제245조 제2항은 부동산의 소유자로 등기되어 있는 자가 10년 동안 자주점유를 한 때에 소유권을 취득한다는 등기부취득시효를 규정하고 있는데, 이 경우 등기는 마치 동산취득시효에서의 점유와 같은 효력을 갖는다.

⑤ 登記의 推定的 效力

등기가 형식적으로 존재하기만 하면 무효인 등기라 하더라도 그에 부합하는 권리가 실체법상으로도 존재하는 것으로 추정되고, 절차의 적법, 기재사항의 적법, 등기원인의 적법, 대리권의 존재 등도 모두 추정된다. 이러한 추정의 효과는 등기명의인뿐 아니라 제삼자도 援用할 수 있으며, 물권변동의 당사자 사이에서도 발생한다고 판례는 보고 있다. 이러한 등기의 효력을 추정적 효력이라고 한다. 다만 보존등기는 소유권이 진실하게 보존되어 있다는 사실에 관해서만 추정력이 있고, 그 등기명의인이 원시취득자라는 사실까지 추정력을 갖는 것은 아니다. 또한 가등기나 예고등기에는 추정력이 인정되지 않는다. 추정적 효력의 결과 등기의 적법이 추정되면 이를 다투는 상대방은 그 부적법을 입증하여야 한다. 또한 등기에 추정력이 인정되는 결과 등기를 신뢰하고 거래한 제삼자에게는 선의는 물론 무과실까지도 추정이 된다.

2) 假登記의 效力

가등기에는 청구권보전의 가등기와 담보가등기의 두 가지가 있는데, 여기서는 청구권보전의 가등기가 갖는 효력만을 살펴보면 다음과 같다.

① 本登記 後의 效力

가등기에 기해 본등기를 하면, 본등기의 순위는 가등기의 순위에 의한다.[236] 이와 같이 가등기에는 후에 행해지는 본등기를 위하여 순위를 보전하는 효력이 인정되는데, 이를 순위보전의 효력이라 한다. 이것은 물권변동의 시기가 가등기한 때로 소급한다는 의미는 아니다. 물권변동은 본등기를 한 때에 발생한다. 다만 가등기 후에 이루어진 다른 등기가 있을 경우, 후에 가등기에 기해 본등기

---

236) 不動産登記法 제6조 제2항.

를 하게 되면 본등기의 순위가 가등기한 때로 소급함으로써 그 다른 등기가 본등기보다 후순위로 되거나 실효되는 것을 말한다.

② 本登記 前의 效力

가등기가 본등기의 요건을 구비하고 있다고 할지라도 본등기를 행하지 아니하고 있는 한 가등기설정자의 처분행위를 저지할 수 없으며, 이에 의한 제3취득자에 대하여 대항할 수 없다. 따라서 가등기는 본등기가 없는 동안은 그 자체로서는 아무런 실체법상의 효력이 없다. 다만 가등기가 가등기권리자의 의사에 의하지 않고 위법하게 말소된 경우에는 가등기명의인은 위법하게 말소된 가등기의 회복등기를 청구할 수 있고, 다라서 그 가등기가 가졌던 순위보전의 효력은 상실하지 않는다. 한편 판례는 "가등기가 되어 있는 부동산을 소유자가 마음대로 매도하고 매수인의 앞으로 등기까지 마친 경우에 가등기권리자는 매도인에 대해 본등기를 청구하고, 그에 따라 본등기가 되면 매수인의 등기는 직권말소되어야 한다."[237]고 하여 가등기에 결과적으로 대항력까지 인정해 주고 있다.

4. 物權行爲

(1) 意義

물권의 발생·변경·소멸을 목적으로 하는 법률행위이다. 물권계약이나 물권의 포기행위 등을 들 수 있다. 채권행위가 법률적으로 의무를 부담케 하거나 부담하는 행위인 반면, 물권행위는 직접적으로 물권의 변동을 일으키게 하므로 법률적으로 처분행위에 속한다. 채권행위에 의해서는 채권이 발생할 뿐이므로 그 채권은 어떤 형태로든 이행되지 않으면 안 되는 반면, 물권행위에 의해서는 바로 물권의 발생, 변경, 소멸이라고 하는 법률효과가 발생하게 되므로 이행의 문제가 남지 않는다.

---

237) 大判 1962.12.24. 4294민재항675.

(2) 適用法規

물권행위도 법률행위이므로 민법총칙의 법률행위에 관한 규정이 적용된다. 따라서 권리능력·행위능력·의사표시·대리·무효와 취소·조건과 기한 등에 관한 규정이 모두 적용된다. 또한 물권계약의 경우는 계약의 일종이므로 채권편의 계약에 관한 규정이 준용되며, 물권적 청구권 등의 채권관계가 성립되는 경우에는 채권관계에 관한 규정이 준용되고, 제삼자를 위한 물권계약이 체결된 경우에는 채권편의 제삼자를 위한 계약의 규정(민법 제593조)이 적용된다. 다만 공시방법은 직접 수익자인 제삼자에게 갖추어져야 할 것이다.

(3) 物權行爲의 構成要素

민법상 물권의 변동이 있기 위해서는 단순한 당사자의 의사표시만 갖고는 부족하고 이에 부가하여 등기·인도 등의 공시방법이 갖추어져야 한다. 물권행위는 단순히 물권적 의사표시만으로 성립하지 않고, 물권적 의사표시의 표시행위로서의 등기·인도에 의하여 완성된다. 따라서 물권행위의 성립시점은 등기·인도가 행해진 시점이 된다.

(4) 物權行爲의 獨自性

물권행위가 채권행위와 합체되어 일체로 존재하는 경우라 할지라도 물권행위는 언제나 개념상 채권행위와 구별되는 독자의 행위로서 존재하느냐의 문제이다. 우리 민법은 독일민법과 달리 채권행위와 물권행위의 관계에 대한 명시적인 규정을 두지 않고 있다. 판례는 일찍이 물권행위의 독자성을 부인하였으나,[238] 1991년부터 물권행위의 독자성을 인정하는 듯한 내용의 판례가 계속 나오고 있다.

(5) 物權行爲의 有因論

1) 意義

물권행위는 그 법적 원인인 채권행위의 이행으로서 행해지는 원인행위에 결

---

238) 大判 1977.5.24. 75다1394.

합된 법률행위이다. 즉 물권행위는 그 법률행위 자체의 효력을 갖추는 것만으로는 완전히 효력을 발생하지 못하고, 원인행위인 채권행위의 유효한 성립을 전제로 한다. 물권행위의 이러한 성질을 유인론이라고 한다. 학설은 그에 반해 원인행위가 효력이 없거나 상실되더라도 이로 인해 물권행위가 영향을 받지 않는다는 물권행위의 無因論을 인정하고 있으나, 판례는 독자성을 부정하는 것과 마찬가지로 물권행위의 무인성도 부정하고 있다. 생각건대 무인주의는 우리의 생활감정에 생소한 제도이고, 특히 무인주의에 의하면 채무자와 채권자의 관계를 복잡하게 만들거나 균형을 깰 수 있으므로 유인주의가 타당하다고 본다.

2) 不當利得에 기한 淸算

유인주의에 의하면 원인행위인 채권행위가 의사표시의 양속위반이나 착오·사기·강박 등으로 인해 무효·취소된 경우 물권행위도 따라서 같이 무효·취소되고, 따라서 그 계약관계에 따라 이행된 것이 있을 경우 당사자는 이를 서로 청산해야 하게 된다. 이때 소유권에 기한 반환청구권에 의해서만 청산해야 한다는 견해도 있지만 개인적으로는 이 경우 물권법이 배타적으로 개입해서는 안 되고, 동산매매의 경우 부당이득법의 규정에 따라서도 청산해야 한다고 본다. 채권행위인 계약이 채무불이행 등의 이유로 해제된 경우에도 마찬가지로서, 판례는 유인주의에 의해 그 계약의 이행으로 변동이 생겼던 물권을 원상태로 회복시키고 있는데, 이때 원상회복의무는 동산매매의 경우 타인소유물반환의무가 아니라 부당이득반환의무의 성질을 띤다고 보아야 할 것이다.

5. 動産物權의 取得

(1) 權利者로부터의 取得

1) 原則

"동산에 관한 물권의 양도는 그 동산을 인도하여야 효력이 생긴다."(민법 제188조 제1항)고 하여, 동산물권에 관하여도 부동산물권에 있어서와 마찬가지로 물권적 합의와 인도의 두 요소가 갖추어져야 비로소 물권변동의 효력이 생긴다고 한다.

2) 引渡

인도는 점유의 이전, 즉 물건의 사실상의 지배를 이전하는 것을 말한다(민법 제188조 제1항, 제192조 제1항). 인도에는 現實의 引渡, 簡易引渡, 占有改定, 目的物返還請求權의 讓渡가 있다.

① 現實의 引渡

현실의 인도[239])란 물건의 사실상의 지배를 실제로 양도인으로부터 양수인에게 이전하는 것을 말한다. 사실상의 지배의 이전이 있는가의 여부는 사회통념에 의하여 정하여야 한다.

② 簡易引渡

간이인도에 대하여 예를 들면 갑이 을에게 어떤 물건을 빌려 주거나 맡기거나 가지게 한 상태에서 갑이 그 물건을 을에게 팔았을 경우에, 매매에 따르는 소유권 양도에 필요한 점유권 양도를 하기 위해서는 물건을 일단 을로부터 갑에게 실제로 반환하게 한 다음, 다시 갑으로부터 을에게 인도하게 되지만 이러한 번거로움을 생략하고, 을이 소유하고 있는 그 상태에서 갑과 을이 소유권 양도 합의만을 하는 것으로 물건이 을의 소유가 되는 경우 이를 간이양도로 한다. 즉 양수인이 이미 물건을 점유하고 있는 경우에는 소유권이전에 관한 양도인과 양수인의 물권적 합의로써 소유권이 이전되게 된다(민법 제188조 제2항). 양수인은 간이인도 후로부터의 자주점유와 그 전부터의 타주점유를 함께 주장할 수 있다(민법 제199조).

③ 占有改定

점유개정이라 함은 동산을 양도하면서 양수인과의 사이에 占有媒介關係[240])를

---

239) 임대인으로부터 임차인이 사용, 수익한 부동산을 매수하는 경우라든가, 임대인이 임대차한 부동산에 대하여 다시 점유하여 사용·수익하는 것을 말한다.

240) 간접점유는 직접점유에 대립되는 개념으로서 직접점유는 물건을 직접 지배하거나 점유보조자를 통하여 물건을 점유하는 경우에 성립하는 보통의 점유인 데 비하여, 예컨대 甲이 乙에게 물건을 빌려 주거나, 맡기거나 하는 경우에는 乙이 점유를 취득하는 이외에, 甲도 乙의 점유를 통하여(乙을 대리인으로 하여) 점유하고 있다고 看做된다. 이때 甲의 점유를 간접점유라고 한다. 그러한 법률관계로서 민법 제194조의 규정에 의하면 지상권·전세권·질권·사용대차·임대차·임치 기타의 관계를 들고 있다 이러한 법률관계를 占有媒介關係라고 하며, 그 관계에 기하여 直接占有를 하는 자를 점유매개자라고 한다. 間接占有가 성립하려면 첫째, 특성인의 직접점유가 있어야 한다. 특정인이란 점유매개자를 뜻하며, 간접점유자와 일정한 법률관계에 있는 자이다. 둘째, 직접점유자의 점유권은 간접점유자로부터 전래한 것이어야 한다. 즉 직접점유자와 간접점유자 사이에는 점유매개관계가 있어야 하는데, 점유매개관계는 계약에 의하여 설정되지만 법률의 규정에 의해서도 설정될 수 있다.

설정함으로써 양도인이 계속하여 직접 점유를 하고, 양수인에게는 간접점유를 취득시키는 동산물권의 양도방법이다. 물건의 양도인이 양도 후에도 종래와 같이 점유를 계속하나, 양수인과의 사이에 점유매개관계를 설정함으로써 양수인에게 간접점유를 취득시키는 한편, 스스로는 양수인의 점유매개자가 되는 경우에는 양수인이 인도받은 것으로 본다(민법 제189조). 따라서 점유개정에 의한 동산소유권의 양도에 있어서는 소유권이전의 합의와 양수인에게 간접점유를 취득시키는 합의가 있을 뿐이고, 현실의 인도는 행해지지 않는다. 점유매개관계를 성립시킬 수 있는 것으로서는 간접점유를 취득게 하는 임대차, 사용대차, 임치 등 계약을 예로 들 수 있다.

④ 目的物返還請求權의 讓渡

목적물반환청구권의 양도는 제삼자에게 임대한 목적물(동산)의 소유권자가 그 임대목적물을 임대한 상태로 매도하는 경우에는 매수인에게 그 제삼자에 대한 목적물의 반환청구권(임대인의 지위)을 양도함으로써 인도된 것으로 看做하는 것이다. 좀 더 구체적으로 살펴보면, 양도인이 목적물의 간접점유자이고 제삼자가 이를 직접점유하고 있는 경우에 양도인이 제삼자에 대한 반환청구권을 양수인에게 양도함으로써 양수인에게 간접점유를 취득시키는 것을 말한다. 목적물반환청구권의 양도에는 채권양도의 규정이 적용되므로, 그 양도는 두 당사자의 합의만으로도 효력이 생기지만, 점유매개자에 대한 통지 또는 점유매개자의 승낙을 대항요건으로 한다(민법 제450조, 제451조).

3) 例外

부동산등기에 의해 공시되는 동산은 등기에 의해 물권변동의 효력이 발생한다. 또한 상법상 등기를 필요로 하는 선박[241]은 등기를 하여야만 제삼자에게 대항할 수 있으며, 자동차와 항공기의 소유권 및 이를 목적으로 하는 저당권의 득실변경은 등록을 하여야 그 효력이 발생한다.[242] 그리고 선하증권·화물상환증·창고증권과 같은 증권의 인도는 이에 의하여 표상되는 상품 그 자체의 인도와 동일한 효력을 가진다.[243]

---

241) 商法 제740조, 제871조.
242) 自動車管理法 제5조.

(2) 善意取得

1) 意義

민법은 부동산등기에는 公信力을 인정하지 않고 있지만 동산의 점유에는 공신력을 인정하고 있다. 즉 동산을 점유하고 있는 자를 권리자로 믿고, 평온·공연·선의·무과실로 거래한 경우에는 비록 그 양도인이 정당한 권리자가 아니라고 할지라도 양수인에게 그 동산에 대한 소유권(민법 제249조) 또는 질권(민법 제343조, 제249조)의 취득을 인정하는 것이다. 이를 바로 선의취득이라고 한다. 물론 이는 그 동산의 원소유권자에게 매우 불리한 제도이지만, 그 원소유권자가 자신의 소유동산을 다른 자에게 자발적으로 점유를 이전했던 이상 그는 그러한 점유이전에 따르는 위험을 스스로 감수해야 한다는 것이다.

2) 要件

객체에 관한 요건, 양도인에 관한 요건, 양수인에 관한 요건으로 나눌 수 있다.

① 客體

동산이어야 한다. 금전도 물건으로서의 개성이 인정되는 것으로서 거래되는 경우에는 선의취득이 가능하다.[244] 화물상환증·창고증권·선하증권과 같은 증권에 의하여 표상되는 동산도 선의취득이 가능하며, 부동산등기에 의하여 공시된 동산도 선의취득이 가능하다. 그러나 등기·등록으로 공시되는 선박·자동차·항공기·건설기계 등 동산이나 明認方法에 의하여 공시되는 지상물, 법률상 양도 및 사권설정이 금지된 동산[245]이나 소유 또는 소지가 금지되는 아편·음란도서·위조화폐 등 동산은 선의취득이 불가능하다.[246]

② 讓渡人

양도인은 무권리자여야 하며 목적물을 점유하고 있었어야 한다. 예를 들면 동산의 임차인이나 수치인, 점유보조자 등이 그 전형적인 경우에 해당한다. 다

---

243) 商法 제133조, 제157조, 제820조.
244) 예를 들어 진열의 목적으로 급부된 특정화폐.
245) 국유문화재 등.
246) 이영준, 『물권법(민법강의Ⅱ)』, 1997, 206~261쪽.

만 양도인이 원소유권자의 무권대리인인 경우에는 무권대리의 문제로 넘어가게 되어 양수인의 선택에 좇아 양도인은 양수인에게 계약이행 또는 손해배상을 해 줘야 한다(민법 제135조 제1항).

③ 讓受人

동산물권 취득에 관한 유효한 거래행위에 의해 동산의 점유를 취득했어야 한다. 따라서 상속이나 회사합병과 같은 包括承繼로 양도인으로부터 동산의 점유를 이전받은 경우 선의취득은 인정될 수 없다. 그리고 양수인은 유상으로 점유를 취득해야 하며, 무상으로 점유를 취득한 경우 선의취득은 인정될 수 없다. 그 경우는 양수인에게 아무런 희생도 없이 원소유권자만 희생을 하는 경우인데, 이런 경우에까지 양수인권리의 보호를 인정할 수는 없기 때문이다. 또한 양도인과 양수인 간의 거래행위에 無能力·代理權欠缺·錯誤·詐欺·强迫 등의 사유가 있어 거래행위가 취소·무효되는 경우에는 그 동산은 부당이득에 해당하므로 선의취득이 인정될 수 없다. 그리고 양수인은 平穩·公然·善意·無過失이어야 하는데, 평온·공연·선의는 추정되지만 무과실은 추정되지 않으므로 양수인이 자신의 무과실을 입증해야 한다. 점유를 취득하게 된 방법은 현실의 인도 외에 간이인도에 의하는 것으로도 충분하지만, 점유개정은 불명확하므로 이에 대해서는 선의취득이 인정될 수 없다.

3) 效果

선의취득자는 그 점유하고 있던 동산에 관해 물권(소유권 또는 질권)을 취득한다. 양도인은 선의취득자로부터 받은 대금을 원소유권자에게 부당이득으로 반환해야 하며, 만약 歸責事由가 있다면 채무불이행에 따른 손해배상책임을 부담해야 한다.

4) 盜品 및 遺失物에 관한 特則

도품·유실물의 경우에 제삼자가 선의취득의 요건을 갖추고 있더라도, 피해자 또는 유실자는 도난 또는 유실한 날로부터 2년 내에 점유자에 대하여 그 물건의 반환을 청구할 수 있다. 盜品이나 유실물은 소유자 또는 점유자의 의사에 반하여 그 점유를 이탈한 물건이므로 그 취급을 달리하는 것이다. 그러나 도품이나 유실물이 금전인 때에는 반환을 청구하지 못한다(민법 제250조). 물론 금전뿐만 아니라 소지자증권, 예를 들어 주식이나 수표 같은 것도 한번 점유를 이탈하여 다른 제삼자에게 전득되면 원소유자는 제삼자에게 반환을 청구하지 못한다.

① 盜品 및 遺失物

도품이라 함은 절도 또는 강도에 의하여 점유자의 의사에 반하여 그의 점유가 박탈된 물건이고, 유실물은 점유자의 의사에 의하지 않고 그의 점유를 이탈한 물건으로서 도품이 아닌 것을 말한다. 따라서 사기·공갈·횡령에 의해 취득된 물건은 원점유자의 의사에 의해 점유가 이전된 것이므로 도품·유실물에 해당하지 않는다. 다만 제삼자에게 도품·유실물이 전전양도된 경우 도품·유실물의 특질은 사라지지 않는다.

② 效果

도품·유실물이라 하더라도 일단 취득과 동시에 소유권은 선의취득자에게 속한다. 그러나 피해자 또는 유실자는 그 선의취득자에 대해 도난 또는 유실한 날로부터 2년 동안 반환청구권을 갖게 된다. 반환청구권을 행사하여 다시 점유를 회복하는 때에 피해자 또는 유실자는 소유권을 회복하게 된다. 다만 선의취득자가 도품·유실물을 경매나 매매 기타 유상계약에 의하여 매수한 때에는 피해자 또는 유실자는 선의취득자가 지급한 대가를 배상하여야 그 물건의 반환을 청구할 수 있다(민법 제251조). 그러나 선의취득자 또는 전득자가 고물상 또는 전당포주인 경우에는 도난 또는 유실한 때로부터 1년간은 그에게 대가를 배상해 줄 필요가 없다.

6. 地上物에 관한 物權變動

(1) 地上物의 公示方法

1973년 제정된 立木에 관한 법률은 지상물 가운데서 일정한 수목의 집단에 대해서는 입목등기에 의한 등기를 가능하게 하였다. 따라서 등기된 입목은 이를 生育하고 있는 토지와는 분리된 독립된 부동산으로 취급될 수 있게 되었다. 기타의 수목집단 및 미분리의 과실에 대한 공시방법으로는 관습법상의 명인방법이 이용되고 있다.

(2) 立木登記

토지에 부착된 수목의 집단으로서 특히 그 소유자가 입목에 관한 법률에 의하여 소유권보존등기를 하면 수목의 집단은 입목이 되어 그때부터 이 입목은 토지로부터 분리된 독립한 부동산으로 취급된다. 입목에 관하여 인정되는 물권은 소유권과 저당권뿐이다.

(3) 明認方法

입목을 제외한 그 밖의 수목집단, 미분리과실, 立稻,[247] 葉煙草,[248] 인삼, 농작물 등의 각종 지상물 등에 대해서는 명인방법이라는 공시방법을 갖춤으로써 지반이나 원물로부터 독립한 물권거래의 객체로 취급될 수 있게 하는 관행이 확립되어 있고, 이러한 관행은 판례에 의해 인정되고 있다. 예컨대 수목집단의 경우 나무껍질을 벗겨서 거기에 소유자의 이름을 쓴다든가, 미분리과실의 경우 논밭의 주위에 새끼를 둘러치고 소유자의 이름이 쓰인 나무 팻말을 세우는 등의 방법과 같은 것이다. 등기에 의해 공시될 수 있는 토지와 건물, 입목에 관한 법률에 의한 입목은 명인방법이 허용되지 않으며, 명인방법에 의하여 공시될 수 있는 지상물에 관한 물권은 소유권에 한하고 저당권이나 기타 제한물권은 허용되지 않는다.

---

247) 베기 전에 畓에 그냥 서 있는 벼.
248) 잎담배.

7. 物權의 消滅

(1) 物權의 消滅原因

물권의 소멸에는 절대적 소멸과 상대적 소멸이 있다. 이 가운데 물권의 절대적 소멸원인에는 모든 물권에 공통된 소멸원인으로서 목적물의 멸실·소멸시효·공용징수·포기·혼동·몰수 등을 들 수 있다.

(2) 目的物의 滅失

물건의 멸실되면 그에 대한 물권도 소멸함은 당연하다. 일부가 멸실되면 그 동일성이 유지되어 있는 한 물권은 존속한다. 물질적 변형물(예컨대 무너진 집의 목재)이 남는 경우 물권은 그 물질적 변형물에 그 효력이 미친다. 반면 가치적 변형물로 예컨대 건물이 불타 없어진 경우 보험금청구권에는 단지 담보물권만이 효력이 미칠 뿐이다.

(3) 消滅時效

현행 민법은 소유권 이외의 물권은 20년의 시효로 소멸한다고 규정하고 있다(민법 제162조 제2항). 그러나 점유권·유치권·담보물권은 그 성질상 소멸시효에 걸리지 않으므로, 소멸시효의 대상이 되는 물권은 지상권·지역권·전세권뿐이다. 민법의 문언상 시효기간이 완성되면 권리는 절대적으로 소멸한다고 보기 때문에 등기의 말소를 기다리지 않고 시효가 완성되면 그때 바로 물권소멸의 효력이 생긴다고 하는 것이 판례의 태도이다.

(4) 物權의 抛棄

물권자가 자기의 물권을 포기한다는 의사표시를 하는 것이다. 부동산물권에 관한 포기도 일종의 형성권의 행사이므로 말소등기 없이 소멸의 효과가 발생한다. 다만 이로써 제삼자의 권리를 해하지는 못한다. 또한 지상권 또는 전세권이 저당권의 목적인 경우에는 저당권자의 동의 없이 그 지상권 또는 전세권을 포기하지 못한다(민법 제371조 제2항).

(5) 物權의 混同

서로 대립하는 두 개의 법률적 지위 또는 자격이 소유권 취득이나 상속 등의 원인으로 동일인에게 귀속하는 것이다. 이러한 경우에 한쪽은 다른 한쪽에 흡수되어 소멸한다. 예를 들면 소유권과 제한물권이 동일인에게 귀속하면 제한물권이 소멸하고(민법 제191조 제1항), 제한물권과 그 제한물권을 목적으로 하는 다른 제한물권이 동일인에게 귀속되는 경우에는 그 다른 권리는 원칙적으로 소멸한다(민법 제191조 제항). 다만 소멸될 권리가 제삼자의 권리의 목적이 되어 있어서 그 권리를 유지시켜야 할 특별한 이유가 있는 때에는 예외적으로 존속시키며, 점유권은 성질상 혼동으로 소멸하지 않는다. 그리고 혼동을 생기게 한 원인이 존재하지 않았거나 무효·취소·해제 등으로 효력을 가지지 않는 때에는 소멸한 물권은 부활한다.

第4章

物權法 各論

第1節 占有權

1. 槪觀

(1) 占有制度

다른 사람으로부터 빌려서 가지고 있거나 보관을 부탁받아 가지고 있거나 훔쳐서 가지고 있는 경우 등 물건을 사실상 지배하고 있는 경우에 그 사실적 지배를 정당화시켜 주는 권리(本權)가 있느냐 없느냐를 묻지 않고 그 사실적 지배 상태를 법적으로 보호하려는 것이다. 로마법상의 possessio(純粹事實的인 支配)와 게르만법상의 Gewere(權利와 관련된 事實的 支配)에 그 연원을 두고 있다.

(2) 占有權

사실상의 지배를 법적으로 정당화할 수 있는 권리를 본권이라고 하는 데 반하여 본권의 유무를 묻지 않고 물건에 대한 사실상의 지배에 대하여 인정되는 권리를 점유권이라고 한다. 점유권은 사실적 지배가 있는 한에서만 존속하므로 일시적·잠정적인 권리이다.

(3) 占有制度의 社會的 作用

물건을 사실상 지배하고 있는 현존상태를 보호하여 사회평화 및 생활관계의 연속을 유지하고, 거래의 안전을 도모하며, 동산물권의 공시에 따른 효력을 보장한다.

2. 占有

(1) 占有의 槪念

물건에 대한 사살상의 지배를 점유라 하고, 사실상의 지배란 사회관념상 물건이 어떤 사람의 지배에 속한다고 인정되는 관계를 말한다. 우리 민법은 "물건을 사실상 지배하는 자는 점유권이 있다."(민법 제192조 제1항)고 규정하여 객관주의를 취하고 있으나, 물건을 사실상 지배하려는 자연적인 의사가 있어야 한다.

(2) 事實上의 支配

사회통념상 물건이 어떠한 사람의 지배 안에 있다고 인정되는 객관적인 관계를 말한다. 그러나 물건을 유형적·물리적으로 잡고 있다든가 가지고 있는 것과 같은 사실을 반드시 필요로 하지는 않으며, 개별적인 사정마다 사회관념 내지 거래통념에 비추어 물건과 사람 간의 공간적 관계·시간적 관계 및 권리관계를 고려하여 판단하여야 한다.

1) 空間的 支配關係

물리적인 지배력을 미칠 수 있는 가능성이 있고, 적어도 누군가의 사실싱 지배에 속하고 있음을 타인이 인식할 수 있으며, 제삼자의 산섭을 배척할 수 있는 상태에 있어야 한다.

2) 時間的 支配關係

어느 정도 계속성이 있어야 한다. 예를 들어 옆 사람으로부터 잠깐 연필을 빌린 경우 사실상의 지배는 성립하지 않는다.

3) 權利關係

사실상의 점유는 본권의 유무와 무관하게 성립하는 것이지만, 예를 들어 건물의 소유자는 실제로 그 대지를 점거하고 있지 않다 하더라도 건물의 부지를 점유하고 있는 것으로 본다.

(3) 占有補助者

가사상·영업상 기타 유사한 관계에 의하여 타인의 지시를 받아 물건에 대한 사실상의 지배를 하는 자를 말한다. 점유보조자는 점유권을 취득하지 못하며, 점유보조자를 통해 점유하는 자만이 점유권자이다. 예컨대 상점의 점원, 가정부, 은행의 출납원, 공장의 근로자, 공무집행 중의 공무원, 남편의 지시에 따라 행동하는 아내, 법인의 대표기관 등은 점유보조자이고, 가게주인, 은행, 공장주, 국가, 아내에게 지시를 내리는 남편, 법인 등이 점유자이다. 자기 자신을 위해 사실상의 지배를 하는 간접점유자(임대인 등)와는 타인의 권리를 바탕으로 타인의 이름으로 사실상의 지배를 한다는 점에서 구별된다. 점유보조관계는 사회적 의미에 있어서의 명령·복종의 종속관계를 전제한다. 점유보조자는 점유방해자에 대해 점유보호청구권을 행사할 수 없고, 다만 점유주를 위하여 自力救濟權만을 행사할 수 있다.

(4) 間接占有

민법 제194조는 "지상권, 전세권, 질권, 사용대차, 임대차, 임치 기타의 관계로 타인으로 하여금 물건을 점유하게 한 자는 간접으로 점유권이 있다."고 규정한다. 민법이 간접점유를 규정하고 간접점유자에게 점유권을 인정하는 이유는 타인을 매개로 하여 물건에 대한 사실상의 지배를 행사하고 있는 자에게도 법적 보호를 해야 할 가치가 있기 때문이다. 법률행위인 대리와는 사실행위라는 점에서 구별된다. 점유매개관계는 반드시 유효한 것일 필요는 없으며, 무효·취소되었다 하더라도 간접점유는 성립한다. 간접점유자는 점유보호청구권을 갖지만, 자력구제권은 행사할 수 없다.

(5) 占有의 種類

1) 自主占有와 他主占有

소유의 의사를 가지고서 하는 점유가 자주점유이고 그 이외의 점유가 타주점유이다. 여기서 소유의 의사라고 하는 것은 소유자로서 사실상 점유하려는 의

사이며, 반드시 소유자라고 믿는 것은 아니다. 자주점유자는 20년간 평온·공연하게 부동산을 점유할 경우 등기로써 그 소유권을 취득한다(민법 제245조). 소유의 의사의 유무는 점유취득의 원인이 된 사실, 즉 권원의 성질에 의하여 객관적으로 정해진다. 따라서 매수인·도둑 등은 언제나 소유의 의사를 가지는 자주점유자이고, 이에 반해 지상권자·전세권자·질권자·임차인·수치인 등은 언제나 소유의 의사가 없는 타주점유자이다.

2) 善意占有와 惡意占有

선의점유는 점유할 수 있는 권리가 없음에도 불구하고 本權이 있다고 誤信하면서 하는 점유인 데 反하여, 악의점유는 본권이 없음을 알면서 또는 본권의 유무에 관해 의심을 품으면서 하는 점유이다. 선의점유자는 점유물의 과실을 취득하고(민법 제201조 제1항), 점유물이 점유자의 책임 있는 사유로 멸실 또는 훼손된 때에도 이익이 현존하는 한도에서 배상하면 되고(민법 제202조), 점유물이 동산인 경우에는 평온·공연·무과실하게 동산을 양수한 경우 즉시 그 동산의 소유권을 취득한다(민법 제249조).

3) 過失 있는 占有와 過失 없는 占有

본권이 없음에도 불구하고 있다고 잘못 믿은 데 과실이 있으면 과실 있는 점유이고, 과실이 없으면 과실 없는 점유이다. 과실은 있는 것으로 추정되므로, 무과실의 사실은 점유자에 의해 입증되어야 한다. 무과실점유자는 점유물이 동산인 경우 평온·공연·선의로 동산을 양수한 때에는 즉시 그 동산의 소유권을 취득한다.

4) 平穩占有와 暴力占有

평온점유라 함은 점유자가 그 점유를 취득 또는 보유하는 데 법률이 허용할 수 없는 강폭행위를 쓰지 않은 것을 말하고, 폭력점유는 그리한 강폭행위를 쓴 것을 말한다.

5) 公然占有와 隱秘占有

공연점유는 남몰래 하지 않은 점유를 말하고, 은비점유는 남몰래 하는 점유를 말한다.

6) 單獨占有와 共同占有

단독점유는 하나의 물건에 관하여 한 사람이 점유하는 경우이고, 공동점유는 2인 이상이 공동으로 동일물을 점유하는 경우이다.

3. 占有權의 取得과 消滅

(1) 占有權의 取得

점유권은 물건에 대한 사실상의 지배를 말하므로 물건을 사실상 지배하는 자가 점유권을 취득한다.

1) 直接占有의 取得

原始取得과 承繼取得으로 나누어 볼 수 있는데, 원시취득이란 無主物先占(민법 제250조), 遺失物拾得(민법 제253조), 埋藏物發見(민법 제254조), 截取 등을 원인으로 하여 물건에 대한 사실적 지배가 성립함으로써 점유권을 당연히 취득하는 것(민법 제192조 제1항)을 말한다. 반면에 승계취득이란 이전 점유자로부터 해당 물건에 대한 사실상의 지배를 인수함으로써 점유를 취득하는 것이다. 승계취득 가운데 특정승계에는 현실의 인도와 간이인도에 의한 양도의 두 가지가 있는데, 현실의 인도에 의한 점유권의 양도는 사실행위로서, 그 양도에 물권적 합의를 요구하지는 않는다. 간이인도에 의한 양도는 양수인이 이미 물건을 점유하고 있는 때 당사자의 의사표시만으로 인도하는 것(민법 제188조 제2항)을 말하는데, 이러한 간이인도에 의하여 점유권도 양도할 수 있다. 포괄승계에는 상속에 의한 점유의 이전이 있는데(민법 제193조), 상속인이 여러 사람이 있는 경우, 민법 제1009조 이하의 상속분에 관한 규정의 적용을 否認하고 상속인들이 共同占有한다는 것이 판례의 입장이다.

2) 間接占有의 取得

예를 들어 소유자가 그의 소유물을 임대하는 경우나, 점유개정에 의해 목적물을 양도하고서도 목적물을 계속 점유하는 경우, 후견인이 被後見人을 대리하여 물건을 매수하고 그 인도를 받는 경우 간접점유가 설정된다. 간접점유자는 반환청구권을 양도함으로써 점유권을 양도할 수 있는데(민법 제196조 제2항, 제190조), 이 반환청구권이 채권적 청구권일 경우에는 채권양도에 관한 규정이 준용되어 양도인은 채무자에게 통지하여야 한다.

3) 占有權 承繼의 效果

점유의 승계가 있는 경우 승계인은 자기의 점유만을 주장하거나 자기의 점유와 전 점유자의 점유를 아울러 주장할 수 있다(민법 제199조 제1항). 다만 전 점유자의 점유를 아울러 주장하는 경우에는 그 하자도 승계된다(민법 제199조 제2항). 다시 말해 하자 있는 전 점유를 아울러 주장하든가 아니면 하자 없는 자기 자신만의 점유를 주장하든가 어느 쪽이든 선택할 수 있다. 이와 같이 민법은 점유자의 승계인에게 점유의 분리 또는 병합을 인정하고 있다. 그러나 이와 같은 경우에도 그 점유가 시작된 시기로서 자기의 특정된 점유개시일이나 전 점유자의 특정된 점유개시일을 임의로 선택할 수 있는 것이지, 점유기간 중의 임의의 시점을 선택할 수 있는 것은 아니다. 그리고 이러한 점유의 분리·병합은 판례에 의하면 포괄승계 특히 상속의 경우에는 적용될 수 없다고 한다. 즉 상속점유는 피상속인의 점유의 성질과 하자를 떠난 새로운 점유를 주장할 수 없으며 다만 상속인이 새로운 권원에 의하여 자기 고유의 점유를 시작한 경우에만 자기의 점유를 분리·주장할 수 있다고 한다.

(2) 占有權의 消滅

점유권은 다른 물권과 그 성질을 달리하므로, 물권 일반의 소멸원인이 그대로 점유권에 적용되지 않는다. 예컨대 혼동(민법 제191조 제3항), 소멸시효(민법 제162조) 등은 그 적용이 없다. 점유 가운데 직접점유는 점유물의 양도·포기나 점유물의 절도·유실·횡령과 같이 점유물에 대한 사실상의 지배를 상실함으로써 소멸하지만(민법 제192조 제2항), 타인의 侵奪에 의하여 점유를 상실한 때에는 1년 내에 점유회수의 청구에 의하여 점유를 회수할 수 있다(민법 제204조). 점유를 회수한 때에는 점유는 처음부터 상실하지 않았던 것으로 된다(민법 제192조 제2항 단서). 사실상 지배가 단절되더라도 그것이 일시적인 것에 지나지 않을 때에는[249] 그것만으로는 점유권이 상실되었다고 할 수 없다. 또 간접점유는 직접점유자가 점유를 상실하거나 더 이상 점유매개자로서의 역할을 하지 않는 경우[250] 소멸한다.

4. 占有權의 效力

(1) 權利適法의 推定

민법 제200조 "점유자가 점유물에 대하여 행사하는 권리는 적법하게 보유한 것으로 추정한다."고 규정하고 있다. 따라서 권리의 추정에 의하여 소유자로서 점유하는 자는 정당한 소유자이고, 질권자로서 점유하는 자는 적법하게 질권을 가지는 것으로 추정된다.

1) 推定의 要件

점유에 대한 권리의 추정은 동산에 관해서 적용되고, 부동산에 관해서는 적용되지 않는다. 반면에 등기되어 있는 부동산에 관해서는 등기에 추정력이 주어진다.

2) 推定의 範圍

점유물에 대하여 행사하는 권리라 함은 물권뿐만 아니라 점유할 수 있는 권한을 포함하는 임차인·수치인 등 모든 권리를 의미한다. 또 현재의 점유자뿐만 아니라 이전에 점유한 자도 그 점유기간 중 적법하게 권리를 가졌던 것으로 추정된다. 한편 소유자와 그로부터 점유를 취득한 자 사이에서는 적법추정이 인정되지 않는다. 예컨대 임대인인 소유자와 임차인 사이에 임차권의 존부에 관해서 분쟁이 생긴 경우 임차인은 현실적 점유사실에 의하여 적법한 임차인으로 추정되지는 않는다. 따라서 임차인이 임차권의 취득사실을 주장·입증하여야 한다.

3) 推定의 效果

적법추정의 결과 권리는 반증에 의해 깨뜨려질 때까지 정당한 것으로 취급된다. 추정의 효과는 점유자뿐만 아니라 제삼자도 원용할 수 있으며, 권리의 추정

---

249) 예를 들어 가축이 일시적으로 도망친 경우
250) 예를 들어 점유물을 횡령하는 경우

은 점유자의 이익을 위해서뿐만 아니라 불이익을 위해서도 인정된다. 즉 건물 임차인이 그 건물에 부속시킨 임차인소유의 동산을 객체로 하는 임대인의 法定質權에 있어서 그 동산은 임차인의 소유라고 추정된다. 따라서 임대인은 그 동산에 대하여 다른 채권자보다 우선변제를 받을 수 있다.

(2) 果實取得權

민법 제201조 제1항 "선의의 점유자는 점유물의 과실을 취득할 권리가 있다."고 규정하고 있다. 이와 같이 우리 민법이 선의의 점유자에게 이와 같은 점유물의 과실취득권을 인정하지 않을 수 없는 근거는, 점유자는 과실을 수취하여 소비하는 것이 보통이고 후에 본권자로부터 원물의 반환을 청구당한 경우에 그 과실까지도 반환케 하는 것은 그 과실을 얻기 위하여 적지 않은 노력과 자본을 들였을 것임에 비추어 너무 가혹하다는 데 있다. 반면 악의의 점유자는 수취한 과실을 반환하여야 하며, 소비하였거나 과실로 인하여 훼손 또는 수취하지 못한 경우에는 그 과실의 대가를 보상하여야 한다(민법 제201조 제2항).

1) 果實

과실은 천연과실(민법 제101조 제1항)과 법정과실(민법 제101조 제2항)을 모두 포함한다. 물건을 점유하여 사용함으로써 취득하게 되는 이익, 이른바 사용이익도 과실에 준한다.

2) 善意의 占有者

민법 제201조에서 의미하는 선의는 적극적인 誤信, 즉 실제로는 없는 권리를 존재하는 것으로 적극적으로 믿고 있을 것을 요구한다. 과실을 취득할 당시에는 선의이더라도 후에 자신에게 과실취득권이 없음을 적극적으로 알게 된 때에는 악의가 된다. 천연果實의 경우에는 원물로부터 분리될 때의 선의 여부가 과실취득의 기준이 되며, 法定果實이나 사용이익은 선의가 존속한 일수의 비율에 따라 취득한다(민법 제102조 제2항). 그리고 선의점유자기 본권에 관한 소에 패소한 때에는 그 소를 제기한 때로부터 악의의 점유자로 看做되며(민법 제197조 제2항), 선의이더라도 폭력 또는 은비에 의한 점유자는 악의의 점유자로 다루어진다(민법 제201조 제3항).

3) 無過失의 占有者

판례는 과실로 자신이 권리가 있다고 誤信한 점유자까지 과실취득권을 인정할 필요는 없다고 한다. 오신하는 데는 오신할 만한 이유가 있어야 과실취득권이 인정될 수 있다고 한다.

(3) 目的物의 滅失·毁損에 대한 責任

점유물이 점유자의 책임 있는 사유로 인하여 멸실 또는 훼손된 경우에는 본권이 없는 점유자는 점유물의 회복자에 대하여 그 손해를 배상할 의무가 있다.

1) 善意占有者의 責任

선의점유자는 회복자에 대하여 '이익이 현존하는 한도'에서 배상할 책임을 진다(민법 제202조 전단). 예컨대 주택의 점유자가 그것을 파손하였을 때에는 점유하고 있던 목재 정도나 반환하면 된다. 다만 임차인·수치인·질권자 등의 他主占有者는 선의이더라도 점유물의 멸실·훼손에 대한 전 손해를 배상하여야 한다(민법 제202조 후단). 이는 점유자가 처음부터 타인의 소유물로 점유한 것이므로 특별히 보호할 필요가 없기 때문이다.

2) 惡意占有者의 責任

악의점유자는 손해의 전부를 배상할 의무를 부담한다. 점유자가 본권이 없는 것을 알면서 점유한 것이므로 보호의 필요성이 없기 때문이다.

3) 不法行爲로 인한 損害賠償請求權과의 競合

민법 제202조는 점유물 자체에 관하여 생긴 손해배상에 관한 것이므로 불법행위의 규정이 적용되는 것을 배제하지 않으며 서로 경합한다. 따라서 회복자는 청구권에 대하여 선택적으로 행사할 수 있다.

(4) 占有者의 費用償還請求權

점유자가 목적물에 비용을 지출하여 목적물이 보존되거나 그 가격이 증가한 후, 소유자(回復者)가 그 목적물을 반환받으면 그 이익은 소유자에게 귀속된다. 이와 같이 보존·개량된 목적물을 소유자가 아무런 보상을 하지 않고 보유할 수 있도록 하는 것은 형평성에 어긋난다. 따라서 민법은 점유자가 점유물을 반환하는 경우에는 소유자에 대하여 지출된 비용의 상환을 청구할 수 있도록 규정하고 있다(민법 제203조).

1) 費用

민법 제203조가 규정하는 비용이라 함은 물건의 보존·개량을 위한 지출을 의미하며, 여기에는 필요비와 유익비가 포함된다. 필요비는 물건을 통상 사용하는 데 적합한 상태로 보존하고 관리하는 데 지출되는 비용으로서 보존비, 수리비, 동물의 사육비, 공조·공과금이 이에 해당된다. 유익비는 필요비 이외의 비용, 즉 물건을 더 좋게 만들거나 그 가치를 증가시키기 위하여 지출된 비용을 말한다.

2) 當事者

비용상환을 청구할 수 있는 자는 현재의 점유자이다. 비용을 상환하여야 할 자는 그 목적물을 반환받는 자이다. 점유자의 비용지출 후에 점유물의 소유자가 교체된 경우에는 현재의 소유자가 전 소유자의 반환범위에 속하는 것까지 포함하여 함께 책임을 진다고 해석해야 한다.

3) 償還期間

유익비의 상환에는 회복자의 법원에 대한 청구에 의하여 상환기간의 유예가 주어질 수 있으나 필요비에 대해서는 상환기간의 유예가 허용되지 않는다(민법 제203조 제3항). 필요비·유익비에 대하여 점유자가 행사할 수 있는 유치권(민법 제320조 제1항)도 상환기간의 유예가 주어지면 성립하지 않는다.

(5) 占有保護請求權

물건을 사실상 지배하고 있는 점유지의 점유는 일단 정당한 것으로 보호받게 된다(민법 제200조). 따라서 정당한 것으로 보호받고 있는 점유가 침해된 경우에 점유자는 그 침해의 배제를 청구할 수 있어야 한다. 이와 같이 본권의 유무와는 관계없이 점유 그 자체, 즉 사실적 지배의 상태를 보호하고자 하는 제도가 점유보호청구권이다.

1) 占有者

점유보호청구권을 행사할 수 있는 자는 점유자이다. 직접점유자는 물론 간접점유자도 포함되지만(민법 제207조 제1항), 점유보조자는 점유자가 아니므로 점유보호청구권을 행사할 수 없다. 그리고 점유보호청구권의 상대방은 점유의 침해자이다. 점유의 침해자는 현재 점유의 방해를 하고 있는 자뿐 아니라 방해할 염려가 있는 자도 포함되지만, 그자의 특별승계인은 상대방이 되지 않는다.

2) 占有物返還請求權

점유자가 점유의 침탈을 당한 때에는 그 물건의 반환 및 손해의 배상을 청구할 수 있다(민법 제204조 제1항). 침탈이라 함은 점유자가 그의 의사에 기하지 않고 사실적 지배를 빼앗기는 것을 말하므로, 사기로 인해서 물건을 인도하거나, 빨랫줄에 널어놓은 빨래가 바람에 날려 이웃집에 넘어간 경우에는 점유물반환청구를 할 수 없다. 점유물반환청구는 점유침탈자에 대하여 할 수 있으며, 그의 포괄승계인에 대해서도 할 수 있지만, 특정승계인에 대해서는 악의인 경우에 한해서만 할 수 있다(민법 제204조 제2항). 또 점유물이 換價處分되어 금전으로 바뀐 경우에는 반환청구를 할 수 없다. 한편 간접점유자는 侵奪者에게 그의 직접점유자에게 반환할 것을 청구할 수 있을 뿐이며, 직접 자기에게 반환할 것을 청구할 수는 없다. 그러나 직접점유자가 반환을 받을 수 없거나 이를 원하지 않는 때에는 자기에게 반환할 것을 청구할 수 있다(민법 제207조 제2항). 그리고 손해배상청구권은 불법행위의 요건을 갖춘 경우에만 인정된다. 이 경우 손해배상은 물건의 점유를 계속함으로써 얻은 이익을 기준으로 해야 한다. 점유물반환청구권은 그 침탈을 당한 날로부터 1년 내에 행사하여야 하며(민법 제204조 제3항), 청구권자는 이제까지 자신이 점유하고 있었다는 사실과 침탈사실을 입증해야 한다.

3) 占有物妨害除去請求權

점유자가 점유의 방해를 받은 때에는 그 방해의 제거 및 손해의 배상을 청구할 수 있다(민법 제205조). 방해라 함은 점유가 상실하지 않는 범위에서 점유를 침해받은 것을 말한다. 예를 들어 폭풍으로 이웃의 나무가 점유자의 집 마당으로 넘어진 때이다. 점유물방해제거청구권은 방해가 현존하는 동안 행사할 수 있고, 방해가 끝난 후에는 방해제거의 문제는 일어나지 않고 단지 이 기간 중에 발생한 손해에 대해 배상을 청구할 수 있을 뿐이다. 공사로 인하여 점유의 방해를 받은 경우에는 공사착수 후 1년을 경과하거나, 그 공사가 완성한 때에는 방해제거를 청구하지 못한다.

4) 占有物妨害豫防請求權

점유자가 점유의 방해를 받을 염려가 있을 때에는 그 방해의 예방 또는 손해배상의 담보를 청구할 수 있다(민법 제206조). 점유의 방해를 받을 염려가 있을 때란 예를 들어 나무가 넘어질 염려가 있을 때나 축대가 무너질 염려가 있을 때이다. 손해배상의 담보는 장래의 손해배상에 대비하여 미리 제공케 하는 것이므로 상대방의 고의·과실을 필요로 하지 않는다. 점유물방해예방청구권은 방해의 염려가 있는 동안은 언제든지 행사할 수 있으나 공사로 인하여 점유의 방해를 받을 염려가 있는 경우에는 공사착수 후 1년을 경과하거나 또는 그 공사가 완성된 때에는 청구하지 못한다(민법 제206조 제2항, 제205조 제3항).

5) 占有의 訴와 本權의 訴와의 關係

점유의 소라 함은 점유보호청구권을 원인으로 하는 소를 말하고, 본권의 소라 함은 본권, 즉 소유권·임차권 등과 같은 점유의 원인을 청구원인으로 하는 소를 말한다. 점유의 소와 본권의 소는 전혀 별개의 소송으로서 두 소를 동시에 제기하든 각각 별도로 제기하든 무방하며, 또한 그중 하나의 소권이 소멸하더라도 다른 소권을 행사할 수 있다(민법 제208조 제1항). 그리고 점유권에 기인한 소는 본권에 관한 항변으로 이를 기각할 수 없는데(민법 제208조 제2항), 대신 점유의 소에 대하여 그 반소로서 본권에 기한 반환청구권소송의 제기를 하는 것은 방해되지 않는다.

(6) 自力救濟

자력구제라 함은 자기의 점유권을 보호하기 위하여 법원이 아닌 점유자 자신이 직접 실력을 행사하는 자기보호수단이다. 점유가 침탈된 경우 사실상의 지배상태는 침탈자에게 옮겨 가지만, 아직 침탈자의 점유침해행위가 종료하지 않은 경우 점유자는 자력구제에 의하여 점유를 회복할 수 있는 것이다. 특히 독일은 急迫한 사정이 있는 경우에 자력구제권을 인정하고 있으나,[251] 명문규정이 없는 우리 민법에서는 형법의 正當防衛 및 緊急避難의 규정을 유추하여 독일민법과 같이 민법은 점유자의 자력구제권[252]을 인정하여야 할 것이다.[253] 자력구제권은 직접점유자에 대하여 인정되지만, 간접점유자에 대하여는 인정되지 않는다. 점유보조자는 점유주의 자력구제권을 대신 행사하는 것만이 가능하다. 또 자력구제권은 점유침탈자·방해자뿐만 아니라 그 승계인에 대해서도 행사할 수 있으며, 위법한 강제집행에 대해서도 행사할 수 있다. 하지만 자력구제권은 필요한 한도 내에서만 허용되며, 필요한 정도를 넘는 자력구제는 불법행위가 되어 손해배상책임을 부담하게 된다.

5. 準占有

점유는 원래 물건의 지배에 관해서만 인정되는 것이나, 물건 이외의 이익에 대해서도 사실상의 지배가 존재하고 사회가 그 외형을 신뢰하는 경우에는 점유에 있어서와 같은 보호를 부여할 필요가 있다. 이러한 보호를 목적으로 인정된 것이 준점유이다. 다시 말해 물건이 아닌 재산권[254]을 사실상 행사하는 것이다(민법 제210조). 이러한 준점유가 성립하기 위해서는 그 재산권이 사실상 어떤 자에게 귀속되는 것과 같이 보이는 외관이 존재하여야 하며, 준점유에는 점유권의 규정이 준용되므로 준점유자는 재산권의 과실을 취득하며, 비용상환을 청구할 수 있고, 방해제거 및 예방도 청구할 수 있다. 특히 준점유자는 적법성을

---

251) 獨逸民法 제229조
252) 자력방위권(민법 제209조 제1항)과 자력탈환권(민법 제209조 제2항)
253) 곽윤직, 『물권법(민법강의Ⅱ)』, 박영사, 1996, 272쪽.
254) 債權, 無體財産權 등.

추정받으므로, 채권의 준점유자에게 선의·무과실로 변제한 때 그 변제는 유효하다(민법 제470조).

第2節 所有權

1. 總說

(1) 意義

소유권은 물건이 갖는 가치를 전면적으로 지배하여 그 소유물을 사용·수익할 뿐 아니라 처분할 수도 있는 권리이다. 점유권은 사실상의 지배에 지나지 않지만 소유권은 법률상으로 지배하는 것을 말한다. 소유권은 완전물권이지만, 권리에 내재하는 사회성으로 인해 법률에 의한 제한을 받을 수 있다(민법 제211조).

(2) 所有權保障의 原則

소유권보장의 원칙은 헌법 제23조에 의해서도 천명되고 있으며, 사유재산제도와 관련하여 민법 전반을 지배하는 기본원리로서 소유권의 취득을 가능케 하는 법률행위 자유의 원칙과 밀접하게 관련되어 있다. 이렇게 소유권이 보장됨으로써 인간은 營業活動, 居住移轉, 職業選擇 등의 자유를 향유할 수 있고, 나아가 인격의 자유로운 전개를 할 수 있는 재산적 기초를 마련할 수 있다.

(3) 所有權의 混一性

소유권은 사용·수익·처분 등의 모든 권능이 한데 섞여 뭉쳐진 권리이다. 이러한 소유권의 混一性으로 말미암아 소유권과 제한물권이 동일인에게 귀속하면 제한물권이 혼동으로 소멸한다.

(4) 所有權의 彈力性

소유권을 제한하는 제한물권이 소멸하면 이에 의한 소유권의 제한이 자동적으로 소멸되고 소유권은 종래대로 돌아간다.

(5) 所有權의 恒久性

소유권은 시간적으로 존속기간의 제한이 없고 또한 소멸시효에 걸리지도 않는다(민법 제162조 제2항).

2. 所有權의 內容과 制限

(1) 使用·收益·處分

목적물을 사용하거나 목적물로부터 생기는 과실을 수취하거나 물건을 소비·파괴·담보설정하는 것을 말한다.

(2) 所有權의 制限

본질적 내용이 아닌 한 소유권은 법률에 의해 제한될 수 있다.[255] 소유권의 제한은 소유권 자체를 박탈하거나 그 기능 가운데 일부를 박탈하는 방법에 의하여 행해질 수 있고, 다른 한편으로는 소유권자에 대하여 작위 또는 부작위의 무를 과하거나 조세 등 부담을 부과함으로써 행해지기도 한다. 민법상으로는 權利濫用禁止의 법리나 信義誠實의 原則(민법 제2조)에 의해 일정한 제한이 가해질 수 있으며, 상린관계에 의한 제한(민법 제216조 이하) 정당방위 또는 긴급피난에 의한 제한(민법 제761조)이 있을 수 있다. 그 밖에도 集合建物의 所有 및 管理에 관한 法律, 住宅賃貸借保護法, 土地收用法 등에 의한 제한이 있을 수 있다.

---

255) 憲法 제37조 제2항.

3. 民法 第212條의 範圍

(1) 意義

민법 제212조 "토지의 소유권은 정당한 이익이 있는 범위 내에서 토지의 상하에 미친다."고 규정하여, 이는 토지를 완전히 이용하기 위해서는 지표뿐만 아니라 지상의 공간이나 땅속에도 소유권의 효력을 미치게 할 필요가 있기 때문이다.

(2) 정당한 利益이 있는 範圍

예컨대 항공기의 상공통과에 의해서는 원칙적으로 정당한 이익이 침해되지 않는다고 할 것이나, 타인의 토지 위로 송전선을 가설하여 지상의 활용을 방해하거나 토지 밑으로 터널을 굴착하여 토지가 붕괴될 우려가 있는 경우에는 원칙적으로 정당한 이익의 범위 내에서 소유권의 침해가 있는 것이라고 판단해야 한다.

(3) 地下水

자연히 솟아 나오는 지하수는 토시소유자가 자유롭게 사용할 수 있다. 그러나 계속해서 솟아 나와 타인의 토지에 흘러들어 가는 경우 그 타인은 관습법상 그 물을 사용할 수 있다. 또 인공적으로 솟아 나오게 한 지하수는 다른 사람에게 방해가 되지 않는 한도에서만 토지소유자가 사용할 수 있다. 타인의 건축 기타의 공사로 인하여 지하수사용에 장해가 생긴 때 용수권자는 손해배상 내지 원상회복을 청구할 수 있다(민법 제236조). 또 여러 이웃이 지하수를 이용하고 있는 경우에 이웃들은 각자 수요의 정도에 따라 다른 이웃에게 방해가 되지 않는 범위 내에서 물을 쓸 수 있다(민법 제235조).

4. 相隣關係

(1) 意義

토지는 서로 연속되어 있기 때문에 서로 인접하는 토지의 각 소유자가 그 토지의 상하로 정당한 이익이 있는 범위에서 그 지배력을 행사한다면 각자의 권리는 불가피하게 충돌하게 된다. 다시 말하면 인접하는 부동산의 소유자가 각자의 소유권을 제한 없이 주장하게 되면 그 이용을 둘러싸고 이해의 충돌이 생기게 된다. 그리하여 민법은 그 이용을 조절하기 위하여 법률로써 그들 사이의 권리관계를 규율하는 규정(민법 제216조 이하)을 두고 있다. 여기서 규율의 대상이 되는 관계를 상린관계라고 하고 이 상린관계로부터 발생하는 권리를 상린권이라고 한다. 여기서 상린권은 독립된 물권은 아니고 소유권의 내용에 포함되어 있는 권리이다. 상린관계는 이와 같이 인접한 부동산 상호간의 이용의 조절을 위한 제도이므로 한편에서는 소유권을 제한하는 모습을 띤다. 그러나 다른 한편에서는 타인에게 그 소유권의 제한을 요구할 수도 있으므로 소유권을 확장하는 모습으로 나타나기도 한다.

(2) 任意規定

판례는 상린관계에 관한 민법규정을 임의규정으로 보고 있다. 따라서 위 규정은 당사자 사이에 합의가 이루어지지 않은 경우에만 적용될 뿐이다. 또한 민법의 상린관계에 관한 규정은 소유권뿐 아니라 지상권과 전세권에도 준용된다(민법 제290조, 제319조).

(3) 地役權과의 區別

상린관계는 첫째, 법률에 의하여 발생하고 등기를 요하지 않으며 둘째, 반드시 서로 인접하고 있는 토지 사이에서만 발생하고 셋째, 최소한의 이용의 조절에 불과하다. 그러나 지역권은 첫째, 계약에 의하여 발생하고 등기를 요하며 둘째, 반드시 서로 인접하고 있는 토지 사이에서만 발생하는 것은 아니고 셋째,

최소한의 이용조절을 넘어 탄력적인 이용의 조절을 도모한다.

(4) 建物의 區分所有者

건물의 일부가 경제적으로 독립한 건물과 동일한 효용을 가지고 또한 사회통념상 독립한 건물로 다루어지는 경우에, 그 위에 독립한 소유권을 인정하는 것을 구분소유권이라고 한다. 그런데 1동의 건물을 수인이 구분하여 소유하는 경우에는 건물의 각 부분에 대하여는 독립한 소유권의 성립이 인정되지만, 외벽·계단·문과 같은 건물의 나머지 부분이나 대지에 대한 소유관계에서는 어떻게 되는가 하는 문제가 제기된다. 이에 대해서는 민법 제215조 제1항이 규율하고 있지만, 종래의 평층연결식 건물과 같이 규모가 작은 건물을 세로로 구분하는 경우를 염두에 두고 규정한 것에 지나지 않기 때문에 오늘날과 같은 아파트·연립주택의 문제를 규율하기 위해 集合建物의 所有 및 管理에 관한 法律이 1984년 제정되었다. 이 법은 집합건물이 전유부분·공용부분·대지로 구성되어 있음을 전제로 하여, 전유부분에 대해서는 단독소유권을 인정하고, 공용부분과 대지에 대해서는 전유부분에 따른 공유지분을 인정한다. 이러한 구분소유권에는 일종의 相隣關係에 기한다고 할 수 있는 권리·의무가 발생하여, 공동의 이익에 반하는 행위의 금지,[256] 용도변경 및 증개축의 금지,[257] 타부분사용청구권,[258] 대지소유자의 區分所有權賣渡請求權行使에 응할 의무[259]가 인정된다. 또한 공용부분의 공유지분권은 전유부분의 처분에 수반하며 그 지분권만을 분리해서 처분하지 못하고,[260] 공용부분의 변경은 구분소유자 및 의결권의 3/4 이상의 결의로 하여야 하며,[261] 관리비용 등의 의무부담 및 이익의 취득은 지분의 비율에 따른다.[262] 그 밖에 구분소유자가 공동이익에 반하는 행위를 한 경우에는 그러한 행위의 정지·결과제거·예방에 필요한 조치를 청구할 수 있

---

256) 集合建物의 所有 및 管理에 관한 法律 제5조 제1항.
257) 集合建物의 所有 및 管理에 관한 法律 제5조 제2항.
258) 集合建物의 所有 및 管理에 관한 法律 제5조 제4항.
259) 集合建物의 所有 및 管理에 관한 法律 제7조.
260) 集合建物의 所有 및 管理에 관한 法律 제13조.
261) 集合建物의 所有 및 管理에 관한 法律 제15조 제1항.
262) 集合建物의 所有 및 管理에 관한 法律 제17조.

고,[263] 소송으로 상당기간 전유부분을 사용금지시키거나,[264] 경매시키거나,[265] 계약해제 및 인도를 시킬 수 있다.[266] 그리고 구분소유건물 및 대지와 부속시설의 관리를 위하여 구분소유자 전원으로 관리단을 구성해야 하고,[267] 구분소유자가 10인 이상일 때에는 관리인을 선임하여야 하며, 관리인의 대표권에 대한 제한은 선의의 제삼자에게 대항하지 못한다.[268]

(5) 隣地使用請求權

토지소유자는 경계나 그 근방에서 담 또는 건물을 축조하거나 수선하기 위하여 필요한 범위 내에서 이웃 토지의 사용을 청구할 수 있다(민법 제216조 제1항 본문). 또한 이웃 토지의 주거에 들어가려면 이웃 사람의 승낙이 있어야 한다(민법 제216조 제1항 단서). 이러한 모든 경우에 이웃사람의 승낙이 없으면 승낙에 갈음하는 판결을 구하여야 한다. 또 이웃 토지를 사용하는 과정에서 이웃 사람이 손해를 입은 경우에는 보상도 해 주어야 한다(민법 제216조 제2항).

(6) 生活妨害의 禁止

매연·열기체·액체·음향·진동 기타 이와 유사한 것이 다른 토지로부터 발산·유입되어 자기 토지의 사용을 방해하거나 생활에 고통을 주는 경우 이러한 간섭은 금지시킬 수 있다(민법 제217조 제1항). 판례는 방해의 예방청구도 할 수 있다고 하고 있다. 하지만 생활방해가 이웃 토지의 용도에 적당한 것인 때에는 이를 참고 받아들여야 한다(민법 제217조 제2항).

(7) 水道 등의 施設權

토지소유자는 타인의 토지를 통과하지 않으면 필요한 수도·소수관·가스

---

263) 集合建物의 所有 및 管理에 관한 法律 제43조 제1항.
264) 集合建物의 所有 및 管理에 관한 法律 제44조 제1항.
265) 集合建物의 所有 및 管理에 관한 法律 제45조 제1항.
266) 集合建物의 所有 및 管理에 관한 法律 제46조 제1항.
267) 集合建物의 所有 및 管理에 관한 法律 제23조 제1항.
268) 集合建物의 所有 및 管理에 관한 法律 제25조 제2항.

관·전선 등을 시설할 수 없거나 과다한 비용을 요하는 경우에는 타인의 토지를 통과하여 이를 시설할 수 있다. 시설을 함에 있어서는 손해가 가장 적은 장소와 방법을 선택하여 시설하여야 하며, 이러한 시설을 위한 공사로 말미암아 시설통과지의 소유자에게 손해를 준 경우에는 그 토지소유자의 청구에 의하여 손해를 보상하여야 한다(민법 제218조 제1항 단서). 그리고 이러한 시설을 한 후 사정이 변경된 때에는 시설통과지의 소유자는 그 시설의 변경을 청구할 수 있다(민법 제218조 제2항 전단). 그리고 시설변경의 비용은 통과지소유자가 부담한다(민법 제218조 제2항 후단).

(8) 周圍土地通行權

어느 토지와 공로와의 사이에 통로가 없는 경우에는, 그 토지소유자는 공로에 출입하기 위하여 이웃 토지를 통행할 수 있고, 필요한 경우에는 통로를 개설할 수도 있다(민법 제219조 제1항 본문). 그러나 이러한 경우에도 통행지 또는 통로개설시에 가장 손해가 적은 장소와 방법을 선택하여야 한다(민법 제219조 제1항 단서). 또한 통행 또는 통로개설로 인하여 통행지소유자에게 손해를 주었을 때에는 통행권자는 그 손해를 보상하여야 한다(민법 제219조 제2항). 하지만 토지의 분할 또는 일부양도로 공로에의 출입이 막힌 경우에는, 다른 분할자의 토지나 양도당사자의 토지를 통행할 수 있으며, 이때에는 보상의무를 지지 않는다(민법 제220조). 이러한 무상의 통행권이 인정되는 이유는 분할 또는 양도당사자가 분할 또는 일부양도로 인하여 자기의 토지가 통행될 것임을 예견할 수 있었기 때문이다. 하지만 판례는 이러한 무상통행권이 공유토지의 직접 분할자 사이에서만 인정된다고 한다. 따라서 토지가 분필되어 동시에 양도된 경우 그 양수인 간이나, 해당 토지의 특정승계인에게는 무상통행권이 인정되지 않는다.

(9) 排水에 관한 權利

토지소유자는 이웃 토지로부터 자연히 흘러오는 물(自然流水)을 막지 못한다(민법 제221조 제1항). 한편 고지소유자는 이웃 토지에서 필요로 하는 자연유수를 자기의 정당한 사용범위를 넘어서 막지 못한다(민법 제221조 제2항). 흐르는 물이 저지에서 막힌 때에는 고지의 소유자가 자비로 소통에 필요한 공사를 할 수 있다(민법 제222조). 하지만 인공적 배수를 위하여 타인의 토지를 사용하는 것은 원칙적으로 금지된다. 따라서 토지소유자는 처마물이 이웃에 직접 낙하하지 않도록 적당한 시설을 하여야 하고(민법 제225조), 인공적 배수·인수 또는 저수를 위하여 설치한 공작물이 파손 또는 폐색된 때에는 공작물의 보수·폐색의 소통 또는 예방을 하여야 한다(민법 제223조).

그러나 예외적으로 침수지의 건조를 위해서나 가용·농공업용의 남은 물을 소통하기 위해서는 고지소유자가 공로·공류 또는 하수도에 이르기까지 저지에 물을 통과하게 할 수 있다(민법 제226조 제1항). 또한 그러한 소통을 위하여 이웃 토지소유자의 유수용 공작물을 사용할 수 있다(민법 제227조 제1항). 이때 공작물사용자는 이익을 받는 비율로 공작물의 설치와 보존비용을 분담하여야 한다(민법 제227조 제2항).

(10) 濾水給與請求權

토지소유자는 과다한 비용이나 노력을 요하지 않고서는 가용이나 토지이용에 필요한 물을 얻기 곤란한 때에는 인지소유자에게 보상을 하고 남는 물의 급여를 청구할 수 있다(민법 제228조). 이 청구에 불응하면 일반적으로 권리남용이 된다.

(11) 流水에 관한 權利

溝渠(도랑) 기타 수류지소유자는 對岸의 토지가 타인의 소유인 때 그 수로나 수류의 폭을 변경하지 못한다(민법 제229조 제1항). 다만 수류지소유자가 양안의 토지를 소유하는 때에는 수로와 수류폭을 변경할 수 있지만 자연의 수로와 일치하도록 하여야 한다(민법 제229조 제2항). 수류지의 소유자가 둑을 설치할 필요가 있을 때에는 그 둑을 대안에 접촉하게 할 수 있으나 이로 인한 손해를 보상하여야 한다(민법 제230조 제1항). 대안의 소유자는 수류지의 일부가 자기 소유인 때에는 그 둑을 사용할 수 있으나 그 이용을 받는 비율로 둑의 설치·

보존의 비용을 분담하여야 한다(민법 제230조 제2항). 또한 공유하천의 연안에서 농·공업을 경영하는 자는 타인의 용수를 방해하지 않는 범위에서 필요한 引水를 하고 공작물을 설치할 수 있다(민법 제231조). 따라서 이로 인해 용수에 방해를 받은 하류연안의 용수권자는 방해의 제거 및 손해의 배상을 청구할 수 있다(민법 제232조). 이러한 권리·의무는 수로 기타의 공작물 또는 기업을 양도받은 자에게 승계된다(민법 제233조).

(12) 境界에 관한 權利

인접한 토지소유자는 다른 관습이 없는 한 공동비용으로 경계표나 담을 설치할 수 있다(민법 제237조 제1항). 이 경우 비용은 쌍방이 절반하여 부담한다(민법 제237조 제2항 본문). 이웃 토지소유자는 자기의 비용으로 담의 재료를 통상보다 양호한 것으로 할 수 있으며, 그 높이를 통상보다 높게 할 수 있고 방화벽 기타 특수시설을 할 수 있다(민법 제238조). 경계에 설치된 경계표·담·구거 등은 상린자의 공유로 추정한다(민법 제239조 본문). 그러나 경계표·담·구거 등이 常鄰者 일방의 단독비용으로 설치되었거나 담이 건물의 일부인 경우에는 그러하지 아니하다(민법 제239조 단서). 다만 공유인 경우에도 각 공유자는 위 경계표상의 각 공작물에 관하여는 분할을 청구하지 못한다(민법 제268조 제3항). 이웃 토지의 나뭇가지가 경계를 넘은 때에는 그 제거를 청구할 수 있고 그럼에도 불구하고 제거하지 않으면 청구자가 스스로 제거할 수 있다. 한편 나무뿌리가 境界를 넘은 때에는 임의로 제거할 수 있다(민법 제240조). 또 토지소유자는 인접지의 지반이 붕괴할 정도로 자기의 토지를 탐굴하지 못한다. 그러나 충분한 방어공사를 한 때에는 그러하지 아니하다(민법 제241조).

한편 경계선부근에서 건축을 할 때에는 경계로부터 반 미터 이상의 거리를 두어야 한다. 이에 위반한 때에는 건물의 변경이나 철거를 청구할 수 있으나, 건축에 착수한 지 1년이 지나거나 건물이 완성된 후에는 손해배상만을 청구할 수 있다(민법 제242조). 경계로부터 2미터 이내의 거리에서 이웃 토지의 내부를 바라볼 수 있는 창문이나 마루를 설치하는 때에는 적당한 차면시설을 하여야 한다(민법 제243조). 경계 근방에서 우물을 파거나 용수·하수·오물 등의 저장을 위한 지하시설을 하는 때에는, 경계로부터 2미터 이상의 거리를 두어야 하고, 저수지·구거·지하실의 공사에는 경계로부터 그 깊이의 반 이상의 거리를 두어야 한다. 그리고 이러한 공사를 할 때에는 토사의 붕괴나 하수 또는 오수가 이웃에 유입되지 않도록 적당한 조치를 취하여야 한다(민법 제244조).

5. 所有權의 取得

(1) 法律規定에 의한 取得

소유권의 취득원인에는 법률행위에 의한 취득과 법률규정에 의한 취득 두 가지가 있다. 법률행위에 의한 소유권 취득에는 법률행위에 의한 물권변동의 원칙이 그대로 적용된다. 법률규정에 의한 소유권 취득에 관해서는 민법이 제245조 이하에서 규정하고 있다. 여기서 규정되는 법률규정에 의한 소유권 취득에는 取得時效·善意取得·無主物先占·遺失物拾得·埋藏物發見·添附(附合·混和·加工)가 있다.

(2) 取得時效

오랜 기간 관리가 제대로 되지 못한 부동산과 관련해서 자주 발생하는 법률문제가 바로 시효취득이다. 특히, 최근에는 전국 땅값이 상승하면서 시효취득과 관련한 부동산분쟁이 급증하고 있다. 비록 다른 사람의 소유라고 하더라도 자기의 소유인 것으로 알고 일정기간 부동산을 점유하게 되면 소유권을 취득하는 것을 시효로 인한 소유권 취득이라고 하는데, 민법 제245조 제1항은, "20년간 소유의 의사로 평온, 공연하게 부동산을 점유하는 자는 등기함으로써 그 소유권을 취득한다."고 하여 점유취득시효제도를, 제2항은 "부동산의 소유자로 등기한 자가 10년간 소유의 의사로 평온, 공연하게 선의이며 과실 없이 그 부동산을 점유한 때에는 소유권을 취득한다."고 하여 등기부취득시효제도를 인정하고 있다. 그리고 시효로 부동산소유권을 취득하기 위해서는 소유의 의사를 갖고 있어야 하고, 소유의 의사는 소유자가 할 수 있는 것과 같은 배타적 지배를 사실상 행사하려는 의사라고 일반적으로 설명되는데, 이 점과 관련해서 학설과 판례는 權原의 성질에 의해 객관적으로 소유의 의사 여부를 판단한다. 즉 매매나 증여와 같이 소유권이전을 목적으로 하는 행위에 의해 부동산의 점유를 취득하는 경우에는 그 취득원인, 즉 권원의 객관적 성질에 의하여 소유의 의사가 있는 것으로 보고 있는 반면, 임대차 등에 의하여 점유를 취득한 때에는 그 취득원인의 성질상 소유의 의사가 없는 他主占有가 되는 것으로 해석한다.

따라서 본인이 직접 관리하지 못하고 다른 사람을 통해서 오랜 기간 동안 점유되고 있는 부동산의 경우에는 점유하고 있는 사람이 향후 시효취득하는 것을 방지하는 차원에서 점유하고 있는 원인에 대하여 미리 정확하게 정리해 둘 필요가 있다. 임대차계약서라거나 사용대차계약서와 같은 계약서를 작성한다거나 아니면 그동안 소작해 왔음을 인정한다는 취지의 확인서 형식으로, 점유의 권원이 타주점유로 비칠 수 있는 증빙이 필요할 수 있다. 이 점이 분명하게 정리되지 못한 채 재판으로 가게 되면 "점유자는 소유의 의사로 선의, 평온 및 공연하게 점유한 것으로 추정한다."고 하는 민법 제197조에 의해 점유자가 소유의 의사로 점유한 것으로 추정되면서 소유자가 예상치 못한 불이익을 입게 될 수도 있기 때문이다.

다음은 시효취득기간이 완성된 이후에 부동산 소유명의가 변경되었을 경우의 법적인 판단에 대해 숙지할 필요가 있어 살펴보자면 다음과 같다. 시효취득은 자주점유와 관련하여 구체적인 시안에서 판례[269]기 다양히게 판단히고 있어 매우 복잡하다. 예를 들어 다른 사람의 토지를 소유의 의사로 平穩·公然하게 20년간 점유함으로써 시효로 소유권을 취득할 수 있는 상황인데도 아직 소유명의자를 상대로 이전등기청구를 하지 못하던 중, 해당 부동산의 소유권이 다른 사람에게 이전되었다면 점유자는 변경된 소유명의자에 대해 시효취득을 주장할 수 없다. 이런 결과는 새로 소유명의를 취득한 사람이 점유시효취득기간이 완성되었다는 사실을 알고서 소유명의를 넘겨받았다고 하더라도 마찬가지이다. 시효취득의 요건이 완성되었다고 하여 점유자가 바로 소유권을 취득하는 것이 아니라 등기를 함으로써 소유권을 취득하기 때문이다. 이런 법률관계는 마치 이중매매와 같이 민저 매매계약을 체결했다고 하더라도 등기를 넘겨받지 못하고 있는 상태에서 후에 매매계약을 체결하고 등기를 넘겨받은 제삼자에 대해

---

269) 大判 2002.3.15, 2001다77352, 77369, 2006.5.12, 2005다75910, 1997.8.21, 95다28625.

제1매수인이라고 하여 소유권주장을 하지 못하는 것과 같은 논리이다.

따라서 점유자의 입장에서는 소유명의가 변동되기 이전에 한시라도 빨리 시효취득에 기한 이전등기청구소송을 제기할 필요가 있고, 부동산이 처분되는 것을 방지하는 차원에서 시효취득에 기한 소유권이전등기청구권을 被保全權利로 하여 미리 처분금지가처분신청도 필요하다 하겠다.

1) 不動産所有權의 取得時效

우리 민법은 20년간 소유의 의사를 가지고 평온·공연하게 부동산을 점유한 후에 등기한 자(일반취득시효, 민법 제245조 제1항)와 10년간 소유의 의사로 평온·공연·선의·무과실로 점유했으며 소유자로 등기되었던 자(등기부취득시효, 제245조 제2항)에 대해서 소유권 취득을 인정하고 있다.

① 取得時效의 客體

타인소유의 부동산뿐 아니라 자기 소유의 부동산도 자기 물건이라는 입증이 곤란한 경우 시효취득할 수 있고, 분필절차를 밟지 않은 1필의 토지의 일부에 대하여도 시효취득할 수 있으며, 공유지분의 일부에 대해서도 시효취득이 가능하다. 공공재산과 공용물은 시효취득의 대상이 아니다.

② 取得時效의 要件

시효취득을 하려면 점유는 자주점유여야 하므로, 예컨대 매매계약이 어떤 법률상의 사유로 인하여 무효가 된 경우에 매매계약의 무효사유가 있음을 안 매수인은 시효취득을 할 수 없다.[270] 또한 상속으로 점유를 승계한 자는 피상속인의 점유를 승계하는 것이므로 피상속인의 점유가 소유의 의사가 없는 경우에는 상속에 의한 점유도 역시 소유의 의사가 없는 것이어서 상속인은 시효취득을 할 수 없다. 점유권원의 성질이 불분명한 때에는 민법 제197조 제1항에 의하여 점유자는 소유의 의사로 점유한 것으로 추정된다. 특별한 사정이 없는 한 평온·공연한 점유 역시 추정된다. 등기부취득시효의 경우 선의·무과실의 요건은 점유개시시에만 있으면 되고, 시효기간 동안 계속되어야 하는 것은 아니다. 또한 점유의 선의는 추정되지만 무과실은 추정되지 않는다.

---

270) 사실상 自主占有와 善意占有를 同一視한다는 뜻이다.

③ 取得時效의 起算點

원칙적으로 점유가 시작된 때로서 시효취득을 주장하는 자가 임의로 선택하지 못한다. 시효취득의 효과는 점유개시시로 소급하여 발생하며, 특히 시효이익을 주장하는 자가 그 기산점을 임의로 선택할 수 있다면 시효기간 만료 후 이해관계 있는 제삼자가 있는 경우 제삼자의 법적 지위가 시효취득자에 의하여 좌우되기 때문이다. 다만 시효기간 만료 후에 이해관계 있는 제삼자가 없는 경우에는 시효이익을 주장하는 자가 시효기산점을 임의로 선택할 수 있다.

④ 取得時效의 效果

일반취득시효의 경우 취득시효기간이 완성하면 등기를 하지 못한 점유자는 종전 소유자에 대하여 소유권이전등기청구권을 갖게 된다. 다만 제삼자가 먼저 소유권이전등기를 경료하면 점유자는 제삼자에게 대항할 수 없다. 제삼자의 이전등기원인이 점유자의 취득시효완성 전의 것이라 하더라도 마찬가지이다.

2) 動産所有權의 取得時效

10년간 소유의 의사로 평온·공연하게 동산을 점유한 자는 그 소유권을 취득한다(민법 제246조 제1항). 그 점유가 선의·무과실로 개시된 경우에는 5년을 경과함으로써 그 소유권을 취득한다(단기취득시효; 민법 제246조제 2항).

3) 所有權 이외의 財産權의 取得時效

소유권의 취득시효에 관한 규정(민법 제245조 이하)이 준용된다(민법 제248조). 상표권이나 무체재산권과 같이 점유를 수반하지 않는 권리에서는 준점유가 취득시효의 요건이 된다.

4) 取得時效의 中斷·停止

소멸시효의 중단·정지에 관한 규정은 취득시효에도 준용된다(민법 제247조 제2항, 제248조).

5) 取得時效利益의 抛棄

소멸시효이익의 포기에 관한 민법 제184조 제1항이 유추적용된다. 따라서 점유자는 취득시효이익을 미리 포기하지는 못하나 시효가 완성된 후 포기하는 것은 가능하다. 예를 들어 토지에 관한 취득시효완성 후에 토지를 실측하여 경계선을 확정하고 쌍방의 공동부담으로 블록담을 축조하기로 합의하는 경우 취득시효이익의 포기가 있는 것으로 판례는 인정한다. 그러나 단순한 매수의 시도는 취득시효이익의 포기로 보지 않고 있다.

6) 取得時效의 效果

취득시효의 요건을 갖추면 점유자는 권리를 취득한다. 다만 부동산일반취득시효의 경우 등기를 하여야 소유권을 취득한다(민법 제245조 제1항). 취득시효로 인한 권리취득의 효력은 점유를 개시한 때에 소급한다(민법 제247조 제1항).

(3) 動産所有權의 善意取得

우리 민법은 제249조 이하에서 동산소유권의 선의취득에 관해서 규율하고 있다. 하지만 민법 제249조가 규율하는 내용은 비단 소유권뿐만 아니라 질권의 선의취득에 관해서도 마찬가지로 적용될 수 있다.

(4) 無主物先占

주인 없는 동산을 소유의 의사로 점유한 자는 그 소유권을 原始取得한다(민법 제252조 제1항). 야생의 동물, 바닷속의 물고기 등과 같이 아직 사람의 소유에 속하지 않은 물건이나 과거에 어느 누구의 소유에 속하고 있었더라도 현재까지 그 소유가 계속되고 있다고 인정할 수 없는 물건[271]은 무주물이다. 수산업법·수렵법 등에 의하여 어획이나 포획이 금지되거나 제한된 경우도 마찬가지이다. 그러나 학술·기예·고고의 중요한 자료가 되는 물건은 국유물이 된다(민법 제255조 제1항). 물론 先占者는 국가에 대하여 보상을 청구할 수 있다(민법 제255조 제2항). 무주의 부동산은 국가에 귀속된다(민법 제252조 제2항). 따라서 무주물의 선점은 단지 경제적으로 별 가치 없는 물건에 대해서만 그 기능을 유지하고 있을 뿐이다.

---

271) 예컨대 고대 인류의 유물, 고생물의 화석류 등.

(5) 遺失物拾得

유실물은 유실물법이 정하는 바에 따라 공고한 후 1년 내에 그 소유자가 권리를 주장하지 아니하면 습득자가 그 소유권을 취득한다(민법 제253조). 유실물은 점유자의 의사에 기하지 않고 그의 점유를 떠난 물건으로서 도품이 아닌 것을 말한다. 다만 漂流物 및 沈沒品은 수난구호법의 적용을 받는다. 또한 습득은 선점과 달라서 소유의 의사를 필요로 하지 않는다. 이러한 습득을 하고 7일 이내에 경찰서에 제출해야 습득물의 소유권을 취득할 수 있게 된다. 물건을 유실한 소유자가 1년 이내에 나타났을 경우 유실물의 소유권은 소유자에게 귀속되지만, 유실물법은 유실물건가액의 5푼 이상 2할 이하의 보상금청구권을 습득자에게 인정하고 있다. 습득물의 보관비, 공고비 기타 필요비는 물건의 소유권을 취득하여 이를 인도받는 자 또는 물건의 반환을 받는 자의 부담으로 하되, 그 지급확보를 위하여 유치권의 규정(민법 제321조 이하)이 적용된다.[272]

(6) 埋藏物發見

매장물은 유실물법에 정한 바에 의하여 공고절차를 밟고 그 후 1년 내에 그 소유자가 권리를 주장하지 않으면 발견자가 그 소유권을 취득한다(민법 제254소 본문). 매상물이란 특성한 소유사 또는 상속인이 있을 섯이나 토지 또는 그 밖의 물건 속에 매장되어서 그 소유권이 있기는 있지만 누구에게 속하는지를 판별할 수 없는 물건을 말한다. 발견이란 매장물의 존재를 구체적·객관적으로 인식하는 것으로서, 점유를 취득하는 것은 필요하지 않다. 매장물발견이 타인의 토지 기타 물건으로부터 이루어졌을 경우 매장물소유권은 그 토지 기타 물건의 소유자와 발견자가 절반하여 취득한다(민법 제254조 단서). 매장물이 문화재인 때에는 국유로 되며, 이때에는 국가에 대하여 적당한 보상을 청구할 수 있다(민법 제255조 제2항).

---

272) 遺失物法 제3조.

(7) 添附

어떤 물건에 타인의 물건이 결합하거나 타인의 노력이 가해지는 것을 말한다. 첨부에 의하여 생긴 물건은 1개의 물건으로서 존속하고, 그 복구는 강행적으로 부정된다.[273] 그리고 첨부에 의하여 생긴 새 물건에 관하여는 새로이 소유자가 결정된다. 새로 생긴 물건이 누구에게 귀속하는가 하는 것은 계약자유의 원칙에 의해서 자유롭게 정할 수 있다. 첨부의 결과 소멸하게 된 구물건의 소유자는 부당이득에 관한 규정(민법 제748조 이하)에 따라 보상을 청구할 수 있다(민법 제261조). 그리고 첨부로 인하여 물건의 소유권이 소멸하면 그 물건 위에 존재하는 제삼자의 권리도 역시 소멸하지만(민법 제260조 제1항), 그 물건의 소유자가 새로운 물건의 단독소유자·공유자가 된 때에는 새로운 물건 또는 공유지분 위에 존속한다(민법 제260조 제2항). 이러한 첨부에는 부합·혼화·가공 세 가지가 있다.

1) 附合

소유자를 각각 달리하는 수개의 물건이 결합하여 1개의 물건으로 되는 것을 말한다. 그 결합의 정도는 훼손하지 않으면 분리할 수 없거나 분리에 과다한 비용을 요하는 경우는 물론 분리하게 되면 경제적 가치를 심하게 감소시키는 경우도 포함된다.

① 他人의 權原에 의한 附屬

부합된 물건이 타인의 권원에 의하여 부속된 것인 때에는 그것은 부속시킨 자의 소유로 된다(민법 제256조 단서). 여기서 권원이라 함은 타인의 부동산에 자기의 물건을 부속시켜 그 부동산을 이용할 수 있는 권리로서, 지상권·전세권·임차권 등을 의미한다. 이와 같이 부속된 물건에 대하여 독립한 소유권이 인정되기 위해서는 그 물건이 독립한 존재이어야 한다.

② 不動産에 의한 附合

부동산의 소유자는 그 부동산에 부합한 물건의 소유권을 취득한다(민법 제

256조 본문). 부동산에 부합하는 물건은 동산에 한정되지 않고 화장실·창고 등과 같은 독립된 부속건물도 부합될 수 있다. 부동산의 소유자는 그의 부동산에 부합된 물건의 소유권을 취득한다(민법 제256조 본문). 부합하는 물건의 가격이 부동산의 가격을 초과해도 물건의 소유권을 취득한다. 다만 판례에 의하면 권한 없이 타인의 토지에 농작물을 심은 경우라도, 그 농작물의 소유권은 경작자에게 있다. 농작물재배의 경우에는 파종시부터 수확시까지 불과 수개월 밖에 안 걸리고 경작자의 부단한 관리가 필요하며, 그 점유의 귀속이 명백하기 때문이다.[274]

③ 動産間의 附合

부합은 동산 간에도 성립할 수 있으며, 소유권은 주된 동산의 소유자에게 속한다(민법 제257조 제1항). 부합한 동산의 주종을 구별할 수 없을 때에는 각 동산의 소유자는 부합 당시의 가액의 비율로 합성물을 공유한다.

2) 混和

곡물·금전·술·기름 등과 같이 서로 쉽게 섞여서 원물을 식별할 수 없게 되는 물건이 결합된 경우 동산 간의 부합에 관한 규정이 준용된다(민법 제258조).

3) 加工

타인의 동산에 가공한 때에는 그 물건의 소유권은 원재료의 소유사에게 속한다(민법 제259조 1항 본문). 다만 가공으로 인한 가액의 증가가 원재료의 가액보다 현저히 다액인 때에는 가공자의 소유로 한다(민법 제259조 1항 단서). 이때에 가공자가 재료의 일부를 제공하였을 때에는 그 가액은 위 증가액에 가산한다(민법 제259조 2항). 또 근로관계에 기하여 생산된 생산물의 소유권귀속에 관하여는 가공에 관한 민법규정의 적용이 배제된다. 처음부터 사용자를 위해서 일정한 생산계획에 따라 창조적 노동력을 제공할 것을 계약의 내용으로 하기 때문이다. 그러나 근로자의 발명에 관해서는 정신적 재산권의 보호와 관련하여 사용사와 근로사 사이의 득악으로 또는 득빌법[275]으로 이를 규율할 수 있다.

---

274) 김용한, 『물권법론』, 박영사, 1993, 308~309쪽.
275) 特許法, 實用新案法, 意匠法 등.

6. 所有權에 기한 物權的 請求權

(1) 意義

물권의 내용실현이 어떠한 사정으로 방해되는 경우에는 물권의 일반적인 효력으로서 물권적 청구권이 발생하는데, 가장 보편적이고 완전한 물권인 소유권에 있어서는 그 물권적 청구권도 가장 완전하게 인정된다. 민법은 소유권에 기한 물권적 청구권으로서, 所有物返還請求權(민법 제213조), 所有物妨害排除請求權(민법 제214조), 所有物妨害豫防請求權(민법 제214조)의 세 가지를 모두 인정하고, 이를 각종의 물권에 준용한다(민법 제290조, 제301조, 제319조, 제370조).

(2) 所有物返還請求權

점유를 잃거나 아직 점유를 하지 못한 소유자는 법률상 정당한 이유 없이 그 소유물을 점유한 자에 대하여 반환을 청구할 수 있다(민법 제213조). 소유권존부의 판단시점은 사실심변론종결 당시이다. 청구의 상대방은 현재의 점유자여야 하며, 점유침탈자라도 현재 그 물건에 대한 점유를 상실한 때에는 청구의 상대방이 되지 않는다. 다만 점유자가 그 물건을 점유할 권리를 가진 때에는 반환을 거부할 수 있다(민법 제213조 단서). 여기서 점유할 권리라 함은 지상권, 전세권, 질권, 유치권, 채권 또는 同時履行의 抗辯權 등을 말한다. 상대방에게 점유취득에 대한 고의·과실 등의 歸責事由가 요구되지는 않는다. 소유물반환비용은 상대방이 부담하여야 한다.

(3) 所有物妨害除去請求權

소유자는 소유물을 방해하는 자에 대하여 방해의 제거를 청구할 수 있다(민법 제214조 전단). 사창가, 윤락업소, 시체실의 운영 등으로 정신적 방해를 주는 경우에도 제거를 청구할 수 있다. 이러한 소유물방해제거청구권에 관한 규정은 명예, 사생활과 같은 인격권의 침해에 관하여도 유추 적용된다.

(4) 所有物妨害豫防請求權

소유자는 소유물을 방해할 염려가 있는 행위를 하는 자에 대하여 그 예방 또는 손해배상의 담보를 청구할 수 있다(민법 제214조 후단).

7. 共同所有

(1) 意義

하나의 물건을 2인 이상의 다수인이 공동으로 소유하는 것을 말한다. 우리 민법은 공동소유의 형태를 공유(민법 제262조 이하), 합유(민법 제271조 이하), 총유(민법 제275조 이하)의 세 가지로 규정하고 있다.

(2) 共有

물건이 지분에 의하여 수인의 소유로 되는 것을 말한다(민법 제262조 제1항). 그 주체가 단체를 구성하지 않는 소유형태, 목적물에 대한 각 공유자의 지배권능이 서로 완전히 독립되어 있어 각자가 지분권을 가지고, 이 지분권을 자유로이 저분할 수 있으며, 언제든지 공동소유관계를 해소하여 각자의 단독소유로 전환할 수 있는 소유형태이다. 하나의 물건을 수인이 공동의 소유로 한다는 의사의 합치에 의하여 공유가 성립할 경우 공유자는 공유등기를 하여야 한다.[276] 공유지분도 등기하여야 하며, 등기하지 않을 경우 그 지분은 균등한 것으로 추정된다(민법 제262조 제2항). 법률의 규정에 의해 공유가 성립하는 경우는 상속인이 수인인 경우(민법 제1006조)가 있다.

1) 持分

각 공유자가 목적물에 대하여 가지는 소유의 비율로 공유자는 다른 공유자의 동의 없이 자기의 지분을 자유로이 저분할 수 있나(민법 제263조). 그리고 공유자가 그 지분을 포기하거나 상속인 없이 사망한 때에는 그 지분은 다른 공유자

---

276) 不動産登記法 제44조, 제89조.

에게 각 지분의 비율로 귀속한다(持分의 彈力性, 민법 제267조). 그리고 공유물에 관하여 제삼자가 침해를 가하고 있는 경우 각 공유자는 지분권에 기한 물권적 청구권으로서 제삼자에 대하여 반환청구권 내지 방해배제청구권을 단독으로 행사할 수 있다.

2) 共有關係

공유자는 공유물의 전부를 지분의 비율로 사용·수익할 수 있다(민법 제263조). 즉 전부를 사용할 수 있되, 그 사용·수익은 지분에 의하여 제약된다. 공유물의 관리(이용·개량)에 관한 사항은 공유자의 지분의 과반수로써 결정한다(민법 제265조 본문). 그러나 보존행위는 각자가 할 수 있다(민법 제265조 단서). 보존행위의 성질을 가지는 것이라면 공유관계의 대외적 주장(소송의 제기나 취하)도 각 공유자가 독립해서 할 수 있다. 그리고 공유자는 다른 공유자의 동의 없이 공유물을 처분하거나 변경하지 못한다(민법 제264조). 예컨대 공유자의 1인이 다른 공유자의 동의를 얻지 않고 공유부동산을 처분할 수는 없다. 또한 각 공유자는 지분의 비율에 따라 관리비용 기타 의무를 부담한다(민법 제266조 제1항). 공유자가 관리비용 기타 의무의 부담을 1년 이상 이행하지 않은 때에는 다른 공유자는 상당한 가액을 지급하고 그자의 지분을 매수할 수 있다(제266조 제2항).

3) 共有物의 分割

공유관계는 지분이 집중되거나 공유물이 분할·양도·멸실되거나, 공유지분이 공용징수된 때 소멸한다. 이렇듯 공유물은 언제든지 자유로이 그 분할을 청구할 수 있으며(민법 제268조 제1항 본문), 공유자의 분할청구권은 形成權이므로 분할청구라는 일방적 의사표시에 의하여 각 공유자 사이에는 구체적으로 분할을 실현할 법률관계가 발생한다. 한편 공유자는 공유물분할을 하지 않을 것을 약정할 수 있으나, 5년 내의 기간으로 하여야 하며(민법 제268조 제1항 단서), 그 기간은 갱신될 수 있지만 갱신기간 역시 5년을 넘지 못한다(민법 제268조 제2항). 한편 부동산에 관한 분할금지의 약정은 등기하여야 한다.[277] 공유물

---

277) 不動産登記法 제89조 후단.

의 분할은 우선 협의에 의하여 행해지는데(민법 제268조 제1항, 제269조 제1
항), 협의가 이루어지지 않을 경우에는 공유자는 법원에 그 분할을 청구할 수 있
다(민법 제269조 제1항). 공유자는 다른 공유자가 분할로 인하여 취득한 물건에
대하여 그 지분의 비율로 매도인과 동일한 담보책임을 부담한다(민법 제270조).

(3) 合有

합유는 수인이 組合體를 이루어 물건을 소유하는 한 형태로써 성립하나,[278]
법률의 규정에 의해 조합체가 성립하는 경우도 있다.[279] 그리고 합유에 대한
持分權은 인정되나, 지분은 공동목적을 위한 團體的(組合的) 구속을 받아 처분
의 자유는 제한된다. 특히 합유가 共有와 다른 점은 합유관계의 종료 전에 분
할청구를 할 수 없다는 것이 특징이다. 합유관계의 종료는 조합체의 해산과 합
유물 전부가 양도된 경우에 한한다(민법 제270조 제1항). 따라서 조합체가 존속
하는 동안은 원칙상 합유물의 분할을 청구할 수 없으며, 조합체가 해산되어 조
합관계가 종료되어야 분할이 가능하다[280](민법 제274조 제2항). 다음은 합유에
관한 법률관계를 구체적으로 살펴보고자 한다.

첫째, 합유재산을 1인 명의로 소유권보전등기를 한 것은 실질관계에 부합하
지 않는 원인무효의 등기이고 합유자는 합유자 전원의 동의 없이는 합유물에
대한 지분을 처분하지 못하는 것이므로 그 동의가 없는 이상 지분매매도 할 수
없다.[281]

둘째, 합유물에 관하여 경료된 原因無效의 소유권이전등기의 말소를 구하는
소송은 합유물에 관한 보존행위로서 합유자 각자가 할 수 있다.[282]

셋째, 합유로 소유권이전등기가 된 부동산에 관하여 명의신탁해지를 원인으

---

278) 동업계약, 계 등이 대표적인 조합계약이다. 그러나 부동산을 합유하는 경우에는 어느 경우든 合有登記를 해
    야 한다.
279) 信託法 제45조 "신탁법상 신탁에서 수탁자가 數人이 있는 경우"와 鑛業法 제19조 제6항, 제34조 "공동
    광업 권자가 공동소유하는 경우"가 있다. 그러나 명의신탁에서 수탁자가 수인인 경우에는 공유관계에 해당
    함을 주의해야 한다.
280) 즉 조합의 해산만으로는 분할청구를 할 수 없고 청산절차를 마쳐야 분할이 가능하며, 또한 조합원의 특약(전
    원의 합의)이 있다면 분할이 가능하다.
281) 大判 1970.12.29, 69다22.
282) 大判 1997.9.9, 96다16896.

로 한 소유권이전등기 절차의 이행을 구하는 소송은 합유물에 관한 소송으로 필요적 공동소송에 해당하여 합유자 전원을 피고로 하여야 할 뿐 아니라 합유자 전원에 대하여 合一的으로 확정되어야 하므로, 합유자 중 일부의 請求認諾이나 합유자 중 일부에 대한 소의 취하는 허용되지 않는다.[283]

넷째, 부동산의 합유자 중 일부가 사망한 경우 합유자 사이에 특별한 약정이 없는 한 사망한 합유자의 상속인은 합유자로서의 지위를 승계하는 것이 아니므로, 해당 부동산은 잔존 합유자가 2인 이상일 경우에는 잔존 합유자의 합유로 귀속된다. 잔존 합유자가 1인인 경우 그 잔존자의 단독소유로 된다.[284]

다섯째, 합유지분의 포기가 적법하다면 그 포기된 합유지분은 나머지 잔존 합유지분권자들에게 均分으로 귀속하게 되지만, 그와 같은 물권변동은 합유지분권의 포기라고 하는 법률행위에 의한 것이므로 등기하여야 효력이 있고 지분을 포기한 합유지분권자로부터 잔존 합유지분권자들에게 합유지분권 이전등기가 이루어지지 아니하는 한 지분을 포기한 지분권자는 제삼자에 대하여 여전히 합유지분권자로서의 지위를 가지고 있다고 보아야 한다.[285]

(4) 總有

법인이 아닌 사단의 전원이 집합체로서 물건을 소유하는 공동소유형태이다 (민법 제275조). 인적 결합체의 존재를 전제로 하고 그 구성원이 인적 결합으로부터 단체적 구속을 받는다는 점에서 공유와 다르고 합유와 같다. 그러나 구성원의 집합체에 속하는 권능이 그 집합체의 기구를 통하여 행사된다는 점에서 합유와 다르다. 총유재산으로 인정되는 것은 종중재산, 교회재산, 촌락단체의 재산이 있다. 총유물의 사용·수익은 각 사원에게 권능이 분속되지만, 그 행사는 정관 기타의 규약에 따르며(민법 제276조 제2항), 총유물의 관리 및 처분은 사원총회의 결의에 의한다(민법 제276조 제1항). 보존행위는 각 사원이 총회의 결의를 얻어 단독으로 보존행위를 할 수 있다고 한다. 총유물에 관한 사원의 권리·의무는 사원의 지위를 취득·상실함으로써 취득·상실된다(민법 제277조).

---

283) 大判 1996.12.10, 96다23238.
284) 大判 1994.2.25, 93다39225.
285) 大判 1997.9.9, 96다16896.

(5) 準共同所有

소유권 이외의 재산권(지상권・지역권・전세권・저당권・주식・사채・저작권・특허권・상표권[286] 등)을 수인이 공동으로 소유하는 법률관계[287]를 말한다.

第3節 用益物權

1. 概觀

(1) 意義

타인의 물건을 일정한 범위에서 사용・수익할 수 있는 물권을 말한다. 용익물권에는 地上權・地役權・傳貫權이 있으며 이들은 모두 부동산만을 그 대상으로 한다.

(2) 機能

토지・건물은 소유자로서 이용하는 것이 가장 일반적인 모습이지만, 비소유자로서 이용하는 경우에는 임차권과 같이 채권계약을 기초로 하는 이른바 채권적 이용권과 용익물권을 기초로 하는 이른바 물권적 이용권에 의하는 두 가지가 있다. 그런데 물권에 관한 규정은 원칙적으로 强行規定이기 때문에 부동산소유자가 용익물권의 내용을 유리하게 약정하려고 하여도 일정한 한계가 있다. 그러나 임차권과 같이 채권계약에 의한 채권적 이용권은 소유권의 절대성과 계약자유의 원칙이 지배하는 이상 소유자는 자신의 우월적 지위를 이용함으로써 자기에게 유리한 약정을 체결할 수 있다. 이러한 사정하에서 실제로는 임대차라는 채권적 구성에 의한 이용관계가 압도적으로 많이 행해지고 있다.

---

286) 商標權을 공유하는 경우 商標法 규정이나 商標權의 성질에 반하지 않는 범위 내에서 민법상의 공유의 법리가 적용될 수 있다(大判 2004.12.9, 2000후567).

287) 준공유・준합유・준총유를 말한다.

2. 地上權

(1) 意義

타인소유의 토지에서 건물 기타의 공작물이나 수목을 소유하기 위하여 그 토지를 사용할 수 있는 물권을 말한다(민법 제279조). 지상권의 객체인 토지는 1필의 토지 전부뿐만 아니라 그 일부라도 무방하며,[288] 지표 내지 지상에 한하지 않고, 지하의 사용을 내용으로 할 수도 있다. 지상권에 대해서는 인접한 토지사용의 조화를 도모하는 상린관계의 규정이 준용된다(민법 제290조).

1) 地上權과 賃借權과의 區別

지상권과 임차권에 대하여 차이점 등을 구별해 보면 다음과 같다.

첫째, 지상권은 排他性을 가지며 직접 토지를 지배할 것을 내용으로 하는 물권인 데 반하여 임차권은 임대인에게 토지를 사용·수익하게 할 것을 청구할 수 있는 채권이다.

둘째, 지상권은 제삼자에 대하여 對抗할 수 있지만, 임차권은 등기하지 않는 한 제삼자에 對抗할 수 없다.

셋째, 지상권은 양도성이 있는 데 반해(민법 제282조) 임차권은 임대인의 동의 없이 양도 또는 전대하지 못한다(민법 제629조 제1항).

넷째, 지상권은 최단기간의 제한만이 있을 뿐인 데 반해, 임차권은 원칙적으로 20년을 넘지 못한다(민법 제651조).

다섯째, 지상권은 존속기간을 약정하지 않는 한 토지의 사용목적에 따른 존속기간이 있는 데 반해 임차권에 있어서는 언제든지 해지통고를 할 수 있고 일정기간의 경과로 해지된다(민법 제635조).

여섯째, 지료는 지상권의 요소가 아니지만(민법 제279조), 차임은 임대차의 요소이다(민법 제618조).

일곱째, 지상권에 있어서는 지상권자가 2년 이상의 지료지급을 연체한 때에만 그 소멸청구를 할 수 있는 반면(민법 제287조), 임차권에 있어서는 임차인의 차임

---

288) 不動産登記法 제136조.

연체액이 2기의 차임액에 달하면 해지통고를 할 수 있다(민법 제640조, 제641조).

여덟째, 지상권설정자는 토지의 사용을 방해하지 않을 소극적 인용의무만을 부담하지만, 임대인은 토지를 사용에 적합한 상태에 두어야 하는 적극적 의무를 부담한다(민법 제623조).

2) 賃借權의 物權化

주택임대차보호법에 따르면 주거용 건물에 관한 임대차는 등기가 없는 경우에도 임대인으로부터 주택의 인도를 받고 주민등록법에 의한 주민등록을 마친 때에는 그다음 날(翌日)부터 제삼자에 대하여 대항력을 가진다. 또한 현행민법은 지상권의 최단존속기간을 정하고(민법 제280조, 제281조), 지상권자에게 계약갱신청구권과 지상물매수청구권을 인정함으로써(민법 제283조, 제284조), 지상권자의 보호를 도모하고 있다(민법 제289조).

(2) 地上權의 取得

법률행위에 의한 취득과 법률규정에 의한 취득으로 나뉜다.

1) 法律行爲에 의한 取得

지상권은 토지소유자(지상권설정자)와 지상권자 간의 설정계약, 즉 지상권설정을 목적으로 하는 물권적 합의와 등기에 의하여 취득되는 것이 일반적이지만, 설정계약 이외에도 유언과 지상권의 양도에 의하여 취득될 수 있다. 이러한 법률행위에 의한 취득은 등기하여야 효력이 발생한다(민법 제168조).

2) 法律規定에 의한 取得

相續·判決·競賣·公用徵收·取得時效 기타 법률의 규정(민법 제187조)에 의한 취득과 법정지상권이 있다. 법정지상권은 건물에 대해서만 전세권을 설정한 후 토지소유자가 변경된 경우(민법 제305조 제1항), 저당권의 실행으로 경매됨으로써 토지와 건물의 소유자가 다르게 된 경우(민법 제366조 제1항), 담보권의 실행으로 토지와 건물의 소유자가 다르게 된 경우,[289] 경매 기타의 사유로

---

289) 假登記擔保法 제10조.

토지와 입목이 각각 다른 소유자에게 속하게 된 경우[290]에 인정된다.

(3) 地上權의 存續期間

설정행위로 기간을 정하는 경우와 설정행위로 기간을 정하지 않는 경우로 나누어서 볼 수 있다.

1) 設定行爲로 期間을 定하는 境遇

민법은 지상권자를 보호하기 위하여 최단존속기간만을 제한하고 있다(민법 제280조 제1항). 石造·石灰造·煉瓦造 또는 이와 유사한 견고한 건물이나 수목의 소유를 목적으로 하는 때에는 30년, 이외의 건물의 소유를 목적으로 하는 때에는 15년, 건물 이외의 공작물의 소유를 목적으로 하는 때에는 5년의 최단존속기간이 정해져 있으며, 설정행위로 이보다 더 짧은 기간을 정한 때에는 그 존속기간을 위의 최단기간까지 연장한다(민법 제280조 제2항).

2) 設定行爲로 期間을 定하지 않는 境遇

지상물의 종류와 구조에 따라 제280조의 최단존속기간이 그 지상권의 존속기간이 된다(민법 제281조 제1항). 지상권설정 당시에 공작물의 종류와 구조를 정하지 않은 경우에는 15년으로 한다(민법 제281조 제2항). 수목은 제외되고 있으므로 지상물이 수목인 경우에 존속기간은 언제나 30년으로 보아야 한다.

3) 契約의 更新

토지를 임대하여 건물을 건축하거나 수목을 심게 될 경우 임대인, 임차인 모두가 유의해야 될 권리가 바로 지상물매수청구권이다. 따라서 임대차계약 종료시에 토지상에 건물이나 수목 등이 현존하고 있을 때, 임차인의 계약갱신요구에 임대인이 거절할 경우에는 지상물을 매수해야 하는 부담을 안게 된다. 이러한 지상물매수제도는 임차인 보호를 목적으로 하는 強行規定이라는 점에서 임차인의 권리를 저해하는 변칙적인 방법은 원칙적으로 허용되지 않는다. 따라서 임차인이 해당 토지 위에 건물 기타 지상물을 건축한 후에 이를 이용하다가 임

---

290) 立木에 관한 法律 제6조.

대차기간이 끝났을 때 임차인의 비용으로 건축물을 철거한 후에 원상회복한 다음 임대인에게 토지를 반환하기로 하는 약정과, 임대차기간이 종료한 이후에 지상물을 임대인에게 양도하거나 아니면 아예 임대인의 명의로 건물을 짓고 임대차기간이 종료한 이후에 아무런 조건 없이 임차인이 건물을 명도한다는 약정 모두 무효가 될 수 있다. 그렇지만 지상물매수청구권도 다음과 같은 경우에는 예외적으로 인정되지 않을 수 있다.

첫째, 지상물매수청구권 포기를 감안하더라도 임차인에게 불리하지 않게 계약이 체결된 경우이다. 판례 역시 토지를 점유할 권원이 없어 건물을 철거하여야 할 처지에 있는 건물소유자에게 토지소유자가 은혜적으로 명목상 차임만을 받고 토지의 사용을 일시적으로 허용하는 취지에서 토지임대차계약이 체결되면서 임대인의 요구시 언제든지 건물을 철거하고 토지를 인도한다는 특약으로 계약이 체결된 사례에서, "임차인의 매수청구권에 관한 민법 제643조의 규정은 강행규정이므로 이 규정에 위반하는 약정으로서 임차인에게 불리한 것은 그 효력이 없는바, 임차인에게 불리한 약정인지의 여부는 우선 당해 계약의 조건 자체에 의하여 가려져야 하지만 계약체결의 경위와 제반 사정 등을 종합적으로 고려하여 실질적으로 임차인에게 불리하다고 볼 수 없는 특별한 사정을 인정할 수 있을 때에는 위 强行規定에 저촉되지 않는 것으로 보아야 한다."[291)는 논리로 매수청구권포기를 유효하다고 판단한 바 있다. 이런 판례를 奇貨로 부동산 거래실무상으로는 지상물매수청구권을 포기시키기 위해 다음과 같이 여러 가지 편법적인 방법이 동원되고 있다. 예를 들어, 실제로는 월 200만 원의 차임만을 받는 토지임대차계약임에도 불구하고 계약서상으로는 "월 400만 원의 차임을 정하되, 현실적으로는 월 200만 원만을 임대인에게 지급하고, 지급하지 못한 월 200만 원의 금액의 합계액으로 임대차계약기간 종료할 때 임대인이 지상물을 매수하는 대금을 임차인에게 지급한 것으로 갈음한다."는 취지로 기재히는 식이다. 지상물매수청구권을 포기함직한 파격적인 조건의 임대차조건이 있었다는 점에서 대해서는 임대인이 입증할 책임이 있다는 점에서, 이런 식의 계약이 지상물매수청구권을 피해 나가기 위한 가장적인 방법이 아니라는 점에 내해서는 재판과성에서 논란이 될 수 있어 임대차계약서 문구에 그대로 얽매이지 않

---

291) 大判 1997.4.8, 96다45443.

고 임대차 계약 당시 실제 시세에 대한 확인까지 진행될 수 있다.

둘째, 임대차계약이 임차인의 귀책사유로 해제된 경우이다. 임차인의 차임연체, 무단양도, 전대 등이 대표적인 예라고 할 수 있다. 판례 역시 "토지임대차에 있어서 토지임차인의 차임연체 등 채무불이행을 이유로 그 임대차계약이 해지되는 경우, 토지임차인으로서는 토지임대인에 대하여 그 지상건물의 매수를 청구할 수는 없다."[292]고 판단하고 있다. 계약갱신이 되지 않고 임대차를 종료해야 할 상황에서는 더욱 주의할 필요가 있다고 할 것이다.

지상권의 존속기간이 만료한 경우에 법률에 특별한 규정이 없다 하더라도 당사자는 계약으로써 지상권설정계약을 경신할 수 있다. 그리고 당사자가 경신계약을 체결하지 않은 경우에도 지상권자는 계약의 경신을 청구할 수 있다(민법 제283조 제1항). 경신청구권은 지상권의 존속기간 만료 후 지체 없이 행사하여야 하며, 지체 없이 행사하지 않은 경우 경신청구권은 소멸한다. 지상권설정자는 경신청구를 거절할 수 있고, 경신청구가 거절된 경우에 지상권자는 상당한 가액으로 지상물의 매수를 청구할 수 있다(민법 제283조 제2항). 당사자가 계약을 경신하는 경우에 지상권의 존속기간은 경신한 날로부터 제280조의 최단존속기간보다 단축하지 못한다(민법 제28조 본문).

(4) 地上權의 效力

지상권자는 지상권이 설정된 토지를 사용할 권리가 있으며, 지상권을 양도하거나 임대하여 投下資本을 회수할 수도 있다. 지료의 지급은 지상권의 요소가 아니지만 이를 정한 경우에는 지상권자는 지료지급의무가 있다.

1) 土地의 使用

지상권자는 설정계약에서 정한 목적의 범위 내에서 타인의 토지를 사용할 권리가 있다(민법 제279조). 따라서 지상권자는 토지에 영구적인 손해를 일으키는 변경을 가할 수 없고, 소유자는 토지사용을 방해하지 말아야 할 소극적 引用義務를 부담한다. 相隣關係의 규정(민법 제216조 이하)은 지상권에 대해서도 준용

---

292) 大判 1996.2.27. 95다29345.

되며, 지상권자는 토지를 점유할 권리 및 지상권에 기한 물권적 청구권도 갖는다(민법 제290조, 제213조, 제214조).

2) 讓渡·賃貸·擔保提供

지상권자는 지상권설정자의 동의 없이 타인에게 그 권리를 양도하거나 그 권리의 존속기간 내에서 그 토지를 임대할 수 있다(민법 제282조). 이에 위반하는 계약으로 지상권자에게 불리한 것은 그 효력이 없다(민법 제289조). 그리고 지상권을 담보의 목적으로 삼을 수 있다(민법 제289조).

3) 地料

지료의 지급은 지상권의 요소가 아니므로 당사자가 지료의 지급을 약정한 때에만 지상권자는 지료지급의무를 부담한다. 法定地上權은 당사자의 청구에 의하여 법원이 지료를 정한다(민법 제305조 제1항 단서, 제366조). 지료액은 당사자의 협정으로 결정되지만, 그 후에 토지에 관한 조세 기타 부담의 증감이나 지가의 변동으로 인하여 상당하지 않게 된 때에는 당사자는 그 증감을 청구할 수 있다(민법 제286조).이 지료증감청구권은 形成權으로서 청구를 하면 그 즉시 지료는 증액 또는 감액되지만, 상대방이 다투면 법원이 결정한다.

(5) 地上權의 消滅

지상권은 토지면실, 존속기간 만료, 混同(민법 제191조), 소멸시효, 경매, 土地收用 등에 의하여 소멸한다. 그 밖의 원인에 의한 소멸은 지상권설정자의 소멸청구, 지상권의 포기와 같은 것들이 있다.

1) 地上權設定者의 消滅請求

지상권자가 토지에 영구적인 손해를 일으키는 변경을 가하거나 그 밖의 토지사용에 관한 약정에 위반한 경우 지상권설정자는 제544조에 의하여 변경의 정지, 원상회복을 催告하고 이에 지상권자가 응하지 않으면 해지를 할 수 있다. 정기의 지료를 지급하여야 하는 지상권자가 2년 이상의 지료를 체납한 경우에도 지상권설정자는 지상권의 소멸을 청구할 수 있다(민법 제287조). 이때 지상권 소멸의 효력은 장래에 대해서만 발생한다. 그 밖에 지상권이나 그 토지에 있는 건물·수목이 저당권의 목적인 때에는 지상권소멸청구는 저당권자에게 통지한 후 상당한 기간이 경과함으로써 그 효력이 생긴다(민법 제288조).

2) 地上權의 抛棄

無償의 지상권은 기간의 약정 유무를 묻지 않고 지상권자가 자유로이 이를 포기할 수 있다. 그러나 정기적으로 지료를 지급하는 경우에는 포기에 의하여 토지소유자에게 손해가 발생한 때 그 손해를 배상하여야 한다(민법 제153조 제2항). 그리고 지상권이 저당권의 목적인 때에는 저당권자의 동의를 얻어야 한다(민법 제371조 제2항). 또한 지상권의 소멸사유를 약정한 때에는 약정사유의 발생으로 지상권이 소멸하지만, 이러한 約定事由가 존속기간·지료체납 등에 관하여 지상권자에게 불리한 것일 때에는 그 효력이 없다.

3) 地上權消滅의 效果

지상권이 소멸한 때 지상권자는 건물 기타 공작물이나 수목을 수거하여 토지를 원상회복시켜야 한다(민법 제285조 제1항). 또한 지상권자와 지상권설정자는 상당한 가액으로 공작물이나 수목의 매수를 청구할 수 있다(민법 제285조 제2항). 그리고 지상권자는 토지가치의 증가분이 있을 경우 토지소유자의 선택에 따라 지출한 금액 또는 그 증가액의 상환을 청구할 수 있다(민법 제626조 제2항의 유추해석).

(6) 特殊地上權

구분지상권과 분묘기지권, 관습법상의 법정지상권이 있다.

1) 區分地上權

지하 또는 지상의 공간에 상하의 범위를 정하여 건물 기타 공작물을 소유하기 위한 지상권이다(민법 제289조의 2 제1항). 당사자 간의 구분지상권설정에 관한 물권적 합의와 등기에 의해서 설정된다. 지료에 관한 규정을 제외한 지상권에 관한 모든 규정이 준용되며(민법 제290조 제2항) 구분지상권에 기하여 토지에 부속된 공작물의 소유권은 구분지상권자에게 속한다(민법 제256조 단서).

2) 墳墓基地權

타인의 토지 위에 분묘(무덤)를 소유하기 위한 지상권 유사의 물권을 말하며, 타인의 소유지 내에 그 소유자의 승낙을 얻어서 분묘를 설치한 경우, 자기 소유토지에 분묘를 설치하고 이 토지를 타인에게 양도한 경우, 타인소유의 토지에 그의 승낙 없이 분묘를 설치한 자가 20년간 평온·공연하게 그 분묘의 기지를 점유함으로써 분묘기지권을 시효취득하는 경우에 성립된다. 분묘소유자는 분묘를 수호하고 봉사하는 목적을 달성하는 데 필요한 범위 내에서 타인의 토지를 사용할 수 있으며 분묘가 침해당한 때 그 침해의 배제를 청구할 수 있다.

3) 慣習法上의 法定地上權

저당권설정 당시 동일인의 소유에 속하던 토지와 그 지상건물이 경매로 인하여 각기 그 소유자가 다르게 된 때라고 하는 법정지상권의 성립요건을 살펴보는 데 있어, 잘못 이해하는 대표적인 부분은 만일 경매 당시의 소유권만을 기준으로 법정지상권 성립 여부를 판단하는 경우 큰 문제점이 발생할 수 있다. 법정지상권은 토지와 건물이 동일소유자에 속하고 있다가 소유자를 서로 달리할 때 성립 여부가 결정되는 것이기 때문에, 현재 경매 시점의 소유관계뿐 아니라 예전의 토지, 건물소유권까지 살펴야만 정확하게 성립 여부를 판단할 수 있다.

3. 地役權

(1) 意義

지역권설정 행위에서 정한 일정한 목적을 위하여 타인의 토지를 자기의 토지의 편익에 이용하는 用益物權의 일종이다(민법 제291조). 예컨대 타인의 토지를 통행하거나, 그 토지를 거쳐 물을 끌어오거나, 그 토지에 일정한 높이 이상의 건물을 건축하지 않는 등 두 개의 토지 사이의 이용을 조절하는 것을 목적으로 한다.

1) 要役地와 承役地

그 편익을 얻는 토지를 요역지라 하고, 편익을 제공하는 토지를 승역지라고 한다. 요역지는 1필의 토지여야 하며, 토지의 일부를 위한 지역권을 설정할 수는 없다. 그러나 승역지는 1필의 토지일 필요가 없다. 다시 말해 토지의 일부 위에도 지역권이 성립할 수 있다. 지역권은 두 개의 토지 사이의 이용의 조절을 목적으로 하는 것이므로, 지상권자·전세권자도 각자의 권한 내에서는 그들이 이용하는 토지를 위하여, 또는 그 토지 위에 지역권을 설정할 수 있다.

2) 性質

지역권의 성질로서는 비배타적·공용적 성격과 부종성, 불가분성을 들 수 있다.

① 非排他的·公用的 性格

지역권의 토지사용목적은 제한이 없고, 지역권에 의하여 승역지의 소유권의 용익권능이 전면적으로 배제되는 것은 아니다.

② 附從性

지역권은 토지의 편익을 위하여 존재하는 종된 권리이므로 요역지를 떠나서 독립적으로 존재할 수 없다. 따라서 요역지의 소유권이 이전되면 지역권도 당연히 함께 이전되고, 또 요역지 위에 지상권, 전세권 또는 임차권이 설정되면 이들 용익권자들은 지역권을 행사할 수 있으며, 요역지에 저당권이 설정되면 그 효력은 지역권에도 미친다(민법 제292조 제1항). 그리고 요역지와 분리하여 지역권만을 양도하거나 다른 권리의 목적으로 하지 못한다(민법 제292조 제2항).

③ 不可分性

지역권은 원칙적으로 요역지 전부의 이용을 위하여 승역지 전부를 이용하는 권리이다. 따라서 토지공유자의 1인은 그의 지분에 관하여, 그 토지를 위한 지역권 또는 그 토지가 부담하는 지역권을 소멸하게 하지 못하고(민법 제293조 제1항), 요역지 또는 승역지가 분할되거나 일부양도된 경우 지역권은 요역지의 각 부분을 위하여 또는 승역지의 각 부분에 존속한다(민법 제293조 제2항). 그러나 지역권이 그 성질상 토지의 일부분에만 관한 것인 때에는 그 일부분만을 위하여 또는 그 일부분에만 존속한다(민법 제293조 제2항 단서). 한편 공유자 1인이 지역권을 취득한 경우 다른 공유자와 함께 그 지역권을 취득하고, 취득시 효중단은 공유자 전원에 대하여 하여야 그 효력이 발생하며, 공유자의 1인에게 취득시효의 정지사유가 존재하여도 그 효력은 다른 공유자에게 미치지 아니한다(민법 제295조).

3) 相隣關係와의 比較

상린관계는 법률의 규정으로 바로 이웃하는 토지의 사용을 규율하고 있는 데 반하여, 지역권은 떨어져 있는 토지 사이에도 발생한다. 따라서 상린관계와 지역권을 비교해 보면 첫째, 상린관계는 서로 인접하는 부동산소유권의 상호 이용을 조절하는 것을 목적으로 하는 법률관계이나, 지역권은 일정한 목적을 위하여 타인의 토지를 자기 토지의 편익에 이용하는 부동산 용익물권의 일종이다. 둘째, 상린관계는 법률의 규정에 의하여 소유권이 확장 및 제한을 하나, 지역권은 당사자 사이의 설정계약에 의하여 소유권이 확장 및 제한된다. 셋째, 상린권은 독립한 물권이 아니므로 그 성립에 등기를 요하지 않으나, 지역권은 소유권과는 별개의 독립한 물권이므로 성립에 등기를 필요로 한다. 다섯째, 상린관계는 소멸시효에 걸리지 않으나, 지역권은 지역권을 행사하지 않을 경우 소멸시효에 걸린다. 여섯째, 상린관계는 부동산 및 물의 상호 이용을 조절하나, 지역권은 토지만의 이용을 조절한다.[293]

(2) 地役權의 取得

지역권설정계약과 등기에 의하여 취득되는 것이 보통이나, 遺言·相續·讓渡·取得時效에 의해서도 취득된다. 다만 지역권의 양도는 요역지의 소유권 또는 사용권의 이전에 수반하여서만 가능하다(민법 제292조 제1항). 그리고 계속되고 표현된 지역권(민법 제294조)에 한하여 부동산소유권의 점유취득시효(민법 제245조) 규정이 준용될 수 있다.

(3) 地役權의 效力

지역권자는 설정행위의 내용 또는 취득시효의 요건이 되는 점유이 내용에 의하여 정하여진 범위 내에서 지역권을 행사하여 승역지를 사용할 수 있다. 다만

---

293) 곽윤직, 앞의 책, 444쪽.

지역권의 행사는 승역지의 이익을 존중하여 지역권의 목적을 달성하는 데 필요한 한도에서 승역지 이용자에게 가장 손해가 적은 범위 내에서 그치도록 해야한다.

1) 用水地役權

승역지의 수량이 요역지 및 승역지의 수요에 부족한 때에는 그 수요한도에 의하여 먼저 家用에 공급하고 남는 것을 다른 용도에 공급하여야 한다. 승역지에 수개의 용수지역권이 설정된 때 후순위의 지역권자는 선순위 지역권자의 용수를 방해하지 못한다(민법 제297조).

2) 工作物의 使用權

승역지의 소유자는 지역권의 행사를 방해하지 않는 범위 내에서 지역권자가 지역권의 행사를 위하여 승역지에 설치한 공작물을 사용할 수 있다(민법 제300조 제1항). 그러나 이 경우 승역지의 소유자는 수익 정도의 비율로 공작물의 설치·보존의 비용을 분담해야 한다(민법 제300조 제2항). 계약에 의하여 승역지 소유자가 자기의 비용으로 지역권의 행사를 위하여 공작물의 설치 또는 수선의 의무를 부담한 때에는 승역지 소유자의 특별승계인도 그 의무를 부담한다(민법 제298조). 그러나 특별승계인에게 대항하기 위해서는 등기하여야 한다.[294]

3) 物權的 請求權

지역권자가 편익을 얻는 것이 방해되는 경우에는 방해제거청구권 또는 방해예방의 청구권이 발생한다(민법 제301조, 제214조).

4) 委棄

승역지 소유자는 지역권에 필요한 부분의 토지소유권을 지역권자에게 위기[295]하여 이 의무를 면할 수 있다(민법 제299조). 위기라 함은 토지소유권을 지역권자에게 이전한다는 일방적 의사표시를 말하며, 위기에 의하여 소유권이 지역권자에게 이전하면 지역권은 혼동에 의하여 소멸한다(민법 제191조 제2항).

---

294) 不動産登記法 제137조.
295) 위기는 승역지의 소유권을 지역권자에게 이전한다는 단독행위이다.

(4) 地役權의 消滅

지역권은 요역지 또는 承役地의 滅失, 地役權者의 抛棄, 混同, 存續期間의 滿了, 約定消滅事由의 發生, 要役地의 收用, 承役地의 時效取得에 의한 消滅, 地役權의 時效消滅(민법 제162조 제2항) 등으로 인하여 소멸한다.

(5) 特殊地役權

어느 지역의 주민이 집합체의 관계로 각자가 타인의 토지(주로 산림이나 초원)에서 초목, 야생물 및 토사의 채취, 방목 기타의 수익을 하는 권리를 말한다(민법 제302조). 이는 촌락생활에 있어서 다수의 촌락민이 공동하여 타인의 산림이나 초원을 이용하는 일이 많으므로, 여기서 발생되는 토지의 이용관계에서 이용권자를 보호하기 위해 마련된 것이다. 특수지역권에는 양도성·상속성이 없으며, 권리가 주민에게 總有的으로 귀속하므로 總有의 규정이 준용된다(민법 제278조).

4. 傳貰權

(1) 意義

전세금을 지급하고 타인의 부동산을 점유하여 그 부동산의 용도에 좇아 사용·수익하는 용익물권으로서, 전세권이 소멸하면 목적부동산으로부터 전세권자는 전세금의 우선변제를 받을 수 있다(민법 제303조 제1항). 전세제도는 목적물의 임대차와 전세금의 利子部消費貸借가 결합한 법기술로 이해될 수 있으며, 타인의 부동산을 이용할 수 있게 하는 법률적 수단으로서 사회적으로 중요한 작용을 할 뿐 아니라 부동산담보의 기능도 겸하고 있다. 그리고 전세권은 용익물권의 목적으로 설정되지만, 전세보증금의 확보를 위하여 필요한 범위 내에서 담보물권의 요소를 가진다. 다만 농경지는 전세권의 목적이 될 수 없다(민법 제303조 제2항). 전세권의 객체인 부동산은 반드시 1필의 토지 또는 1동의 건물이어야 할 필요는 없고, 1필의 토지 또는 1동의 건물의 일부라도 무방하다.

(2) 物權的 傳貰權과 債權的 傳貰權

타인의 부동산을 사용·수익하는 권리로서 전세권은 물권적 전세권과 채권적 전세권을 다음과 같이 구분할 수 있다.

첫째, 물권적 전세권은 목적부동산을 직접 지배할 수 있는 물권으로 제삼자에 대하여 대항할 수 있으나, 채권적 전세권은 목적부동산의 사용·수익을 청구할 수 있는 채권이므로 원칙적으로 대항력이 없다.

둘째, 목적물의 양도는 양수인이 전세권에 구속되나, 채권적 전세권은 양수인은 임차인에 대하여 부동산의 인도를 청구할 수 있다.

셋째, 물권적 전세권은 전세권을 양도·임대하거나 轉專貰할 수 있고 담보에 제공할 수 있으나, 채권적 전세권은 전세임대인의 동의 없이 양도·전대하지 못한다(민법 제626조).

넷째, 존속기간에 대하여 1년의 최단기간이 있고 최장기간은 更新이 인정되나, 채권적 전세권은 최장기간은 更新이 인정되나 최단기간의 보장은 없다.

다섯째, 전세금반환으로써 물권적 전세권은 경매권과 우선변제권이 있으나, 채권적 전세권은 전세금반환과 전세물반환의 同時履行이 인정될 뿐이다.

(3) 債權的 住宅傳貰

住宅賃貸借保護法의 규정들은 주거용 건물, 즉 주택의 전부 또는 일부의 전세에 준용된다. 이 법이 적용되는 채권적 전세에 있어서 전세임차인이 임차한 주택을 인도받고, 아울러 주민등록을 마친 때에는 그다음 날부터 제삼자에 대하여 對抗力을 갖게 된다.[296] 또한 전세임차인은 일정한 범위의 전세금에 관하여 다른 담보권자보다 우선변제를 받을 권리가 인정된다.[297]

(4) 傳貰金

전세권을 설정할 때 전세권자가 전세권설정자에게 교부하되 전세권의 소멸과 동시에 반환하여야 하는 금전이다(민법 제303조 제1항, 제317조, 제318조). 전

---

296) 住宅賃貸借保護法 제3조 제1항.
297) 住宅賃貸借保護法 제8조 제1항.

세권은 전세금의 지급을 요소로 한다(민법 제303조 제1항). 전세금은 등기하여야 하며,[298) 등기된 액에 한하여 제삼자에게 대항할 수 있다. 전세금이 목적부동산에 관한 조세·공과금 기타 부담의 증감이나 경제사정의 변동으로 인하여 상당하지 않게 된 때, 당사자는 장래에 대하여 그 증감을 청구할 수 있다(민법 제312조의 2). 그러나 증액의 경우에는 대통령이 정하는 기준에 따른 비율을 초과하지 못한다(민법 제312조의 2 단서).

(5) 優先辨濟權

전세권자는 부동산 전부에 대하여 후순위권리자 기타 채권자보다 전세금의 우선변제를 받을 권리가 있고(민법 제303조 제1항), 전세권설정자가 전세금의 반환을 지체한 때 전세권자는 전세목적물의 경매를 청구할 수 있다(민법 제318조).

(6) 傳貰權의 取得

전세권은 보통 부동산소유자와 전세권 취득자 사이의 설정계약과 등기에 의하여 취득되는 것이 보통이지만(민법 제186조) 그 밖에 전세권의 양도·상속에 의해서도 취득될 수 있다. 목적부동산의 인도는 전세권설정행위의 성립요건이 아니므로 목적물이 引渡 전이라 하더라도 등기가 있으면 전세권은 취득된다. 또한 부동산의 일부에도 전세권설성이 가능하다.[299)

(7) 傳貰權의 存續期間

설정행위에서 정하는 경우와 정하지 않는 경우로 다음과 같이 나누어 볼 수 있다.

1) 設定行爲에서 定하는 境遇

전세권의 존속기간은 당사자가 설정행위에 의해서 임의로 정할 수 있으나 그 기간은 10년을 넘지 못한다. 당사자 간의 약정기간이 10년을 넘는 때에는 이를

---

298) 不動産登記法 제139조 제1항.
299) 不動産登記法 제139조 제2항.

10년으로 단축한다(민법 제312조 제1항). 건물에 대한 전세권의 존속기간을 1년 미만으로 정한 때에는 이를 1년으로 한다(민법 제312조 제2항). 전세권의 설정은 경신한 날로부터 10년을 넘지 못한다(민법 제312조 제3항). 이 更新은 당사자의 합의에 의해서만 가능하지만 민법은 건물전세권자를 보호하기 위하여 전세권설정자가 전세권의 존속기간 만료 전 6개월부터 1개월까지의 사이에 경신거절의 통지를 하지 않으면 그 기간이 만료된 때에 이전의 전세권과 동일한 조건으로 다시 전세권을 설정한 것으로 본다. 이 경우 전세권의 존속기간은 정하지 않은 것으로 본다(민법 제312조 제4항). 한편 법정갱신은 법률의 규정에 의한 전세권존속기간의 변경이므로 등기 없이도 효력이 발생하고(민법 제187조), 처분할 때만 등기를 요한다.

2) 設定行爲에서 定하지 않은 境遇

각 당사자는 언제든지 상대방에 대하여 전세권의 소멸을 통고할 수 있으며, 상대방이 이 통고를 받은 날로부터 6개월이 지나면 전세권은 소멸한다(민법 제313조).

(8) 傳貰權의 效力

1) 傳貰權의 效力이 미치는 範圍

타인의 토지 위에 건물을 소유하는 자가 그 건물에 전세권을 설정한 경우 전세권의 효력은 그 건물의 소유를 목적으로 하는 지상권 또는 임차권에도 미친다(민법 제304조 제1항). 이 경우 전세권설정자는 전세권자의 동의 없이 그 지상권 또는 임차권을 소멸케 하는 행위를 하지 못한다(민법 제304조 제2항). 그러나 전세권자가 동의하면 전세권설정자는 지상권 또는 임차권을 소멸시킬 수 있다. 지상권 또는 전세권이 소멸하면 지상물을 수거하고 토지를 원상회복하여 반환(민법 제285조 제1항, 제615조)하여야 할 것이므로 건물에 대한 전세권도 당연히 소멸한다.

2) 傳貰權者의 權利·義務

전세권자는 목적부동산을 점유하여 그 부동산의 용도에 좇아 사용·수익할 권리를 가진다(민법 제303조 제1항). 그 밖에도 상린관계의 규정에 의한 권리(민법 제319조, 제216조 이하)와 점유보호청구권(민법 제204조 이하) 등의 물권적 청구권, 유익비상환청구권(민법 제310조)을 행사할 수 있다. 그 대신에 현상의 유지와 통상의 관리에 속한 수선에 대한 의무를 부담한다(민법 제309조).

3) 處分의 自由

전세권자는 전세권을 타인에게 양도하거나 담보로 제공할 수 있고, 존속기간 내에서 목적물을 타인에게 轉傳貰 또는 임대할 수 있다(민법 제306조). 그러나 설정행위로써 처분을 금지할 수 있으며(민법 제306조 단서), 이와 같은 처분금지의 설정행위는 등기함으로써 제삼자에게 대항할 수 있다.[300] 전전세의 경우 전세권자는 轉傳貰하지 않았으면 면할 수 있는 不可抗力으로 인한 손해에 대하여 그 책임을 부담하며(민법 제308조), 전전세권이 소멸하면 전전세권자는 원전세권자에게 목적부동산을 인도한다.

(9) 傳貰權의 消滅

전세권은 목적부동산의 멸실, 존속기간의 만료, 혼동, 소멸시효, 전세권에 우선하는 저당권의 실행에 의한 경매, 토지수용 등으로 소멸한다. 그 밖에 다음과 같은 원인에 의하여 소멸한다.

1) 傳貰權設定者의 消滅請求

전세권자가 용법에 따르지 않은 사용·수익을 하는 경우 전세권설정자는 전세권의 소멸을 청구할 수 있으며, 이 경우에 전세권설정자는 전세권자에 대하여 원상회복 또는 손해배상을 청구할 수 있다(민법 제311조).

2) 傳貰權의 消滅通告

전세권의 존속기간을 약정하지 않은 경우 각 당사자는 언제든지 상대방에 대하여 전세권의 소멸을 통고할 수 있는데, 이때에는 상대방이 그 통고를 받은 닐로부터 6개월이 경과하면 전세권은 소멸한다(민법 제313조).

---

300) 不動産登記法 제139조 제1항.

3) 目的不動産의 滅失

목적부동산이 전부 멸실한 경우 전세권은 당연히 소멸된다. 일부 멸실의 경우 잔존부분으로 전세권의 목적을 달성할 수 있으면 전세권은 잔존부분에 존속하고, 이 경우 멸실부분에 해당하는 만큼의 전세금은 감액된다. 반면 잔존부분으로 전세권의 목적을 달성할 수 없으면 전세권자는 설정자에 대하여 전세권전부의 소멸을 통고하고 전세금의 반환을 청구할 수 있다(민법 제314조 제2항). 만약 전세권자가 멸실에 대하여 책임이 있으면 전세금은 손해배상에 충당된다(민법 제315조).

4) 傳貰權의 拋棄

존속기간을 약정하고 있더라도 전세권자는 자유로이 그의 전세권을 포기할 수 있으나 전세권이 제삼자의 권리의 목적인 때에는 포기할 수 없다(민법 제317조 제2항).

5) 約定消滅事由

전세권의 소멸사유를 약정할 수 있으며, 약정한 소멸사유가 발생하면 전세권은 소멸한다. 하지만 이때에도 등기하여야 소멸의 효력이 생긴다.

6) 傳貰權消滅의 效果

전세권이 소멸된 때 전세권설정자는 전세권자로부터 그 목적물의 인도 및 전세권설정등기의 말소등기에 필요한 서류의 교부를 받는 동시에 전세금을 반환하여야 한다(민법 제317조). 한편 전세권자는 대항력이 없는 일반채권자에 언제나 우선해서 변제권을 가지며(민법 제303조 제1항), 전세권설정자가 전세금의 반환을 지체한 때에는 전세권자는 민사집행법의 정한 바에 의하여 전세권의 목적물의 경매를 청구할 수 있다(민법 제318조). 전세권설정자가 破産하면 別除權도 갖는다.[301] 그 밖에 전세권자는 그 목적물을 원상에 회복하여야 하고, 그 목적물에 부속시킨 물건을 수거할 수 있다(민법 제316조 제1항). 그러나 전세권설정자가 그 부속물건의 매수를 청구한 때에는 정당한 이유 없이 이를 거절하지

---

301) 破産法 제84조.

못한다(민법 제316조 제1항 단서). 반면 부속물이 전세권설정자의 동의를 얻어 부속시킨 것이거나 전세권설정자로부터 매수한 것인 때에는 전세권자가 전세권설정자에 대하여 부속물의 매수를 청구할 수 있다(민법 제316조 제2항).

第4節 擔保物權

1. 總說

(1) 擔保制度

특정한 채권에 관해서 그 만족을 확실하게 하기 위해 등장·발달한 제도이다. 채권자평등의 원칙에 구애됨이 없이 채무자의 일반재산 이상의 것을 담보로 잡기 위한 것으로 인적담보와 물적담보가 있다. 인적담보는 다른 제삼자의 재산을 책임재산에 추가하는 것이고, 물적담보는 책임재산을 이루고 있는 재화 중의 어느 특정의 재화를 가지고 담보에 충당하는 것이다.

(2) 擔保物權의 本質과 特性

1) 價値權性
담보물권은 목적물의 이용을 목적으로 하지 않고 그가 가지는 교환가치의 취득을 목적으로 하는 권리라는 점에서, 목적물을 직접 사용·수익하여 그 사용가치를 지배하는 이용권인 용익물권과 다르다.

2) 附從性
담보물권은 被擔保債權의 존재를 전제로 하여서만 존재할 수 있다. 즉 채권이 소멸하면 담보물권도 소멸한다. 다만 성립에 있어서는 질권·저당권의 경우를 보면 알 수 있듯이 채권이 현존하시 않더라도 장래에 성립하게 될 경우에는 그러한 장래의 채권을 담보하기 위하여 담보물권의 설정이 인정된다(민법 제357조). 반면 유치권은 특정의 채권이 존재하는 경우에 이 채권을 보호하기 위하여 일정한 요건하에서 법률상 당연히 성립되는 담보물권이므로 부종성은 엄격하게 적용된다.

3) 隨伴性

피담보채권이 그 동일성을 유지하면서 상속·양도 기타의 이유로 이전하게 되면 담보물권도 역시 그에 따라서 이전하고, 피담보채권 위에 다른 담보물권이 설정되면 역시 그 담보물권에 복종하게 된다(민법 제361조).

4) 物上代位性

담보물권의 목적물이 멸실·훼손·공용징수됨으로써 그 목적물에 갈음하는 금전 기타의 물건으로 변하여 목적물 소유자에게 귀속하게 된 경우에, 담보물권은 그 목적물에 갈음하는 금전 기타의 물건에 대해서도 역시 존속하게 된다(민법 제342조, 제370조). 이러한 성질은 우선변제적 효력이 있는 담보물권에 대해서만 인정되므로 유치권에는 적용되지 않는다.

5) 不可分性

담보물권자는 피담보채권의 전부의 변제를 받을 때까지 목적물의 전부 위에 효력을 미친다(민법 제321조, 제347조, 제370조). 즉 피담보채권의 일부가 辨濟·相計·混同·更改·免除의 사유로 소멸하더라도 잔액이 있는 한, 담보물의 전부에 담보물권의 효력이 미친다.

(3) 擔保物權의 效力

1) 優先辨濟的 效力

채권의 변제를 받지 못한 때에 채권자가 목적물을 換價해서 다른 채권자보다 우선하여 변제받을 수 있는 효력이다. 질권·저당권에만 인정된다.

2) 留置的 效力

채권담보를 위해서 목적물을 유치하여 채무변제를 간접적으로 재촉하는 효력이다. 유치권·질권에 인정되지만, 저당권과 같이 목적물의 점유를 요소로 하지 않는 담보물권에서는 문제되지 않는다.

3) 收益的 效力

채권자가 목적물로부터의 수익으로 변제에 충당하는 것이다. 현행민법은 유치권·질권·저당권 모두에 대해 수익적 효력을 인정하지 않는다. 다만 전세권의 경우 담보물권의 성질을 갖고 있음에도 불구하고 용익물권의 성질이 더 강하기 때문에 실질에 있어서 수익적 효력이 인정된다.

(4) 擔保物權의 順位

동일물 위에 두 개 이상의 담보물권이 존재하는 경우에는 담보물권 간에 순위가 주어진다. 선순위의 담보물권이 소멸하면 후순위의 담보물권의 순위는 순위승진의 원칙에 따라 그만큼 올라가게 된다.

2. 留置權

(1) 意義

타인의 물건 또는 유가증권을 점유한 자가 그 물건이나 유가증권에 관하여 생긴 채권을 가지는 경우에, 그 채권의 변제를 받을 때까지 그 물건 또는 유가증권을 점유함으로써, 채무자의 변제를 간접적으로 강제하는 담보물권이다(민법 제320조). 그 예로서는 타인의 물건을 수선한 자가 수선비의 지급을 받을 때까지 그 물건을 유치하거나, 임차인이 임차물에 가한 필요비의 상환을 받을 때까지 그 임차물을 유치하거나, 유가증권의 수치인이 그 임치에 대한 보수를 받을 때까지 임치물인 유가증권을 유치하는 것을 들 수 있다. 이와 같이 수선을 부탁한 자나 임대인은 그 수선비·필요비 등을 지급하지 않고서는 그 물건을 찾아올 수 없으므로, 심리적 압박을 받게 되어 채무를 변제하게 되고 이렇게 함으로써 그 물건 등이 점유자의 채권은 담보되는 것이다.

따라서 이러한 유치권은 법률상 당연히 주어지는 것으로 경매 등에 주요 문제로 다루고 있기에 이론은 물론 실무와 사례를 위주로 살펴보고자 한다.

(2) 認定理由

타인의 물건이나 유가증권을 점유하는 자가 그 물건이나 유가증권에 관한 채권을 가지는 경우에 그 채권의 변제를 받기 전에 그 점유자가 먼저 그 물건이나 유가증권을 인도하여야 한다면 채권의 추심이 매우 어렵게 된다. 이러한 부당한 결과를 방지하기 위하여 그 채권의 변제를 받을 때까지 그 물건이나 유가증권의 반환을 거절할 수 있게 함으로써 다른 채권자보다 사실상 우선변제를 받게 하는 것이다.

(3) 同時履行의 抗辯權과의 比較

동시이행의 항변권은 채권이기 때문에 채권관계의 당사자에 대하여 상대적 효력을 가질 뿐이지만, 유치권은 물권이기 때문에 절대적·배타적 효력이 있다. 그 밖에 유치권은 불가분성이 있으므로 유치권자는 채권의 전부를 변제받을 때까지 유치물의 전부에 대해서 권리를 행사할 수 있고(민법 제321조), 유치권은 순수한 담보권이기 때문에 상당한 담보를 제공하고 그 소멸을 청구할 수 있다(민법 제327조).[302]

(4) 商事留置權과의 比較

상인 간의 상행위로 인한 채권이 변제기에 있는 때에 채권자는 채권의 변제를 받을 때까지 그 채무자에 대한 상행위로 인하여 자기가 점유하고 있는 채무자 소유의 물건·유가증권을 유치할 수 있다.[303] 민법에 있어서와 같은 엄격한 牽聯性을 요건으로 하지 않고 다만 채권의 성립과 물건의 점유취득이 당사자 쌍방 간의 상행위로부터 생긴 것이면 그것으로 충분하다.

---

302) 김형배, 『물권법(민법강의Ⅱ)』, 박영사, 1996, 515쪽.
303) 商法 제58조.

(5) 留置權의 成立

1) 目的物

물건, 즉 동산·부동산과 유가증권이다. 부동산유치권의 경우에는 등기를 필요로 하지 않고, 유가증권에 대한 유치권의 경우에는 배서를 필요로 하지 않는다. 법률의 규정에 의한 물권변동이기 때문이다.

2) 債權과 目的物과의 牽聯關係

채권이 유치권의 목적물에 관하여 생긴 것이어야 한다(민법 제320조 제1항). 예를 들면 목적물에 지출한 비용상환청구권(민법 제203조), 목적물로부터 받은 손해배상청구권(민법 제759조), 매매계약의 취소라는 동일한 법률관계로부터 발생한 대금반환청구권과 목적물반환의무 등에 대해서는 견련성이 인정된다. 통설과 판례는 또한 목적물을 점유하기 전에 그 목적물에 관련되는 채권이 발생하였고, 그 후 어떤 사정으로 그 목적물의 점유를 취득한 경우에도 유치권은 성립한다고 한다.

3) 債權의 辨濟期到來

채권이 변제기에 도달하기 전에 유치권은 성립하지 않는다(민법 제320조 제1항). 따리시 채무자가 법원으로부터 기한을 허여받은 경우에 채권자는 유치권을 잃게 된나.

4) 占有의 繼續

점유는 계속되어야 한다. 유치권자가 목적물의 점유를 잃으면 유치권은 당연히 소멸한다(민법 제328조). 이러한 점유에는 공동점유와 간접점유도 포함되지만, 채권자가 채무자의 직접점유에 의해서 간접점유하는 경우는 포함되지 않는다.

5) 適法한 占有

점유는 불법행위로 인하여 취득한 것이 아니어야 한다(민법 제320조 제2항). 또한 처음에는 權原에 의하여 점유를 개시하였다 하더라도 후에 權原이 소멸한 경우에는 유치권의 성립이 인정되지 않는다. 예를 들어 건물임차인이 임대차계약의 해제·해지 후에도 계속 건물을 점유하고 그 기간 동안에 필요비나 유익비를 지출하더라도 그 상환청구권에 관해서는 유치권이 성립되지 않는다. 점유는 善意·平穩·公然·適法이 추정(민법 제197조, 제200조)되므로 점유가 불법행위에 의해서 시작되었다는 것은 목적물의 반환을 청구하는 자가 주장·입증하여야 한다.

6) 他人의 所有

타인의 범위에 관하여 통설과 판례는 채무자뿐 아니라 제삼자도 포함된다고 한다.

7) 留置權發生禁止特約의 不存在

당사자 간에 유치권의 발생을 배제하는 특약이 있는 경우에 그 특약은 유효하다. 따라서 유치권이 성립하려면 이러한 특약이 없어야 한다.

(6) 留置權의 效力

1) 留置權者의 留置權

유치권자는 그의 채권의 변제를 받을 때까지 목적물을 유치할 수 있다(민법 제320조 제1항). 유치한다는 것은 목적물의 점유를 계속함으로써 그 인도를 거절하는 것을 뜻한다. 따라서 유치권자는 목적물에 대한 경매가 있을 경우에 경락인에 대해서도 대항할 수 있고, 집행관에 대해서도 목적물의 引渡를 거절할 수 있다.[304] 다만 판례는 목적물인도청구의 소송에 대해서 소송경제의 관점에서 유치권자가 채무의 변제와 상환으로 물건을 引渡해야 한다고 한다.

2) 留置權者의 競賣權

유치권자는 채권의 변제를 받기 위해서 유치물을 경매할 수 있다(민법 제322조 1제항).[305] 목적물의 가치가 작아서 경매에 부치는 것이 부적당한 경우에는 鑑定人의 평가에 의할 수도 있지만 미리 채무자에게 통지하여야 한다(민법 제322조 제2항). 경매나 簡易辨濟充當을 하고 난 후 채권액을 초과하는 차액은 당연히 채무자에게 반환해야 한다.

---

304) 民事訴訟法 제528조.
305) 民事訴訟法 제600조.

(7) 留置權行使에 있어 不法行爲 및 法律的 問題

1) 留置權行使에 있어 不法行爲

특히 경·공매과정에서 불법적인 허위 유치권행사는 첫째, 입찰하는 사람으로 하여금 유치권에 대한 부담을 느끼게 하고, 둘째, 결국 流札로 거듭하게 하여, 셋째, 허위로 유치권을 행사하는 측과 밀접한 관련이 있는 이해관계인 측에서 저렴하게 해당 물건을 낙찰받고자 하는 것이 주요 목적이라 할 수 있다.[306]

그러나 유치권이 성립될 수 없는 경우가 명백함에도 불구하고 허위로 유치권을 행사하는 것은 형법상 경매방해죄로 범죄행위가 될 수도 있다. 우선 형법상 경매, 입찰의 妨害罪에 해당할 가능성이 크다. 刑法 제315조는 "위계 또는 위력 기타 방법으로 경매 또는 입찰의 공정을 해한 자는 2년 이하의 징역 또는 700만 원 이하의 벌금에 처한다."고 규정하고 있으며, 刑法 제314조는 "제313조의 방법 또는 위력으로써 사람의 업무를 방해한 자는 5년 이하의 징역 또는 1천500만 원 이하의 벌금에 처한다."고 규정하고 있어 허위 유치권행사는 이에 해당할 가능성이 크다. 이 규정에서 정하는 '경매와 입찰의 공정을 해하는 행위'라는 것은, 공정한 자유경쟁을 방해하는 상태를 발생시키는 것, 즉 공정한 자유경쟁을 통한 적정한 가격형성에 부당한 영향을 주는 상태를 발생시키는 것인데, 허위 유치권행사는 바로 이에 해당할 수 있다.

한편, 유치권행사 요건이 되지 않는다는 것이 명백함에도 불구하고 허위로

---

306) 주로 법원에 허위 工事都給契約書를 제출하거나, 해당 입찰 부동산에 '유치권행사 중'이라는 취지의 현수막을 거는 방식으로 이루어지는데, 유찰횟수가 많은 물건들은 상당수가 유치권주장이 되어 있을 정도로 허위유치권행사가 사회적으로 만연되어 있다. 이처럼 競·公賣에서 허위 유치권행사가 만연된 것은, ① 일반 부동산거래처럼 해당 물건을 정확하게 확인하지 못하고 겉으로 나타난 外觀이나 법원에서 실시한 감정이나 현황조사 정도에 의존할 수밖에 없는 競·公賣의 특성상, 자세한 내막을 잘 알지 못하는 入札參加者들로서는 유치권의 근거가 되는 행위가 실제로 이루어졌는지를 입찰 전에 정확하게 알기 어렵고, ② 유치권을 주장하는 근거가 주로 공사 시공과 관련된 것이어서 대개 수천만 원 이상을 넘는 고액이기 때문에 入札參與에 큰 부담으로 작용할 수밖에 없어 그 결과 정상적인 낙찰가격 이하로 낙찰되는 것이 일반적이고 이 과정에서 허위 유치권행사를 주도하는 측이 헐값에 물건을 취득할 수 있는 좋은 기회가 되기 때문이다. 만약 이들이 물건을 낙찰받게 되면 이해관계가 있는 채권자들이 따로 이의를 제기하지 않는 한 유치권행사의 적법 여부가 밝혀질 기회조차 생기지 않을 수 있고, 그렇지 않고 이들이 낙찰받지 못하고 다른 사람들이 낙찰받게 되더라도 告訴와 같은 刑事的인 방법이 아니라 부동산을 비워 달라는 인도소송과 같은 民事裁判의 형식으로 유치권을 주장하는 측과 분쟁이 발생하는 것이 일반적이다 보니 실체진실규명에 한계가 있을 수밖에 없는 民事裁判의 특성상 적당한 선에서 합의하는 식으로 사건이 종결되는 경우가 많다. 결국, 이런 식의 결론으로 마무리되는 것이 보편화되다 보니 비록 허위이더라도 일단 유치권행사를 하는 것이 '밑져봐야 본전'이라는 옳지 못한 관념이 완전히 우리 관념 속에 자리잡힌 것이다. 이런 사고가 워낙 만연되다 보니 심지어는 이런 행위가 형사처벌될 수 있다는 생각도 없이 아무런 죄의식 없이 이익을 얻을 목적으로 허위 유치권행사를 쉽게 권유하고 있는 실정이다.

유치권행사를 하여 낙찰가격하락에 부당한 영향을 미치기 위해 법원에 유치권 신고서 등을 제출하는 것은, 채무자에 대한 관계에서 형법상 詐欺罪에 해당될 소지도 있다. 명백히 유치권대상이 아님에도 불구하고 유치권이 있는 것처럼 적극적으로 가장하게 되면 경매목적물이 부당하게 저렴한 가격에 처분될 수 있고 결국 그로 인해 채무자에게 손해가 돌아온다는 점에서 소송사기와 비슷한 법률관계가 될 수 있기 때문이다. 그 밖에도 부당한 허위 유치권행사로 인해 적정가격 이하로 낙찰이 이루어짐으로써 채권자나 채무자 등에게 손해가 발생할 경우 민사적인 배상책임까지 따를 수도 있다. 이런 점에서 단순히 법리적인 오해가 아니라 적극적으로 사실관계를 조작하는 등의 방법으로 유치권주장을 하는 것은 민형사상으로 큰 문제될 수 있다는 점에서 허위 유치권행사는 크게 자제될 필요가 있다. 아울러, 최근 법원의 전체적인 분위기 역시 허위 유치권행사가 사회적으로 만연되고 있다는 인식하에 유치권성립의 진정성 문제에 대해 보다 엄격하게 판단[307]하려고 하고 있고, 또 법리적으로도 유치권행사 범위를 제한하려고 하는 등 마치 무소불위의 권리로 통용되는 듯한 유치권행사에 점차 제동을 걸고 있는데, 사회정의를 구현한다는 차원에서는 물론이고 스스로의 권리보호 차원에서라도 허위유치권행사 문제에 대해서는 사회적으로나 이해관계인 모두가 지금보다 훨씬 적극적이고 엄정하게 대처해야 할 필요가 한다고 본다.

---

307) 大判 2008.2.1, 2007도6062호 판결은, 건물에 관한 미지급 공사대금 5,500만 원의 채권을 보유하고 있던 중 이를 당초 약정에 따라 이 사건 건물 중 2층에 관한 임대차보증금 채권으로 이미 갈음하였음에도, 허위의 유치권을 신고하려는 피고인의 요청으로 공사도급계약서에 추가 기재를 하고 추가공사 확인서 등을 조작한 사례에서, 허위의 채권을 가장하여 유치권 신고를 함으로써 위계의 방법으로 경매의 공정을 해하였다는 이유로 競賣妨害罪의 유죄를 인정하고 있다. 大判 2007.4.12, 2007도654 판결은, 건물에 관한 채권을 가지고 있었다고 하더라도 유치권을 취득하기 위하여 정당한 법적 절차가 아닌 불법적인 방법으로 건물을 점거하는 것까지 허용될 수는 없다고 하여 주거침입죄로 의율하면서, 아울러, 유치권을 이유로 한 피고인의 형법상 정당행위 주장을 배척하였다. 大判 2004.8.30. 2004도46 판결은, 피해자로부터 수급한 건물신축공사의 추가공사대금 16억 원을 지급받지 못하였다는 이유로, 신축건물 1층의 일부 출입문들을 쇠사슬로 채워 피해자가 보낸 작업 인부들이 출입하지 못하게 함으로써 위력으로 피해자의 내장공사를 방해하고, 그 외에도 7∼8명의 부하 직원들을 동원하여 총 7회에 걸쳐 위력으로 피해자의 내장공사나 하자보수공사를 방해한 행위에 대하여 형법상 業務妨害罪에 해당한다고 판단하였다. 위에서 본 바와 같이, 부정한 유치권행사에 대해서는 형사적인 처벌까지 될 수 있다는 점에서, 특히 관행적으로 자행되고 있는 허위유치권 신고를 통해 낙찰가를 하락하게 하는 불순한 행위에 대해서는 적극적인 대응이 필요할 것으로 보인다. 利害關係者라고 할 수 있는 채권자나 낙찰자로서는 예전처럼 수수방관이나 타협하려고만 할 것이 아니라, 留置權 不存在確認, 明渡訴訟과 같은 적극적인 민사적인 조치, 나아가서는 유치권을 빙자한 악의적인 행위에 대한 형사고발을 활용할 필요가 있다. 현실적으로 볼 때 허위유치권신고가 만연되어 있다는 점에서, 이러한 적극적인 대처는 대응하는 사람에게 경제적인 보탬이 될 가능성이 클 뿐 아니라, 사회적으로도 혼탁한 우리 競·公賣 질서를 바로잡을 수 있는 좋은 계기가 될 수 있다고 본다.

2) 留置權申告된 不動産을 競賣取得할 때 유의할 점

위에서 살펴본 바와 같이 특히 부동산경매에서 허위의 유치권신고가 워낙 많다 보니 경매부동산에 거액의 유치권이 신고되었음에도 불구하고 유치권에 대한 자세한 조사나 검토 없이 안일한 생각으로 부동산을 낙찰받는 경우가 적지 않으나 이는 매우 위험한 자세가 아닐 수 없다. 유치권으로 신고된 채권이 진실한 것이고 또 경매부동산과의 牽蓮性[308]이 인정되면, 그 유치권자는 채권에 대한 변제를 받을 때까지 해당 부동산 전부를 점유할 수 있다는 점에서 유치권의 효력은 실로 막대하다. 따라서 유치권이 해결되지 않고서는 낙찰받은 부동산권리 전부에 대하여 사실상 재산권행사를 하지 못할 가능성 때문에 신고된 금액의 거의 전부를 지급해야 하는 처지가 되는 경우도 적지 않다. 허위 유치권신고사실을 밝혀낼 수 있을 것이라고 막연하게 기대하지만 설사 채권이 허위라고 하더라도 유치권을 주장하는 사람이 채무자와 결탁하여 증거를 조작한다면 채권이 허위라는 점을 입증하기가 용이하지 않을 수도 있다. 虛僞債權이라

---

308) 경매부동산에 대한 유치권 성립 여부를 고려할 때, 가장 판단이 어려운 분야가 바로 점유하는 물건과 채권과의 牽蓮性이라고 할 수 있다. 견련성과 관련해서 민법 제320조 제1항은 "타인의 물건 또는 유가증권을 점유한 자는 그 물건이나 유가증권에 관하여 생긴 채권이 변제기에 있는 경우에는 변제를 받을 때까지 그 물건 또는 유가증권을 유치할 권리가 있다."고 규정하고 있다. 법원은 물건에 관하여 생긴 채권이라는 법조문 그대로를 공평의 원칙 등에 입각하여 판단하고 있다. 예를 들어서 창고를 리모델링하는 공사를 하고 돈을 받지 못한 갑이 공사한 창고를 점유하던 도중, 창고부지인 토지가 乙에게 낙찰되어 乙로부터 창고를 비워 달라는 요구를 받은 경우에, 甲은 유치권을 이유로 乙의 요구를 거절할 수 있는 권리가 있는시가 문제이나 결론은 "乙에 대하여 유치권을 주장할 수 없다."라고 할 수 있다. 乙이 낙찰받은 물건은 토지이고 乙로부터 토지에서 비켜 달라는 요구를 받은 데 대해 토지에서 비켜날 수 없다는 주장을 갑이 할 수 있느냐 하는 것이 이 사건의 쟁점인 상황이기 때문에, 과연 甲이 주장하는 돈 받을 채권이 점유하는 토지에 관하여 생긴 채권인지를 살펴뵈아 하는데, 창고의 수리대금은 창고에 관하여 생긴 채권일 수는 있어도, 을이 낙찰받은 토지에 관하여 생긴 채권은 아니기 때문이다. 유사 사안의 판례 역시, 건물점유자가 건물에 관한 유치권이 있다고 하더라도 그 건물의 존재와 점유가 토지소유자에게 불법행위가 되고 있다면 그 유치권으로 토지소유자에게 대항할 수 없다고 할 것이므로, 피고가 이 사건 점포 및 창고에 관한 보수공사로 인한 공사대금채권에 관하여 위 점포 및 창고에 관한 유치권을 가지고 있다고 하더라도, 위 점포와 창고의 존재와 점유가 토지소유자인 원고에게 불법행위가 되고 있는 이 사건에 있어서는 피고 회사에 대한 유치권으로 원고에게 대항할 수 없다고 판시하였다(大判 2005.7.14, 2005다12773(본소), 2005다 12780(반소)). 만약 위 사례에서 乙이 토지를 낙찰받은 사람이 아니라 창고를 낙찰받은 사람에 불과하다면, 甲으로서는 창고에 관하여 발생한 채권을 근거로 창고에 대해 유치권을 주장할 수 있을 것이다. 부동산경매와 관련한 유치권의 대부분은 공사대금채권을 받지 못했다는 것이 대부분이라고 할 수 있는데, 경매속성상 낙찰자로서는 유치권을 주장하는 사람이 도대체 어떤 채권을 얼마나 가지는지에 대하여 자세히 알지 못하고, 더구나 채무자라고 하는 사람이 대부분 부도라는 窮迫한 처지에 있어 유치권자라는 사람과 통모하여 허위채권채무를 주장할 가능성도 높아서, 유치권이 주장되면 일단 낙찰을 꺼리는 경우가 많다. 하지만 유치권의 견련성이라는 면에서 볼 때 유치권 주장이, 주장 그 자체로서 유치권과 거리가 먼 경우도 적지 않다. 위 사례뿐 아니라 공사대금이 아니라 돈을 빌려 주었다고 하면서 유치권을 주장하는 경우가 대표적이다. 그 밖에도 임차인이 영업을 하면서 들인 시설비를 이유로 유치권을 주장하면서도 법원에 제출한 임대차계약서 그 자체에 필요비, 유익비 포기조항이 들어가 있는 경우와 같이, 아예 채권 자체가 존재하지 않는 경우도 있다.

는 주장과 함께 낙찰자 측에서 자주 나오는 주장이 민법 제324조의 규정에 따라 "선량한 관리자의 주의를 다하지 못했거나, 채무자의 승낙 없이 유치권자가 유치물의 사용, 대여 또는 담보제공을 했기 때문에 유치권이 소멸했다."거나, 또는 민법 제328조 "점유를 상실해서 유치권이 소멸했다."는 것인데 하지만 이 주장 역시 입증이 만만치 않다. 이와 같은 유치권 소멸에 관한 주장은 소멸을 주장하는 낙찰자에게 입증책임이 있어 입증의 부담이 있을 수밖에 없는데다가 법원 역시 채권자에게 받을 채권이 있다는 점이 분명하다면 공평의 이념에 입각해서 채권의 변제를 받게 하기 위해 유치권의 소멸을 쉽게 인정해 주지 않으려는 경향이 있기 때문에 몇 가지 판결을 살펴보면 다음과 같다. "건물의 신축공사를 한 수급인이 그 건물을 점유하고 있고 또 그 건물에 관하여 생긴 공사금 채권이 있다면, 수급인은 그 채권을 변제받을 때까지 건물을 유치할 권리가 있는데, 이러한 유치권은 수급인이 점유를 상실하거나 피담보채무가 변제되는 등 특단의 사정이 없는 한 소멸되지 않는다."[309]고 판시하여 유치권 소멸하는 판단에 신중을 기하고 있다. 이러한 전제하에 이 판결은 공사대금을 받기 위해 건물완공 후에 도급인이 수급인에게 공사한 건물에 대한 처분권을 위임하여 그 분양대금에서 공사대금 등 건축과 관련한 일체의 비용을 지급받을 수 있는 권한을 부여하였기 때문에 수급인이 이 건물 등을 매각처분하여 그 대금으로 공사대금을 지급받을 수 있게 되었다고 하더라도 그러한 약정만으로 피담보채권인 공사대금이 변제된 것이라고 볼 수는 없다고 하여 유치권이 소멸되었다는 주장을 배척하였다.

그리고 受給人이 都給人에게 이 사건 건물을 引渡함으로써 이 사건 건물에 관한 유치권을 포기하였거나 수급인의 점유상실로써 이 사건 건물에 관한 유치권이 소멸되었다는 낙찰자의 주장에 대하여, "공사완공 직전에 도급인과 수급인 사이에 공사대금의 지급을 1년 이상 지체할 경우 이 사건 토지 및 건물에 관하여 수급인에게 소유권을 이전하기로 하는 내용의 약정을 하였고, 그 후 수급인이 공사를 완공한 후 이 사건 건물을 도급인에게 인도하였지만, 위 약정은 수급인의 공사대금 채권의 확보수단으로 체결된 것으로서 그 후 수급인이 도급인에게 이 사건 건물을 인도하였다는 사정만으로 수급인이 이 사건 건물에 관

---

309) 大判 1995.9.15, 95다16202, 95다16219.

한 유치권을 포기하였다거나 그에 기초한 권리행사를 하지 아니하기로 약정하였다고 볼 수 없다."고 하고, 또 "유치권자가 물건에 대한 점유를 일시 상실하였다가 후에 다시 같은 물건을 점유하게 된 경우에는 점유 상실 당시 유치권을 포기하는 등 특별한 사정이 없는 한 그 채권을 위하여 유치권을 취득한다."[310]는 취지로 판시하였으며, "오피스텔건물을 신축하고 공사대금을 받지 못한 공사업자가 도급인으로부터 오피스텔 미분양분에 대한 점유를 이전받아 점유·관리하고 있는 상황에서, 해당 오피스텔 미분양을 낙찰받은 사람이 경매법원의 부동산인도명령에 따라 해당 오피스텔 건물 자치회 관리사무소 직원으로부터 건물 3층 비상계단으로 통하는 출입문의 열쇠와 오피스텔 해당 호실의 열쇄를 입수하였다고 하더라도, 이러한 사정만으로는 낙찰자가 이 사건 건물 부분에 대한 점유를 취득하였다거나 유치권을 행사하는 공사업자가 그 점유를 상실하였다고 볼 수는 없다."[311]고 판단하였다. 결국 이러한 점에서 유치권이 주장된 경매부동산을 낙찰받음에 있어서는 더욱 신중을 기할 필요가 있다.

3) 競落받은 土地 地上에 建物公私 債權者들이 土地에 대해 留置權을 主張하는 경우의 法律問題

유치권은 물건에 관하여 생긴 채권일 때 성립(민법 제320조 제1항)이 가능한데, 토지에 관해 유치권을 행사하기 위해서는 토지에 관하여 생긴 채권이어야 한다. 토지에 관한 채권으로 가장 전형적인 것은 토지의 정지작업을 위한 공사대금이라고 할 수 있다. 이런 채권은 토지에 관해 생긴 채권이 분명하다는 점에서 이 토지를 낙찰받은 사람은 이런 공사업자의 유치권주장을 피할 수 없게 된다. 하지만 건물공사의 건축업자가 토지를 낙찰받은 사람에게 토지에 대한 유치권을 주장할 수는 있을까? 판단하기가 쉽지 않은 문제이다. 건물을 짓다가 받지 못한 대금은 건물에 관하여 생긴 채권은 될 수 있을지언정, 토지에 관하여 생긴 채권은 아니라고 쉽게 생각할 수도 있겠지만, 건물을 짓기 위해서는 땅을 굴착하고 정지작업을 하는 토목공사를 거칠 수 있다는 점에서, 토지에 관한 채권이 아니라고 선뜻 단정하기도 어렵기 때문이다.[312] 한편, 아파트를 짓기

---

310) 大判 2005.1.13, 2004다50853.

311) 大判 2002.11.26, 2002다32721.

312) 이와 관련한 판례를 살펴보면 다음과 같다. "건물점유자가 건물에 관한 유치권이 있다고 하더라도 그 건물

위한 기초파일공사를 아파트부지에 관한 공사로 볼 가능성이 크다는 점에서, 그 공사대금채권을 토지에 관하여 발생한 채권으로서 토지에 대한 유치권이 인정된다는 판결도 있다.[313] 이 판결의 1, 2심 모두 기초파일공사는 토지에 관한 공사가 아니라 단지 토지 위에 신축하려고 하였던 임대아파트와 관련하여 생긴 것이라고 하여 견련성을 부정하였는데, 대법원은 판단을 달리한 것이다. 판결이유는 다음과 같다. 이 사건 각 토지는 공부상 지목이 과수원, 전, 하천으로 구성된 일단의 토지로서 그 지목이 잡다하고, 장차 지목을 대지로 변경하더라도 지반침하 등으로 인한 건물붕괴를 막기 위한 지반보강공사 없이는 그 지상에 아파트 등 건물을 건축하기에 부적합하였던 사실, 이와 같은 이유로 이 사건 각 토지의 소유자이던 甲건설은 그 지상에 임대아파트 신축사업을 시행하기에 앞서 피고와 사이에 임대아파트 신축공사 중 토목공사도급계약을 체결하였는데, 그 공사내용은 위 각 토지를 아파트 3개 동이 들어설 단지로 조성하되, 장차 지반침하로 인한 건물 붕괴를 막기 위하여 그 자리에 콘크리트 기초파일을 시공하는 것으로 되어 있는 사실, 이에 따라 피고는 이 사건 각 토지에 기초파일공사를 진행하여 완공단계에 이른 사실, 현재 이 사건 각 토지는 장차 아파트 3개 동이 들어설 부지 조성을 위하여 그 지하에 약 1,283개의 콘크리트 기초파일이 杭打하여 삽입되어 있는 사실을 인정하면서, 이 사건 토목공사는 공부상 지목이 과수원, 전, 하천으로 잡다하게 구성된 이 사건 각 토지를 대지화시켜 아파트 3개 동이 들어설 단지로 조성하기 위한 콘크리트 기초파일공사로 볼 여지가 있고, 이러한 경우에는 이 사건 토목공사를 위 각 토지에 관한 공사로 볼 수 있으므로 그 공사대금채권은 위 각 토지에 관하여 발생한 채권으로서 위 각 토지와의 견련성이 인정된다고 판단한 것이다.

이 사건은 유치권자가 주장하는 채권이 아파트 건축공사와 관련되어 있기는 하지만 공사계약 자체가 토지의 토목공사에 국한되었다는 점에서, 토지에 관하여 생긴 채권으로 인정받기 용이하였을 것으로 짐작된다. 하지만 토지에 관한

의 존재와 점유가 토지소유자에게 불법행위가 되고 있다면 그 유치권으로 토지소유자에게 대항할 수 없다." (大判 1989.2.14, 87다카3073) "점포 및 창고에 관한 보수공사로 인한 공사대금채권으로 점포 및 창고 소유자에게 점포 및 창고에 관한 유치권을 가질 수는 있어도, 점포와 창고의 존재와 점유가 토지소유자인 원고에게 불법행위가 된다면 토지를 낙찰받은 사람에 대해서는 유치권으로 대항할 수 없다."(大判 2005.7.14, 2005다12773)

313) 大判 2007.11.29, 2007다60530.

토목공사와 골조공사, 내장공사 등이 복합된 공사대금채권에 기한 토지에 대한 유치권문제에 대해서는 토지에 관하여 생긴 채권으로 인정될 수 있을지, 인정될 수 있다면 그 범위는 전액인지 아니면 토지에 관한 토목공사에 국한될 수 있을지는 선례가 없어 결론을 단정하기는 쉽지 않다. 위 판결과 공평의 원칙에서 볼 때, 토지에 관한 토목공사와 관련된 채권의 범위에서는 토지에 대한 유치권이 인정될 소지가 있을 것으로 생각해 본다.

4) 不動産競賣開始決定의 記入登記가 되어 押留의 效力이 發生한 後에 留置權 取得者가 落札者에 대해서도 留置權으로 對抗할 수 있는지에 관한 法律問題

민법 제320조 제1항의 규정에 따라 물건에 관하여 생긴 채권이면 유치권이 성립될 수 있는데, 예를 들어 경매개시결정이 되고 기입등기까지 된 상태에서 건축공사를 시작한 후 해당 건물을 점유하면서 유치권을 주장하는 경우에는 民事執行法 제92조 제1항, 民事執行法 제83조 제4항에서 정하는 압류의 처분금지효력에 의한 제한을 받게 된다. 이 점에 관한 대법원의 입장은 "채무자 소유의 부동산에 경매개시결정의 기입등기가 경료되어 압류의 효력이 발생한 이후에 채권자가 채무자로부터 위 부동산의 점유를 이전받고 이에 관한 공사 등을 시행함으로써 채무자에 대한 공사대금채권 및 이를 피담보채권으로 한 유치권을 취득한 경우, 이러한 점유의 이전은 목적물의 교환가치를 감소시킬 우려가 있는 처분행위에 해당하여 민사집행법 제92조 제1항, 제83조 제4항에 따른 압류의 처분금지효에 저촉되므로 위와 같은 경위로 부동산을 점유한 채권자로서는 위 유치권을 내세워 그 부동산에 관한 경매절차의 매수인에게 대항할 수 없다."고 하면서, 더구나 "이 경우 위 부동산에 경매개시결정의 기입등기가 경료되어 있음을 채권자가 알았는지 여부 또는 이를 알지 못한 것에 관하여 과실이 있는지 여부 등은 채권자가 그 유치권을 매수인에게 대항할 수 없다는 결론에 아무런 영향을 미치지 못한다."314)고 판시하고 있으며, 나아가 압류의 효력 발생 이전에 발생한 유치권이라고 하더라도 낙찰자에게 대항할 수 없는 경우를 인정하고 있다.

---

314) 大判 2006.8.25. 2006다22050.

(8) 賃借人의 留置權申告

경매물건들을 분석하다 보면 유치권신고가 남발되는 경우를 자주 본다. 낙찰가를 떨어뜨리기 위해 무턱대고 유치권신고를 하는 것이다. 이런 유치권신고 중에서 임차인에 의해서 이루어지는 경우가 적지 않은데, 이런 유치권신고에 대해서는 어떻게 접근해야 하는지에 대하여 살펴보며, 임차인이 유치권을 신고하는 것은 대체로 임차인이 영업을 하면서 들인 인테리어공사 등에 대한 금액이 대부분인데 결론적으로 이런 비용에 대해서는 유치권이 인정되지 않거나 극히 미미하게 될 가능성이 크다. 왜냐하면 그 이유는 다음과 같다.

앞서 논한 바와 같이 유치권이 인정되기 위해서는 우선, 해당 임대차목적물과 관련하여 생긴 채권이 있어야 한다. 민법 제320조 제1항의 규정에서 "타인의 물건 또는 유가증권을 점유한 자는 그 물건이나 유가증권에 관하여 생긴 채권이 변제기에 있는 경우에는 변제를 받을 때까지 그 물건 또는 유가증권을 유치할 권리가 있다."고 하여 이를 규정하고 있는데, 이를 채권의 견련성이라고 한다. 그런데 이런 견련성을 논하기 이전에, 임차인이 주장하는 유치권의 성립여부를 따져 봄에 있어서는, 과연 임차인이 임대인에게 청구할 채권 자체가 존재하는지를 먼저 검토할 필요가 있다. 임차인이 임대차목적물에 들인 비용이라고 해서 임대인에게 이를 무작정 청구할 수는 없는데, 유치권과 관련해서 임차인이 임대인에게 청구할 수 있는 권리로 생각할 수 있는 것은 유익비와 필요비라고 할 수 있다. 민법 제626조 제1항에서 "임차인이 임차물의 보존에 관한 필요비를 지출한 때에는 임대인에 대하여 그 상환을 청구할 수 있다."고 규정하고, 제2항에서 "임차인이 유익비를 지출한 경우에는 임대인은 임대차 종료시에 그 가액의 증가가 현존한 때에 한하여 임차인의 지출한 금액이나 그 증가액을 상환하여야 한다."고 규정하고 있는 것이 바로 그것이다. 그런데 인테리어 공사 등으로 들인 비용의 대부분은, 임차인이 임대인에 대해서 청구할 수 있는 유익비나 필요비라고 할 수 없고, 임차인의 개인적인 영업을 위해서 쓰인 비용이라는 점에서, 청구할 수 있는 채권 자체가 없거나 거의 적다고 판단될 가능성이 큰 것이다. 만일 임차인의 일부 비용투자가 유익비나 필요비로 인정될 수 있다고 하더라도, 이미 임대차계약서에서 원상복귀의무를 임차인이 부담한다는 약정을 통해서 유익비나 필요비청구가 사전에 포기되는 경우가 상당한 것이 현실이라는 점에서, 바로 이런 점에서도 임대인에게 청구할 채권이라고 할 만한 것이 없는 셈이다. 판례도 "건물의 임차인이 임대차관계 종료시에는 건물을 원상으로 복구하여 임대인에게 명도하기로 약정한 것은 건물에 지출한 각종 유익비 또는 필요비의 상환청구권을 미리 포기하기로 한 취지의 특약이라고 볼 수 있어 임차인은 유치권을 주장을 할 수 없다."[315]고 판시하고 있다. 결국, 임차인이 투자한 비용 중에서 유익비나 필요비라고 할 수 있는 부분이 있고, 이 권리가 사전에 포기되지 않았다고 하는 극히 예외적이고 적은 금액에 한해서만 채권이 존재하게 되는 것이다.[316]

(9) 留置權者의 優先辨濟權

유치권자에게는 원칙적으로 우선변제권이 없지만, 채무자가 파산하여 유치권자가 別除權을 가지는 경우나,[317] 유치권자가 유치물을 간이변제에 충당하는 경우(민법 제322조 제2항), 또는 유치권자가 유치물로부터 생기는 과실을 수취하여 다른 채권자보다 먼저 채권의 변제에 충당하는 경우(민법 제323조)에는 예외적으로 우선변제권이 인정된다.

(10) 留置權者의 果實收取權

유치권자는 유치물의 과실을 수취하여 다른 채권보다 먼저 그 채권의 변제에 충당할 수 있다(민법 제323조 제1항). 유치권자가 선량한 관리자의 주의를 가지고 유치물을 점유하여야 하므로(민법 제324조 제1항), 그 노무에 대한 보수로서

---

315) 大判 1975.4.22. 73다2010.

316) 참고 판례로서 大判 1980.10.14. 79다1170 제2부 판결(가옥명도) 건물 임차인이 건물에 관한 유익비상환청구권에 터 잡아 취득하게 되는 유치권은 임차건물의 유지사용에 필요한 범위 내에서 임차대지 부분에도 그 효력이 미친다. 大邱高法 1984.3.7. 83나874(본소), 83나875(반소) 건물 임대차계약시 위약금의 약정에 따라 취득한 건물 임차인인 피고의 돈 4,000,000원의 위약금 채권과 임대차계약 종료로 인한 피고의 위 건물명도 의무는 동시이행관계에 있는 것도 아니고 또 위 건물에 관하여 생긴 채권이라 할 수도 없어 유치권도 인정되지 않는다. 大判 1994.10.14. 93다62119(건축명도 등) 임대인과 임차인 사이에 건물명도시 권리금을 반환하기로 하는 약정이 있었다 하더라도 그와 같은 권리금반환청구권은 건물에 관하여 생긴 채권이라 할 수 없으므로 그와 같은 채권을 가지고 건물에 대한 유치권을 행사할 수 없다.

317) 破産法 제84조.

이러한 수취권을 인정하는 것이 공평할 뿐 아니라, 수취한 과실을 채권의 변제에 충당하여도 채무자의 이익을 해하지 않기 때문이다. 수취한 과실은 먼저 채권의 이자에 충당하고, 나머지가 있으면 원본에 충당하여야 한다(민법 제323조 제2항). 한편 과실이 금전이 아닌 경우에는 이를 경매환가해서 위와 같이 충당하여야 한다(민법 제323조 1제항 단서, 민사소송법 제734조 제1항).

(11) 留置權者의 留置物使用權

유치권자는 채무자(소유자)의 승낙이 있는 경우 유치물의 사용·대여 또는 담보제공을 할 수 있고(민법 제324조 제2항 본문), 승낙을 얻지 않더라도 보존이 필요한 범위 내에서 유치물을 사용할 수 있다(민법 제324조 제2항 단서). 왜냐하면 이러한 사용을 하지 않으면 유치물을 보존할 수 없게 되어 선량한 관리자의 주의(민법 제324조 제1항)에 위배되기 때문이다. 예를 들어 건물에 대하여 유치권을 가진 피고가 그 건물의 일부인 큰 홀을 약 40일간 타인에게 대여하여 그곳에서 영화를 상영케 한 것은 보존에 필요한 사용이라고 판례는 보고 있다. 다만 여기서 사용이익은 부당이득이므로 채무자에게 반환되어야 한다.

(12) 留置權者의 費用償還請求權

유치권자가 유치물에 관하여 필요비를 지출한 때에는 소유자에게 그 상환을 청구할 수 있다(민법 제325조 제1항). 또한 유치권자가 유치물에 관하여 유익비를 지출한 때에는 그 가액의 증가가 현존한 경우에 한하여, 소유자의 선택에 좇아 그 지출한 금액이나 증가액의 상환을 청구할 수 있다(민법 제325조 제2항 본문). 그러나 이 경우 법원은 소유자의 청구에 의하여 상당한 상환기간을 許與할 수 있다.

(13) 留置權者의 善管注意義務

유치권자는 선량한 관리자의 주의로 유치물을 점유하여야 한다. 유치권자가 이 의무를 위반한 때에 채무자는 유치권의 소멸을 청구할 수 있으며, 채무자 또는 소유자에게 손해를 입힌 경우에는 채무불이행으로 인한 손해배상책임을 부담해야 한다(민법 제390조).

(14) 留置權의 消滅

1) 一般的 消滅事由

유치권도 물권이므로 일반적 소멸사유인 목적물의 멸실·혼동·토지사용 등으로 유치권은 소멸한다. 그러나 유치권은 시효로 인하여 소멸하는 일이 없다. 또한 유치권은 담보물권이므로 피담보채권이 소멸할 경우 함께 소멸한다. 그런데 채권자가 유치권을 행사하더라도 피담보채권의 소멸시효는 그와 관계없이 계속 진행한다(민법 제326조).

2) 特有의 消滅事由

유치권자가 그의 선관주의의무에 위반하는 경우 채무자의 소멸청구로 유치권은 소멸한다. 또한 채무자가 상당한 담보를 제공하여 유치권의 소멸을 청구한 경우 유치권자가 승낙하면 유치권은 소멸한다(민법 제327조). 그리고 점유는 유치권의 존속요건이므로 이를 상실하면 유치권도 당연히 소멸한다(민법 제328조). 점유를 침탈당한 경우 점유물반환청구권에 의하여 즉시 점유를 회복해야 한다(민법 제192조 제2항 단서).

3. 質權

(1) 意義

채권자가 그의 채권의 담보로서, 채무자 또는 제삼자(物上保證人)로부터 받은 물건 또는 재산권을 채무의 변제가 있을 때까지 유치함으로써, 채무의 변제를 간접적으로 강제하는 동시에, 변제가 없는 때에는 그 목적물로부터 우선적으로 변제를 받는 권리이다(민법 제329조, 제345조).

(2) 留置權과의 比較

유치권은 법률의 규정에 의하여 발생하는 법정담보물권이지만, 질권은 법정질권을 제외하면 모두 당사자의 의사에 기하여 발생하는 약정담보물권이다. 또한 유치권에는 우선변제권이 인정되지 않는 데 반하여 질권에는 우선변제의 권능이 주어져 있다.

(3) 抵當權과의 比較

저당권에는 유치적 효력이 없는 데 반하여 질권에는 유치적 효력이 주어져 있다. 저당권은 부동산물권을 비롯한 등기·등록이 가능한 입목·선박·자동차·항공기·중기에 대해서 인정되는 담보물권인 데 반해서, 질권은 동산과 일정한 재산권에 대해서 인정되는 담보물권이다.

(4) 社會的 作用

질권설정자는 담보목적물을 사용·수익할 수 없는 불편이 있으므로, 질권은 기업활동의 신용을 위한 담보방법으로서는 적절하지 않다. 따라서 생산용구가 아닌 동산이 질권의 목적이 되므로 질권은 저당권과 달리 서민금융의 역할만을 수행한다. 단 신용카드, 할부매매와 같은 새로운 금융기법이 발달되었으므로, 질권은 그러한 신용조차도 확보할 수 없는 자들이 급박한 생활자금을 융통하기 위해 활용하는 금융수단이라 할 수 있다. 하지만 창고증권·화물상환증·선하증권에 대한 질권은 증권의 점유가 상품의 점유를 대신하는 것이 되어 기업금융의 방법으로 기능하고 있음을 알 수 있다.

(5) 動産質權

1) 動産質權의 成立

① 質權設定契約

질권자와 질권설정자 간에 체결된다. 질권설정자는 피담보채권의 채무자뿐 아니라 제삼자(物上保證人)도 될 수 있다(민법 제329조). 물상보증인은 타인의 채무를 위하여 자기의 재산 위에 질권을 설정하는 자이다. 물상보증인은 그 담보로 제공하는 동산의 한도에서만 책임을 질 뿐, 자기 일반재산으로는 책임을 지지 않는다는 점에서 보통의 보증인과 다르다.

② 質權者의 質物占有

질권자는 설정자로 하여금 질물의 점유를 하게 하지 못한다(민법 제332조).[318] 따라서 질권설정자는 현실인도, 간이인도, 반환청구권의 양도에 의해서만 점유를 넘겨줄 수 있는 것이다. 이는 공시원칙을 관철하기 위해서이다.

③ 讓渡性이 있는 物件의 入質

질권은 양도할 수 없는 물건[319]을 목적으로 하지 못한다(민법 제331조). 하지만 양도할 수 있는 물건이라도 정책적 이유로 등기선박·자동차·항공기·중기는 입질될 수 없다. 이러한 물건은 소유자가 스스로 사용·수익하도록 해야 하기 때문이다.

④ 被擔保債權의 存在

질권에 의하여 담보되는 채권의 종류에는 아무런 제한도 없다. 장래에 발생할 채권[320]을 위한 담보권의 설정도 유효하다. 일정한 계속적인 거래관계로부터 장래 발생케 될 다수의 불특정채권을 담보하기 위해서 설정되는 질권도 가능하다. 예컨대 은행과 상인 간의 낭좌대월계약 등의 여신계약에 있어서 현재 및 장래에 발생할 채권의 최고한도액까지 담보하기 위하여 질권을 설정할 수 있다.

⑤ 法律의 規定

질권은 원칙적으로 당사자 사이의 약정에 의하여 성립하는 약정담보물권이나 예외적으로 법률의 규정에 의하여 당연히 질권이 성립되는 경우가 있다. 토지나 건물 등의 임대인이 갖는 법정질권(민법 제648조, 제650조)이 그것이다. 다시 말해 임대인은 차임 및 임대차에 기하여 갖게 되는 손해배상채권의 변제를

---

318) 占有改定禁止.

319) 국보나 아편 등.

320) 條件附·期限附 債權 등.

받기 위해서 임차인 소유의 일정한 동산과 과실을 압류할 수 있다.

2) 動産質權의 效力

① 效力이 미치는 目的物의 範圍

질권설정자가 질권의 목적물로서 질권자에게 인도한 물건 전부에 그 효력이 미친다. 당연히 從物과 과실에도 효력이 미치며(민법 제100조 2항, 제323조), 질권자는 질물에서 생기는 천연과실을 수취하여 다른 채권보다 먼저 자기 채권의 변제에 충당할 수 있고(민법 제343조, 제323조), 소유자의 승낙이 있으면 質物을 사용하거나 임대할 수도 있다(민법 제343조, 제324조 제2항). 또한 질물의 멸실·훼손 또는 공용징수로 인하여 질권설정자가 받을 금전 기타의 물건에 대해서도 질권자는 질권설정자에 앞서 압류를 할 수 있다(민법 제342조).[321]

② 效力이 미치는 被擔保債權의 範圍

질권은 원본, 이자, 위약금(민법 제398조 제4항), 질권실행의 비용, 질물보존의 비용 및 채무불이행 또는 질물의 하자로 인한 손해배상의 채권을 담보한다. 이 범위는 당사자의 특약으로 변경할 수 있다. 질권자는 이러한 모든 범위의 변제를 받을 때까지 질물 전부에 관하여 질권을 행사할 수 있다.

③ 動産質權者의 留置權

채권자는 피담보채권의 변제를 받을 때까지 질물을 유치할 수 있다(민법 제335조 본문). 질권자는 질물이 경매된 경우에 경락인에 대하여도 목적물의 인도를 거절할 수 있고, 그 밖에도 과실수취권, 비용상환청구권 등을 질권설정자에 대해서 행사할 수 있다. 물론 질권자는 유치에 있어 선관주의의무를 다해야 한다(민법 제324조). 그리고 질권자는 자기보다 우선권이 있는 채권자[322]에게 대항할 수 없다(민법 제335조 단서).[323]

④ 動産質權자의 優先辨濟權

동산질권자는 질물로부터 다른 채권자보다 먼저 자기 채권의 우선변제를 받

---

321) 物上代位.

322) 租稅債權을 갖는 국가 등.

323) 國稅徵收法 제5조.

을 수 있다. 다시 말해 질권자는 채무자가 이행을 지체하면 질물을 경매할 수 있다. 잔액이 있는 때에는 질권설정자에게 반환하고, 부족한 때에는 채무명의를 얻어 채무자의 일반재산에 대하여 강제집행을 할 수 있다. 다른 채권자가 먼저 환가절차를 밟은 경우 그 대가로부터 실질적으로 우선변제를 받을 수 있다.[324] 질권설정자가 파산한 경우에는 別除權[325]을 가질 수 있다. 비교적 가치가 적거나 공정가격이 있는 동산의 경우 채무자 및 질권설정자에게 통지하고 감정인의 평가에 의하여 질물로 직접 변제에 충당할 것을 법원에 청구할 수 있다. 하지만 자기 질권보다 우선권이 있는 자(민법 제333조)에 대해서는 대항할 수 없다. 그러나 이러한 경우는 간접점유에 의하지 않는 한 거의 있을 수 없을 것이다. 그 밖에도 자기보다 우선권을 갖는 자에 대해 질권자는 우선변제권으로 대항할 수 없다.

⑤ 流質契約의 禁止

질권설정자는 채무변제기 전의 계약으로 질권자에게 변제에 갈음하여 질물의 소유권을 취득하게 하거나 법률에 정한 방법에 의하지 않고 질물을 처분할 것을 약정하지 못한다(민법 제339조). 궁박한 상태에 있는 채무자가 폭리행위의 희생이 될 염려 때문이다. 따라서 질권자는 본래의 질권실행방법에 의하여 질물을 처분하고 나머지가 있으면 질권설정자에게 반환하여야 한다. 다만 채무의 변제기 후에 있어서나, 상행위에 의하여 생긴 채권,[326] 전당포영업자이 채권을 위해서는 유질계약이 유효하다.

3) 轉質의 問題

① 意義

전질권이란 질권자가 채권의 담보로서 인도받아 유치하고 있던 질권을 이용하여 다시 자신의 제삼자에 대한 채무를 위한 질권을 설정하는 권리이다. 질권자는 그 권리의 범위 내에서 자기의 책임으로 질물을 전질할 수 있다(민법 제336조). 이를 책임전질이라고도 한다.

---

324) 民事訴訟法 제732조, 제552조.
325) 破産法 제84조.
326) 商法 제59조.

② 成立要件

전질권은 원질권의 범위 내이어야 하므로, 전질권의 피담보채권액은 원질권의 피담보채권액을 초과하지 못하며, 전질권의 존속기간은 원질권의 존속기간 내이어야 한다. 초과전질의 경우에 그 초과부분은 채무자에 대한 관계에서 무효이다(민법 제137조). 원질권자가 채무자에게 전질의 사실을 통지하거나 채무자가 승낙하지 않은 이상 원질권자는 전질을 가지고 채무자 측에 대항하지 못한다(민법 제337조 제1항, 제450조).

③ 效果

원질권자는 불가항력으로 인한 손해라 하더라도 전질을 하지 않았으면 그 손해를 면할 수 있었던 경우에는 책임을 부담한다(민법 제336조 후단). 또한 원질권자는 전질권자의 이익을 해하는 행위, 즉 원질권을 포기하거나 채무자의 채무를 면제해 줄 수 없다(민법 제352조). 반면 전질권자는 자기 채권뿐 아니라 원질권의 피담보채권도 변제기에 도달해야 자기 질권을 실행할 수 있다. 그리고 원질권이 소멸하면 전질권도 소멸하므로 전질권자는 질물을 원채무자에게 반환해야 한다.

④ 承諾轉質

위의 경우와 달리 질권자가 채무자(질물소유자)의 승낙을 얻어 그 질물 위에 다시 질권을 성립시킨 것이다(민법 제342조, 제324조 제2항). 승낙질권은 원질권과는 전혀 별개로서 독립적으로 설정되는 것이므로, 원질권의 범위에 의한 제한이 없다. 따라서 원질의 피담보채권이나 존속기간 이상으로 전질을 하여도 유효하다. 또한 원질권자는 불가항력에 의한 손해배상의무(민법 제336조 후단)를 부담하지 않으며, 전질권자는 원질권이 소멸하였다 하여도 계속 질물을 점유하고 유치할 수 있다.

4) 動産質權의 侵害

① 占有保護請求權

동산질권은 질물을 점유할 물권적 권리이므로 동산질권에 대한 침해가 있는 경우에는 점유보호청구권에 의하여 보호되고, 동산질권의 침해로 인하여 손해가 발생한 경우에는 손해배상청구권이 인정된다.

② 質權設定者의 毀損

질물을 질권설정자가 훼손한 경우에는 기한의 이익이 상실되므로, 질권자는 피담보채권의 즉시이행을 청구할 수 있고, 잔존물이 있으면 질권을 실행할 수 있으며, 손해배상을 청구할 수도 있다.

5) 動産質權자의 義務

① 保管義務

동산질권자는 목적물을 보관할 의무가 있다. 이에 관해서는 유치권의 규정이 준용되어 질권자는 선량한 관리자의 주의의무로써 질물을 점유하여야 하고, 설정자의 승낙 없이 질물을 사용·대여하거나 전질 이외의 방법으로 담보에 제공하지 못한다. 질권자가 위와 같은 보관의무에 위반하면 설정자는 질권의 소멸을 청구할 수 있다. 또한 이로 인하여 손해가 생긴 때에는 그 배상을 청구할 수 있다.

② 질물반환의무

질권의 소멸시에는 질물을 설정자에게 반환하여야 한다. 이 의무는 질권설정계약의 효력으로부터 발생하는 것이다.

6) 動産質權의 消滅

물권공통의 소멸사유로서 목적물의 멸실, 몰수, 첨부, 취득시효, 포기, 혼동을 들 수 있고, 담보물권공통의 소멸사유로서 피담보채권의 소멸, 질권의 실행, 질권에 우선하는 다른 채권자의 경매를 들 수 있다. 동산질권에 특유한 소멸사유로서는 질권자의 목적물반환, 질권설정자의 소멸청구를 들 수 있다.

(6) 權利質權

1) 意義

동산 이외의 재산권[327]을 목적으로 하는 질권을 말한다. 유체물뿐만 아니라

---

327) 債權·株式·無體財産權 등.

환가에 의하여 우선변제를 받을 수 있는 것이면 모두 질권의 목적이 될 수 있으므로 동산 이외의 재산권도 질권의 목적이 된다. 그러나 양도성을 가지는 재산권이라도 부동산의 사용·수익을 목적으로 하는 권리328)는 질권의 목적으로 할 수 없다. 그 밖에 광업권·어업권 등에 대해서는 특별법에 의해 질권의 설정을 금하고 저당권의 목적으로 삼는다.329) 권리질권의 설정은 법률에 다른 규정이 없으면 그 권리의 양도에 관한 방법에 의하여야 한다(민법 제346조).

2) 債權質權

① 目的

채권은 원칙적으로 양도성을 가지며 그 추심·환가에 의하여 피담보채권을 만족시키기에 적합한 재산권이므로, 권리질권에 관한 규정은 모두 채권질에 적용될 수 있다. 다만 공무원 또는 군인의 연금청구권330)이나 작위 또는 부작위를 목적으로 하는 채권, 특정의 채권자 사이에 결제되어야 할 특별한 사유가 있는 채권, 근로자의 재해보상청구권과 부양청구권, 양도금지의 특약이 있는 채권은 권리질의 목적이 될 수 없다.

② 設定方法

채권을 질권의 목적으로 하는 경우에 채권증서331)가 있으면, 그 증서를 질권자에게 교부하여야 질권설정의 효력이 생긴다. 다만 무기명채권이나 지시채권과 같은 증권적 채권은 그 증권 자체의 양도를 통해 질권설정이 이루어진다.

③ 公示方法

지명채권은 확정일자 있는 증서에 의한 제삼자에의 통지나 제삼자로부터의 승낙, 지시채권은 증서의 배서·교부, 무기명채권은 증서교부, 기명사채는 사채원부에의 기재, 저당권부채권은 민법 제348조의 규정에 따라 附記登記332)를 하여야 제삼자에게 대항할 수 있다.

---

328) 地上權·傳貰權·不動産賃借權 등.

329) 鑛業法 제13조, 水産業法 제24조.

330) 公務員年金法 제12조, 軍人年金法 제7조.

331) 예금증서·예금통장·보험증권·차용증서 등.

332) 不動産登記法 제142조의 2.

④ 效力

채권질권자는 교부받은 채권증서 등을 점유하고, 피담보채권의 전부 변제를 받을 때까지 이를 유치하며, 채권의 추심권능과 환가권능을 가진다. 채권질권자는 입질채권의 실행을 위하여 채권의 직접청구 등을 할 수 있다.

3) 株式 위의 質權

주식도 양도성을 가지고 있으므로 입질이 가능하다.[333] 주권의 교부로써 성립하지만 등록질의 경우에는 질권자의 성명과 주소를 주주명부에 부기하고 그 성명을 주권에 기재함으로써 성립한다. 주식의 소각·병합·전환, 준비금의 자본전입 등이 있는 때에, 질권은 이 경우 주주가 받을 금전이나 주식 위에 존재한다. 무기명주식의 질권자는 우선변제권을 갖지만, 기명주식의 질권자는 등록질의 경우에만 우선변제권을 갖는다.

4) 無體財産權 위의 質權

특허권·실용신안권·의장권·저작재산권·상표권 등의 무체재산권 위에도 질권을 설정할 수 있다. 다만 상표권 중 업무표장권 등에 대해서는 질권을 설정할 수 없다. 특허권·실용신안권·의장권은 입질사실을 등록하여야 입질의 효력이 생긴다. 그러나 저작권의 입질은 당사자 사이의 단순한 질권설정계약으로 그 효력이 생긴나. 실권자는 권리자의 동의가 있으면 궈리를 행사하여 그 수익을 사기 채권의 우선변제에 충당할 수 있다.

4. 抵當權

(1) 意義

채무자 또는 제삼자(물상보증인)가 채무의 담보로 제공한 부동산 기타의 목적물을 채권자가 제공자로부터 인도받지 않고서도 채무의 변제가 없는 경우에 그 목적물로부터 우선변제를 받을 수 있는 담보물권이다. 저당목적물에 대한

---

333) 商法 제335조 제1항.

점유 및 사용·수익권이 여전히 소유자에게 있다는 점에서, 교환가치에 대한 배타적 지배를 내용으로 하는 전형적인 가치권의 성격을 띤다.

(2) 抵當權의 特質

1) 公示의 原則

저당권의 존재는 반드시 등기·등록에 의하여 공시하여야 한다. 저당권은 다른 물권과 달리 점유를 수반하지 아니하므로, 만일 등기 없이 저당권에 대세적 효력을 인정하게 되면 거래의 안전을 해칠 염려가 있기 때문이다.

2) 特定의 原則

저당권은 특정·현존의 목적물 위에만 성립할 수 있다. 담보물권의 물질적 기초를 확정함으로써 저당권에 의하여 파악되는 가치에 대해서 객관성을 부여함과 동시에 채무자의 전 재산 위에 인정되는 일반저당권을 배척하기 위한 것이다.

3) 順位確定의 原則

동일한 목적물 위에 여러 개의 저당권이 존재할 때에는 각 저당권은 확정된 순위를 가지고 있어 서로 침범하지 않는다. 저당권의 순위는 등기의 선후에 의해서 결정되고, 먼저 등기된 저당권은 후에 등기된 저당권에 의해서 그 순위가 내려가지 않는다. 또한 순위승진의 원칙에 의하여 선순위저당권이 변제 기타의 사유로 소멸하면 후순위저당권은 그 순위가 올라간다.

(3) 抵當權의 成立

1) 抵當權設定契約

저당권은 약정담보물권으로서 저당권설정을 목적으로 하는 당사자 간의 물권적 합의와 등기에 의하여 성립한다. 저당권설정계약은 불요식이며, 조건이나 기한을 붙일 수 있다. 저당권은 채권의 존재를 필요로 하므로 저당권설정계약은 그러한 의미에서 종된 계약이다. 저당권설정자는 피담보채권의 채무자인 것이 보통이지만 제삼자라도 무방하며, 이러한 제삼자를 물상보증인이라고 한다. 저당권설정계약은 일종의 처분행위에 해당하므로 저당권설정자는 목적물에 관하여 이를 처분할 권리나 권한을 가지고 있어야 한다.

2) 抵當權設定登記

등기사항은 채권자·채무자(물상보증의 경우)·채권액·변제기·이자·이자발생기·이자지급시기·지급장소·기타 약정이나 조건 등이다.[334] 저당권설정등기의 비용은 특약이 없으면 채무자가 부담하는 것이 거래상 관행이다.

3) 抵當權의 目的物

등기·등록 등의 공시방법을 갖출 수 있는 것에 한해, 이를 저당권의 객체로 삼을 수 있다. 부동산, 지상권, 전세권 외에 등기된 선박, 광업권, 어업권, 댐사용권, 공장재단, 광업재단, 자동차, 항공기, 중기, 입목등기가 이루어진 입목 등을 예로 들 수 있다. 단 1필의 토지만이 1개의 저당권의 목적이 될 수 있으므로 여러 필의 토지 집합 위에 1개의 저당권을 설정할 수는 없다.

4) 被擔保債權

피담보채권은 금전채권이 되어야 하며, 그 가액은 금전으로 산정되어 등기되어야 한다.[335] 동일 또는 상이한 여러 개의 채권이 합해져서 피담보채권이 될 수도 있고, 채권의 일부만 따로 떼어 피담보채권으로 힐 수도 있나. 서낭권은 그 발생 및 소멸에 관하어 피담보채권에 附從한다. 피담보채권은 저당권설정당시에 확정되어 있어야만 하는 것은 아니고, 장래에 발생할 특정의 채권이라도 가능하다.

5) 法定抵當權

토지임대인의 일정범위의 차임채권을 보호하기 위하여 법률의 규정에 의해 당연히 성립되는 저당권을 말한다(민법 제649조). 법정저당권이 성립되는 토지임대인이 변제기를 경과한 최후 2년의 차임채권에 의하여 그 지상에 있는 임차인 소유의 건물을 압류하고 이를 등기한 때에는 법정저당권이 성립하며, 법정저당

---

334) 不動産登記法 제140조 제1항.
335) 不動産登記法 제140조, 제143조.

권의 목적은 임대차의 목적이 된 토지 위에 있는 임차인소유의 건물이기에 법정저당권의 효력발생을 위해서는 토지임대인이 그 목적물인 건물을 압류하여야 한다. 법정저당권의 성립은 법률의 규정에 의한 물권변동이므로 등기를 요하지 않는다(민법 제187조). 법정저당권은 저당권과 동일한 효력이 있다(민법 제649조). 특히 토지임대인은 변제기를 경과한 최후 2년의 차임채권에 관하여 그 지상에 있는 임차인소유의 건물로부터 우선변제를 받을 수 있다는 것이 주된 효력이다.

법정저당권과 그 건물 위에 존재하는 다른 저당권과의 순위는 일반원칙에 따라 그 성립시, 즉 압류등기시의 선후에 의해 정하여진다. 부동산공사의 수급인은 보수에 관한 채권을 담보하기 위하여 그 부동산을 목적으로 한 저당권의 설정을 청구할 수 있는데(민법 제666조), 이 경우의 저당권은 법률에 의해 당연히 성립하는 것은 아니므로 엄밀한 의미에서 법정저당권은 아니지만, 당사자의 합의로써 설정되는 것은 아니라는 점에서 보통의 저당권과 다르고 법정저당권과 같다.

6) 不動産工事受給人의 抵當權設定請求權

부동산공사의 수급인은 그 보수채권을 담보하기 위하여 도급인에 대하여 그 부동산을 목적으로 하는 저당권의 설정을 청구할 수 있다. 도급인이 수급인의 청구에 응하여 등기를 함으로써 저당권은 성립한다.

(4) 抵當權의 效力

1) 被擔保債權의 範圍

원칙적으로 저당권설정계약에 의하여 정해지는데, 민법은 이에 대한 보충규정으로 저당권은 원본·이자·위약금·손해배상금 및 실행비용을 담보한다. 그러나 지연배상에 대하여는 원본의 이행기일을 도과한 후의 1년분에 한하여 저당권을 행사할 수 있다. 지연배상에 대한 제한은 저당목적물 위에 후순위의 저당권이 설정되거나 저당목적물에 대한 소유권이 양도되는 등 제삼자가 이해관계를 가지는 경우가 많으므로 이들이 불측의 손해를 입지 않도록 하기 위한 것이다. 또한 피담보채권이 조금이라도 남아 있는 한 저당권자는 저당권을 실행할 수 있으며, 설정자는 저당권등기의 말소를 청구하지 못한다.

2) 目的物의 範圍

저당권은 궁극적으로 저당목적물을 처분하여 우선변제를 받는 것을 내용으로 하므로 그 목적물의 범위는 목적물의 소유권이 미치는 범위와 대체로 일치한다. 따라서 저당권의 효력은 반대의 특약이 없는 한 저당부동산에 부합된 물건에 미치며, 저당부동산의 종물에도 미친다. 종된 권리도 종물에 준하므로, 저당부동산소유자가 갖는 지상권·전세권에도 저당권의 효력은 미친다.336) 다만 과실에 대해서는 저당권의 효력이 미치지 않으나 예외적으로 저당권자가 저당부동산을 압류한 후에 수취한 천연과실에 대해서는 저당권의 효력이 미친다. 또한 저당물의 멸실·훼손 또는 공용징수로 인하여 저당권설정자가 받을 금전 기타 물건에 대하여도 저당권설정자에의 지급 또는 인도 전에 저당권자는 압류를 할 수 있다.

3) 優先辨濟的 效力

채무자가 변제기에 변제하지 않으면 저당권자는 저당목적물을 일정한 절차에

---

336) 물권법상 건물은 토지와 별개의 독립한 부동산으로 취급하고 있다. 따라서 완성된 것이든 건축 중에 있어 미완성된 것이든 간에 동산이 아닌 부동산으로서의 건물인 이상 토지에 대한 부합물이나 종물로 취급되어서는 안 된다. 그럼에도 불구하고, 등기를 부동산의 필수요소로 혼동하여 미등기건물을 건물의 부지인 토지나 다른 등기된 건물과 독립적인 부동산으로 취급되지 못한 채 일괄적으로 취급해 버리는 경우가 적지 않다. 이러한 인식은 분명 잘못된 것이지만, 일반인들은 물론 경매법원에서도 이런 잘못된 싸낭을 하는 경우가 있다. 이와 관련된 판례를 살펴보면 다음과 같다. 甲 소유의 토지상에 甲이 건물을 건축한 후 부동산등기부상에 등재하시 않고 건축물대장에만 등재한 상태에서, 토지에 대해서만 저당이 설정된 후 채무를 변제하지 못해 임의경매되는 과정에서, 토지 지상의 미등기건물은 토지의 附合物이나 從物로 볼 수 없음에도 불구하고 경매법원이 이를 부합물이나 종물로 착오하고서 미등기건물까지도 경매대상으로 판단한 다음 건물 가격까지 감정하는 과정을 거쳐 결국 乙이 토지와 미등기건물을 낙찰받은 사안에서, 대법원은 "원래 저당권은 법률에 특별한 규정이 있거나 설정행위에 다른 약정이 있는 경우를 제외하고 그 저당 부동산에 부합된 물건과 종물 이외에까지 그 효력이 미치는 것이 아니라 할 것이므로, 토지에 대한 경매절차에서 그 지상건물을 토지의 附合物 내지 從物로 보아 경매법원에서 저당 토지와 함께 경매를 진행하고 경락허가를 하였다고 하여 그 건물의 소유권에 변동이 초래될 수 없다."고 하면서, "비록 원고(乙)가 미등기건물을 낙찰받아 그 후 원고 앞으로 소유자 명의변경까지 하였다고 하더라도 원고는 이 건물에 대한 소유권을 취득할 수 없다."고 판시하였다(大判 1997.9.26, 97다10314). 이 사안은 이러한 건물을 낙찰받은 원고가 이 건물을 점유하는 피고(甲)를 상대로 퇴거청구를 한 사안인데, 원심법원은 원고가 이 건물을 적법하게 낙찰받아 소유권을 취득했다는 전제하에서 피고에 대한 퇴거청구를 인용한 반면, 대법원은 위와 같은 논리로 원고의 이 건물소유권 취득은 무효라는 전제하에 이 건물의 소유권은 여전히 종전 소유자인 피고에게 있고, 토지에 대한 경매로 인해 토지와 건물의 소유권이 달라져 건물을 위한 법정지상권이 성립되었다는 점에서, 원고의 피고에 대한 건물로부터의 퇴거청구는 인정될 수 없다고 판단하여 원심판결을 파기하였다. 이와 유사한 판례로서 "채무자 소유의 대지와 건물에 대한 경매절차에서 경락인이 위 대지와 건물을 경락받으면서 위 대지상에 있으나 제삼자 소유인 별개의 독립된 건물을 채무자 소유 건물의 附合物로 경락을 받았다고 하더라도 그 소유권을 취득할 수 없다고 하여 낙찰자인 원고의 명도청구를 기각하였다(大判 1990.10.12, 90다카27969)." 이러한 판결을 통해서 알 수 있는 바와 같이 미등기건물의 소유관계에 대해서는 경매법원도 간혹 실수하는 만큼 각별한 주의해야 할 것이다.

따라 매각·환가하여, 그 대금으로부터 다른 채권자에 우선하여 변제를 받을 수 있다. 저당부동산의 매각대금으로부터 우선변제를 받았으나, 피담보채권이 완전히 변제되지 않은 경우에는, 저당권자의 피담보채권 중 변제받지 못한 잔액채권은 무담보의 채권으로 남는다. 저당권자는 자신의 저당권을 실행함이 없이 먼저 채무자의 일반재산에 대하여 일반채권자로서 집행할 수도 있지만 이때 일반채권자들은 이의를 제기할 수 있다. 저당권자는 일반채권자에 대해 언제나 우선하지만, 저당권설정등기일보다 먼저 대항요건과 임대차계약증서상의 확정일자를 갖춘 임차인[337]이나, 경매신청등기 전에 대항요건을 갖춘 임차인의 소액보증금, 그 저당물에 부과된 국세와 가산금, 기업이 도산하여 근로관계가 소멸하게 된 경우에 최종 3월분의 임금·퇴직금·재해보상금에 대해서는 우선하지 못한다.

4) 抵當權의 實行

우선변제를 실행하는 방법으로서 저당권자 자신이 스스로의 발의로 주도권을 취하여 저당물을 환가하고, 그 대가로부터 피담보채권의 변제를 받는 것을 말한다. 채무자가 이행을 지체하면 저당권자는 유효한 채권과 저당권이 실재함을 경매법원에의 경매신청시에 서류로써 증명하고,[338] 이에 경매법원이 경매개시결정을 내리면, 관할등기소는 경매신청의 기입등기를 함으로써 저당권자는 목적물에 대한 압류를 하게 된다. 이후 집달관이 부동산의 현황조사를 하고 법원의 공고하에 경매절차가 진행된다. 최고가경매인이 있는 때 법원은 경락기일에 이해관계인의 진술을 들은 후 경락허가결정을 한다. 경락인이 대금을 완납하면 그에 따른 배당이 실시된다. 유저당의 특약이나 임의환가의 약정이 있을 경우 저당권자는 저당목적물의 소유권을 취득하거나 제삼자에게 매각할 수 있지만 청산의무를 부담하기 때문에 그 저당목적물의 가액으로부터 피담보채권액을 공제한 잔액을 저당권설정자에게 반환하여야 한다.

5) 抵當土地 위의 建物에 대한 一括競賣權

민법 제365조는 토지를 목적으로 하는 저당권이 설정된 후, 설정자가 그 토지에 건물을 축조한 때에 저당권자는 토지와 함께 그 건물에 대해서도 경매를

---

337) 住宅賃貸借保護法 제3조의 2.
338) 民事訴訟法 제724조 제1항.

청구할 수 있다고 하여 일괄경매권을 인정하고 있다. 단 일괄경매를 하는 경우에도 저당권의 우선변제적 효력은 건물에 관하여는 미치지 않으므로 저당권자가 우선변제를 받는 범위는 토지의 경매대금에 한정된다(민법 제365조 단서). 그러나 다른 저당권자나 일반채권자가 없는 경우에는 건물의 경매대금에서 변제를 받을 수 있다. 토지와 건물을 동일인에게 경락시켜 건물을 유지하려고 하는 것이 본 조의 취지이므로 토지와 건물은 동일인에게 경락되어야 한다.

6) 第3取得者의 地位

저당권이 설정된 후에 저당목적물을 양도받은 양수인 또는 그 저당부동산 위에 지상권이나 전세권을 취득한 자를 제3취득자라고 한다(민법 제364조). 민법은 특히 저당물의 소유권을 취득한 제삼자는 경매인이 될 수 있다고 하며(민법 제363조 제2항), 그 밖에도 제3취득자는 변제기도래 후 저당권자에게 그 부동산으로 담보된 채권을 변제하고 저당권의 소멸을 청구할 수 있다고 규정한다. 제3취득자가 변제할 경우 지연이자는 원본의 이행기일을 경과한 후의 1년분만을 변제하면 된다.

7) 抵當權의 侵害에 대한 救濟

저당권자는 침해가 있는 때에는 저당권 자체에 의거하여 침해의 제거 또는 예방을 청구할 수 있다. 무효인 등기에 대해서는 말소를 청구할 수 있고, 저당목적물의 일부에 대해 일반채권자가 강제집행을 할 경우 제삼자 이의의 소를 제기할 수 있다.[339] 불법행위가 성립한 때에는 손해배상을 청구할 수 있으며(민법 제750조), 저당권설정자의 책임 있는 사유로 인하여 저당물의 가액이 현저히 감소될 때에는 저당권설정자에 대하여 그 원상회복 또는 상당한 담보제공을 청구할 수 있다(민법 제362조). 그 밖에도 저당권자는 저당권의 침해가 채무자의 책임 있는 사유에 기한 때에는 채무자에 대해 즉시변제를 청구할 수 있고, 저당권도 실행할 수 있다.[340]

---

339) 民事訴訟法 제509조.
340) 기한이익의 상실(민법 제388조).

(5) 抵當權의 處分

저당권은 그 담보한 채권과 분리하여 타인에게 양도하거나 다른 채권의 담보로 제공하지 못한다. 즉 저당권과 피담보채권은 일체로만 처분될 수 있으므로, 채권의 양도에 관해서는 채권양도에 관한 규정이 적용되고, 저당권의 양도에 관해서는 그 등기를 하여야 효력이 생긴다. 따라서 저당권자는 저당권부 채권을 양도할 때 채무자에게 통지하거나 채무자의 승낙을 받아야 한다. 한편 저당권부 채권과 저당권을 입질하려면 권리질권에 관한 규정이 적용되고, 저당권의 입질에 관해서는 그 저당권등기에 질권의 부기등기를 하여야 질권의 효력이 저당권에 미친다.

(6) 抵當權의 消滅

저당권은 물권에 공통하는 소멸원인 및 담보물권에 공통하는 소멸원인으로 소멸함은 물론 경매, 제3취득자의 변제 등에 의해서도 소멸한다. 또한 저당권으로 담보한 채권이 시효의 완성 기타 사유로 인하여 소멸한 때 저당권도 소멸하는데, 저당권만이 독립하여 소멸시효에 걸리는 일은 없다. 그리고 제삼자가 취득시효로 인하여 저당목적물에 대한 소유권을 취득하면 저당권은 소멸한다.

(7) 共同抵當

1) 意義
채권자가 동일한 채권의 담보로서 수개의 부동산 위에 저당권을 설정하는 것을 말한다. 공동저당권자(채권자)는 저당권 불가분성의 원칙에 따라 수개의 저당목적물 중 어느 것으로부터도 자유로이 우선변제를 받을 수 있을 뿐 아니라 어느 하나의 저당목적물이 멸실·훼손 또는 가치의 감소가 있는 경우에는 다른 저당목적물에 의하여 채권의 실현을 확보할 수 있다.

2) 登記
각 부동산에 관하여 저당권설정의 등기를 요한다. 각 저당권의 등기에 있어

서는 다른 부동산과 함께 1개의 채권의 공동담보가 되어 있다는 것을 아울러 기재하여야 한다.[341]

3) 同時配當

경매대가를 동시에 배당하는 때에는 각 부동산의 경매대가에 비례하여 그 채권의 분담을 정한다.

4) 後順位抵當權者의 代位權

공동저당의 어느 일부 부동산만을 경매하여 그 대가를 먼저 배당하는 때에 공동저당권자는 그 대가로부터 채권 전부의 변제를 받을 수 있으나, 이 경우에 그 경매된 부동산의 후순위저당권자는 공동저당부동산을 동시에 경매하여 배당하였더라면 공동저당권자가 다른 부동산에서 변제받을 수 있었던 금액의 한도 내에서 공동저당권자에 대위하여 그 저당권을 실행할 수 있다. 대위에 의하여 공동저당권자의 저당권은 후순위저당권자에게 이전한다.

5) 物上保證人 또는 第3取得者와의 關係

공동저당의 목적물 전부 또는 일부가 채무자 이외의 자(물상보증인 또는 제3취득자)의 소유에 속하는 경우, 그 부동산이 경매되는 경우에 그 소유자였던 물상보증인 또는 제3취득자는 변제자대위의 규정에 의하여 다른 목적물 위의 공동서낭권자를 대위한다.

(8) 根抵當

1) 意義

계속적인 거래관계로부터 발생·소멸하는 불특정다수의 장래채권을 결산기에 계산한 후 잔존하는 채무를 일정한 한도액의 범위 내에서 담보하는 저당권을 말한다. 예컨대 당좌대월계약, 어음할인계약, 어음대부계약, 상인 간의 계속적 상품공급계약 등에 기하여 채권액이 증감·변동하다가 결산기에 남아 있는 채권액을 최고액의 범위 내에서 담보하는 근저당권이다. 장래의 증감·변동하는

---

341) 不動産登記法 제149조 이하.

불특정의 채권을 담보하는 점에서 보통의 저당권과 다르다.

2) 成立

근저당설정계약에는 담보할 채권의 최고액을 정하고 피담보채권의 범위를 결정하는 기준을 정하여야 한다. 또한 피담보채권으로 될 채권이 발생하는 기초가 되는 계속적 법률관계, 즉 기본계약관계도 명백히 정해져 있어야 한다. 또한 근저당권임을 반드시 등기하여야 하며, 채권의 최고액도 이자를 포함하여 반드시 등기하여야 한다.[342]

3) 包括根抵當

채권자와 채무자 사이에 당좌대월계약이나 어음할인계약과 같은 기초적인 거래관계조차도 특정하지 않고서 채권자가 채무자에 대하여 취득하는 모든 채권을 담보하는 모습의 근저당권이다. 포괄근저당은 주로 일정한 기본계약을 열거하고 그와 관련하여 채무자가 부담하게 될 현재 또는 장래의 모든 채무를 부담하는 형식의 부가적 포괄근저당의 형식으로 활용된다. 판례는 보증채무와 같은 계약에 기한 채무뿐 아니라 불법행위나 부당이득에 기한 채무까지도 담보하는 포괄근저당의 유효성을 인정하고 있다.

① 制限的 包括根抵當

이미 체결되어 있는 거래계약인지에 관계없이 특정한 종류의 거래계약을 예시적으로 열거하고 다시 이를 포괄하는 거래계약을 한정적으로 정하여 그 포괄적인 거래계약과 관련하여 발생하는 채무를 피담보채무로 하는 포괄근저당권을 의미하며 우리나라 시중은행에서 가장 널리 사용되고 있는 유형이다.[343]

② 無制限的 包括根抵當

근저당권설정계약 당시 이미 체결되어 있는 거래계약인지에 관계없이 특정한

---

342) 不動産登記法 제140조 제2항.

343) Nelson, Grant S./Whitman, Dale: Real Estate Finance Law, 3rd, WestPublishing Co., 1994, 937 -973. 이에 관하여 불특정채권을 담보하기 위하여 저당권을 설정할 수 있으나, 여러 채권을 일시에 담보하기 위하여 저당권은 설정할 수 없다. Ferid/Sonnenberger, Das Französische Zivilrecht Band 2, 2. Aufl., 1986, S.729ff.; Reinecker/Petereit, Recht der Kreditsicherheiten in europäischen Ländern, Teil Ⅱ, 1978, S.229f.

종류의 거래계약을 예시적으로 열거하여 그 거래계약과 관련하여 발생하는 채무와 그 이외에 기타 각종의 원인과 관련하여 발생하는 채무자까지를 모두 포함하여 이를 피담보채무로 하는 포괄근저당권 또는 거래계약의 종류를 예시하지 않고 채무자가 채권자에게 현재 부담하고 있거나 장래 부담하게 될 일체의 채무를 피담보채무로 하는 포괄근저당권을 의미한다.

(9) 財團抵當

기업을 구성하는 토지·건물·기계·기구 등 물적 설비와 그 기업에 관한 면허·특허 기타의 특권 등으로써 통일적 재산, 즉 재단을 구성하고 그 재단을 일괄하여 저당권의 목적으로 하는 제도이다. 현재 재단저당에 관한 특별법으로는 공장저당법과 광업재단저당법이 있을 뿐이다.

5. 非典型擔保物權

(1) 槪觀

1) 意義

민법이 규정하고 있는 담보물권은 아니지만 실제 거래계에서는 담보적 기능을 수행하고 있는 제도를 가리켜 비전형담보라고 하며, 이러한 것으로서 판례와 학설이 인정하고 있는 담보방법으로는 가등기담보·양도담보·소유권유보가 있다. 이것들 중에서 가등기담보에 관해서는 1983년에 특별법이 제정되었다. 비전형담보에는 담보권설정에 있어서 담보목적을 넘는 법형식, 즉 권리이전에 의한 담보가 이용되고 있으며, 절차상으로도 법정된 담보권의 실행절차에 반드시 의존하지 않고 사적 실행이 가능하다.

2) 活用되는 理由

비전형담보가 출현하게 된 이유로는 무엇보다도 현행 경매제도에 대한 불만이 커다란 부분을 차지할 것이다. 예를 들어 사채업자는 경매를 통하지 않고 사적으로 목적물을 처분하여 간편하고 신속하게 자기 채권의 변제에 충당하려고 하는 것이다. 또한 비전형담보를 통해 채권자는 채권액에 대한 초과분까지 취득하게 되므로 큰 이득을 얻게 된다. 따라서 채권자들은 비전형담보를 선호하는 것이다.

3) 方式

還買나 再賣買의 예약에 의한 방식, 소비대차에 의하면서 목적물의 소유권을 채권자에게 이전하고 채무자가 채무를 이행한 때 이전등기의 말소등기를 청구하는 방식, 장래 채무불이행이 있을 때 비로소 목적물의 소유권을 채무자에게 이전하는 방식 등이 있다.

〈표 12〉 환매와 재매매 예약의 비교

내용	환매	재매매 예약
성질	원매매계약의 해제(환매권의 취득)	원매매와 별도의 새로운 계약(예약 완결권의 취득)
목적물의 범위	동산, 부동산	동산, 부동산
대금의 동액성	환매 대금은 원매매대금에 한정됨. 특약이 있으면 대금의 동액성을 고집하지 않음	대금의 동액성에 대한 제한 없음
계약의 동시성	원매매와 동시에 체결 요함	원매매와 同時든 異時든 상관없음
존속 기간	부동산: 5년, 동산: 3년	제한 없음
등기의 존부	환매권의 부기등기	예약 완결권의 가등기

4) 規制

비전형담보에 관하여 현행 민법 제607조와 제608조를 신설하였으나, 그 절차 규정의 미비로 구체적인 실현방법이 확보되지 못하였다. 이러한 비전형담보를 효과적으로 규제하기 위하여 특별히 제정된 법률이 가등기담보에 관한 법률이다. 이 법은 소비대차와 관련하여 대물변제의 예약과 결부된 담보계약 및 그 담보의 목적으로 경료된 가등기 또는 소유권이전등기에 관해서 적용된다.[344] 따라서 양도담보 · 매도담보 · 환매 · 재매매예약 등 명칭 여하를 불문하고 그 실질이 채권담보를 목적으로 한 경우에는 동법이 적용된다. 또한 이 법은 채무자의 보호를 위해서, 변제기가 경과되더라도 채권자는 일정한 청산기간 2개월이 경과한 때에 비로소 담보를 실행할 수 있게 하고 있다.[345] 동시에 채무자에

---

344) 假登記擔保法 제1조, 제2조 제1항.
345) 假登記擔保法 제3조 이하.

게는 청산금의 지급과 소유권이전등기 및 목적물인도의무에 대하여 동시이행의 항변권을 인정하고 있다.346) 담보권자의 담보실행방식은 그 자신이 목적물을 평가하여 그 평가액에서 채권에 충당하고 남은 것을 반환하는 귀속청산의 방식이 원칙이지만,347) 일단 목적물에 대한 경매절차가 개시되면 반드시 이 절차에 참가해야 한다. 이렇듯 이 법은 너무 까다롭고 복잡한 청산절차를 가등기담보권자에게 부과하고 있기 때문에 그 이용 자체가 기피되고 있는 실정이다.

(2) 假登記擔保權

1) 意義

채권, 특히 금전채권을 담보할 목적으로, 채권자와 채무자 또는 제삼자 사이에서 채무자 또는 제삼자 소유의 부동산을 목적물로 하는 대물변제예약 또는 매매예약 등을 하고 동시에 채무자의 채무불이행이 있는 경우에 채권자가 그의 예약완결권을 행사함으로써 발생하게 될 장래의 소유권이전등기청구권을 보전하기 위한 가등기를 하는 담보형식에 있어서의 권리를 말한다.

2) 目的物

이러한 담보방법을 할 수 있는 물건은 주로 부동산이지만, 동산중에서 선박·자동차·항공기·중기 등과 같이 등기 또는 등록과 같은 공시방법을 갖춘 동산도 그 대상이 될 수 있다.

3) 類型

대물변제예약이나 매매예약 또는 매매계약과 결합되기도 하고, 청산절차로서는 채권자가 본등기로써 목적물의 소유권을 취득하는 귀속청산형과 채권자가 목적물을 제삼자에게 처분하여 그 환가액으로부터 변제를 받는 처분정산형이 있다.

4) 設定

가등기담보계약과 가등기를 함으로써 설정된다. 기등기담보계약은 채무불이

---

346) 假登記擔保法 제4조 제3항.
347) 假登記擔保法 제4조 제2항, 제3항.

행시 일정한 권리를 채권자에게 이전한다는 내용의 계약이어야 한다.

5) 移轉

가등기담보권자는 변제기가 도래하기 전에 투하자금을 회수하기 위하여 가등기담보권을 피담보채권과 함께 양도할 수 있다. 이때 양도인은 양수인과의 물권적 합의와 함께 기존의 가등기에 권리이전의 부기등기를 하여야 하며, 피담보채권을 양도함에는 채무자에게 통지하거나 채무자의 확정일자 있는 증서 등으로 승낙을 받아야 대항요건을 갖추게 된다(민법 제450조 제1항).

6) 賃借權者와의 關係

설정자가 목적물을 제삼자에게 임대한 경우, 그 임차인이 대항력 있는 임차권을 취득했을 때에는 비록 그것이 담보가등기가 설정된 후에 취득된 것이라 하더라도, 가등기담보권자는 청산금의 범위 내에서 보증금을 임차인에게 반환하고 난 뒤에야 그로부터 목적물을 인도받을 수 있다.[348]

7) 實行

가등기담보의 실행은 먼저 실행통지와 더불어 청산하고 소유권 취득 등의 단계를 거치게 되며, 가등기담보권자는 실행통지가 채무자 등에게 도달한 날로부터 2개월간 청산기간이 경과하기까지 채무자의 변제가 없는 경우에 한해 청산에 들어갈 수 있다.[349] 가등기담보권자는 실행통지 당시의 목적부동산의 가액에서 그 시점의 피담보채권액을 공제한 청산금 차액을 설정자에게 지급하고, 가등기에 기한 본등기청구 및 목적물인도청구를 할 수 있다.[350] 가등기담보권자는 권리취득에 의한 실행을 하지 않고 목적부동산의 경매를 청구해서 그의 권리를 실행할 수 있고,[351] 목적물에 대한 제삼자[352]의 경매가 있을 시 그 배당에 참가하여 우선변제를 받을 수도 있다.[353]

---

348) 假登記擔保法 제5조 제5항.
349) 假登記擔保法 제3조 제1항.
350) 假登記擔保法 제4조 제3항.
351) 假登記擔保法 제12조 제1항 전단.
352) 후순위담보권자 등.
353) 假登記擔保法 제14조.

8) 債務者 등의 抹消請求權

채무자 등은 청산금채권을 변제받을 때까지 그 채무액을 채권자에게 지급하고, 그 채권담보의 목적으로 경료된 소유권이전등기의 말소를 청구할 수 있다.[354] 다만 채무의 변제기로부터 10년이 경과하거나 선의의 제삼자가 소유권을 취득한 때에는 말소를 청구할 수 없다.[355]

(3) 讓渡擔保權

1) 意義

채권담보의 목적으로 물건의 소유권 또는 기타의 재산권을 채권자에게 이전하고, 채무자가 이행하지 아니한 경우에는 채권자가 그 목적물로부터 우선변제를 받게 되지만, 채무자가 이행한 경우에는 목적물을 다시 원소유자에게 반환하는 방법에 의한 비전형담보권이다.

2) 方式

환매나 재매매의 예약에 의한 방식이 있고, 소비대차에 의하면서 소유권을 이전하는 방식이라도 청산의무가 인정되는 방식과 잔여가치반환의무 없이 목적물에 대한 완전한 소유권을 담보권자가 취득하는 방식이 있다. 그러나 이러한 유저당화한 양도담보에 대해서 판례는 민법 제607조, 제608조에 의해서 무효이므로 청산절차를 밟아야 한다고 판시하고 있다.

3) 法理構成

양도담보에 의하여 채권자는 진정한 의미의 소유권을 취득하는 것이 아니라 소유권은 여전히 채무자에게 있고 다만 양도담보권이라는 제한물권을 취득하는 데 불과하다. 가등기담보법이 시행된 후 판례도 이러한 입장을 취하고 있다. 따라서 양도담보권자가 변제기 전에 목적물을 제삼자에게 처분한 경우, 그 제삼자가 선의가 아닌 한 채무자 등은 양도담보권자의 처분행위의 무효를 주장하여

---

354) 假登記擔保法 제11조 본문.
355) 假登記擔保法 제11조 단서.

양수인명의의 소유권이전등기의 말소를 청구하거나, 양도담보권자의 처분행위의 무효를 주장하지 않고 양수인이 취득한 권리는 양도담보권에 지나지 않는다는 것을 원용·주장하여 채권액을 제공하고 목적부동산을 회수할 수 있다.

4) 設定

양도담보권은 양도담보계약과 그 목적물의 권리이전에 필요한 공시방법을 갖춤으로써 성립한다. 동산인 때에는 인도가 있어야 하며, 인도의 방법에는 점유개정도 포함된다. 부동산인 때에는 매매를 원인으로 한 소유권이전등기를 해야 한다.

5) 一般債權者의 押留

양도담보권자의 일반채권자가 행한 담보목적물의 압류는 마치 피담보채권과 함께 양도담보권을 압류한 것과 같은 관계가 된다고 할 것이므로, 피담보채권의 변제기가 도래한 후에 설정자는 압류채권자에게 변제해서 양도담보권을 소멸시킨 다음에 제삼자 이의의 소를 제기할 수 있다. 또한 양도담보설정자의 일반채권자가 담보목적물을 압류했을 경우에도 양도담보권자는 제삼자 이의의 소를 제기할 수 있다는 것이 판례의 입장이다.

6) 讓渡擔保權者의 破産·會社整理

담보설정자는 양도담보권자가 파산하더라도 소유권자로서 피담보채권을 변제하고 목적물을 환취할 수 있다. 회사정리절차가 개시된 경우에도 마찬가지이다.

7) 讓渡擔保設定者의 破産·會社整理

목적물을 점유하고 있는 설정자가 파산한 경우에 양도담보권자는 파산재단에 대하여 還取權을 갖지 못하고 別除權을 가질 뿐이다. 회사정리절차가 개시된 경우에도 양도담보권자는 그 목적물을 환취할 수 없다.

8) 第3者에 의한 侵害

담보물권설에 의하면 제삼자가 불법으로 점유하거나 불법한 침해를 하고 있는 경우에 양도담보권자와 설정자는 모두 제삼자에 대한 반환청구와 방해배제청구권을 갖는다. 또한 목적물이 멸실·훼손된 경우 양도담보권자는 저당권침해에 준해서 불법행위에 기한 손해배상을 청구할 수 있고, 양도담보권설정자는 소유권침해의 불법행위책임을 물을 수 있다.

(4) 所有權留保付賣買

1) 意義

할부매매에 있어서 매도인이 매매목적물을 매수인에게 인도하되 자신의 대금채권의 확보를 위해 매매대금이 모두 지급될 때까지 소유권을 유보하고 그 완급이 있으면 소유권이 자동적으로 매수인에게 이전되는 것을 약정하는 매매의 유형을 말한다. 예컨대 자동차를 구입하면서 그 대금을 12개월로 분할지급하기로 하고 대금완불시까지 그 소유권을 자동차대리점에 유보하기로 약정한 후 자동차를 인도받은 경우이다.

2) 成立

매도인과 매수인 간의 소유권유보에 관한 특약이 있어야 성립한다. 이러한 소유권유보의 특약은 매매목적물의 인도가 완료될 때까지 이루어져야 한다.

3) 對內的 效力

보통 매수인이 목적물을 점유하여 이용하고 그 과실을 수취한다. 그 대신 매수인은 정기적으로 약정된 할부금을 지체 없이 지급하여야 한다. 매매의 목적물이 매수인의 점유하에서 멸실·훼손된 경우에 그 멸실·훼손이 당사자 쌍방의 책임 없는 사유에 기인한 경우 그 위험은 매수인이 부담한다. 따라서 매수인은 나머지 할부금도 지급하여야 할 것이다. 또한 목적물에 관하여 지출되는 공조공과, 부품의 교체·보충 및 수선에 따른 비용도 매수인이 부담한다.

4) 對外的 效力

매수인은 대금을 완급하기까지 목적물을 제삼자에게 처분할 수 없다. 따라서 매수인의 처분행위는 원칙적으로 무효가 되고, 제삼자는 선의취득의 요건을 갖추지 않는 한 완선한 소유권을 취득할 수가 없다. 또한 매수인의 일반채권자가 목적물에 대해 강제집행하려고 할 때 매도인은 그 집행에 대하여 제삼자 이의의 소를 제기할 수 있고, 매수인이 파산한 경우에 매도인은 목적물의 환취권을 갖는다.

5) 實行

매수인이 할부금 지급을 지체한 경우 매도인은 매수인에게 목적물의 반환을 청구할 수 있고, 그 대신 이미 지급받은 대금액으로부터 위약손해금을 공제한 잔액을 청산금으로 매수인에게 돌려주어야 한다. 매도인이 청산금을 제공하지 않는 동안 매수인은 잔대금을 지급하고 목적물의 완전한 소유권을 취득할 수 있다.

6) 加工에 관한 特約

타인의 동산에 가공한 때에 그 물건의 소유권은 원재료의 소유자에게 귀속되지만, 가공으로 인한 가액의 증가가 원재료의 가액보다 현저히 다액인 때에는 가공자의 소유가 된다. 따라서 목적물에 대한 소유권이 비록 매도인에게 있다고 하더라도, 매수인의 가공에 의하여 그 가액이 현저히 증가된 경우에는 그 목적물은 매수인의 소유가 된다. 이러한 현상을 막기 위하여 당사자들은 매수인이 매매목적물을 가공하는 경우에 이는 매도인을 위한 것으로 본다고 하는 가공에 관한 특약을 할 수 있다.

第 5 章

債權總論

第1節 債權의 一般

1. 債權法의 意義

일반적으로 채권은 어떤 특정인(채권자)이 다른 특정인(채무자)에 대하여 특정의 행위를 청구할 수 있는 권리라고 한다. 이 채권에 대응하는 의무, 즉 특정의 행위를 해야 할 채무(Schuld, obligation)이다. 또 채권·채무의 내용이 되는 특정의 행위는 급부(Leistung)라고 한다. 따라서 채권은 권리자인 채권자가 의무자인 채무자에 대하여 일정한 급부를 청구할 수 있는 권리라고 하겠다.

2. 債權法의 法源

(1) 實定法

민법전을 비롯하여 민법의 특별부속법인 이자제한법, 신탁법, 신원보증법, 실화책임에 관한 법률과 상법, 그리고 상법의 특별부속법, 노동법[356] 그리고 경제법[357] 등을 들 수 있다.

(2) 慣習法

자연적으로 발생한 관행이나 관례가 시간적·공간적으로 계속되어 이를 지키고 있는 사람들에 의해 법으로 인정되고 있는 것을 말한다. 그러나 이러한 관습법은 명확성을 결여하고 있으므로 법적 안정성을 해할 수 있어 그때그때 적절한 입법으로 해결하는 것이 더 필요하다. 원칙적으로 채권에 관한 관습법은 제정법에 대해 보충적으로만 효력을 발생할 뿐이므로, 관습법은 당사자의 의사가 분명하지 않고 제정법 역시 존재하지 않을 때에만 적용될 수 있다. 그러나 채권관계와는 달리 물권관계의 경우에는 분묘기지권, 법정지상권과 같은

---

356) 勤勞基準法, 勞動組合法, 勞動爭議調整法 등.
357) 獨占規制 및 公正去來에 관한 法律, 消費者保護法, 不正競爭防止法 등.

관습법상 물권의 창설이 물권법정주의의 예외로서 인정될 수 있다.

(3) 當事者 사이의 法律行爲

채권관계에 관해서는 당사자 사이의 법률행위가 사실인 관습과 함께 민법전의 명문규정에 우선하여 적용된다. 특별법이나 민법상의 강행규정이 없는 한 채권법규정은 대부분 임의법규이기 때문이다. 이런 점에서 채권법은 모든 국민에 대한 통일적 표준을 정하기 위해 규정의 대부분이 강행규정인 물권법과 다르다.

(4) 條理

조리는 법규범이 흠결되는 경우에 이를 보충하는 해석방법을 말한다. 법률해석이나 계약해석의 기준이 된다.

(5) 判例

판례는 法院에 의하여 끊임없이 이루어진 판결의 집적체를 말한다. 그러나 법관은 헌법과 법률에 의하여 그 양심에 따라 독립하여 심판하므로,[358] 판례는 단지 사실적 법원성만을 가질 뿐이다. 다만 확고한 판례는 민법 제1조의 관습법으로서 성문법에 대해 보충적 효력을 가질 수 있다.

3. 債權法의 特徵

(1) 任意法規的 性質 - 契約自由의 原則

1) 債權法의 原則的 任意法規性

채권관계, 계약관계는 자본주의사회에서 인간관계, 사회관계의 중핵을 이루는 관계이므로, 이러한 관계를 규율하는 법이 강제성을 띠게 될 경우 사유주의 원리, 자본주의 원리에 심각한 손상을 입히게 된다. 모든 개인은 누구의 간섭도

---

358) 憲法 제103조.

받지 않고 자기에게 가장 알맞은 것을 주체적으로 선택할 권리와 능력을 갖고 있으며, 국가는 그러한 자치적 사생활 형성에 개입해선 안 된다는 것이 자유주의의 기본적 원리이기 때문이다. 따라서 채권법은 원칙적으로 임의법규이며, 당사자의 주체적인 의사가 국가의 제정법에 우선한다.

2) 物權法과의 差別性

물론 물권법은 아무리 자유주의적 법원리에 따른다고 하더라도 강제성을 인정하지 않을 수 없다. 왜냐하면 물권관계는 모든 사람에게 효력을 발휘하는 것이기 때문에 통일적인 표준이 필요하기 때문이다. 하지만 채권관계와 같이 특정인에 대한 특정행위의 요구 내지 청구를 내용으로 하는 관계는 강제로 규율될 경우 개인의 다양한 욕구와 기호, 주체적 판단을 왜곡할 수밖에 없게 된다. 따라서 국가가 규정한 채권법은 당사자 개인의 의사가 없거나 불분명할 시에 단지 보충적으로만 적용되어야 한다. 물론 당사자 개인이 별다른 생각이 없어서 어떤 합리적 거래의 기준을 외부로부터 필요로 할 때 참고사항이 되어 줄 수는 있다.

3) 任意法規性에 대한 制限

그러나 자본주의가 부익부빈익빈으로 치닫고 계약의 자유가 실질적으로 사회적 강자의 이익을 위해서만 악용되는 부작용을 낳자 경제통제입법이나 사회입법,[359] 소비자보호입법으로 채권법의 임의법규성을 약간 제한하지 않을 수 없게 되었다. 또한 채권관계에서도 채권을 양도하는 경우와 같은 때에는 법률관계의 안정성을 위해서라도 강제법규성을 인정하지 않을 수 없게 돼 있다. 예를 들어 민법 제450조 이하의 규정은 채권자가 채권을 양도할 경우 채무자에게 통지하거나 채무자에게서 승낙을 받지 않는 한 그 채권양도를 채무자 기타 제삼자에게 주장하지 못하도록 규정하고 있는데, 이러한 규정은 강행규정이다.

(2) 國際的, 普遍的 性質

물권법이나 친족상속법이 그 국가의 역사, 문화에 따라 폭넓게 변형되는 특징을 지니는 것과 달리, 국경을 넘어서는 자유로운 계약적 거래를 염두에 두어

---

359) 勞動法, 獨占禁止法, 住宅賃貸借保護法 등.

야 하는 채권법은 보편적, 국제적 특색을 지닌다.

(3) 강한 로마법의 영향

물권법이 로마법적 요소와 함께 비교적 게르만법적 요소의 영향을 많이 받은 것과 대조적으로, 채권법은 로마법의 영향을 압도적으로 많이 받은 법 영역이다.

4. 債權法의 社會的 作用

(1) 資本主義社會에 있어서의 債權法

상품교환 및 시장의 발전과 더불어 계약은 단순히 소유권을 획득하기 위한 수단에서부터 그 자체로 자본의 인간지배를 돕는 수단으로 눈부시게 분화, 발전하였다.[360] 특히 근로관계와 상품의 생산관계, 무주택자의 주거관계 등에 있어서 계약 및 채권관계는 소유 및 점유관계를 훨씬 압도할 정도의 중요한 역할을 자본주의사회에서 수행한다.

(2) 物權과 債權의 關係 및 그 時代的 變化

물권 특히 소유권은 인래 물건에 대한 직접적 지배를 위한 것이었으나 자본주의의 발달과 더불어 그 물건을 다른 사람에게 빌려 줌으로써 이익을 얻기 위한 것으로 그 의미가 변해 가게 되었다. 예를 들어 대도시 다층연립주택의 소유자는 그 건물 전체를 자기가 직접 사용하기 위해서 소유하는 것이 아니라 그 건물에 세를 놓아 거기서 매달 임대료를 받고 살기 위해 소유하는 것이다.

사회의 흐름이 점차 숨 가쁘게 빨라지면서, 금전을 소유한 사람과 생산시설을 소유한 사람, 그리고 이 생산시설을 운용하고 자금을 조달하는 사람 등이 각자 분리되고 이 사람들이 서로의 가진 것을 그때그때 빌려 주면서 서로 돕는 관계가 자본운동의 핵심을 이루게 되었다. 마치 생신자본이 사기 공장과 토지

---

360) 곽윤직, 『채권총론(민법강의 Ⅲ)』, 박영사, 1994, 35쪽.

에 수많은 저당권을 설정하거나 아니면 신용을 바탕삼아 금융자본으로부터 금융을 조달받고 생산라인을 돌리는 데서도 볼 수 있듯이, 그리고 수많은 노동자들이 예전처럼 자기 일신의 소유권을 주인에게 귀속시키는 것이 아니라 자기 노동력을 자본가에게 일시적으로 빌려 주듯이, 소유권은 오늘날 경제주체에 있어서 궁극적인 목적이 아니며, 물권관계는 경제생활에서 단지 보조적인 지위를 차지할 뿐이다. 그 대신 빌려 주고 빌려 받는 계약관계, 채권관계가 오늘날 자본주의 사회관계에서 중심적 위치를 차지해 가고 있다.

본래 채권은 단순히 상대방에게 어떤 행위를 요구할 수 있는 권리에 지나지 않아 채권관계 역시 당사자 일대일 간의 문제로서 제삼자에 대한 채권의 대항력 문제는 상대적으로 별로 크게 취급이 되지 않았다. 그러나 사회의 규모가 점점 커지면서, 채무자가 제삼자에게 피해를 입는 사례가 많아지자 이를 수정하기 위해, 채권은 점차 그 상대방뿐만 아니라 다른 사람에 대해서도 대항할 수 있는, 물권화된 권리로 변하게 되었다. 예컨대 등기된 임차권(제621조)이나 주택임대차보호법상의 대항요건을 갖춘 주택임차권(주택임대차보호법 제3조 1항)의 경우 채권인 임차권은 제삼자에 대해서도 대항력을 갖게 된다. 다시 말해 어떤 주거공간을 임차해서 살고 있는데, 그 공간이 자기도 몰래 제삼자에게 매입되었다고 하더라도 임차인은 그 제삼자에 대항하여 자기 주거공간을 빼앗기지 않을 수 있는 것이다.

채권을 독립된 재산으로 거래하여 금전화할 필요성이 생기게 되자, 채권이 증권에 의해 화체되어 그 증서가 마치 물건처럼 이리저리 팔리면서 유통될 수 있게 되었다. 예를 들면 어음, 수표, 주식 같은 것이 그와 비슷한 종류이다.

第2節 債權關係의 槪念

1. 意義

두 당사자 간에 채권법적으로 어떤 권리와 의무를 설정하고 이것을 실현하기 위해서 서로 맺고 이어 나가는 법률관계를 말한다. 일반인을 대상으로 하는 것이 아니라 특정인끼리 맺는 관계라는 점에서 특별구속관계의 성질을 지닌다.

2. 債權關係와 好意關係

채권관계는 법률관계로서 법적 구속력을 부여받지만, 호의관계에는 법적 구속력이 부여되지 않는다. 하지만 채권관계 중에서도 특히 무상계약관계와 호의관계를 구분하는 것은 매우 어려운 일이다. 대개는 당사자 사이에 법적 구속의사가 있었다면 무상계약관계가 되지만, 만약 그러한 의사가 없었다면 그 관계는 호의관계가 된다고 한다. 그러나 단지 법적 구속의사가 있느냐 없느냐라는 애매한 기준에 따라 무상계약관계에서 발생한 손해는 계약법으로, 호의관계에서 발생한 손해는 불법행위법으로 규율한다면 이는 입증책임 및 배상책임의 요건 등에서 양자 간에 불공평한 결과를 초래하게 된다. 따라서 호의관계에서의 의무위반에 따른 손해발생에 대해서도 무상계약관계의 규정을 유추적용해야 한다는 학설이 있다.

3. 債權

(1) 債權의 目的

물권자가 물권을 가지려 하는 목적은 어떤 특정, 독립된 물건에 대한 지배를 바라기 때문이지만, 채권자가 채권을 가지려 하는 목적은 채무자의 어떤 행위, 즉 급부를 바라기 때문이다. 따라서 채권의 목적은 어떤 물건이 아니라 채무자의 행위, 즉 급부이며, 그 예로서는 컴퓨터매매의 경우 컴퓨터상이 컴퓨터의 소유권을 컴퓨터 구매자에게 넘겨주는 행위를 들 수 있겠다. 다시 말해 컴퓨터 자체가 채권의 목적이 아니라 컴퓨터를 구매자에게 넘겨주는 행위가 채권의 목석이다.

(2) 債權의 一般的 性質

1) 債權의 相對性

채권은 채무자인 특정인에 대해서 급부를 청구할 수 있는 권리라는 점에서 상대권 또는 대인권이다. 절대권인 물권이 어떤 물건에 대해 직접적이고 절대적인 지배를 할 수 있는 데 반해서 상대권인 채권은 채무자 상대방의 재산에 대해 그 어떤 직접적이고 절대적인 지배도 행사할 수가 없다. 단지 채무자가 채무를 불이행했을 때 그 채무자의 책임재산에 대해서 강제집행을 할 수 있을 뿐이다.

2) 債權의 大勢的 效力

채권은 상대권이기 때문에 절대권인 물권과 달리 모든 사람과의 관계에서 대세적 효력을 지니지는 않는다. 따라서 물권의 경우 물권이 제삼자에게 침해되었을 때 제삼자의 고의나 과실에 상관없이 바로 물권적 청구권을 행사할 수 있지만, 채권의 경우 채권이 제삼자에게 침해되었을 때, 예를 들어 제삼자가 채권의 목적물을 훼손하였을 때, 단지 제삼자에게 고의나 과실이 있음을 입증할 수 있는 경우에 한하여 제삼자에게 불법행위에 기한 손해배상청구권을 행사할 수 있을 뿐이다.

3) 債權의 平等性

하나의 급부에 대해 성립한 여러 개의 채권은 그 발생원인이 무엇이든, 먼저 발생했든 늦게 발생했든, 그 대가가 비싸든 싸든 상관없이 모두 평등한 효력을 갖는다. 따라서 채무자가 여러 채권자에게 돈을 차용하고서 지불불능상태에 빠졌을 때 그 수많은 채권자들은 모두 평등한 자격을 가지며, 어느 특정채권자가 우선적으로 자기 채권을 변제받을 수 없다.

4) 債權의 讓渡性

채권은 특정인이 특정인에 대해서 갖는 권리이므로 특정인 간에 통지가 이루어진 경우에 한해서만 그 양도의 자유가 인정되고 있다. 다만 긴밀한 인적 관계를 기초로 하는 사용대차, 임대차, 고용에 있어서는 채권의 양도가 제한되어 채무자의 동의나 승낙까지 받아야 한다.

4. 債務

(1) 債務의 意義

채무는 채권자의 채권에 상응하여 채무자가 채권자에 대해 일정한 행위를 하기로 하는 의무이다.

(2) 債務의 種類

1) 主된 給付義務

채권의 발생원인[361]에 의해 결정되는 가장 중요한 의무이다. 다시 말해 채권자가 채무자와 채권관계를 맺는 데 있어서 목적이 되었던 의무, 계약유형을 특정 짓는 의무를 말한다. 예를 들어 매매관계에 있어서 매도인의 재산권이전의무와 매수인의 대금지급의무가 여기에 해당하며, 이를 채무자가 위반했을 시에는 채권자에게 손해배상청구권과 함께 계약해제권이 인정된다.

2) 信義則上의 附隨的 給付義務

채권자와 채무자 사이의 특별구속관계의 강도와 성질에 따라 상대방에 대한 배려, 신의성실의 요구에서 발생하는 행태의무이다. 예를 들어 제품에 대한 설명의무나 포장의무, 매수인의 매매목적물 수취의무[362] 같은 것을 들 수 있다. 이런 의무는 설령 불이행했다 하더라도 단지 불이행에 따른 손해배상만을 청구할 수 있을 뿐 이러한 불이행을 이유로 채권자가 계약을 해제하는 것은 허용되지 않는다.

3) 保護義務

급부의무와는 상관없이 급부이익 이외의 상대방의 인신과 재산을 보호하기 위해서 지켜야 하는 주의의무이다. 이러한 보호의무는 계약교섭단계에서부터 벌써 발생하며, 계약체결 전에 이러한 의무를 위반한 경우라도 이미 계약교섭

---

361) 대개의 경우 계약에 의해 발생한다.
362) 獨逸民法 제433조 제2항.

단계에 들어와 있는 한 의무위반자는 계약상의 손해배상책임을 부담해야 한다. 이는 계약이 유효하게 체결되었는가 여부에 상관이 없으며, 신의칙상의 부수적 급부의무가 모든 계약관계에서 당연히 인정되는 반면에, 보호의무는 계약 이외의 다른 별도의 근거를 필요로 한다. 이러한 보호의무는 당사자 간의 합의나 채권관계의 내용에서 발생하는 의무가 아니기 때문에, 급부의무에 대해 부수적 관계에 있는 것이 아니라 독립적, 병존적 관계에 있다. 특히 2002년 개정된 독일민법은 제241조 2항을 신설하여 그동안 판례상으로만 인정되어 오던 보호의무를 실정법상 명문규정으로 확립시켰다.

(3) 一般的 去來安全義務와의 區別

1) 一般的 去來安全義務의 意義

給付義務, 注意義務, 保護義務 등이 채권관계에서 발생하는 채무인 반면에, 일반적 거래안전의무는 서로 채권관계로 묶이지 않은 일반인들끼리 사회생활을 하면서 지켜야 할 기본적인 의무로서 채무가 아닌 의무에 해당한다. 구체적으로 타인의 생명, 신체, 건강, 소유권 기타 재산권을 침해하지 않고, 公序良俗이나 보호법규를 준수해야 할 의무이며, 이러한 의무를 위반할 경우에는 채무불이행의 요건이 아니라 불법행위의 요건이 충족된다.

2) 一般的 去來安全義務와 保護義務

일반적 거래안전의무는 결국 타인의 인신과 재산을 보호하는 의무이므로 채권관계에 있어서의 보호의무와 그 내용이 비슷하다. 그러나 일반적 거래안전의무가 절대적 보호법익 이외에 단순한 재산적 이익은 보호대상으로 삼지 않는 반면, 보호의무는 단순한 재산적 이익까지 보호의 대상으로 삼는다는 점에서 두 의무 사이에는 내용상 차이가 있다.

第3節 債權의 給付

1. 給付의 要件

(1) 確定性

급부는 확정되거나 확정될 수 있는 것이어야 한다. 예를 들어 언제까지 가옥을 수선해 줄 것인지, 어떤 물건을 어떻게 배달해 줘야 할 것인지 그런 급부의 내용이 확정될 수 있어야 하며, 그냥 아무거나 해 주라고 한다 해서 그것이 급부가 되는 것은 아니다. 그러나 급부는 채권의 성립 시에 벌써 확정되어 있어야 하는 것은 아니며, 이행시까지만 확정될 수 있으면 된다. 당사자가 급부에 관해 구체적 약정을 하지 않은 경우에는 객관적 사정을 고려하여 급부의 확정성 여부를 검토한다.

(2) 可能性

급부는 이미 채권성립 당시부터 그 실현이 가능한 것이어야 한다. 예를 들어 하늘에서 별을 따 달라고 하는 것은 그 실현이 불가능하므로 급부가 될 수 없다. 이러한 불가능한 급부를 목적으로 하는 채권은 무효가 되며, 이러한 불능사실을 알거나 알 수 있었음에도 불구하고 이러한 불능한 급부를 목적으로 계약을 체결한 사람은 민법 제535조에 의해 신뢰이익의 배상의무를 부담한다. 그리고 급부의 불능에는 물리적 불능과 법률적 불능 그리고 사실적 불능 등의 종류가 있다.

1) 物理的 不能

불능의 가장 전형적인 경우로서 자연의 법칙에 따라 급부가 이미 제공될 수 없는 상태였던 경우를 말한다. 예를 들어 제공하기로 한 급부의 목적물이 이미 파괴되어 다시는 재생될 수 없게 된 상태였던 경우, 양도하기로 한 채권이 소멸해 있었던 경우, 급부의 목적물이 동물이었는데 죽어 버렸던 경우 등이 있다. 논란이 되는 것은 사주, 관상 기타 점술적 수단으로 타인의 미래를 예언하는 급부가 불능인지의 여부이다. 이에 관해 독일법원은 1953년 점성술사의 급부를 불능인 급부로 판시했는데, 그 이유는 태어난 시각의 별의 위치에 따라 계산된 천체의 움직임이 개인의 운명형성에 영향을 미친다는 전제는 과학적으로 받아들여질 수 없기 때문이었다. 물론 이에 따를 경우 무당굿이나 부적에 관한 급부도 불능인 급부이긴 마찬가지라 할 수 있을 것이다.

2) 法律的 不能

약속된 급부를 실현하는 것이 법적으로 금지된 경우를 말한다. 예를 들어 범죄의 실현(殺人, 暴行, 强姦 등)을 목적으로 한 급부는 당연히 무효인데, 이에 대해서는 사실 민법 제103조의 규정이나 급부의 적법성이 먼저 적용될 수 있을 것이다. 논란이 되는 것은 계약의 목적인 급부(예를 들면 建築)에 대해 관청의 허가가 날 수 없었던 경우라고 할 수 있겠지만, 이 경우에는 섣불리 계약을 무효화해서는 안 될 것이다. 오히려 신의칙에 따라 계약당사자들이 서로 협조하여 관청의 허가를 받을 수 있도록 쌍방 간에 양보해서 계약을 약간씩 변경할 의무가 발생한다고 봐야 할 것이다.

3) 事實的 不能

비록 물리적으로 따지면 가능하긴 하지만, 그 급부의 실현이 매우 어려워진 경우를 말한다. 예를 들어 공작기계를 수출했는데, 그 공작기계를 싣고 가던 배가 깊은 바다에 가라앉아 버린 경우, 그 배를 인양할 수도 있긴 하지만 사실상 비용이 많이 들게 되므로 이 경우는 사실적 불능이라고 말할 수 있다. 물론 채무자가 굳이 배를 인양하기까지 하면서 그러한 급부를 제공하려 한다면 말릴 필요는 없으나, 그러한 경우 보통의 채무자는 계약시에 예상했던 비용을 훨씬 초과하는 비용까지 지불하며 급부의무를 이행하려 하지는 않기 때문이다.

4) 給付의 事後的 不能

다만 급부가 채권성립시에는 가능하였으나 그 이후에 불능이 된 경우에는 귀책사유 여부에 따라야 한다. 다시 말해 채무자에게 귀책사유가 있을 경우 채무자는 손해배상의무를 부담하고, 채무자에게 귀책사유가 없을 경우에는 민법 제537조에 따라 채권은 소멸한다. 예를 들어 계약 당시에는 중국에서 판다 곰을 수입하는 게 가능했으나, 이후 중국의 행정당국이 방침을 바꾸어 판다 곰 수입이 불가능하게 되었다면, 이러한 사정을 채무자가 알 수 있었을 경우 채무자는 받은 대금을 돌려주는 것은 물론이고 이로 인해 발생한 채권자의 모든 손해를 배상해야 하며, 만약 이러한 사정을 채무자가 알 수 없었다면 채무자는 채권자에게 받은 대금만 돌려주면 된다. 만약 불능의 귀책사유가 반대로 채권자에게 있었다면, 민법 제538조에 따라 채무자는 채권자로부터 아직 못 받은 대금까지 달라고 요구할 수 있다. 물론 편무계약이라면 채권자에게 귀책사유가 있을 시라도 채무자는 채권자에게 대가지급을 요구할 수 없다.

(3) 適法性

급부내용이 위법 또는 부적법한 경우 그 급부를 목적으로 하는 계약은 무효이며 채권은 성립하지 않는다.

(4) 換價性

급부는 보통 금전적 가치를 지니지만 반드시 금전으로 가액을 산정할 수 있는 것을 요건으로 하지는 않는다. 그러나 개인적으로 이 규정은 민법전에서는 의미가 없다고 생각된다. 금전적 가치를 지니지 않는 영혼이나 양심, 명예, 정조 같은 것을 팔거나 빌려 준다는 것은 있을 수 없는 것이며, 설령 그것이 가능하다고 하더라도 채권법의 영역에서 그러한 비금전적 거래를 보호해야 할 이유는 없기 때문이다. 상법의 경우는 제668조에서 보험계약의 목적에 대해 금전으로 산정할 수 있는 이익에 한한다고 규정하고 있다. 따라서 상법의 태도가 더 타당하다고 생각한다.

2. 給付의 種類

(1) 作爲給付와 不作爲給付

급부의 내용이 적극적 행위, 즉 작위(Tun)인가, 아니면 소극적 행위, 즉 부작위(Unterlassung)인가에 따른 구별이다. 부작위급부에는 예를 들어, 예전의 동업자에게서 취득한 영업비밀을 타인에게 발설하지 않기로 하는 행위 등이 해당될 수 있다. 부작위급부를 불이행했을 시, 예를 들어 영업비밀의 발설의 경우, 이에 대한 채권자의 강제이행의 방법은 채무자가 자기 비용으로 의무위반의 결과를 제거하는 것 등을 법원에 청구하는 것이 있을 수 있다.

(2) 주는 給付와 하는 給付

작위급부에는 주는 급부와 하는 급부가 있다. 물건의 인도를 목적으로 하는 것을 주는 급부라고 하며, 노무제공이나 일의 완성을 목적으로 하는 급부를 하는 급부라고 한다. 주는 급부가 주로 직접강제에 의해서 강제이행되는 반면, 하는 급부는 주로 대체집행 또는 간접강제에 의해서 강제이행이 이루어지게 된다.

(3) 特定物給付와 不特定物給付

주는 급부에서 급부목적물의 특정성에 따른 구별로서 특정물급부는 구체적으로 특정된 어떤 목적물을 인도하는 것을 목적으로 하고, 불특정물급부는 일정 종류에 속하는 어떤 물건의 일정량을 인도할 것을 목적으로 하는 것이다. 특정물급부의 경우 채무자는 급부목적물의 보관에 대해 선관주의의무를 부담하며, 양 당사자의 귀책사유 없이 그 특정물이 멸실된 경우 채무자는 채권자에게 그 대가를 청구하지 못한다(민법 제537조). 예를 들어 어떤 골동품상이 어떤 고객에게 자기 가게에 있던 이조백자 하나를 팔아 배달해 주기로 했는데, 배달해 주기도 전에 때마침 몰아친 폭풍으로 그 이조백자가 깨져 버린 경우 골동품상은 고객에게 단 한 푼의 돈도 요구할 수 없다.

(4) 可分給付와 不可分給付

급부의 본질 또는 가치의 손상 없이 급부를 분할적으로 실현할 수 있으면 그 급부는 가분급부이고, 실현할 수 없으면 그 급부는 불가분급부이다. 예를 들어 금전을 지불하는 행위나 일정 수량의 물건을 인도하는 행위는 가분급부라고 하나, 가분급부와 불가분급부의 구분은 당사자의 의사에 따라 정하는 것이지, 급부의 성질에 따라 정하는 것은 매우 힘들다. 만약 채권자가 여러 사람이라면 가분급부는 그중 한 사람이 채무자에게 급부 전체를 요구할 수 있지만, 불가분급부는 그중 한 사람이 채무자에게 자기 몫만을 요구할 수 있을 뿐이다.

(5) 一時的 給付·繼續的 給付·回歸的 給付

일시적 급부는 한 번의 급부로써 급부의무가 완전히 실현되어 소멸하는 급부를 말하며, 계속적 급부는 채무자가 급부의 완성을 위해 계속적, 반복적으로 실현해야 하는 급부를 말한다. 계속적 급부의 예로서는 전기나 가스, 수도의 공급이나 고용계약에서 노동력의 제공 같은 것을 들 수 있다. 반면 일시적 급부와 계속적 급부를 결합한 형태로서 회귀적 급부가 있는데, 회귀적 급부는 채무자가 일정시간의 격차를 두고 일정한 급부를 반복적으로 실현해야 한다(예를 들어 신문이나 우유의 배달). 계속적 급부나 회귀적 급부는 채권자가 더 이상 받고 싶지 않을 때 계약을 해제하는 것이 아니라 해지해야 한다. 다시 말해 지금까지의 계약관계는 계속 유효한 것으로 남고, 장래의 계약관계만 없어질 뿐이다.

3. 特定物債權

(1) 意義

특정물의 인도를 목적으로 하는 채권을 말한다. 특정물채권은 반드시 채권의 성립시부터 특정물의 인도를 목적으로 하는 경우에만 국한되지 않고 종류채권이나 선택채권의 경우에도 이후 당사자의 합의에 따라 목적물이 특정된 경우에는 그때부터 특정물채권으로 다루어진다.

(2) 債務者의 善管注意義務

특정물채권의 채무자는 특정물을 인도할 때까지 선량한 관리자의 주의로 보존하여야 한다(민법 제374조). 여기서 선량한 관리자의 주의란 채무자의 직업,

사회적 지위 등에 비추어 일반적으로 요구되는 정도의 주의를 말한다.[363] 예를 들어 집을 하나 사기로 계약을 했을 때 집을 판 사람은 그 집 산 사람이 이사 오기 전까지 그 집을 잘 보존해야 하며, 만약 집을 훼손하거나 멸실시켰을 경우 집 산 사람에 대해 그 신뢰손해를 배상해야 한다. 채무자가 선관의무를 다하였으나 목적물이 멸실 또는 훼손된 경우, 예를 들어 옆집에서 불이 나서 결국 그 집까지 모두 타 버린 경우, 채무자는 신뢰손해에 대한 배상의무를 부담하지 않고, 그 대신 채권자에게서 받은 돈만 돌려주면 된다.

(3) 目的物의 現狀引渡

특정물인도의무를 부담하는 채무자는 이행기의 현상대로 그 물건을 인도하면 된다(민법 제462조). 다시 말해 채무자의 과실 없이 채권성립 당시의 목적물의 현상과 인도할 때의 현상 사이에 어떤 변화가 발생하기는 했는데, 그것이 목적물의 법적 동일성을 유지할 수 있는 정도로 극히 경미한 변화라면, 채무자는 이행기의 현상 그대로 채권자에게 물건을 인도하기만 하면 된다. 왜냐하면 특정물은 종류물과 달라서 다른 물건으로 대체할 수가 없기 때문이다. 그 대신 채무자는 채권자에 대해 瑕疵擔保責任을 부담해, 채권자는 채무자에 대해 물건의 수선이나 대금의 감액을 청구할 수 있다. 물론 사용대차와 같은 무상계약에 대해서는 瑕疵擔保責任의 규정이 적용되지 않는다.

(4) 特定物의 引渡場所

특정물의 경우 채무자는 특단의 합의가 없는 한 채권성립 당시 그 물건이 있었던 장소에서 인도하여야 한다(민법 제467조 제1항). 다시 말해 특정물은 배달해 주는 것이 아니라 그 가게에 와서 직접 사 가는 것이 원칙이다.

(5) 果實의 歸屬

목적물에서 생긴 천연과실은 그 원물에서 분리됨과 동시에 과실수취권자에게

---

363) 곽윤직, 앞의 책, 48쪽.

귀속된다. 종류물의 경우 목적물이 아직 특정되지 않았으므로 과실의 귀속문제가 생기지 않는다. 그러나 특정물의 경우 이행기 이전 또는 이후에 특정물로부터 분리된 과실의 귀속이 문제된다. 계약의 성질상 과실수취권이 누구에게 있는가를 따져서 구체적으로 판단해야 한다고 본다. 예를 들어서 任置契約 같은 경우 이행기 이전의 과실수취권은 당연히 채권자(任置人)에게 있으며, 이행기 이후라도 과실수취권은 채권자에게 있다고 보아야 한다. 반면 매매계약 같은 경우 이행기 이전의 과실은 당연히 채무자(賣渡人)에게 있으며, 이행기 이후의 과실 역시도 매수인이 대금을 지급하지 않는 한 매도인에게 귀속된다고 규정되고 있다(민법 제587조).

4. 種類債權

(1) 意義

종류채권이란 인도해야 할 목적물이 종류와 수량에 의해서 정해진 경우의 급부채권을 말한다. 다시 말해 채권의 성립 당시에 구체적으로 어느 물건을 인도해야 할 것인가가 특정되지 않고, 단지 갑 자동차 1대와 같이 종류와 수량만 정해진 경우이다.

(2) 種類債權과 特定物債權

종류채권은 종류와 수량에 의해서만 목적물이 정해지는 반면, 특정물채권은 인도해야 할 목적물이 대체불가능한 바로 그 구체적인 개체 하나로 확정된다는 점에서 양자의 차이가 있다. 종류채권이냐 특정물채권이냐의 여부는 주로 당사자의 합의에 의해서 정해지나, 당사자의 의사가 확실치 않을 때에는 대개 목적물이 代替性을 지니는 경우에 종류채권으로, 대체성을 지니지 않는 경우에는 특정물채권으로 분류를 한다. 하지만 현대의 상품거래에서 대체성이 없는 특정물로 분류될 수 있는 것은 기껏해야 골동품이나 예술품 같은 것이 있을 뿐이며, 시장, 예를 들어 백화점이나 슈퍼마켓에서 거래되는 대부분의 물건은 種類物이다.

(3) 制限種類債權

동일 종류의 물건들을 당사자의 특약에 의해 특별히 한정하여 이를 목적물로 하는 채권을 제한종류채권이라고 한다. 예를 들어 어느 물류창고 안에 들어 있는 소주 10상자를 목적으로 하는 채권이 여기에 해당하는데, 실제의 경우 특정물채권과 제한종류채권을 구별하는 것은 매우 어려운 일이다. 대개의 경우 당사자가 목적물의 개성을 중요시할 때 특정물채권이라 하고, 개성을 중요시하지 않으면 제한종류채권이라고 하며, 일단 제한종류채권으로 판단되면, 종류채권의 일종으로서 종류채권에 관한 규정들의 적용을 받는다.

(4) 目的物의 品質

단순히 목적물의 종류만 결정되고, 품질은 합의되지 않는 경우가 많다. 같은 종류의 물건이라 하더라도 품질은 제각각인 경우가 많은데, 이때 채무자는 특약이 없는 한 중등품질의 물건으로 이행하여야 한다. 그러나 消費貸借, 消費任置의 경우 반환채무자, 즉 차주나 수치인은 처음에 받았던 물건과 동일한 품질의 물건을 반환해야 한다.

(5) 種類債權에 있어서 履行의 場所

持參債務는 채무자가 채권자주소지에서 채무를 이행해야 하며, 推尋債務는 채무자가 자기 주소지에서 채무를 이행하고 그를 위해 채권자가 채무자의 주소지에 와서 그 이행을 받아야 한다. 送付債務는 채무자가 채권자 주소지도 아니고 채무자 주소지도 아닌 제3의 장소에서 이행해야 한다. 즉 그곳에다가 이행의 결과를 남겨놓으면 채권자가 와서 받아 가야 한다. 종류채권에 있어서 채무는 원칙적으로 지참채무이므로, 이행의 장소 역시 특별한 약정이 없는 한 채권자의 주소지이다. 그러나 매매계약의 경우 크기가 작고 운송이 까다롭지 않은 대부분의 물건에 대한 채무는 추심채무라고 해석해야 한다.

(6) 種類債權에 있어서 特定의 方法

종류채권은 당사자 사이에 계약이 있는 경우에는 이에 따르고, 계약이 없는 경우에는 법률의 규정에 따라 채무자의 행위에 의해 특정된다. 종류채권은 종류물의 개성을 문제 삼지 않는 채권이므로, 특정을 누가 하는가가 그렇게 중요하지는 않다. 따라서 계약에 따른 지정권자가 지정권을 행사하지 않으면 그냥 채무자가 목적물을 특정해도 된다. 즉 특정을 위한 채무자의 행위에는 이행에 필요한 행위의 완료 또는 채권자 동의하의 이행할 물건의 지정 등을 들 수 있다. 예를 들어 지참채무의 경우 채무자가 목적물을 가지고 채권자의 주소지에 가서 목적물을 채권자가 언제라도 수령할 수 있는 상태로 두면 채무의 내용에 따른 이행이 되며, 목적물이 특정된다. 목적물이 특정되기 전에 운송사고 등으로 인해 멸실하면, 아직 채무의 이행이 끝나지 않은 상황이므로 채무자는 같은 종류의 새로운 목적물을 구해서 다시 채권자에게 이행해야 한다.

(7) 種類債權에 있어서 特定의 效果

특정에 의해 종류채권은 채권관계의 동일성을 유지한 채 특정물채권으로 전환된다. 따라서 채무자는 원칙적으로 그 특정된 물건만을 채권자에게 인도해야 하고, 아직 이행이 끝나지 않은 경우 특정된 목적물에 대한 선관의무를 부담한다. 그러나 특정으로써 목적물은 이미 특정물이 되어 버렸기 때문에 채무자가 선관의무를 다했음에도 불구하고 목적물이 천재지변 등에 의해 멸실되어 버리면 채권은 불능채권이 되어 소멸한다. 물론 종류물은 어치피 특정이 되었건 되지 않았건 물건의 개성이 중요한 것은 아니기 때문에 채무자가 특정된 물건과 同種同量의 다른 물건을 引渡하더라도 채권자에게 불이익이 없는 한 채무불이행은 아니며, 물건이 채무자 과실 없이 멸실된 경우 멸실된 물건 대신 같은 종류의 새로운 물건으로 이행하더라도 채권자가 기꺼이 수령하고 대금을 지불한다면 상관은 없다.

(8) 種類債權에 있어서 瑕疵 있는 特定

특정에 의하여 선정된 목적물에 하자가 있는 경우, 다시 말해 채권자나 채무자가 잘못해서 하자 있는 물건을 특정한 경우에도 특정의 효과가 발생하는지는 의문이다. 우선 채무자가 잘못해서 하자 있는 목적물을 특정한 경우에는 채무의 내용에 좇은 이행을 위한 특정이 있다고 볼 수 없으므로, 이 경우 특정의 효과는 발생하지 않는다. 그리고 채권자가 잘못해서 하자 있는 목적물을 특정한 경우라 하더라도, 매매계약과 같은 유상계약의 경우 우리 민법은 종류물의 특정에 상관없이 하자담보책임을 규정하고 있으므로, 매수인은 매도인에게 완전한 물건을 다시 급부하라고 청구할 수 있다.

(9) 種類債權에 있어서의 特定과 所有權移轉

종류채권의 목적물이 특정되었다고 해서 곧 그 목적물의 소유권이 채권자에게 이전되지는 않는다. 소유권이 이전되기 위해서는 당사자 사이에 그 목적물에 대한 물권행위와 기타 요건을 위한 행위가 이루어져야 하기 때문이다.

5. 金錢債權

(1) 意義

국가로부터 인정된 일반적이고 직접적인 지불수단, 즉 금전의 인도를 목적으로 하는 채권을 금전채권이라 한다. 크게 보아 종류채권의 범주에 들어갈 수 있으나, 사용가치 없이 교환가치만 있는 특수한 물건의 인도를 목적으로 한다는 점에서 독립되어 다루어진다. 우리나라와 같이 금전배상을 원칙으로 하는 나라에서는 금전채권의 대표적인 예가 손해배상청구권이다.

(2) 金錢債權의 種類

일정액의 금전을 목적으로 하는 금액채권, 일정한 종류의 금전을 가지고 일정금액을 급부해야 하는 金種債權, 진열이나 장식 등을 이유로 특정한 금전의 지급을 목적으로 하는 特定金錢債權, 외국금전의 급부를 목적으로 하는 外國金錢債權(外換債權) 등이 있다. 금종채권의 경우 특종의 통화가 변제기에 강제통용력을 상실한 경우에는 다른 通用力이 있는 화폐로 변제하여야 한다. 그리고 외환채권의 경우 채무자는 특약이 없는 한 자신의 선택에 따라 그 나라의 각종

통화로 변제할 수 있으며, 특약에 의해 특종통화로 지급하기로 한 경우 그 통화가 변제기에 강제통용력을 상실하였다면 그 나라의 다른 통화로 변제하여야 한다. 또는 '지급할 때에 있어서의' 이행지의 환금시가에 의하여 우리나라 통화로 변제할 수도 있다.

(3) 金錢債權의 特則

금전채권은 통화제도가 존재하는 한 이행불능의 사태가 발생하지 않는다. 단지 이행지체나 지급불능의 상태가 있을 뿐이다. 만약 이행이 지체될 경우 채권자는 손해의 증명, 채무자의 귀책사유에 대한 증명 없이도 손해의 배상을 청구할 수 있으며, 채무자는 이에 대해 항변하지 못한다. 손해배상액은 당사자 간의 약정이 없는 한 법정이율에 의하여 정해지고, 법정이율보다 높은 이율을 당사자가 약정하였거나, 법률에 특별규정이 있는 委任契約, 組合契約의 경우이거나, 손해배상액을 예정한 경우에는 이에 의한다.

(4) 事情變更의 原則

우리나라 판례는 금전가치에 급격한 변동이 있어 금전가치를 그 명목액으로 변제하는 것이 당사자 간의 형평을 깨뜨리는 경우라 하디라도 사정변경의 원리를 내세워 계약을 해제하거나 계약내용을 변경하는 것을 인정하지 않고 있다. 반면 독일판례는 1차 대전 이후 극심한 인플레가 발생하자 행위기초이론에 의해 금전채권의 평가절상을 인정했고, 이는 1922년 平價切上法으로 입법화됐다.

6. 利子債權

(1) 利子의 意義

이자란 원본인 流動資本으로부터 발생하는 수익으로서 元本額과 사용기간에 비례하여 일정한 비율[364]에 따라 지급되는 금전 기타의 대체물로서 법정과실의 일종이기도 하다.[365] 지연이자는 손해배상금의 일종이므로 고유한 의미에서의 이자에 해당하지 않으나 이율의 산정 등에 있어서는 보통의 이자와 다를 바가 없다.

(2) 利子債權

이자채권은 이자의 지급을 목적으로 하는 채권이다. 유효한 원본채권을 전제로 하므로, 원본채권이 유효하지 않다면 이자채권도 마찬가지로 성립하지 않는다.

(3) 基本的 利子債權과 支分的 利子債權

元本과의 관계에서 일정기에 일정률의 이자를 발생케 하는 채권이 基本的 利子債權이라면 支分的 利子債權은 이러한 기본적 이자채권의 효과로서 일정기에 일정액의 이자를 지급할 것을 내용으로 하는 支分權으로서의 채권이다. 예를 들어 어느 사업가가 은행에서 10억 원을 차용했는데 이자가 연 12%라면 基本的 利子債權은 연 1억 2천만 원의 이자를 발생케 하는 채권인 데 반해, 支分的 利子債權은 위의 예에서 매월 이자를 지급하기로 했다면 매월 천만 원의 이자 발생을 내용으로 하는 채권이다. 변제기에 도래한 支分的 利子債權은 元本債權에 대해 독립된 성격을 가지며, 원본채권과 분리되어 양도될 수 있고, 별도로 변제될 수도 있으며, 원본채권과는 별도의 시효로 인해 소멸한다.

(4) 複利

이자의 이자로서, 변제기에 도래한 이자를 원본에 산입하여 이에 대해서 역시 이자를 붙이는 것을 말한다. 약정복리와 법정복리[366)가 있다.

(5) 先利子控除

선이자[367)란 원본을 차주에게 인도할 때 미리 공제하는 이자를 말한다. 예컨

---

364) 元本額에 대한 이자의 비율을 말한다. 원본이용의 일정기간을 단위로 하여 정해지며, 이율에는 당사자의 계약이나 관습에 따라 정해지는 약정이율과 법정이율이 있다.

365) 이자는 법정과실이라고 하지만, 법정과실이 모두가 이자는 아니다. 예컨대 지료나 차임 등은 법정과실이지만 이자는 아니다.

366) 商法 제76조.

대 100억 원을 연 12% 이율로 1년 동안 빌려 주는 경우 이에 해당하는 이자 12억 원을 미리 공제하고, 실제로는 88억 원을 주면서 1년 뒤에는 100억 원을 돌려받는 경우이다.

7. 選擇債權

(1) 意義

선택채권이란 수개의 서로 다른 급부가 동시에 채권의 목적으로 예정되어 있다가, 선택에 의하여 그중 하나가 급부의 목적이 되는 채권을 말한다. 여기서 수개의 급부는 서로 다른 급부로서, 선택에 의해 급부가 특정될 때까지 이행할 수 있는 것이면 된다.

(2) 選擇債權과 種類債權

선택채권은 종류채권과 마찬가지로 특정 이전에는 채권의 목적인 급부가 불확정한 상태로 있다가 특정으로 급부가 확정된다는 점에서 공통점을 가지고 있다. 그러나 선택채권은 비록 여러 개일망정 이미 확정된 급부 중에서 하나가 특정된다는 점에서 종류채권과 차이점을 갖는다. 하지만 구체석인 경우 제한종류채권과 선택채권을 구분하는 것은 매우 어려우며, 효과에 있어서도 그 차이는 극히 미미하다.

(3) 選擇債權의 發生原因

선택채권은 당사자의 법률행위에 의해 발생할 수도 있지만, 계약의 이행 또는 손해배상의 책임을 지는 무권대리인의 경우(민법 제135조), 점유자가 支出費償還이나 增價額償還의 청구권을 갖는 점유물개량의 경우(민법 제203조 제2항), 보증인이 事前求償權을 행사할 때 주채무자가 보증인에 내해 채무이행 또는 담

---

367) 大判 1981.1.27. 80다2694.

보제공을 청구할 수 있는 경우(민법 제443조) 등과 같이 법률의 규정에 의해서도 발생할 수 있다.

(4) 選擇債權의 特定方法

선택권자의 선택에 의한 특정(민법 제381조~제384조)과 급부불능에 의한 특정(민법 제385조)이 있다.

1) 選擇權者의 選擇에 의한 特定

① 選擇權者의 決定

법률규정에 의해 선택채권이 발생하는 경우에는 법률의 규정에 의하여(민법 제135조 제1항, 제203조 제2항, 제443조), 법률행위에 의해 선택채권이 발생하는 경우에는 법률행위에 의하여 선택권자가 정해진다. 그 어느 것으로도 선택권자가 정해지지 않은 경우에는 채무자에게 선택권이 주어진다(민법 제380조).

② 選擇權의 行使

채권자나 채무자가 선택권을 갖는 경우 선택권은 상대방에 대한 의사표시에 의해 행사된다(민법 제382조 제1항). 제삼자가 선택권을 갖는 경우 선택권은 채무자 및 채권자에 대한 의사표시에 의해 행사된다(민법 제383조 제1항). 선택의 의사표시는 상대방에게 到達한 때로부터 효력이 발생하므로(민법 제111조 제1항), 효력발생 이후 상대방의 동의가 없는 한 撤回되지 못한다(민법 제382조 제2항). 선택은 일방적 의사표시이므로 條件과 期限을 붙이지 못한다.

③ 選擇權의 移轉

선택권행사의 기간이 있는 경우에는 선택권자가 그 기간 내에 선택권을 행사하지 않는 경우 상대방은 상당기간을 정하여 그 선택을 최고할 수 있고, 그 최고기간 내에 선택하지 않으면 그 선택권은 상대방에게 이전한다(민법 제381조 제1항). 선택권행사의 기간이 정해져 있지 않으나 채권의 기한이 정해져 있는 경우에는 채권의 기한이 도래한 후 상대방이 상당기간을 정하여 최고할 수 있다(민법 제381조 제2항). 제삼자에게 선택권이 있을 경우 제삼자가 선택할 수 없으면 그 선택할 수 없다는 사실만으로도 선택권은 채무자에게 이전한다(민법

제384조 제1항). 제삼자가 선택할 수 있으면서도 선택하지 않고 있는 경우에는 채권자나 채무자가 제삼자에게 상당기간을 주고 선택을 최고한 다음, 최고기간 내에 제삼자가 선택하지 않는 경우 그 선택권을 채무자에게 이전시킬 수 있다(민법 제383조 제2항).

④ 選擇의 效果

선택채권은 선택에 의해 단순채권으로 변하게 되어, 채무자는 선택된 한 개의 급부에 한해 급부의무를 부담한다. 선택의 효력은 채권발생 당시로 소급하지만(민법 제386조 본문), 선택의 소급효로 인해 제삼자의 이익을 해하지는 못한다(민법 제386조 단서). 그러나 선택의 소급효로 인해 채권자의 채무이행청구 시기가 새삼스럽게 앞당겨지지도 않을 것이고 제삼자의 이익이 침해되는 일도 없을 것이므로, 민법 제386조의 규정은 불필요한 규정이라고 할 수 있다. 선택채권의 성립 후부터 선택까지의 기간 사이에 제삼자가 선택된 목적물에 대한 물권을 취득한다면 당연히 제삼자가 선택채권자에게 우선하며, 제삼자가 선택된 급부에 대한 채권을 취득한다면 채권은 어차피 발생시기의 선후에 상관없이 평등하므로 소급효가 제삼자를 해하지는 못할 것이기 때문이다.

2) 給付不能에 의한 特定

① 原始的 不能

채권의 목적으로 선택할 수개의 급부 가운데서 채권관계의 성립 이전부터 불능한 급부가 있을 경우 채권은 잔존한 가능한 급부에 대해서만 성립한다(민법 제385조 제1항). 즉 잔존하는 급부가 하나뿐이면 처음부터 單純債權으로서 성립하고, 잔존하는 급부가 두 개 이상이면 선택채권이 성립한다.

② 後發的 不能

어느 쪽이든 선택권이 있는 자가 자기에게 가장 유리한 급부를 선택할 수 있다. 다시 말해 자기에게 불능의 歸責事由가 있는 경우 잔존하는 급부에 채권을 특정시키면 되며, 상대방에게 불능의 귀책사유가 있는 경우 일부러 불능이 된 급부를 선택하여 자기는 履行責任을 면하면서 상대방에게는 이행책임을 물을 수 있다(민법 제385조 제2항).

8. 任意債權

(1) 意義

채권의 목적은 이미 하나의 급부에 특정되어 있으나 채권자 또는 채무자가 다른 급부를 가지고 본래의 급부에 갈음할 수 있는 채권을 말한다. 다만 본래의 급부에 갈음하는 다른 급부는 이미 확정된 내용의 것이어야 한다.

(2) 發生原因

임의채권은 원칙적으로 당사자 간의 법률행위에 의해 발생한다. 법률의 규정에 의해 발생하는 임의채권은 오로지, 외환채권에 있어서 우선적으로는 외환으로 변제해야 하지만 채무자가 지급할시의 이행지 환금시가에 의해 우리나라의 통화로도 변제할 수 있음을 규정하고 있는 민법 제378조의 경우가 있을 뿐이다.

(3) 任意債權에 있어서 給付不能

임의채권은 본래의 급부가 엄연히 특정되어 있는 경우이므로, 본래의 급부가 원시적 또는 후발적으로 불능이 된 뒤에는 채권이 더 이상 존재할 수가 없게 된다.

(4) 任意債權에 있어서 給付의 代用

채권자가 대용권자인 경우 대용청구의 의사표시를 함으로써 대용급부[368)가 급부의 목적물로 확정된다. 반면 채무자가 대용권자인 경우에는 채무자가 대용급부를 현실로 이행하여야 대용급부가 급부의 목적물로 확정된다.

---

368) 예를 들어 본래는 물건을 급부해야 하나 물건 금액만큼의 금전으로 급부하여도 무방한 채무로서, 어떤 급부를 목적으로 하지만 다른 급부로써 이에 갈음하여도 지장 없는 채권을 말한다. 이 경우에 본래의 급부에 갈음하여 다른 급부를 할 수 있는 채무자의 권리를 대용권이라 하고, 갈음하는 급부를 대용급부라고 한다. 채권자는 대용급부를 청구할 권리를 가지지 않는다. 또한 본래의 급부가 불능이 되면 대용급부가 가능하더라도 임의채권은 소멸한다.

第4節 債權의 效力

1. 槪觀

(1) 債權의 效力

채권자가 채권을 가졌을 때 그 채권에 주어져 있는 힘, 채권이 자기 내용을 실현하기 위해 가져야 하는 효과를 말한다. 채권의 효력은 채권의 대내적 효력, 채권의 대외적 효력, 책임재산보전의 효력으로 구분될 수 있다.

(2) 債權의 對內的 效力

채권의 효력 중에서도 채권자와 채무자 사이, 즉 채권관계 내부에서 발생하는 효력을 말한다. 채권의 대내적 효력은 다시 청구력과 급부보유력 그리고 강제이행의 효력과 손해배상청구의 효력으로 구분해 볼 수 있다.

1) 請求力과 給付保有力

청구력은 채권자로 하여금 채무자에 대해 급부를 청구할 수 있게 만들어 수는 힘을 말한다. 예를 들어 매수인이 매도인에게 매매목적물인 자동차의 인도를 청구할 수 있는 힘이다. 그리고 급부보유력은 이로써 채무자가 이행한 급부를 채권자로 하여금 적법하게 보유할 수 있게 만들어 주는 힘을 말한다. 예를 들어 상점임차인이 임대받은 상점을 계속 점유하고 있을 수 있는 힘이다. 이와 같은 청구력과 급부보유력은 채권의 본래적 효력(1차적 효력)으로서, 이러한 본래적 효력만 갖고 있으면 채권자는 강제적 실현권능과는 상관없이 법률상의 채권을 갖고 있는 것으로 취급된다.

2) 强制履行의 效力과 損害賠償請求의 效力

강제이행의 효력이란 채권사가 이행청구를 했음에도 불구하고 채무자가 임의이행을 하지 않는 경우에 채권의 실현을 위해 채권자로 하여금 법원에 이행강제의 신청을 할 수 있게 만들어 주는 효력을 말한다(민법 제389조). 예를 들어 소비대차에서 대주가 차주에게 차용한 금전의 반환을 청구했음에도 불구하고 차주가 이를 반환하지 않을 때 차주의 일반재산에 대해 강제집행을 하여 채권의 만족을 얻을 수 있게 하는 효력이다. 그리고 손해배상청구의 효력이란 채권자가 이행청구를 했음에도 불구하고 채무자가 채무를 그 내용에 좇아 이행하지 않았을 경우에 채권자로 하여금 강제이행 대신 채무자에게 그로 인한 손해의 배상을 청구할 수 있게 만들어 주는 효력을 말한다(민법 제390조). 예를 들어 의료계약에서 의사가 수술을 잘못해 환자를 불구로 만든 경우 환자가 의사에 대해 일실이익 기타 손해의 배상을 청구할 수 있는 효력이다. 이와 같은 강제이행의 효력과 손해배상청구의 효력은 채권의 2차적 효력으로서, 이러한 2차적 효력이 없이 1차적 효력만을 갖고 있는 채권, 즉 강제력 없는 채권에 대해서는 이른바 자연채무가 성립한다.

(3) 債權의 對外的 效力

채권의 효력 중에서도 채권자와 제삼자 사이, 즉 채권관계 외부에서 발생하는 효력을 말한다. 채권은 물권과 달리 상대권인데다 그 목적이 물건 아닌 급부라는 무형의 행위이므로 제삼자에 의해 침해된다고 하여 그것이 위법으로 인정되는 것은 아니지만, 채권이 점유를 수반하고 대항력을 갖고 있거나 제삼자가 순전히 채권자의 권리를 해할 목적으로 사기, 강박 기타 유사한 수단에 의하여 채권자의 자유로운 의사결정을 적극적으로 방해한 경우에는 점유권침해나 영업의 자유침해로서 불법행위법이 적용될 수 있으므로, 이때에는 채권도 대외적 효력을 가질 수 있게 된다.

(4) 責任財産保全의 效力

위와 같은 채권 자체의 효력 외에, 채권자보호를 위해 법률이 특별히 인정한 효력으로서, 채권의 만족을 궁극적으로 보장해 주는 채무자의 일반재산을 지키기 위해 채권자로 하여금 특별히 채무자의 법률관계에 개입할 수 있게 만들어 주는 효력이 있을 수 있다. 債權者代位權(민법 제404조, 제405조)과 債權者取消

權(민법 제406조, 제407조)이 그 예이다.

1) 債權者代位權

민법 제404조 규정의 채권자대위권이란, 채권자가 자기의 채권을 보전하기 위하여 자기의 이름으로 채무자의 권리를 행사할 수 있는 권리를 말한다. 즉 금전채권자는 채무자가 변제기가 지난 후 채권자의 독촉에도 불구하고 채무이행을 하지 않는다면, 채무자의 재산에 대하여 강제집행을 실시하여 채권을 회수하는 방법밖에는 없다. 그러나 채무자가 자신이 제삼자에게 가진 권리를 행사하지 않는 경우에, 이를 채무자의 권리라고 하여 방치한다면 채권자의 강제집행권 및 채권의 실현을 방해받게 된다. 이때 채권자가 채무를 대신하여 채무자의 제삼자에 대한 권리를 행사하게 함으로써 채권자의 재산을 보전하고 이에 대한 강제집행을 실시할 수 있는데 이러한 제도를 채권자대위권의 행사라 한다.

① 債權者代位權의 要件

a. 채권보전의 필요가 있어야 한다. 즉 채권자는 자기의 채권을 보전하기 위하여 채무자의 권리를 행사할 수 있다(민법 제404조 제1항). 즉 채권보전의 필요가 인정되는 것은 채권자가 채권의 만족을 받지 못할 위험이 존재하는 경우이다. 채권자대위권이 인정되는 채권은 금전채권에 한정되지 않고 등기청구권 기타의 특정채권도 포함된다. 채권자의 재권이 금전채권인 경우에는 채무자는 무자력을 요건으로 하지만, 특성채권보전을 위해서는 채무자의 무자력은 필요하지 않다.[369]

b. 채권자대위권을 행사하기 위해서는 채무자가 권리를 행사하지 않아야 한다. 즉 채무자가 자기가 가진 권리를 행사하지 않기 때문에 일반재산이 감소하거나 또는 그 증가가 저해된 경우에 채권자가 그것을 행사하거나 채무자의 일반재산을 확보하는 것이 채권자대위권의 목적이다.

c. 채권자의 채권이 이행기에 있어야 한다. 만일 채권자의 채권이 이행기에 있지 않은 경우에는 원칙적으로 채권자는 채권자대위권을 행사할 수 없다. 다만 단순한 보존행위는 이에 제한되지 않는다(민법 제404조 제2항). 또한 채권자의 채권이 이행기에 있지 않을 때는 채권자는 재판상의 대위를 할

---

369) 大判 1969.10.28. 69다1351. 1970.7.24. 70다805.

수 있다(민법 제404조 제2항). 가령, 시효를 중단하거나 미등기의 권리를 등기하거나 하는 등의 보존행위는 채권자의 채권이 이행기에 있지 않은 경우에도 채권자대위권을 행사할 수 있고 또한 소송행위와 같은 재판상의 행위는 채권자의 채권이 이행기에 있지 않은 경우에도 행사할 수 있다.

d. 대위의 객체인 권리가 일신에 전속된 것이 아니어야 한다. 부양료청구권, 생명보험청구권, 연금청구권, 재해보상금청구권, 친권 등은 권리가 그 귀속이나 행사에 대하여 특정한 주체와의 사이에 특별히 긴밀한 관계가 있어야만 향유·행사할 수 있는 권리(一身專屬權)로서, 이러한 채무자의 일신에 전속하는 권리는 채권자대위권을 행사하지 못한다(민법 제404조 제1항). 그 외, 법에 의하여 압류가 허락되지 않는 권리는 채권자의 일반담보로 되지 않기 때문에 대위권의 목적이 될 수 없다.

② 채권자대위권행사의 종류

a. 부동산소유권이전등기청구권으로 채무자가 제삼자로부터 소유권을 이전받을 권리를 갖고 있는 경우 행사한다. 단 채무자가 동시에 이행할 의무가 있는 경우에는 행사하기 어렵다.

b. 저당권설정등기청구권으로 저당권은 독립하여 이전하거나 양도가 가능하다.

c. 저당권이전등기청구권

d. 전세권설정등기청구권으로 전세권은 독립하여 이전, 양도가 가능하다.

e. 대위변제로 인한 저당권이전등기청구권으로 이는 채무자가 보증인으로서 저당권 있는 채무를 대위변제한 경우이다.

f. 부동산소유권이전등기말소등기청구권으로 채무자와 제삼자 간의 부동산소유권이전계약이 무효가 되어 채무자가 그 제삼자에게 갖는 원상회복청구권 등, 사회질서 위반으로 무효인 소유권이전등기의 말소를 구하는 권리이다.

g. 유체동산 점유인도청구권으로 채무자가 제삼자로부터 유체동산의 소유권을 취득한 경우이다.

h. 담보권말소로 인한 동산인도청구권

i. 저당권말소로 인한 저당권말소청구권

j. 명의신탁해지로 인한 부동산소유권이전등기청구권 내지 소유권이전등기말

소청구권

k. 채무자 소유 건물의 불법점유자에 대한 건물인도청구권 등

③ 代位權의 行使方法 및 效果

a. 채권자는 채무자에 대한 채무자인 제삼자를 피고로 하여 소를 제기함으로써 채권자대위권을 행사할 수 있고, 또한 그 제삼자에게 채무자에 대한 채무이행을 직접 청구할 수도 있다. 이때 채무자가 제삼자의 자발적 변제의 수령을 거절하는 경우에도 대위권을 행사한 채권자에게 이행할 것을 청구할 수 있다. 그러나 대위채권자가 이를 수령하여도 바로 자기 채권의 변제가 되지 않으므로, 그 금액만큼의 채권이 소멸하는 것도 아니다.

b. 대위채권자는 모든 채권자를 위하여 변제를 대위수령한 것이므로 다른 채권자는 언제라도 자기의 채권액에 비례하는 금액만큼의 지급을 청구할 수 있다. 즉 대위채권자의 자기 채권액에 비례하는 금액 이상은 대위채권자의 부당이득이다. 그러나 실제로는 이러한 금액의 수령으로 자기 채권에 충당하고 다른 채권자의 별다른 이의가 없으면 그대로 채권액을 변제받은 것으로 처리한다. 이 경우 보전행위 이외의 권리를 행사할 때에는 채권자가 채무자에게 대위사실을 통지하여야 한다. 다만 보전행위[370]의 경우에는 이를 통지하지 않아도 무방하다. 채권자의 대위권행사가 적법한 경우에는 채무자에게 그 효력이 미친다.

④ 不動産代位登記

부동산대위등기는 재판 외 행사방법의 하나이다. 채권자는 채무자를 대위하여 부동산등기를 신청할 수가 있는데, 이때 대위원인을 증명하는 서면은 반드시 判決文 등 執行權原이 있는 서류를 말하는 것이 아니며, 채권자의 채무자에 대한 채권의 존재를 증명하는 서면이 된다.

⑤ 判例

판례는 원칙적으로 금전채권을 피보전권리로 하는 경우 채무자가 무자력일 것을 요건으로 하나, 특정채권보전을 위한 경우에는 채무자의 무자력을 요하지

---

370) 부동산에 대한 권리이전 또는 말소의 청구권.

않는다고 한다. 다만 일정한 금전채권에 대하여 무자력의 요건을 요구하지 않는 판례들이 보이는바 임대차보증금 반환채권을 양수한 채권자가 그 이행을 청구하기 위하여 임차인의 가옥명도가 선행되어야 할 필요가 있어서 임대인을 대위하여 임차인에게 그 명도를 구하는 경우 그 채권의 보전과 채무자인 임대인의 자력유무는 관계가 없는 일이므로 임대인의 무자력을 요건으로 한다고 할 수 없다고 하였고,[371] 같은 논리로서 의료인이 치료비청구권을 보전하기 위하여 환자의 국가에 대한 배상청구권을 대위행사하는 경우,[372] 그리고 금전채권을 가진 채권자가 채무자의 국가에 대한 상속등기청구권을 대위행사하는 경우,[373] 그리고 遺失物法上 보상금청구권자가 법률상 습득자의 유실자에 대한 보상금청구권을 대위행사하는 경우[374] 등에 무자력을 요건으로 하지 않았다.

그리고 특정채권을 보전하기 위하여 채권자취소권을 행사할 수 있는지 여부에 대하여 민법 제407조에 따라 특정채권 자체의 보전을 위한 경우에는 채권자취소권을 행사할 수 없다. 그러나 사실심변론종결 당시에 이미 채무자의 사해행위에 의해 특정채권이 손해배상채권(金錢債權)으로 변경된 경우(예컨대 甲과 乙이 매매계약을 체결한 후에 丙에게 다시 매매하고 소유권을 이전하여 준 이중매매의 경우)에는 이러한 금전채권을 보전하기 위하여 채권자취소권을 행사할 수는 없는지 문제되고 있다. 다만 이는 被保全債權의 종류보다는 被保全債權의 성립시기 문제라고 보아야 할 것이다. 판례의 입장도 "부동산을 양도받아 소유권이전등기를 가지고 있는 자가 양도인이 제삼자에게 이를 이중으로 양도하여 소유권이전등기를 경료하여 줌으로써 취득하는 부동산 가액 상당의 손해배상채권은 이중양도행위에 대한 詐害行爲取消權을 행사할 수 있는 피보전채권에 해당한다고 할 수 없으며, 또한 채권자취소권을 특정물에 대한 소유권이전등기청구권을 보전하기 위하여 행사하는 것은 허용되지 않으므로, 부동산의 제1양수인은 자신의 소유권이전등기청구권 보전을 위하여 양도인과 제삼자 사이에 이루어진 이중양도행위에 대하여 채권자취소권을 행사할 수 없다."[375]고 하여 부정하는 입장이다.

---

371) 大判 1989.4.25, 88다카4253.
372) 大判 1981.6.23, 80다1351.
373) 大判 1964.4.3, 63마54.
374) 大判 1986.6.18, 68다663.
375) 大判 1999.4.27, 98다56690.

2) 債權者取消權

채권의 공동담보인 채무자의 일반재산이 채무자의 법률행위(詐害行爲)에 의하여 부당하게 감소됨으로써, 채무자의 변제능력이 부족하게 되는 경우에 일정한 요건하에서 채권자가 그 법률행위를 취소하고 채무자로부터 일탈된 재산을 회복할 수 있는 권리이다. 즉 채무자의 재산일탈을 방지할 수 있는 제도로는 강제집행이나 집행보전절차로서 押留, 假押留, 處分禁止假處分制度 등이 있으나 이는 현상유지에 불과하고 이미 일탈된 재산을 회복할 수는 없는 경우, 채권자취소권은 채권자대위권 등과는 달리 채무자의 적극적인 사해행위를 원상으로 돌릴 수 있는 제도로서 의의가 있다.

〈표 13〉 채권자대위권과 채권자취소권 비교

구분	채권자대위권	채권자취소권
정의	채권자가 자기의 채권을 보전하기 위하여 그의 채무자에게 속하는 권리를 행사할 수 있는 권리	채권자를 해함을 알면서 채무자가 행한 법률행위를 취소하고 채무자의 재산을 원상회복할 수 있는 권리
권리자	채권자	채권자
목적	책임재산의 보전	책임재산의 보전
권리내용	채무자의 재산보전 조치를 대행	재산 감소행위의 취소 또는 원상회복
행사방법	재판상, 재판 외 행사	반드시 재판상 행사
행사의 상대방	제3채무자	수익자 또는 전득자
행사의 효력	1. 대위권행사의 효과는 당연히 채무자에게 귀속하여 채무자의 일반재산에 편입됨 2. 비용상환청구권 3. 내위소송의 기판력은 소송사실을 인지한 채무자에게 미침	1. 효력의 상대성: 취소권행사의 효력은 소송상 피고에 한정됨 2. 소송당사자가 아닌 채무자, 체무자와 수익자, 수익자과 전득자 사이의 법률관계에는 영향이 없음

(5) 債權者 遲滯

위와 같이 채권에 주어진 효력이 채권자의 잘못으로 인해 약해지는 현상을 말한다. 다시 말해 채무의 이행에 대하여 채권자의 협력행위가 필요함에도 불구하고 채권자가 협력행위를 하지 않은 때에 계약의 내용에 좇아 이행의 제공을 한 성실한 채무자를 보호하기 위하여, 채무자의 경과실책임을 면제해 주고, 채권자의 지체로 인해 증가된 비용을 채권자의 부담으로 돌리는 제도를 말한다(민법 제400조 ~ 제403조).

(6) 債務와 責任의 分離

채무가 그 상대방의 채권에 상응하여 채무자가 채권자에게 일정한 행위를 부담하는 것이라면, 책임은 채무의 결과 채무자의 일정한 재산이 채무의 담보가 되어 채권자에게 채무불이행에 대한 대가적 만족을 제공하게 되는 것을 의미한다.

1) 責任 없는 債務

예를 들어 채권자가 채무자에게 대금을 지급하지 않는 대신 채무자가 설령 채무를 불이행하더라도 채무자의 일반재산에 대해 강제집행을 하지는 않겠다고 채무자와 합의를 본 경우 이때 채무자가 부담하는 채무에는 책임이 없다.

2) 有限責任의 債務

물적유한책임의 채무와 금액유한책임의 채무가 있다. 물적유한책임의 채무는 예를 들어 상속의 限定承認(민법 제1028조)에서와 같이 채무자가 자기 특정재산에 대해서만 책임을 지는 채무이고, 금액유한책임의 채무는 예를 들어 自動車損害賠償保障法 제12조, 産業災害補償保險法 제9조 이하, 및 勤勞基準法 제78조 이하, 제38조에 있어서와 같이 일정한 금액으로 책임이 제한되는 무과실배상 또는 보상의 채무이다.

3) 債務 없는 責任

채무자 이외의 자가 책임을 부담하는 경우에는 책임은 있어도 채무는 없다. 예컨대 물상보증인이나 저당부동산의 제3취득자가 채무는 없이 책임을 지게 된다.

2. 强制履行

채무자가 임의로 채무를 이행하지 않는 경우에 채권자가 국가기관의 강제력에 힘입어 채무의 내용을 채무자 의사 여부에 상관없이 실현하는 경우이다.

(1) 强制履行의 方法

우리 민법과 民事訴訟法이 인정하고 있는 강제이행의 방법으로서는 直接强制(민법 제389조 제1항), 代替執行(민법 제389조 제2항 후단) 및 間接强制(민사소송법 제693조)를 예로 들 수 있다.

1) 直接强制

가장 본래적인 강제이행의 방법으로서, 국가기관, 즉 법원의 힘을 얻어 채무자로부터 채권의 내용을 그대로 실현하는 것을 말한다. 예를 들어 채무자가 돈을 차용하고 나서 변제하지 않고 있을 경우 채권자는 법원의 판결을 얻어 채무자의 재산을 압류하고 이를 처분하여 일정금액을 마련해서 자기 채권의 만족을 얻는 것이다. 金錢債務, 不動産明渡債務와 같이 주는 채무에 있어서 가장 전형적인 강제이행의 방법이라 할 수 있다.

2) 間接强制

주는 채무가 아닌 하는 채무에 있어서 급부가 꼭 그 채무자만이 제공할 수 있는 부대체적인 급부376)일 때 국가기관, 즉 법원의 힘을 얻긴 하되 손해배상의 지급이나 벌금, 압류 등의 간접적 수단에 의하여 채무자에게 심리적 압박을 가함으로써 채무자로 하여금 급부내용을 실현하게 하는 경우이다. 간혹 재무자의 사유로운 의사를 부당하게 억압할 수 있으므로, 예를 들어서 채무자의 행위실현이 채무자의 의사만으로는 이루어질 수 없는 경우,377) 현대의 문화관념과 인격존중사상에 비추어 절대 강요가 인정될 수 없는 경우,378) 강요에 의해서는 채무의 내용에 좇은 급부를 기대할 수 없는 경우379) 등에는 간접강제가 허용되지 말아야 할 것이다.

3) 代替執行

주는 채무가 아닌 하는 채무에 있어서 급부가 그 채무자 아닌 다른 사람이

---

376) 어음행위에 있어서 증권상의 서명 등.
377) 에컨내 제삼자의 동의가 필요한 경우.
378) 부부간 동거나 고용계약상 노무제공 등.
379) 예술가의 작품 제작.

제공하더라도 상관없는 대체적 급부[380]일 때, 채무자가 해야 할 급부를 채무자에 갈음하여 채권자가 실현하고 이에 대한 비용을 채권자가 채무자로부터 추심하는 경우를 말한다.

4) 代用判決

채무자가 어떤 승낙의 의사표시를 해야 할 채무를 부담하고도 이를 이행하지 않을 경우에 채권자가 법원으로 하여금 채무자에게 일정한 의사표시를 하도록 명하는 판결을 하게 함으로써, 채무가 이행된 것과 동일한 효과를 발생시키는 것이다(민법 제389조 제2항 전단).

5) 損害에 대한 擔保提供 處分

채무자가 어떠한 행위를 하지 않겠다는 부작위채무를 채권자에 대해 부담하고도 이를 위반했을 경우, 채권자가 간접강제로 위반행위를 저지하거나, 대체집행으로 방해상태를 제거하는 외에, 법원으로 하여금 장래 발생할 수 있는 손해에 대한 담보제공 등 적당한 처분을 내리게 하는 것이다(민법 제389조 제3항).

(2) 强制履行과 損害賠償

강제이행과 손해배상은 똑같이 채권의 2차적 효력이지만, 서로에게 영향을 미치지 않는다. 예를 들어 채무자가 아주 장시간 전기를 공급하지 않아 채권자의 정유시설이 모두 고철덩어리가 되어 버린 경우 채권자는 채무자로 하여금 전기를 다시 공급하도록 강제이행을 청구하는 동시에 정유시설에 발생한 손해에 대해서도 배상을 청구할 수 있다.

3. 第3者에 의한 債權侵害

(1) 意義

채권자가 채무자에 대하여 갖는 채권의 실현이 계약당사자가 아닌 제삼자에

[380) 건물의 철거 등.

의해서 불가능해지거나 방해되는 것을 말한다.

(2) 物權侵害와의 差異

제삼자에 의한 물권침해는 항상 위법이지만 채권은 상대권인데다 그 목적이 물건 아닌 급부라는 무형의 행위이므로 제삼자에 의해 침해된다고 하여 그것이 위법으로 인정되는 것은 아니다. 따라서 채권은 채무자 이외의 제삼자에게 침해되었을 경우 원칙적으로 불법행위를 성립시키지는 못한다고 보아야 한다. 다만 채권이 그 성질상 점유권을 수반하고 있을 경우(예를 들어 임차권), 점유권 침해로 인한 손해배상을 청구함으로써 간접적으로 채권이 보호받는 경우는 있을 수 있을 것이다.

(3) 債權의 物權化

사회의 규모가 점점 커지면서 채권자가 제삼자에게 피해를 입는 사례가 많아지자 이를 수정하기 위해, 채권은 최근 그 상대방(채무자)뿐만 아니라 다른 사람에 대해서도 대항할 수 있는 물권화된 권리로 변모하게 되었다. 예컨대 등기된 임차권(민법 제621조)이나 주택임대차보호법상의 대항요건을 갖춘 주택임차권의 경우 채권인 임차권은 제삼자에 대헤시도 내항력을 갖게 된다.381)

(4) 不法行爲法의 適用

그 밖에도 제삼자가 순전히 채권자의 권리를 해할 목적으로 채권을 침해하거나 사기, 강박 기타 유사한 수단에 의하여 채권자의 자유로운 의사결정을 방해함으로써 채권을 침해한 경우에는 채권침해가 아닌 영업의 자유침해에 준하여 불법행위의 성립이 인정될 수가 있다. 그러나 단순히 자유로운 의사결정에 영향을 준 것만으로는 불법행위책임을 발생시킬 수 없으므로, 예를 들어 부동산의 제2매수인은 背信的 行爲에 적극 가담하여 순전히 제1매수인을 해하기 위해 그 부동산을 매수하였을 것이 요구된다. 단순히 부동산의 제2매수인이 이미 매

---

381) 住宅賃貸借保護法 第3조 제1항.

도된 부동산임을 알면서 매수하여 대항요건을 갖춘 것만으로는 자유침해에 기한 불법행위의 성립이 불가능하다.

(5) 債權侵害의 效果

민법 제750조 이하 불법행위 규정에 의해 채권자의 제삼자에 대한 손해배상청구권이 인정된다. 뿐만 아니라 제삼자의 침해행위가 법률행위일 경우에는 반사회질서를 이유로 무효가 되므로(민법 제103조), 채권자는 자연스럽게 자기 채권을 되찾을 수 있고, 그렇지 않을 경우 채권자는 채무자에게 다시 이행을 최고하거나 손해배상을 청구할 수 있게 된다.

(6) 債權侵害의 豫防

제삼자에 의한 채권침해에 대한 사전적 예방권리로서 방해배제청구권은 물건이나 장소의 사용을 목적으로 하는 채권인 부동산임차권(대항력을 갖춘 경우) 등에서 인정될 수 있다. 물론 점유 자체에서 물권적 청구권이 발생할 수도 있다. 점유나 대항력을 갖추지 못한 임차권 등의 경우 채권자는 방해배제청구권을 가질 수 없다.

4. 債權者代位權

(1) 意義

채권자가 자기 채권의 보전을 위하여 그의 채무자가 제3채무자에 대하여 갖고 있는 채권을 채무자에 갈음하여 행사할 수 있는 권리를 말한다.

(2) 現實的 機能

채무자의 책임재산을 보전하여 強制執行을 준비하는 기능을 한다. 꼭 재판상의 절차에 의하지 않더라도 채무자가 제삼자에게 갖고 있는 청구권, 취소권, 해제권, 환매권 등을 채권자가 직접 행사할 수 있기 때문에 매우 간편한 제도이다. 원래는 주로 금전채권의 가치를 보전하기 위해 인정된 권리였지만, 금전채권이 아닌 채권을 위해서도 전용될 수 있다. 예를 들어 부동산을 이미 인도받고 이젠 소유권이전등기청구권만을 갖고 있는 매수인이 매도인을 대위하여 전매도인에게 이전등기청구권을 행사하거나, 소유권이전등기청구권만을 근거로 불법점유자에 대해서 매수인이 매도인(등기부상의 소유자)을 代位하여 所有物妨害排除請求權을 행사하는 것도 채권자대위권의 행사 중 하나이다.

(3) 法的 性質

채권의 본래적 효력은 아니지만, 법률이 채권자보호를 위해 특별히 인정한 효력으로서, 채권자가 자기 채권을 보전하기 위해 행사하는 포괄적 담보권이다. 사적인 실행방법의 성질을 갖고 있지만, 소송법상의 권리가 아니라 실체법상의 권리라는 점에서 소송법상의 推尋命令이나 轉付命令 신청권과는 다르다. 채권자의 권리가 꼭 금전채권일 것을 요하지 않으며, 채무자의 무자력을 필수적 요건으로 하지도 않는다.

(4) 要件

채권자가 자기 채권을 보전해야 하는 상황으로서 첫째, 채무자에 대하여 채권자의 채권이 존재해야 하고,[382] 둘째, 채권자가 자기의 채권을 보전한다는 목적을 갖고 있어야 하며,[383] 셋째, 채권자의 채권이 이행기에 있어야 한다. 채권자는 이행기 이전에는 채권을 행사할 수 없기 때문에 이행기 이후에 채권자대위권을 행사하는 것이 원칙이다(민법 제404조 제2항). 다만 예외적으로 법원의 허가를 얻거나(민법 제404조 제2항 본문), 채권자가 채무자의 재산의 감소를 방지하기 위해 보존행위를 행하는 경우(민법 제404조 제2항 단서) 채권자는 채권의 기한이 도래하기 전이라도 채권자대위권을 행사할 수 있다.

---

[382] 채권자의 대위에 의하여 보전하는 것에 적합한 것이면 채권은 꼭 금전채권일 것을 요하지 않으며 청구권 또는 형성권도 포함된다.

[383] 판례는 예를 들어 금전채권의 보전을 목적으로 하는 경우 이런 목적을 입증하기 위해서 채권자가 채무자의 無資力을 입증해야 한다고 보고 있다.

그리고 대위의 객체인 권리가 채무자의 일신에 전속한 권리가 아니어야 한다. 예를 들어 婚姻取消權(민법 제816조)이나 財産相續回復請求權(민법 제999조)과 같은 신분권, 아직 구체화되지 않은 위자료청구권, 계약의 청약 및 승낙권, 제삼자를 위한 계약에 있어서 수익의 의사표시, 勤勞基準法 제86조 및 公務員年金法 제12조, 民事訴訟法 제579조상의 압류 불가능한 권리 등은 그 행사 여부가 채무자의 자유에 맡겨져야 하거나 법적으로 다른 사람에게 양도되는 것이 금지되어 있는 권리이므로 이런 권리에 대해서는 채권자대위가 불가능하다.

반면 이미 금전채권으로 구체화된 위자료청구권, 종신정기금채권 기타 채무자의 사망을 종기 또는 해제조건으로 하는 채권 및 당사자 사이의 특별한 신뢰관계를 기초로 하는 채권은 비록 상속이나 양도가 제한되지만 채권자대위의 대상이 되며, 착오, 사기, 강박에 의한 取消權, 選擇權, 還買權, 相計權, 代金減額請求權, 公有物分割請求權 등의 형성권도 채권자대위의 대상이 된다. 또한 재산권의 행사를 위하여 소송 기타 공법상의 행위를 필요로 하는 경우 채권자는 채무자가 가진 공법상의 권리도 대위할 수 있다.[384] 그리고 채무자가 스스로 그의 권리행사를 게을리하고 있어야 한다. 물론 채무자가 귀책사유 없이 권리행사를 하지 않고 있는 경우에도 채권자는 채권자대위권을 행사할 수 있다.

(5) 行使

1) 行使方法

채권자는 채무자의 권리를 채무자의 이름으로 대위행사하는 것이 아니라 자기의 이름으로 대위행사하며, 꼭 재판상 행사할 필요는 없고 재판 외에서의 행사도 가능하다

2) 行使範圍

채권자는 원칙적으로 자기 채권의 보전범위에서만 채무자의 권리를 대위행사할 수 있다. 그러나 채무자의 권리가 불가분인 경우에는 자기 채권액을 넘어서도 채무자의 권리를 대위행사할 수 있다.

---

384) 不動産登記法 제52조상의 등기청구권이나 민사소송법상의 권리.

3) 行使의 通知

채권자가 보존행위 이외의 대위권행사를 하는 경우에는 채무자에게 통지하여야 한다(민법 제405조 제1항). 재판상 대위행사하는 경우에는 대위신청을 허가한 법원이 채무자에게 대위권행사를 통지한다.

4) 行使의 相對方

대위권행사의 통지가 있기 전에는 제3채무자가 채무자에 대하여 발생한 사유(예컨대 辨濟 기타 權利消滅의 抗辯, 相計의 抗辯 등)를 가지고 채권자에게 대항할 수 있다. 그러나 대위권행사의 통지가 있은 후에는 채무자가 자신의 권리에 대한 처분권을 상실하게 되므로 제3채무자는 채무자가 그 권리를 소멸시키는 행위를 하더라도 채권자에게 대항할 수 없다(민법 제405조 제2항).

(6) 效果

1) 效果의 歸屬

비록 행사자는 채권자이지만 채무자의 권리를 행사하는 것이므로, 대위행사의 효과는 채권자가 아니라 당연히 채무자에게 귀속한다. 다만 채권자가 목적물을 직접 인도받았는데, 자신의 채권의 목적물과 인도받은 목적물이 동종이며 상계적상에 놓인 경우 자신의 채권과 상계하여 우선변제를 받을 수 있다.

2) 費用償還請求

채권자는 채무자의 권리를 대위행사하는 과정에서 지출한 비용을 채무자에게 청구할 수 있다.

3) 代位訴訟判決의 效力

채권자가 채권자대위권을 행사하여 제3채무자를 상대로 소송을 제기하였다는 사실을 채무자가 알게 된 경우 그 판결의 旣判力은 당연히 채무자에게 미친다. 채무자가 마땅히 행하여야 할 제3채무자에 대한 권리행사를 채권자가 내신 해주었기 때문이다.

5. 債權者 取消權

(1) 意義

채권의 공동담보인 채무자의 일반재산이 채무자의 법률행위에 의하여 부당하게 감소됨으로 인하여 채무자의 변제능력이 부족하게 되는 경우 일정한 요건하에서 채권자가 채무자의 법률행위를 취소하고 채무자로부터 일탈한 재산이나 그에 상응하는 가액을 회수할 수 있는 권리이다.

(2) 存在理由

강제집행이나 집행보전절차로서의 압류, 가압류 또는 처분금지 가처분제도는 아직 일탈하지 않은 재산을 일탈하지 않도록 막을 수는 있지만, 이미 일탈한 재산을 되찾을 수는 없다. 파산법상의 否認權[385]은 일탈한 재산을 되찾을 수 있는 권리이지만 채무자가 파산까지 갔을 경우를 전제한다. 채권자취소권은 아직 파산까지 이른 경우가 아니라 하더라도 이미 행해진 채무자의 재산처분행위를 취소함으로써 일탈한 재산까지 되찾을 수 있는 권리라는 점에서 존재이유를 갖는다.

(3) 法的 性質

채권의 공동담보를 목적으로 채무자가 갖는 책임재산을 보전하기 위한 실체법상의 권리로서, 채권의 본래적 효력은 아니지만 법률이 채권자에게 특별히 부여한 권리이다.

(4) 要件

1) 債權의 存在
이행기가 도래하기 이전이건 이후이건 채무자의 법률행위로부터 보호받아야

---

385) 破産法 제64조.

할 채권이 존재해야 한다. 채권은 금전채권에 한정되지 않으며, 채무자가 특정물인도채무를 이행하지 않는 경우에도 손해배상청구권으로 변할 가능성이 있는 때에는 채무자의 법률행위를 취소할 수 있다.

2) 詐害行爲

채권자가 갖는 채권의 공동담보에 직접적으로 해가 되는 법률행위를 채무자가 행하였어야 한다. 꼭 법률행위뿐만 아니라 공동담보의 감소를 가져오는 準法律行爲의 경우에도 사해행위의 범위에 포함되어 취소가 가능하다. 무효인 법률행위라도 외관상 유효한 법률관계의 모습을 가지고 있는 때에는 제삼자의 保護法理(민법 제108조 3항)에 의해 채무자의 일반재산이 逸脫될 수 있으므로 채권자가 사해행위임을 주장하고 먼저 취소를 해 버릴 수 있다.

사해행위에 해당하는 행위는 일단은 재산에 관련된 행위여야 한다. 예를 들어 부동산 기타 재산을 무상으로 증여하거나 염가로 매각하거나, 다른 채권자에게 담보로 제공하거나, 連帶債務, 保證債務를 부담하는 행위는 채무자의 변제자력에 직접 연관되므로 사해행위에 해당할 수 있다. 그러나 贈與拒絕이나 遺贈拒絕과 같이 간접적으로만 공동담보에 영향을 가져오는 행위나, 신분행위는 공동담보에 영향을 미치더라도 사해행위에 해당되지 않아 취소할 수 없다.[386]

---

386) 사례로 "甲이 사망하고, 상속인인 乙(갑의 배우자), 丙(갑의 아들)이 甲의 재산을 상속하게 되었다. 그런데 乙은 채무초과 상태에 있어서 乙, 丙 간에 丙이 단독상속하기로 하는 상속재산 협의분할 약정을 하고 丙 명의로 소유권이전등기를 경료하였으나, 이후 이를 알게 된 乙의 채권자들이 丙을 상대로 사해행위 취소소송을 제기하였다."고 하자. 흔히 이 경우에 피상속인의 채무가 없는 경우 상속인 중 일부가 상속포기를 하고 상속인 중 한 사람에게 재산을 모두 주는 경우나, 상속인들 간의 협의분할을 통하여 한 사람에게 재산을 모두 주는 경우 별 차이가 없다고 생각하기 쉬우나, 오히려 상속포기는 법원에 신청을 해야 한다는 점에서 상속재산 분할협의보다 절차가 간단하지 않아 일반적으로는 협의분할 약정을 한다. 그러나 다음에서 보는 바와 같이 중요한 차이가 있다. 먼저 상속포기는 일신전속적인 가족법상의 권리이기 때문에 사해행위가 성립되지 않는다는 것에 반대하는 학자들도 있으나 다수설의 태도이다. 따라서 위 사안에서 乙이 협의분할이 아니라 상속포기를 하였다면 사해행위가 문제되지 않았을 것이다. 그런데 과거에는 협의분할 역시 사해행위의 대상이 되지 않는다는 지방법원 판결이 있으나, 2001년 대법원 판결은 상속재산 협의분할의 경우 사해행위의 대상이 된다고 판단하였고 이후 아래 2007년 대법원 판결 역시 사해행위의 대상이 된다고 판시하고 있다. 즉 "상속재산의 분할협의는 상속이 개시되어 공동상속인 사이에 잠정적 공유가 된 상속재산에 대하여 그 전부 또는 일부를 각 상속인의 단독소유로 하거나 새로운 공유관계로 이행시킴으로써 상속재산의 귀속을 확정시키는 것으로 그 성질상 재산권을 목적으로 하는 법률행위이므로 사해행위취소권행사의 대상이 될 수 있고, 한편 채무자가 자기의 유일한 재산인 무농산을 매각하여 소비하기 쉬운 금전으로 바꾸거나 타인에게 무상으로 이전하여 주는 행위는 특별한 사정이 없는 한 채권자에 대하여 사해행위가 되는 것이므로, 이미 채무초과 상태에 있는 채무자가 상속재산의 분할협의를 하면서 자신의 상속분에 관한 권리를 포기함으로써 일반채권자에 대한 공동담보가 감소한 경우에도 원칙적으로 채권자에 대한 사해행위에 해당한다."(大判 2007.7.26, 2007다29119) 따라서 상속인 중에 채무초과 상태에 있는 사람이 있어 그 사람을 상속에서

사해행위는 채무자의 완전한 변제가 불가능해질 정도의 것이어야 한다. 그 법률행위가 채권의 공동담보에 직접 해가 되는가 여부는, 채무자로 하여금 사실심변론종결시까지 변제자력을 더 이상 가질 수 없게 하였는가 여부로 판단한다. 채무자는 그런 사정에 대해 단순한 인식만 가지고 있어도 충분하지만, 채무자의 인식 여부는 채권자가 입증하여야 한다.

3) 受益者, 轉得者의 惡意

채무자뿐만 아니라 수익자 및 전득자 역시도 사해행위시 또는 전득시에 채권자를 해한다는 사실을 알고 있었어야 한다. 그러나 受益者, 轉得者의 악의는 추정되므로 악의 없음을 수익자 또는 전득자가 입증하여야 한다.

(5) 行使

1) 行使方法

채권자취소권은 채권자가 자신의 이름으로 행사하되 채권자대위권과 달리 반드시 재판상 행사하여야 한다. 그런데 소송상대방은 채무자가 아니라 이미 채무자로부터 부동산이나 금전 등을 수취한 수익자 또는 전득자가 된다. 단 수익자 또는 전득자가 파산한 채무자의 재산을 관리하고 있는 파산관재인으로서 파산법상 부인권을 갖고 있으면, 채권자는 취소소송을 제기할 수 없게 된다.

2) 行使範圍

채권자는 사해행위의 취소를 구하는 형성의 소를 제기할 뿐이므로, 채권자의 채권액에 행사범위가 제한되지 않는다.

(6) 效果

사해행위는 무효가 되지만, 채무자와는 상관없이 채권자와 수익자(轉得者) 사

배제시키기 위해서는 반드시 상속포기와 협의분할을 구분하여야 한다. 다만 협의분할을 하였다고 하여 언제나 사해행위로서 취소되는 것은 아니다. "채무초과 상태에 있는 채무자가 상속재산의 분할협의를 하면서 상속재산에 관한 권리를 포기함으로써 결과적으로 일반채권자에 대한 공동담보가 감소되었다 하더라도, 그 재산분할결과가 채무자의 구체적 상속분에 상당하는 정도에 미달하는 과소한 것이라고 인정되지 않는 한 사해행위로서 취소되어야 할 것은 아니고, 구체적 상속분에 상당하는 정도에 미달하는 과소한 경우에도 사해행위로서 취소되는 범위는 그 미달하는 부분에 한정하여야 한다."(大判 2001.2.9, 2000다51797)

이에서만 상대적으로 무효가 된다. 따라서 사해행위에 의해 수익자 또는 轉得者에게로 이전된 부동산 또는 동산은 여전히 수익자 또는 轉得者의 명의로 머물지만, 이 부동산 또는 동산에 대해 채권자는 채무명의를 얻어 강제집행을 할 수 있다.

(7) 消滅

채권자는 취소의 원인을 안 날로부터 1년 이내, 법률행위가 있은 날로부터 5년 이내에 취소권을 행사하여야 한다. 이 기간의 성질은 제척기간이므로, 그 기간 내에 중단도 정지도 없고, 당사자가 주장하지 않아도 기간만 만료하면 취소권은 소멸한다. 그러나 장래에 대해서만 소멸하므로, 소멸의 소급효는 없다.

第5節 債權의 消滅

1. 槪觀

(1) 債權이 消滅되는 原因

가장 일반적인 경우에 있어서 채권은 채권자가 자기 권리에 상응하는 몫의 만족을 얻을 때에 소멸한다. 다시 말해 청구권이 행사되어 급부나 급부대체물을 통해 만족을 얻게 될 때 채권은 소멸하고, 그에 상응하는 채무 역시도 소멸한다. 그러나 채권은 당사자의 합의에 의해서도 소멸할 수 있고, 원인행위의 취소, 해제, 해제조건의 성취, 기한의 도래, 소멸시효의 완성, 권리존속기간의 도래 등으로도 소멸할 수 있다. 또한 최근에는 채권이 채무자의 이행 이후로도 일정기간 더 존속하는 경우를 많이 볼 수 있다.

(2) 民法에 規定된 債權의 消滅原因

우리 민법은 채권을 소멸시키는 원인으로서 辨濟(민법 제460조)와 함께, 代物

辨濟(민법 제466조), 供託(민법 제487조), 相計(민법 제492조), 更改(민법 제500조), 免除(민법 제506조), 混同(민법 제507조) 등을 규정하고 있다.

(3) 給付不能에 의한 消滅

위와 같은 일반적인 소멸원인 이외에, 채무자의 귀책사유 없는 급부불능에 의해서도 채권은 소멸한다(민법 제537조). 예를 들어 천재지변에 의해 채무자가 보관하고 있던 물건이 멸실된 경우 채권자는 더 이상 채무자에게 급부의 이행을 기대할 수 없기 때문이다.

(4) 債權消滅의 一般的 效果

채권이 소멸하면 채무자는 그 채권에 대한 의무나 책임을 더 이상 부담하지 않으며, 채권자는 더 이상 그 권리를 행사할 수 없다. 그리고 일단 소멸된 채권은 당사자의 계약에 의하더라도 부활될 수 없다. 채무자의 보증인이나 물상보증인에게 뜻하지 않은 손해를 줄 염려가 있기 때문이다.

2. 辨濟

(1) 意義

채무자가 채무의 내용인 급부를 실행하는 행위를 변제라고 말한다. 이 변제가 있게 되면 채권은 그 목적을 이루고 소멸하게 된다. 변제는 채무변제행위, 즉 변제를 위한 급부행위와는 구별하여야 하는데, 후자는 변제가 되는 행위이므로, 급부행위가 곧 변제인 것은 아닌 것이다. 급부행위는 변제의 구성요소인데 지나지 않는다.

(2) 法的 性質

변제를 준법률행위로 이해하는 견해가 있으나, 변제는 사실행위로 보는 것이 타당하다. 다시 말해 사람의 행위를 필요로 하는 법률사실이라는 의미에서 사실행위로 이해해야 하며, 의사표시 및 행위능력을 필요로 하는 급부행위와 변제는 의미상 구별되어야 한다. 따라서 변제자는 어느 특정한 채무의 소멸을 의욕한다는 법률적 효과의사까지 가져야 할 필요가 없으며, 막연히 어떤 급부를 한다는 사실적 변제의사만 가져도 충분하다.

(3) 辨濟의 提供

채권자의 협력을 요하는 채무에 있어서 채무자는 이행기에 그의 채무를 이행하기 위해 자기가 해야 할 모든 행위 또는 준비를 다하고 채권자의 협력을 구해야 한다. 이때 채권자가 협력에 필요한 행위 또는 준비를 다하지 않는 경우에 채권자는 지체책임(민법 제400조)을 부담하는 한편 채무자는 변제의 제공(민법 제460조)으로써 자신의 책임을 면할 수 있다.

1) 方法
① 現實提供

채권자가 수령하면 변제가 완료될 수 있을 정도의 급부행위가 행해진 경우이다. 변제의 제공에 있어서 가장 일반적인 경우라 할 수 있다. 금전채무의 경우에는 채무전액이 제공되어야 하며, 상품을 송부해야 할 경우에는 화물상환증이나 화환어음을 송부하는 것도 현실제공이 될 수 있다.

② 口頭提供

예외적으로 채권지가 미리 변제받기를 거절하거나, 채무의 이행에 채권자의 행위를 필요로 하여 현실제공이 불가능할 경우, 채무자가 변제준비의 완료를 통시하고 채권자에게 그 수령을 최고함으로써 변제의 제공을 하는 경우이다. 변제준비의 정도는 채권자가 그 뜻을 바꾸어 수령하겠다고 하면 즉시 이에 응해서 급부를 완료할 수 있는 만큼이 되어야 한다. 채권자의 수령거절의 의사는 채권자가 이유 없이 수령기일의 연기를 요구하거나, 자기가 부담하는 반대급부의 이행을 거절하거나, 정당한 이유 없이 계약의 취소나 무효를 주장하거나, 이유 없이 계약을 해제하려는 의사를 표명하는 것 등 구체적 사정을 기초로 추단해 볼 수 있다. 마찬가지로 채무의 이행에 채권자의 행위를 필요로 하는지 여부도 채권자가 공급하는 재료를 가공해야 하거나, 채권자가 지정하는 주소 또는 기일에 이행해야 하는 것 등의 사정을 기초로 추단한다.

③ 口頭提供이 必要하지 않는 경우

지료, 차임, 월부금의 지급채무와 같은 分割적, 回歸的 급부의무에 있어서는 채무자가 그 급부의 1회분을 제공했음에도 불구하고 채권자가 수령을 거절한 경우에, 채무자는 굳이 다음번에 구두제공을 하지 않더라도 채권을 소멸시킬 수 있다. 또한 채권자의 수령거절의사가 명확하거나 완강하여 채무자의 구두제공이 무의미할 정도가 된 경우에도 채무자는 굳이 구두제공을 할 필요 없이 채권을 소멸시킬 수 있다.

2) 效果

① 債務者의 免責

변제제공을 한 채무자는 아직 채무를 이행하지 않았음에도 불구하고, 채무불이행으로 인한 손해배상, 지체이자, 위약금 등의 책임을 부담하지 않으며, 채권자는 채무자와의 계약을 해제할 수도 없고, 채무자에 대하여 담보권을 실행할 수도 없다.

② 雙務的 債權關係에서 契約解除權

쌍무적 채권관계에 있어서는 변제제공을 한 일방이 상대방에 대하여 불이행 책임을 추급하거나 계약을 해제할 수도 있다.

③ 約定利子의 發生停止

약정이자는 변제기 이전이고 이후이고를 막론하고 변제의 제공으로써 발생이 정지된다.

④ 相對方의 同時履行抗辯權 消滅

쌍무계약에 있어서 당사자 일방이 변제의 제공을 하면, 상대방은 동시이행의 항변권을 상실한다. 다만 변제의 제공은 계속되고 있어야 한다.

(4) 第3者의 辨濟

1) 意義

급부의 성질상 제삼자에 의한 변제가 인정되는 경우, 예를 들어 학자의 강연, 예술가의 창작과 같이 채무자의 인격과 개성이 채무의 이행과 불가분으로 결합된 경우가 아닌 경우(민법 제469조 제1항 단서), 특별한 의사표시로 제삼자의 변제를 금하지 않은 경우, 제삼자는 원칙적으로 채무자를 대신하여 채무자의 본래 채무를 변제할 수 있다. 물론 변제뿐만 아니라 제삼자가 채무자를 대신하여 代物辨濟, 供託을 하는 것도 가능하다.

2) 辨濟에 利害關係 있는 第3者

連帶債務者, 保證人, 物上保證人, 擔保不動産의 第3取得者와 같이 채무자의 변제에 대해 이해관계를 갖는 자는 채무자의 의사에 반해서도 제삼자로서 변제를 할 수 있다. 그러나 채무자의 변제에 이해관계를 갖지 않는 자는 채무자의 의사에 반해서 변제할 수 없다(민법 제469조 2항). 물론 제삼자의 변제는 대개의 경우 채무자에게 유익한 것이므로, 제삼자의 변제로 인해서 원채권자에 대하여 부담했던 책임보다 더 불리한 부담을 채무자가 제삼자에 대하여 부담하게 되는 경우가 아닌 한, 채무자의 반대의사는 없는 것으로 추정한다.

3) 債務者로부터 辨濟權限을 附與받은 者

채부자의 보조사, 채무자의 대리인, 관리인 등은 채무자에 대신하여 변제할 수 있으나, 이들은 엄밀한 의미에서 제삼자라 볼 수 없다.

4) 效果

제삼자의 변제로 인하여 채권자가 갖고 있던 채권은 소멸한다. 그러나 변제에 의하여 제삼자는 채무자에 대해 구상권을 갖게 될 것이므로, 채권은 원채권자와 채무자 간의 관계에서 상대적으로만 소멸할 뿐이다. 제삼자의 변제제공을 채권자가 정당한 이유 없이 수령하지 않은 경우 채권자는 채권자지체에 빠지게 된다.

(5) 第3者에 의한 辨濟受領

1) 意義

변제는 원칙적으로 채권자만이 수령할 수 있으나, 채권자가 변제수령권을 상실하거나, 예를 들어 채권자의 대리인 또는 채권자대위권을 행사하는 채권자의 채권자와 같이 채권자 이외의 자가 채권자를 대신해서 변제수령권을 행사하게 되는 경우도 생길 수 있다. 아니면 채무자가 잘못 판단해서 채권자 이외의 자에게 변제를 하는 경우도 발생할 수 있다. 민법은 이러한 경우에 있어 선의의 변제자를 보호하기 위하여 일정한 外觀을 갖춘 자에 대한 변제를 유효한 것으로 규정하고 있다.

2) 債權者에게 辨濟受領의 權限이 없는 경우

① 債權의 押留

채권자의 채권이 압류된 경우 채무자는 채권자에게 변제할 수 없으며,[387] 채권자의 채권자가 推尋命令이나 轉付命令을 얻어서 채무자에게 변제를 청구할 경우 그에 대해서만 변제를 할 수 있다.[388]

② 債權의 入質

채권자의 채권이 입질되어 대항요건까지 갖추어진 경우(민법 제349조, 제351조)에도 채무자는 질권자에게 변제하여야 하며(민법 제352조, 제354조), 채권자에 대한 변제사실로 질권자에게 대항하지 못한다.

③ 債權者의 破産

채권자가 파산선고를 받은 때에도 채무자는 채권자에게 변제하지 못하고, 대신 파산관재인에게 변제하여야 한다.[389] 그러나 파산선고 후 채무자가 채권자의 파산사실을 알지 못하고 변제한 때에는 파산채권자에게 대항할 수 있다.[390]

---

387) 民事訴訟法 제561조 제1항.
388) 民事訴訟法 제563조.
389) 破産法 제7조.
390) 破産法 제47조 1항.

3) 表現受領權者

변제수령권한이 없는 자에 대한 변제는 원칙적으로 변제로서의 효력을 갖지 못한다. 예외적으로 채권자가 그 무효인 변제로 인하여 사실상 이익을 받은 경우에만 그 한도에서 변제가 유효해질 뿐(민법 제472조), 대개의 경우 변제는 무효인 변제가 되어 변제자는 채권자에게 다시 변제해야 할 의무를 갖는다. 하지만 수령자에게 채무자가 변제수령권자로서 신뢰할 만한 외관이 있었을 경우, 다시 말해 채권의 준점유자나 영수증소지자, 증권적 채권증서의 소지인에 대해 채무자가 변제를 한 경우, 변제는 변제로서의 효력을 갖게 된다. 따라서 채권자는 채무자에 대해 이행이나 손해배상을 청구할 수 없으며, 다만 표현수령권자에 대해 부당이득반환청구권 내지 불법행위에 기한 손해배상청구권을 행사할 수 있게 된다.

① 債權의 準占有者

예를 들어 무효 또는 취소된 양도계약에 의한 채권의 사실상 양수인, 채권의 表現相續人, 예금증서 기타 채권증서와 그 변제를 받는 데 필요한 인장을 소지한 자, 무효인 전부명령 또는 추심명령을 얻은 자, 위조된 영수증을 소지한 자와 같이, 거래의 관념상 진정한 채권자라고 믿게 할 만한 외관을 갖춘 자에게 변제자가 변제한 경우에는, 비록 그 수령자에게 변제수령의 권한이 없었다고 하더라도, 변제가 변제로서의 효력을 갖게 된다.[391] 이때 변제자에게는 악의나 과실이 없어야 하지만(민법 제470조), 진정한 채권자로 믿게 할 만한 외관의 존재가 입증된 경우 변제자의 선의, 무과실은 추정된다.

② 領收證 所持者

영수증 소지자에게 변제자가 변제한 경우에도, 그 영수증 소지자에게 변제수령의 권한이 있건 없건 상관없이, 변제는 변제로서의 효력을 갖게 된다(민법 제471조 본문). 물론 변제자에게는 악의나 과실이 없어야 하지만(민법 제471조 단서), 영수증의 진정성이 입증된 경우 변제자의 선의, 무과실은 추정된다.

---

301) 곽윤식, 앞의 책, 467~468쪽, 大判 1963.10.10, 63다384, 1965.12.21, 65다1990, 1969.10.14, 69다1237, 1992.2.14, 91다9244.

③ 證券的 債權證書의 所持人

指示債權, 無記名債權, 指名所持人出給債權의 증서를 갖고 있는 자에게 변제자가 변제한 경우에도, 그 소지인에게 변제수령의 권한이 있건 없건 상관없이, 변제는 변제로서의 효력을 갖게 된다. 이 경우 변제자는 과실로 변제하더라도 상관이 없으며, 최소한 악의나 중과실 정도는 존재해야 변제는 비로소 효력을 갖지 못하게 된다(민법 제518조, 제524조, 제525조).

(6) 辨濟의 場所

1) 原則

변제의 장소는 원칙적으로 당사자의 의사표시 또는 채무의 성질에 의해 결정된다. 의사표시 또는 채무의 성질로 변제의 장소가 정해지지 않은 경우에는 법률의 특별규정에 의하거나(민법 제586조, 제700조), 제467조의 일반적 보충규정에 의해 정한다.

2) 法律의 特別規定

매매목적물의 인도와 동시에 대금을 지급할 경우에는 그 인도장소에서 대금을 지급하여야 한다(민법 제586조). 또한 任置物은 그 보관한 장소에서 반환하여야 한다(민법 제700조 본문). 그러나 수치인이 정당한 사유로 인하여 그 물건을 다른 자에게 다시 임치한 때에는 그 물건이 현존하는 장소에서 반환할 수 있다(민법 제700조 단서).

3) 第467條의 一般規定

특정물의 인도를 목적으로 하는 채무에 있어서는 채권성립 당시에 그 물건이 있던 장소에서 변제한다(민법 제467조 제1항). 그렇지 않고 특정물 이외의 급부를 목적으로 하는 채무에 있어서는 채권자의 현주소에서 변제한다(민법 제467조 제2항 본문). 다시 말해 지참채무가 원칙이다. 영업에 관한 채무에 있어서는 채권자의 현영업소에서 변제한다(민법 제467조 제2항 단서).

(7) 辨濟의 始期

1) 辨濟의 始期가 갖는 意味

변제기는 이행지체와 채권자지체의 판단시점, 그리고 정기행위의 경우에는 급부불능의 판단시점이 된다. 또한 변제기의 도래와 더불어 소멸시효가 진행된다.

2) 原則

변제의 시기 역시 당사자의 의사표시, 채무의 성질 또는 법률의 특별규정(민법 제585조, 제603조, 제613조, 제698조)에 의해서 정해진다. 이러한 기준에 의해 변제기가 정해지지 않는 경우에는 채무자가 이행의 청구를 받은 때 변제를 한다.

3) 法律의 特別規定

매매의 당사자 일방에 대한 의무이행의 기한이 있는 때에는 상대방의 의무이행에 대해서도 동일한 기한이 있는 것으로 추정한다(민법 제585조). 消費貸借에 있어서 반환시기의 약정이 없는 때 대주는 상당한 기간을 정하여 반환을 최고하여야 하지만, 차주는 언제든지 반환할 수 있다(민법 제603조 제2항). 使用貸借에 있어서 반환시기의 약정이 없는 경우 차주는 계약 또는 목적물의 성질에 의한 사용·수익이 종료한 때에 반환하여야 한다(민법 제613조 제2항 본문). 그러나 대주는 사용·수익에 족한 기간이 경과했다면 언제든지 계약을 해시하고 반환을 청구할 수 있다(민법 제613조 제2항 단서). 임치에 있어서 수치인은 부득이한 사유 없이 임치기간 만료 전에 계약을 해지하지 못하나, 임치인은 임치기간 만료 전이라도 언제든지 계약을 해지하고 반환을 청구할 수 있다(민법 제698조).

(8) 辨濟의 費用

1) 原則

당사자 사이의 의사표시에 의하는 것이 원칙이나, 특별한 의사표시가 없으면 채무자가 부담한다(민법 제473조 본문).

2) 例外

채권자지체 또는 채권자의 주소이전 기타의 행위로 인한 변제비용 증가분(예를 들어 目的物保管費用)은 채권자가 부담한다(민법 제403조, 제473조 단서).

3) 契約費用

변제비용과 달리 쌍무계약에 있어서 계약비용은 당사자 쌍방이 均分해서 부담한다(민법 제566조, 제567조). 쌍무계약은 당사자 쌍방의 이익을 위한 것이기 때문이다.

(9) 辨濟의 證據

1) 辨濟者의 領收證請求權

변제자는 변제를 받은 자에게 영수증을 청구할 수 있다(민법 제474조). 영수증작성, 교부의 비용은 그 작성, 교부의무자인 채권자의 부담이다. 변제자는 일부변제 또는 대물변제의 경우에도 영수증을 청구할 수 있다. 영수증의 교부와 변제는 동시이행의 관계에 있다.

2) 辨濟者의 債權證書返還請求權

채권의 성립을 증명하는 서면인 채권증서가 있다면 변제자는 채무 전부를 변제하면서 채권증서의 반환을 청구할 수 있다(민법 제475조 전단). 일부변제를 한 자는 일부변제가 있었다는 뜻을 채권증서에 기재하도록 청구할 수 있다. 변제뿐 아니라 代物辨濟, 相計, 更改, 免除 등의 경우에도 마찬가지이다(민법 제475조 후단). 채권증서반환의 비용은 반환의무자인 채권자의 부담이나, 채권증서의 반환과 변제는 채권이 증권적 채권이 아닌 한 同時履行의 관계에 있지 않다. 증권적 채권이 아닌 지시채권의 경우, 단지 채권자가 채권증서를 분실했다는 이유만으로 변제를 받지 못할 수 있는데, 이는 너무 가혹한 일이기 때문이다. 채권자는 채권증서 대신 영수증을 작성, 교부할 수 있다.

(10) 辨濟의 充當

1) 意義

채무자가 동일한 채권자에 대해 동종의 내용을 가진 수개의 채무를 부담하는 경우(민법 제476조 1항), 또는 1개의 채무의 변제로서 수개의 급부를 해야 할 경우(민법 제478조), 변제로서 제공한 급부가 그 채무의 전부를 소멸시키는 데 충분하지 않을 때, 그 불충분한 급부를 가지고 당사자의 의사표시로 우선 일정한 채무에 충당하는 것을 말한다.

2) 契約에 의한 充當

변제자와 변제수령자 사이의 계약에 의해 충당방법을 정하면 그 방법이 어떤 것이든 유효하다. 충당에 관한 당사자의 계약적 의사표시는 충당에 관한 법률규정에 우선하여 적용된다.

3) 辨濟者에 의한 充當

변제자는 변제를 할 경우에 변제수령자에 대한 의사표시로 변제에 충당할 채무 또는 급부를 지정할 수 있다(민법 제476조 제1항, 제476조 제3항, 제478조). 이 경우 변제수령자의 동의는 필요하지 않으며, 수령자는 이의를 제기할 수 없다. 그러나 비용보다 이자를, 이자보다 원본을 먼저 충당할 수는 없다(민법 제479조 1항).

4) 辨濟受領者에 의한 充當

변제자가 변제제공시에 변제의 충당을 하지 않은 때 변제수령자가 그 당시 변제자에 대한 의사표시로써 변제의 충당을 할 수 있다(민법 제476조 제2항 본문, 제476조 제3항, 제478조). 그러나 변제수령자의 지정충당에 대해 변제자가 즉시 이의를 제기한 때 그 충당은 효력을 잃고(민법 제476조 단서), 변제의 충당은 법률규정에 의해서 그 순위가 결정된다.

5) 法定充當

위와 같이 당사자의 일방행위로 지정충당을 할 수 있음에도 불구하고 당사자가 변제충당의 의사표시를 하지 않은 때에는 다음의 순서에 따른다.

첫째, 채무 중에 이행기가 도래한 것과 도래하지 않은 것이 있으면 이행기가 도래한 채무의 변제에 먼저 충당한다(민법 제477조 제1항).

둘째, 채무의 전부의 이행기가 도래하였거나 또는 도래하지 않은 때에는 면저 채무자에게 변제이익이 많은 채무의 변제에 충당한다(민법 제477조 제2항).

셋째, 채무자에 대해 변제이익이 같으면 이행기가 먼저 도래한 채무나 먼저 도래할 채무의 변제에 충당한다(민법 제477조 제3항).

넷째, 이상의 기준에 의해 辨濟充當의 선후가 정해지지 않을 경우 각 채무는 그 채무액에 비례해서 충당된다(민법 제477조 제4항, 제478조).

6) 費用, 利子, 元本의 順位

채무자가 1개 또는 수개의 채무에 대해 원본 이외에 이자 및 비용을 지급해야 할 경우 변제자가 그 채무의 전부를 소멸시키는 데 충분하지 않은 급부를 한 때에는 비용, 이자, 원본의 순서로 충당해야 한다(민법 제479조 제1항). 이 순서는 민법 제477조의 법정충당순서와 달리 일방 당사자의 의사에 의해서 변경될 수 없으며, 반드시 당사자의 계약에 의해서만 변경될 수 있다.

(11) 辨濟者代位

1) 意義

제삼자 또는 채무자와 함께 채무를 부담하는 자(공동채무자)가 채무자를 위해 변제한 경우 채무자에 대해 구상할 수 있는 범위 안에서 채권자의 채권 및 그 담보에 관한 권리를 이전받아 채무자에 대해 행사할 수 있는 것을 말한다.

2) 債權者代位權과의 差異

채권자대위권에 있어서는 권리가 채무자에게 그대로 귀속된 상태에서 채권자가 그 행사만을 하는 데 반하여, 변제자대위는 권리가 채권자로부터 대위자에게로 법률상 당연히 이전한다는 차이가 있다.

3) 法定代位

변제할 정당한 이익을 갖는 자는 변제에 의해 당연히 채권자를 대위한다(민법 제481조). 변제할 정당한 이익을 갖는 자란, 변제하지 않으면 집행을 받게 되거나(不可分債務者, 連帶債務者, 保證人, 連帶保證人, 損害擔保者, 物上保證人, 擔保物의 第3取得者) 채무자에 대한 자기 권리를 상실하게 되는 자(채무자가 가진 담보물이나 일반재산의 가격이 비정상적으로 떨어진 경우 채무자에 대한 후순위담보권자, 채무자에 대한 일반채권자)를 말한다.

4) 要件

① 債權의 存在

채권자와 채무자 사이에 채권이 존재하고 있어야 한다. 채무자에게 채권이 존재하고 있지 않다면 변제자가 그것을 이전받을 수도 없기 때문이다.

② 代位辨濟行爲

변제할 정당한 이익을 가지는 자가 변제하거나(法定代位), 변제할 정당한 이익이 없더라도 채무자를 위해서 변제하는(任意代位) 등의 행위가 있어야 한다.

③ 任意代位의 경우 債權者의 承諾

변제할 정당한 이익을 갖지 않았음에도 불구하고 채무자를 위해 변제한 자는 변제와 동시에 채권자의 승낙을 얻어야 채권자를 대위할 수 있다(민법 제480조 제1항). 그러나 변제를 수령한 채권자는 승낙한 것이라고 추정된다. 그리고 대위변제자는 채권자가 채무자에 대해 대위의 통지를 하거나 채무자로부터 대위의 승낙을 얻었을 때에야 채무자 기타 제삼자에게 채권자대위를 주장할 수 있다(민법 제450조 이하).

④ 債權者의 滿足

대위변제자는 변제 기타 대물변제, 공탁 등의 원인(민법 제486조)으로 채권자에게 만족을 주었어야 한다.

⑤ 辨濟者의 求償權

변제자는 채무자에 대해 원래 구상할 수 있었어야 한다(민법 제482조 제1항). 채무자에 대해 구상권을 갖는 사람의 예로서는 不可分債務者(민법 제411조), 連帶債務者(민법 제425조), 保證人(민법 제441조), 物上保證人(민법 제341조, 제355조, 제370조) 등을 들 수 있다. 그 밖에 채무자의 부탁에 의하여 변제한 자는 위임사무처리비용의 상환청구권(민법 제688조)을, 채무자의 부탁 없이 채무를 위하여 변제한 자는 사무관리비용의 상환청구권(제739조)을 갖는데, 이러한 권리도 구상권에 포함된다.

5) 效果

① 代位辨濟者와 債務者 사이

대위변제자는 채권자의 원채권 또는 그 담보권과 함께 구상권을 보유하면서 채무자에 대해 자기 구상권과 함께 채권자의 원채권 또는 담보권까지 대위행사할 수 있다. 대위변제자가 채무자에게 행사할 수 있는 채권의 범위에는 원채무의 이행청구권, 손해배상청구권 이외에 채권자가 갖고 있던 채권자대위권, 채권자취소권이 포함되고, 담보권의 범위에는 물적담보권(저당권, 질권) 외에 채무자의 보증인에 대한 인적담보권이 포함된다. 그러나 계약해제권이나 해지권과 같이 계약당사자의 지위에 부수하는 권리는 대위의 대상에 포함되지 않는다.

② 代位辨濟者와 債權者 사이

채권자는 대위변제자에 대해서 대위한 권리의 행사를 용이하게 해 주기 위해 채무자에게 대위의 통지를 해 주어야 한다(민법 제480조 제2항, 제450조). 또한 대위변제에 의하여 전부의 변제를 받은 채권자는 채권증서와 점유담보물을 대위자에게 교부해 주어야 하며(민법 제484조 제1항), 채권의 일부에 대하여 대위변제가 행해진 경우 채권자는 채권증서에 그 대위를 기입하고, 자기가 점유한 담보물의 보존에 관해 대위자의 감독을 받아야 한다(민법 제484조 제2항). 그리고 채권자가 대위자에게 일부변제를 받은 후 계약관계를 해제, 해지한 때에 채권자는 대위변제자에게 그가 변제한 가액과 이자를 상환해 줘야 하며(민법 제483조 제2항 후단), 채권자가 고의 내지 과실로 특별담보를 상실시키거나 감소시킨 때 법정대위자는 그 상실 또는 감소로 말미암아 상환받을 수 없게 된 한도에서 변제의 책임을 면하게 된다(민법 제485조).

③ 代位辨濟者 相互間

보증인이 변제한 때에는 전세물이나 저당물에 권리를 취득한 제삼자에 대해 채권자를 대위하지만, 그러기 위해서 보증인은 미리 전세권이나 저당권의 등기에 그 대위를 부기하여야 한다(민법 제482조 제2항 1호). 제3취득자는 변제할 수 있으나, 보증인에 대하여 채권자를 대위하지 못한다(민법 제482조 제2항 2

호). 그리고 불상보증인과 보증인 사이에서는 그 인원수에 비례하여 채권자를 대위하며(민법 제482조 제2항 5호 본문), 물상보증인이 여러 사람일 때에는 보증인의 부담부분을 제외하고 그 잔액에 대하여 물상보증인이 각 담보물의 가액에 비례해서 대위한다(민법 제482조 제2항 5호 단서). 또한 수개의 부동산에 담보권이 설정되어 그 담보부동산의 제3취득자가 여러 사람일 때, 그중 한 사람이 변제한 때에는, 그 대위변제자가 다른 제3취득자에 대하여 각 부동산의 가액에 비례하여 채권자를 대위한다(민법 제482조 제2항 3호). 여러 사람의 물상보증인 가운데 하나가 대위변제한 때에도 그 대위변제자는 다른 물상보증인에 대하여 각 담보재산의 가액에 비례해서 채권자를 대위한다(민법 제482조 제2항 4호).

④ 一部代位

채권의 일부에 대해서 대위변제가 있는 때 대위변제자는 그 변제한 가액에 비례하여 채권자와 함께 그 권리를 행사한다(민법 제483조 제1항). 다시 말해 대위할 권리가 가분적인 경우라 할지라도 단독으로 행사할 수 없고, 채권자와 공동으로만 권리를 행사할 수 있으며, 채무자의 변제에 관해서는 가액에 비례하여 채권자와 함께 만족을 얻는다. 그 밖에 一部代位者는 채권자에 대해서 일부대위를 채권증서에 기재하도록 요구할 수 있고, 채권자가 점유하는 담보물에 관해 감독권을 행사할 수도 있다(민법 제484조 제2항).

(12) 辨濟에 관한 其他의 特則

1) 特定物의 現狀引渡

특정물의 인도가 채권의 목적인 때 채무자는 이행기의 현상대로 그 물건을 인도해야 한다(민법 제462조). 다시 말해 목적물의 상태가 변질, 훼손되었다 하더라도 그 목적물이 법적 동일성을 유지하고 있는 한, 채무자는 현상대로 목적물을 인도하기만 하면 자기 이행의무를 다한 것이 되며, 다만 그 변질, 훼손이 채무자의 귀책사유로 인한 것일 때에 한하여 채무불이행에 기한 손해배상책임을 부담한다.

2) 他人의 物件

채무의 변제로 타인의 물건을 인도한 채무자는 다시 유효한 변제를 하지 않3

으면 그 물건의 반환을 청구하지 못한다(민법 제463조). 그리고 채무의 변제로 타인의 소유인 물건을 인도한 경우 그 변제는 효력이 없는 게 원칙이나, 채권자가 수령한 물건을 선의로 소비하였거나 양도한 경우에는 예외적으로 그 변제가 유효한 것이 되어 채권은 소멸한다(민법 제465조 제1항). 물건의 소유자는 채권자에 대해서 소유권에 기한 반환청구권을 행사할 수 있고, 변제한 채무자에 대해서는 부당이득의 반환청구 또는 불법행위에 기한 손해배상을 청구할 수 있다. 채권자가 물건의 소유자에게 물건을 반환했을 때에는 변제한 채무자에 대해서 구상할 수 있다(민법 제465조 제2항).

3) 讓渡無能力者의 引渡

비록 자기의 물건이지만 그 물건을 양도할 능력은 없는 상태에서 변제자가 어떤 물건을 채무의 변제로서 인도한 때, 그 물건은 변제가 취소된 때에도 다시 유효한 변제를 하지 않는 한 반환청구되지 못한다(민법 제464조). 변제가 취소된 데 그치지 않고, 채무의 원인행위 자체가 취소된 경우에는 변제자인 채무자가 채무 없음을 알고 변제한 때에만 반환청구할 수 없으며(민법 제742조), 채무 없음을 몰랐을 경우에는 물건의 반환청구를 할 수 있다.

3. 代物辨濟

(1) 意義

채무자가 계약에 의해 정해진 원래의 급부와 다른 내용의 급부를 본래의 급부에 갈음하는 것으로 제공하고, 채권자가 그 급부를 본래의 급부에 갈음하는 것으로 승낙하면서 이를 수령하는 것을 말한다. 이러한 대물급부의 제공과 수령은 변제와 같은 효력을 발생시킨다(민법 제466조).

(2) 法的 性質

채권을 소멸시키는 사실행위라는 점에서 기본적 성질이 변제와 같다. 따라서 변제에 관한 규정은 대물변제에도 거의 그대로 적용된다. 물론 채권자와 채무자 사이의 합의가 필요하다는 점에서 변제와 다른 부분을 갖지만, 이러한 합의는 대물에 의한 급부가 변제로서의 효력을 갖기 위한 하나의 요건에 지나지 않으므로, 당사자 간의 합의는 본질로서의 사실행위에 부수하는 것으로 이해해야 한다.

(3) 要件

1) 債權의 存在

대물변제는 기존의 채권을 소멸시키는 사실행위이므로, 소멸시킬 채권 자체가 존재하지 않는다면 의미가 없다. 만약 채권이 존재하지 않는데도 대물변제가 행하여졌다면 그 대물변제는 非債辨濟가 되어 반환청구되지 못한다(민법 제742조).

2) 本來의 債務履行을 消滅시키려는 目的

본래의 채무를 소멸시키려는 목적으로 다른 급부를 행해야 한다. 따라서 본래의 채무를 존속시키면서 다른 급부를 하는 경우 대물변제로 인정될 수 없다. 예를 들어 어음 또는 수표로 변제하는 경우 특별한 의사표시가 없는 한 변제를 위하여 교부된 것으로 추정되므로, 본래의 채무기 그내로 존속하여 어음 또는 수표의 교부는 대물변제로서의 효력을 갖지 못힌다.

3) 現實的인 代物給付

변제자는 본래의 급부와 내용, 종류가 다른 급부를 현실적으로 변제해야 한다. 단지 약속만 하는 경우에는 채무변경계약이나 대물변제의 예약만이 인정될 뿐이다. 이때 대물급부는 본래의 급부와 등가치일 필요가 없다.

4) 債權者의 承諾

채무자가 행한 현실의 대물급부에 대해 채권자가 변제의 효력을 인징해 줘야 한다. 여기서 채무자와 채권자 시이에 이루어지는 합의는 법률행위이므로 변제와 달리 낭사자는 行爲能力을 갖고 있어야 한다.

(4) 效力

1) 辨濟와 같은 效力

대물변제는 변제와 같은 효력을 발생시켜(민법 제466조), 본래의 채권은 물론 그 채권을 담보하는 담보권도 소멸시킨다.

2) 債務者의 擔保責任

본래의 급부에 관한 원인행위가 유상계약인 경우 급부된 목적물의 하자에 대해서 채무자는 담보책임을 부담해야 한다(민법 제567조). 그러나 본래의 급부가 증여와 같이 무상계약을 원인으로 한 경우 채무자는 담보책임을 부담하지 않는다.

(5) 代物辨濟의 豫約

1) 意義

채무자가 본래의 급부에 갈음하여 다른 급부를 하기로 채권자와 미리 약속하는 것이다. 즉 채무자가 부담하고 있는 본래의 급부에 갈음하여 다른 급부를 함으로써 기존의 채권을 소멸시키는 채권자와 변제자 간의 계약으로 이는 변제와 동일한 효력을 가지지만 계약이란 점에서 차이가 있다. 특히 민법은 다른 전형적 계약과는 달리 계약성립에 현실적인 급여가 있어야 하므로, 단지 다른 급부를 할 채무만을 지는 때는 更改로는 되지만 대물변제로는 되지 않는다. 또한 대물변제로서 급부된 목적물에 하자가 있더라도 소멸한 채권이 당연히 부활하지는 않으며, 하자 없는 물건의 급부를 청구할 수도 없고, 오직 채권자는 매도인 담보책임에 관한 규정의 준용에 의해 보호될 뿐이다. 이것은 전형적인 계약이라기보다는 주된 매매 혹은 소비대차계약에 따라다닐 수 있는 從된 계약의 하나로서 주로 소비대차계약에서 채무자가 변제기에 자금이 충분하지 않은 경우 변제할 금액에 상당하는 물건이 있다면 그것을 기존의 채무에 갈음하여 변제함으로써 履行遲滯를 면할 수 있고, 채권자로서도 자금회수에 원활함을 보장받는다는 점에서 신용거래를 활발히 하는 데 도움을 주나 실제거래에선 오히려 대물변제의 예약이 가등기와 함께 빈번히 쓰이고 있는 실정이다.

2) 法的 性質

채무불이행시에 채무자에게 대물변제를 실행하도록 요구할 수 있는 권리가 채권자에게 생기게끔 하는 예약이다. 이것이 일방예약인가, 편무예약인가에 대해서는 학설이 갈리고 있으나, 개념도 불분명할뿐더러 논쟁에 큰 실익도 없어 보인다.

3) 社會的 機能

채권에 대한 변칙적 담보제도로서 주로 활용되고 있다. 예를 들어 채무불이행의 경우에 채무자가 가진 부동산의 소유권을 채권자에게 이전하는 형식이다.

4) 債務者에 不利益한 代物辨濟 豫約

대물변제시에 피담보채권인 원리금을 초과하여 채권자가 취득하는 부분에 대해서는 민법 제607조와 제608조가 적용되어 그 대물변제예약과 함께 소유권취득도 무효가 된다. 그러나 판례에 따르면 그 무효는 초과된 부분에 한해서만 적용되는 것이므로, 채권자는 목적물을 환가처분하여 정산해야 한다. 한편 선의의 제삼자는 대물변제예약이 通情虛僞表示임을 몰랐던 이상 소유권을 취득하게 된다(민법 제108조 2항).

5) 停止條件附 代物辨濟 豫約

채무불이행으로 급부대용물의 소유권이 당연히 채권자에게 이전되는 형식이다. 그러나 이러한 예약은 그 효력을 인정받을 수 없다. 물권변동에 있어서 성립요건주의를 취하고 있는 우리 민법에 있어서, 당사자의 특약만으로 소유권변동의 효력이 제삼자는 물론이고 당사자 사이에서조차 인정될 수는 없기 때문이다.

4. 供託

(1) 意義

채권자가 변제를 받지 아니하거나 받을 수 없는 경우 변제자기 채권자를 위하여 변제의 목적물을 공탁소에 임치함으로써 채무를 면하는 제도이다(민법 제487조 전단).

(2) 法的 性質

공탁은 국가기관인 공탁소를 중심으로 공탁법의 규정에 의해 그 절차가 실현되기 때문에 공법관계이다. 다시 말해 공탁자의 신청에 대하여 공탁공무원의 수탁처분과 공탁물보관자의 공탁물수령에 의하여 성립하는 공법상의 임치관계이다. 이러한 공법적 관계가 먼저 형성되고 나서야 비로소 민법상의 채무는 그 목적을 달성하고 소멸된다.

(3) 要件

1) 債權者의 辨濟不受領

변제자가 변제를 제공했음에도 불구하고 채권자가 그것을 수령하지 않았어야 한다. 아니면 변제자가 변제를 제공하기도 전에 채권자가 수령을 거절했어야 한다. 이 경우 채권자지체의 요건도 갖추어질 수 있다.

2) 債權者의 不分明

객관적으로 채권자 또는 변제수령자가 존재하지만 누가 진정한 채권자인지를 채무자가 과실 없이 알 수 없을 경우에도 채무자는 공탁에 의해 채무를 면할 수 있다.

3) 供託者와 供託所의 存在

공탁하는 자가 존재해야 한다. 공탁은 채무자 이외에도 제삼자 역시 행할 수 있으며, 공탁소는 채무이행지의 공탁소여야 한다(민법 제488조 제1항).

4) 保管에 적당한 目的物

동산이든 부동산이든 가릴 필요 없이 공탁의 목적물이 될 수 있으나, 목적물이 보관에 적당해야 한다. 목적물이 보관에 적당하지 않거나 소실·훼손 또는 부패할 염려가 있거나 보관에 과다한 비용이 소요되는 경우, 변제자는 법원의 허가를 얻어 그 물건을 競賣하거나 시가로 放賣하여 그 대금을 공탁할 수 있다 (제490조).

5) 債務의 內容에 좇은 供託

공탁에 의해 채권은 소멸하게 되므로, 채무의 내용에 좇은 공탁이 이루어져야 한다. 변제목적물 전부를 공탁하여야 하며, 아주 경미한 부족액이 발생했을 경우라 하더라도 채권자가 아무 유보 없이 수령했을 때에 한하여 공탁의 효력은 발생한다. 본래의 채권에 부착되어 있지 않은 조건을 붙여서 행한 공탁도 채권자가 승낙했을 경우에만 효력을 갖는다.

(4) 效果

1) 債權과 債務의 流動的 消滅

마치 변제가 있었던 것과 같이 채무자는 채무를 면하고, 채권자는 채권을 상실한다. 다만 변제자는 공탁물을 회수할 수 있는데(민법 제489조 제1항), 변제자가 공탁물을 회수한 때 채무는 소급하여 소멸하지 않은 것으로 된다. 따라서 공탁은 채권과 채무를 완전히 소멸시키지는 못하고, 채무자에게 항변권으로서의 변제거절권을 부여할 뿐이다.

2) 債權者의 供託物出給請求權

채권자는 자신의 권리를 증명하여[392] 공탁물을 수령할 수 있다. 채권자가 공탁물을 적법하게 출급 받으면 채권은 확정적으로 소멸하게 된다. 채권자는 채권의 일부에 충당할 뜻을 유보한 채 출급청구하여 일부만의 변제를 받을 수도 있다.

3) 供託物所有權의 移轉

공탁물이 금전 기타 소비물인 경우에는 공탁에 의해 소비임치가 성립하므로(민법 제702조), 공탁물소유권은 채무자에게서 공탁소를 거쳐서 채권자에게로 넘어간다. 그러나 공탁물이 특정물인 경우에는 공탁물소유권이 채무자에게서 공탁물을 거치지 않고 바로 채권자에게로 넘어간다.

4) 辨濟者의 供託物 回數券

공탁소에 공탁을 함으로써 채무자는 채무를 면함과 동시에 공탁관계를 철회

---

392) 供託法 제8조 제1항.

할 수 있는 형성권을 취득한다. 변제자의 회수권행사로 채권자의 공탁물출급청구권은 소멸하고, 이전의 법률관계가 부활하여 소멸시효는 정지되지 않은 것이 된다. 그러나 채권자가 변제자에 대한 의사표시로 공탁을 승인하거나 공탁소에 대해 공탁물 받기를 통지한 때(민법 제489조 제1항 전단), 공탁이 유효하다는 판결이 확정된 때(제489조 제1항 후단), 질권 또는 저당권이 공탁으로 인하여 소멸한 때(민법 제489조 제2항)에는 공탁물회수권이 인정되지 않는다. 그 밖에 공탁법은 착오로 공탁한 경우와 공탁원인이 소멸한 경우(채권자가 변제수령의 의사를 밝히거나 채권자가 분명해졌을 경우)에 공탁물회수권을 인정하고 있다.[393]

5. 相計

(1) 意義

채권자와 채무자가 서로 동종의 채권, 채무를 갖는 경우에 그 채권과 채무를 대등액에서 소멸시키는 일방적 의사표시를 말한다(민법 제492조 제1항 본문). 이때 상계를 위해 내놓은 의사표시자의 채권을 自動債權이라 하고, 상계의 대상이 되는, 그 상대방이 갖는 채권을 受動債權이라 한다.

(2) 社會的 機能

채무의 간편한 결제방법 이외에 수동채권에 대해서 최우선의 담보라는 기능을 수행한다. 따라서 수동채권이 채무자재산의 중요 부분을 이루는 경우 채무자의 다른 일반채권자는 불의의 손해를 받을 수 있다.

(3) 樣態

1) 原則

보통의 경우 자기 채권을 갖고, 상대방 자신이 가진 채권에 대해 상계의 의사표시를 해야 한다.

---

393) 供託法 제8조 제2항.

2) 他人의 債權을 自動債權으로 한 相計

그러나 예외적으로 연대채무나 보증채무의 경우에는, 어느 한 연대채무자가 자기 채권이 아닌 다른 연대채무자의 채권으로 상계할 수도 있으며(민법 제418조 제2항), 보증인이 자기 채권이 아닌 주채무자의 채권으로 상계할 수도 있다(민법 제434조).

3) 他人에 대한 債權을 自動債權으로 한 相計의 抗辯

그리고 이미 어느 한 연대채무자, 보증인에 의해 변제가 이루어진 경우, 채권자에 대해 상계할 채권이 있었던 다른 한 연대채무자(민법 제426조 제1항) 그리고 주채무자(민법 제445조 제1항)는 변제한 연대채무자, 보증인에 대하여 그들 자신의 채권에 대해서가 아닌, 채권자에 대한 채권을 가지고 그들에게 상계의 항변을 할 수 있다.

4) 債權讓受人에 대한 相計의 抗辯

한편 채권양도의 경우 채권양도인이 양도통지만을 했을 때 채무자는 그 통지를 받은 때까지 양도인에 대하여 갖게 된 자동채권을 가지고 양수인에 대하여 상계의 항변을 할 수 있다(민법 제451조 제2항).

5) 第3者를 위한 相計

또한 저당부동산의 제3취득자와 같이 채무자의 채무에 대해 책임을 갖는 제3의 이해관계인은 자기가 채권자에 대해 갖는 채권을 가지고 채무자에 대한 채권자의 채권과 상계할 수 있다.

(4) 要件

1) 雙方의 債權이 同種의 目的을 가질 것

상계는 서로 대립되는 채권이 동종의 목적을 가질 것(민법 제492조 제1항 본문)을 필요로 하므로 종류채권, 특히 금전채권 상호간에 많이 행해진다.

2) 自動債權이 辨濟期에 있을 것

자동채권은 반드시 변제기에 있어야 하고, 수동채권도 변제기에 있는 것이 원칙이다(민법 제492조 제1항 본문). 그러나 상계자가 스스로 자기 기한의 이익을 포기할 수 있다는 점에서(민법 제153조 제2항) 수동채권은 꼭 변제기에 도래해 있지 않아도 무방하다.

3) 相計適狀이 現存할 것

상계적상[394]은 상계자가 상계의 의사표시를 행하는 당시에 현존해야 한다. 그러나 예외적으로 자동채권이 시효에 의해 소멸한 경우에는 당사자의 신뢰를 보호하기 위하여 시효완성 전에 상계할 수 있었던 자동채권에 한해 상계가 허용된다(민법 제495조). 물론 이미 소멸시효가 완성된 타인의 채권을 양수하여 상계하는 것은 인정되지 않는다.

4) 債權의 性質上 相計가 許容될 것

채권자, 채무자 상호간에 현실적으로 이행되지 않으면 채권의 목적을 달성할 수 없는 채무, 예를 들면 부작위채무나 하는 채무의 경우 상계가 허용되지 않는다. 그리고 자동채권에 상대방의 항변권(예컨대 催告檢索의 抗辯權)이 붙어 있는 경우에도 상대방의 항변권을 일방적으로 소멸시킬 수는 없기 때문에 상계가 허용되지 않는다.

5) 相計가 禁止되어 있지 않은 債權일 것

당사자의 의사표시에 의한 금지(민법 제492조 제2항 본문)도 가능하지만, 이 경우 선의의 제삼자에게는 상계금지의 의사표시를 갖고서 대항할 수 없다(민법 제492조 제2항 단서). 중요한 것은 아래와 같은 채권들이 법률에 의해 상계가 금지되고 있다는 것이다.

① 故意의 不法行爲로 인한 損害賠償債權

채무가 고의의 불법행위로 인한 것인 때 상계는 불가능하다(민법 제496조). 예를 들어 아무리 채무자가 거액의 빚을 지고 있다 하더라도 채권자가 채무자를 강간, 폭행하여 그 손해배상채무로써 채무자의 채무와 상계하려 하는 것은

---

394) 대립되는 동종의 채권이 변제기에 도달할 것.

인정되지 않는다. 그러나 이때 고의에 대한 입증책임은 불법행위의 피해자가 입증해야 한다. 그리고 불법행위의 피해자가 자기 손해배상청구권을 자동채권으로 하여 상계하는 것은 얼마든지 가능하다.

② 押留禁止의 債權

채권이 압류될 수 없는 것인 때, 예를 들어 법령에 의한 부양청구권, 병사나 근로자의 급료, 연금, 봉급, 상여금, 퇴직금, 퇴직연금 기타 이와 유사한 성질을 갖는 급여채권의 절반 상당액[395] 등의 경우 이러한 채권을 수동채권으로 하는 상계는 금지된다. 주식납입채권,[396] 근로자의 임금채권,[397] 각종 연금채권, 근로자의 재해보상청구권,[398] 보험급여청구권,[399] 형사보상청구권,[400] 자동차사고피해자의 손해배상청구권 또는 가불금청구권[401] 등을 수동채권으로 하는 상계도 마찬가지로 금지된다. 그러나 이러한 채권을 자동채권으로 하는 상계는 허용된다.

③ 押留된 債權

지급을 금지하는 압류명령, 가압류명령 등을 받은 자는 명령 후에 취득한 채권으로 그 채권의 상대방과 상계를 한다 하더라도 압류명령, 가압류명령을 신청한 자기 채권자에 대해서는 대항하지 못한다(민법 제498조). 다시 말해 그 채권은 상계해서 처분하지 못하고, 일반재산 속에 포함시켜야 한다. 그러나 압류 전에 가지고 있던 채권을 가지고 채권의 상대방과 상계하는 것은 무방하다. 채권이 압류명령 전에 변제기에 도래해 있지 않았다 하더라도 상계는 허용된다. 판례는 상계자의 자동채권이 압류명령 전에 반드시 그 변제기에 도래해 있을 필요는 없고, 단지 피압류채권인 수동채권과의 관계에서 동시에 또는 먼저 도래해 있으면 충분하다고 보고 있다.

④ 質權이 設定된 債權

입질채권의 채무자는 그 질권설정의 통지(민법 제349조 제1항)를 받은 이후

---

395) 民事訴訟法 제579조.
396) 商法 제334조, 제596조.
397) 勤勞基準法 제25조.
398) 勤勞基準法 제86조.
399) 醫療保險法 제47조.
400) 刑事補償法 제22조.
401) 自動車損害賠償保障法 제15조.

에 채권자에 대해서 취득한 채권을 자동채권으로 하여 채권자와 상계를 하더라도 질권자에게 대항하지 못한다.

(5) 方法

1) 相計의 意思表示

상계는 변제기가 도래한 채권을 가진 당사자 일방이 상대방에 대해 상계의 의사표시를 함으로써 행해진다(민법 제493조 제1항 전단). 상계의 의사표시를 할 때에는 상계할 채권을 채권의 동일성이 인식될 수 있을 정도로 표시해야 한다.

2) 條件附相計

상계와 같은 일방적 의사표시에 조건을 붙이는 것은 허용되지 않는다(민법 제493조 제1항 후단). 예를 들어 상대방이 어떤 급부를 제공할 경우 상계를 안 할 수도 있다는 조건 같은 것은, 상계자의 일방적 의사표시에 의해 상대방의 지위를 불안정하게 만들기 때문이다.

3) 期限附相計

상계의 의사표시에 기한을 붙이는 것은 무의미하다. 예를 들어 채권자가 채무자에 대해 상계의 의사표시를 하면서 월드컵이 열릴 때부터 상계의 효력이 발생한다고 일방적으로 얘기해 봤자, 상계는 법적으로 소급효를 갖게 돼 있기 때문에 그런 의사표시는 의미를 가질 수 없는 것이다.

4) 相計契約

상계를 일방 당사자의 의사표시에 의하지 않고 당사자의 계약에 의해서도 행할 수 있다. 상인 사이에 일정기간의 거래에 의해서 발생하는 채권, 채무의 총액을 서로 청산하는 상호계산(상법 제72조)이 그 예이다. 이렇게 계약으로 상계하는 경우 민법이 정하고 있는 상계의 요건이나 상계의 금지에 관한 규정이 상계계약에는 적용되지 않는다. 또한 상계계약에는 조건이나 기한을 붙일 수도 있고, 상계를 예약하는 것도 가능하다.

(6) 效果

1) 債權對等額의 消滅

상계에 의하여 당사자 쌍방의 채권은 그 대등액에 관하여 소멸한다(민법 제492조 제1항 본문). 쌍방의 채권액이 동등하지 않을 때에는 잔존부분에 한하여 다액인 측의 채권은 그대로 존속한다.

2) 相計의 遡及效

상계의 의사표시에 의하여 대등하는 채권이 소멸하는 시기는 각 채권이 상계될 수 있었던 때로 본다(민법 제493조 제2항). 따라서 각 채권의 변제기가 이미 도래한 후에 상계가 행해진 경우 채권은 상계적상이 생긴 시점에 소급하여 소멸한 것이 된다. 그동안 이자가 발생했다 하더라도 상계적상이 생긴 이후의 이자는 상계의 의사표시로 소멸하며, 일방의 이행이 지체되었다 하더라도 지체는 없었던 것이 된다.

3) 履行地가 다른 債權을 相計할 경우 損害賠償

상계는 쌍방의 채무의 이행지가 같지 않은 경우에 있어서도 할 수 있으나, 상계를 하는 당사자는 상대방에 대해 이로 인하여 생긴 손해를 배상하여야 한다(민법 제494조).

4) 相計充當

상계의 상대방에게 상계적상에 있는 수동채권이 수개 존재하는 경우 상계자가 그 전부를 소멸시키기에 불충분한 자동채권을 가지고 상계의 의사표시를 하였다면 변제충당에 관한 민법 제476조 내지 제479조의 규정을 상계에 준용한다(민법 제499조).

6. 更改

(1) 意義

채무의 중요한 부분을 변경함으로써 신채무를 성립시키는 동시에 구채무를 소멸시키는 계약을 말한다. 구채무 및 구채권을 소멸시키므로 채권 소멸 원인의 하나가 된다.

(2) 樣態

1) 債務內容을 變更하는 更改

원래의 채권관계의 채권자와 채무자가 채무의 내용을 다른 급부로 변경하는 방식이다. 계약당사자에는 변함이 없고, 채무의 내용만 변경된다.

2) 債務者를 變更하는 更改

원래의 채권관계의 채권자가 새로운 채무자와 함께 경개계약을 맺는다. 그러나 구채무자의 의사에 반하여 경개계약을 체결하지는 못한다(민법 제501조).

3) 債權者를 變更하는 更改

원래의 채권관계의 채권자와 채무자 그리고 새로운 채권자가 삼면계약으로 경개계약을 체결한다. 이때 확정일자 있는 증서로 하여야지 그렇게 하지 않으면 제삼자에게 대항하지 못한다(민법 제502조). 그리고 채무자가 이의를 보류하지 않고 경개계약을 체결하였다면, 원래의 채권자에게 대항할 수 있는 사유로써 새로운 채권자에게 대항할 수 없다(민법 제503조, 제451조 제1항).

(3) 要件

1) 消滅할 債務의 存在

경개에 의하여 소멸할 채무가 존재해야 한다. 만약 소멸할 채무도 없다면, 경개를 한다는 것 자체가 무의미하기 때문이다.

2) 債務의 重要部分의 變更

채무의 동일성을 구성하는 부분인 발생원인, 채권의 목적, 채권자, 채무자와 같은 부분이 변경되어야 한다. 그러나 채권자를 변경할 경우 채권양도, 채무자를 변경할 경우 채무인수가 되어 채무의 동일성이 유지될 수도 있기 때문에,

채권자나 채무자를 변경할 때에는 채무의 동일성을 유지하지 않는다는 당사자의 경개의사가 명백해야 경개가 될 수 있다.

3) 新債務의 成立可能

신채무의 내용이 성립가능한 것이 아니면 경개의 효력은 발생할 수 없다. 다시 말해 경개로 인한 신채무가 원인의 불법 또는 당사자가 알지 못한 사유로 인하여 성립되지 않거나 취소된 때 구채무는 소멸하지 않는다(민법 제504조).

(4) 效果

1) 舊債務의 消滅

경개에 의하여 구채무는 소멸한다(민법 제500조). 비록 신채무가 성립하지만, 채무의 동일성이 사라진 것이므로, 구채무에 붙어 있던 담보권, 보증채무, 위약금 등 기타 종된 권리도 함께 소멸한다. 그러나 경개의 당사자 간의 합의에 의해 구채무의 목적의 한도에서 그 채무의 담보로 제공된 질권 또는 저당권을 신채무에 이전할 수도 있다. 이때 담보는 담보제공자의 승낙을 얻어야 신채무에 이전할 수 있다(민법 제505조).

2) 新債務의 成立

경개에 의하여 구채무와 동일성이 없는 새로운 채무가 성립한다. 구채무와 전혀 다른 채무이므로, 구채무에 붙어 있던 항변권은 신채무에 따라붙지 않는다. 그러나 채권자를 변경시키는 경개의 경우, 채무자는 이의를 보류함으로써 구채권자에 대한 항변사유를 갖고 신채권자에게 대항할 수 있다(민법 제503조, 제451조 제1항). 채무가 새롭게 성립하므로, 채권의 소멸시효는 새롭게 기산된다.

3) 新債務의 不履行에 대한 問題

채무자가 신채무를 불이행할 경우 채권자는 채무자에게 구채무라도 이행하라고 요구하고 싶어지게 된다. 그러나 신채무의 불이행은 그 자체로서 경개계약의 문제가 아니다. 왜냐하면 경개는 신채무의 성립과 더불어 완결되는 것으로서 이행의 문제를 남기지 않기 때문이다. 오로지 경개계약 당시 해제권을 유보한 경우에만 채무자가 신채무를 불이행했을 때 경개계약을 해제, 무효화하고, 구채무의 이행을 청구할 수 있게 된다.

7. 免除

(1) 意義

채권자가 일방적으로 채무자에 대하여 그때까지 존재하던 채무자의 채무를 없던 것으로 만드는 의사표시를 하는 것이다(민법 제506조).

(2) 要件

면제자는 채권의 처분권한이 있어야 한다. 면제는 채권자의 처분행위이므로, 채권의 처분권한을 갖는 자만이 면제를 할 수 있다. 예를 들어 파산한 채권자는 자기 채권의 면제를 할 수 없다. 그리고 채권자가 채무자에게 면제에 대하여 일방적 의사표시를 하여야 한다. 물론 방식을 필요로 하지 않으며 명시적이든 묵시적이든 상관없다. 특히 면제는 단독행위이더라도 상대방에게 불이익을 주지 않는 단독행위이기 때문에 조건을 붙이는 것이 허용된다.

(3) 效果

1) 債權의 消滅
전부면제라면 채권의 전부, 일부면제라면 채권의 일부가 소멸한다.

2) 債權에 從된 權利의 消滅
채권이 전부 소멸한 경우 이에 수반하는 담보물권, 보증채무 등의 종된 권리도 부종성에 의해 당연히 소멸한다.

3) 第3者의 抗辯權 發生
채권이 제삼자의 권리의 목적이 되어 있는 때에는 물론이고, 제삼자가 그 채권에 관하여 정당한 이익을 갖는 경우에는 면제로써 그 제삼자에게 대항하지 못한다(민법 제506조 단서). 채권자를 사해할 목적으로 면제한 때에는 면제가 채권자취소권의 대상이 될 수 있다(민법 제406조).

8. 混同

(1) 意義

채권과 채무가 동일인에게 귀속하게 된 사실을 말한다. 자기가 자기에 대하여 채권을 보유하고, 이행을 청구한다는 것은 무의미하기 때문에 이 경우 채권은 소멸한다. 예컨대 채권자가 채무자를 상속하거나, 채무자가 채권자를 상속하거나, 채권자인 회사와 채무자인 회사가 합병하거나, 채무자가 채권을 양수한 경우에 생긴다.

(2) 效果

1) 原則

혼동에 의하여 채권은 소멸하는 것이 원칙이다(민법 제507조 본문). 예를 들어 토지의 임차인이 토지의 소유권을 취득함으로써 임대인의 지위를 승계하면, 혼동이 생겨서 임대차관계는 원칙적으로 소멸한다.

2) 例外

그러나 채권을 존속시킬 법률상의 이익이 있는 다음과 같은 경우에는 혼동이 있더라도 채권이 소멸하지 않는다.

① 民法 第507條 但書 "債權이 第3者 權利의 目的이 되어 있는 경우"

예컨대 채권의 압류 후에 채무자와 제3채무자 사이에 혼동이 생긴 경우에는 채권이 압류채권자의 권리목적이 되어 있으므로 채권은 소멸하지 않는다.

② 證券에 化體된 債權

어음, 무기명채권, 사채 등과 같이 증권에 화체된 채권은 독립된 유가물로서 거래되기 때문에 예를 들어 환배서의 경우에서처럼 혼동이 일어날지라도 소멸하지 않는다(민법 제509조).

③ 相續人의 限定承認

상속인이 한정승인을 했을 때에는 피상속인에 대한 상속인의 재산상 권리의
무가 소멸하지 않는다(민법 제1031조).

④ 債權의 歸屬上의 地位가 다를 때

조합원 가운데 한 사람이 조합에 대한 제삼자의 채권을 양수받더라도, 조합
과 조합원은 지위가 다르므로, 혼동에 의해서 채권이 소멸되지 않는다.

⑤ 前借人의 所有權取得

전차인이 목적물인 가옥을 취득함으로써 임대인으로서의 지위와 전차인으로
서의 지위가 동일인에게 귀속되더라도, 전차인의 임대인에 대한 의무(민법 제
630조 제1항)가 혼동에 의하여 소멸할 뿐이고, 그 이외의 법률관계인 임대인과
임차인의 임대차관계와 전대인－전차인 사이의 전대차관계는 소멸하지 않는다.

第6節 多數當事者의 債權關係

1. 意義

하나의 급부를 중심으로 채권자 측이 2인 이상이거나 채무자 측이 2인 이상
인 채권관계를 말한다. 즉 급부는 하나인데, 이를 목적으로 하는 채권관계가 여
러 개인 경우이다. 예를 들면 어느 기업가가 은행으로부터 10억 원을 빌렸는데,
여기에 그의 친구인 의사가 보증을 서 준 경우 채무자가 2사람이 되므로, 다수
당사자의 채권관계에 해당하게 된다. 다수당사자의 채권관계는 급부는 하나인
데 그 급부를 목적으로 하는 채권관계가 채권자 또는 채무자의 수만큼 여러 개
인 경우를 말한다. 반면 채권, 채무의 공동적 귀속관계는 한 개의 채권 또는 채
무가 일체를 이루는 여러 사람의 집단에 공동으로 귀속되는 경우로서 이때 채
권관계는 하나이다. 다수채무자의 총자력을 집결시킴으로써 채권의 담보력을

강화하는 데 있다. 다시 말해 채무자 이외의 자가 가지는 일반재산을 함께 채권의 담보로 하여 채권의 효력을 담보하는 인적담보의 기능을 담당한다.

2. 分割債權關係

1개의 가분급부에 대하여 채권자 또는 채무자가 여러 명 존재하는 경우에 특별한 의사표시가 없는 한, 채권 또는 채무가 여러 사람의 채권자 또는 채무자 간에 분할되는 채권관계를 말한다. 우리 민법상 다수당사자의 채권관계에서 원칙을 이루고 있다(민법 제408조).

(1) 成立

하나의 가분적 급부에 대하여 여러 사람의 채권자가 있고 특별한 의사표시가 없는 경우 분할채권이 성립하고, 여러 사람의 채무자가 있을 경우 분할채무가 성립한다. 가분적 급부의 예로서는 금전급부나 수량으로 나누어지는 물건의 급부 등이 있다. 따라서 어떤 물건의 매매대금채무를 여러 사람이 부담할 때 그 채무는 특약이 없는 한 분할채무이다. 분할채권이 성립하는 경우는 대개의 경우 공유물에 관련된 권리이거나 아니면 공동상속분에 관련된 공동상속인의 권리이다.

(2) 效力

1) 對外的 效力

특별한 의사표시가 없는 한 각 채권자 또는 채무자는 균등한 비율로 분할된 채권을 가지거나 분할된 채무를 부담한다(민법 제408조). 이때 채권과 채무는 완전히 갈라지므로, 각 채권자는 자기가 가지는 비율에 상당하는 이상의 채권액을 청구할 수 없으며, 각 채무자는 자기가 부담하는 비율에 상당하는 이상의 채무를 이행할 필요가 없다.

2) 對內的 效力

특별한 약정이 없는 한 분할채권자 또는 분할채무자 내부관계에 있어서도 균등한 비율에 따라 권리를 나누어 갖고 의무를 나누어 부담한다.

3) 債權者 또는 債務者 1人에게 생긴 事由의 效力

1인의 채권자 또는 채무자에게 생긴 사유, 예를 들어 履行遲滯, 履行不能, 更改, 免除, 混同, 時效 등은 다른 채권자 또는 채무자에게 영향을 미치지 않는다. 그러나 쌍무계약에서 상대방의 급부가 불가분인 경우 1인의 채권자는 다른 채권자 전부를 위하여 동시이행의 항변권(민법 제536조)을 행사하여야 한다. 계약의 해제, 해지권(민법 제543조)도 분리해서 행사할 수 없고, 다른 채권자 모두를 위해서 행사하여야 한다.

3. 不可分債權關係

1개의 불가분급부에 대하여 여러 사람의 채권자 또는 채무자가 각각 채권을 갖거나 또는 채무를 부담하는 채권관계를 말한다. 급부가 성질상 또는 의사표시에 의하여 불가분인 때에 성립한다(민법 제409조). 예를 들어 여러 사람이 하나의 유가증권을 공탁하고서 그 반환을 청구할 때 단 한 사람이 청구하는 경우, 여러 사람이 하나의 부동산을 공유하고 있었는데 그 부동산이 침탈되었을 때 단 한 사람이 반환청구권을 행사하는 경우처럼 급부 자체가 성질상 불가분이므로 불가분채권관계가 성립한다.

(1) 不可分債權

1) 對外的 效力

각 채권자는 모든 채권자를 위하여 이행을 청구할 수 있다(민법 제409조). 즉 모든 채권자가 굳이 공동으로 이행을 청구할 필요가 없으며, 소의 제기와 강제집행도 자기 한 사람의 이름으로 할 수 있다.

2) 對內的 效力

불가분채권의 변제를 받은 채권자는 다른 채권자에 대하여 내부관계의 비율에 따라 그의 급부이익을 나누어 주어야 한다.

3) 債權者 중 1人에게 생긴 事由의 效力

이행청구로 인해 한 사람의 채권자에게 발생한 효과, 즉 변제, 시효중단, 이행지체, 수령지체 등의 효과는 다른 채권자에게도 미친다(절대적 효력). 그러나 그 이외의 사유, 예를 들어 更改, 免除, 混同, 相計, 代物辨濟, 時效完成 등의 효과는 다른 채권자에게 미치지 않는다.[402] 1인의 채권자가 다른 채권자에게 자의로 손실을 입히지 않도록 1인의 채권자가 가질 수 있는 권한을 이행청구권으로 제한한 것이다.

(2) 不可分債務

1) 對外的 效力

여러 사람의 채무자는 그 누구라도 채권자로부터 이행청구를 당할 경우 급부의 전부를 이행하여야 한다(민법 제411조, 제414조).

2) 對內的 效力

변제를 한 채무사는 다른 채무자에 대하여 그들의 부담부분에 대하여 구상할 수 있다(민법 제411조, 제424조~제427조). 구상이란 다른 모든 채무자를 위하여 채무를 소멸시키거나 감소시킨 한 채무자가 다른 채무자에게 그 부담부분에 따른 상환을 청구하는 것이다.

3) 債務者 중 1人에게 생긴 事由의 效力

한 사람의 채무자가 이행을 함으로써 발생한 효과, 즉 변제, 대물변제, 상계, 공탁과 같이 채권의 만족을 주는 사유에 의한 효과(辨濟提供, 受領遲滯 등)는 다른 채무자에 대해서도 미친다. 그리니 그 이외의 사유, 예를 들어 경개, 면제, 시효완성의 효과는 채권을 만족시키는 것이 아니므로, 그 효과가 다른 채무자

---

402) 민법 제410조는 상대적 효력을 규정하고 있다.

에 대해서 미치지 않는다.

4. 連帶債務

　채권자가 수인의 채무자 중 그 어느 채무자에 대하여, 또는 동시나 순차로 모든 채무자에 대하여 채무의 전부나 일부의 이행을 청구할 수 있을 뿐 아니라 그 이외의 경개, 면제, 혼동, 소멸시효완성 등에 의해서 어느 한 채무자에게 발생시킨 사유도 다른 채무자에게 미치게 할 수 있는 채권관계이다(민법 제413조, 제414조).

(1) 法的 性質

　연대채무에 있어서 채무자 상호간에는 불가분채무에 있어서와는 달리 긴밀한 주관적 공동관계가 있다. 다시 말해 채권을 만족시키는 것 이외의 사유도 다른 채무자에 대해 효력을 미치게 하는 것이 무방할 만큼 채무자 사이에 연대성이 존재해야 그것이 연대채무이다. 한편 연대채무에 있어서 채무자들 내부 간에는 구상관계가 발생한다. 그러한 점에서 어느 한 채무자가 급부의무를 전부 이행하더라도 다른 채무자에게 구상권을 청구할 수 없는 부진정연대채무와 구별된다.

(2) 實際的 機能

　연대채무가 법실제에서 발휘하는 기능은 그리 크지 않다. 채권의 담보수단으로서는 보증, 특히 연대보증이 널리 사용되고 있고, 여러 사람이 공동사업을 하는 경우에 발생하는 채무에 대해서도 그 공동사업체가 조합인가, 권리능력 없는 사단인가, 법인인가에 따라 채무의 합유적 귀속, 채무의 總有的 歸屬 또는 법인의 채권관계가 문제되므로 연대채무의 규정은 적용될 여지가 없다. 공동불법행위(민법 제760조)에 의해서도 부진정연대채무가 발생할 뿐이므로, 연대채무가 발생하지 않는 것은 마찬가지다.

(3) 成立

법률행위시 당사자가 연대채무를 부담한다는 의사를 표시한 경우, 그리고 민법상 채무자 사이에 긴밀한 주관적 공동관계가 인정될 만한 경우로서 법적으로 규정된 법인의 사원, 이사 및 기타 대표자(민법 제35조 제2항), 공동차주(민법 제616조), 공동임차인(민법 제654조), 日常家事債務에 있어서의 부부(민법 제832조) 등에 대해 연대채무가 성립한다. 그러나 개인의견으로서는 법인의 사원, 이사 및 기타 대표자에게 연대책임을 부여한 것은 지나쳤다고 생각된다.

(4) 對外的 效力

채권자는 연대채무자 중의 어느 한 사람에 대하여 채무의 전부나 일부의 이행을 청구할 수도 있고, 또는 모든 채무자에 대하여 동시에 또는 순차로 채무의 전부나 일부를 청구할 수 있다(민법 제414조). 연대채무자의 전원 또는 수인이 파산선고를 받은 때 채권자는 파산선고시에 가진 채권의 전액에 관하여 각 파산재단의 배당에 참가할 수 있다.[403]

(5) 對內的 效力

1) 求償權과 負擔部分

연대채무자 중의 1인이 모든 채무자를 위하여 채무를 소멸시키거나 감소시켰을 때(共同免責) 그 연대채무자는 다른 연대채무자에 대하여 그 부담부분에 따른 상환을 청구할 수 있다.[404] 여기서 부담부분이란 연대채무자의 내부관계에서 각자가 그의 출재로 분담하는 채무의 비율로서 특약 또는 특별한 사정이 없는 한 균등한 것으로 추정된다(민법 제424조). 물론 연대채무자 중의 1인이 자기 부담부분 이하의 채무액을 면책시킨 경우라 하더라도 그 연대채무자는 다른 연대채무자에게 구상할 수 있다.

---

403) 破産法 제19조.
404) 연대채무자가 내부관계에서 갖는 이러한 권리를 求償權이라고 부른다.

2) 求償의 범위

구상의 범위에는 면책된 날 이후의 법정이자 및 피할 수 없는 비용 기타의 손해배상이 포함된다(수임인의 비용상환청구 범위와 비슷하다).

3) 共同免責의 通知와 求償權의 制限

어떤 연대채무자가 공동면책을 위하여 출연행위를 한 경우에는 다른 채무자에게 사전 또는 사후에 통지를 하여야 한다.

① 事前通知의 懈怠와 求償權의 制限

사전에 통지를 하지 않았는데 다른 채무자에게 채권자에게 대항할 수 있는 사유가 있었을 경우 다른 채무자는 그의 부담부분에 한하여 그 사유를 가지고 면책행위를 한 연대채무자에게 대항할 수 있다. 그 대항사유가 상계인 경우 상계로 소멸할 채권은 면책행위를 한 채무자에게 이전한다(민법 제426조 제1항).

② 事後通知의 懈怠와 求償權의 制限

공동면책을 한 연대채무자가 사후에까지도 통지를 하지 않은 경우 다른 연대채무자가 선의로 채권자에게 다시 면책행위를 했을 때 그 연대채무자는 자기면책행위의 유효를 이미 면책한 연대채무자에게 주장할 수 있다. 물론 그 연대채무자는 먼저 면책행위한 연대채무자에게 자기 면책행위 사실을 먼저 통지하여야 한다.

4) 償還無資力者가 있는 경우

연대채무자 중에 상환할 자력이 없는 자가 있을 때에 그 채무자의 부담부분은 구상권자 및 다른 자력이 있는 채무자가 그 부담부분에 비례하여 분담한다(민법 제427조 제1항 본문). 그러나 구상권자에게 과실이 있는 때에는 다른 연대채무자에 대하여 분담을 청구할 수 없다(민법 제427조 제1항 단서). 채권자가 채무자 가운데 일부에게 연대의 면제를 해 준 경우에는 연대의 면제를 받은 자가 상환무자력자를 대신하여 분담할 부분이 채권자에게로 넘어간다(민법 제427조 제2항).

(6) 債務者 1人에 대하여 생긴 事由의 效力

변제, 대물변제, 공탁과 같이 채권의 만족을 가져오는 사유 이외에도 履行請求(민법 제416조), 更改(민법 제417조), 相計(민법 제418조), 債權者遲滯(민법 제422조), 免除(민법 제419조), 混同(민법 제420조), 消滅時效(민법 제421조) 등의 사유 역시 폭넓게 다른 채무자에게 효력을 미친다. 반면 시효의 중단이나 정지, 연대채무자의 과실이나 채무불이행, 채권양도에 있어서의 대항요건, 제삼자의 변제, 확정판결 등의 사유는 다른 채무자에게 영향을 미치지 않는다.

(7) 不眞正連帶債務

채권자가 수인의 채무자 중 그 어느 채무자에 대하여, 또는 동시나 순차로 모든 채무자에 대하여 채무의 전부나 일부의 이행을 청구할 수 있다는 점에서는 연대채무와 같으나, 그 이외의 경개, 면제, 혼동, 소멸시효완성 등에 의해서 어느 한 채무자에게 발생시킨 사유는 다른 채무자에게 미치게 할 수 없고, 채무자 사이에 구상관계도 존재하지 않는다는 점에서 연대채무와 다른 채무이다.

1) 法的 性質

부진정연대채무에 있어서 채무자 상호간에는 긴밀한 주관적 공동관계 같은 것이 없다. 따라서 채권의 만족을 일으키는 사유가 아닌 한 채무자 중 1인에 관하여 생긴 사유의 효력은 다른 채무자에게 미치지 않고, 이러한 점에서 불가분채무와 유사하다. 그러나 연대채무나 불가분채무에는 구상관계가 인정되는 반면에 각 채무자가 각자의 입장에서 책임을 부담하는 부진정연대채무에는 구상관계가 인정되지 않는다. 따라서 부진정연대채무는 명칭만 연대채무의 일종일 뿐 법적 성질상으로는 불가분채무에 더 가까우며, 구상관계가 인정되지 않는다는 점에서 특이성을 갖는 불가분채무라고 보아야 한다.

2) 實際的 機能

부진정연대채무는 연대채무보다도 실제에 있어서 훨씬 더 큰 기능을 한다. 바로 우리나라 민법에 있어서 계약과 함께 하나의 큰 축을 형성하고 있는 불법행위를 여러 사람이 동시에 저질렀을 때 그 공동불법행위자는 부진정연대채무를 부담하게 되어 있기 때문이다. 그뿐만 아니라 채무불이행에 있어서도 채무자와 이행보조자가 동시에 부담하는 채무는 부진정연대채무이며, 원채무자의 부탁이 없는 병존적 채무인수에 있어서 원채무자의 채무와 인수인의 채무, 임차인의 동의를 얻어 목적물이 전대된 경우에 임차인과 전차인의 목적물반환의무 등도 모두 부진정연대채무이다.

3) 對外的 效力

채권자는 채무자 가운데 1인에 대하여 채무의 전부나 일부의 이행을 청구하거나 모든 채무자에 대하여 동시에 또는 순차로 채무의 전부나 일부의 이행을 청구할 수 있다. 이런 점에서 연대채무나 불가분채무에 있어서와 다르지 않다.

4) 對內的 效力

부진정연대채무에 있어서는 구상관계가 본질적인 부분이 아니며 명백하지도 않다. 어느 한 채무자가 전부를 변제했다 하더라도 그것으로 끝날 뿐이지, 다른 채무자에게 뭔가를 요구할 수가 없다. 그러나 당사자 사이에 특약을 맺는 것은 자유이며, 우리나라 판례는 각자의 고의나 과실, 위법성, 변제능력의 정도를 고려하여 공동불법행위자 간에 부담부분을 결정하고, 구상권을 인정함으로써 사실상 부진정연대채무에서 구상관계를 인정하고 있다.

5) 債務者중 1人에 관하여 생긴 事由의 效力

연대채무와 달리 채권을 만족시키는 사유, 즉 변제, 대물변제, 공탁, 상계만 절대적 효력을 가질 뿐이고, 그 이외의 사유, 예를 들어 경개, 면제, 시효완성의 효과는 그 효과가 다른 채무자에게 미치지 않는다. 이런 점에서 연대채무와 다르지만 불가분채무와 같다.

(8) 連帶債權

수인의 채권자가 동일한 내용의 급부에 대하여 각자 독립해서 그 전부 또는 일부의 급부를 청구할 수 있는 권리를 가지고 그 가운데 1인 또는 수인이 전부의 급부를 수령하면 모든 채권자의 채권이 소멸하는 경우이다. 실제상 거의 찾아보기 힘들다.

5. 保證債務

(1) 意義

채권자와 보증인 사이에 체결된 보증계약에 따라서 주채무자가 그 채무를 이행하지 않는 경우에 보증인이 그 채무를 이행하여야 하는 채무를 말한다(민법 제428조 제1항).

(2) 法的 性質

연대채무에 있어서는 각 채무가 독자성을 가지고 있으면서 대등한 지위에 있는 데 반해, 보증채무는 주채무의 이행을 담보하는 것을 목적으로 하며, 주채무에 부종하는 채무라는 점에서 구별된다.

1) 主債務로부터의 獨立性

일단 보증채무는 채권자와 보중인 사이이 보증계약에 의해서 성립히는 것이므로, 주재무와는 별개의 채무이다.

2) 主債務와의 內容의 同一性

보증채무는 주채무와 동일한 내용의 급부를 행하는 채무이다. 설령 내용이 다르다 하더라도 보증채무는 그 목적과 형태에 있어서 주채무보다 무거울 수 없다(민법 제430조).

3) 主債務에 대한 補充性

채권자가 보증인에 대하여 이행을 청구하는 경우에 보증인은 최고, 검색의 항변(민법 제437조)을 통히여 주재무자에게 먼저 이행을 청구하도록 대항할 수 있다. 그러나 우리나라 법생활에 있어서 대부분의 보증은 연대보증이므로, 이러한 보충성은 거의 드물다고 할 수 있다.

4) 附從性

주채무가 무효 또는 취소에 의하여 성립하지 않는 경우 보증채무도 성립하지 않으며, 주채무가 소멸하는 경우 보증채무도 소멸하고, 주채무의 내용에 변경이 생기면 보증채무의 내용도 따라서 변경되며, 주채무자에 대한 채권이 이전되면 원칙적으로 보증인에 대한 채권도 따라서 이전된다.

5) 賠償保證

채권자가 주채무자로부터 이행을 받지 못한 부분에 대해서만 보증하는 형태이다.

(3) 成立要件

1) 主債務가 存在할 것

현재의 채무이건 장래의 채무이건 간에 주채무가 존재하여야 한다. 주채무가 아직 발생하지 않은 상태에서 보증계약을 체결했다면 주채무가 발생되는 때에 보증채무도 발생한다. 예를 들어 정지조건의 성취로 발생되는 주채무일 경우 정지조건이 성취될 때 비로소 보증채무도 발생한다.

2) 主債務는 內容이 確定되어 있을 것

根保證이 아닌 한 주채무의 내용, 존속기간, 상한액 등이 확정되어 있어야 보증채무의 내용도 확정되어 있어야 보증계약이 유효하게 성립할 수 있다. 설령 根保證이라 하더라도 최소한 일정한 결산기와 일정최고한도액이 정해져 있어야 한다.

3) 主債務의 給付는 代替가 可能할 것

보증채무의 내용은 주채무의 내용과 동일해야 하므로, 주채무의 급부는 대체가 가능한 것이어야 한다. 그러나 이것은 원칙일 뿐이며, 부대체적 급부에 대해서도 그 채무가 불이행되어 손해배상채무로 변하는 것을 정지조건으로 할 경우 보증채무가 성립할 수 있다. 또한 보증인이 주채무와 등가적 이익을 갖는 급부를 주기로 약정한 경우에도 보증채무의 담보적 성질을 감안하면 보증채무의 성립을 부정할 것이 아니다.

4) 主債務를 成立시킨 契約이 有效할 것

주채무가 그 발생원인의 무효 또는 취소에 의하여 실효될 경우 보증채무도 소멸한다. 그러나 보증인이 보증계약 당시 그 취소의 원인 있음을 알았으면서도 기꺼이 보증계약을 체결한 경우에는 취소된 주채무와 동일한 내용의 독립된 채무를 부담한다(민법 제436조).

5) 保證契約이 有效하게 成立할 것

우선 보증인은 보증계약을 체결할 수 있는 행위능력을 갖추어야 하며, 보증계약이 의사표시의 무효 또는 취소로 인해 실효되지 않아야 한다.

6) 保證人은 辨濟能力을 갖고 있을 것

보증인은 행위능력 외에도 변제능력을 갖추고 있어야 한다(민법 제431조 제1항). 보증인이 변제능력이 없게 된 때에는 채권자가 보증인의 변경을 청구할 수 있다(민법 제431조 제2항). 그러나 채권자가 이미 보증인의 변제무능력을 알고 있었거나 자기가 직접 보증인을 지명한 경우 변경은 청구할 수 없다(민법 제431조 제3항).

7) 債務者가 다른 상당한 擔保를 提供하지 않았을 것

채무자는 다른 상당한 담보를 제공함으로써 보증인을 세울 의무를 면할 수 있다(민법 제432조).

(4) 內容

1) 主債務와의 同一性

원칙적으로 보증채무의 목적인 급부는 주채무와 동일한 것이어야 한다. 그러나 주채무의 내용이 사후에 변경된다면, 보증채무는 근보증이 아닌 한 이로 인한 영향을 받지 않는다.

2) 主債務에 從屬한 債務

특약이 없는 한 보증채무는 주채무의 이자, 위약금, 손해배상 기타 주채무에 종속한 모든 채무를 다 포함한다(민법 제429조 제1항). 주된 계약의 해제 이후에 주채무자가 부담하는 손해배상채무 역시도 보증채무에 포함되는 것은 마찬가지이다. 비록 계약이 해제되었다고 하더라도 채권관계는 반환채무관계로서 제한적으로 존속하고 있기 때문이다.

3) 期限과 條件

보증채무의 기한과 조건 등도 주채무와 동일한 것이 원칙이다. 보증채무의 기한, 조건 등이 주채무의 그것보다 더 무거운 경우에는 그 기한과 조건 등이 주채무와 같은 정도로 감축된다(민법 제430조).

4) 違約金

보증채무의 이행을 확보하기 위해 보증채무에 관해서만 위약금 기타 손해배상액을 예정하더라도 그것이 보증채무를 주채무보다 더 무겁게 만드는 것이 아닌 한 그 예정은 허용된다.

(5) 對外的 效力

주채무의 이행기가 도래하면 채권자는 보증인에 대하여 보증채무의 이행을 청구할 수 있다(민법 제428조 제1항). 주채무자에게 청구 한 번 해 본 적 없이 바로 보증인에게 청구할 경우 보증인은 催告檢索의 抗辯權을 행사할 수 있지만, 그냥 바로 이행해 버릴 수도 있다. 그 대신 보증인은 주채무자가 갖는 항변권(주채무의 부존재 및 소멸 등에 관한 항변권)을 대신 행사할 수 있다(민법 제433조 제1항). 비단 항변권뿐만이 아니라 상계권도 마찬가지로 행사할 수 있다(민법 제434조). 또한 주채무자가 주채무에 대해 취소권, 해제권, 해지권을 갖고 있을 경우에도 보증인은 주채무의 존속이 유동적임을 이유로 보증채무의 이행을 거절할 수 있다(민법 제435조). 주채무자가 자기 항변권을 포기했다 하더라도 보증인은 상관없이 그 항변권을 채권자에 대하여 독자적으로 행사할 수 있다(민법 제433조 제2항). 그리고 보증인은 채권자의 이행청구에 대하여 주채무자에게 변제능력이 있다는 사실과 그 집행이 용이하다는 사실을 증명하여 먼저 주채무자에게 청구할 것과 주채무자의 재산에 대하여 집행할 것을 항변할 수 있다(민법 제437조 본문). 이를 최고검색의 항변권이라 하며, 이 경우 채권자는 먼저 주채무자의 재산에 대해서 집행하지 않으면 보증인에 대하여 다시 이행을 청구할 수 없다. 또한 보증인은 주채무자에게 변제능력이 있다는 사실과 그 집행이 용이하다는 사실을 증명하여야 하므로, 주채무자가 파산선고를 받은 때, 주채무자가 행방불명인 때에는 최고, 검색의 항변권을 행사할 수 없다. 만일 채권자가 주채무자의 재산으로 완전히 변제받지 못한 때 채권자는 보증인에게 그 잔액에 대해서 이행을 청구할 수 있다. 한편 채권자가 보증인의 최고, 검색의 항변 후 주채무자에게 이행최고 및 집행을 게을리하여 채무를 제대로 변제받지 못했을 때 보증인은 채권자 과실로 변제 못 받은 부분에 대하여 보증책임을 면한다(민법 제438조).

(6) 對內的 效力

보증인은 채권자에 대한 관계에서야 자기 채무를 변제하는 것이지만, 주채무자에 대한 관계에서는 타인의 채무를 변제하는 것이다. 따리시 보증채무를 이행한 보증인은 주채무자에 대하여 자기가 이행한 만큼을 보상해 달라고 요구할 수 있다. 이것을 求償이라 한다. 다만 보증인은 자기 변제, 출재에 과실이 없었어야 한다(민법 제441조 제1항). 보증인이 주채무자의 부탁을 받아 보증인이 된 경우 주채무자와 보증인 간에는 위임계약이 존재한다고 볼 수 있다. 따라서 위임계약상 수임인의 비용상환청구와 비슷한 관계가 주채무자와 보증인에게 성립하며, 이로 인해 보증인은 자기에게 과실이 없는 한 보증에 의하여 그 어떤 손해도 당할 필요가 없다(민법 제441조 제2항, 제425조). 따라서 자기가 대신 변제한 원본금액 이외에도 이자, 비용, 그리고 대신 손해배상해 준 것도 모두 주재무사에게 +상할 수 있다. 물론 이러한 권리는 연대채무자가 갖는 구상권과 동일하다(민법 제441조 제2항, 제425조 제2항).

채무자가 부탁한 적이 없는데도 보증인이 자청해서 보증을 한 경우 주채무자와 보증인 간에는 위임계약이 존재하지 않으며, 그 대신 事務管理(민법 제734조)에 준하는 관계가 성립한다고 볼 수 있다. 이 경우 보증인은 자기가 자청해서 끼어든 이상 과실 없이 발생한 손해에 대해서도 자기가 부담을 해야 하며(민법 제734조 제3항), 비용을 청구할 수 있는 대신 주채무자가 면책행위 당시에 얻은 이득을 초과해서 청구할 수 없다(민법 제444조 제1항). 따라서 면책된 날 이후의 법정이자는 구상의 범위에 포함되지 않는다. 만일 채무자에게서 부탁을 받은 적이 없음은 물론 주채무자가 원하지도 않았는데 괜히 나서서 보증인이 되고 보증채무를 이행한 경우, 주채무자와 보증인 사이에는 본인의 의사에 반한 사무관리(민법 제739조 제3항)에 준하는 관계가 성립하게 된다. 이때 보증인은 과실 없이 발생한 손해에 대해서도 자기가 부담을 하는 것은 물론(민법 제734조 제3항), 비용을 청구하더라도 주채무자가 얻은 이득 중에서 현재 남아 있는 이득에 한해서만 청구할 수 있다(민법 제444조 제2항). 그러나 주채무자가 채권자에 대해 상계할 수 있는 채권을 보유하는 경우에는 보증인은 자기가 이미 보증채무를 이행한 이상 당연히 그 채권을 넘겨받고, 채권자에게 그 채권의 만족을 구할 수 있다(민법 제444조 제3항). 그리고 보증인이 과실 없이 채권자에게 변제할 재판을 받은 때, 주채무자가 파산선고를 받았는데도 채권자가 파산재단에 가입하지 않은 때, 채무의 이행기가 도래했을 때, 채무의 이행기도 최장기도 없는 상태에서 보증계약 후 5년의 시간이 경과했을 때, 보증인은 아직 보증채무를 이행하지 않았음에도 불구하고 주채무자에게 구상을 할 수 있다(민법 제442조 제1항). 설령 보증계약 후에 채권자가 주채무자에게 이행기를 늦춰 주었다고 하더라도 보증계약시 확정된 이행기만 도래하면 보증인은 주채무자에게 구상할 수 있다(민법 제442조 제2항). 그러나 주채무자의 부탁 없이 자진해서 보증인이 된 자에게는 이러한 사전구상권이 주어지지 않는다(민법 제442조 제1항).

보증인이 위와 같은 이유로 사전에 구상하여 주채무자가 채권자 아닌 보증인에게 자기 채무를 이행한 경우, 보증인은 주채무자를 당연히 면책시켜 줘야 한다. 아니면, 주채무자의 청구에 따라서는 보증인이 주채무자에게 담보를 제공해야 한다(민법 제443조 전단). 물론 주채무자는 보증인의 구상에 응하는 대신에 자기 채무액에 상당하는 금액을 공탁하거나 담보를 제공하거나 보증인을 면책게 할 수 있다(민법 제443조 후단). 또한 보증인이 주채무자에게 사전에 통지도 하지 않고 변제 기타 자기 출재로 주채무를 소멸하게 한 경우, 주채무자가 채권자에게 대항할 수 있는 사유를 갖고 있었을 때에는 이 사유로 보증인에게 대항할 수 있다. 그 대항사유가 상계인 때에는 상계로 소멸할 주채무자의 채권은 당연히 보증인이 대가를 치르고 넘겨받아야 한다(민법 제445조 제1항). 또한 주채무자가 보증인과 마찬가지로 채권자에게 변제 기타 유상의 면책행위를 한 경우에는 주채무자는 자기 면책행위의 유효를 주장할 수 있다(민법 제445조 제2항). 이 경우 보증인은 채권자에게 자기 변제로 인한 부당이득의 반환을 청구해야 한다. 주채무자가 보증인에게 통지하지 않고 채권자에게 면책행위를 한 경우, 보증인이 채권자에게 다시 변제 기타 유상의 면책행위를 하였다면, 보증인은 자기 면책행위의 유효를 주장할 수 있다(민법 제446조). 따라서 보증인은 주채무자에게 구상할 수 있고, 주채무자가 채권자에 대해 부당이득의 반환을 청구해야 하고, 주채무자가 여러 명이고 보증인이 그 여러 주채무자 전원을 위하여 보증인이 된 경우, 주채무가 분할채무라면 보증인은 각 주채무자에게 분할하여 구상해야 한다. 반면 주채무가 불가분채무 또는 연대채무라면 보증인은 그 어느 주채무자에 대해서든 동시에 또는 순차로 전부의 구상을 할 수 있다. 주채무자가 여러 명이고 보증인이 그중 난 한 사람의 주채무자를 위하여 보증인이 되었는데 주채무자 전원이 부담하는 채무 전체를 이행한 경우에는 주채무가 분할채무라면 보증인은 일단 자기 주채무자에 대하여는 구상을 하고, 다른 주채무자에 대하여는 사무관리에 의한 비용상환청구 또는 부당이득에 기한 반환청구를 할 수 있다. 반면 주채무가 불가분채무 또는 연대채무라면 보증인은 당연히 모든 주채무자에 대하여 구상을 할 수 있다(민법 제447조).

(7) 主債務者 또는 保證人에 관하여 생긴 事由의 效力

주채무자에게 생긴 사유는 절대적 효력을 갖는다. 다시 말해 주채무자에게 생긴 사유는 보증인에게노 그 영향을 미친다. 따라서 주채무가 소멸되었다거나, 주채무의 시효가 중단되었다거나 하면 그 효과가 보증채무에도 그대로 발생한

다. 다만 주채무자가 사망하거나, 주채무의 일부가 강제화의[405)]에 의하여 면제
되거나, 주채무자가 파산한 경우 보증채무의 존속은 영향받지 않는다. 주채무
자체가 실체법상 여전히 유지되고 있기 때문이다. 그리고 채권자가 주채무자에
대한 자기 채권을 다른 사람에게 양도해 버렸을 때, 주채무자에게 제대로 통지
만 했다면 주채무자는 새로운 채권자에 대해서 여전히 주채무를 부담해야 하
고, 보증인도 마찬가지로 새로운 채권자에 대해서 여전히 보증채무를 부담해야
한다. 이때 보증인은 설령 이에 관해 통지를 받지 못했다고 하더라도 새로운
채권자의 이행청구에 대항하지 못한다. 특히 보증채무는 주채무에 부종하지만,
주채무는 보증채무에 부종하지 않으므로, 채권자와 보증인 간의 관계에서 생긴
사유는 원칙적으로 주채무자에게 영향을 미치지 않는다. 다만 변제, 대물변제, 공
탁, 상계와 같이 채권을 만족시키는 사유는 주채무자에게 영향을 미칠 수 있다.

(8) 連帶保證

1) 意義

보증인이 마치 주채무자와 연대채무자의 관계에 있는 것처럼 채권자가 이행
청구할 때에 최고검색의 항변 없이 채무를 이행해야 하는 형태의 보증이다. 수
인의 보증인 사이에 연대의 특약이 있는 보증연대와는 구별되는 개념이다.

2) 法的 性質

주채무에 대한 보충성(催告檢索의 抗辯權)이 없기 때문에 채권의 담보력이 크
게 강화된다. 물론 주채무에 대한 부종성이 있는 것은 보통의 보증과 같다.

3) 成立

연대보증계약에 의하여 성립한다. 주채무가 상행위로 인한 채무일 때, 보증계
약이 상행위일 때(商事保證)에는 연대보증의 의사표시가 없더라도 그 보증채무
는 언제나 연대보증채무이다(상법 제57조 2항). 오늘날 우리나라 법적 거래에서
거의 모든 보증채무는 연대보증채무이다.

4) 對外的 效力

---

405) 破産法 제262조 이하.

채권자는 주채무자 또는 보증채무자에 대하여 동시에 또는 순차로 채무 전부의 이행을 청구할 수 있다. 연대보증인은 채권자에 대하여 최고검색의 항변권을 행사할 수 없으며, 주채무자가 채권자에 대하여 지니는 항변권만을 행사할 수 있을 뿐이다. 그리고 연대보증인은 여러 사람이 있다 하더라도 채권자에 대하여 자기 부담부분만 이행할 것(분별의 이익)을 주장할 수 없다(민법 제439조).

5) 對內的 效力

연대보증인 역시 주채무자에게 구상을 할 수 있다. 다른 모든 점도 보통의 보증과 같다.

6) 主債務者 또는 連帶保證人에게 생긴 事由의 效力

주채무자에 관하여 생긴 사유는 모두 연대보증인에게 그 효력이 미치지만, 연대보증인에게 생긴 사유는 주채무자를 면책시키는 것 이외에는 주채무자에게 영향을 미치지 않는다는 점에서, 보통의 보증과 같다.

(9) 共同保證

1) 意義

동일한 주채무에 대하여 여러 사람이 보증채무를 부담하는 보증의 형태이다.

2) 形態

그 여러 사람의 보증인이 모두 연대보증인일 수도 있고, 일부만 연대보증인일 수도 있으며, 연대보증인은 아니지만 보증인들끼리 연대의 특약을 맺어(連帶保證) 채권자의 이행청구에 대해 전부 변제를 해야 하는 경우도 있다.

3) 對外的 效力

공동보증인은 원칙적으로 채권자에 대해 주채무를 균등한 비율로 분할한 부분에 대해서만 보증채무를 부담하게 돼있다. 이를 분별의 이익이라고 한다(민법 제439조). 그러나 주채무가 불가분채무인 경우, 공동보증인들이 주채무자 또는 보증인들 상호간에 연대의 특약을 한 경우에는 분별의 이익이 인정되지 않는다.

4) 對內的 效力

공동보증인이 분별의 이익을 가진다면 자기 분담액을 넘은 변제에 대해 다른 공동보증인에 대해서 사무관리에 의한 비용상환청구권을 행사할 수 있다(민법 제448조 제1항, 제444조). 따라서 의사에 반한 변제를 한 경우 현존이익한도에 서만 자기 변제액을 돌려받을 수 있다(민법 제444조 제2항). 그러나 분별의 이 익을 가지지 않는다면 자기 부담부분을 넘는 변제에 대해 다른 공동보증인에 대해서 구상권을 행사할 수 있다(민법 제448조 제2항, 제425조 제2항). 이때 주 채무자는 보증채무를 이행한 공동보증인들 가운데서 한 사람에게만 전액의 상 환을 해 주어도 자기 상환의무 전체를 면할 수 있으며, 그 뒤의 공평한 분배문 제는 공동보증인들끼리 구상으로 해결할 문제이다.

(10) 根保證

주채무의 내용, 존속기간 등이 확정되어 있지 않은 상태에서 보증채무를 부 담하는 형태의 보증이다. 대개 주채무자와 은행 간의 당좌대월계약, 어음할인계 약이나 당사자 간의 계속적 공급계약, 고용계약, 임대차계약 등 계속적 계약관 계로부터 발생한다. 근보증의 예로서는 계속적 거래계약으로부터 발생되는 채 무의 보증으로서의 신용보증, 근로자의 손해배상채무를 보증하는 것으로서의 신원보증, 그리고 임대차계약으로부터 발생되는 임차인채무의 보증 등을 들 수 있다. 특히 임대차계약에서 발생하는 차임채무 및 손해배상채무 등의 보증을 말한다. 차임지급채무의 액은 어차피 한정되어 있으므로, 보증인이 예상치 못한 과다한 보증채무를 부담하는 일은 없을 것이나, 계속적 계약관계로부터 생기는 불특정채무에 대한 보증이므로, 근보증의 범주에 들어간다.

(11) 損害擔保契約

예를 들어 보험계약과 같이 일방이 타방에 대하여 일정한 사항에 관해 생길 수 있는 손해를 전보할 것에 대해 약속하는 계약을 말한다. 여기서 담보자는 독 립된 채무를 부담하기 때문에 보통의 보증인과는 달리 구상권을 갖지 않는다.

第7節 債務不履行

1. 概觀

(1) 債務不履行의 意義

채무자가 채무를 이행하기로 하고서 채무의 내용실현을 불가능하게 만들었거나, 채무를 이행기가 되도록 이행하지 않았거나, 이행을 하긴 했으되 불완전하게 이행하여 채무의 내용에 좇은 이행이 되지 않았고, 그러한 상태(給付障碍)에 대해 채무자에게 귀책사유(자신 및 이행보조자의 고의 및 과실)가 있을 때 이를 채무불이행이라고 한다.

(2) 債務不履行의 種類

채무불이행의 종류에는 이행지체와 이행불능 그리고 불완전이행이 있다. 이행지체는 채무의 이행이 가능함에도 불구하고 채무자가 이행을 하지 않거나 자기 귀책사유로 이행을 못 하게 되거나 하여 이행기를 경과한 경우를 말하고, 이행불능은 채권관계의 성립 이후 채무자의 귀책사유로 인하여 급부가 불가능하게 된 경우를 말하며, 불완전이행은 채무자에 의하여 적극적으로 이행행위가 행하여졌으나 그것이 채무의 내용에 좇은 완전한 이행이 되지 못한 경우를 말한다.

(3) 最近의 趨勢

유럽연합의 발족 이후 유럽민법이 통합되는 양상을 보이면서 채무불이행법도 개혁의 대상이 되고 있다. 독일의 2002년 개정민법은 義務違反(Pflichtverletzung)의 형식으로 채무불이행 요건의 포괄적인 일반규정을 신설하고(제280조), 채무내용에 좇지 않은 급부의 제공(민법 제281조), 기타 부수적 의무의 본질적인 위반 민법(제282조)에 대해서도 채무불이행에 따른 손해배상을 인정함으로써, 기존의 이행불능과 이행지체 중심의 채무불이행 요건을 의무위반 중심으로 뒤바꾸었다.

(4) 債務不履行의 要件

1) 客觀的 要件

채무의 내용에 좇은 이행이 행해지지 않은 상태, 즉 급부장애의 상태가 있어야 한다. 급부장애의 사실은 채권자가 입증하여야 한다. 급부장애에는 위법성이 있어야 하는데, 위법성의 요건은 채무불이행에서의 경우 그리 실제적인 중요성을 갖고 있지 못하다. 왜냐하면 현실적으로 정당방위나 긴급피난 등의 위법성을 조각하는 상황이 채무이행의 과정에서 일어난다면 그것은 위법성조각이 아니라 대개 양 당사자의 귀책사유 없는 급부장애, 즉 위험부담의 문제로 취급될 것이기 때문이다(민법 제537조).

2) 主觀的 要件

① 歸責事由

채무자의 책임으로 돌릴 수 있는 귀책사유가 있어야 한다. 채무자의 귀책사유에는 채무자 자신의 고의, 과실 이외에도 이행보조자의 고의, 과실(민법 제391조)이 포함되며, 불가항력에 의한 급부불능일지라도 채무자의 지체 중에 그와 같은 사유가 발생한 경우에는 채무자의 귀책사유가 인정된다(민법 제392조).

② 抽象的 過失과 具體的 過失

채무자와 이행보조자의 과실을 판단함에 있어서 행위자의 실제능력을 기준으로 할 것인가, 아니면 행위자에게 일반적으로 기대되는 능력을 기준으로 할 것인가가 문제된다. 행위자의 직업, 사회, 경제적 지위에 비추어 거래상 일반적으로 기대되는 능력을 기준으로 할 때 이는 추상적 과실이라고 한다. 반면 그의 직업, 사회, 경제적 지위 등에 상관없이 행위자의 개인적 능력에 비추어 그의 주의의무위반을 판단할 때 이를 구체적 과실이라고 한다. 대개의 경우 채무자와 이행보조자의 과실을 판단할 때에는 그에게 일반적으로 기대되는 능력을 기준으로, 즉 추상적 과실이 있는가 여부를 기준으로 판단한다.

③ 履行補助者의 故意過失

채무자의 법정대리인이 채무자를 위하여 이행하거나 채무자가 타인을 사용하여 이행하는 경우에 법정대리인 또는 피용자의 고의나 과실은 채무자의 고의나 과실로 인정되며, 채무자는 자신의 법정대리인 또는 이행보조자의 채무불이행에 대한 고의, 과실에 대해서도 책임을 부담한다(민법 제391조).

a. 責任歸屬根據

비록 채무자의 고의, 과실이 아니라 타인의 고의, 과실이지만 채무자는 타인을 사용하여 이익을 얻었으므로 이에 대한 위험과 불이익 역시 감수해야 한다. 또한 채무자는 이행보조자를 사용했건 사용하지 않았건 어차피 체결된 계약내용에 따라 급부를 제공해야 하므로, 자기가 급부제공과정에서 개입시킨 제삼자에 대해서도 자기가 직접 책임을 져야 한다.

b. 判斷基準

이행보조자가 이행행위를 하더라도 과실의 정도는 채무자의 주의의무 및 주의능력을 기준으로 판단해야 한다.

c. 法定代理人 및 履行補助者

법정대리인은 친권자, 후견인, 법원에 의해 선임된 부재자의 재산관리인뿐만 아니라 日常家事代理權을 가지는 夫婦(민법 제827조), 遺言執行者(민법 제1093조), 破産管財人(파산법 제147조) 등을 다 포함해서 일컫는 개념이다. 법인의 기관은 법인을 대표하는 것이므로, 기관의 유책한 불이행행위에 대해서는 이행보조자인가를 따질 필요도 없이 법인 자체의 채무불이행으로 인정할 수 있다. 반면 이행보조자는 채무자가 스스로 채무를 이행함에 있어서 자기 관리, 지배하에 사용한 자를 말한다.

d. 履行補助者와 履行代行者

이행보조자의 개념에는 이행대행자도 들어간다. 이행대행자는 채무자에 갈음하여 채무의 전부 또는 일부를 이행하는 자를 말하며, 예를 들어 채무자가 채권자의 물건을 보관해야 할 때 채무자가 제삼자로 하여금 대신 물건을 보관하게 한 경우 이 제삼자를 이행대행자라고 부른다.

e. 履行補助者의 債務不履行 行爲

이행보조자는 채무자를 위하여 주된 채무의 이행행위뿐만 아니라 부수적 주의의무의 이행행위 그리고 보호의무의 이행도 함께 행한다. 물론 채무자는 이 모든 행위에 대해 책임을 진다. 그러나 채무의 이행과 실질적으로 관련이 없는 불법행위에 대해서까지 채무자가 책임을 지는 것은 아니다.

f. 責任能力

채무불이행에 있어서 소위 책임능력이란 채무자가 그의 채무를 이행함에 있어서 그것이 불이행인지 아닌지를 규범에 맞게 판단할 수 있는 능력을 말한다. 책임능력 없는 채무자에 대해서 채무불이행책임을 면제해 줄 것인가 하는 논의가 있었으나, 채무불이행은 어차피 채무자에게 일반적으로 기대되는 능력을 기준으로 판단하는 것이므로, 책임능력은 주관적 요건에 굳이 포함될 필요가 없다고 보아야 할 것이다. 다시 말해 채무자에게 책임능력이 있는가 없는가에 상관없이 채무자는 급부장애에 대해 귀책사유가 있을 경우 채무불이행책임을 부담한다.

3) 立證責任

급부장애의 상태만 있으면 채무자의 귀책사유는 당연히 추정되므로, 귀책사유가 없다는 것을 채무자가 입증해야 한다.

(5) 債務不履行의 效果

급부장애와 귀책사유, 즉 채무불이행의 요건이 모두 충족되면 채권자는 채무자에 대하여 이행을 강제할 수도 있고, 손해배상을 청구할 수도 있다. 만약 채권관계가 계약관계라면 채권자는 계약을 해제하거나 해지할 수도 있으며, 유상계약관계로서 하자담보책임의 요건을 충족시킨다면 瑕疵補修, 完全物給付, 代金減額 등의 하자담보책임도 채무자에게 물을 수 있게 된다.

2. 履行遲滯

(1) 履行遲滯의 意義

채무의 이행이 가능함에도 불구하고 채무자가 그에게 책임 있는 사유로 인해 이행을 하지 못하고 이행기를 도과하는 경우를 말한다.

(2) 履行遲滯의 要件

1) 債務의 履行이 可能할 것

이행의 가능 여부는 이행기를 기준으로 판단하지 않고, 이행의 강제를 할 시점을 기준으로 판단한다. 예를 들어 이행기에는 이행이 가능했으나 채권자의 귀책사유에 의해 이행기를 경과한 후 이행이 불능하게 되었다면, 이는 채권자지체의 문제로 넘어가며, 채무자의 귀책사유에 의해 이행기를 경과한 후 이행이 불능하게 되었다면 이는 비록 이행기에 채무의 이행이 가능했다 하더라도 이행불능의 문제로 넘어간다.

2) 履行期에 履行을 懈怠할 것

① 確定期限附債務

채무의 이행에 대하여 확정기한이 있는 경우에는(確定期限附債務) 그 기한이 도래한 때로부터 채무자가 지체책임을 부담한다(민법 제387조 제1항). 다만 지시채권이나 무기명채권에 대해서는 기한이 도래한 후 소지인이 그 증서를 제시하고 이행을 청구한 때로부터(민법 제517조, 제524조), 추심채무 기타 채무이행에 채권자의 협력을 필요로 하는 때에는 채권자가 필요한 협력을 제공하여 이행을 최고한 때로부터, 쌍무계약상 양 채무가 동시에 이행되어야 할 관계에 있는 경우에는(민법 제536조) 상대방의 이행제공이 있었음에도 불구하고 자기가 채무를 이행하지 않은 때로부터 채무자는 지체책임을 부담한다.

② 不確定期限附債務

채무의 이행에 관하여 불확정기한이 있는 경우에는 채무자는 그 기한이 도래함을 안 때로부터 지체책임을 부담한다(민법 제387조 제1항 후단). 그러나 채무자가 기한의 도래를 알지 못하고 있더라도 채권자가 催告를 하면 그때부터 채무자는 지체책임을 부담한다. 한편 지체의 효과는 기한의 도래를 안 날의 다음 날부터 발생한다. 왜냐하면 기한의 도래를 안 당일에는 이행을 위해 채무자에게 하루 정도 시간을 줘야 하기 때문이다. 물론 채권자는 이행을 위해 한 달이나 심지어 1년 정도도 기다릴 수 있겠지만, 그래도 지체책임의 발생시기는 기간의 도래를 안 날의 다음 날로 확정해 놓아야 한다. 채무자가 끝내 이행을 지체하여 채권자가 채무자에게 손해배상을 청구했을 때 지연이자의 기산시기를 불분명하게 놓아둘 순 없기 때문이다.

③ 期限이 없는 債務

채무의 이행에 관하여 기한의 정함이 없는 경우 채무자는 이행의 청구(催告)를 받은 때로부터 지체의 책임을 부담한다(민법 제387조 제2항). 그러나 이행의 청구를 할 때 신의칙상 채권자는 채무자가 현실적인 이행을 할 수 있도록 상당한 기간을 주면서 催告를 해야 한다. 다만 불법행위에 의한 손해배상채무는 기한이 없음에도 불구하고 최고 없이 불법행위 시로부터 책임이 발생한다고 보아야 한다.

④ 期限의 利益을 喪失한 債務

채무에 이미 이행의 기한이 있음에도 불구하고 이행기가 도래하기 이전에 채무자가 담보를 손상, 감소 또는 멸실케 하거나(민법 제388조 제1항), 채무자가 담보제공의 의무를 이행하지 아니하거나(민법 제388조 제2항), 채무자가 파산선고[406]를 받거나 하여 더 이상 채권자가 채무자에게 기한의 이익을 줄 수 있을 만큼의 신뢰를 갖지 않게 되었을 때에는, 채권자는 이행기 전이라도 이행을 청구할 수 있다. 그리고 이러한 이행청구로 인해 채무자는 지체책임을 부담한다. 다만 채무자가 파산선고를 받은 때에는 채권자의 최고 없이 파산선고에 의해 바로 채무는 변제기에 이르게 된다(파산법 제16조).

---

406) 破産法 제16조.

3) 債務者에게 歸責事由가 있을 것

4) 立證責任

채권자는 이행기에 채무가 이행되지 않았다는 사실을 입증해야 한다. 이행지체의 사실만 입증이 되면 채무자의 귀책사유는 당연히 추정되므로, 채무자는 자기에게 귀책사유가 없다는 사실을 입증해야 한다.

(3) 履行遲滯의 效果

1) 履行의 強制

이행지체는 이행불능과 달라서 원래의 급부가 여전히 이행가능하므로 채권자는 채무자에게 현실의 이행을 강제할 수 있다. 다만 일부 견해는 이행이 여전히 가능하고, 채무의 성질상 이행의 강제가 불가능하지도 않다면, 이행의 강제에 있어서 꼭 채무자의 귀책사유가 필요한 것은 아니라고 한다.

2) 損害賠償

이행지체의 경우에 채권자는 본래의 급부에 대한 이행의 강제와 더불어 지체로 인해 발생한 손해에 대해서도 그 배상을 청구할 수 있다(遲延賠償). 그러나 이행지체 후 채권자가 채무자에게 다시 상당한 기간을 주고 이행을 최고하여도 채무자가 그 기간 내에 이행을 하지 않거나 지체 후의 이행이 채권자에게 이익이 없을 때 채권자는 채무자에 대해 수령을 거절하고 이행에 갈음한 손해배상을 청구할 수도 있다.[407]

3) 責任의 加重

이행지체의 경우 지체 후에 급부가 불가항력에 의해 불능하게 되었을 때 채무자는 비록 불능에 과실이 없다 하더라도 이에 대해서 이행불능책임을 부담해야 한다(민법 제392조 본문). 그러나 채무자가 이행기에 이행을 하였다 하더라도 어차피 그 이행은 채권자에게 의미가 없었을 것임을 채무자가 입증하면 채무자는 이행불능의 책임을 면한다(민법 제392조 단서). 예를 들어 쇠고기도매상

---

407) 민법 제395조는 전보배상에 관하여 규정하고 있다.

이 쇠고기소매상들에게 쇠고기 운송을 지체했으나, 나중에 광우병파동이 일어나 어차피 그 쇠고기들은 재검사를 위해 검역소로 반환조치되었을 것임을 쇠고기도매상이 소매상들에게 입증한다면 쇠고기도매상은 지체와 불능에 대해 아무런 책임도 지지 않는다.

4) 契約解除權의 發生

계약관계에서 채권자가 이행을 지체한 채무자에게 상당한 기간을 주고 다시 이행을 최고했음에도 불구하고 채무자가 그 기간 내에 또 이행을 하지 않으면 채권자에게는 계약해제권이 주어진다(민법 제544조 본문). 그러나 채무자가 그 사이에 채권자에게 미리 이행하지 않을 의사를 표시했거나, 채무자의 급부가 정기행위인 경우에는 채권자는 굳이 최고를 하지 않아도 계약해제권을 갖게 된다(민법 제544조 단서, 제545조). 계약해제권은 손해배상청구권과 독립해서 존재하기 때문에(민법 제551조), 채권자는 계약을 해제하면서 동시에 손해배상(遲延賠償)을 청구할 수도 있다.

(4) 履行遲滯의 終了

아무리 이행이 지체되었다고 하더라도 그 후 채권이 소멸해 버리거나, 채권자가 지체책임을 면제해 주거나, 채무자가 소정의 지연배상과 함께 채무의 내용에 좇은 이행을 하고(辨濟의 提供) 채권자가 이를 수령하면 이행지체는 종료된다(민법 제461조). 이행지체 후 급부가 불능이 되면 이는 이행불능의 문제로 넘어간다.

(5) 金錢債務에 관한 特則

금전채무는 성질상 이행불능이 불가능하며, 이행지체만이 가능한데, 이행지체에 대해서도 금전채무자의 무과실항변은 인정되지 않는다(민법 제397조 제2항 후단). 그리고 채권자는 금전채무가 이행기까지 이행되지 않았다는 사실만 입증하면 될 뿐, 손해가 발생한 것에 대해서는 입증할 필요가 없다(민법 제397조 제2항 전단). 자본주의사회에서 받을 돈을 못 받았다면 그게 손해라는 것은 당연한 것이기 때문이다. 그리고 금전채무의 지체에 의한 손해액은 당사자 사이에 약정이율이 없는 한 법정이율에 의할 것을 원칙으로 한다(민법 제397조 제1항 본문).

3. 履行不能

(1) 履行不能의 意義

채권관계가 성립한 후에 채무자의 책임 있는 사유로 인하여 급부가 불능하게 된 경우로서 불능의 종류에는 원시적 불능과 후발적 불능이 있으며, 이행불능은 이 중에서 후발적 불능에 채무자의 귀책사유가 있는 경우만 해당된다.

① 原始的 不能

계약성립시에 이미 급부가 불능인 경우이다. 이러한 급부에 대해서는 법률행위를 하더라도 무효가 되므로 채권관계가 성립할 수 없다. 다만 그 불능을 알았거나 알 수 있었던 자는 상대방이 그 계약의 유효를 믿었음으로 인하여 받은 신뢰손해를 배상해야 한다(민법 제535조).

② 後發的 不能

채권관계·성립 후에 비로소 급부가 불능이 되는 경우이다. 이러한 급부불능에 대해 채무자에게 귀책사유가 있는 경우에는 이를 이행불능이라고 하며, 채권자에게 손해배상청구권(민법 제390조)과 계약해제권(민법 제546조)이 주어진다. 반면 채무자에게 귀책사유가 없는 경우에는 급부불능에 대한 위험부담의 문제가 발생하여 채무자는 급부의무를 면하는 대신 대가를 받을 권리도 상실한다(민법 제537조). 그러나 채권자에게 귀책사유가 있는 경우(受領遲滯도 포함)에는 채권자에게서 채무자가 급부제공 없이 대가를 받을 수 있게 된다(민법 제538조).

(2) 履行不能의 要件

1) 債權關係의 成立 이후 履行이 不可能하게 되었을 것

불능의 여부는 사회관념 또는 거래관념에 따라 판단되며, 불능의 시점은 원칙적으로 이행기를 기준으로 한다. 그러나 이행기 전에도 급부가 확실히 불가능하게 되면 이행불능의 요건을 충족시킨다.

2) 給付不能에 대한 債務者의 歸責事由가 있을 것

채무자에게 책임 있는 사유로 인해서 급부가 불가능하게 되어야 한다. 그러나 채무자에게 불능의 귀책사유가 없는 불가항력의 급부불능이라 하더라도 채무자의 이행지체 중에 발생한 급부불능에 대해서는 채무자가 이행불능책임을 부담한다(민법 제392조 본문). 이 경우 이행불능의 책임을 면하기 위해서 채무자는 이행기에 이행을 하였다 하더라도 어차피 그 이행은 채권자에게 의미가 없었을 것임을 입증하여야 한다(민법 제392조 단서). 예를 들어 철강을 납품하기로 했으나 납품업자의 착오로 납품이 지연되던 중에 갑자기 100년 만의 대지진이 발생하여 목적물인 철강이 모두 고철덩어리로 변해 버린 경우, 철강납품업자는 지진에 아무런 책임이 없음에도 불구하고 매수인인 건설회사가 이행의 제공을 믿었음으로 인하여 받은 모든 신뢰손해를 배상해 줘야 하지만, 어차피 철강을 주문한 건설회사에서 공사수주를 이미 반납해 철강을 필요로 하지 않는 상황이었음을 증명한다면, 철강납품업자는 받은 대금만 돌려주면 될 뿐 건설회사의 신뢰손해는 배상할 필요가 없어진다.

3) 立證責任

채권자는 이행기에 채무가 이행되지 않았다는 사실만 입증하면 된다. 이 경우 채권자는 채무자에게 계속 이행을 강제하거나 손해배상을 청구할 수 있게된다. 채무자는 채권자로부터 이행을 강제당하지 않으려면 이행이 아예 불가능하게 되었다는 사실을 입증하고 손해의 배상으로 채권관계를 마무리해야 한다. 만약 급부불능에 채무자의 귀책사유가 없었다면 그 사실도 채무자가 증명하여 채무불이행책임을 면할 수 있다.

(3) 履行不能의 效果

1) 塡補賠償請求權

급부가 불능하게 되면 본래의 급부를 목적으로 하는 청구권은 소멸한다. 채권자는 그 대신 이에 갈음한 어떤 것을 채무자에게 요구할 수 있고, 예를 들어 목수가 몸이 아파서 집 한 채를 지어 주지 못하게 되었다면 그 대신 목수에게 이미 지어 놓은 다른 집을 달라고 할 수가 있다. 만약 어떤 물건을 사거나 맡겼다면 대금을 얼마 지불했는지에 상관없이 그 물건의 현재가격만큼의 돈을 돌려받을 수도 있다. 예를 들어 임차인이 과실로 가옥을 전소시켰을 경우, 그 시가전액을 배상하는 것이 그때이다. 이행지체에 의한 손해배상은 지체배상을 원칙으로 하지만, 지체 후의 이행이 채권자에게 아무런 이익을 주지 않을 경우에는 예외로 이행에 갈음하여 전보배상의 청구를 말할 수 있다. 이런 전보배상청구권은 본래의 급부청구권과 동일성을 가지므로 본래의 급부청구권에 붙어 있던 모든 담보권(保證債權 등)을 그대로 물려받는다.

2) 信賴利益의 賠償請求權

전자의 전보배상청구권이 계약이 제대로 이행되었을 경우 채권자가 얻게 되었을 이행이익을 배상청구하는 것이라면, 신뢰이익의 배상청구권은 계약이 제대로 이행될 것으로 채권자가 신뢰했기 때문에 입은 손해, 다시 말해 이행이 불능하게 될 것을 미리 알았다면 채권자가 절대 입지 않았을 손해를 배상청구하는 것이다. 예를 들어 로터리 중앙에 위치한 빌딩 한 채를 어느 기업가에게 팔기로 했는데 그만 실수로 그 빌딩을 다른 사람에게 팔아 버려 그 기업가의 사업계획에 심각한 차질을 빚게 한 경우, 아직 빌딩의 대금을 받지도 않은 상태에서 그 빌딩의 가액인 2천억 원을 그 기업가에게 다 물어 줄 수야 없는 노릇이지만, 최소한 기업가의 사업계획에 차질을 빚게 한 데 대해서 채무자는 손해를 배상해야 할 것이다. 예를 들어 그 기업가가 빌딩을 사들일 것을 예상해서 약 100여 명의 사업가들과 각층별로 임대계약을 체결하고 그 밖에 여러 가지 중요한 계약들을 체결했다면 최소한 그 계약에 필요했던 여러 부수비용들을 채무자는 배상해야 한다.

3) 代償請求權

급부불능으로 채무자가 제삼자에게서 수령한 것이 있다면 채권자는 그것을 채무자에게 양도하라고 청구할 수 있다. 예를 들어 채무자가 맡은 물건을 도둑맞았다거나 화재로 분실했다면 채무자가 절도범이나 방화범에 대해서 갖는 손해배상청구권, 그리고 절도보험이나 화재보험회사로부터 받게 되는 보험금청구권 등은 원래 맡았던 물건의 가치를 상회할 수도 있다. 이 경우 채권자는 그 대상물을 넘겨받음으로써 손해배상에 갈음할 수 있다.

4) 賠償者의 代位

급부불능으로 채무자가 채권자에게 넘겨줘야 했으나 넘겨주지 못했던 물건, 권리의 가액 전부를 배상했을 때, 채무자는 그 훼손된 물건이나 유명무실화된 권리에 관하여 채권자를 대위해 그 소유권을 취득할 수 있다(민법 제399조). 예를 들어 이웃의 가옥을 수리해 주기로 했다가 잘못해서 그 가옥을 화재로 소실케 한 경우 그 가옥의 현재시가를 지불했다면 그 가옥의 소유권은 당연히 배상자가 취득한다.

5) 契約의 解除權

불능된 급부를 목적으로 한 계약은 해제하거나 해지해야 한다(민법 제546조). 예를 들어 어느 농산물수입사가 1년 동안 매달 정기적으로 중국에서 농산물을 들여오기로 어느 해상운송회사와 계약을 맺었는데, 그 해상운송회사의 선박이 단 한 달 만에 선원들의 과실로 중국관청으로부터 갑자기 입국금지처분을 받았을 때 농산물수입사는 즉시 운송계약을 해지하고, 이미 해운회사에 1년분의 보수를 지급했다면 지급했던 보수의 상당분을 돌려받아야 한다. 물론 이와 별도로 그로 인해 발생한 손해의 배상을 청구할 수도 있다(민법 제551조).

4. 不完全履行

(1) 意義

이행행위로서 일정한 행위가 행해졌으나 이행과 관련하여 주의의무나 보호의무를 제대로 이행하지 않은 탓에 급부목적물이나 급부결과 또는 그 이외의 채권자 법익에 손해를 발생시킨 경우이다.

1) 履行遲滯와 履行不能의 區別

이행지체와 이행불능이 채무자의 이행행위가 없는 소극적 행태에 의한 의무위반인 데 반해, 이행행위가 있기는 있었으나 제대로 이루어지질 않은 적극적 행태에 의한 의무위반이라는 점에서 불완전이행은 다르다.

2) 瑕疵擔保責任과의 區別

유상계약에 있어서 채무자가 급부에 하자 있는 이행을 한 경우 민법은 제570조 이하에 하자담보책임의 특칙을 두어서 채권자가 瑕疵補修, 完全物給付, 代金減額, 契約解除, 損害賠償 등의 청구를 채무자에게 간편하게 할 수 있도록 규정하고 있다. 따라서 불완전이행의 사례 대부분은 민법 제390조에 의해 規律되는 것이 아니라 제570조 이하의 특칙에 따라 규율되는 것처럼 보일 수도 있다. 그러나 2002년 독일민법의 개정에서도 보듯, 최근의 추세는 손해배상과 해제의 요건을 민법 전체에서 통합하는 데 있을 뿐 아니라, 하자 있는 급부로 발생한 손해 중 하자의 범위를 넘는 큰 손해는 급부의무의 위반으로 발생하기보다는 주의의무나 보호의무의 위반으로 발생한다고 보아야 할 것이므로, 이러한 손해배상의 요건에 대해서는 민법 제570조 이하가 아니라 제390조의 일반규정이 적용된다고 보아야 할 것이다.

① 民法 第390條의 一般規定

이행지체나 이행불능은 민법전에 명문으로 규정되어 있지만, 불완전이행은 그러한 명문규정을 갖고 있지 않다. 그러나 우리 민법 제390조가 "채무의 내용에 좇은 이행을 하지 아니한 때에는 채권자는 손해배상을 청구할 수 있다."는 식으로 포괄규정을 두고 있으므로, 불완전이행을 법적으로 인정하는 데에는 무리가 없을 것으로 본다.

② 民法 第390條 規定과 瑕疵擔保責任規定間의 競合關係

하자담보책임은 특별규정으로서 불완전이행에 관한 민법 제390조에 우선한다. 따라서 유상계약에 있어서 급부에 하자 있는 이행을 함으로써 주된 급부의무를 위반한 경우는 원칙적으로 민법 제570조 이하 규정의 우선적용을 받으나, 주의의무, 보호의무의 위반은 하자담보책임의 적용범위에 포함되지 않으므로 일반규정인 민법 제390조의 적용을 받는다. 하자담보책임은 무과실책임이므로 급부의무위반에 따른 손해배상범위가 하자 자체에 한정되고, 배상청구권의 행사기간도 6개월이며(민법 제582조), 채권자가 하자에 대해 알았거나 알 수 있었을 때에는 이러한 단기간의 손해배상청구권조차 채권자에게서 배제된다(민법 제580조 제1항 단서). 하지만 채무자의 주의의무나 보호의무 위반에 따른 손해는 배상범위가 단순한 하자손해가 아닌 하자결과손해에까지 미치므로, 채무자의 과실을 요건으로 하며, 배상청구권의 행사기간도 10년이다.

(2) 不完全履行의 樣態

1) 給付目的物의 瑕疵

전형적인 물건의 하자이므로 민법 제580조 이하의 하자담보책임규정이 우선적으로 적용될 것 같지만, 프로판가스통과 같은 위험한 물건에 대해서는 급부의무보다도 부수적 주의의무(가스누출점검의무)나 보호의무가 더 중요하게 문제되는데, 가스통의 폭발로 인한 손해배상을 규율하기 위해서는 하자 없는 프로판가스통을 다시 급부하는 것과 같은 하자담보책임의 해결방법보다는 결과적으로 불완전이행책임에 따른 해결방법이 더 유용하므로, 이 경우 불완전이행책임의 규정이 일반규정으로서 적용될 수밖에 없을 것이다.

2) 給付行爲의 瑕疵

예를 들어 세 들어 살면서 주택을 훼손했거나, 의사가 약 처방을 하면서 몇 개를 빠뜨렸다거나, 변호사가 일부 법률문제에 있어서 법률자문을 잘못한 경우와 같이 급부의 목적이 된 행위가 채무의 내용에 완전히 좋은 것이 아닐 경우이다. 급부의무의 위반일 때는 민법 제390조의 적용을 받지 않으며, 都給에 있어서와 같이 하자담보책임의 법률규정(민법 제667조)이 있을 때는 그에 따르고, 법률규정이 없을 때에는 다른 전형계약의 하자담보책임규정을 참고하여 追完(주택의 훼손한 곳을 수선하라고 하는 것 등)이나 재급부(약을 더 달라고 하거나 법률자문을 더 해 달라고 하는 것 등)의 청구, 보수지급의 거절 또는 감액 등의 효과를 무과실책임으로 인정할 수 있다. 그러나 설명의무 기타 부수적 주의의무의 위반이거나 보호의무의 위반일 때는 불완전이행에 해당하므로 민법 제390조에 따라 해결한다.

3) 附隨的 注意義務의 不完全履行

급부과정에서 급부이익을 보호해야 할 의무를 위반한 경우로서 전형적인 불완전이행에 해당한다. 예를 들어 조립식 기계를 팔면서 그 조립에 관한 부수적인 주의사항을 설명해 주지 않아 구매자가 기계를 잘못 조립하여 비싼 기계부품을 망가뜨린 경우 등이다. 급부목적물이나 급부행위에 직접 관련된 것이 아니기 때문에 하자담보책임의 규정이 적용되지 않는다. 따라서 민법 제390조의 일반규정이 적용되어 채권자가 손해 및 인과관계를 입증해 온다고 하더라도 채무자는 자기에게 과실 없음만 입증하면(예를 들어 기계를 제작하고 설명서를 작성한 회사는 따로 있었으며, 자신에게 그런 사소한 것까지 확인할 의무는 없었음을 입증) 손해배상책임을 부담하지 않는다. 그러나 2002년 개정된 독일민법은 이러한 瑕疵 있는 조립설명서의 경우에 대해서도 판매자에게 하자담보법에 따른 무과실책임의 규정을 두고 있다.

4) 保護義務의 不完全履行

채권관계 속에서 채무자가 채무를 이행하긴 했는데, 그렇게 이행함으로써 채권자의 생명, 신체, 다른 재산 등을 침해한 경우이다(채권관계의 유효한 성립을 전제로 하지 않는다). 이를테면 물건에 하자가 있었던 경우에 그 물건으로 인해서 채권자의 다른 재산까지 피해를 입은 경우로서 구체적으로 다음과 같은 예를 들 수 있다.

① 주는 債務에 있어서 保護義務違反의 例

발전기의 예를 들자면, 수선에 겨우 20만 원 정도가 소요되는 발전기의 경미한 하자 때문에 공장이 장시간 운행을 중단하거나 하여 20억 원 이상의 막대한 손해가 매수인에게 발생한 경우 손해의 범위가 하자 자체의 가치를 훨씬 넘어서게 된다. 물론 이러한 2차적 손해는 하자담보책임으로 도저히 해결할 수 없다. 따라서 이에 대해서는 민법 제390조의 규정을 적용하여야 한다.

② 하는 債務에 있어서 保護義務違反의 例

마찬가지로 의사가 약을 처방하긴 했는데, 잘못된 알약 하나가 섞여 들어가서 환자가 불구의 몸이 되었다고 하더라도, 의사에게 이를 고칠 수 있는 약을 다시 처방하라고 하는 것이라면 모를까, 환자가 남은 평생 벌 수 있었던 소득 전체의 배상을 의사에게 청구하는 경우에는 민법 제390조의 규정을 적용해야 한다.

(3) 不完全履行의 要件

이행행위가 있었으나 불완전한 이행이었을 것, 그 불완전한 이행이 채무자의 귀책사유로 인한 것일 것, 불완전한 이행에 의해 채권자에게 손해가 발생했을 것이다. 여기서 불완전한 이행은 일단 급부의무가 아닌 부수적 주의의무와 보호의무의 불완전한 이행을 말한다. 급부의무의 불완전한 이행은 하자담보책임의 규정민법(제570조 이하)에 따라 우선적으로 규율되기 때문이다. 이때 채권자는 부수적 주의의무와 보호의무의 불완전한 이행사실, 손해사실만 입증하면 되고, 채무자의 귀책사유는 추정되므로, 귀책사유의 부존재는 채무자가 입증해야 한다.

(4) 不完全履行의 效果

손해배상청구권이 발생한다(민법 제390조). 비록 법률규정은 없지만 불완전이행이 민법 제390조에 포섭되는 채무불이행의 하나인 이상 불완전이행의 경우에도 해제권의 발생에 관한 민법 제544조~제546조 규정이 유추적용되어 해제권 역시 마찬가지로 인정된다.

5. 債權者遲滯

(1) 意義

채무자가 이행기에 채무의 내용에 좇은 이행의 제공을 하였음에도 불구하고 채권자가 이를 수령하지 않거나 필요한 협력을 하지 않음으로써 채무자가 이행을 완료할 수 없게 되는 경우를 말한다. 이 경우 법은 채무를 부당하게 연장하지 않고 급부의 지체로 인해 발생한 불이익을 채권자에게 적절히 부담시킨다. 예를 들면 피아노나 냉장고의 매매계약이 체결된 후 매수인(채권자)이 약속시간에 집을 비우는 바람에 급부목적물을 수령하지 못하게 되었는데, 운송하던 자가 그 후 교통사고로 피아노 또는 냉장고를 파손시켰을 경우 매도인(채무자)은 대금을 받지 못하게 되는가의 문제이다.

(2) 法的 性質

대개의 경우 채권자는 채무자가 제공한 급부를 수령해야 하지만 이는 주된 급부의무(예를 들어 代金支給義務)가 아니며 단지 급부내용의 제대로 된 실현을 위해 급부에 대해 주의와 배려를 베풀어야 하는 부수적 주의의무로서만 수령의무는 채권자의 채무로서 인정될 수 있을 뿐이다. 따라서 채권자지체를 채무불이행에 있어서의 이행지체책임과 개념상 동일시해서는 안 되며, 일정한 차별화를 해 주는 것이 필요하다. 예를 들어 채권자가 급부수령의무를 불이행한 경우 채무자가 채권자의 채무불이행에 기해 손해배상을 청구하는 것은 가능하지만, 그 배상의 범위는 수령지체에 직결된 손해에 국한될 뿐이며, 따라서 그 배상의 액수는 주된 급부의무위반에 비해 소액에 불과하게 될 것이다. 또한 계약해제권의 문제 역시도, 그 수령의무위반이 계약목적달성에 중대한 장애를 초래한 것이 아닌 한 채무자에게 계약해제권이나 해지권은 인정되기 힘들다고 보아야 할 것이다(민법 제545조의 유추적용).

(3) 要件

첫째, 채무의 이행에 관하여 수령 또는 기타 채권자의 협력을 필요로 하여야 한다. 다시 말해 채권자에게 수령의 의무를 인정할 수 있어야 한다. 이런 의무의 존재는 채무자가 증명해야 한다. 예를 들어 고용계약의 경우 채무자인 노동자는 노무제공만 하면 되고, 다시 말해 근로시간에 맞춰 직장에 출근하고 언제든지 일을 할 수 있는 준비자세만 갖춰 주면 계약내용이 실현되지, 채권자인 자본가가 실제로 일을 시켜서 그 일한 것을 수령해야 하는 것은 아니므로 고용계약에서 채권자의 수령의무는 인정할 수 없다.

둘째, 채무의 내용에 좇은 이행의 제공이 있어야 한다. 예를 들어 하자 있는 물건을 채무자가 제공했을 경우에는 채권자가 수령을 하지 않았다 하더라도 이는 불완전이행의 문제이지 채권자지체의 문제가 아니다. 채무자는 이행기에 하자 없는 물건이 제공되었다는 사실 역시 입증해야 한다.

셋째, 채권자가 이행의 제공을 수령하지 않거나 수령할 수 없어야 한다. 다만 이러한 사정이 앞으로도 바뀌지 않을 게 확실하다면 이는 급부불능으로 인한 위험부담의 문제가 되어, 설령 채권자가 자기 귀책사유로 인해 대가위험을 부담한다 하더라도, 이는 위험부담의 문제이지 채권자지체의 문제일 수가 없게 된다. 채권자의 수령지체에 대한 입증책임 역시 채무자가 부담한다.

넷째, 채권자가 이행의 제공을 수령하지 않거나 수령하지 못한 데 대해 귀책사유가 있어야 한다. 예를 들어 매매목적물인 피아노를 수령하여야 할 매수인이 갑작스런 정전으로 초인종소리를 듣지 못해 피아노를 수령하지 못했을 때, 이런 경우에까지 채무자의 책임이 감경되어 운송 중에 자기 과실로 멸실시킨 피아노의 대금 전액을 채권자에게 청구하게 할 필요는 없다(민법 제401조). 다만 채권자의 귀책사유는 당연히 추정되기 때문에 채권자의 귀책사유 없음은 채권자가 직접 입증해야 한다.

(4) 效果

1) 債務者의 注意義務 減輕

채권자지체 중에 채무자는 고의 또는 중대한 과실에 대해서만 불이행책임을 진다(민법 제401조). 따라서 채권자지체 중에 자기 과실로 급부를 불능하게 만들었다 하더라도 그 과실이 重過失이 아닌 한 책임을 지지 않는다. 중과실의 예로서는 석유탱크 바로 앞에서 담배꽁초를 끄지도 않고 버렸다든지, 태풍이 몰아치고 있는 중에 설마 하고 물건들을 창고 바깥에다 진열해 놓았다든지 하는 아주 극단적인, 고의와 거의 마찬가지인 과실들을 들 수 있겠다. 사실상 채권자지체기간 동안 채무자는 급부목적물에 대한 보관의무를 거의 면하게 되는 것이다.

2) 利子의 停止

채권자지체 중에는 채권이 이자 있는 것이라 하더라도 채무자에게는 지체기간 동안에 발생한 이자를 지급할 의무가 없다(민법 제402조).

3) 增加費用의 負擔

채권자지체로 인하여 그 목적물의 보관 또는 변제의 비용이 증가된 때에는 그 증가액은 채권자의 부담으로 돌아간다(민법 제403조). 예를 들어 냉장고를 배달하기로 했었는데 제1차 변제시 채권자가 집에 없었다면, 채무자는 제2차 변제시에 냉장고 보관료와 운송료 추가분을 채권자에게 청구할 수 있다. 그러나 이 증가비용은 채무자의 과실에 의해 상계될 수도 있다. 예를 들어 제2차 변제시에 약속된 시간 동안 채권자가 집에서 내내 기다렸음에도 불구하고 이번에는 채무자 측의 업무착오로 냉장고배달이 이루어지지 못했을 시, 비록 그 채무자 측의 업무착오가 중과실에 해당되지 않는다 히더리도 증기된 보관비용은 채권자의 부담으로 돌아가지 않는다. 왜냐하면 채권자의 제2차 이행최고로 이미 채권자지체는 종료된 상황이기 때문이다. 이 경우 제1차 변제시 채권자의 과실로 인한 손해액과 제2차 변제시 채무자의 과실로 인한 손해액은 상계된다고 할 수 있다.

4) 雙務契約에 있어서 危險의 移轉

쌍무계약의 경우 보통 당사자 쌍방의 귀책사유 없이 급부가 불능하게 된 때 채무자는 그 급부불능에 자기 과실이 없음에도 불구하고 채권자에 대해서 반대급부청구권을 상실하게 된다(민법 제537조). 그러나 채권자지체가 발생한 이후라면 사정이 달라진다. 이 경우에 당사자 쌍방의 귀책사유 없이 급부가 불능하게 되었다면 채무자는 급부의무를 면하면서도 채권자에 대해서 반대급부청구권을 상실하지 않게 된다(민법 제538조 제1항 후단). 채권자지체 중에는 채무자에게 가벼우나마 과실이 있는 경우라 하더라도 채무자는 급부의 불능에 아무런 책임도 부담하지 않게 돼 있는데(민법 제401조), 채권자지체 중에 채무자에게 아예 그 과실조차 하나 없이 급부가 불능하게 된 경우 채무자가 책임을 부담하지 않는 것은 너무나 당연하다 할 것이다.

5) 同時履行의 抗辯

채권자지체 중에 있는 채권자는 비록 자기 급부가 이행기를 지나 지체상태에 있다 하더라도 동시이행의 항변권(민법 제536조)을 상실하지 않는다. 다시 말해 아무리 수령을 지체했다 하더라도 아직 수령하지도 않은 물건에 대해 대금을 지불해야 하는 것은 아니라는 의미이다.

6) 損害賠償

채무자는 채권자의 수령의무 불이행에 대해 손해배상을 청구할 수 있다. 그러나 수령의무는 대금지급의무와 같은 주된 급부의무가 아니기 때문에, 그 배상의 범위는 수령지체에 직결된 손해에 국한되며, 따라서 그 배상액은 주된 급부의무위반에 비해 소액에 불과하게 될 것이다. 그 이외의 손해는 특별손해로서 채무자는 채권자의 예견가능성을 입증해야 비로소 배상을 받을 수 있게 된다(민법 제393조 제2항).

7) 契約解除

채권자의 급부수령의무는 주된 급부의무가 아니다. 따라서 그 수령의무위반이 계약목적달성에 중대한 장애를 초래한 것이 아닌 한 채무자에게 계약해제권이나 해지권은 인정되기 힘들다고 보아야 할 것이다(민법 제543조 이하).

(5) 債權者遲滯의 終了原因

1) 債權의 消滅

채권자의 채무면제 또는 상계, 채무자의 공탁 등으로 채권이 소멸하면 채권자지체도 소멸한다.

2) 債權者의 履行의 催告

채권자가 수령하겠다고 통지하거나 이행에 필요한 협력의 준비를 마친 후 이행의 최고를 함으로써 채권자지체는 종료할 수 있다. 따라서 그 이후에 채무자의 과실로 급부가 불능하게 된 경우에는 채무자의 면책이 인정될 수 없게 된다(민법 제401조의 반대해석).

3) 債務者의 責任免除 意思表示

채무자가 채권자에 대해 채권자지체에 따른 책임을 면제한 경우에도 채권자지체는 종료된다. 이때 履行期는 다시 정해져야 할 것이다.

4) 債務者의 故意, 重過失에 의한 給付不能

채권자지체 이후라 하더라도 급부가 채무자의 고의, 중과실에 의해 불능이 되었을 때에는 채권자지체의 문제가 아니라 채무자의 귀책사유에 의한 이행불능책임문제로 넘어가게 된다.

第8節 損害賠償

1. 基本原則

(1) 果實責任의 原則

원래 손해를 입은 모든 자는 그 손해를 가한 사람에게 배상을 청구할 수 있으나, 그 손해를 가한 사람에게 귀책사유가 없는 경우 배상을 청구할 수 없다. 다시 말해 계약관계에 있어서건 일상의 사회생활관계에 있어서건 모든 행위자는 자기가 고의, 과실로 행한 일에 대해서만 책임을 진다. 그러나 금전채무를 부담한 자는 고의, 과실이 없다 하더라도 자기 금전채무가 불이행되었을 때에는 항상 책임을 부담해야 한다(민법 제397조).

(2) 因果關係 必要性의 原則

모든 행위자는 자기 행위와 인과관계가 있는 손해에 대해서만 배상책임을 부담한다. 그러나 인과관계 있는 손해는 손해야기행위로 인해 직접적으로 발생한 손해로 한정하고, 그 행위로 인해 간접적, 2차적으로 발생한 손해에 대해서는 인과관계 아닌 다른 기준으로 배상책임 인정 여부를 결정해야 할 것이다.

(3) 完全賠償의 原則

우리 민법은 손해를 직접 침해된 물건의 보통가치 등으로 제한하거나 일실이익을 손해개념으로부터 제외하는 것과 같은 손해제한규정을 두고 있지 않다. 마치 독일민법처럼 완전배상의 원칙을 취하고 있어, 過失相計(민법 제396조)가 아닌 한 배상의무자는 원칙적으로 손해 전체를 배상해야 하는 의무를 부담하게 되어 있다.

(4) 金錢賠償의 原則

우리 민법은 손해의 배상을 원래 급부의 이행이나 원상태로의 회복과 구별하여, 손해를 금전으로 계산, 그 금액을 채권자에게 지급하는 경우를 원칙적으로 손해의 배상이라고 보고 있다(민법 제394조). 예를 들어 유명 그림에 대한 훼손과 같이 수선을 통한 원상회복이 전혀 불가능한 손해뿐만 아니라, 유리창의 파손과 같이 배상의무자가 즉시 전화로 수선업자를 불러 원상회복을 해 줄 수 있는 손해까지도 우리 민법은 금전배상을 원칙으로 삼고 있다. 물론 특약에 의해 금전 아닌 다른 물건으로 손해를 배상하는 것도 허용되며, 명예훼손 등의 손해에 대해서는 명예회복에 적당한 처분도 배상방법이 될 수 있다.

(5) 賠償根據와 賠償內容의 分離原則

1) 債務不履行과 不法行爲의 統合的 規律

우리 민법은 제393조 이하 채무불이행 규정에서 손해배상의 범위, 배상방법,

공동과실 등에 대해서 일반규정을 두고, 이를 민법 제763조에 의해 불법행위법에도 준용함으로써, 배상내용을 배상근거에 상관없이 손해배상법의 일반원리에 따라서 통합적으로 규율하고 있다. 이는 마치 독일민법이 손해배상에 관해 민법 제249조 이하에서 일반규정을 두고 이를 채무불이행 및 불법행위는 물론, 위험책임 기타 민법전 외에서 규율되는 다른 모든 손해배상의 근거규범에 대해서도 공통적으로 적용하는 것과 같다고 할 것이다.

2) 慰藉料의 例外問題

우리 민법은 위자료배상의 경우 불법행위법의 체계에만 적용이 있고(민법 제751조), 채무불이행법의 체계에서는 적용이 없는 것처럼 규정하고 있으나, 이는 오늘날의 시대조류에 어긋나며 法政策的으로도 비판받을 만하다. 독일민법은 위자료의 경우 종래 불법행위법에서만 배상규정을 두었으나,[408] 2002년 8월 1일의 법개정으로 제847조의 규정을 제253조 2항의 일반규정에 통합해 위자료배상이 채무불이행과 불법행위 모두에서 똑같이 인정될 수 있도록 조정했다. 물론 우리나라 민법에서는 법규정과 무관하게 위자료배상이 채무불이행법과 불법행위법 모두에서 인정될 수 있다는 게 다수설의 입장이다.

3) 保護法益의 差異問題

그 밖에 불법행위에서는 생명, 신체, 건강, 자유, 소유권 기타 절대적 법익에 해당되지 않는 단순한 재산적 이익의 경우 원칙적으로 손해배상내용에서 제외시키는 반면, 채무불이행에서는 위의 권리에 해당되지 않는 단순한 이행이익, 급부의 가치라 할지라도 손해배상의 내용에 당연히 포함시키게 된다는 차이가 있다.

2. 損害의 分類

(1) 通常損害와 特別損害

통상손해란 사회일반의 관념에 따라 어떤 전행사실이 있으면 그 후행사실로

---

408) 獨逸民法 제847조.

서 보통 발생하는 손해를 말하고, 특별손해란 그렇지 않은 손해를 말한다. 통상손해의 배상을 위해서는 침해자의 예견가능성이 요구되지 않으나, 특별손해의 배상을 위해서는 침해자의 예견가능성이 요구된다(민법 제393조). 즉 통상손해는 거래관념에 비추어서 채무불이행으로 인해 보통 발생할 것이라고 생각되는 손해인 반면에, 특별손해는 통상손해에 해당되지 못하는 특별한 사정으로 발생한 손해를 의미한다. 우리 민법은, 통상손해에 대해서는 배상책임 있는 사람이 이러한 손해발생 사실을 알거나 알 수 있었는지 여부를 불문하고 당연히 배상청구가 가능하도록 하고 있는 반면, 특별손해에 대해서는 그 손해발생 사실을 상대방이 알거나 알 수 있었을 경우에만 배상청구가 가능하도록 구분하고 있다. 통상손해와 달리 특별손해로 인정되는 손해에 대해서는 그 손해발생 사실을 배상책임 있는 사람이 알거나 알 수 있었다는 점을 배상을 청구하는 사람이 입증해야만 하는데, 입증이 만만치 않다. 따라서 어떤 손해가 통상손해인지 아니면 특별손해인지의 문제는 입증책임과 관련해서 배상 여부나 배상 액수를 현실적으로 좌우하는 매우 중요한 문제가 된다. 따라서 통상손해이냐 아니면 특별손해이냐 하는 것은, 거래당사자의 직업, 거래의 형태, 목적물의 종류 등의 제반 사정을 종합해서 당사자들이 그러한 손해의 발생을 얼마만큼 용이하게 예견할 수 있었느냐가 관건이 될 수 있다. 당사자들이 일반적, 객관적으로 당연히 그 채무불이행으로부터 발생하리라고 예상하였어야 할 손해이면 통상손해이고, 그 범위를 벗어나면 특별손해가 된다.[409] 하지만 애초부터 이런 구분에는 해석의

---

409) 임대차계약이 종료될 무렵에 임대인으로부터 임대차보증금을 돌려받을 것을 전제로 세입자가 다른 집을 구했는데, 임대인이 보증금을 제때 내주지 못해 결국 새로 구한 집의 계약이 파기되면서 세입자가 계약금을 몰수당하는 손해를 입은 후에 이를 기존의 임대인에게 청구한다면, 이 손해는 통상손해일까 아니면 특별손해일까? 이 점에 관해 최근에 서울西部地方法院 2007.12.20. 선고 2007나6127호 손해배상판결이 논란이 되고 있는데, 이 판결은 이런 손해를 통상손해로 판단했다(물론, 이 판결은 이런 손해를 통상손해라고 판단하면서도, 가사 통상손해가 아니라 특별손해라고 하더라도 임대차계약만료 전에 세입자가 이사 갈 것을 임대인에게 미리 통보했고, 새로운 계약체결 사실과 계약위반시 위약금손해까지 발생할 수 있다는 부분까지 사전에 임대인에게 고지했기 때문에 손해발생 사실을 임대인이 알았다고 보충적으로 판단하기도 했다). 하지만 생각건대 지금의 우리 사회통념으로는 이런 손해를 통상손해로 보기에는 다소 무리가 있다고 본다. 임대차계약기간이 끝나면 보증금을 돌려주는 것이 당연시되고 이를 전제로 세입자가 다른 집을 구하는 것이 보편적이라면 이런 손해를 통상손해로 볼 수 있겠지만, 우리 거래관행은 아직 그렇지 못하다. 임대차기간이 종료되더라도 임대인이나 세입자 모두 아무 말 없이 임대차기간을 연장하는 경우도 많고, 기간이 종료했다고 해서 아무런 말도 없이 다른 집을 구해 버리는 것이 거래관념상 보편적인 현상이라고 보기는 어렵기 때문이다. 물론 법원의 판단에는, 지금처럼 기간이 끝났는데도 임대인이 자진해서 보증금을 돌려줄 생각도 하지 않고 세입자가 알아서 보증금을 빼 나가야 한다는 식의 태도를 보이는 것은 명백히 잘못된 관행이고 또 이런 관행을 조속히 고쳐야 한다는 문제의식이 있었을 것으로 보이고, 역시 이 부분에 대해서는 공감한다. 하지만 그렇다고 해서 이를 통상손해로까지 해석하는 것은 무리가 있다고 본다. 아직 우리의 거래관념으로는 이를

여지가 있을 수밖에 없다는 점에서 판단이 명확하지 않고 어려울 수밖에 없다.

(2) 1次損害와 後屬損害

손해야기행위에 의해 직접적으로 입은 불이익을 1차손해라고 하고, 그 1차손해를 기점으로 해서 연속적으로 발생된 손해를 후속손해라고 한다. 예를 들어 물건을 망가뜨린 경우 수선비, 물건을 멸실케 한 경우 멸실한 물건의 상당액, 사람을 다치게 한 경우 치료비 등은 1차손해이고, 물건을 새로 구입하는 데 들어간 비용(광고비, 교통비, 운송비), 물건을 새로 구입할 때까지 다른 물건을 빌리는 데 들어간 비용, 사람을 다치게 하거나 죽게 만들었을 때 그 사람이 장래에 벌어들일 수 있었던 소득의 상실손해(일실이익) 등은 후속손해이다.

1차손해는 당연히 통상손해의 범주에 들어가지만, 후속손해는 통상손해의 범주에 들어갈 수도 있고 특별손해의 범주에 들어갈 수도 있다. 예를 들어 통상손해의 범주에 들어가는 후속손해는 위에 예로 든 후속손해들이라고 할 수 있고, 후속손해이면서 특별손해에 들어가는 예는 침해행위로 멸실된 물건을 다른 데 팔 예정이었을 경우 손해를 본 전매이익, 멸실된 물건에 관해 체결한 전매계약의 위약금 기타 신용상실, 그 멸실된 물건으로 인해 소득을 제대로 올릴 수 없었던 부분에 대한 재산적 이익의 상실 등이라고 할 수 있다.

(3) 財産的 損害와 精神的 損害

침해행위로 인해 발생한 손해가 물권, 채권, 영업이익 등의 재산적, 금전적 가치에 해당되는 것일 때에는 이를 재산적 손해라 하고, 그것 이외에 생명, 신체, 건강, 자유를 침해하였을 때에는 이를 비재산적 손해라 한다. 비재산적 손해 중에서도 인간의 사고 및 감정 등에 미친 부정적인 영향은 이를 정신적 손해라 한다. 정신적 손해에 대한 배상은 흔히 위자료라고 부르며, 위자료의 산정은 침해된 권리상태의 보정만이 아니라 응보 및 속죄의 요소도 중요하게 고려

특별손해로 해석하되, 임차인에게 이런 손해가 발생할 수 있다는 사정을 임대인이 알거나 알 수 있었다는 식으로 폭넓게 인정해서 부당한 관행을 바꿔 나가야 할 문제가 아닌가 한다. 어쨌든 합당한 배상을 받고 거래를 원만하게 잘 마무리하는 차원에서 통상손해와 특별손해문제는 항상 염두에 둘 필요가 있다. 따라서 특별손해를 배상받기 위해서는 상대방이 손해를 알거나 알 수 있어야 하기 때문에 이에 대한 입증을 고민할 필요가 있다.

하므로, 재산적 손해의 산정과 성질상 큰 차이를 갖게 된다. 채무불이행은 대개의 경우 재산적 법익의 침해에 관련되는 것이므로, 단순한 채무불이행에서 위자료배상은 인정되기 어려운 게 사실이다. 그러나 생명, 신체, 자유, 명예에 관련되는 계약위반의 경우에는 생명, 신체, 자유라는 보호법익을 직접적으로 침해하므로 당연히 위자료배상이 인정되어야 할 것이며, 정신적으로 중요한 의미를 갖는 계약의 위반인 경우(예를 들어 결혼식 사진촬영계약의 위반)에는 단순한 감정침해인 경우에 대해서도 위자료배상을 인정해 줘야 할 것이다. 특히 고의로 채무를 불이행하여 타인의 감정을 상하게 한 자에 대해서는 채무불이행에 불법행위법을 적용하는 한이 있더라도 정신적 손해의 배상을 인정할 수 있어야 할 것이다.410)

(4) 積極的 損害와 消極的 損害

물건의 멸실이나 훼손 등 기존이익의 멸실이나 감소를 적극적 손해라 하고, 장래에 있어서 이익의 획득이 방해당함으로써 받는 손해(일실이익)를 소극적 손해라 한다. 소극적 손해는 재산침해에 의해 발생한 경우 대개 특별손해이지만, 신체침해에 의해 발생한 경우 대개 통상손해이다. 예를 들어 어떤 고용운전수의 자동차와 길거리에서 부딪쳐 그 자동차를 손괴했을 경우 그 자동차가 그 고용운전수의 유일한 생계수단으로서 그 자동차 손괴로 고용운전수가 해고를 당해 막대한 일실이익이 발생했을 때 이 일실이익은 특별손해로 보아야 하지만, 의사가 의료계약내용에 위반한 수술로 환자를 불구자로 만들었을 때, 그 불구가 된 환자가 앞으로 벌어들일 수 있었던 소득의 상실은 통상손해로 보아야 한다. 물론 부모로부터 상속받은 돈만 갖고 먹고살며 전 세계를 여행하고 다니던 한량이 수술로 불구가 되었다면, 실제로 손해가 발생했다고 볼 수 없으므로 이 경우에는 소극적 손해의 배상이 인정되지 않을 것이다.

---

410) 독일민법은 단순한 감정침해의 경우 건강침해로 인한 손해배상으로 우회하여 사실상의 위자료배상을 인정하고 있다. 한편 재산적 손해에 관해서 독일민법은 권리침해 이외의 단순한 재산적 불이익은 원칙적으로 손해배상의 범위에 포함시키지 않는다. 예를 들어 운하수리공사의 도급을 맡았는데, 공사상의 실수로 운하소유자와 운하통과계약을 맺은 대형 화물선이 운하 한가운데에 갇히는 일이 발생했을 때, 배상되어야 할 손해는 권리 자체에 발생한 것만을 포함하지 그 이외의 사실적인 영업이익은 기대가능성이 없는 한 배상범위에 포함되지 않는다. 더욱이나 비영업적인 사용이익 같은 것은 아무리 금전적, 재산적 가치를 갖는다고 하더라도 배상청구의 대상에 포함되지 않는다.

(5) 履行利益의 損害와 信賴利益의 損害

채무불이행에 있어서 채무가 제대로 이행되었을 경우에 채권자가 얻게 될 이익을 이행이익이라고 하고, 채무가 제대로 이행되었을 것으로 믿었던 것 때문에 상실하게 된 이익을 신뢰이익이라고 한다. 대개의 경우 이행이익은 채권의 목적인 급부의 가치에 상응하므로 꽤 많은 금액이고, 신뢰이익은 그 이행이 유효할 것을 믿고서 체결한 전매계약의 체결비용이나 위약금 정도로 미미한 것에 불과하다. 그 이상의 신뢰이익은 특별손해로서, 예견가능성을 결여하여 배상청구가 불가능하게 될 가능성이 높다. 민법에서 이행이익배상이 아닌 신뢰이익의 배상이 법적 효과로서 규정된 예로서는 계약체결상의 과실 정도를 들 수 있는데, 이 경우 신뢰이익(信賴損害額)은 이행이익(不履行損害額)을 넘어설 수 없게 된다(민법 제535조 제1항 후단). 이행이익과 신뢰이익은 채무불이행법에서만 논해지는 개념이므로, 불법행위법에서는 그 개념의 구분이 의미를 가지지 못하게 된다.

3. 損害賠償의 範圍

(1) 因果關係(Kausalitaet)의 意義

침해행위와 손해가 서로 원인과 결과의 관계로서 연결되었는가의 여부를 말한다. 침해행위와 인과관계가 없는 손해에 대해서는 침해자가 배상책임을 부담하지 않으나, 무조건 인과관계가 존재한다고 하여 침해자가 모든 손해를 다 배상해야 한다면 손해배상의 범위가 무한히 확대되므로, 침해행위와 인과관계가 있는 손해 중 채무자가 배상해야 할 한계를 일정한 규준에 따라 획정하는 것이 필요하다.

(2) 相當因果關係說(Adaequanztheorie)

상당인과관계설에 따르면 침해행위라는 원인사실이 일반적으로 보통 그러한 손해를 결과로서 발생케 하는 것이면 침해행위와 손해 사이에는 상당인과관계가 있는 것이고, 이러한 상당인과관계가 있을 때에야 침해자는 자기 침해행위로 인해 발생한 손해를 배상해야 하게 된다. 예를 들어 단순히 차문짝을 찌그러뜨린 사고로 인해 도로 위에서 약간의 말다툼으로 시간을 지체했는데, 결국 그 시간지체로 인해 피해자가 5분 후 정말로 큰 사고를 만났을 경우, 애초의 가해행위와 후발적 손해 사이에는 조건적 인과관계야 있을지 몰라도 상당인과관계는 결여되어 손해배상책임은 발생하지 않게 된다.

(3) 相當因果關係說에 따른 第393條의 解釋

그러나 상당인과관계에서 상당성이란 개념표지는 구체적인 상황에서 애매한 경우가 많으므로, 상당인과관계의 존재 여부를 1차손해와 후속손해로 나누어서 고찰하는 것이 효과적이다. 다시 말해 일단 1차손해에 대해서는 원인사실이 일반적으로 보통 그러한 손해를 결과로서 발생케 하는 것이므로 조건적 인과관계에 따라서 배상청구를 모두 인정하고, 후속손해에 대해서는 민법 제393조의 규정을 따라 통상손해인지 특별손해인지 여부를 가려서, 예를 들어 후속손해가 비록 간접적이지만 그 손해야기행위로 인해 보통 발생하는 통상의 손해에 해당하는 것이라면 배상청구를 바로 인정하고(민법 제393조 1항), 그렇지 않고 우연적 사정(낙뢰, 지진, 대홍수)이나 제삼자의 불측의 개입 등과 같은 특별사정에 의해 발생한 손해에 해당한다면, 그 특별사정에 대해 침해자의 예견가능성이 인정될 때에만 배상청구를 인정하는 것이다(민법 제393조 2항).

(4) 民法 第393條 2項과 豫見可能性

민법 제393조 2항에서 말하는 특별손해는 외부의 우연적 사정이 개입된 후속손해를 의미한다. 이런 특별손해가 배상의 범위에 포함되기 위해서는 침해자의 예견가능성이 전제되어야 하는데, 예를 들어 갑작스러운 법령의 개폐가 특별사정이 되어 특별손해를 발생시킨 경우 그 특별사정을 미리 알 수 있는 신분인 자가 침해행위를 했다면 그에게는 특별손해에 대한 예견가능성이 있었다고 보는 것이다. 그러나 이러한 예외적인 상황이 존재한다는 것, 즉 침해자가 그러한 특별사정에 대해 예견가능성을 갖고 있었다는 것은 거의 드문 일이고, 이를 피해자가 입증한다는 것 또한 매우 힘든 일일 것이므로, 사실상 그 손해가 특별손해임을 입증하는 것으로 침해자는 대부분의 경우 배상책임을 면하게 된다. 한편 예견가능성의 판단시기는 당연히 침해행위를 기준으로 해야 한다는 것이 다수설이다.

(5) 規範目的說에 따른 補完

상당인과관계설이 손해발생의 개연성이나 객관적 예견가능성을 중시하는 반면, 규범목적설은 구체적인 배상청구권을 근거 짓는 규범의 목적 및 위법성관련을 중시한다. 한편 원자력관련법이나 환경정책기본법 위반에 따른 손해배상에 있어서는 설령 손해발생에 개연성 및 객관적 예견가능성이 인정되지 않는다고 하더라도 법률의 목적이 피해자의 입증책임을 경감하는 데 있는 만큼 가해자는 개연성 없는 손해에 대해서도 배상의무를 부담할 수 있게 된다.

4. 損害賠償額의 算定

(1) 意義

이미 그 범위가 확정된 손해를 금선으로 펑가하는 깃으로 채무불이행이 있다는 사실만으로 곧 손해배상을 청구할 수 있는 것은 아니다. 채무불이행의 사실이 있어도 손해가 발생하고 있지 않으면 손해배상을 청구하지 못한다. 뿐만 아니라 채권자가 손해의 발생을 입증하지 못하면 역시 그 배상을 청구하지 못한다. 그러나 일단 손해가 생긴 때에는 그 종류를 묻지 않고서 배상케 할 수 있다. 문세는 배상되는 손해의 범위를 어떤 기준에 의해 결정할 것이냐가 문제된다.

(2) 算定方法

1) 物的 損害의 算定

이행이 지체된 경우에는 지체된 기간 동안 목적물의 통상 사용료, 물건이 멸실된 경우에는 멸실된 목적물의 시가, 하자 있는 목적물이 급부되거나 물건이 훼손된 경우에는 하자 없는 목적물과 하자 있는 목적물의 시가차액으로 배상액을 산출한다.

2) 逸失利益의 算定

채권자를 불구로 만든 경우 일실이익의 산정은 채권자가 평소 벌어들이던 수입에서 세금 등을 공제한 후 그 직업, 그 성별의 사람이 평균적으로 누리는 수명 때까지 남은 기간을 곱해 계산한다.

3) 精神的 損害의 算定

정신적 손해의 산정은 채권자(피해자) 개인이 구체적으로 느낀 정신적 고통이 아닌, 그와 비슷한 경우에 그와 비슷한 연령, 직업 등을 가진 사람이 느꼈을 정신적 고통을 기준으로, 채무자(加害者)의 고의 및 과실정도, 배상능력, 형사처벌 여부 등을 종합적으로 고려해서 계산한다. 다시 말해 정신적 손해의 산정에는 단순한 손해액뿐만 아니라 채무자의 위법행위에 대한 응보의 요소도 중요하게 작용한다.

(3) 算定의 基準時

판례에 따르면 이행불능에 의한 전보배상의 경우 불능 당시의 시가에 따르고, 그 후의 시가앙등은 특별사정으로 보고 있다. 그러나 이행지체 중에 본래의 급부 대신 명하는 전보배상은 지체된 당시가 아니라 판결시(사실심변론종결시)의 시가에 따라 산정하여야 할 것이라고 보고 있다. 구체적 사안에 따라 개별적으로 판단해야 할 것이다.

(4) 過失相計

채무불이행이나 불법행위에 있어서 채무자(加害者)뿐만 아니라 채권자(被害者)에게도 손해발생 및 손해확대의 야기에 과실이 있는 경우에 법원은 손해배상액 산정시 이를 참작하여 채무자의 책임을 경감한다(민법 제396조, 제763조). 채무불이행으로 이미 손해가 발생했을 경우 채권자가 그 손해확대를 방지해야 할 의무는 계약상의 의무가 아니지만, 채권자는 거래상 이미 발생한 손해가 확대되지 않도록 주의할 법적 책무를 지닌다. 따라서 채무자의 과실과는 달리 의무위반이 아닌 책무위반도 채권자의 과실에는 포함이 된다. 채권자의 수령보조자, 피해자의 사용자의 고의, 과실도 채권자 또는 피해자의 고의, 과실에 포함되어 과실상계에서 고려된다.

(5) 中間利益의 控除

채무불이행으로 인하여 채권자가, 또는 불법행위로 인하여 피해자가 그 침해행위로 인해 장래 얻을 수 있는 이익(일실이익)을 상실한 경우 채무자 또는 가해자는 이에 대한 배상을 채권자 또는 피해자에게 대개 일시금으로 지불한다. 이 경우 채권자 또는 피해자는 그 일시금의 이자를 덤으로 받게 되는 셈이므로, 이자는 손해배상액에서 그만큼 공제되어야 하며 공제방식에는 Garpzow식, Hoffmann식, Leipniz식 등이 있다.

(6) 損益相計

채무불이행에 의하여 채권자에게 손해가 발생하는 것과 동시에 이익이 생긴 경우에는 손해배상액을 산정함에 있어서 이러한 이익액을 공제하여야 한다. 본래적 의미의 상계가 두 개의 내립하는 채권을 전제로 하는 반면, 손익상계는 채무불이행이라는 동일한 원인에 의하여 채권자가 손해와 함께 이익을 얻은 경우를 전제로 하므로 양자는 차이가 있다. 참고로, 채무불이행 이외의 계약원인에 의하여 얻은 이익(예를 들어 보험금)은 특수한 외부사정(우연히 보험을 들어놓은 것)이 개입된 것이라고 보아야 하므로, 그 이익을 채무자가 예상할 수 있었을 때에만 손해와 상계하게 될 것이다.

(7) 金錢債務不履行에 있어서 배상액 산정

금전채무불이행에 있어서 손해배상액은 손해의 다소를 묻지 않고 법정이율에 의해서 정한다(민법 제397조 제1항: 민사는 연 5%, 상사는 연 6%). 그러나 법정이율보다 높은 이율을 당사자가 약정하였거나(제397조 1항 단서), 법률에 특별규정이 있거나(수임인의 금전소비: 민법 제685조, 조합원의 출자지체: 민법 제705조), 손해배상액을 예정한 경우(민법 제398조)에는 그에 의해서 정한다.

5. 損害賠償額의 豫定

(1) 意義

채권자와 채무자가 계약을 하면서 채무불이행의 경우 채무자가 지급해야 할 손해배상의 액을 미리 정해 놓는 것을 말한다(민법 제398조 1항).

(2) 法律的 性質

채무불이행을 정지조건으로 하는 조건부계약으로서 원래의 계약에 종된 계약이다.

(3) 損害賠償額 豫定契約의 制限

근로계약에 있어서 사용자는 근로자와 위약금 또는 손해배상액을 계약으로 예정할 수 없다.[411] 고객과 약관을 정함에 있어서 고객에게 과중한 지연배상금 등의 손해배상액을 예정해 놓는 약관조항은 무효가 된다.[412] 그 밖에 배상액예정계약의 내용이 사회질서에 위반하거나(민법 제103조), 타인의 窮迫, 輕率 또는 無經驗을 이용하여 폭리를 얻으려는 것인 경우(민법 제104조) 그 예정계약은 무효가 되며, 법원은 예정한 배상액이 부당하게 과다한 경우 채무자의 청구 없이도 직권으로 배상액을 감액한다(민법 제398조 제2항).

(4) 歸責事由 및 損害發生의 必要性

어디까지나 채무불이행을 정지조건으로 하는 계약이므로 예정된 배상액을 채

---

411) 勤勞基準法 제24조, 船員法 제31조.
412) 約款規制法 제6~8조, 김동훈, 『계약법의 주요문제』, 국민대학교출판부, 2000, 437~438쪽.

권자가 청구하기 위해서는 채무불이행이 발생해야 한다. 당연히 귀책사유 및 손해가 존재해야 하며, 채권자는 현실적인 손해발생을 증명해야 한다. 만약 채무자가 자기 측에 귀책사유 없음을 증명하면 아무리 당사자 간에 손해배상액을 예정해 놓았다고 하더라도 채권자는 채무자에게 예정된 금액을 청구할 수 없다.

(5) 履行請求 및 契約解除와의 關係

손해배상액을 예정했다고 하더라도 채권자는 채무자에게 여전히 급부의 이행을 청구할 수 있으며, 예정된 손해배상액을 청구하는 동시에 채무자와의 계약을 해제할 수도 있다(민법 제398조 제3항). 예를 들어 자동차 렌트를 해 주면서 고객이 중간에 자동차를 고장 낼 경우 100원 만을 받기로 예정했다고 하더라도, 이는 렌트회사가 고객에게 예정된 기일까지 자동차를 돌려달라고 청구하는 것과는 별개의 문제일 뿐이다. 물론 렌트회사가 예정된 기일 이전에 렌트카계약을 해제하고 즉시 고객에게 자동차의 반환을 청구하는 것과도 별개의 문제일 뿐이다.

(6) 過失相計와 損益相計

딩사자의 의시가 분명치 않을 경우 과실의 경중이나 취득이익의 다소 등 구체적 사정을 따져서 결정한다. 판례는 손해배상액예정시에 과실상계나 손익상계를 인정하지 않고 있다.

(7) 違約金

당사자가 계약을 체결하면서 계약내용을 실현할 수 없게 되었을 때 지불하기로 약속한 금전을 말한다. 당사자 간의 의사가 분명치 않은 경우 당연히 손해발생을 전제한 것으로, 즉 손해배상액의 예정으로 추정하며(민법 제398조 제4항), 손해빌생 유무와 상관없이 무조건 계약내용만 실현하지 못하면 야정금액을 지불하기로 약정한 경우에는 이를 따로 위약벌이라고 부른다. 違約罰인 경우에는 귀책사유로 인한 손해에 대해서 따로 배상을 더 해야 하며, 위약벌로서의 위약금에 대해서는 비록 금액이 부당하게 과다하더라도 법원의 감액권이 인정되지 않는다.

(8) 契約金

계약을 체결할 때에 당사자 간에 수수되는 금전 또는 유가물을 말한다. 특약이 없는 한 해제권의 유보를 위하여 수수된 손해배상액의 예정으로 추정하며(민법 제565조 제1항), 따라서 계약금의 수수에 따른 계약해제의 경우에는 별도의 손해배상을 청구할 수 없다(민법 제565조 제2항).

(9) 違約罰과 損害賠償의 豫定

만일 건물 전체를 임대했는데 임대차계약서상에 "임차인이 계약만기일에 제때 건물을 명도해 주지 못하면, 매월 기존 월차임의 3배 상당의 금액을 배상한다."는 계약을 했는데도 결국 임차인이 제때 명도하지 않게 되자 계약내용에 따라 매월 차임의 3배 상당의 금액을 배상액으로 청구하는 소송을 제기했는데, 재판결과 "차임의 3배는 너무 과하고 차임의 2배 정도까지만 배상하라."는 판결을 받았을 경우를 생각해 보고자 한다. 이 사건의 쟁점은 명도지연할 때 매월 월차임의 3배 상당의 금액을 배상하는 약정이 이론상 '위약벌'이냐 아니면 '손해배상의 예정'이냐 하는 데 있었다. 먼저, 계약당사자들이 채무를 제대로 이행하지 아니하는 경우에 일정한 금전 기타 이익을 따로 주기로 하는 약속을 하는 경우가 적지 않은데, 이와 같이 계약위반이 있는 경우에 그 위반자가 지급하기로 하는 일정한 금전 기타 이익을 위약금이라고 하고, 그러한 내용의 약속을 위약금약정[413]이라고 부른다. 부동산매매계약에서 매도인이 계약을 위반하면 계약금의 배액을 배상하고, 매수인이 계약을 위반하면 계약을 몰취한다고 약정하는 경우가 대표적이다. 당사자들이 이런 위약금약정을 하는 목적은 크게

---

413) 大判 1993.3.23. 92다46905 첫째, 위약벌의 약정은 채무의 이행을 확보하기 위하여 정해지는 것으로서 손해배상의 예정과는 그 내용이 다르므로 손해배상의 예정에 관한 민법 제398조 제2항을 유추적용하여 그 액을 감액할 수는 없고 다만 그 의무의 강제에 의하여 얻어지는 채권자의 이익에 비하여 약정된 벌이 과도하게 무거울 때에는 그 일부 또는 전부가 공서양속에 반하여 무효로 된다. 둘째, 백화점 수수료위탁판매매장 계약에서 임차인이 매출신고를 누락하는 경우 판매수수료의 100배에 해당하고 매출신고누락분의 10배에 해당하는 벌칙금을 임대인에게 배상하기로 한 위약벌의 약정이 공서양속에 반하지 않는다고 한 사례.

두 가지이다. 첫째는 채무자로 하여금 채무를 이행하도록 심리적으로 압박을 가하기 위해 채무를 이행하지 아니하는 경우 채무자가 부담할 법적 불이익을 미리 정하여 두는 것이고(履行强制機能), 둘째는 채무불이행이 있는 경우에 발생하는 채무자의 배상책임의 내용을 미리 정하여 둠으로써, 손해배상문제의 처리를 간편하게 하려는 것이다(損害塡補 機能). 이론상으로, 위약금약정의 주된 목적이 전자에 있는 경우는 이를 위약벌이라고 하고, 반면에 후자에 기능에 초점이 맞추어진 것을 손해배상의 예정으로 구분한다. 전자의 예로는, 임대료를 적게 내기 위해서 임차인이 매출을 속이는 경우를 대비하여 "누락된 매출액의 10배를 배상한다."는 약정이 대표적이고, 후자의 예로는, 앞서 예를 든 매매계약위반시 계약금상당의 배상약정과, 건축공사도급계약에서 수급인이 완공약정일자를 도과하고도 공사를 완공하지 못하는 경우에 하루마다 얼마씩의 지체상금을 지급하는 약정이 대표적이다.

그런데 구체적인 계약에서의 위약금의 주된 목적이 이행강제기능에 있는지 아니면 손해전보기능에 있는지 나름대로 구분할 수는 있겠지만, 대부분의 경우는 정도의 차이가 있을 뿐 두 기능을 모두 염두에 두고 있는 경우가 많아서 실무상으로는 이를 정확하게 구분하는 쉽지 않다. 하지만 이러한 구분의 모호함에도 불구하고 굳이 두 개념을 구분할 필요성이 있다고 할 수 있는데, 바로 "손해배상의 예정액이 부당히 과나한 경우에는 법원은 석낭히 삼액할 수 있다."는 민법 398조 제3항의 규정은 손해배상의 예정에 대해서만 적용되고, 위약벌에 대해서는 적용될 수 없기 때문이다. 특히 채권자의 필요성에 따라 위약금약정이 과하게 약속되는 경우가 적지 않은 상황에서, 부당히 과다할 경우에 감액할 수 있는 여지를 가질 필요가 있는데 손해배상의 예정에 대해서만 감액이 가능하다는 데 구분의 실익과 필요성이 있는 것이다. 이러한 점에서 위의 경우와 같은 명도지연에 따른 배상액약속 역시, 두 개념 중 어느 것으로 구분될지는 판단이 쉽지 않을 수가 있는데, 1심은 손해배상의 예정으로 보고, 기존차임 3배에서 2배로 배상액을 감액한 것이다. 민법 제398조 제4항에 "위약금의 약성은 손해배상액의 예성으로 추성한다."는 조항이 있다는 점과 임대차계약의 전체적인 취지를 함께 고려할 때, 1심 판단이 크게 부당하다고 생각지는 않는다. 결국, 계약당사자에게 틀림없는 계약이행을 독려하기 위해 위약금약속을 하더라도, 향후 분쟁과정에서 손해배상의 예정으로 판단되면 상당히 감액될 수 있는 여지도 있다는 것인데, 위약금약정을 확정하고 향후 분쟁화되지 않기를 원한다면 단순히 계약에만 그칠 것이 아니라 미리 提訴前和解調書를 통해 판결과 동일한 효력을 가지게 하는 조치가 필요할 수 있다.

6. 損害賠償者의 代位

(1) 意義

채무자가 채권자에게 채권의 목적인 물건 또는 권리의 가액전부를 손해배상액으로 지불했을 때, 채무자는 그 물건 또는 권리에 대하여 당연히 채권자를 대위한다(민법 제399조). 물론 이는 불법행위에도 준용되어 가해자가 피해자에게 손해 전부를 배상으로 지불했을 때 가해자는 그 손해배상으로써 피해자가 만족을 얻은 권리에 대하여 당연히 피해자를 대위한다(민법 제763조). 예컨대 친구에게서 자동차를 빌렸다가 분실했는데 분실의 대가로 그 자동차의 가액 전부를 친구에게 이미 지불했다면, 나중에 그 자동차를 우연히 되찾았을 경우 그 자동차는 물론이고 그 자동차를 훔쳤던 도둑에 대한 손해배상청구권 역시 당연히 돈을 전부 지불한 사람의 것이 된다.

(2) 一部代位의 問題

물건 또는 권리의 가액 전부가 아니라 단지 일부분만을 배상했을 경우에는 설령 99%를 배상했다고 하더라도 배상자는 그 물건 또는 권리에 대해 대위권을 행사할 수 없게 된다.

(3) 物權行爲나 引渡의 必要性

법률상 당연히 그 물건 또는 권리가 배상자에게 이전되므로, 물권변동에 필요한 요건, 즉 물권적 합의 및 인도(민법 제186조, 제188조)를 배상자에게 따로 할 필요가 없고, 등기나 등록만 하면 된다. 마찬가지로 채권에 대해서도 채권양도의 대항요건(민법 제449조 이하)을 갖출 필요가 없기 때문에, 예를 들어 甲에 대한 손해배상청구권이 대위자에게 이전되었다 하더라도 피청구권자인 甲에게 그 청구권이 이전되었다는 사실을 굳이 통지할 필요는 없다.

(4) 保險과의 關係

보험청구권과 관련하여 채무자가 그의 과실로 손해를 발생시켜 채권자에게 손해배상을 했을 때 채무자가 채권자의 보험금청구권을 대위하여 보험사에 보험금을 대신 청구할 수 있을 것인지 여부가 문제된다. 이 경우 채무자에게 보험사에 대한 대위권을 인정하면, 우연히 보험계약을 체결한 채권자에게 손해를 발생케 했다는 이유로 채무자가 손실을 입기는커녕 오히려 거액의 보험금을 수령하는 부당이득(민법 제741조)을 얻게 될 것이므로, 가해자인 채무자에 대해 보험청구권의 대위는 허용되지 않아야 할 것이다. 오히려 보험회사가 채무자에게 손해배상금을 청구할 수 있는 권리를 갖게 되는데,[414] 이 경우 채권자(保險加入者)가 채무자로부터 이미 손해배상금을 받았다면 보험회사는 채권자에게 소유권에 기한 반환청구권을 행사하여 손해배상금의 양도를 청구할 수 있게 될 것이다. 그러나 손해배상금의 액수가 보험금보다 만약 더 많았다면 채권자는 이미 수령한 손해배상금 가운데서 단지 보험금의 액수만큼을 보험회사에 넘겨 주기만 하면 된다. 보험회사에도 부당이득을 인정해서는 안 될 것이기 때문이다.

---

414) 商法 제682조, 獨逸保險契約法 제67조.

第 **6** 章

債權各論

第1節 序論

1. 債權總論과 債權各論

우리 민법에서 제3편 채권 편은 제1장 總則(민법 제373조~제526조), 제2장 契約(민법 제527조~제733조), 제3장 事務管理(민법 제734조~제740조), 제4장 不當利得(민법 제741조~제749조), 제5장 不法行爲(민법 제750조~제766조)로 크게 나뉜다. 제1장 총칙규정은 거의 모든 채권관계에 적용되는 것으로서 이 부분에 대한 설명은 채권총론강의안에서 다룬다. 반면 계약, 사무관리, 부당이득, 불법행위와 같이 개별적인 채권관계에 관한 규정들에 대한 설명은 채권각론강의안에서 다룬다.

2. 債權의 發生原因

채권관계는 법률행위에 의해서 발생하거나 법률규정에 의해서 발생한다. 채권각론은 대부분의 규정에서 압도적으로 법률행위에 의해서 발생한 채권관계만을 다루고 있으나, 법률규정에 의해서 발생한 채권관계도 무시 못 할 비중을 차지한다. 법률행위에 의해서 발생한 채권관계의 대표적인 것은 계약에 의한 채권관계이며, 법률규정에 의해서 발생한 채권관계의 대표적인 것은 사무관리, 부당이득, 불법행위에 의한 채권관계이다.

(1) 法律行爲에 의해서 發生한 債權關係

법률행위에 의해서 발생한 채권관계에는 단독행위에 의한 채권관계와 계약에 의해 발생한 채권관계 두 가지 경우가 있다. 법률행위에 의해서 발생한 채권관계를 확정하는 데 있어서는 당사자의 의사표시 내용을 정확하게 해석하는 것이 중요하다. 다시 말해 의사표시의 해석에 의해서 채권, 채무의 성립과 내용이 확정된다.

1) 單獨行爲에 의한 債權關係

대표적으로 민법 제1074조 이하의 遺贈을 예로 들 수 있다. 민법 제43조 이하의 재단법인설립행위도 사후에 이루어질 경우 유증의 법리에 따르게 되므로 단독행위에 의한 채권관계에 포함될 수 있다. 민법 제675조의 縣賞廣告도 본질은 계약이지만 단독행위와 유사하다고 볼 수 있다.

2) 契約에 의한 債權關係

법률행위의 대부분은 계약이다. 따라서 법률행위에 의해서 발생한 채권관계의 대부분도 계약에 의한 채권관계라고 할 수 있다. 민법은 모두 14개의 전형계약을 규정하고 있는데, 이들 전형계약은 급부의 성질에 따라 다음과 같이 분류할 수 있다.

① 讓渡處分契約

목적물의 소유권을 이전하는 계약이다. 贈與(민법 제554조), 賣買(민법 제563조), 交換(민법 제596조)이 이에 해당한다.

② 使用收益契約

목적물의 사용권한을 부여하기 위해 소유권을 일시적으로 이전하는 계약이다. 消費貸借(민법 제598조), 使用貸借(민법 제609조), 賃貸借(민법 제618조)가 이에 해당한다.

③ 業務活動契約

물건을 급부대상으로 하는 것이 아니라 인간의 업무활동을 급부대상으로 하는 것이다. 雇傭(민법 제655조), 都給(민법 제664조), 縣賞廣告(민법 제675조), 委任(민법 제680조), 任置(민법 제693조)가 이에 해당한다.

④ 共同事業契約

여러 사람이 모여 공동으로 사업을 경영하는 계약이다. 組合契約(민법 제703조)이 이에 해당한다. 민법 제40조 이하 사단법인설립을 위한 合同行爲노 여기에 포함될 수 있다.

⑤ 其他의 典型契約

終身定基金契約(민법 제725조), 和解契約(민법 제731조) 등이 있다. 채권총칙편 제428조 이하에 규정된 보증채무관계도 계약의 내용으로 삼을 수 있다.

⑥ 非典型契約

계약자유의 원칙에 따라 계약당사자는 민법전에 규정된 전형계약이 아닌 다른 내용의 계약도 얼마든지 체결할 수 있다.

(2) 法律規定에 의해서 發生한 債權關係

법률규정에 의해서 발생한 채권관계를 확정하는 데 있어서는 법률에 의해서 규정된 구성요건사실의 존부를 확인하는 것이 중요하다. 다시 말해 법률규정의 해석에 의해서 일정한 법률효과가 당사자에게 주어진다. 법률규정에 의해서 발생한 채권관계에는 다음과 같은 것들이 있다.

1) 事務管理에 의한 債權關係

계약상, 법률상 아무런 의무가 없는데도 타인의 사무를 처리했을 경우 그 비용 및 손해를 분배하기 위한 채권관계이다(민법 제734조 이하).

2) 所有權, 占有權에 기한 債權關係

소유권이나 점유권이 침해당했을 경우, 예를 들어 소유물이나 점유물이 침탈당하거나, 그 사용을 방해당하거나 했을 경우, 그 물건을 돌려받거나 방해상태를 제거하거나 예방하기 위한 채권관계이다. 물권적 청구권(민법 제213조, 제204조)과 상린관계에 기한 청구권(민법 제216조 이하)이 이에 해당한다. 임대차, 사용대차 등 사용수익계약 종료 후 목적물의 반환채무관계도 본질적으로 이와 유사하다.

3) 不當利得에 의한 債權關係

계약상, 법률상 아무런 원인이 없이 어떤 이득을 얻었을 때 그것을 반환하기 위한 채권관계이다(민법 제741조 이하). 계약이나 법률행위 등의 원인이 탈락되어 생긴 부당이득관계는 계약적 채권관계와 유사한 성질을 갖고, 위법성 없이 타인의 법익을 침해함으로써 생긴 부당이득관계는 불법행위로 인한 채권관계와 유사한 성질을 가지므로 같은 부당이득범주라 하더라도 차별화해서 취급할 필요가 있다.

4) 不法行爲에 기한 債權關係

어떤 사람의 고의 또는 과실에 의한 위법행위로 인해 다른 어떤 사람에게 손해가 발생했을 경우 그 손해를 배상케 하기 위한 채권관계이다(민법 제750조 이하).

5) 其他의 法定債權關係

社團法人 解散 後 殘餘財産歸屬(민법 제80조), 法院에 의한 不在者財産管理(민법 제22조), 子에 대한 親權者의 財産管理(민법 제916조), 後見人의 財産管理(민법 제946조), 相續人 없는 財産의 管理(민법 제1053조), 協議離婚時財産分割請求權關係(민법 제839조의 2) 등이 있다.

3. 債權關係의 優先順位

하나의 사실이 여러 개의 채권관계에 동시에 해당할 때 형식적으로는 이러한 채권관계가 독립해서 별개로 성립한다. 그러나 실질적으로는 특별법우선의 원칙에 따라 당사자 간의 특별구속관계인 계약적 채권관계가 다른 법정채권관계에 우선적으로 적용된다. 그 다음에는 사무관리에 기한 채권관계가 다른 법정채권관계에 우선하며, 그 다음에는 물권에 기한 채권관계가 나머지 법정채권관계에 우선한다. 부당이득과 불법행위에 기한 채권관계는 가장 일반법적인 채권관계이므로 다른 채권관계가 적용되지 않을 때에 한하여 최후로 적용된다.

第2節 契約의 意義와 種類

1. 契約의 意義 및 必要性

(1) 契約의 意義

계약이란 서로 간에 채권관계를 발생시키고자 하는 계약당사자가 각자 상대방에 대해 의사표시를 발하고 이것을 합치시킴으로써 상대방에게 채권과 채무를 발생시키는 법률행위, 법률요건을 말한다. 다면적 법률행위로서 두 사람 이상의 당사자를 필요로 하고, 당사자들의 의사가 합치될 것과 그 합치의 내용이 법적 구속력을 가질 것을 요구한다. 법률규정과 함께 채권관계의 중요한 원인을 구성한다.

(2) 法律에 基礎하지 않은 債權關係

위에서 기술한 것처럼 당사자 사이에 그 어떤 법률규정도 채권과 채무를 발생시키지 않을 때, 서로에 대하여 어떤 채권관계를 발생시키고자 당사자들이 의욕한다면, 그때 양 당사자는 계약을 체결해야 한다. 이것은 다시 말해 우리 민법이 원칙적으로 일방 당사자의 일방적인 의사에 의해 채권관계가 발생하는 것을 용납하지 않는다는 것을 의미한다. 마치 고대 노예제사회에서 그러했던 것처럼 채권관계가 일방적으로 성립될 수 있거나 변경될 수 있다면, 상대방의 이익은 그의 의사와 상관없이 좌지우지될 것이기 때문이다.

(3) 契約 必要性의 例

계약이 필요하다는 것의 법적 예를 찾아본다면 우선 贈與契約(민법 제554조)을 들 수가 있다. 그 너무나도 명백한 이익으로 말미암아 상대방의 동의가 곧바로 기대될 수 있는 상황에서도 계약을 필요로 하고 있는 것이다. 懸賞廣告(민법 제675조)도 지정행위의 완료를 승낙으로 볼 수 있다는 점과, 지정행위를 완료한 자가 보수를 받지 않는 것도 그의 자유라는 측면에서 계약필요성의 예로 볼 수 있으며, 제삼자를 위한 계약(민법 제539조)도 제삼자가 채무자에 대하여 계약의 이익을 받을 의사를 표시한 때에 권리를 취득한다는 점에서 계약필요성의 예로 볼 수 있다. 형성권 역시 채권관계의 일방적인 성립이 아닌 채권관계의 일방적인 효력발생을 결과할 뿐이라는 점에서 계약필요성의 예외가 되지는 못한다. 해지도 채권관계의 성립이 아닌 소멸에 관계되는 것이며, 많은 규정에 의해서 현저하게 제한되고 있다. 다만 면제(민법 제506조)는 계약이 아니라 면제자의 일방적 의사표시로 효과가 발생한다는 점에서, 並存的 債務引受는 채무자의 의사에 반해서도 유효하게 성립할 수 있다는 점에서 계약필요성의 예외라 할 수 있다.

(4) 契約必要性의 根據

계약의 필요성은 사적자치의 원칙과 관계가 있다. 사적자치의 원칙은 모든 인간이 그의 사적 법률관계를 그의 의사에 따라 스스로 형성할 수 있는 자유로서, 타인결정이 아닌 자기결정을 의미한다. 모든 시민이 타인의 결정에 지배받지 않고 자기결정에 따라 자기 삶을 꾸려 갈 수 있게 하는 것이다. 이렇듯 채권관계에서 양 당사자의 사적자치에 상응하는 채권발생원인은 단지 쌍방적인 법률행위, 즉 계약이 있을 뿐이다. 계약체결시에 각 당사자가 혼자서 모든 것을 결정하지 못한다는 점에서 계약이 각 당사자의 사적자치를 제한한다고 생각하는 것은 착각에 불과하다. 이런 종류의 제한은 상대방의 자기결정을 인정하는 것으로부터 필연적으로 귀결되는 것이기 때문이다.

2. 契約紫楡의 原則

(1) 契約自由原則의 內容

채권관계의 성립 또는 변경에 필요한 계약의 체결과 형성은 당사자에게 원칙적으로 자유롭게 맡겨진다. 따라서 채권법상 계약은 일반적으로 당사자가 자유롭게, 마음대로 체결할 수 있다. 그 개별적인 내용을 보면 다음과 같다.

1) 契約內容決定의 自由

모든 사람은 어떤 내용의 계약을 체결하든 자유롭게 결정할 수 있다. 즉 상대방과 의사만 합치하면 얼마든지 자유롭게 계약을 체결할 수 있다.

2) 當事者選擇의 自由

예를 들어 부동산을 처분하거나 주거를 임차하는 것처럼 어떤 계약을 체결하려는 사람은 그의 계약상대방을 고를 수 있는 자유를 갖는다. 따라서 가옥소유자는 그 주거를 예컨대 가장 긴급하게 필요로 하는 사람에게 임대해야 하는 것이 아니며, 식당주인은 모든 손님에게 식사를 제공해야 하는 것이 아니라 마음에 안 드는 사람에게는 급부를 거절할 수도 있다.

3) 方式의 自由

다른 어떤 것도 정해지지 않은 한은, 계약을 체결하는 데 있어서 당사자가 그 어떤 방식도 따라야 할 필요는 없다. 중세에 이르기까지는 계약에 일정한 증서를 필요로 하는 경우가 적지 않았으나 오늘날의 계약들은 구두로도 얼마든지 체결될 수 있다. 독일민법에서는 증여계약에 공증인의 서면을 요구하고 있고,[415] 1년 이상의 임대기간을 갖는 임대차계약의 경우 서면방식을 요구하고 있고,[416] 보증계약에서 서면방식을 요구하고 있지만,[417] 우리 민법은 이러한 방식을 전혀 요구하고 있지 않다. 다만 유언에 있어서 서면의 작성을(민법 제1060조), 부동산물권변동에 있어서 등기를(민법 제186조), 동산물권변동에 있어서 인도를 효력요건으로 규정하고 있을 뿐이다(민법 제188조 1항).

4) 契約類型의 自由

채권법은 물권법과 달리 한정된 행위만을 허용하는 닫힌 체계(유형강제, 물권법정주의)가 아니므로, 당사자들은 채권각론에 규정된 유형에 적합하지 않은 채권법적 계약들 역시 만들어 낼 수 있다. 물론 채권법에 규정된 전형계약들은 아주 대부분의 필요를 충족시킨다. 그러나 때때로 품질보증계약이나 리스계약

---

415) 獨逸民法 제518조 제1항.
416) 獨逸民法 제566조.
417) 獨逸民法 제766조.

과 같은 비전형적인 계약도 법률거래상 새롭게 발생하는 수요를 충족시키기 위해 필요하다.

(2) 契約自由의 機能

1) 方式의 單純化

계약자유는 채권법적 거래를 단순하게 하고 신속하게 하는 데 기여한다. 특히 방식의 자유가 그렇다. 무엇보다도 계약체결에 있어서 관청 또는 공증인의 조력을 요구하는 것은 거래를 지연시키는 요소이다. 물론 방식 없는 계약을 허용하는 것은 경솔한 거래의 위험이나, 입증곤란의 위험도 가져오지만, 그것은 원칙적으로 당사자들이 알아서 해결하도록 맡겨져야 한다.

2) 去來의 柔軟性

계약자유는 개별사례에서 개인적 요구의 고려에 기여할 수 있다. 무엇보다도 유형의 자유와 임의규정성은 채권법을 유연하게 만든다. 예를 들어 리스, 팩토링과 같은 새로운 계약유형들은 계약자유가 없었다면 그렇게 빠르고 광범하게 확산되지 못했을 것이다. 공법상의 법인(예를 들어 地方自治團體)조차도 공법상의 권리로 관철될 수 없는 목적을 사법상의 채권계약으로 실현할 수 있다. 물론 이러한 유연성은 상대방에 비해 우월한 지위를 가진 자가 세력을 남용할 수 있는 여지를 남기지만, 이러한 비사회적 효과를 강제규범으로 막는 것은 최대한 자제되지 않으면 안 된다.

3) 憲法的 基本權의 實現

계약자유는 헌법상의 인간상에 연결된다. 우리 헌법 제10조는 모든 국민이 인간으로서의 존엄과 가치를 가지며, 국가는 개인이 가지는 불가침의 기본적 인권을 확인하고 보장할 의무를 진다고 규정하고 있다. 다시 말해 인간이 자기 존엄한 인격과 가치를 실현하고 기본권을 행사하기 위해서는 자기 사생활 형성에 있어서 국가의 간섭을 받지 않는 것이 필요하고, 강제규정은 기본권을 제한할 수 있는 예외적인 사유(國家安保, 秩序維持, 公共福利)가 있을 경우 최소한도로 존재해야 하는 것이다.

4) 競爭的 市場機能의 保護

우리 헌법은 제119조 1항에서 우리나라 경제질서가 개인 및 기업의 경제상의 자유와 창의를 존중함을 기본으로 한다고 규정하고 있다. 이러한 자유주의 경제질서에 있어서 중요한 것은 무엇보다도 시장과 경쟁이다. 자유로운 需要와 供給의 경쟁에 의해 가격이 형성되어야 하는 시장에서 국가적으로 확정된 가격은 시장기능을 왜곡하고, 나쁜 제품을 비싸게 생산하는 기업가의 자연도태 및 퇴출을 막게 되기 때문이다. 설령 국내에서 시장지배적 지위를 가진 재벌기업이라 하더라도 상품의 수요, 해외수입가능성, 외국경쟁기업과의 관계 등에 따라 시장에서 때로 나약한 위치에 있을 수 있으며, 이런 기업들이 덤핑으로 출혈경쟁을 한다는 것은 過剩投資를 해소하여 경제 전체적으로 오히려 기대되는 일일 수도 있다. 마찬가지로 시장지배적 기업이 가격인상을 하는 것 역시 무의미한 거품수요를 줄임으로써 시장에 거꾸로 도움이 되는 것일 수 있다. 그러나 가격통제와는 달리 독과점의 해소나 정보의 투명성을 촉진하기 위한 시장개입조치는 설령 그것이 개인의 자유를 제한하는 것이라 하더라도 경쟁적 시장기능을 살림으로써 궁극적으로 개인의 자유를 보장하는 것이기 때문에 예외적으로 장려되어야 한다. 예를 들어 공정거래법을 통해 기업을 강제로 분할하는 것이나 기업에 소비자를 위한 정보제공의무를 부담시키는 것이 그와 같다.

(3) 契約自由의 自己制限

1) 豫約

예약은 다른 계약, 즉 주된 계약의 체결에 대한 채권법적 의무부담을 근거 짓는다. 이 경우 계약체결의 자유를 제한할 수 있지만, 당사자의 의사에 따른 제한이므로 문제되지는 않는다.

2) 條件

조건은 계약상대방이 일방적인 의사표시를 통해서 내용적으로 확정된 계약을 성립시킬 수 있도록 상대방에게 권리를 부여하는 것이다. 계약상대방이 그 조건을 성취시켰을 때 설령 일방의 의사가 변했다 하더라도 그 일방에게 계약성립이 강제된다는 점에서 계약자유를 제한할 수 있지만, 역시 당사자의 의사에 따른 제한이므로 문제가 되지는 않는다.

3) Kartell 契約

경쟁제한이나 가격담합을 내용으로 하는 카르텔계약은 계약 이후 계약당사자가 자유롭게 계약을 체결하는 데 장애가 된다. 물론 당사자의 의사에 따른 계약자유제한이긴 하지만, 경쟁적 시장기능을 해친다는 점에서 문제가 된다. 독일의 경우 이미 1890년과 1897년 제국법원시절부터 카르텔계약은 유효한 것으로 인정되었다. 그러나 제1차 세계대전 후 그리고 더 결정적으로는 1957년의 공정거래법에 의해서 독일의 입법자들은 카르텔계약을 현저하게 제한해 버렸다.

(4) 契約自由의 法的 制限

1) 民法的 制限

임대차계약이 해지되는 경우 임차인이 건물 기타 공작물에 부속시킨 물건의 매수청구권을 행사하면 임대인은 그 부속물의 매수를 승낙해야 하고, 임대인이 승낙하지 않아도 임차인이 청구만 하면 부속물의 매매관계는 성립한다(민법 제646조).

2) 勞動法的 制限

예를 들어 노동조합원이라는 이유로 고용을 거부하는 것은 부당노동행위에 해당하는 것처럼,[418] 고용계약은 계약자유가 폭넓게 제한되고 있다.

3) 公法的 制限

계약자유의 공법적 제한은 그 예가 너무 많아 열거하기도 힘들 정도이다. 예를 들어 농지매매에 있어서는 소재지관청의 증명을 요하듯이,[419] 사법적 계약의 유효성은 관청의 승인에 달려 있는 때가 많은 것이다.

---

418) 勞動組合法 제39조 제2항.
419) 農地法 제8조 제1항.

3. 契約의 種類

(1) 典型契約, 非典型契約, 混合契約

민법전에 규정되어 있는 14종의 계약을 전형계약이라 하며, 민법전에 규정되어 있지 않은 그 밖의 계약을 비전형계약이라 한다. 혼합계약은 전형계약과 비전형계약, 전형계약과 전형계약의 내용이 혼합되어 있는 계약유형이다.

(2) 諾成契約과 要物契約

당사자의 합의만으로 계약이 성립하는 경우를 낙성계약이라 한다. 반면에 합의 외에 물건의 인도 또는 기타의 급부를 성립요건으로 하는 계약을 요물계약이라 한다. 오늘날 대부분의 계약에 있어서 물건의 인도나 기타의 급부는 계약의 성립요건이 아니라 계약내용의 실현이기 때문에, 현행민법상 현상광고를 제외한 모든 전형계약이 낙성계약이다.

(3) 有償契約과 無償契約

계약당사자가 서로 대가적 의미가 있는 재산상의 出捐을 하는 경우 이를 유상계약이라고 한다. 반면 일방 당사자만이 급부를 하든가 혹은 쌍방이 급부를 하더라도 그 급부 사이에 대가적 관계가 없을 경우 이를 무상계약이라 한다. 유상계약의 경우에는 매매에 관한 규정이 적용되어(민법 제567조), 하자 있는 급부에 대해 급부자는 담보책임을 부담한다. 유상계약에 있어서 급부자는 선량한 관리자의 주의를 기울여야 하지만(민법 제374조), 무상계약에 있어서 급부자는 자기재산과 동일한 주의만 기울이면 된다(민법 제695조).

(4) 雙務契約과 片務契約

계약당사자가 비록 대가적 의미는 아닐지라도 어쨌든 서로에 대해 급부적 가치를 갖는 의무를 부담하는 계약을 쌍무계약이라 한다. 반면에 편무계약이란 당사자 일방만이 채무를 부담하거나 쌍방이 채무를 부담하더라도 그 채무가 서로 급부적 가치를 갖지 않는 계약을 말한다. 쌍무계약의 경우 양 당사자의 채무가 牽聯關係에 있으므로 同時履行의 抗辯權(민법 제536조), 危險負擔(민법 제537조, 제538조)의 규정이 적용된다. 대개의 경우 유상계약은 쌍무계약이고, 무상계약은 편무계약이지만, 예외적으로 무상의 위임계약은 완전한 쌍무계약은 아니라도 수임인의 위임인에 대한 비용상환채무가 급부적 가치를 가질 수 있으므로 불완전한 쌍무계약에 포함이 된다.

(5) 要式契約과 不要式契約

계약성립에 있어서 일정한 방식을 요건으로 하면 요식계약, 요건으로 하지 않으면 불요식계약이다. 방식의 자유에 따라 현행민법상 모든 전형계약이 불요식계약이다.

(6) 繼續的 契約과 一時的 契約

賃貸借, 使用貸借, 任置, 委任, 雇用과 같이 일정기간 동안 시간적 계속성을 갖는 계약은 계속적 계약이다. 계속적 계약에 있어서는 기본채권과 지분채권이 존재하고, 소급효를 갖는 해제권 대신 장래에 대해서만 효력을 갖는 해지권이 인정되며, 양 당사자 간에는 강한 인적 신뢰관계가 추정된다. 그와 비슷한 것으로 일정한 기간을 기준해서 급부를 반복해야 하는 회귀적 급부계약이 있다. 분할공급계약은 처음부터 확정되어 있는 일정량의 물품을 각각 다른 시점에 나누어서 공급하기로 하는 계약이다.

(7) 豫約과 本契約

장래 일정한 본계약을 체결하기로 약정하는 계약을 예약이라고 한다. 본계약이 불능, 불법이어서 무효일 때는 예약도 무효이다.

4. 普通去來約款

(1) 意義

계약의 일방 당사자가 특정종류의 계약을 다수의 상대방과 계속 반복하여 체결할 것에 대비하여 미리 정하여 둔 계약조항을 말한다. 은행에 계좌를 만들 때, 소프트웨어를 컴퓨터에 인스톨할 때, 보험에 가입할 때, 인터넷사이트에 회원가입할 때 흔히 볼 수 있으며, 이를 정말로 읽었건 읽지 않았건 소비자가 包括的으로 받아들임으로써 계약내용에 편입되는 것이 원칙이다.

(2) 契約內容에 編入되기 위한 要件

1986년에 제정된 약관규제법은 계약내용에 편입되기 위한 요건을 더 까다롭게 규정하고 있다. 즉 약관작성자와 고객의 경제적 지위가 동등하지 않아 불공정한 내용의 약관이 작성될 우려가 있을 때, 다음과 같은 요건을 충족시켜야 약관은 계약내용에 편입이 된다.

첫째, 약관작성자가 약관을 명시 또는 설명하고, 고객이 그 약관에 따라 계약을 체결하는 데 동의한 경우에만 약관은 계약내용에 편입된다. 이때 약관을 명시 또는 설명한 것에 대한 입증책임은 사업자가 부담한다.[420]

둘째, 계약당사자인 상대방이 전혀 예상하지 못한 비정상적인 약관조항이 있는 경우에 그 조항은 계약내용이 될 수 없다.[421]

(3) 約款의 解釋原則

1) 一般人基準의 解釋

약관은 다수의 상대방에 대해 효력을 발생하므로 약관을 해석할 때는 거래에 참여한 일반적 고객의 이익을 고려하여 정상적 계약당사자가 표시하였으리라고 판단되는 의사를 기준으로 이루어져야 한다.[422]

---

420) 約款規制法 제1조, 제3조.
421) 約款規制法 제6조 2항.

2) 信義則의 考慮

그러나 사안에 있어서는 그 약관이 적용되는 구체적 사안을 고려하여 신의성실에 맞게 해석되어야 한다.

3) 의심스러울 때에는 顧客에게 有利하게

약관의 내용이 불명확한 때에는 작성자가 그 불명확으로 인한 불이익을 부담한다.[423]

4) 權利制限規定의 縮小解釋

법률에 규정되어 있는 권리를 제한하는 약관은 좁게 해석되어야 한다.

(4) 約款規制法의 適用範圍

경제적으로 우월한 지위에 있는 기업 또는 사업자와 경제적, 지적 약자의 지위에 있는 소비자 사이에 체결된 약관에 원칙적으로 적용된다. 만약 사업자와 소비자의 관계에 있지 않다면 유추적으로만 적용된다. 그러나 약관에 의하지 않은 개별계약에 대해서는 類推適用될 수 없다.

(5) 約款條項의 無效

약관조항의 무효에는 약관규제법 제6조~제14조에서는 약관조항이 무효로 되는 사유를 규정하고 있다.[424] 그러나 무효조항이 포함되었다 할지라도 원칙적으로 약관은 나머지 부분만으로도 유효하게 존속한다.[425] 계약의 전부를 무

---

422) 約款規制法 제5조 제1항.

423) 約款規制法 제5조 제2항.

424) 1. 일반원칙으로서 신의칙에 반하는 경우(約款規制法 제6조) 2. 약관이용자인 사업자의 책임을 부당하게 면제하는 경우(約款規制法 제7조) 3. 고객에 대하여 부당하게 과중한 손해배상액을 예정하는 경우(約款規制法 제8조) 4. 계약의 해제권, 해지권을 고객에 대하여 부당하게 배제 또는 제한하거나 반대로 사업자에 대해서는 부당하게 폭넓게 인정하는 경우(約款規制法 제9조) 5. 채무이행과 관련하여 상당한 이유 없이 사업자가 급부의 내용을 설정, 변경, 중지하거나 지삼자로 하여금 대행케 하는 경우(約款規制法 제10조) 6. 고객의 항변권, 상계권을 제한하거나 기한의 이익을 박탈하는 경우 등(約款規制法 제11조) 7. 고객의 의사 표시를 부당하게 의제하거나 의사표시의 형식이나 요건에 대하여 부당하게 엄격한 제한을 가하는 경우 등(約款規制法 제12조) 8. 고객의 대리인에 의하여 계약이 체결된 경우에 그 고객의 대리인에 대하여 이행의 무를 과하는 경우(約款規制法 제13조) 9. 고객에게 소의 제기를 금지하거나 상당한 이유 없이 입증책임을 부담시키는 경우(約款規制法 제14조)

효로 하는 경우는 오로지 유효한 부분만으로는 계약의 목적달성이 불가능하거나 일방에게 부당하게 불리한 경우에 한한다.[426]

(6) 約款에 관한 合意의 取消

약관작성자의 상대방이 약관조항의 내용이나 편입조건(약관작성자의 명시, 설명)에 관하여 착오에 빠진 경우 그 착오가 법률행위의 중요 부분에 해당하는 때에는 의사표시를 취소할 수 있다(민법 제109조 제1항).

第3節 契約의 成立

1. 合意와 不合意

(1) 合意

계약은 원칙적으로 서로 대립되는 두 개의 의사가 합치됨으로써 성립한다. 이렇게 서로 대립되는 두 개의 의사가 합치되는 것을 합의라고 한다.

(2) 不合意

불합의는 서로 대립되는 두 개의 의사가 내용적으로 일치하지 않는 것을 말한다. 불합의 시에는 계약이 성립하지 않는다. 그러나 당사자들의 의사표시가 객관적인 의미에서는 합치하고, 단지 주관적인 착오를 일으켰을 때에는 계약이 유효하게 성립하며, 다만 착오에 의한 의사표시의 취소가능성이 남는다.

---

425) 約款規制法 제16조 본문.
426) 約款規制法 제16조 단서.

2. 請約

(1) 意義

상대방의 승낙과 결합하여 일정한 내용의 계약을 성립시킬 것을 목적으로 하는 의사표시를 청약이라 한다.

1) 意思表示로서의 請約

청약은 승낙과 결합되어야 하므로, 청약만으로는 법률요건인 법률행위가 될 수 없으며, 단지 법률사실인 의사표시가 될 뿐이다.

2) 請約과 청약의 誘引

청약은 상대방의 승낙만 있으면 바로 계약성립의 효과를 발생시키는 것이기 때문에 묵시적으로라도 계약성립을 위한 모든 중요 내용(價格과 目的物)을 담은 확정적 의사표시여야 한다. 예를 들어 자동판매기의 설치, 정찰가격이 붙은 상품의 진열은 청약으로 해석된다. 그러나 구인광고, 상가나 주택의 임대광고, 상품카탈로그의 배부 등은 확정적 의사표시가 없으므로 청약이 아니라 '청약의 유인'으로 해석된다. 특히 상가의 경우 '연수익률 %', '하루 유동인구 명' 등 부동산 분양광고에서 어렵지 않게 찾아볼 수 있는 문구들이다. 그러나 이런 광고내용이 그대로 실현되는 경우는 그렇게 많지 않다. 이런 경우, 실현되지 못한 광고내용을 이유로 손해배상이나 계약해제와 같은 법적인 책임을 물을 수 있는지 살펴보고자 한다. 이에 대하여 언뜻 생각하면 공개적으로 광고된 내용이 실현되지 않았다면 응당 법적 책임이 당연히 가능할 것 같지만 반드시 그렇지는 않다. 광고라는 것은 원래 실제보다는 다소 과장적일 수밖에 없다는 점에서 광고내용 모두가 실현될 수 있도록 분양주체가 약속했다고는 보기 어렵기 때문이다. 법적인 용어로는 '청약의 유인'과 '청약'의 구별 문제라고 할 수 있다. 따라서 '청약'이라는 것은 이에 대응하는 상대방의 승낙과 결합하여 일정한 내용의 계약을 성립시킬 것을 목적으로 하는 확정적인 의사표시라고 할 수 있는 반면, '청약의 유인'은 합의를 구성하는 의사표시가 되지 못하고 용어 그대로 '꼬이는 행위'에 불과하다는 점에서 상대방이 그에 대응하여 의사표시를 하더라도 계약이 바로 성립하지 못하고 다시 유인한 자가 승낙의 의사표시를 함으로써 비로소 계약이 성립하게 된다. 이런 구분기준에 따르자면, 상가나 아파트의 분양광고의 내용은 청약의 유인으로서의 성질을 갖는 것이 일반적이고, 따라서 광고상의 내용이 실현되지 않았다고 해서 분양주체 측에 법적인 책임을 무조건 물을 수는 없는 것이다. 그렇지만 선분양·후시공의 방식으로 분양되는 우리 부동산거래실정하에서 분양계약서에는 대금이나 평수, 준공일 등 매우 기본적인 내용만이 기재되어 있을 뿐, 나머지 공급되는 건물의 외형, 재질, 구조 등에 대해서는 구체적인 내용이 기재되어 있지 아니한 경우가 많다. 결국, 선분양, 후시공제하에서의 분양계약서 내용은 본질적으로 미완성된 것일 수밖에 없다는 점에서, 비록 분양광고의 내용, 분양 당시 모델하우스의 조건 또는 그 무렵 분양주체가 수분양자에게 행한 설명 등이 비록 본질적으로는 청약의 유인에 불과하다 할지라도, 그러한 광고내용이나 조건 또는 설명 중에서 일정 부분은 계약의 내용이라고 해석하는 것이 불가피하다. 이 점과 관련해서 최근 주목할 만한 판결이 선고되고 있는데, 서울고등법원 판결427)은 그동안 논란이 되어 왔던 건물분양에서 청약과 청약의 유인 사이의 구별기준을 제시하였다는 점에서 의미가 있다고 할 수 있는데, "분양광고나 분양안내책자, 모델하우스 등을 통하여 제시된 내용이 분양계약서에 명시되지 않았음에도 불구하고 분양계약의 내용이 되었다고 보아야 하는지 여부는 상거래에서 어느 정도의 과장된 광고나 홍보가 허용된다는 점을 고려한 다음, 그것이 아파트의 구조, 시설, 기능 등 분양계약의 본질적인 내용과 관련된 사항인지 여부, 개별적인 분양계약서에 표시하기 부적당한 내용, 즉 아파트 공용시설의 구조, 크기, 재료, 배치 등에 관한 사항인지 여부, 수분양자들이 당해 분양계약을 체결함에 있어 중요하게 고려할 만한 사항인지 여부, 기타 분양계약 당시의 주택공급현황이나 일반 상거래 관행 등을 종합하여 결정하여야 할 것이다."고 판단하였다.

한편, 위 대법원 판결428)은 "광고내용 중 도로확장 및 서울대이전광고, 전철 복선화에 관한 광고는 아파트의 외형·재질과 관계가 없을 뿐만 아니라 사회통념에 비추어 보더라도 수분양자들 입장에서 분양주체가 그 광고내용을 이행

---

427) 서울高等法院 2007.1.10. 2006나45598.
428) 大判 2007.6.1. 2005다58120.

한다고 기대할 수 없는 것들이므로 허위·과장 광고라는 점에서 그 광고로 인하여 불법행위가 성립됨은 별론으로 하더라도 그 광고내용이 그대로 분양계약의 내용을 이룬다고 보기는 어렵겠지만, 이와 달리 온천 광고, 바닥재광고, 유실수단지 광고 및 테마공원 광고는 아파트의 외형·재질 등에 관한 것으로서, 그리고 콘도회원권 광고는 아파트에 관한 것은 아니지만 부대시설에 준하는 것이고 또한 이행가능하다는 점에서, 각 분양계약의 내용이 된다고 할 수 있을 것이다."라고 하여, 분양건물의 외형, 재질 등과 같이 광고상의 일정 부분은 비록 분양계약서상에 구체적으로 언급되어 있지 않더라도 '청약'으로 보아서 미현실에 대해 법적책임을 물을 수 있다는 점을 분명히 하였다

(2) 請約의 效力發生

민법상의 到達主義原則에 의하여 청약은 특정인에게 의사표시가 도달된 때 효력을 발생한다. 불특정인에 대해서는 그 의사표시가 알려진 때 효력을 발생한다. 청약자가 청약의 의사표시를 발하고 나서 사망했을 경우에도 의사표시가 상대방에게 도달하면 청약은 효력을 발생한다. 물론 계약이 당사자의 인격 내지 개성을 중시하는 것이라면 청약은 청약자의 사망으로 효력을 잃는다(민법 제111조 제2항).

(3) 請約의 拘束力

청약자가 청약을 하고 나서 상대방이 승낙을 하기까지 청약자가 자기 청약을 철회할 수 있는가가 문제된다. 프랑스민법과 영미판례에서는 청약의 철회를 인정하지만 독일민법 제145조와 우리나라 민법 제527조는 청약의 철회를 인정하지 않는다. 따라서 청약을 철회하려면 처음부터 撤回權을 留保하고서 청약을 해야 한다.

(4) 請約의 承諾期間

승낙기간을 정한 경우에는 그 기간(민법 제528조 제1항), 기간의 정함이 없는 경우에는 상당기간(민법 제529조) 동안 청약은 구속력을 갖는다. 그러나 그 기

간 동안 승낙이 이루어지지 않으면 청약은 구속력을 잃는다. 승낙이 이루어지지 않았으나 상대방의 거절의 의사표시가 명백하지 않고 유예기간의 요청이 있는 것으로 해석될 경우 청약은 상당한 기간(민법 제529조) 구속력을 갖는다. 대화자 간의 상행위에서는 상대방이 즉시 승낙하지 않으면 청약은 구속력을 잃는다.[429]

3. 承諾

(1) 意義

청약에 대응하여 계약을 성립시킬 목적으로 청약자에게 행해지는 수령자의 의사표시를 승낙이라고 한다. 청약은 불특정다수인에게도 할 수 있지만, 승낙은 반드시 특정인인 청약자에게 행해져야 한다.

(2) 默示的 承諾

청약을 받고서 침묵하는 것은 원칙적으로 승낙의 거부로 본다. 다만 상시거래관계에 있는 상인 간에서 그 영업부류에 속한 계약의 청약을 받았을 때는 침묵이 승낙으로 간주된다.[430]

(3) 變更을 加한 承諾

청약에 대해 원칙적으로 승낙을 하되 조건을 붙이거나 다른 내용을 첨가했을 경우 이것은 승낙이라기보다는 상대방이 새로운 청약을 한 것으로 보아야 한다. 이를 변경을 가한 승낙(민법 제534조)이라 한다. 청약의 양적 일부에 대해서만 승낙하는 분할승낙도 변경을 가한 승낙으로 인정된다.

---

429) 商法 제51조.
430) 商法 제53조.

(4) 延着된 承諾

상대방이 승낙기간 내에 승낙을 하긴 했으나 특수한 사정으로 도달이 지연되어 승낙기간을 넘긴 경우 청약자는 승낙통지를 받은 즉시 상대방에게 그 연착 사실을 통지해야 한다(민법 제528조 제2항 본문). 청약자가 연착의 통지를 하지 않으면 그는 연착에 개의치 않은 것으로 간주되어, 계약은 유효하게 성립한다(민법 제528조 제3항). 다만 승낙자는 승낙표시를 보낼 때 내용증명우편으로 보내어 청약자가 통지부도달을 주장하지 못하도록 해야 한다. 승낙기간 이후의 승낙은 새로운 청약으로서의 효력만을 지닐 수 있을 뿐이다(민법 제530조).

(5) 意思實現에 의한 契約承諾

때로는 승낙의 통지 없이 승낙의 의사표시로 인정되는 사실이 있다는 자체만으로 계약이 성립한다. 이러한 사정은 청약의 의사표시나 관습에 의해서 정해진다. 예를 들면 모신문사에서 신문정기구독을 조건으로 김치냉장고를 보내왔는데, 그 김치냉장고를 받은 사람이 냉장고에 자기 김치를 넣는 행위를 했을 때에는 설령 정기구독 승낙의 의사가 없었다고 하더라도 신문구독계약이 성립한다고 보아야 한다.

(6) 交叉請約에 의한 契約成立

당사자 사이에 동일한 내용의 청약이 서로 교차한 경우, 다시 말해 객관적 그리고 주관적으로 모두 합치되는 두 개의 의사표시가 서로에게 행해졌을 때에는 승낙의 표시 없이 그 두 개의 의사표시로써 계약이 성립한다(민법 제533조).

(7) 競賣와 入札

경매란 다수의 청약자가 경쟁자의 청약내용을 알면서 공개적으로 경쟁하는 것이고, 입찰은 다수의 청약자가 경쟁자의 청약내용을 모르면서 비공개적으로 자기 청약을 제시하는 것을 말한다. 경매에서 경매 상대방의 호가는 청약에 불과하고, 경매자가 승낙을 해야 계약이 성립한다. 입찰에서 입찰자의 가격제시는 청약에 불과하고, 낙찰자가 낙찰을 해야 계약이 성립한다.

(8) 契約成立時期

민법규정은 상대방이 승낙의 통지를 발송할 때 계약이 성립한다고 규정하고 있다(민법 제531조). 이 경우 왜 도달주의 원칙의 예외를 인정했는지 알 수 없지만, 계약은 승낙이 도달되지 않은 예외적인 상황을 제외하면 승낙발송시에 성립한다. 한편 의사실현에 의한 계약승낙시에는 청약자가 알고 모르고에 상관없이 의사실현으로 인정되는 사실이 발생한 때에 계약이 성립한다.

4. 事實的 契約關係

(1) 意義

당사자가 법률상 중요한 사실행위 또는 법률상 유효한 사실행위를 하였을 경우 그의 내심의 의사를 묻지 아니하고 행위에 일정한 법률효력이 귀속되는 관계이다. 독일에는 이에 관해 유명한 사례가 있는데, 바로 함부르크 시청 앞 시장에서 유료주차공간으로 표시된 구역에 자동차를 주차시킨 운전자에 관한 것이다. 운전자는 그 주차구역이 무료의 공동공간이라고 생각했기 때문에, 유료주차계약을 거절했고, 이는 독일고등법원에서도 인정했다. 대법원이 그럼에도 불구하고 운전자에게 주차료를 지불하라고 판결했을 때, 이러한 지불의무는 계약도 합의도 없는 상황에서의 계약적 급부의무를 의미했다.

(2) 制度的 機能

개인생활관계를 기본으로 편성된 19세기 민법이 예견치 않은 새로운 집단생활관계의 편성에서 발생한 제도로서, 현대사회의 대량, 집단적 거래현상과 인간생활의 기본적인 생활자공급에 있어서의 편의를 위한 것이다.

(3) 法的 性質

종래의 계약체결방식과는 달리 당사자의 의사와 분리된 객관적 계약개념을 사실상 도입한 것이다. 이 점에서 당사자의 의사를 추단하는 의사실현에 의한 계약성립(민법 제532조)과 차이를 갖는다. 급부근거가 없이 급부가 이루어지고, 그로부터 수익을 한 자가 있다는 점에서 급부부당이득과도 유사점을 갖는다.

(4) 類型

1) 相互依存的 生活關係

유효하게 성립하지 않은 雇傭, 組合, 賃貸借關係 등에 있어서 당사자의 의사 합치가 없었음에도 불구하고 사실상의 고용, 사실상의 조합, 사실상의 임대차를 인정하는 것이다. 계속적 채권관계에서 기존의 법률관계를 소급적으로 무효화 할 수는 없기 때문에, 여기에 차라리 계약적 효력을 인정하는 것이다. 판례는 이미 1972년도에 사실상의 조합을 인정한 바 있다.

2) 集團的 去來關係

전기, 수도, 가스공급계약 또는 라디오나 TV시청계약과 같이 기본적 생활자 공급계약이나 기차, 전차, 버스와 같은 대형여객운송수단을 이용하는 계약의 경우 계약체결의사가 없었다고 하더라도 그것을 사실상 이용했을 때 이것을 부당이득이나 불법행위의 법리로 규율하기보다 차라리 여기에 계약적 효력을 인정하여 정상적인 요금을 부과하려는 것이다.

(5) 批判

사실상의 조합과 같은 경우 완전한 의미에서 계약관계라기보다는 계약관계에 준하는 부당이득관계라고 봐야 한다. 그 외의 사실적 계약관계는 의사자치를 기본으로 하는 민법체계에 반하므로 받아들이기 힘들며, 계약체결의 의사가 명백히 결여되었을 경우에는 부당이득이나 불법행위의 법리로 규율하는 것이 옳다. 계약체결의 의사가 조금이라도 추단될 경우에는 의사실현에 의한 계약성립

(민법 제532조)의 규정으로 해결하는 것이 타당할 것이다.

5. 契約締結上의 過失

(1) 意義

계약이 아직 체결되지 않았거나 계약이 무효, 취소된 경우, 또는 장래에 계약이 체결될 것이라는 두터운 신뢰를 야기한 단계에서 당사자 일방의 과실에 의하여 상대방에게 손해를 입혔을 경우, 엄밀하게 따지면 계약관계가 존재하지 않은 상태이므로 이것을 불법행위법에 따라 규율해야 할 것이나, 계약의 준비, 교섭단계 역시도 계약관계에 준하는 관계로 인정하여 계약법에 따라 규율하는 제도이다. 비록 계약상 급부의무를 위반한 것은 아니나 계약상 주의의무(告知義務, 說明義務) 및 보호의무의 위반이 인정되기 때문이다.

(2) 實際的 例

집을 팔겠다고 하고서 매수할 사람을 불렀으나 그 전에 미리 팔아 버려 이를 모르고 방문한 매수인이 교통비, 일실이익 기타 손해를 입었을 경우, 집 보러 온 사람을 지하실로 안내하면서 계단이 파손된 사실을 얘기하지 않아 집 보러 온 사람이 어두운 곳에서 굴러 전치 뇌진탕 피해를 입은 경우 등이 있다.

(3) 現行民法規定

우리 민법 제535조는 계약체결상의 과실이라는 표제하에 불능한 급부를 목적으로 계약을 체결한 자는 목적물이 불능임을 알았거나 알았어야만 했을 경우에는 상대방의 신뢰이익을 배상해야 한다고 규정하고 있을 뿐, 불능급부를 목적으로 한 경우 이외에 대해서는 아무런 규율도 두지 않고 있다. 예를 들어 우리 민법은 착오로 인한 의사표시에 있어서 경과실로 착오를 일으킨 취소권자에게 취소권을 부여하고 있지만(민법 제109조 제1항), 그 대신 취소권자가 상대방에게 신뢰이익을 배상해야 한다는 규정을 두고 있지 않으며, 公序良俗에 위반한 법률행위를 무효로 하고 있을 뿐(민법 제103조) 그 무효행위자가 그 무효의 상대방에게 신뢰이익을 배상해야 한다는 규정 역시 두고 있지 않다.

(4) 批判

계약체결상의 과실제도는 엄밀히 따져 볼 때 민법체계상 예외적인 제도이며, 서양과 같이 자기 의사표시에 대한 책임의 관념이 투철한 문화권에서는 통용될 수 있을지 모르지만, 우리나라와 같이 상대방에게 싫은 소리나 거절, 거부를 하는 데 익숙지 못한 문화권에서는 함부로 수입할 수 있는 제도가 아니다. 우리 현행민법이 계약체결상의 과실을 매우 제한적으로 인정하고 있는 이상, 목적이 불능한 계약을 가능한 것처럼 속여 이익을 편취하는 등의 극심한 신뢰위반을 저지른 사례가 아닌 한 契約締結上의 過失(민법 제535조)은 가급적 부정하고 그 대신 不法行爲(민법 제750조)로 규율하는 것이 온당할 것이다. 또한 계약체결상의 과실을 인정하더라도 민법 제535조 제2항의 요건(상대방이 그 불능을 알았거나 알 수 있었을 경우)을 넓게 해석하여 계약을 위해 교섭은 하지만 아직 계약에 법적으로 구속될 의사까지는 없었던 당사자를 보호해야 할 것이다.

(5) 損害賠償의 範圍

민법 제535조 1항은 원칙적으로 신뢰이익의 배상을 규정하고 있으나, 침해된 법익과 위반한 의무의 내용에 따라 차별화해서 배상범위를 보아야 한다.

1) 形態的 注意義務違反

상대방의 신체나 재산에 직접적인 위해가 되지는 않지만 상대방의 이익에 중요한 영향을 줄 수 있는 특수한 사정을 고지하거나 설명하지 않아 상대방에게 손해를 입힌 경우 민법 제535조 1항에 따라 신뢰이익에 대한 배상책임을 인정해야 할 것이다.

2) 保護義務 違反

계약교섭단계에 참가할 상대방의 신체나 재산에 직접적으로 위해가 될 것을 알거나 알 수 있었으면서 그것을 방치해 상대방의 신체나 재산에 일정한 손해를 발생시킨 경우 신뢰이익과 이행이익의 개념을 떠나서 손해 전체에 대한 배상책임을 인정해야 할 것이다. 다시 말해 신체나 재산을 완전한 상태로 복구해 줘야 할 것이다.

3) 惡意로 契約締結 自體를 妨害한 경우

상대방에게 계약체결의 신뢰를 야기해 놓고 거짓말로 계약체결이 불능하다고 속여 상대방에게 손해를 가한 경우 계약이 성립된 것으로 보아 이행이익의 배상을 인정할 수 있다.[431]

第4節 契約의 效力

1. 契約의 效力發生要件

(1) 法律行爲로서의 效力發生要件

계약도 법률행위의 일종이므로 법률행위의 효력요건을 갖추어야 효력을 발생시킬 수 있다. 즉 급부가 확정가능, 실현가능해야 하고, 강행규정에 위반하지 않아야 하며(민법 제105조), 선량한 풍속 기타 사회질서에 위반하지 않아야 한다(민법 제103조).

(2) 雙務契約의 效力一般論

쌍무계약은 양 당사자가 서로에게 급부적 가치 있는 의무를 부담하는 계약이다. 대표적인 예로서는 매매 기타 유상계약을 들 수 있지만, 무상의 위임계약도 불완전하게나마 쌍무계약에 포함된다. 이러한 쌍무계약은 일반적인 채권관계와는 다르게 다루어져야 할 필요가 있는데, 쌍무계약의 이러한 상호 관련에 의한 특수성을 牽聯關係라고 한다.

---

431) 獨逸判例 BGHZ 49, 77.

1) 成立上의 牽聯關係

일방의 채무가 불능, 불법 등을 이유로 해서 성립하지 않을 때에는 그 대가인 상대방의 채무도 성립하지 않는다.

2) 履行上의 牽聯關係

상대방이 이행할 때까지 일방은 자기의 채무이행을 거절할 수 있다(민법 제536조).

3) 存續上의 牽聯關係

일방의 채무가 더 이상 존속할 수 없을 때 그 일방은 상대방에 대해서 그의 채무이행을 청구할 수 없다(민법 제537조).

4) 原狀回復에 있어서의 牽聯關係

일방의 해제권행사로 인하여 원상회복을 위한 청산관계로 넘어갈 때 이 원상회복에 있어서도 상대방이 원상회복할 때까지 자기도 원상회복을 거절할 수 있다.

2. 同時履行의 抗辯權

(1) 意義

쌍무계약상 상대방이 이행을 제공할 때까지 자기의 채무이행을 거절할 수 있는 권리를 말한다(민법 제536조). 물권법상 유치권과는 견련관계를 기초로 한다는 점, 기본채권에 부종된 권리라는 점에서 유사성을 갖는다. 그러나 쌍방계약에 기인한 채권으로서 특정채권자에 대해서만 주장할 수 있는 상대적 권리이며, 목적물의 경매권을 인정받을 수 없다는 점에서 물권법상 유치권과 다르다.

(2) 要件

쌍방의 채무가 동일한 쌍무계약으로부터 발생한 것이어야 한다. 예컨대 임대차가 종료했을 때 임차인이 방을 비워 주는 것과 임대인이 보증금을 돌려주는 것은 동일한 계약에서 발생한 채무이므로 쌍방은 동시이행의 항변권을 행사할 수 있다. 채권양도, 채무인수, 상속 등으로 당사자가 변경되어도 동일한 계약에서 발생한 채무라면 동시이행의 항변권은 여전히 존속한다.

그리고 쌍방의 채무가 변제기에 있어야 한다. 일방의 채무가 변제기에 도달했다 하더라도, 상대방의 채무가 아직 변제기에 도달하지 않았다면 동시이행의 항변권은 행사될 수 없다(민법 제536조 제1항 단서). 그러나 변제기에 도달하지 않았다 하더라도 상대방이 담보를 손상, 감소 또는 멸실하게 한 때(민법 제388조 제1호), 상대방이 담보제공의 의무를 불이행한 때(민법 제388조 제2호), 상대방이 파산한 때(파산법 제16조)에는 기한의 이익을 상실하므로, 그 상대방에 대해서 동시이행의 항변권을 행사할 수 있다. 또한 어느 한쪽이 선이행의무를 부담하지 않아야 한다. 일방채무자가 선이행의무를 부담하는 경우 그 채무자는 동시이행의 항변권을 행사할 수 없다. 그러나 선이행의무를 부담하는 채무자가 이행하지 않고 있는 동안에 상대방의 채무가 이행기에 달했다면 선이행의무를 부담하는 채무자는 동시이행의 항변권을 행사할 수 있게 된다. 또한 일방 당사자가 선이행의무를 부담하였더라도 타방의 채무이행이 곤란할 정도의 현저한 사유(예를 들어 破産)가 존재하는 경우 선이행의무자도 동시이행의 항변권을 행사할 수 있다(민법 제536조 2항). 끝으로 상대방이 채무의 이행 또는 이행의 제공을 하지 않고 있어야 한다. 상대방의 이행이 불완전한 경우에는 불완전하게 이행된 부분의 경중을 따져서 중요하면 채무 전부에 대하여 동시이행의 항변권을 행사할 수 있다. 설령 수령지체에 빠졌다 하더라도 상대방이 이행제공하지 않으면 여전히 동시이행의 항변권을 행사할 수 있다.

(3) 效力

1) 相對方請求의 沮止

동시이행의 항변을 통하여 상대방의 청구를 저지할 수 있다.

2) 相計의 沮止

동시이행의 항변을 통하여 상대방의 상계도 저지할 수 있다. 다시 말해 항변권이 붙어 있는 채권으로 상계하는 것이 불가능하다.

3) 法院의 相換履行判決

법원은 동시이행의 항변권이 원용될 경우 상환이행판결을 내려야 한다. 그러나 항변권자의 원용이 없는 한 법원이 항변권의 존재를 고려해야 하는 것은 아니다.

4) 履行遲滯責任의 免除

동시이행의 항변권으로 인하여 이행의 거절이 정당화되므로 이행지체의 책임이 면제된다.

5) 立證責任

견련관계, 변제기 등의 요건은 항변권을 행사하는 자가 입증하여야 한다. 그러한 요건이 입증되어 항변권이 행사되면 항변권을 부정하는 상대방은 항변권자의 선이행의무 등을 입증하여야 한다.

3. 危險負擔

(1) 意義

채권관계가 유효하게 성립했는데 양 당사자의 귀책사유 없이 채무지기 급부를 할 수 없게 되었을 때 그 급부위험을 누구에게 부담시키는가의 문제이다. 예를 들어 자동차 하나를 사기로 계약했는데 인도받기로 한 날 아침 그 지역에 대형가스폭발사고가 발생해서 자동차가 불에 타 없어져 버린 경우, 또는 자동차가 도난당한 경우, 그 자동차값을 누가 부담해야 할 것인가의 문제이다.

(2) 債務者危險負擔主義의 實際的 機能

채권법상 양 당사자 간에 계약관계 기타 채권관계가 성립하면 채무자는 자기 채무를 불이행할 경우 과실이 추정되어, 자기에게 과실이 없다는 사실을 증명할 책임을 부담한다(민법 제390조 단서). 그러나 채무자위험부담주의에 따르면 급부가 불능이 될 경우 설령 채무자가 급부불능에 자기 과실이 없다는 사실을 증명한다 하더라도 채권자로부터 반대급부를 전혀 받을 수 없게 되므로(민법 제537

조), 채무자는 채권자와 채권관계(契約)를 맺음으로써 채권자에 대해 급부의 이행은 물론 자기 능력범위를 벗어난 급부의 실현가능성까지도 담보하는 셈이 된다.

(3) 債務者危險負擔主義에 대한 批判

동양은 患難相恤의 공동체사상이 지배하는 곳이므로, 서양의 일도양단적인 위험부담원리를 도입하는 것은 온당치 않다. 자연재해건 질병, 부상사고이건 도난, 폭력사건이건 그로 인해 피해를 입은 사람이 피해 자체와 아울러 그로부터 파생한 계약위험까지 완전부담해야 한다는 것은 동양의 법감정에 결코 맞지 않는다. 과실을 명백히 따져서 그 누구의 과실도 아님이 분명할 때에는 가급적 위험을 절반씩 분담하도록 하는 것이 바람직할 것이다.

(4) 要件

쌍무계약으로서 양 당사자의 채무가 견련관계에 있어야 한다. 만약 편무계약이라면 어차피 채무자는 반대급부청구권이나 비용상환청구권을 갖지 않을 것이므로 재난발생으로 자기 급부의무를 면하는 데 그쳐 위험부담의 문제가 발생하지 않는다.

그리고 일방의 채무가 후발적으로 불능이 되어야 한다. 원시적 불능은 계약체결상의 과실(민법 제535조)이나 담보책임(민법 제570조)에서 규율하므로, 위험부담은 계약이 체결되어 유효하게 성립한 후의 문제만을 다룬다. 또한 급부불능에 대한 양 당사자의 귀책사유가 없어야 한다. 양 당사자의 책임 없는 사유란 불가항력이라고도 하는데, 자연재해(천재지변, 전란, 파선)나 갑작스런 질병(독감, 몸살), 부상, 사람의 행위로서 절도, 강도 같은 것 등을 들 수 있다. 오늘날 과학이 발전하고 사회간접시설이 안정적으로 구축되어 자연재해의 비중은 줄어들고 있으나, 절도나 강도, 폭력의 비중은 불가항력의 사유로서 오히려 점점 더 늘어나고 있다.

(5) 效果

1) 債務者의 反對給付請求權 消滅

채무자는 자기 급부목적물의 멸실이나 자기 급부이행의 불가능이 자기 잘못으로 인한 게 아니라 할지라도 계약상 그 모든 결과를 자기가 감수해야 한다. 예를 들어 출판업자의 요구에 따라 1년에 걸쳐 책 한 권을 저술했는데, 그 원고를 인도하기 직전에 연구실의 화재로 그 원고가 모두 불에 타 버린 경우 출판업자에게 단 한 푼의 원고료도 받을 수 없다. 만약 채무자가 채권자에게서 이미 반대급부나 계약금을 받았다면 그것을 비채변제로서 반환하기까지 해야 한다(민법 제741조).

2) 部分不能의 경우

급부의 일부가 불능이 된 경우에는 불능이 된 부분의 중요성을 따져서 본질적이 아닌 것인 때 그에 상응하여 반대급부를 감축한다.

(6) 債權者의 歸責事由로 인한 給付不能

1) 意義

채권자의 귀책사유에 의하여, 또는 채권자의 수령지체 중에 급부기 불능이 된 경우에는 채무자가 채권자에 대하여 반대급부청구권을 행사할 수 있다(민법 제538조). 이것은 엄밀하게 따져서 위험부담의 문제라기보다는 과실책임의 일반원리에 따른 당연한 법적 규율이라고 봐야 할 것이다.

2) 債權者의 歸責事由

채권자의 책임 있는 사유의 범위는 비교적 넓게 해석된다. 반드시 법적 의무를 위반하는 경우에 한정되는 것이 아니라 채권자가 회피할 수 있었던 장애사유를 그의 잘못으로 저지하지 못한 경우에도 인정될 수 있다. 예를 들어 컴퓨터 수리를 맡긴 고객이 자기 컴퓨터에 대한 附隨的 사정을 설명하지 않아 수리를 맡은 사람이 그만 컴퓨터 운영시스템을 다 날려 버린 경우 그 附隨的 사정이 아주 중요한 것이 아니라 할지라도 채권자에게 귀책사유를 인정할 수 있다.

만약 채무자에게도 과실이 있었다면 과실상계를 할 수 있다(민법 제396조).

3) 債權者의 受領遲滯

채권자의 수령지체는 엄밀히 말해 채권자의 귀책사유라고 볼 수 없다. 비록 급부불능에 채권자의 귀책사유가 직접 존재하는 것은 아니나 신의칙상 수령지체와 함께 위험이 채권자에게로 이전한다고 보는 것이다.

4) 債權者의 反對給付義務

채무자는 자신의 급부의무를 면하지만 채권자에 대해서는 여전히 전액의 반대급부를 청구할 수 있다. 다시 말해 매도인은 매수인에 대해 물건을 인도하지 않고도 대금을 청구할 수 있다. 일부불능이 된 경우 매도인은 나머지 급부를 이행하고서 전액의 반대급부를 청구할 수 있다.

5) 債務者의 利益償還 義務

채무자는 반대급부를 청구할 수 있는 대신 자기의 채무를 면함으로써 얻은 이익을 채권자에게 상환해야 한다(민법 제538조 제2항). 예를 들어 자동차를 팔기로 해 놓고 고객이 일주일이 넘도록 수령하지 않던 중에 자동차를 도난당한 경우 자동차판매상은 고객에게 자동차대금 전액을 청구할 수 있지만, 그 대신 면허수속비, 보험가입비, 통상적인 애프터서비스비용 등은 거기서 감액해야 하고, 만약 보험회사로부터 보험금을 받았다면 역시 그만큼을 청구액으로부터 감액해야 한다.

4. 第3者를 위한 契約

(1) 意義

일반적 의미의 채권은 청구권이며 이 청구권은 채권자의 권리와 채무자의 의무의 교차로 성립된다. 편무계약이나 쌍무계약을 막론하고 채권관계는 양 당사자의 법률관계이다. 이를 채권관계의 상대성이라 한다. 그러나 이러한 채권관계는 제삼자에게 어떤 이익을 취득게 함을 배제하는 것은 아니다. 물론 어느 누구도 그의 의사에 반하여 수익이 강요되지 아니한다는 원칙에 따라 제삼자를 위한 계약은 제삼자의 의사에 반해서 성립할 수는 없지만, 제삼자의 동의를 얻는다면 당사자 아닌 다른 자에게 직접 권리를 취득시키는 계약도 성립이 가능하다.

(2) 種類

1) 不眞正受益契約

제삼자가 직접 채무자에 대하여 청구권을 가지지 않는 경우 진정한 의미의 제삼자를 위한 계약은 성립하지 않는다. 이행지체로 인한 배상청구권, 하자담보책임규정에 기한 신뢰이익 배상청구권, 해제권 등 어떤 권리도 행사할 수 없다.

2) 眞正受益契約

제삼자가 직접 채무자에 대하여 청구권을 가질 경우 진정한 의미에서의 제삼자를 위한 계약이 성립했다고 말할 수 있다(민법 제539조 제1항). 예를 들어 돈 많은 사업가가 유증으로 평생 모든 돈 200억 원을 모교에 기증하면서 그 대신 모교에 대하여 매월 200만 원의 생활비를 자기 할머니에게 지급하도록 위탁한 경우, 그 할머니는 모교에 대하여 매월 200만 원의 지급청구권을 행사할 수 있다. 이때 사업가를 要約者(채권자), 모교를 諾約者(채무자), 할머니를 受益者(제삼자)라고 부른다.

(3) 沿革

역사적으로 보아 계약이 당사자 간의 특별구속관계였으므로 로마법에서와 게르만법에서 계약관계에의 제삼자의 개입은 일반적으로 인정되지 않았다. 물론 근대법에서도 이 제삼자를 위한 계약이 법의 일반규정으로 채택되지 않았으나 독일민법전의 제정을 계기로 계약의 당사자의 범위가 확장되었다. 이처럼 제삼자를 위한 계약은 종래의 계약이론으로 그 유효성이 해명되지 않으나, 경제 사회 구조의 변화에 따른 현실적인 필요에 따라 만들어진 계약이라 할 수 있다. 특히 제삼자를 위한 생활자공급 또는 부양계약으로서 수익자에게 확고한 법적 지위를 부여함으로써 경제적 요구를 확보하자는 데 제도적 의의가 있다. 오늘날 제삼자를 위한 계약의 전형적 경우로서는 郵便物發送契約, 生命保險契約, 他人을 위한

保險契約, 信託契約, 配偶者를 위한 年金契約 또는 扶養契約(Versorgungsvertrag), 竝存的 債務引受契約, 第3者名義로 預金計定을 開設하는 契約 등을 살펴볼 수 있다.

(4) 要件

요약자와 낙약자 간에 유효한 계약이 성립해 있어야 한다. 계약성립의 일반적 요건을 갖추어야 함은 물론이고, 계약이 증여계약인 경우 증여의 의사는 서면으로 표시가 돼 있어야 한다(민법 제555조). 그리고 계약이 제삼자에게 권리를 취득시킬 것을 내용으로 해야 한다. 이 수익내용이 제삼자에게 직접 권리를 취득시키는 것인가 아닌가에 관한 문제는 계약해석에 관한 문제이다. 따라서 당사자의 의사, 계약의 종류, 거래의 관행에 따라 판단되어야 한다. 해석에 의해서도 불분명할 경우에는 제삼자에게 권리를 취득시키려는 뜻으로 해석되어야 할 것이다. 그러나 제삼자는 특정되거나 현존할 필요가 없다. 특정이나 현존은 효력발생요건이지 성립요건은 아니다. 예를 들어 장래에 출생할 자를 위한 보험계약이나 설립중의 법인을 수익자로 하는 계약도 유효하게 성립할 수 있다.

(5) 效果

1) 債權者(要約者)의 地位

① 諾約者에 대한 履行請求權

요약자는 제삼자에 대한 채무의 이행을 낙약자에게 청구할 수 있는 권리를 갖는 다. 이 이행청구권은 제삼자가 수익의 의사표시를 하기 전에도 존재한다.

② 諾約者에 대한 損害賠償請求權

제삼자(수익자)가 수익의 의사표시를 했는데도 불구하고 낙약자가 채무를 이행하지 않으면 요약자는 낙약자에게 자신 앞으로 손해를 배상하라고 청구할 수 있다.

③ 契約當事者로서의 地位

낙약자와 계약을 체결한 당사자로서 낙약자에 대해 의사표시의 흠결을 이유로 취소권을 행사할 수 있고, 낙약자의 계약위반을 이유로 계약해제권을 행사할 수도 있다. 요약자가 계약을 해제하기 위해서는 수익자의 동의를 요하지 않는다.

④ 第3者가 受益을 拒絕한 경우

辭讓을 미덕으로 아는 우리나라의 관습에 따라 낙약자에 대하여 제삼자(수익자)에게 몇 번 더 이행해 볼 것을 청구할 수 있다. 그래도 수익자가 침묵하거나 거절의사가 뚜렷하면 급부불능으로 인한 위험부담의 문제가 발생하여 채권자인 요약자는 채무자인 낙약자에게 반대급부 반환청구권을 행사할 수 있다(민법 제741조). 이때 낙약자가 지출한 필요비용 등은 요약자가 배상해 줘야 한다(민법 제688조의 類推適用). 만약 급부가 꼭 수익자에게 해야만 할 성질의 것이 아니라면 요약자는 자기에게 급부할 것을 청구할 수도 있다.

2) 債務者(諾約者)의 地位

① 要約者에 대한 反對給付請求權

낙약자는 제삼자에게 채무를 이행한 대가로서 요약자에게 반대급부를 청구할 수 있다. 급부이행이 요약자의 귀책사유나 제삼자의 귀책사유로 불능하게 된 때에는 급부를 하지 않더라도 요약자에게 반대급부를 청구할 수 있다(민법 제538조 제1항). 제삼자가 수령을 지체하면 급부위험을 제삼자에게로 이전시킬 수 있다(민법 제400조).

② 第3者에 대한 確答의 最高權

낙약자는 상당한 기간을 정하여 수익 여부의 확답을 제삼자(受益者)에게 催告할 수 있다. 만약 그 기간 내에 확답을 받지 못하면 제삼자는 수익을 거절한 것으로 본다(민법 제540조). 그러나 우리나라의 관습은 사양을 미덕으로 알고 있으므로, 낙약자는 信義則上 제삼자에게 먼저 급부를 이행해 보고, 그렇게 시도했음에도 불구하고 제삼자와 전혀 접촉이 안 되는 경우에 한하여 제삼자에게 수익의 확답을 최고해야 한다고 해석해야 할 것이다(민법 제544조 본문의 類推解釋).[432]

---

432) 입법론적으로 보면 민법 제540조는 민법 제15조 1항과의 균형을 고려하여 '수익을 승낙한 것으로 본다.'로 개정하는 것이 타당할 것이다.

③ 契約當事者로서의 地位

요약자와 계약을 체결한 당사자로서 요약자에 대해 의사표시의 흠결을 이유로 취소권을 행사할 수 있고, 요약자의 계약위반을 이유로 계약해제권을 행사할 수도 있다. 이때 제삼자가 이행을 청구할 경우 제삼자에 대해서도 계약의 하자를 이유로 이의를 제기하거나 요약자의 불이행을 이유로 동시이행을 항변[433]할 수 있다(민법 제542조).

④ 要約者에 대한 不當利得返還請求權

제삼자에게 이미 급부를 한 후에 요약자와의 계약이 무효, 취소, 해제되었을 경우 낙약자는 요약자가 선의이면 현존이익의 범위에서(민법 제748조 제1항), 요약자가 악의이면 요약자가 받은 모든 이익과 그 이자에 대하여(민법 제748조 제2항) 요약자에게 부당이득반환청구를 할 수 있다.

⑤ 受益者에 대한 不當利得返還請求權

제삼자의 낙약자에 대한 수익의 의사표시가 무효, 취소될 경우 낙약자는 제삼자(受益者)에 대하여 부당이득반환청구를 할 수 있다. 그러나 요약자와 제삼자 사이의 대가적 계약관계가 무효, 취소, 해제되었을 경우는 다르다. 요약자와 제삼자 사이의 계약관계 존부는 이들의 대내관계로서 요약자와 낙약자 간의 계약에 영향을 끼치지는 못하므로, 낙약자는 요약자와 제삼자 간 계약의 하자를 이유로 하여 제삼자에게 부당이득반환을 청구할 수 없다.

3) 第3者(受益者)의 地位

① 履行請求權과 受益意思表示

제삼자의 이행청구권이 발생하기 위해서는 제삼자가 수익의 의사표시를 하여야

---

433) 넓은 의미에서의 항변에는 좁은 의미의 抗辯(Einrede)과 異議提起(Einwendung)가 포함된다. 우리나라 민법은 이를 구분하지 않고 모두 항변이라고 부르지만, 실체법상으로는 항변과 이의가 구분되어야 한다. 예를 들어 제515조에서 '人的抗辯'은 '人的異議'로 개념이 바뀌어야 한다. 항변은 상대방에게 권리가 있다는 것 자체는 시인하지만 상대방의 권리를 계속적 또는 제한적으로 마비시키는 상대적 효력을 가질 뿐이다. 동시이행의 항변, 상계의 항변 등이 그 대표적인 예이다. 반면 이의제기는 상대방의 권리의 존재 자체가 불성립했거나 무효이거나 실효, 소멸되었다는 것을 다루는 것이다. 시효소멸의 항변, 행위무능력자의 항변, 채권소멸의 항변 등은 엄밀히 따져 항변이 아니라 異議提起라고 불러야 마땅하다고 생각된다. 비유하자면 抗辯은 各個戰鬪이지만, 異議提起는 戰爭이라 할 수 있다. 항변은 포기될 수 있지만 이의제기는 법원에서 직권으로 고려될 사항이다. 그러나 우리나라 민사소송법 제188조의 규정을 보더라도 소송실제는 辯論主義原則이 지배하고 있어 당사자가 주장하지 않은 사항은 재판에서 고려되지 않고 있다.

한다(민법 제539조 제2항). 수익의 의사표시는 명시적으로도 할 수 있지만, 묵시적으로도 할 수 있다. 사양을 미덕으로 아는 우리나라의 관습을 고려해 볼 때 이경우 묵시적 의사표시로 받아들일 객관적 사정은 폭넓게 해석되어야 할 것이다.

② 受益의 意思表示를 할 權利

수익의 의사표시를 할 수 있는 형성권은 요약자가 갖는 채권의 소멸시효와의 균형을 위해서 10년의 제척기간에 걸린다. 수익의 의사표시를 할 권리는 재산적 성격이 강하므로 상속 및 양도, 채권자대위권의 대상이 된다.

③ 受益의 拒絕權

제삼자가 반드시 이행청구를 해야만 낙약자가 제삼자에게 급부를 할 수 있는 것은 아니다. 낙약자는 제삼자로부터 이행청구를 받지 않아도 제삼자에게 급부를 할 수 있고, 이에 대해 제삼자는 수익의 거부권을 갖는다.

④ 契約變更의 沮止權

제삼자가 수익의 의사표시를 하건 하지 않건 제삼자를 위한 계약의 성립과 함께 급부가 제삼자에게 귀속되었을 때 계약당사자인 요약자와 낙약자는 이를 변경, 소멸시키지 못한다(민법 제541조). 다만 당사자 사이의 약정으로 변경 및 소멸의 가능성을 유보하였거나 낙약자나 요약자가 하자 있는 의사표시를 이유로 계약 자체를 취소한 경우엔 예외이다. 이때 제삼자는 선의라 하더라도(민법 제107조~제110조) 낙약자의 부당이득반환청구를 거절할 수 없다. 거래안전의 보호라는 선의 제삼자 보호규정의 취지에 단순한 수익자로서의 제삼자는 해당될 수 없기 때문이다.

⑤ 諾約者에 대한 損害賠償請求權

낙약자가 채무를 불이행한 경우 제삼자는 낙약자에 대하여 손해배상을 청구할 수 있다(민법 제390조 본문). 이때 낙약자는 자신에게 귀책사유 없음을 입증해야 한다(민법 제390조 단서).

⑥ 契約當事者가 아닌 第3者로서의 地位

제삼자는 계약당사자가 아니므로 설령 수익의 의사가 없다 하더라도 계약당사자의 무능력이나 계약상의 하자를 이유로 계약을 취소할 수 없다. 낙약자가 채무를 불이행할 경우 채권자로서 손해배상만 청구할 수 있을 뿐 계약당사자로서 계약을 해제할 수는 없고 그럴 필요도 없다.

(6) 第3者의 保護的 效力 있는 契約

1) 制度的 意義

계약당사자 간의 급부의 이행은 이 채권관계에 직접 참여한 계약당사자뿐만 아니라 이에 참여하지 않은 제삼자의 법익에도 영향을 미친다. 따라서 급부의 이행자는 계약당사자뿐만 아니라 이와 밀접한 인적 관계에 있는 제삼자의 법익을 침해하지 않을 의무가 발생한다. 그 결과 채무자의 보호의무는 비단 채권자에 대한 관계에서뿐만 아니라 이에 관여하지 않은 제삼자에게도 미친다. 따라서 이들 제삼자에 대한 의무위반행위는 곧 채권자에 대한 채무위반과 동일시하여 계약상의 배상청구권을 인정한다.434)

2) 第3者의 人的 範圍

어느 정도의 인적 범위에 있는 자를 채권자와 동일시할 것인가에 관하여는 여러 가지 논의가 있지만, 일단 채권자의 보호 및 배려의 범위 내(in Schutz und Fuersorgebereich)에 있는 자를 보호의무의 효력을 받는 제삼자로 본다. 예를 들면 가족구성원, 피용자와 같은 자들이다. 주택임대차계약상의 보호의무위반에 대해서는 손님 등도 제삼자에 포함된다. 다만 우편배달부는 제삼자에서 제외된다.

---

434) 예를 들어 가족이 택시를 탈 경우 가장이 앞에 타면서 '모 장소로 갑시다.' 같은 말을 하지만 이때 가장과 택시운전사는 택시에 탄 가족 모두를 위해 계약을 체결한 것이며, 택시운전사는 계약체결당사자인 가장뿐만 아니라 가족 네 사람 모두를 사고로부터 보호해야 할 보호의무를 부담한다. 마찬가지로 공장주가 기계회사에서 기계를 구입할 경우 계약을 체결하는 것은 공장주이지만 기계를 이용하는 것은 공장노동자 여러 사람이며, 이 기계에 하자가 있을 경우 공장노동자의 신체도 아울러서 계약상 보호되어야 한다. 우리나라 판례는 이러한 사안을 불법행위로 인한 손해배상으로 해결하고 있지만, 독일판례에서는 제삼자의 보호적 효력 있는 계약(Vertrag mit Schutzwirkung fuer Dritte)이란 개념을 도입해 해결하고 있다.

第5節 契約의 解除 및 解止

1. 概觀

(1) 解除와 解止

둘 다 계약을 해소시키는 효력을 갖지만, 해제는 소급효를 갖고 해지는 소급효를 갖지 않는다는 점에서 차이가 있다. 사실 채권관계가 소멸하는 일반적인 경우는 변제로 인해 채권이 만족을 얻는 경우이다. 그러나 이러한 일반적인 채권관계의 종료 이외에도 채권관계가 비정상적인 장애를 만나 청산되는 경우가 존재한다. 예를 들어 당사자가 합의로 계약을 무화시키는 경우 계약은 소급적으로(合意解除) 또는 장래를 향하여(合意解止) 무효가 된다. 때로는 일방이 계약의 존속을 원하지만, 다른 일방은 계약의 해소를 원하는 경우가 있다. 계약은 한번 체결되면 쌍방 모두에 대해 구속력을 가지므로 이 경우 일방의 의사로 계약을 해소시킬 가능성은 원칙적으로 배제되나, 예외적인 경우에 한해 이러한 계약해소의 형성권이 일방에게 허용되는데, 이러한 형성권이 해제권 또는 해지권이다.

(2) 取消와의 差異

취소와 해제, 해지 모두 계약적 채권관계를 해소시킨다. 그러나 취소는 意思表示者의 無能力(민법 제5조 제2항), 限定治産(민법 제10조), 禁治産(민법 제13조), 意思表示의 錯誤(민법 제109조 제1항 본문), 瑕疵(민법 제110조 제1항) 등 계약체결전이나 계약체결 중의 사유로 인정되는 반면, 해제와 해지는 일방의 이행지체, 이행불능 기타 계약체결 후 계약의 목적이 달성될 수 없는 사유로 인해(민법 제544조~제546조) 인정된다. 취소는 법률관계를 처음부터 성립되지 않았던 것으로 만들고(민법 제141조) 이미 급부된 것은 부당이득의 법리에 따라 반환하게 하지만, 해제와 해지는 일단 체결된 계약을 형식적으로는 해소시키더라도 실제로는 청산의 원상회복관계로 변형존속시키며, 악의의 제삼자에 대해서도 대항하지 못할 만큼 약한 효력을 갖고(민법 제548조 제1항 단서), 이미 급부된 것은 부당이득의 법리에 의하지 않고 각자의 원상회복의무에 의해 쌍무계약의 상환적 등가성이 유지되는 가운데(同時履行) 반환되도록 한다. 다시 말해 취소가 현존 법률관계를 완전히 붕괴시킴에 반하여(선의 제삼자가 관계되어 있을 때는 제외), 해제는 법률관계의 효력을 배제할 뿐이고 제삼자에게 영향을 거의 미치지 않는다. 취소는 악의의 제삼자에게 영향을 미칠 수 있는데다 추인에 의한 확정적 유효문제(민법 제143조) 등 복잡한 문제를 야기하므로 아주 한정된 법정사유에만 인정된다. 반면 해제와 해지는 법정사유 외에 합의에 의해서도 자유롭게 인정될 수 있다.

(3) 合意解除와 合意解止의 差異

합의해제나 합의해지는 계약자유의 원칙에 따라 합의로 기존계약의 실효효과를 발생시키는 것이다. 이 점에서 형성권으로서의 해제와 다르다. 대법원판례는 계약의 합의해제가 제2계약(解除契約)에 의한 제1계약(本契約)의 해제이므로, 그 해제의 효력은 제2계약내용에 의하여 결정할 것이고, 해제의 효력(민법 제543조)에 관한 민법규정을 적용 또는 준용할 바 못 된다고 한다. 따라서 합의해제 시에는 원상회복의무가 발생하지 않고, 특약이 없으면 부당이득의 법리(민법 제741조 이하)에 따라 청산이 이루어진다.

(4) 失權約款

실권약관은 일종의 해제조건부계약으로서 일정한 사실이 발생한 때 계약이 당연히 실효된다는 내용의 특약이다. 이 점에서 의사표시에 의한 해제와 그 요건을 달리한다. 다시 말해 해제가 수령을 요하는 당사자의 일방적 의사표시로 효력을 발생함에 반하여, 실권약관은 일정한 사실의 발생으로 당연히 실효된다는 점에 차이가 있다. 실권약관의 예로서 독일민법 제360조는 "채무자가 그의 채무를 이행하지 않은 경우 채무자가 그의 계약상의 권리를 상실한다."는 유보계약을 규정하고 있다. 예를 들면 월부판매의 경우 일회라도 대금지급을 지체하면 매수인은 목적물상의 권리를 상실하고 매도인은 수령한 대금을 반환하지 않겠다는 약관의 예이다. 비슷한 예를 각종보험, 각종 부금계약 등에서도 흔히 볼 수 있다. 이러한 실효약관은 민법 제104조 및 약관규제법 위반과 관련하여 문제될 수 있으므로 주의해야 한다.

2. 解除

(1) 意義

계약당사자의 일방적 의사표시(形成權의 行使)에 의해, 이미 성립한 법률행위의 효력을 소급적으로 소멸시켜, 계약을 성립하지 않은 상태로 환원시키는 것을 해제[435]라 한다.

〈표 14〉 소급효

소급효가 있는 경우	소급효가 없는 경우
① 무능력자의 법률행위의 취소(민법 제5조 제2항·제10조·제13조)	① 미성년자에 대한 영업허락의 취소(민법 제8조)
② 실종선고의 취소(민법 제29조)	② 한정치산선고·금치산선고의 취소(민법 제11, 14조)
③ 착오에 의한 의사표시의 취소(민법 제109조)	③ 부재자재산관리명령의 취소(민법 제22조)
④ 사기·강박에 의한 의사표시의 취소(민법 제110조)	④ 법인설립허가의 취소(민법 제38조)
⑤ 이혼의 취소(민법 제838조)	⑤ 혼인의 취소(민법 제816조)
⑥ 인지의 취소(민법 제861조)	⑥ 부부 사이의 계약의 취소(민법 제828조)
⑦ 무권대리행위의 추인(민법 제133조)	⑦ 친생자승인의 취소(민법 제854조)
⑧ 소멸시효의 완성(민법 제167조)	⑧ 입양의 취소(민법 제897조)
⑨ 선택채권에 있어서의 선택(민법 제386소)	⑨ 부양관계의 취소(민법 제978조)
⑩ 상계(민법 제493조)	⑩ 무효행위의 추인(민법 제139조)
⑪ 계약의 해제(민법 제548조)	⑪ 조건의 성취(민법 제147조)
⑫ 인지(민법 제860조)	⑫ 기한도래의 효과(민법 제152조)
⑬ 협의상 파양의 취소(민법 제904조)	⑬ 공유물의 분할(단, 상속재산의 분할은 소급효 있음)
⑭ 상속재산의 분할(민법 제1015조)	⑭ 계약의 해지(민법 제550조)
⑮ 상속의 포기(민법 제1042조)	
판례에서 소급효를 인정한 것	**판례에서 소급효를 부정한 것**
① 무권리자 처분행위 추인	① 양도금지 특약을 위반하여 받은 채권양수인이 악의, 중과실로 무효인 경우에 채무자의 사후 승낙
② 토지거래허가를 받은 경우	② 조합계약 취소
③ 무효행위 약정 추인	③ 무효임을 알고 한 추인
④ 혼인, 입양 추인	
⑤ 상속회복청구권 제척기간의 경과로 참칭상속인의 권리 취득	

---

435) 해제(Ruecktritt)란 본래 독일어로 '後退'란 의미이다.

(2) 發生原因

계약일반에 있어서 履行遲滯(민법 제544조, 제545조), 履行不能(민법 제546조) 등의 경우에 인정되는 법정해제와 당사자가 계약으로 해제권을 유보하는 약정해제(민법 제543조 제1항)의 경우가 있다. 약정해제의 경우에는 손해배상청구권이 발생하지 않고(민법 제565조 제2항의 類推適用), 해제약관의 벌칙규정에 따라 손해배상이 이루어진다. 형성권은 10년의 除斥期間에 걸리므로(민법 제146조 후단의 類推適用), 약정해제권의 행사기간은 10년이다.

(3) 機能

쌍무계약관계에서 일방이 채무를 불이행할 경우 상대방 입장에서 계속 동시이행의 항변권만 행사하거나 채권관계가 시효소멸할 때까지 기다린다는 것은 견디기 힘든 일이다. 특히 쌍무계약관계에서 계약 일방은 채권만 갖는 것이 아니라 채무도 아울러 부담하는데, 자기는 이미 채무를 이행한 상태에서 상대방이 채무를 이행하지 않을 경우 계속 상대방에게 채무이행만 청구하면서 한없이 기다리는 것도 불합리하다. 더욱 답답한 것은 상대방의 채무이행이 이미 불가능하게 되었는데도 상대방으로부터 債務免除(민법 제506조)를 받거나 쌍방의 채무가 시효로 소멸하기 전까지는 계약관계가 계속 존속해야 하는 경우이다. 이럴 때 해제를 통해 계약관계를 소급적으로 소멸시키고, 상대방에게 자기 급부한 것을 원상회복 받아 그것으로 다른 계약상대방에게서 대신 급부를 받는 것이 채권자에게는 더 유리하고 간편하다. 계약해제는 이로써 계약위반시에 법률관계를 매우 신속하고 간편하게 청산하는 기능을 발휘한다.

(4) 沿革

신의칙이 강조된 로마법에서는 계약의 법정해제제도가 인정되지 않고 다만 해제권유보, 합의해제나 손해배상책임만을 인정했다. 계약의무불이행시에 일반적으로 인정되는 법정해제권은 중세교회법에서 처음 받아들여졌으며, 나폴레옹민법전(제1184조)을 이어 1900년 독일민법전(제325조, 제326조)에서 약정해제권과 법정해제권의 양립이 이루어졌다. 참고로 프랑스민법은 해제권을 소권의 형식으로 파악하고 있으며, 법원의 판결에 의해서 해제의 효력이 발생하도록 하고 있다.

(5) 最近의 趨勢

유럽연합의 발족 이후 유럽민법이 통합되는 양상을 보이면서 해제법도 개혁의 대상이 되고 있다. 독일의 2002년 개정민법은 법정해제권과 약정해제권의 요건을 급부불이행, 계약에 맞지 않는 급부이행, 기타 의무의 본질적인 불이행으로 통합하고(민법 제323조, 제324조), 쌍무계약상 해제와 손해배상청구를 서로에게 영향이 없는 것으로 병립시켰으며(민법 제325조), 해제의 계약해소적 효과와 원상회복의 효과를 엄격히 분리하고, 원상회복 불가능시에는 가치에 따라 청산할 것을 규정했다. 우리 민법은 아직도 해제권의 요건이 사안별로 차별화되어 있어 이해하기에 간명하지 않고 복잡할 뿐 아니라 불완전이행의 경우 해제권의 인정 여부를 명확히 설명할 수 없다는 단점이 있다.

(6) 履行遲滯의 경우 解除權發生要件

계약상대방의 이행지체가 있어야 하나 이행지체한 상대방의 귀책사유는 추정되므로 상대방이 귀책사유 없음을 증명해야 한다(민법 제390조 단서). 일부의 이행지체는 계약의 목적을 달성할 수 없을 때에만 해제권을 발생시킨다. 그리고 해제를 하기 위해서는 상당한 기간 이행을 최고해야 한다. 여기서 최고는 민법 제387조 제2항의 이행청구와 같은 의미이다. 일단 이행의 청구를 한 상태라면 이행의 최고는 상당한 기간을 정한 단 한 번의 최고로 족하다. 상당한 기간은 급부의 성질, 거래사정 등을 고려하여 결정되며, 너무 짧은 기간만 주고 최고했다면 최고로서의 효력은 인정되지만 해제권은 적정한 기간이 지난 뒤에야 발생한다. 따라서 상당기간을 정하지 않고 한 최고도 유효하다. 또한 상대방은 상당한 기간 내에 이행이 없어야 한다. 해제권은 상당기간이 만료함으로써 발생하지만, 상대방이 그 전에 이행거절의 의사표시를 한 때에는 상당한 기간이 지나기 전에도 해제권이 발생한다. 만약 상당한 기간 내에 상대방이 변제를 제공하는 것은 물론 지체로 인한 손해까지 배상했다면 해제권은 발생하지 않는다.

(7) 定期行爲에 있어서 **解除權發生要件**

계약내용이 정기행위여야 한다. 정기행위란 계약의 성질에 의하여(絕對的 定期行爲) 또는 당사자의 의사표시에 의하여(相對的 定期行爲) 일정한 일시 또는 일정기일 내에 정확히 실현되지 않으면 그 계약의 목적을 달성할 수 없는 계약급부를 말한다. 예를 들어 결혼식을 올리는 신혼부부의 결혼장면을 비디오촬영하기로 한 급부, 장례식장에 화환을 보내기로 한 급부, 석가탄신일에 연등을 보내기로 한 급부는 먼저 앞당길 수도 없고 나중으로 미룰 수도 없으므로 전형적인 절대적 정기행위이다. 상대적 정기행위는 정확히, 틀림없이, 즉시라는 표현을 써서 계약을 체결한 경우 인정될 수 있는데 약정한 급부가 정기행위인지 여부는 채권자가 입증해야 하며 계약상대방이 정시에 이행을 하지 않아야 한다. 이때는 채권자가 催告를 하지 않아도 해제권이 발생한다. 채무자가 이행을 하지 않은 데 대한 귀책사유는 추정되므로, 귀책사유 없음은 채무자가 입증해야 한다. 상대적 정기행위의 경우는 채권자가 예외적으로 최고로써 해제권발생시기를 연기할 수도 있다.

(8) 履行不能의 경우 **解除權發生要件**

계약체결 후 이행이 불가능하게 되어야 하는데 불능 여부는 사회거래관념에 따라 결정된다. 예를 들면 목적물이 소실되거나 완전 파손되는 경우가 있다. 이행이 불가능하게 된 데 대한 채무자의 귀책사유는 추정되므로, 채무자가 귀책사유 없음을 입증해야 한다(민법 제390조 단서). 급부가 일부분에 대해서만 불능하게 된 경우에는 급부가 가분적인가를 따져서 일부해제 여부를 검토해야 한다. 급부가 가분적이고 나머지 부분만으로도 계약의 목적을 달성할 수 있는 경우라면 불능부분에 대해서만 해제할 수 있다. 그러나 이행의 최고는 할 필요가 없다. 이미 이행이 불가능하게 된 이상 그것만으로도 채권자는 해제권을 갖게 되기 때문이다. 또한 이행기 전에 불능이 되었다고 하더라도 이행기를 기다릴 필요 없이 채권자는 해제권을 갖게 된다. 특히 채무자가 귀책사유 없음을 입증했다고 하더라도 채무자의 이행지체 중에 급부가 불가능하게 되었다면 이는 채무자의 귀책사유로 인한 불능으로 본다.

(9) 不完全履行의 경우 解除權發生要件

불완전이행의 경우 해제권의 발생을 긍정하는 민법의 명문규정은 없으나 불완전이행이 민법 제390조에 포섭되는 채무불이행의 하나인 이상 불완전이행의 경우에도 해제권의 발생에 관한 민법 제544조~제546조 규정이 類推適用된다. 먼저 채무자가 이행행위를 하는 데 있어서 보관, 통지, 설명의무 등 부수적 주의의무나 보호의무를 위반했어야 한다. 예를 들어 컴퓨터를 인도하면서 사용설명을 제대로 하지 않아 매수인이 컴퓨터를 망가뜨린 경우, 의사가 약을 처방하면서 주의사항을 제대로 전달하지 않아 환자가 사망한 경우 등이다. 물론 대법원은 부수적 계약의무위반으로 인한 해제권을 인정하지 않으나, 부수적 계약상의 의무를 위반하지 않은 것(예를 들어 인도하기로 한 토지의 사용료를 제때 지불하지 않은 것)과 부수적 주의의무위반(설명의무 위반 등)은 구분해야 할 것이다.

그리고 하자담보책임에 관한 규정(민법 제570조 이하)은 특별규정으로서 존재하므로, 급부의무의 위반은 민법 제390조의 불완전이행에 해당하지 않는다. 예를 들어 작동이 자꾸 정지되는 냉장고를 인도하거나, 타인소유로 된 상가건물을 매도한 경우 등은 급부의무의 위반으로서 하자담보책임의 특별규정에 의해 규율된다. 물론 하자담보책임에 따르더라도 채권자는 계약을 해제할 수 있다(민법 제575조 제1항, 제580조). 업무활동계약(雇傭, 都給, 委任 등)에서 급부의무위반의 경우 하자담보책임의 규정(민법 제580조)을 준용하여 해결한다. 예를 들어 의사가 수술을 잘못하거나 변호사가 잘못된 법률정보를 제공한 경우 물건의 하자와 마찬가지로 보아 하자담보책임으로 해결한다. 따라서 급부의무의 불완전이행에 대해서는 민법 제390조나 제544조~제546조의 규정이 적용되는 것이 아니라 전적으로 민법 제575조 제1항, 제580조의 규정이 적용된다. 따라서 부수적 주의의무나 보호의무 위반으로 이행을 불완전하게 했다는 것만 입증하면 채권자는 해제권을 행사할 수 있다. 의무위반에 채무자의 귀책사유가 있었다는 것은 추정되므로, 귀책사유 없음은 채무자가 입증해야 한다.

(10) 債權者遲滯의 경우 解除權發生要件

1) 債權者遲滯의 法的 性質

대개의 경우 채권자는 채무자가 제공한 급부를 수령해야 하지만 이는 주된 급부의무가 아니며 단지 급부내용의 제대로 된 실현을 위해 급부에 대해 주의와 배려를 베풀어야 하는 부수적 주의의무로서만 수령의무는 채권자의 채무로서 인정될 수 있을 뿐이다. 따라서 채권자지체를 채무불이행에 있어서의 이행지체책임과 개념상 동일시해서는 안 되며, 일정한 차별화를 해 주는 것이 필요하다. 예를 들어 채권자가 급부수령의무를 불이행한 경우 채무자가 채권자의 채무불이행에 기해 손해배상을 청구하는 것은 가능하지만, 그 배상의 범위는 수령지체에 직결된 손해에 국한될 뿐이며, 따라서 그 배상의 액수는 주된 급부의무위반에 비해 소액에 불과하게 될 것이다.

2) 契約目的을 達成할 수 없을 것

단지 수령을 제때 한 번 하지 않았다고 해서 채무자에게 계약해제를 인정한다는 것은 가혹하다. 채권자의 수령의무위반이 계약목적달성에 중대한 장애를 초래한 것이 아닌 한 채무자에게 계약해제권이나 해지권은 인정되기 힘들다고 보아야 할 것이다(민법 제545조의 유추적용).

(11) 事情變更에 따른 解除權發生要件

1) 事情變更의 原則

계약의 성립시에 기초로 삼았던 사정이 그 후 화폐가치의 극심한 변동으로 당초에 정해진 계약내용을 그대로 유지, 강제하는 것이 신의칙상 부당한 결과를 가져오는 경우 계약내용을 개정하거나 계약관계를 해제하여 사정에 맞게 하는 것을 말한다. 그러나 판례는 이러한 사정변경에 의한 해제를 부정하고 있다.

(12) 解除權의 行使

1) 相對方에 대한 意思表示

해제권의 행사는 상대방에 대한 의사표시(민법 제543조 1항)로 한다. 중요한 거래에서는 대개의 경우 증거를 위해 내용증명 서면으로 해제권을 행사한다. 해제의 의사표시는 상대방에게 도달하여 그 효력이 발생한 뒤에는 철회할 수 없다(민법 제543조).

2) 條件과 期限禁止

모든 형성권에 있어서와 마찬가지로 채권관계의 명확화를 위해서 일방적 의사표시인 해제의 의사표시에는 조건이나 기한을 붙이지 못한다. 법률관계를 확정적으로 소멸시키는 의사표시에 조건기한을 붙이는 행위는 권리의 성질에 반할 뿐 아니라 상대방을 불확정한 상태에 두어 불리한 지위에 있게 하기 때문이다. 참고로 최고기간 내에 이행하지 않을 경우, 즉 불이행을 정지조건으로 한 해제의 의사표시는 본래에 있어서 조건은 아니다.

3) 解除의 取消

해제의 의사표시는 철회되지 못하지만, 의사표시 본래의 하자, 무능력의 원인이 있을 경우 취소할 수 있다.

4) 行使의 自由

채권자에게 해제권이 발생하더라도 그 권리를 행사하지 않는 한 해제의 효력은 발생하지 않는다. 또한 해제권을 행사할 것인가는 해제권자의 자유이다.

5) 解除權行使前의 地位

해제권을 행사하기 전에는 계약관계가 아직 해소되지 않은 상황이다. 이때 채무자가 채무의 내용에 좇은 이행의 제공을 함으로써 해제권발생요건을 제거하면 채권자는 더 이상 해제권을 행사할 수 없고, 이행을 수령해야 한다.

6) 解除의 不可分性

계약당사자의 일방 또는 쌍방이 수인인 경우 해제의 의사표시는 그 전원으로부터 전원에 대하여 행사하여야만 그 효과가 발생한다(민법 제547조 제1항). 예를 들어 네 사람의 친구가 빌딩 하나를 공동으로 구입하기로 하고 대금까지 각자 나누어 지불하였으나, 나중에 알고 보니 빌딩이 매우 노후해서 쓰러지기 일보직전일 때 이 네 사람은 채무자의 불완전이행을 이유로 매매계약을 해제할수 있지만, 이때 채무자는 계약해제통지서를 받고 대금을 돌려주기 전에 채권자인 네 사람 전원의 서명을 요구할 수 있는 것이다. 만약 이때 개별적 해제를 인정하게 되면 법률관계가 복잡하게 되지만, 당사자가 원할 경우 계약자유의 원칙에 따라 개별적 해제의 특약을 인정할 수 있음은 물론이다. 한편 다수당사자의 계약에 있어서 해제권이 1인의 당사자에 대하여 시효 등의 이유로 소멸할때 다른 당사자에 대해서도 해제권은 소멸한다(민법 제547조 제2항).

7) 解除의 行使期間

특별한 의사표시가 없을 경우 해제권은 형성권이므로 10년의 제척기간에 걸린다. 그러나 법정해제권은 채무불이행을 전제로 하므로, 채무가 시효소멸해 버리면 자동적으로 행사기간도 만료된다.

(13) 解除의 效果

1) 契約으로부터의 解放

본래 계약의 특별구속관계에서 해방되는 것은 당사자의 이행, 변제를 통해서만 가능하나, 계약의 해제로써 당사자는 이행하지 않고서도 계약의 특별구속으로부터 해방된다. 따라서 아직 이행하지 않은 채무는 소멸한다.

2) 原狀回復

이미 상대방에게 이행한 것은 돌려받아야 하고, 이미 상대방에게서 수령한 것은 다시 돌려줘야 한다(민법 제548조 제1항 본문). 이때 원상회복의무는 부당이득반환의무와 성질이 비슷하지만, 선의일지라도 현존하는 것만 반환하는 것이 아니라(민법 제748조 제1항) 상대방에게서 받은 모든 것을 반환해야 하고, 이미 다른 사람에게 양도했을 때는 그 가액이라도 반환해야 한다는 점에서 부당이득과 다르다. 이런 점에서 계약이 해제되었다고 하더라도 완전히 해소되는 것이 아니라 이미 이행된 것이 있을 때에는 그 동일성을 유지하면서 청산관계로 변경된다고 해석하는 것이 타당할 것이다.

3) 物權의 自動的 變動

동산이나 부동산이 이미 상대방에게 이전되어 등기까지 마쳐졌다 하더라도 해제의 효과가 발생하면 상대방에게 이전되었던 권리가 당연히 원권리자에게로 복귀한다. 원인행위의 무효, 취소와 마찬가지로 해제에 대해서도 우리나라 법원은 물권행위의 有因性을 인정하는 것이다.

4) 第3者의 保護

그러나 해제의 효과는 제삼자(給付目的物의 轉得者)의 권리를 해하지 못한다 (민법 제548조 제1항 단서). 여기서 제삼자는 선의의 제삼자뿐 아니라 악의의 제삼자도 포함된다. 다시 말해 원인행위의 무효나 취소가 선의의 제삼자 이외 나머지 사람들에게는 모두 대항할 수 있는 것인 반면(민법 제108조 제2항, 제109조 제2항, 제110조 3항), 해제는 선의의 제삼자는 물론이고 악의의 제삼자에 대해서도 전혀 대항할 수가 없는 것이다. 이런 측면에서 해제는 취소에 비해 매우 약한 효력만을 가지며, 판례의 입장대로 해제로 인해 물권이 자동적으로 복귀된다 하더라도 그것이 거래의 안전을 위협하지는 않게 된다. 한편 급부 목적물의 전득자가 아닌 채권 자체의 전득자는 여기서 제산자의 범위에 포함되지 않는다.

5) 同時履行

계약의 해제로 인하여 각 당사자가 부담하는 원상회복의무는 원래의 계약적 채무와 동일성을 유지하기 때문에 동시이행의 관계에 있다(민법 제549조, 제536조). 특히 부동산거래를 진행함에 있어 상대방이 계약을 이행하지 않는 경우에 계약을 해제하거나 지체에 따른 손해배상청구를 할 수 있는데, 이를 위해서는 동시이행관계에 있는 자신의 의무를 이행제공하는 것이 원칙적으로 반드시 필요하다. 이 짐을 간과해서 큰 손해를 입는 경우가 적지 않아 관련된 판결을 살펴보면 다음과 같다.

"동시이행의 관계에 있는 쌍무계약에 있어서 상대방의 채무불이행을 이유로 계약을 해제하려고 하는 자는 동시이행관계에 있는 자기 채무의 이행을 제공하여야 하고, 그 채무를 이행함에 있어 상대방의 행위를 필요로 할 때에는 언제든지 현실로 이행을 할 수 있는 준비를 완료하고 그 뜻을 상대방에게 통지하여 그 수령을 최고하여야만 상대방으로 하여금 이행지체에 빠지게 할 수 있는 것이며 단순히 이행의 준비태세를 갖추고 있는 것만으로는 안 된다."[436]고 판시하여, 동시이행관계에 있는 의무의 이행제공원칙을 분명히 하고 있다. 물론, 이런 원칙을 엄밀하게 고수하게 되면 계약을 이행하지 않는 불성실한 당사자에 비해 계약을 성실하게 이행하려는 당사자에게 오히려 불리한 결과가 생길 수 있어 형평성의 차원에서 이행제공의무의 정도를 탄력적으로 해석하고 있다.

첫째, 쌍무계약에 있어서 일방 당사자의 자기 채무에 관한 이행의 제공을 엄격하게 요구하면 오히려 불성실한 상대 당사자에게 구실을 주는 것이 될 수도 있으므로 일방 당사자가 하여야 할 제공의 정도는 그 시기와 구체적인 상황에 따라 신의성실의 원칙에 어긋나지 않게 합리적으로 정하여야 하고, 매수인이 계약의 이행에 비협조적인 태도를 취하면서 잔대금의 지급을 미루는 등 소유권이전등기서류를 수령할 준비를 아니한 경우에는 매도인으로서도 그에 상응한 이행의 준비를 하면 족하다 할 것인바, 매도인이 법무사사무소에 소유권이전등기에 필요한 대부분의 서류를 작성하여 주었고 미비된 일부 서류들은 잔금지급 시에 교부하기로 하였으며 이들 서류는 매도인이 언제라도 발급받아 교부할 수 있다면 매도인으로서는 비록 일부 미비된 서류가 있다 하더라도 소유권이전등기의무에 대한 충분한 이행의 제공을 마쳤다고 보아야 할 것이고, 잔대금 지급기일에 이를 지급하지 않고 계약의 효력을 다투는 등 계약의 이행에 비협조적이고 매도인의 소유권이전등기서류를 수령할 준비를 하지 않고 있던 매수인은 이 점을 이유로 잔대금지급을 거절할 수 없다.[437]

둘째, 쌍무계약인 부동산 매매계약에서 매도인이 매수인에게 지체의 책임을 지워 매매계약을 해제하려면 매수인이 이행기일에 잔대금을 지급하지 아니한 사실만으로는 부족하고, 매도인이 소유권이전등기신청에 필요한 일체의 서류를 상대방이 수리할 수 있을 정도로 준비하여 그 뜻을 상대방에게 통지하여 수령

---

436) 大判 2008.4.24. 2008다3053, 3060.
437) 大判 2001.12.11. 2001다36511.

을 최고함으로써 이를 제공하여야 하는 것이 원칙이고, 또 상당한 기간을 정하여 상대방의 잔대금채무이행을 최고한 후 매수인이 이에 응하지 아니한 사실이 있어야 하는 것인데, 매수인이 계약의 이행에 비협조적인 태도를 취하면서 잔대금의 지급을 미루는 등 소유권이전등기서류를 수령할 준비를 아니한 경우에는 매도인으로서도 부동산매도용 인감증명서를 발급받아 놓고 인감도장과 등기권리증 등을 준비하여 잔대금수령과 동시에 법무사 등에 위임하여 소유권이전등기신청행위에 필요한 서류를 작성할 수 있도록 준비하였다면 이행의 제공은 이로써 충분하다.[438)]

셋째, 임대차계약의 종료에 의하여 발생된 임차인의 임차목적물 반환의무와 임대인의 연체차임 등을 공제한 나머지 임대차보증금의 반환의무는 동시이행관계에 있으므로, 임대인이 나머지 임대차보증금의 반환의무를 이행하거나 적법한 이행제공을 하여 임차인의 동시이행항변권을 상실시키지 아니한 이상, 임차인이 임차목적물반환의무를 이행하지 아니하고 임차목적물을 계속 점유하고 있다고 하더라도 임차인은 임대인에 대하여 임차목적물반환의무의 이행지체로 인한 손해배상책임을 지지 아니한다.[439)]

넷째, 임차인의 임차목적물 명도의무와 임대인의 보증금 반환의무는 동시이행의 관계에 있다 하겠으므로, 임대인의 동시이행의 항변권을 소멸시키고 임대보증금 반환 시체책임을 인정하기 위해서는 임자인이 임대인에게 임차목적물의 명도의 이행제공을 하여야만 한다 할 것이고, 임차인이 임차목석물에서 뢰거하면서 그 사실을 임대인에게 알리지 아니한 경우에는 임차목적물의 명도의 이행제공이 있었다고 볼 수는 없다.[440)]

다섯째, 부동산매매계약에 있어서 매수인이 잔대금지급기일까지 그 대금을 지급하지 못하면 그 계약이 자동적으로 해제된다는 취지의 약정이 있더라도 특별한 사정이 없는 한 매수인의 잔대금지급의무와 매도인의 소유권이전등기의무는 동시이행의 관계에 있으므로 매도인이 잔대금지급기일에 소유권이전등기에 필요한 서류를 준비하여 매수인에게 알리는 등 이행의 제공을 하여 매수인으로

---

438) 大判 2007.6.15, 2007다4196.
439) 大判 1998.5.29, 98다6497.
440) 大判 2002.2.26, 2001다77697.

하여금 이행지체에 빠지게 하였을 때에 비로소 자동적으로 매매계약이 해제된다고 보아야 하고 매수인이 그 약정기한을 도과하였더라도 이행지체에 빠진 것이 아니라면 대금미지급으로 계약이 자동해제된 것으로 볼 수 없다. 그러나 매도인이 소유권이전등기소요서류를 갖추었는지 여부를 묻지 않고 매수인의 지급기일 도과사실 자체만으로 계약을 실효시키기로 특약을 하였다고 볼 특별한 사정이 있는 경우로서 의와 같은 약정에 따라 매수인이 잔금지급기일까지 잔금을 지급하지 아니함으로써 매매계약이 자동적으로 실효되었다[441]고 판시한 사례도 있기 때문에 결국 계약진행에 있어 불이익을 입지 않기 위해서는 동시이행관계에 있는 자신의 의무를 이행 제공하는 정도에 관해 충분히 숙지해야 할 필요가 있다.

6) 損害賠償

계약의 해제는 채무불이행에 기한 손해배상의 청구에 영향을 미치지 않는다(민법 제551조). 계약관계가 완전히 해소된 것이 아니라 다만 청산관계로 성질이 변경된 것에 불과하기 때문이다. 따라서 계약을 해제하여 기존의 모든 채권과 채무가 다 없어졌다고 하더라도 채무불이행에 기해 손해배상을 청구하는 것은 여전히 가능하다. 예를 들어 계약상대방의 이행지체로 막대한 정신적, 물질적 손해를 입었을 때 계약을 해제하는 것만으로 문제를 마무리할 수는 없다. 계약해제와 별도로 민법 제390조, 제393조에 기해 당연히 손해배상을 청구할 수 있어야 한다. 물론 면제받은 급부의 가치 및 반환받은 급부의 가치는 손해배상액에서 공제된다.

7) 保證債務의 存續

원래의 채무에 대한 보증인은 해제 이후의 원상회복의무 및 손해배상의무에 대해서도 여전히 보증인이다. 원상회복의무와 손해배상의무는 원래의 계약적 채무와 동일성을 유지하기 때문이다.

---

441) 大判 1994.9.9, 94다8600.

(14) 解除權의 消滅

1) 一般的 消滅原因

해제권은 형성권이므로 특약이 없으면 10년의 제척기간에 걸린다(민법 제146조). 그 밖에 해제권자가 명시적, 묵시적으로 포기의 의사표시를 하거나(예를 들어 이행의 제공), 장기간 해제권을 행사하지 않은 경우에도 해제권은 소멸한다.

2) 特有한 消滅原因

① 相對方의 催告

해제권의 행사기간을 정하지 않은 경우 상대방은 상당한 기간을 정하여 해제권자에게 해제권의 행사 여부를 최고할 수 있다. 그 기간 내에 상대방이 해제의 통지를 받지 못하면 해제권은 소멸한 것으로 본다(민법 제552조).

② 返還對象目的物의 毀損, 滅失

해제권자의 고의 또는 과실로 계약의 목적물을 현저히 훼손하거나 반환할 수 없게 된 때 또는 加工이나 改造로 인하여 다른 종류의 물건으로 변경된 때 해제권은 소멸한다(민법 제553조). 꼭 해제권자의 고의 또는 과실로 인한 경우만이 아니라 불가항력에 의해 해제권자 또는 해제상대방이 점유하고 있는 목적물이 현저히 훼손, 멸실된 때에도 해제권은 소멸한다고 보아야 할 것이다. 해제권자 입장에서 해제권을 행사할 실익이 없어지거나, 신의칙상 공평의 원리에 반하기 때문이다.

③ 解除權消滅의 不可分性

당사자 일방 또는 쌍방이 수인인 경우 1인에 대해 해제권이 소멸하면 다른 모든 자에 대한 관계에 있어서도 소멸한 것이 된다(민법 제547조 제2항).

3. 解止

(1) 意義

이미 이행이 시작된 계속적 계약관계[442]에 있어서 당사자의 일방적 의사표시에 의해 기존의 계약효력은 그대로 있고 장래에 대해서만 계약효력이 소멸되는 것을 말한다. 장래에 대해서만 효력을 갖고 소급효, 원상회복의무가 없다는 점에서, 계약발생시점까지 소급해서 효력을 갖는 해제, 취소와 구별된다.

(2) 解止의 自由

기간을 정하지 않은 계속적 채권관계의 경우 당사자는 원칙적으로 언제든지 해지를 할 수 있는 자유를 갖는다. 물론 고용계약이나 결혼계약과 같이 인간의 삶에 매우 중대한 의미를 갖는 계속적 계약이나 조합계약과 같이 공동적 목적 사업을 전제하는 계속적 계약의 경우에는 일정한 사유가 있어야 해지가 가능하며(민법 제840조, 제716조 단서), 임대차계약, 고용계약과 같이 새로운 계약체결을 위해 일정한 시간을 필요로 하는 계약인 경우에는 해지 후 일정한 기간이 경과해야 효력을 발생시키는 제한이 있다(민법 제635조 제2항, 제660조 제2항). 기간을 정한 계속적 채권관계에 있어서는 그 기간이 만료되면 채권관계가 당연히 종료된다.

(3) 解止權의 發生

1) 約定解止
당사자 사이의 약정으로 해지권을 유보할 수 있다(민법 제636조).

2) 法定解止
해지권은 법률의 규정에 의해서도 발생할 수 있다. 즉 使用貸借의 경우 민법 제610조 제3항, 賃貸借의 경우 민법 제625조, 제627조 제2항, 제629조 제2항,

---

442) 임대차, 고용, 조합, 은행예금계약 등.

제637조 제1항, 제636조, 雇傭의 경우 민법 제657조 제3항, 제658조, 委任의 경우 민법 제689조 제1항, 組合의 경우 민법 제716조에서 법정해지권을 부여하고 있다. 또한 법정해제에 관한 민법 제544조(이행지체와 해제), 민법 제546조(이행불능과 해제)의 규정도 해지의 경우에 유추적용되어 계속적 계약관계의 상대방이 이행지체, 이행불능, 불완전이행을 하였을 경우에도 해지권을 행사할 수 있다.

(4) 解止權의 行使

해제권과 마찬가지로 해지권도 형성권이므로 상대방에 대한 일방적 의사표시에 의하여 행사하며(민법 제543조 제1항), 10년의 제척기간에 걸린다(민법 제146조). 그리고 해지의 의사표시가 상대방에게 도달하면 철회는 불가능하다(민법 제543조 제2항). 당사자의 일방 또는 쌍방이 여럿인 경우 해지권의 행사는 전원으로부터 전원에 대하여 하여야 한다(민법 제547조 제1항).

(5) 解止의 效果

1) 將來에 대해 契約關係의 解消

해지는 해제와 달리 장래에 대해서만 효과가 미친다. 따라서 해지익 효과가 발생하기 전에 이미 이행된 급부는 그대로 유효하고 원상회복관계는 발생하지 않는다. 다만 사용대차나 임대차관계에서는 차주 또는 임차인이 목적물을 반환하여야 한다.

2) 一定期間以後의 效力發生

고용이나 임대차와 같이 새로운 계약체결을 위해 일정한 시간을 필요로 하는 계약의 경우 일정한 기간이 경과된 후에야 해지의 효력이 발생한다(민법 제635조, 제660조). 그러나 당사자의 신뢰관계를 근본적으로 깨뜨리는 행위를 한 상내방에 내해서는 예외적으로 즉각적인 효력발생도 가능하다. 예를 들어 임차인이 임대인의 동의를 얻지 않고 임차권을 제삼자에게 양도하거나(민법 제629조 제2항), 사용자가 노무자에게 약정하지 않은 노무의 제공을 요구하는 경우(민법 제658조 제1항) 임대인 또는 노무자는 해지의 효력을 즉시 발생하게 할 수 있다.

3) 損害賠償

해제와 마찬가지로 해지 역시 손해배상의 청구에 영향을 미치지 않는다(민법 제551조). 따라서 해지의 원인이 된 채무불이행에 대해서는 해지 여부에 상관 없이 손해배상을 청구할 수 있고, 부득이한 사유 없이 특별히 상대방에게 불리한 시점에 해지를 함으로써 상대방에게 심각한 손해를 발생케 하거나 손해를 증가시키는 경우에는 민법 제689조 제2항의 유추적용에 따른 손해배상청구권을 인정할 수 있다. 한편 사용대차나 임대차관계에서는 해지 이후 목적물의 반환이 지체된 것을 이유로 해서 손해배상을 청구할 수도 있다.

第6節 讓渡處分契約

1. 贈與

(1) 意義

당사자 일방이 무상으로 재산을 상대방에게 수여하는 의사를 표시하고 상대방이 이를 승낙함으로써 성립하는 계약을 말한다(민법 제554조). 寄附金契約, 寄贈契約, 獎學金授與契約 등이 모두 이에 해당한다.

(2) 法的 性質

증여는 계약이므로 단독행위인 유증과 다르다. 계약 중에서도 편무, 무상계약이라고 할 수 있다. Savigny는 증여의 무상성, 즉 당사자 간에 대가관계에 의한 구속관계(채권의 일반형식)가 없다는 근거에서 증여를 계약으로 다루지 않고 출연의 방식(Modus einer Zuwendung)으로서 민법총칙에 다루었지만, 증여가 당사자의 합의를 전제로 한다는 점에서 계약에 포함되어야 하는 것은 당연하다.

1) 法的 行爲

증여는 법적 계약이므로 호의행위와 다르다. 예를 들어 잔치나 파티에 초대하기로 해 놓고 깜빡 잊었다고 하여 한 끼 식대만큼의 손해배상을 해야 하는 것은 아니다. 또한 형제자매 간, 부모자식 간, 친족 간의 증여는 대개의 경우 친자관계, 친족관계의 문제이지 증여가 아니다. 따라서 부모나 친척이 대학 학비를 대 주겠다고 하고서 나중에 이 약속을 어겼다고 하더라도 이에 대해 법적으로 이행을 청구하는 것은 인정되지 않는다. 그 밖에 교회나 성당에 대한 헌금약정도 종교와 속세규범 간에 존재하는 기본적 관계를 생각해 봤을 때 법적 효력을 부여하기는 곤란하다고 봐야 할 것이다.

2) 無償性의 原則(Unentgeltlichkeitsprinzip)

독일민법은 상대방이 대가를 부담한 경우 이는 증여가 아니라 한다. 반면 우리나라 민법은 일방의 증여에 대하여 상대방이 어떤 대가를 부담하고 있을 경우 이를 증여로 볼 것이냐에 대하여 유상, 무상성의 기준은 당사자의 의사에 따라 결정되어야 한다고 본다.

(3) 贈與의 客體

증여의 객체로서는 증여자의 출연으로 수증자의 재산을 증가시키는 것이면 무엇이고 그 목적이 될 수 있다. 예를 들어 소유권, 채권, 무체재산권 등은 물론이고, 기존의 재산권의 양도, 제한물권의 설정, 채무면제, 무상의 노무제공도 모두 증여의 객체가 될 수 있다. 독일민법은 증여의 객체가 증여자 자신의 재산이어야 한다고 규정하고 있지만, 우리 민법은 타인의 물건도 증여의 목적으로 할 수 있다고 본다.

(4) 贈與의 動機

증여의 동기는 원칙적으로 묻지 않는다. 그동안 사귀던 남자, 사귀던 여자를 떼어 버리기 위해 자동차 한 대를 사주기로 약속했다 하더라도, 어느 이익단체가 정치인에게 로비할 목적으로 매월 그의 사무실 운영자금을 내주기로 약속했다 하더라도, 어느 재벌이 거액의 탈세를 목적으로 아들에게 회사의 전망 좋은 우량주만 골라 무상양도했다 하더라도 증여계약 그 자체는 유효하게 성립한다. 그러나 일주일간 잠자리를 같이해 준 대가로 백만 원을 약속하거나, 아들의 부정입학을 대가로 대학기부금을 약속하는 행위는 명백히 계약내용 자체가 선량한 풍속과 사회질서에 위반하므로 계약 자체가 무효화된다(민법 제103조).

(5) 贈與의 條件

증여에 정지조건 내지 해제조건을 달 수도 있다. 예를 들어 약혼예물은 파혼을 해제조건으로 하는 증여인데, 혼전증여로서 유효하게 인정된다. 참고로 약혼예물을 교환해 놓고 한 사람의 귀책사유로 파혼이 된 경우 귀책당사자는 약혼예물의 반환청구권을 갖지 못하며, 자기가 받은 약혼예물만 돌려줘야 한다. 다만 일방의 사망으로 파혼이 된 경우에는 쌍방 모두에게 약혼예물의 반환의무가 인정되지 않는다(독일민법 제1301조 단서).

(6) 契約의 成立

당사자의 의사합치로 계약이 성립한다. 다만 사양을 미덕으로 아는 우리나라의 관습상 수증자의 침묵은 낙약의 의사표시로 본다(민법 제1077조 제2항의 유추적용).

(7) 贈與의 方式

한편 우리 민법은 증여계약의 방식을 요구하지 않고, 다만 민법 제555조에서 증여의 의사가 서면으로 표시되지 아니한 경우에는 각 당사자는 이를 해제할 수 있음을 규정했다. 그러나 독일민법은 제518조에서 "증여에 의하여 급부할 것을 약정하는 계약이 유효하기 위해서는 그 약정에 관하여 법원 또는 공증인의 증서작성이 있어야 한다.”고 규정하고 있고, 프랑스민법은 제931조에서 “생전증여에 관한 모든 증서는 공증인 입회하에 일반 계약서식에 따라 이를 작성한다.”고 규정하고 있다. 입법정책상 우리 민법도 무상의 증여계약, 일방적 손실의 부담인 보증, 채무의 이행약속 등은 모두 요식계약으로 했어야 했다고 본다. 우리나라는 실무에서 인감증서가 이러한 요식성의 기능을 담당하고 있다고도 하겠다.

(8) 現實贈與(Realschenkung)

계약과 동시에 이행하는 증여를 현실증여라 한다. 각종의 성금, 걸인에 대한 적선, 구세군냄비에 돈 넣기 등이 이에 해당한다. 물권계약이냐 채권계약이냐 논의가 있으나 우리 민법상 물권행위의 독자성을 인정치 않으므로 채권계약이 물권계약과 동시에 성립한다고 봄이 타당하다. 참고로 물권행위의 독자성을 인정하는 독일민법은 원인행위와 그의 물권적 이행행위를 엄밀히 구별하고 있다.

(9) 贈與의 效果

1) 契約의 一般的 效力

약정한 채무(무상의 기부)를 이행해야 하고 그 채무를 불이행했을 때에는 손해를 배상해야 한다(민법 제390조).

2) 贈與者의 瑕疵擔保責任

그러나 증여자는 증여한 목적물에 하자가 있더라도 이에 대한 책임이 없다(민법 제559조 제1항). 다만 증여자가 그 하자를 알고서도 이를 고시하지 않았을 때에는 담보책임을 부담한다(민법 제559조 제1항 단서). 따라서 신뢰손해를 배상해야 하며, 만약 주의의무나 보호의무를 위반했을 때에는 담보책임이 아니라 불완전이행책임을 부담하여 수증자에게 발생한 전 손해를 배상해야 한다(예를 들어 상한 음식을 악의로 증여한 결과 수증자가 음식을 먹고 식중독으로 입원하거나 사망한 경우). 그러나 수증자도 하자를 알고 있었을 때에는 증여자가 담보책임을 부담하지 않는 것이 당연하다. 수증자가 하자담보책임에 기해 권리를 행사할 수 있는 기간은 1년이다(민법 제575조 제3항).

(10) 負擔附贈與(Schenkung unter Auflage)

1) 意義

수증자가 증여를 받는 동시에 일정한 부담, 즉 일정한 급부를 하여야 할 채무를 부담하는 증여이다. 여기서 부담은 목적물수령의 대가를 의미하는 것이 아니라 그 몫을 타인과 배분하라는 의미를 갖는 증여계약의 부관이다.

2) 效力

① 贈與者가 給付障碍를 일으킨 경우

부담부증여는 쌍무, 유상계약이 아니지만 부담의 한도에서 증여자는 매도인으로서의 담보책임을 부담한다(민법 제561조, 제559조 제2항). 그리고 수증자는 부담의 범위 내에서 동시이행의 항변권(민법 제536조)도 행사할 수 있으며, 위험부담의 규정(민법 제537조)에 따라 증여자가 귀책사유 없이 채무를 불이행하게 되었을 때 자기 부담의 이행도 거절할 수 있다.

② 受贈者가 負擔을 履行하지 않은 경우

비록 수증자의 부담은 증여자의 급부의무에 대가적 의미를 갖는 것이 아니지만, 수증자가 부담을 이행하지 않을 경우 증여자는 증여계약을 해제하고 자기가 증여한 목적물의 반환을 청구할 수 있다(민법 제544조~제546조).

③ 受益者(第3者)의 權利

부담부증여는 많은 경우 제삼자를 위한 계약으로 해석될 수 있다. 따라서 수증자가 부담에 의해 급부를 해야 할 급부를 받을 자는 제삼자를 위한 계약에서 수익자로 해석할 수 있다. 만약 이 부담이 공익을 위해 행하여진 경우 수익자인 당국은 수증자에게 부담의 이행을 청구할 수 있다. 공익이 아닌 경우라 하더라도 의사표시해석에 따라 수익자는 이행청구권을 가질 수 있다.

(11) 定期贈與

일정한 시기를 정하여 정기적으로 재산을 수여하는 증여를 말한다. 종신정기금, 연금계약 등이 여기에 해당하며, 성질상 계속적 계약관계이다. 그리고 정기증여는 증여자 또는 수증자의 사망으로 효력을 상실한다(민법 제560조). 그러나 연금계약에서 대개의 경우 수증자의 사망으로 계약의 효력이 바로 상실되지는 않으며, 수증자의 배우자가 계속해서 자기 사망시까지 기존연금의 50%를 받는 게 보통이다.

(12) 死因贈與

증여자의 사망으로 효력이 발생하는 증여를 말한다. 증여자가 생전에 계약을 체결하지만, 그 효과는 증여자의 사망을 정지조건으로 해서 발생한다. 그리고 死因贈與에 대해서는 유언의 단독행위적 성격에 관한 것이 아닌 한 유증에 관한 규정이 준용된다(민법 제562조, 제1078조). 따라서 유증의 방식에 관한 민법 제1065조 내지 제1072조는 遺贈이 단독행위임을 전제로 하는 것인 이상, 계약인 사인증여에는 적용되지 않는다. 또한 包括的 受贈者에게 상속인과 동일한 권리 의무를 인정하는 민법 제1078조가 포괄적 사인증여에도 준용된다고 해석하면 낙성·불요식의 증여계약인 포괄적 사인증여와 엄격한 방식을 요하는 단독행위인 포괄적 유증이 동일한 효과를 갖게 되는 부작용을 불러올 것이다. 따라서 민법 제1078조 역시도 사인증여에는 준용되지 않는다고 해석해야 할 것이다.

(13) 贈與의 解除

1) 契約一般的 解除要件

증여자의 이행이 불능하게 되거나 증여자가 이행을 지체한 경우 수증자는 법률관계를 단순하게 하기 위하여 증여계약을 해제할 수 있다(민법 제544조, 제546조). 증여자가 하자 있는 물건을 증여한 경우 수증자는 계약을 해제하고 증여자에게 거추장스러운 물건을 도로 가져가라고 청구할 수 있다. 또한 수증자가 수령을 지체할 경우에도 증여자는 계약을 해제하고, 수증자의 이행청구를 봉쇄할 수 있다.

2) 書面에 의하지 않은 贈與契約의 解除

서면에 의하지 않고 單純口述에 의해 증여의 약속을 했을 경우에는 계약을 해제하고, 수증자의 이행청구를 봉쇄할 수 있다(민법 제555조). 증여자의 경솔한 행동을 막고 증여의사를 명확히 하기 위해서이다.

3) 忘恩行爲에 의한 贈與契約의 解除

수증자가 증여자 또는 그 배우자나 직계혈족에 대하여 범죄행위를 한 때, 그리고 負擔附贈與에서 부담을 이행하지 않을 경우 증여자는 증여계약을 해제하고, 수증자의 이행청구를 봉쇄할 수 있다(민법 제556조 제1항). 수증자가 증여사실을 알고 그런 행위를 했건 모르고 했건 간에 상관이 없다. 증여계약의 시혜적 성격을 감안한 것으로서, 사실상 사정변경에 의한 해제권의 발생을 증여계약에 한해 인정하는 셈이다.

4) 贈與者의 財産狀態惡化에 따른 贈與契約의 解除

증여계약 후에 증여자의 재산상태가 현저히 변경되고 그 이행으로 인하여 생계에 중대한 영향을 미칠 경우 증여자는 증여계약을 해제할 수 있다(민법 제557조). 여기서 생계의 곤란은 증여자의 사회적 사정에 따라 결정되어야 한다.

5) 이미 履行한 部分에 대한 例外

서면불비, 수증자의 망은행위, 증여자의 재산상태 악화로 인한 해제는 이미 이행한 부분에 대해서 영향을 미치지 않는다(민법 제558조). 여기서 이행은 동산의 현실인도, 간이인도, 점유개정, 반환청구권양도, 부동산의 점유이전 및 등기를 말하므로, 아직 이전등기 안 된 부동산에 대해서는 증여자의 해제를 통한 반환청구가 가능하다. 다만 재단법인설립을 위한 출연의 경우(민법 제48조) 법인이 성립된 때로부터 등기 없이도 물권이전의 효력이 발생하니 주의해야 한다. 또한 증여의 중요 부분이 이미 이행된 경우 잔부만의 해제는 허용되지 않는다. 양적으로나 질적으로 중요 부분이 이행되었고 잔부에 대하여 해제할 수 있느냐는 구체적 급부성질에 따라 결정해야 한다.

2. 賣買

(1) 意義

매도인이 일정한 목적물을 매수인에게 이전하고 그 대가로서 매수인은 일정한 대금을 지급할 것을 약정하는 계약을 말한다.

(2) 法的 性質

당사자 간의 의사의 합치만으로 성립하는 낙성계약으로서, 계약목적물의 소유권이전과 대금의 지불은 매매계약의 이행에 불과하다. 또한 목적물의 소유권이전과 대금의 지불이 서로 대가성을 갖는다는 점에서 유상계약이며, 양 채무가 상환적 관계를 갖는다는 점에서 쌍무계약이다. 매매는 유상계약 가운데에서 대표적인 계약이므로 매매에 관한 규정은 다른 유상계약에 준용된다.

(3) 社會的 機能

금전이 일반적 지불수단으로 기능하게 된 이래 매매는 시장경제하에서 가장 중추적인 법제도로서의 역할을 수행해 왔다. 모든 자연자원은 바로 이 매매라는 법적 제도의 바탕 위에서 비단 사용가치뿐만이 아니라 금전과의 교환가치를 지닌 재화로서도 평가받게 되었고, 모든 인간활동은 상품, 더 나아가 수량화된 물적 가치를 창출해 내기 위한 노동의 형태로 변화발전하였다. 이렇게 상품과 교환되는 금전의 수량적이고 추상적인 특성으로 인해 매매는 경제주체의 수학적이고 과학적인 판단 및 결정을 가능하게 하였으며, 이러한 분야에서 능력을 인정받거나 지위를 세습받고 중개기능을 전담함으로써 자원을 배분하는 상인계급, 나아가 자본가계급을 탄생시켰다. 이런 이유로 매매를 흔히 소유권과 함께 자본주의 시장경제 법제도의 양축이라고 부른다. 그러나 인간의 모든 생산물이 그 사용가치 및 생산자의 인격적 존엄성을 떠나 이렇게 시장에서의 수요·공급상황 및 중개자의 정보조작에 따른 교환가치로서 평가되는 메커니즘은 그 결정과정에서 소외된 인간들이 결과적으로 자신의 노동가치만큼의 몫을 분배받지 못하게 되는 결과를 낳기도 했다. 마찬가지로 매매는 경제적 의사결정과정을 독점한 인간들이 결과적으로 아무런 자기 노동 없이 잉여를 착복하고 그로써 타인을 지배하게 되는 왜곡된 사회구조를 낳기도 했다.

(4) 賣買의 成立

1) 當事者間의 合意

매매목적물은 무엇으로 할 것인가, 대금은 얼마로 할 것인가에 대한 당사자 간의 합의가 있어야 한다. 매매의 목적물은 물건이나 재산적 권리이며, 장래에 성립하는 권리나 타인의 물건에 대해서도 매매계약체결이 가능하지만(민법 제569조), 처분이 금지된 것은 안 된다(민법 제103조).

2) 契約費用의 負擔

매매계약비용은 당사자 사이에 특별한 의사표시가 없는 한 당사자 쌍방이 균분하여 부담한다(민법 제566조). 물론 임의규정이므로 약정이 우선한다. 약정의 다음은 거래의 관행, 다음에 민법 제566조의 규정, 끝으로 신의성실(제2조)이 계약비용부담 여부를 결정하는 데 적용된다. 여기서 계약비용이란 계약을 체결함에 있어서 일반적으로 소요되는 비용을 말한다. 예를 들어 계약서작성 및 공증비용, 목적물 측량 및 평가비용, 전화 및 우편, 팩스비용 등이 이에 해당한다. 부동산등기비용과 같이 이행에 관한 비용은 계약비용에 포함되지 않는다. 참고로 중개인소개료, 목적물의 평가 및 감정비용, 계약서작성 및 공증비용, 등기비용은 우리나라에서 관습상 매수인이 부담한다. 물론 약정에 따라 매도인이 이를 부담할 수 있는 것도 당연하다. 그 밖에 계약비용은 계약체결상의 과실, 하자담보책임 등에 따른 신뢰이익의 배상시, 신뢰손해의 대표적인 예로서도 중요하다.

(5) 賣買의 豫約

1) 意義

장차 매매계약을 체결하기로 약속하는 계약을 말한다. 대개는 당사자를 고려함에 있어서 이들이 의도한 계약의 목적을 달성하기에는 사정이 법률상 혹은 사실상의 어떤 이유에서 아직 성숙하지 않았다고 인정될 경우 체결된다. 예를 들어 '원칙적인 합의만을 보았다.'가 그것이다. 또한 드물지 않게는, 돈을 빌리면서 담보로서 매매의 예약을 하고, 그로써 자기가 돈을 못 갚게 될 경우 대금을 상대방에게서 미리 받은 것으로 하고 자기가 갖고 있는 물건을 상대방에게 파는 형식으로도 체결된다.

2) 種類

예약에 기해 장래 본계약을 청약하는 경우 누가 승낙의무를 부담하는가에 따라 당사자 일방만이 부담하면 편무예약, 당사자 쌍방이 모두 부담하면 쌍무예약이라고 한다. 또한 당사자 일방만이 예약완결권을 가질 경우에는 일방예약, 당사자 쌍방이 모두 예약완결권을 가질 경우에는 쌍방예약이라 한다. 당사자 사이에 다른 약정이나 관습이 없는 한 매매의 예약은 일방예약으로서 추정된다(민법 제564조 제1항). 그리고 이 규정은 매매의 예약뿐 아니라 다른 모든 유상세약의 예약에 적용된디(민법 제567조).

3) 內容의 確定

일방예약인 경우 상대방이 본계약 체결을 거부하면 예약완결권자는 형성의 소로써 의사표시를 소구하고, 이 확정판결에 의해 의사표시에 갈음하여 계약은 성립된다. 그러나 예약에서 본계약의 구체적 내용이 명시되어 있지 않은 한 이 청구소송은 실효를 거둘 수 없다. 예를 들면 조합창설의 예약이나 상사합자회사, 부동산매매의 예약에서 대금, 지불조건, 인도일자 등 구체적 상황이 명시되지 않은 한 본계약의 체결을 소구한다는 것은 무의미하다. 물론 본계약 내용을 신의성실이나 거래의 관행에 의한 계약의 해석의 보충방법으로 본계약 내용을 보충할 수 있으나 그에도 한계가 있다. 따라서 본계약 내용이 구체화되지 않은 단순한 예약은 그 효력이 없다고 독일연방대법원은 판시하고 있다. 따라서 편무, 쌍무예약이냐 또는 일방, 쌍방예약이냐의 구별기준이 분명치 않을 경우, 본 계약의 기본적 내용만이 확정되었느냐(쌍방예약) 아니면 일방적 의사표시로 즉시 계약이 효력을 발생할 정도로 계약내용이 구체화되었느냐(일방예약)에 따라 위의 구별을 결정한다고 하겠다.

4) 方式

예약이나 選擇契約(Optionsvertrag)이나 본계약이 일정한 방식을 요구할 경우에는 이 편무예약이나 일방예약도 동시에 그 방식을 갖추어야 한다. 우리 민법에는 요식계약이라고 볼 만한 것이 없으므로 방식을 요구하는 편무예약이나 방식을 요구하는 일방예약은 없다고 하겠다.

5) 一方豫約의 法的 性質

통설은 일방예약이 예약권자의 완결의 의사표시를 조건으로 한 정지조건부매매라고 주장하는데, 이는 잘못된 견해이다. 이 정지조건부매매는 매매약관 중에 정지조건조항이 있을 경우에 해당되는 개념이나 일방예약 그 자체는 독립된 계약이다. 따라서 이 예약과 본계약은 효력에 있어서 완전히 별개의 계약으로서 차단된다. 즉 2개의 계약이 존재한다. 따라서 정지조건부계약은 본계약이 성립하였으나 그 효력발생을 일정한 조건의 성숙 여부에 따라 발생시키는 것이지 예약과는 상관이 없다. 마찬가지로 해제조건부계약도 같은 설명이 가능하다.

6) 豫約完決權

일방 또는 쌍방예약에 따라 당사자는 예약완결권을 가진다. 예약완결권은 형성권으로서 부동산물권변동에 관한 것일 때에는 등기부에 가등기할 수도 있다.[443] 또한 양도성이 있는데, 예약상대방의 승낙을 받거나 상대방에게 통지를 해야 상대방에게 대항할 수 있다. 예약상대방이 예약완결권자의 최고에도 불구하고 확답을 하지 않거나 본계약을 불능하게 만들었을 경우 예약완결권은 소멸하고(민법 제564조 제2항, 제3항), 그 대신 예약완결권자에게는 해제권과 손해배상청구권이 발생하는데, 이는 일방예약불이행으로 인한 것이 아니라 본계약불이행으로 인한 해제, 손해배상청구권이다. 예약완결권은 형성권이므로 10년

---

443) 不動産登記法 제3조.

의 제척기간이 걸린다.

(6) 契約金

계약을 체결할 때에 당사자 일방이 상대방에 대하여 교부하는 금전 기타의
유가물을 말한다. 이러한 금전의 교부는 매매에 그치지 않고, 임대차, 도급 등
모든 유상계약에 이용되고 있다. 계약금은 당사자 사이에 다른 약정이 없는 한
해제권의 유보를 위해 수수된 해약금으로 추정된다.

1) 法的 性質

이미 희랍법 및 동부지방법에서 계약금에 관한 규정을 찾아볼 수 있다. 이때
계약금은 매수인이 매도인에게 계약 전에 지불하는 돈으로서 매수인의 채무불
이행시 매수인은 계약금을 상실하고, 매도인의 채무불이행시 매도인은 계약금
의 2배액을 반환해야 하는 것이다(損害賠償의 豫約). 동로마의 유스티니아누스
대제도 계약해제권을 유보한 違約金[444]으로 계약금을 파악했다. 우리나라 민법
도 이러한 태도를 취하고 있다(민법 제565조 제1항). 그 밖에 고전기 로마법에
서는 계약금을 단순한 계약체결의 증거로서 파악했으며, 이러한 태도는 독일민
법(제337조)과 스위스민법에 계수되고 있다.

2) 解除權의 留保

이행에 착수할 때까지 교부자는 지급분을 포기하고 수령자는 배액을 상환하여

---

[444] 부동산거래의 요체는 결국은 약속, 즉 계약이라고 할 수 있다. 그럼에도 불구하고, 우리 부동산거래 현실은 세
밀하게 계약을 하고 이를 정확하게 문서화하는 데 매우 미숙한 것은 물론, 표준계약서상에 기재된 문구의 의
미마저도 제대로 이해하지 않고 무턱대고 계약서를 작성하는 경향이다. 부동산거래를 진행하다 보면 본의이건
아니건 간에 계약내용을 제대로 지키지 못하는 경우가 발생한다. 계약위반에 대해서는 민법에서 정하는 일정
한 불이익을 가하는, 예를 들어 계약을 원천적으로 무효화하는 계약해제와 발생한 손해를 배상받는 손해배상
의 방법이 있지만, 구체적인 계약에 따라서는 이와 같이 민법상 불이익만으로는 부족한 경우가 적지 않다. 이
를 보완하는 방법으로는 여러 가지가 있을 수 있겠지만, 자본주의하에서는 금전적으로 불이익을 주는 것이 가
장 확실하고 상대방에게 부담되는 방법일 수 있다는 점에서 위약금을 약속하는 것이 효율적이다. 위약금은 법
적으로 손해배상이 예정이라고도 칭하는데, 말 그대로 약속을 어긴 데 대한 돈, 약속을 어겨 상대방에게 발생
한 손해를 미리 예정한 것이라는 의미이다. 위약금조항이 계약서에 있으면 향후 상내빙의 계약위반행위로 인
해 실제로 손해가 발생했는지 여부, 손해액수가 얼마인지 여부를 불문하고 사전에 약정한 금액을 상대방에게
청구할 수 있다(물론, 민법 398조에서 정하는 배상예정액의 감액제도가 있다는 것은 별론으로 한다). 따라서
배상을 청구하는 입장에서는 매우 편리하면서 강력한 무기가 될 수 있지만 반대로 상대방으로서는 향후 매우
부담스러운 처지가 될 수 있어 그 때문에라도 가급적 계약을 준수하려고 노력할 수밖에 없게 된다. 결국, 계
약에서 위약금을 제대로 약정해 두면 계약이 제대로 지켜지는 데 크게 도움이 될 수 있을 것이다.

계약을 해제할 수 있다. 이 해제는 일방이 이행에 착수할 때까지 가능하며, 여기서 이행의 착수란 예를 들어 물품을 인도하기 위하여 창고에서 하역에 착수하거나, 중도금을 지급하는 등의 행위를 착수하는 것이다. 이러한 이행행위가 행해진 뒤에는 계약의 해제가 더 이상 불가능하다. 이러한 계약금규정은 우리 민법이 계약과 이행을 구별하는 낙성계약의 원칙을 취하고 있기 때문에 존재할 수 있는 것이다.

3) 解除의 效果

이행하기 전에 해제한 것이므로 원상회복관계는 발생할 여지가 없다. 그리고 민법 제565조에 의한 해제는 계약일반의 해제원인으로서의 채무불이행(履行遲滯, 履行不能, 不完全履行, 債權者遲滯)에 의한 해제가 아니라, 순수 해제권의 유보에 의한 해제이므로, 손해배상청구권이 배제된다. 그러나 계약해제의 이유가 채무불이행에 있을 때에는 일반계약원칙에 따른 해제이므로 손해배상청구, 계약금의 반환 등의 원상회복의무(민법 제543조 이하)가 적용된다.

4) 契約履行時의 效果

지급된 계약금 전액은 대금, 차임, 임대차의 보증금, 임금으로 충당된다. 그러나 원칙적으로 이 계약금의 처리는 당사자의 의사, 계약의 성질이나 내용, 거래관행에 따라 결정된다고 하겠다.

(7) 賣買의 一般契約的 效力

1) 賣渡人의 財産權移轉義務

매도인은 목적물의 재산권을 이전해야 한다(민법 제568조 제1항). 여기서 재산권이란 일반적으로 소유권이며, 드물지만 계약의 내용에 따라 지상권이나 전세권과 같이 점유를 수반한 물권적 재산권을 매도할 때에는 매수인에게 등기와 함께 점유의 이전도 함께 해야 한다. 물론 채권을 이전해야 할 때도 있는데, 이때는 대항요건을 구비하고 채무자에게 통지하고(민법 제449조 이하) 화체된 증권이 있으면 그 증권을 교부해야 한다. 또한 무체재산권(발명특허, 상표권, 의장특허, 저작권 등)을 매도할 때에는 등기, 등록으로써 족하나, 등기, 등록된 동산(자동차, 항공기, 중기, 선박) 기타 특별법상의 물권을 매도할 때는 등기, 등록과 함께 목적물을 인도해야 한다. 한편 매도인은 아무런 부담이나 법률상의 장애를 받지 않은 완전한 권리를 이전할 의무(Pflicht zur Verschaffung des vollen, lastenfreien Rechtes)를 부담한다. 따라서 권리이전 없는 단순한 점유의 이전은 매매가 아니다. 물론 소유권의 이전 없는 점유의 이전인 임대차, 사용대차 등은 결코 매매일 수 없다.

2) 買受人의 代金支給義務

매수인은 매도인의 재산권이전과 목적물인도에 대한 반대급부로서 대금지급 의무를 부담한다(민법 제568조 제1항). 매수인의 의무이행기간은 매도인의 의무 이행에 대한 기한이 약정되면 그 기한과 동일한 것으로 추정된다(민법 제585 조). 그러나 기한의 약정이 없을 때에는 당사자가 계약성립 후 언제든지 상환으로 이행을 청구할 수 있다(민법 제387조 제2항). 그리고 민법상 변제장소는 채권자의 주소지가 원칙이나(민법 제467조) 매매계약상 매매목적물의 인도와 동시에 대금을 지급해야 하는 경우 대금지급의 장소는 특약이나 관습이 없는 한 목적물의 인도장소에서 대금을 지급해야 함을 유의해야 한다(민법 제568조). 한편 매수인은 목적물의 인도를 받을 때까지는 대금에 대한 이자지급의무를 부담하지 않는다(민법 제587조 2문). 그러나 매도인이 먼저 목적물을 인도하고 매수인의 대금지불에 관하여 기한이 정해져 있는 경우 매수인은 그 기한이 지난 다음부터 지체에 대한 이자를 지급하여야 한다(민법 제587조 3문).

3) 買受人의 代金支給拒絕權

매매의 목적물에 대하여 권리를 주장하는 자가 있어서 매수인이 매수한 권리의 전부나 일부를 상실할 염려가 있을 때 매수인은 그 위험의 한도에서 대금의 전부나 일부의 지급을 거절할 수 있다(민법 제588조). 매매목적인 권리나 물건에 하자가 있을 때에도 마찬가지로 대금지급을 거절할 수 있다. 그러나 매도인이 상당한 담보를 제공한 때에는 대금의 지급을 거절하지 못한다(민법 제588조 단서). 또한 매수인에게 위와 같은 대금지급거절권이 있는 경우 매도인은 매수인에 대하여 대금의 공탁을 청구할 수 있다(민법 제589조).

4) 賣渡人의 過失收取權, 買受人의 從物收取權

매매계약이 있은 후 목적물의 인도 이전에 발생한 과실은 원칙적으로 매도인이 수취한다(민법 제587조 전단). 그러나 매수인이 이미 대금을 지급했을 경우 과실수취권은 특별한 의사표시가 없는 한 매수인에게 귀속된다. 그리고 목적물의 종물은 주물의 처분에 따르는 것이 원칙이므로(민법 제100조 2항), 특별한 의사표시가 없는 한 매도인은 종물 또는 종된 권리도 함께 이전해야 한다.

(8) 瑕疵擔保責任

1) 意義

매매계약의 목적물인 권리 또는 물건에 하자가 있는 경우 채무자인 매도인의 귀책사유에 관계없이 채무자가 결과책임을 부담하는 것이다(민법 제570조 이하). 법정대리인의 복임권행사상의 책임(민법 제122조), 채무자의 이행보조자에 대한 책임(제391조), 인도 전의 불가항력적 사유로 인한 채무자의 위험부담(민법 제537조), 사용자의 피용자에 대한 책임(민법 제756조)과 함께 민법상 과실책임원칙에 하나의 커다란 예외를 형성하며, 매매계약에 특수한 효력이다. 그러나 매매계약은 대표적인 유상계약이므로, 매매계약상 담보책임에 관한 규정은 도급계약을 제외한 다른 유상계약에도 준용된다(민법 제567조, 제667조 이하).

2) 法的 性質

① 賣買에 있어서의 特殊한 給付障碍

매도인의 담보책임은 채권법상 일반적 의미에 있어서는 이를 급부장애(Leistungsstoerungen)의 한 유형으로 볼 수 있다. 특히 매매계약의 절에 규정되어 있으므로 매매에 있어서의 특수한 급부장애라고 볼 수 있다.

② 法定責任說과 債務不履行說

이처럼 하자담보책임은 채권 일반의 급부장애 속에 포섭될 수 있으나 매매의 특수장애요인만이 법적으로 규정되었다는 의미에서 특수한 법정책임으로 볼 수도 있다. 채무불이행설은 채권법상의 일반적인 급부장애라는 넓은 의미에서 매매법상 하자담보책임을 특별히 법정책임이라 할 것은 없다고 주장도 하나, 민법이 매매법상 하자담보책임을 특별히 법정한 이상 법정책임설을 비난할 근거도 없다. 다만 오늘날 매매가 국제화, 탈법전화함에 따라 매매의 하자도 계약위반(債務不履行)이라는 일반적인 관점에서 파악되고 있음(특히 英美法)을 주의해야 할 것이다.

③ 最近의 傾向

2002년 독일민법의 개정 이후로 해제와 손해배상의 요건이 통합되면서, 하자담보책임의 효과는 법정책임으로서의 효과(瑕疵補修, 完全物給付, 代金減額)와 채무불이행책임으로서의 효과(解除, 損害賠償)가 이원구조를 이루는 식으로 나아가고 있다(민법 제437조). 참고로 어느 제도의 법적 성질에 관한 논쟁은 그것이 법률효과에 영향을 미칠 만한 성질의 것(예를 들어 有因說이나 無因說)이 아닌 경우 초학자가 그러한 법이론 대립에 많은 시간을 보낼 이유는 없다. 예를 들어 하자담보책임이나 대리권, 점유 등의 법적 성질에 관한 논쟁은 법률효과 면에서 별다른 실익이 없음을 알아야 한다.

3) 權利의 瑕疵

① 意義

권리의 瑕疵란 권리의 전부가 타인에게 속하는데 매도인이 이를 취득하여 이전할 수 없게 된 경우(민법 제570조, 제571조), 권리의 일부가 타인에게 속하는데 매도인이 이를 취득하여 이전할 수 없게 된 경우(민법 제572조), 권리의 대상인 특정물의 수량이 원래부터 부족했거나 일부 멸실이 있었는데 매도인이 이러한 원시적 일부불능을 메워 권리를 완전하게 만들어 줄 수 없는 경우(민법 제574조), 권리가 타인의 용익권에 의해 제한을 받는데 매도인이 이 제한을 없애 줄 수 없는 경우(민법 제575조), 저당권 또는 전세권의 행사로 소유권을 취득할 수 없거나 상실하게 된 경우(민법 제576조, 제577조)와 같이 권리의 흠결, 일부불능을 보완할 수 없는 매도인 개개인의 능력부족을 말한다. 물론 부동산 매매에 있어서 상린관계에 따른 목적부동산상의 제약은 법률상의 부담이므로 이를 권리의 하자라 볼 수 없다.

② 權利의 全部가 他人에 속한 경우

예를 들어 盜品을 매매한 경우 등이다. 이때 매수인은 그 사정을 알고 몰랐고에 관계없이 해제권을 행사할 수 있다(민법 제570조 본문). 만약 몰랐을 경우에는 손해배상까지 청구할 수 있다. 반면 악의의 매수인은 손해배상청구권이 없다(민법 제570조 단서). 이미 발생한 계약이 이행되지 않을 수도 있다는 사정의 예측에 따른 위험의 부담이다. 그리고 이때 매도인이 선의였을 때에는 손해를 배상하고 계약해제권을 행사할 수 있다(민법 제571조 제1항: 매도인이 계약당시에 매매의 목적이 된 권리가 자기에게 속하지 아니함을 알지 못한 경우에 그 권리를 취득하여 매수인에게 이전할 수 없는 때에는 매도인은 손해를 배상하고 계약을 해제할 수 있다). 물론 악의의 매도인은 해제권이 없다. 악의의 매도인은 이 경우 매수인에 매수인의 해제, 손해배상청구(선의의 매수인인 경우)에 따른 담보책임을 질 뿐이다.

③ 權利의 一部가 他人에게 속한 경우

매수인은 불이행부분의 비율에 따라 대금감액청구권을 행사할 수 있다. 매도인과 매수인의 선의, 악의는 문제되지 않는다(민법 제572조 제1항). 한편 이행된 부분만으로써 계약을 성립시키지 않았으리라는 사정이 있을 경우 계약 전부를 해제할 수 있다. 다만 매수인이 선의인 경우에 한한다. 왜냐하면 악의의 매수인은 이미 일부불이행의 가능성을 예기했으므로 위험부담을 생각했었을 것이기 때문이다(민법 제572조 제2항). 이로써 선의매수인은 대금감액, 아니면 해제와 손해배상청구(민법 제572조 제3항) 양자를 택일할 수 있다. 즉 대금감액청구권과 해제 및 손해배상청구권을 선택적으로 행사할 수 있는 것이다. 권리의 제척기간은 매수인이 선의이면 하자를 안 날로부터 1년, 악의이면 계약한 때부터 1년이다(민법 제573조).

④ 權利가 不足한 경우

특정물매매에서 수량을 지정하여 이에 따른 대금을 정한 경우에 목적물의 수량이 부족하다는 것은 결국 권리의 부족, 권리의 흠결을 말한다. 마찬가지로 계약 당시 목적물이 일부 멸실돼 있었다는 것은 권리가 일부불능하게 되었음을 의미한다. 특정물은 종류물과 달라서 이러한 일부불능의 보충이 불가능하기 때문이다. 따라서 이에 대한 담보책임에 민법 제572조, 제573조를 준용했다(민법 제574조). 여기서 일부 멸실은 원시적 불능을 의미하므로, 계약체결상의 과실에 관한 규정(민법 제535조)이 적용될 수도 있으나, 담보책임규정이 특별규정으로서 우선적용된다. 매수인이 악의인 경우, 매도인은 담보책임을 지지 않지만, 목적불능을 알았거나 알 수 있었던 매수인에 대해서는 매도인의 계약체결상 과실책임도 존재하지 않으므로 결과는 같다고 할 수 있다(민법 제535조 제2항). 주의할 점은 악의매수인도 일부불능에 따른 대금감액을 청구할 수 있다는 점이다(민법 제572조).

⑤ 다른 權利에 의한 制限

이는 곧 소유권이 다른 물권이나 기타 대항력 있는 권리에 의해 제한되어 완전한 부담 없는 소유권이 아닌 경우이다. 매수인은 손해배상청구권을 행사할 수 있으며, 계약목적을 달성할 수 없는 경우 해제권도 행사할 수 있다(민법 제575조 제1항). 주의할 점은 이 경우 악의의 매수인이란 관념은 제한물권이나 유치권, 질권, 등기된 임차권 등이 公示方法을 갖추고 있는 이상 성립할 여지가 없다는 점이다. 매수인의 권리행사기간은 사실을 안 날로부터 1년이다(민법 제575조 제3항).[445]

---

445) 민법 제575조에 대한 사례를 들어 보면 다음과 같다. 甲은 서울에 A내시를 소유하고 乙은 청평에 B대지를 소유하고 있었는데, 甲과 乙은 A·B대지 교환계약을 하였다. 그리고 얼마 후 乙은 A대지를 丙에게 매각하고 등기를 마쳤다. 상대방 甲은 B대지 위에 주택을 건축하기 위하여 건축업자에게 상의한 결과, B대지는 법률상의 제한이 있어서 주택을 건축할 수 없다고 한다면 甲·乙·丙 3자 간의 법률관계는 어떻게 되는지를 살펴보기로 한다. 먼저 민법은 매매목적인 재산권에 하자가 있어서 이로 말미암아 그 재산권의 전부 또는 일부를 이전할 수 없거나, 또는 그 재산권의 객체인 물건에 하자 있는 것을 급부한 경우, 매도인에게 일정한 담보책임을 인정하고, 제570조 내지 제584조에서 이에 관하여 자세히 규정하고 있다. 위 사안과 관련하여 구체적으로 담보책임에 관한 민법규정 중 어느 규정의 적용을 받느냐와 담보책임이 인정된다 하더라도 그 밖에 착오를 이유로 취소 또는 채무불이행책임을 물을 수 있느냐는 점이 문제된다. 매도인의 담보책임은 권리의 하자에 대한 담보책임과 물건의 하자에 대한 담보책임의 둘로 나눌 수 있다. 벌채의 목적으로 매수한 산림이 보안림구역이어서 벌채하지 못하게 된 경우, 또는 공장부지로서 매수한 토지가 하천법의 적용구역이어서 공장을 세울 수 없는 경우 등에 있어 현재 통설과 판례는 권리의 하자로 보아 用益的 권리에 의하여 제한되어 있는 경우인 민법 제575조를 적용한다. 이에 따르면 매수인이 선의인 경우에 한하여 그 사실을 안 날로부터 1년 이내에 손해배상을 청구할 수 있고, 그러한 제한으로 인해 계약목적을 달성할 수 없는 경우에는 계약을 해제할 수 있다. 판례를 보면, "매매의 목적물이 거래통념상 기대되는 객관적 성질·성능을 결여하거나, 당사자가 예정 또는 보증한 성질을 결여한 경우에 매도인은 매수인에 대하여 그 하자로 인한 담보책임을 부담한다 할 것이고, 한편 건축을 목적으로 매매된 토지에 대하여 건축허가를 받을 수 없어 건축이 불가능한 경우, 위와 같은 법률적 제한 내지 장애 역시 매매목적물의 하자에 해당한다 할 것이나, 다만 위와 같은 하자의 존부는 매매계약성립시를 기준으로 판단하여야 할 것이다."라고 하였다(大判 2000.1.18, 98다18506). 위 사안의 경우와 같은 교환계약은 유상계약이므로 매매에 관한 규정이 준용되며 법률상의 제한으로 주택을 신축할 수 없는 것은 통설과 판례가 인정하는 권리의 하자로 보이고 甲은 법률상의 제한으

⑥ 抵當權, 傳貰權의 實行으로 인한 所有權 侵害

부동산의 매매계약성립 후 이행 전에 저당권이나 전세권이 경매실행되어 제삼자가 취득한 경우(매수인이 소유권을 취득할 수 없게 된 경우), 매수인이 소유권은 취득했으나 저당권, 전세권의 물권의 실행으로 제삼자에게 소유전이 이전됨으로써 매수인이 소유권을 상실한 경우, 매수인이 자신의 출재로 저당권이나 전세권을 소멸시킴으로써 소유권을 보존한 경우를 말한다. 이 경우 매수인은 선의, 악의를 불문하고 계약의 해제와 손해배상청구권을 행사할 수 있다(민법 제576조 제1항, 3제항). 특히 소유권을 자기 출재로 보존한 경우에는 상환청구권(민법 제576조 2제항)과 함께 손해배상청구권(민법 제576조 제3항)을 행사할 수 있다.446) 다만 우리 민법이 악의매수인에게도 손해배상청구권을 인정한

로 주택을 신축할 수 없다는 사실을 교환계약 후에 알게 되었으므로 선의라고 여겨지는바, 주택을 건축할 수 없다는 사실을 안 날로부터 1년 이내에 乙을 상대로 손해배상을 청구할 수 있고, 또 대지에 건축을 할 수 없다고 하는 것은 중대한 제한이므로 계약을 해제할 수 있다고 본다. 다만 계약의 해제는 제삼자의 권리를 해하지 못하므로 丙으로부터 A대지를 반환받을 수는 없다. 결국, 甲은 乙을 상대로 손해배상청구 및 A대지의 반환불능에 따른 塡補賠償을 청구할 수 있다. 물론, 그에 대응하여 甲은 乙에게 그 대지를 인도하여야 하고, 양자는 동시이행의 관계에 서게 된다고 할 것이다.

446) 민법 제576조에 대한 사례를 들어 보면 다음과 같다. "甲은 乙로부터 乙이 경매절차에서 매수한 부동산을 매수하였으나, 그 부동산은 乙이 매수하기 이전부터 丙의 매매예약에 의한 소유권이전청구권가등기가 되어 있었으며 매각으로 인하여도 말소되지 아니한 것을 甲과 乙이 모두 알지 못하였다. 그런데 丙은 위 가등기에 기한 본등기절차이행청구의 소에서 승소하여 위 가등기에 기한 본등기를 경료하여 甲은 위 부동산의 소유권을 상실하게 되었다."면 이 경우 甲이 매도인 乙에 대하여 담보책임을 물어 손해배상을 청구하고자 하는데 담보책임을 물을 수 있는지를 살펴보자면, 민법 제569조에 의하면 "매매의 목적이 된 권리가 타인에게 속한 경우에는 매도인은 그 권리를 취득하여 매수인에게 이전하여야 한다."라고 규정하고 있으며, 민법 제570조에 의하면 "전조(前條)의 경우에 매도인이 그 권리를 취득하여 매수인에게 이전할 수 없는 때에는 매수인은 계약을 해제할 수 있다. 그러나 매수인이 계약 당시 그 권리가 매도인에게 속하지 아니함을 안 때에는 손해배상을 청구하지 못한다."라고 규정하고 있다. 그런데 위 사안은 가등기의 목적이 된 부동산의 매수인이 그 뒤 가등기에 기한 본등기가 경료됨으로써 소유권을 상실하게 된 경우 담보책임에 관하여 준용되는 법 조항은 어느 것인지에 관하여 판례를 보면, "가등기의 목적이 된 부동산을 매수한 사람이 그 뒤 가등기에 기한 본등기가 경료됨으로써 그 부동산의 소유권을 상실하게 된 때에는 매매의 목적 부동산에 설정된 저당권 또는 전세권의 행사로 인하여 매수인이 취득한 소유권을 상실한 경우와 유사하므로, 이와 같은 경우 민법 제576조의 규정이 준용된다고 보아 민법 제576조 소정의 담보책임을 진다고 보는 것이 상당(大判 1992.10.27, 92다21784, 1997.11.11, 96그64)"하므로 甲은 乙에게 민법 제576조에 의한 담보책임을 물어 손해배상청구를 해 볼 수 있을 것이다. 그런데 위와 같은 경우 乙이 甲에게 배상하여야 할 손해의 범위에 관하여 살펴보면, ① 민법 제576조에 의한 매도인의 담보책임은 매도인의 귀책사유와 상관없이 매매의 목적인 권리에 하자가 있어서 그 매매계약이 결과적으로 원시적 불능에 해당하는 계약이 되어 무효로 되거나 실효되는 경우에 해당하는 법정의 무과실책임이므로, 매도인이 매수인에게 배상하여야 할 손해의 범위는 상대방이 그 계약의 유효로 믿었음으로 인하여 받은 손해, 즉 이른바 '신뢰이익의 배상'에 한정된다고 봄이 상당하고, 甲이 위 매매계약이 유효하다고 믿음으로 인하여 입게 된 손해는 매매대금 및 그에 대한 법정이자 상당액이라 할 것인데, ② 민법 제569조, 제570조에 의할 경우에는 '이행이익의 배상', 즉 이행불능이 된 당시의 시가 상당액을 배상하여야 하게 되는바, 민법 제569조의 타인의 권리매매는 애초부터 매도인이 타인으로부터 권리를 취득하여 매수인에게 이전해야 할 것을 전제로 하고 있어 그 경우의 매도인의 담보책임은 채무불이행책임으로서 이행이익의 배상이 인정된다. 그러나 위 사안은 일단 매매계약에 따라 소유권의 이전이 적법하게 이루어졌으나, 그 권리에 대한 원래부터의 하자에 의하여 사후적으로 소유권이 상실된 경우로서 민법 제569조와 제570조에

것은 그 이유가 석연치 않다. 그 이유로서 물권이 언제나 실행되는 것은 아니라는 매수인의 일반적 기대나 확신을 들고 있는데, 그런 기대나 확신을 가진 매수인은 보호할 필요가 없다고 생각한다. 대개의 거래에서는 매수인이 저당권 소멸이나 전세금반환의 약정하에 목적물을 취득하므로, 이 담보책임규정이 적용될 여지는 거의 없다.

⑦ 抵當權의 實行으로 인한 地上權, 傳貰權의 侵害

지상권자나 전세권자가 자기 권리에 저당권을 설정한 상태에서 그 권리를 타인에게 매도했을 때, 지상권자나 전세권자는 매도인으로서 담보책임을 부담한다. 이 경우 매수인은 매도인에 대하여 계약의 해제와 손해배상을 청구할 수 있고(민법 제576조 제1항, 제3항), 자기 출재로 저당권을 소멸시킨 경우에는 상환청구권(민법 제576조 제2항)과 함께 손해배상청구권을 행사할 수 있다(민법 제576조 제3항).

⑧ 權利의 瑕疵에 관한 立法論

생각건대 우리나라 민법의 권리의 하자규정은 너무 장황하고 복잡하다. 예를 들어 독일민법은 권리매매에 있어서 매도인이 자기 권리를 매도하느냐 타인의 권리를 매도하느냐를 묻지 않는다. 권리의 하자란 매도인이 그의 급부의무를 하느냐 못 하느냐의 문제일 뿐이지,[447] 제삼자의 권리를 매매하느냐 여부는 매수인에게도 아무런 관심이 없는 일이기 때문이다. 2002년 이후 개정된 독일민법도 권리의 하자를 간략하게 규정하고 있는 것은 마찬가지이다(민법 제435조, 제453조). 권리의 매매가 부동산중개업자의 담보책임규정이 아닌 다음에야 매매의 목적인 권리의 전부나 일부가 타인에게 속했느냐의 여부는 문제 삼지 않고 매도인의 담보책임만을 문제 삼았어도 충분했다. 또한 우리 민법이 1958년 이후 의사주의에서 표시주의로 전환했다 하나 아직도 거래당사자의 선의, 악의에 책임을 지나치게 좌우시키고 있는 것도 문제이다. 편제는 독일식이나 내용은 프랑스법을 본떠 외사의 요소를 지나치게 중시하고 있으며, 그것도 명칭을

의한 담보책임과는 그 법률적 성질을 달리하므로 민법 제576조에 의하여 甲이 위 매매계약이 유효하다고 믿음으로 인하여 입게 된 손해로서 매매대금 및 그에 대한 법정이자 상당액을 청구할 수 있다고 할 것이다.

447) 獨逸舊民法 제437조 제1항 채권 기타의 권리의 매도인은 그 채권 또는 권리의 법률적 존재에 관하여 책임을 진다.

선악의 도덕개념과 비슷하게 붙여서, 마치 채권법이 勸善懲惡의 도덕규범인 것처럼 보이게 만들고 있는 것이다.

4) 債權의 瑕疵

① 意義

채권양도시 채권에 하자가 있을 때, 즉 채권의 전부 또는 일부가 타인에게 속하거나, 채권의 일부가 계약의 불성립, 무효, 채무의 소멸 등의 이유로 존재하지 않을 때, 채권이 질권의 목적이 된 때, 채권에 붙어 있어야 할 담보(抵當權, 質權, 保證)가 붙어 있지 않을 때에는 원칙적으로 권리의 하자규정인 민법 제569조 이하가 적용된다.

② 具體的 適用規定

다시 말해 채권의 전부가 타인에게 속한 경우 매도인은 민법 제570조, 제571조의 담보책임을, 채권의 일부가 타인에게 속한 경우 매도인은 민법 제572조의 담보책임을 부담하며, 매수인의 권리행사기간은 민법 제573조에 따른다. 또한 채권의 일부가 계약의 불성립, 무효, 채무의 소멸로 존재하지 않는 경우에는 민법 제574조의 규정이 적용된다. 그리고 채권이 질권의 목적이 된 경우에는 민법 제576조의 규정이 적용되며, 기타 채권의 하자로서 담보권이나 보증이 없을 경우, 즉 채권의 담보능력이 약화된 경우에는 민법 제575조 제2항(매매의 목적이 된 부동산을 위하여 존재할 지역권이 없는 경우)을 類推適用한다.

③ 債務者의 自力에 관한 債權讓渡人의 擔保責任

일반권리나 물건의 매매에 있어서는 목적물의 가치가 매매시 현실적으로 드러난다. 그러나 채권의 가치는 그 채무자의 자력이 가치측정의 기준이 된다. 채무자가 그의 채무를 충분히 이행할 자력이 있을 때에만 채권은 재산적 가치를 가진다. 그 결과 현실화되지 않은 가치인 채권의 매매에 있어서 당사자 간에 담보책임이 성립한 경우, 매도인은 사실상 채무자의 보증인의 지위를 가지게 되어 계약시에 채무자의 자력을 담보한 것으로 추정된다(민법 제579조 제1항). 물론 그 후의 채무자의 지불능력의 악화에는 책임이 없다. 그 밖에 변제기에 달하지 않은 채권의 매매는 이행기의 자력을 담보한 것으로 추정한다(민법 제

579조 제2항). 채권양수인은 따라서 채권의 변제받지 못한 부분에 대해 손해배상청구를 할 수 있다. 다만 주의할 것은 매매의 목적인 채권이 전연 존재치 않을 경우, 즉 계약의 불성립, 무효로 채권 전부가 존재하지 않을 경우, 이는 원시적 불능으로서 계약체결상의 과실책임에 관한 규정(민법 제535조)이 적용되지, 담보책임의 규정이 적용되지는 않는다는 것이다.

5) 物件의 瑕疵

물건의 하자란 特定物賣買(민법 제580조)나 種類物賣買(민법 제581조)에 있어서 매도인이 물건을 인도하긴 했으나 물건 자체에 흠결이 있는 경우를 말한다. 그리고 이때 瑕疵란 통상의 또는 계약상 표시된 목적물로서의 가치나 효용을 상실시킬 만한 흠을 말한다. 목적물의 성질, 법률행위의 성질, 계약 당시의 사정에 따라 정해지는데, 하자의 판단기준에 대하여 객관적 하자설과 주관적 하자설이 대립하고 있다. 그러나 사견을 말하자면 매도인이나 매수인의 일방적인 상상이나 기호에 좌우되지 않고 그 법률행위의 성질 및 계약 당시의 사정, 물건의 가격 등에 따라 하자 여부를 판단한다는 점에서 하자개념은 객관적이라할 수 있다. 그러나 해당 종류의 물건이 보통 갖추어야 할 품질에 좌우되지 않고 계약체결시 당사자 쌍방이 전제로 한 성질에 따라 하자 여부를 판단한다는 점에서 하자개념은 주관적이라 할 수 있다. 객관설과 주관설의 대립은 너무 관념적이나, 굳이 하나를 고른다면 의사자치의 원칙상 주관적 하자설이 더 타당하다. 독일민법도 오래전부터 주관적 하자개념을 취하고 있다. 특히 계약의 목적물이 특정물일 때 하자는 복구될 수 있어도 다른 물건으로 대체될 수는 없다. 따라서 매수인은 물건의 하자로 인해 계약의 목적을 달성할 수 없을 경우 계약을 해제하고 손해배상을 청구할 수 있지만(민법 제580조 제1항, 제575조 제1항), 완전물의 급부를 청구할 수는 없다. 반면 매매의 목적물을 종류로 지정한 경우에는 특정물의 하자에 있어서 주어지는 권리 이외에(민법 제581조 제1항, 제580조 제1항), 하자 없는 물건으로 바꿔 줄 것을 청구할 수도 있다(민법 제581조 제2항).

6) 競賣의 特則

물건의 하자에 대한 규정은 경매의 경우에 적용되지 않는다(민법 제580조 제2항). 경락인은 채무자에게 계약해제권 또는 대금감액청구권을 행사할 수 있다(민법 제578조 제1항). 채무자가 자력이 없는 때에는 대금의 배당을 받은 채권자에 대하여 그 대금 전부나 일부의 반환을 청구할 수 있다(민법 제578조 제2항). 채무자나 채권자가 악의인 경우에는 손해배상을 청구할 수 있으며(민법 제578조 제3항), 이때 채무자와 채권자는 경락인에 대해 연대채무자로서의 지위에 놓인다. 경매에 있어서는 하자담보책임이 현실적으로 발생될 여지가 거의 없다. 먼저 부동산상의 강제경매인 경우 권리에 하자가 있을 가능성은 거의 없으며, 동산의 강제경매인 경우에도 그 동산에 물권을 가지고 있었던 사람이라면 경매법에 따라 第3者 異議의 訴나 別除權을 행사할 것이므로, 일단 경매로 취득한 물건에 권리의 하자가 있을 이유는 거의 없다. 또한 사경매[448]에 있어서는 물건의 하자에 관한 규정이 적용되나, 이 경우에는 경매를 시작할 때 이미 면책약관으로 담보책임을 배제하는 것이 관행이다.

7) 擔保責任의 內容

① 請求權의 種類

권리나 물건에 하자가 있을 경우 매수인이 행사할 수 있는 청구권으로서는 契約解除(Wandlung), 代金減額(Minderung), 損害賠償(Schadensersatz), 完全物給付(Neulieferung), 瑕疵補修(Reparatur) 등을 열거할 수 있다. 이때 완전물급부와 하자보수에 대한 청구권을 합쳐서 追完(Nachbesserung)에 대한 청구권이라고도 부른다. 하자담보책임의 고유한 내용은 追完에 있으며, 해제와 손해배상은 일반규정에 따른 책임으로 보아야 한다.

② 請求權의 優劣

이러한 권리행사는 각자 요건을 달리하지만 가급적 당사자 간에 계약관계를 유지하기 위해 추완을 가장 우선적으로 청구하고, 그것이 불가능할 때 대금감액, 그것만으로 불충분할 때 계약해제 및 손해배상을 청구하는 것이 가장 바람

---

448) 골동품, 미술품, 고서경매, 운송기관의 유실물경매 등.

직하다(민법 제572조 제2항의 類推適用). 무엇보다도 계약의 해제는 다른 하자 치유방법이 없을 경우(하자가 너무 중대해서 도저히 계약의 목적을 달성할 수 없을 경우)에만 인정해야 한다(민법 제580조 1제항 본문, 제575조 제1항 단서).

③ 瑕疵決定時期

특정물과 종류물을 불문하고 매매목적물의 위험이 이전되는 시기(목적물이 인도되거나 등기 완료되는 시기)에 하자의 존재 여부가 판단된다고 보는 것이 간명할 것이다.

④ 損害賠償의 請求範圍

a. 信賴利益賠償說

지금까지 권리 또는 물건의 하자로 인한 손해배상의 청구범위는 해제를 병행하는가와 상관없이 신뢰이익으로 생각되었다. 하자담보책임은 무과실, 결과책임이기 때문에 채무불이행으로 인한 손해배상에 있어서와 같은 청구범위를 인정할 수 없다는 것이다.

b. 履行利益賠償說

일부 학설은 하자담보책임 전체를 과실책임으로 이론구성하면서 이행이익설의 입장을 취하기도 했고, 일부 학설은 하자담보책임을 무과실책임이라 하면서도 이행이익 전체의 배상을 인정하기도 했다. 그러나 하자담보책임 전체를 과실책임으로 보는 태도는 매매계약상 빈번하게 발생하는 하자손해를 추완과 대금감액의 수단으로써 신속하게 처리하려 하는 하자담보책임규정의 취지에 반하는 것이며, 무과실책임에 대해 이행이익 전체의 배상을 인정하는 태도는 무과실책임은 예외, 과실책임은 원칙의 대전제를 무시한 것으로서 비판받아 마땅하다.

c. 判例

대법원은 하자담보책임으로 인한 손해배상의 범위를 이행이익으로 확장했다. 즉 타인의 권리를 매매한 권리의 하자에 있어서 매도인의 손해배상범위는 매수인이 매도인의 불이행으로 인해 입은 모든 손해에 미친다고 판시한 것이다. 사견을 말하자면 판결이유의 문언만으로는 불분명하지만 이때 손해의 배상은 매도인의 주의의무 및 보호의무위반과 그에 대한 과실을 당연히 인정한 전제 위에서 범위가 이행이익으로까지 확장된 것으로 보인다.

d. 最近의 傾向

2002년 개정된 독일민법은 하자담보책임상 손해배상청구에 있어서 채무불이행의 일반규정(민법 제280조)을 준용함으로써(민법 제437조 3호) 결과적으로 손해배상의 모든 요건을 통합하였다. 이런 추세에서도 볼 수 있듯, 하자담보책임에 있어서 손해배상은 무과실책임인 경우 대금감액 내지 완전물급부에 상응할 뿐이며, 본래적 의미의 손해배상(하자결과손해까지도 배상하는 것)은 과실을 요건으로 하고, 배상범위는 이행이익에까지 미치는 것이라고 보아야 한다(민법 제390조).

e. 瑕疵損害 및 瑕疵結果損害賠償의 二元構造

매도인은 급부한 물건이나 권리에 하자가 있을 경우 과실 없이도 손해를 배상해야 하나, 하자담보책임이 무과실책임인 이상 이때 배상해야 하는 손해의 범위는 하자 자체에 한정되며, 그 이상의 손해는 급부의무위반이 아닌 주의의무나 보호의무위반의 결과로서 민법 제570조 이하 규정의 적용범위를 벗어난다고 보아야 한다. 따라서 그 이상의 손해에 대한 매수인의 배상청구는 민법 제390조의 일반요건을 따라 매도인의 과실을 전제로 해야 하고, 이 경우 매도인은 자기에게 의무위반의 귀책사유가 없음을 증명함으로써 손해배상책임을 면할수 있다고 보아야 한다(민법 제390조 단서). 물론 여기서 매도인에게 귀책사유가 없었음이 증명되지 못한다면, 이때의 배상범위는 하자손해에 한정되지 않고, 손해배상의 일반원칙에 따라 계약이 유효히 이행되었을 경우 매수인이 가질 수 있었을 경제적 상태, 즉 불완전이행과 완전이행 간의 차액 전체에 미치게 된다.

⑤ 買受人의 善意, 無過失

매수인이 계약 당시에 하자 있음을 알았거나 과실로 인하여 이를 알지 못한 경우 매수인은 계약을 해제할 수 없고 손해배상청구도 할 수 없다(민법 제580조 제1항 단서). 물론 이때 매수인의 악의 및 과실의 입증책임은 매도인에게 있다. 따라서 매수인의 선의는 추정된다 하겠다. 얼핏 보면 매수인의 권리가 크게 제한된 것 같지만, 하자 있음을 안 경우에도 매수인은 매도인에 대해 하자

보수, 완전물급부의 추완청구권을 행사할 수 있을 것이므로,[449] 매수인에게 큰 불이익은 없다고 볼 수 있다.

⑥ 除斥期間

부동산매매에 있어서 권리의 하자에 따른 권리의 제척기간은 대개 1년이다 (민법 제573조, 제575조 제3항). 물건의 하자에 따른 권리의 제척기간 역시도 특정물과 종류물을 불문하고 하자가 발생한 때로부터 6개월이다(민법 제582조). 이때 기산시점은 목적물의 인도시부터가 아니라 하자발생시부터임을 주의해야 한다. 물건의 하자담보책임으로 인한 권리의 제척기간이 6개월밖에 되지 않는 다는 것에 대해서는 입법론적으로 많은 비판이 가해져 왔는데, 그 이유는 단순 수제품이나 의복, 식료품, 의약품 위주로 소비재거래가 행해졌던 19세기와 달리 오늘날 소비재거래의 상당부분은 자동차, 냉장고, 세탁기와 같은 고가의 내구재로서 적어도 2~3년의 내구성은 기대되는 것이 통례이기 때문이다. 이에 따라 독일개정민법은 이미 하자담보에 따른 권리의 제척기간을 최소 2년으로 늘린 바 있다(민법 제438조 제1항). 물론 제척기간이 6개월이라 하더라도 매수인의 권리가 크게 제한되는 것은 아니다. 하자담보에 따른 권리 외에 매도인의 주의의무나 보호의무 위반에 따른 매수인의 손해배상청구권은 6개월이 아니라 10년의 제척기간에 걸리게 되기 때문이다.

8) 擔保責任에 관한 特約

민법상 담보책임에 관한 규정(민법 제570조~제583조)은 임의규정이다. 따라서 당사자가 특약으로 담보책임을 가중, 감경, 배제할 수 있음은 물론이다. 이때 담보책임을 만약 가중한다면 손해배상의 범위는 확장된다. 그리고 담보책임을 만약 배제한다면 그 효력은 신의성실에 반하지 않는 한도 내에서 인정된다. 따라서 하자를 악의로 은폐하는 등의 사해행위에 대하여 면책받겠다는 특약은 무효이다. 예를 들어 매도인이 알고 고지하지 않은 사실 및 제삼자에게 악의로 권리를 설정 또는 양도한 행위에 대해서까지 면책받겠다는 특약은 금지된다(민법 세584조). 이러한 담보책임의 특약은 특히 채권매매에 있어서 광범하게 이용되고 있다.

---

449) 獨逸民法 제439조.

9) 다른 規定과의 關係

① 履行不能과의 關係

목적물의 일부불능 또는 전부불능에 관한 일반원칙은 매매에 관한 한 하자담보책임에 의해 그 적용이 배제된다. 다만 원시적 전부불능의 경우는 계약체결상의 과실에 관한 규정(민법 제535조)이 적용된다. 원시적 전부불능시에 계약은 원천적으로 성립되지 않으므로 담보책임은 발생할 여지가 없기 때문이다. 물론 여기서 말하는 원시적 전부불능은 예를 들어 특정물인 계약목적물이 완전히 멸실된 것과 같은 경우를 말하지, 타인의 권리를 매매목적물로 삼았다는 것은 매매계약의 성질상 포함되지 않는다(민법 제569조). 그리고 원시적 일부불능시에는 계약이 유효하게 성립하므로, 매도인은 그 불능부분에 대하여 담보책임을 부담한다(민법 제574조, 제580조). 후발적 불능에 대해서는 매도인이 담보책임을 부담하는 것이 당연한데, 하자담보책임에서 후발적 불능은 물건의 사후적 멸실이 아니라 매도인의 능력부족을 의미하는 경우가 많다.

② 不完全履行과의 關係

목적물을 급부하긴 했으나 그것이 내용에 좇지 않은 급부였을 경우 일반원칙에 따른다면 이는 불완전이행으로서 채무불이행의 일반규정(민법 제390조)이 적용될 것이나, 매매 등의 유상계약에서는 하자담보책임의 특칙(민법 제575조, 제580조, 제581조)이 우선적용된다. 따라서 손해배상보다는 완전물급부(제581조 제2항) 등의 추완이 우선시되며, 손해배상청구권과 해제권은 매수인이 하자에 대해 알았거나 과실로 알지 못한 경우 배제된다(민법 제580조 제1항 단서). 권리의 제척기간 역시 6개월에 불과하다(민법 제582조). 물론 매도인이 급부의무를 위반한 것이 아니라 주의의무, 보호의무를 위반함으로 인해 발생한 손해에 대해서는 민법 제390조의 일반원칙에 따라 청구할 수 있고, 배상청구의 범위도 이행이익으로 늘어난다. 이러한 과실책임에 기한 손해배상청구권의 행사기간은 10년이다.

③ 錯誤와 擔保責任의 競合

매도인이 매수인의 착오로 매매를 한 경우, 예를 들어 특정부동산에 권리의 하자가 있음에도 불구하고 매수인이 착오로 권리의 하자가 없다고 믿어 매도인에게서 그 부동산을 매수한 경우 착오규정(민법 제109조)에 우선하여 담보책임

(민법 제570조 이하)에 관한 규정이 적용된다. 다시 말해 위의 경우 매수인은 착오로 인한 매매계약의 취소를 할 것이 아니라 하자담보책임에 따라 매매계약을 해제하거나 손해배상을 청구해야 하는 것이다(민법 제575조 제1항). 다만 매도인이 부수적 주의의무나 보호의무를 위반했을 때에는 제390조에 따른 손해배상이 이루어질 수 있으며, 배상청구권의 행사기간도 10년으로 늘어난다. 그리고 권리의 하자가 아니라 물건의 하자인 경우 매수인의 착오에 과실이 있으면 매수인의 손해배상청구권과 해제권이 배제될 수 있으니 유의해야 한다(민법 제580조 제1항 단서).

④ 詐欺와 擔保責任의 競合

매매의 목적물에 하자가 있는 것을 알면서 매도인이 악의로 계약을 체결했을 경우, 매수인의 자유로운 의사표시에 사기가 미치는 중대한 영향을 감안하여 판례는 사기와 담보책임의 경합을 인정하고 있다. 따라서 매수인은 매도인의 담보책임을 물어 계약을 해제하거나 손해배상을 청구할 수 있고, 담보책임의 제척기간이 경과하면 사기를 이유로 매매계약을 취소할 수도 있다(민법 제110조).

第7節 使用收益契約

1. 消費貸借

(1) 意義

당사자 일방이 금전 기타 대체물의 소유권을 상대방에게 이전하기로 약정하고 상대방은 그와 같은 종류, 품질 및 수량으로 반환할 것을 약정하는 계약이다(민법 제598조). 借主가 목적물의 소유권을 취득한다는 점에서 사용대차, 임대차와 다르다. 흔히 일상용어에서는 돈을 빌린다라고 표현하지만, 법률적으로는 사용권만 이전되는 것이 아니라 소유권 자체가 이전된다는 것을 유의해야 한다. 금전 기타 대체물에 대해서는 소유권의 주체를 공시할 방법이 없기 때문이다. 물론 계약의 목적은 물건의 사용 및 수익에 있다는 점에서 사용대차, 임대차와 공통점을 갖는다.

(2) 法的 性質

구민법은 소비대차를 요물계약으로 규정하였으나 현행민법은 낙성, 불요식계약으로 규정하고 있다. 무상을 원칙으로 하며 대가적 급부가 존재하지 않는다는 점에서 편무계약이나, 당사자 사이에 이자지급의 약정이 체결될 경우에는 유상, 쌍무계약으로 볼 수 있으므로, 利子附消費貸借에는 동시이행의 항변권에 관한 규정과 매매에 관한 규정이 준용된다는 견해가 있다(민법 제567조). 그러나 사견을 말하자면 차주의 반환의무나 이자지급의무는 대주의 선이행을 전제로 하기 때문에 담보가 제공되지 않는 이상 편무계약으로 보는 것이 정당하다. 따라서 대주의 동시이행항변은 인정되지 않는다.

(3) 消費貸借와 擔保의 關係

소비대차는 금전 기타 대체물의 교부를 목적으로 하지만, 대부분의 소비대차는 금전소비대차라고 볼 수 있다. 금전소비대차는 추상적인 교환가치만 오고 가는 거래이기 때문에, 돈을 빌려 받는 사람이 채무를 불이행하더라도 심리적으로 그다지 죄책감을 느끼지 않게 된다는 특징을 갖고 있다. 또한 돈을 빌려주는 사람은 당장 상대방으로부터 반대급부를 받을 수 있는 것이 아니기 때문에 경제적으로 위험의 부담이 크다. 따라서 친구관계, 이웃관계 사이에서 흔히 행해지는 무이자소비대차가 아닌 한 연대보증, 근저당을 통한 담보를 수반하는 것이 통례이다. 담보를 수반하지 않는 소비대차는 아무리 이자부소비대차라 하더라도 상대방의 신용, 신뢰에 크게 의존하는 것이며 위험성도 크기 때문에, 계약체결단계에서 차주가 조금이라도 신용, 신뢰를 위반할 때에는 대주의 주의의무, 보호의무도 그만큼 감경된다고 할 것이다.

(4) 社會的 機能

소비대차는 은행, 신용기금, 종합금융, 증권회사, 투자신탁회사 등의 금융기관을 통해 금융자본가 및 중산계급의 자산증식수단으로 기능해 왔으며, 산업자본가들에게는 사업자금의 유치수단으로 기능해 왔다. 경제가 팽창할 때는 산업자본가들의 투자유치욕구와 금융자본가들의 자본증식욕구가 모두 팽창하기 때문에 소비대차가 활발해지나, 이로 인해 과잉투자가 이루어져 상품이 더 이상 팔리지 않게 되면, 이제 소비대차는 거꾸로 자본가들을 파산시키는 도구로서 기능하게 된다. 그런데 대부분의 경우 국내산업자본에 대한 해외금융자본의 투자는 국가기관의 지급보증을 수반하므로, 자본의 연쇄파산은 국가의 재정파탄 및 부도로 이어지게 된다. 따라서 국가는 국민의 혈세로 자본의 파산을 저지하게 되며, 이로써 소비대차는 국가적인 차원에서 볼 때 공정한 소득분배를 왜곡하게 된다. 한편 서민금융의 차원에서 보면 소비대차는 자녀의 학비나 가족의 치료비 기타 서민계급의 궁박한 생활수요를 위해 주로 이용되는데, 차주의 궁박을 이용한 폭리행위가 심심찮게 행해지고 있다. 한편으로 소비대차는 경제적 무능력자의 낭비를 용이하게 만드는 제도로서의 폐해도 크게 갖고 있다.

(5) 要件

1) 契約成立의 一般的 要件

당사자 간의 의사합치 등 계약성립의 일반적 요건을 구비하여야 한다. 다시 말해 차주가 대주에 대하여 일정기간 금전, 어음, 증권 기타 대체물의 소유권을 자기에게 이전하여 주면 자기가 이를 사용한 후 일정시점에 이를 대주에게 다시 반환하겠다고 청약하고, 대주는 이를 승낙해야 한다. 소비대차는 요물계약이 아닌 낙성계약이므로 차주가 금전 기타 대체물을 대주로부터 수취하지 않아도 합의만으로써 계약은 성립한다. 따라서 합의만 갖고서도 차주는 대주에 대하여 법적으로 채무이행을 청구할 수 있다.

2) 利率의 適正性

당사자 간에 이자에 관한 약정이 있는 경우 그 이율을 정하는 것은 원칙적으로 당사자 간의 자유이나, 너무 높은 이자율을 정하는 것은 불공정한 행위(민법 제104조)가 될 수 있으며, 정부는 특별법으로 그 이자율의 상한 역시 정할 수가 있다. 이에 관해서는 원래 이자제한법이 있었으나 1997년 외환위기 이후 폐지되었고, 2002년 대부업의 등록 및 금융이용자보호에 관한 법률이 제정되어 3천만 원 이내의 소액대부에 대하여 이자율을 연 70% 이내로 제한하도록 규정하였으나(동법 제8조), 그 시행기간은 3년으로 제한되었다(동법 부칙 제2조). 그러나 2007년에 대부업의 등록 및 금융이용자보호에 관한 법률을 일부 개정하였는데 그 내용을 보면 다음과 같다. 첫째, 목적조항의 개정과 함께 대부업자의 이자율 상한을 현행 70%에서 60% 하향 조정하였다. 둘째, 금융감독원의 대부업자에 대한 직권조사조항 신설하였다. 셋째, 채무자의 관계인에게 채무자를 대신해 변제 강요 등 불법채권추심 규제를 강화하였다. 끝으로 이 법 시행 전 성립한 대부계약상의 이자율에 관하여도 개정 법규정을 적용하는 등이 핵심적 내용이다. 그리고 개정 대부업법은 목적조항에서 현행 거래상대방의 보호에서 금융이용자보호 및 국민의 경제생활의 안정으로 변경하여 금융이용자의 보호를 분명히 하고 금융감독원의 직권조사권을 부여한 것, 그리고 특히 이 법 시행 전 성립한 대부계약상의 이자율에 관하여도 개정규정 적용은 진전된 측면이다. 이에 따라 법의 목적이 대부업 육성이 아닌 금융이용자 보호가 목적임을 분명히 하게 되었다.

따라서 정부가 책임을 지고 관리감독 등의 사각지대를 해소할 수 있는 길이 열렸고, 특히 2008년 2월 말경부터는 연 49%를 초과하는 이자율로 대부업체·캐피탈사·상호저축은행으로부터 자금을 차입한 서민들의 경우 실질적인 이자 경감 효과를 얻을 수 있게 되었다. 그러나 개정 대부업법은 아직도 대부업자와 금융기관에 대해 최대 연 60%까지의 고리를 보장할 수 있게 함으로써 여전히 고리 대출시장을 조장한다는 점에서 비난받아 마땅하다. 또한 대부업자들의 광고의 제한·금융기관으로 현혹시킬 수 있는 금융기관 유사상호 사용의 제한 등 꼭 필요한 개선조치들을 포함하지 않은 것도 매우 안타까운 일이라 생각된다.

3) 無利子消費貸借의 경우 當事者의 解除權

무이자소비대차의 경우는 시혜적 성격이 강하므로 당사자에 대한 법적 구속력도 약하다. 따라서 차주는 물론이고 대주 역시도 금전 기타 목적물을 인도하기 전에 언제든지 계약을 해제할 수 있다(민법 제601조 본문). 물론 이때 차주에게 발생한 신뢰손해를 대주는 배상하여야 하나(민법 제601조 단서), 이 경우 후속적으로 발생한 신뢰손해는 대부분 특별손해이므로 대주에게 예견가능성이 없었던 한 차주는 그 신뢰손해의 배상을 청구할 수 없다(민법 제393조 제2항).

4) 破産宣告로 인한 失效

소비대차에서 대주는 항상 목적물반환을 받지 못할 수도 있다는 위험성을 부담하기 때문에, 차주의 자력 여부나 신용 여부는 대주에게 있어 매우 중대한 의미를 갖는다. 물론 자기 재산상태가 악화되었을 경우에도 대주 입장에서 금전대여는 극히 어려워진다. 따라서 대주가 목적물을 차주에게 인도하기 전에 당사자 일방이 파산선고를 받으면 소비대차는 효력을 잃는다고 해야 한다(민법 제599조). 반드시 파산선고를 받은 경우가 아니라 하더라도 대주나 차주의 재산상태가 아주 악화되었을 경우에는 민법 제599조의 입법취지에 따라 청약 또는 승낙의 철회권이나 이행의 거절권을 인정하는 것이 타당하다.

(6) 效果

1) 貸主의 目的物移轉義務

대주는 차주가 금전 기타 대체물을 쓸 수 있도록 하기 위하여 목적물의 소유권을 차주에게 이전하여야 한다. 대주가 이전하기로 합의만 하고 이런저런 핑계로 이전하지 않을 시에는 차주가 대주에게 계약해제의 의사표시를 하고 자기담보의 반환을 청구하거나 신뢰손해에 대한 배상을 청구할 수 있다(이자약정의 유무를 불문함). 그러나 이 경우 차주에게 후속적으로 발생한 신뢰손해는 대부분 특별손해이므로 대주에게 예견가능성이 있어야 차주는 배상청구를 할 수 있다(민법 제393조 제2항).

2) 貸主의 擔保責任

① 原則

소비대차는 무상계약이 원칙이므로 대체로 증여의 하자담보책임(민법 제559

조)에 준한 책임만이 대주에게 인정된다. 따라서 대주가 차주에게 이전한 금전이 위조지폐이거나 유가증권이 하자 있는 것이라는 데 대해 대주가 악의로 침묵한 것이 아닌 한 대주는 하자담보책임을 부담하지 않는다(민법 제602조 제2항 단서). 물론 차주는 반환시에 하자 있는 물건의 가액만을 반환하는 방법으로 목적물의 하자로부터 보호받을 수 있다(민법 제602조 제2항 본문).

② 利子附消費貸借인 경우

만약 이자의 약정이 있었다면 대주가 선의이건 악의이건 간에 하자사실을 고지하지 않은 데 대해 담보책임을 부담한다(민법 제602조 제1항). 따라서 이 경우 차주는 계약을 해제하고 대주에게 담보반환을 청구하거나 손해배상을 청구할 수 있다(민법 제580조, 제581조). 다만 이러한 하자담보책임에 기한 권리의 행사기간은 6개월에 한하므로 지극히 짧다는 점을 유의해야 한다(민법 제582조).

3) 借主의 目的物返還義務

① 內容

차주는 대주로부터 받은 것과 동종, 동질, 동량의 물건을 반환하여야 한다(민법 제598조). 만약 반환하지 못하면 채무자의 담보범위 내에서 이행이익 전체를 배상하여야 하며, 담보가 없을 경우 소위 빚잔치가 벌어져 채무자의 전 재산에 대해 강제집행이 실시된다.

② 返還時期

반환시기는 원칙적으로 당사자 간의 약정에 따르며(민법 제603조 제1항), 반환시기가 도래하기 전에는 대주가 임의로 차주에게 금전 기타 목적물의 반환을 요구할 수 없다. 그러나 차주가 담보를 손상, 감소 또는 멸실하게 한 때, 차주가 담보제공의 의무를 이행하지 않은 때, 차주가 파산선고를 받은 때 기한의 이익은 소멸하여 차주는 대주에게 금전 기타 대체물을 즉각 반환하여야 한다(민법 제388조, 파산법 제16조). 더 이자가 싼 금전대차조건을 발견한 경우 차주는 期限의 利益을 포기하려 할 수도 있으나, 대주가 이자를 통한 자산증식을 원하고 있었다면 차주는 약정된 반환기간까지의 이자를 다 붙여서 목적물을 대주에게 반환해야 한다(민법 제153조 제2항). 반환시기의 약정이 없는 때 대주는 상당한 기간을 정하여 차주에게 반환을 최고하여야 한다(민법 제603조 제2항 본문). 그러나 반환시기의 약정이 없다면 차주는 언제든지 반환할 수 있다(민법 제603조 제2항 단서).

③ 返還不能

매우 드문 일이긴 하지만 통화개혁 등으로 동종, 동질, 동량의 물건을 반환할 수 없게 되었을 때 차주는 대주에게 불능으로 된 때의 차용물 시가로 반환하여야 한다(민법 제604조 본문). 목적물이 특수한 통화이거나 다른 나라의 통화인데, 그 통화가 유러화 도입 등의 이유로 반환기에 강제통용력을 잃은 때에는 다른 통화 또는 바뀐 통화로 반환하여야 한다(민법 제604조 단서, 제376조, 제377조 제2항).

④ 代物貸借의 特則

차주의 명시적 동의가 있어 대주가 현금 대신에 약속어음, 국채, 예금통장과 인장 등 유가증권 기타의 물건을 인도하는 경우, 현금차용액보다 훨씬 적은 가치의 유가증권을 대주가 차주에게 인도하는 경우가 매우 빈번하다. 따라서 우리 민법은 제606조에서 이 경우 차용액은 유가증권 기타 물건의 인도할 당시 가액으로 정하도록 규정하고 있다. 따라서 차주는 약정한 금액과 상관없이 대주에게서 목적물을 인도할 당시의 목적물 가액만 반환하면 된다. 이 규정은 강행규정이므로, 이에 위반한 당사자의 특약은 환매 기타 어떠한 명목이라도 일정범위에서만 효력을 갖는다(민법 제608조).

⑤ 代物返還의 豫約에 관한 特則

대주에게 차용물에 갈음한 대용물을 반환하기로 약정했다 하더라도 대용물의 가액이 예약 당시 이미 차용액 및 이에 붙인 이자의 합산액을 넘고 있었다면, 차주는 대주에게 차용액 및 이에 붙인 이자의 합산액만을 반환하면 된다(민법 제607조). 이 규정에 위반한 당사자의 약정으로서 차주에게 불리한 것은 어떠한 명목이라도 일정범위에서만 효력을 갖는다(민법 제608조).

4) 借主의 利子支給義務

① 內容

당사자가 이자의 약정을 한 경우 차주는 대주에게 약정한 이자를 지급하여야 한다. 돈을 빌려 준 것 이외에는 아무런 일도 하지 않은 대주에게 금전대여의 대가로서 상당한 가치를 지불한다는 것이 정의롭게 보이지 않을 수도 있으나, 이자는 금융자본의 입장에서 자기 투자의 대가인 동시에 자기 존립의 기반이고, 사회적으로는 침체된 경기의 활성화 내지 과잉투자 억제의 조절기능을 하게 된다. 따라서 차주의 이자지급의무는 매수인의 대금지급의무와 마찬가지로 매우 중요한 경제적 의미를 갖는다고 볼 수 있다.

② 利率

당사자가 약정한 이율이 있으면 이자제한법의 제한이율의 범위에서 그 약정이율에 따라 이자를 지급한다.[450] 이율이 약정되지 않은 경우에는 연 5%의 법정이율에 의한다(민법 제379조). 물론 상사소비대차의 법정이율은 연 6%로서 그보다 약간 더 높다.[451]

③ 計算

이자는 원칙상 차주가 목적물을 인도받은 때로부터 계산된다. 그러나 차주가 자신의 책임 있는 사유로 수령을 지체한 때에는 대주의 이행제공이 있었던 때로부터 계산이 시작된다(민법 제600조). 나중에 차주가 목적물을 반환하였음에도 불구하고 대주가 수령을 지체하였다면 차주는 채권자지체기간 동안의 이자를 지급하지 않아도 된다(민법 제402조).

④ 利子支給約定의 例外性

금전소비대차에 있어서 이자의 약정은 법률상 그 소비대차에 반드시 수반되어야 하는 것이 아니다. 따라서 이자지급약정은 특별한 사정이 없는 한 추정되지 않는다.

---

450) 실무상 민사소송 시 이율이 약정되지 않은 경우에는 부동산 관련 소송을 비롯하여 민사소비대차는 연 5%의 상사소비대차의 연 6%의 법정이율을 청구하는 것이 통상적이다.

451) 商法 제54조.

5) 借主의 擔保提供義務

원본과 이자의 반환을 확보하기 위해 차주가 대주에게 연대보증이나 근저당 등의 담보를 제공하기로 약정할 수 있다. 이 경우 담보제공약정은 소비대차의 약정에 부종하여 소비대차계약이 실효하면 함께 실효하게 된다. 간혹 대주는 차용액 이상의 가치를 갖는 담보를 차주로부터 확보하고서 차주의 채무불이행 시 담보 전체의 소유권이 대주에게 자동적으로 취득된다는 약정을 체결하기도 하는데(流質契約), 이에 대해서는 민법 제607조, 제608조의 제한이 가해진다. 따라서 대주는 담보를 정산하고서 차용액을 초과하는 가치에 대해서는 이를 차주에게 반환해야 한다.

(7) 準消費貸借

1) 意義

당사자 쌍방이 소비대차에 의하지 않고 금전 기타의 대체물을 지급할 의무가 있는 경우 당사자가 채무자의 그러한 지급의무를 소비대차계약에 따른 금전 기타 목적물의 반환의무인 것처럼 다루기로 약정하는 것을 말한다(민법 제605조). 예를 들어 어느 시멘트회사가 건설회사에 시멘트를 납품했는데, 그 건설회사가 시멘트대금을 장기간 지불하지 않은 경우, 위 시멘트회사는 계산을 복잡하게 하지 않기 위해, 일정시점에서 시멘트대금 및 지연이자액을 합한 금액 1,000만 원을 위 건설회사에 융자해 준 것으로 한 다음, 일정기간까지 그 금액을 건설회사로부터 소비대차계약에 따라 돌려받기로 약정하는 것이다.

2) 法的 性質

소비대차계약의 성립 및 차용물의 내용이 기존의 계약관계에 의해서 영향을 받는다는 점에서 특징이 있다. 기존채무를 소멸시키고 새로운 채무를 성립시킨다는 점에서 경개와 공통점이 있으나, 소멸하는 기존채무와 새롭게 성립하는 신채무 사이에 동일성이 인정된다는 점에서 更改와 차이점이 있다.

3) 效果

일반적으로 소비대차에 따른 법률효과가 발생하나(민법 제605조) 기존채무에 붙어 있던 담보나 보증 등은 새로운 채무에 그대로 존속한다.

2. 使用貸借

(1) 意義

당사자 일방(대주)이 상대방(차주)에게 무상으로 어떤 물건을 사용, 수익할 수 있도록 인도해 주고, 상대방은 이를 사용, 수익한 다음 대주에게 다시 반환할 것을 약정하는 것이다.

(2) 法的 性質

고전기 로마법에서는 要物契約으로 이해되었으나 오늘날에는 당사자의 합의로 성립하는 낙성, 불요식계약으로 파악되고 있다. 차주에게 견련관계 있는 의무가 없다는 점에서는 片務契約, 대가적 의무가 없다는 점에서는 무상계약이라고 볼 수 있다. 만약 당사자 사이에 대가적 의무가 존재한다면 계약명칭은 임대차계약으로 바뀌게 된다. 비록 대가는 없지만, 대주가 의무를 이행하지 않았을 때 차주가 대주에게 법적으로 이행을 청구할 수 있다는 점에서 호의관계 아닌 법률관계에 속한다.

(3) 社會的 機能

오늘날 거의 이용되지 않는 계약이라고 할 수 있다. 부동산이나 자동차와 같은 고가의 물품은 사용대차의 대상이 되지 않는 게 일반적이며, 친구나 이웃 간에 망치나 접시, 의자, 식탁 등을 빌리기로 약속하는 것은 대부분의 경우 好意關係에 속하지 법률관계인 사용대차에 속하지 않기 때문이다. 다만 사용대차의 여러 규정들이 호의관계에 유추적용될 수 있다는 의미에서 사용대차에 관해 공부하는 것이 약간의 의의를 가질 수 있을 뿐이다.

(4) 要件

목적이 되는 물건에는 제한이 없으며, 소비대차와 달리 대체물과 부대체물을 가리지 않는다. 심지어는 타인의 물건이나 차주 자신의 소유물에 대해서도 사용대차가 성립할 수 있다. 그러나 물건 이외에 채권이나 기타 권리는 사용대차의 목적이 될 수 없다. 또한 금전이나 유가증권 기타의 대체물은 사용대차의 대상이 되기보다는 소비대차의 목적물이 되는 게 일반적이다.

(5) 效果

1) 貸主의 使用受益許諾 및 借用物 引渡義務

대주는 차주가 사용·수익하는 것을 인용하여 이를 위해 목적물을 인도할 의무를 부담한다(민법 제609조). 물론 임대인과 같이 적극적인 필요상태유지의무를 부담하는 것은 아니고(민법 제623조), 차주의 사용·수익을 방해하지 않을 소극적 의무만을 부담한다. 따라서 유익비는 대주가 부담해야 하지만(민법 제611조 제2항, 제594조 제2항), 통상의 필요비는 차주가 부담한다(민법 제611조 제1항).

2) 貸主의 擔保責任

무상계약이므로 매매 아닌 증여의 담보책임규정이 준용된다(민법 제612조, 제559조). 따라서 대주가 차용물의 하자나 흠결을 알고 있었으면서 차주에게 고지하지 않은 경우에만 대주는 하자담보책임을 부담한다. 물론 부담부사용대차의 경우에는 그 부담의 한도에서 대주가 매도인과 동일한 담보책임을 부담한다.

3) 借主의 借用物 保管義務

차주는 계약 또는 차용물의 성질에 정해진 용법으로 차용물을 사용해야 하며(민법 제610조 제1항), 선량한 관리자의 주의를 가지고 차용물을 보관해야 한다(민법 제374조). 또한 대주의 승낙이 없으면 제삼자에게 차용물을 사용, 수익하게 하지 못한다(제610조 제2항). 이러한 의무를 위반하게 되면 채무불이행을 한 것이 되어 대주는 계약을 해제할 수 있고(민법 제610조 제3항), 손해가 있으면 차용물을 반환받은 날로부터 6개월 이내에 그 배상도 청구할 수 있다(민법 제

617조). 그러나 손해가 발생했다 하더라도 차주가 善管義務를 다한데다가 그 목적물을 성질에 맞게 사용한 것이 입증된다면 차주는 그 손해에 대하여 배상할 책임을 갖지 않는다.

4) 借主의 借用物返還義務

차주는 사용대차의 종료시에 차용물 자체를 반환해야 한다(민법 제609조). 차주는 차용물을 원상태로 회복시켜 반환해야 하지만, 차용물이 자연히 증대한 경우에는 그러한 현상대로 반환해야 한다. 그러나 이에 부속시킨 물건은 철거할 수 있다(민법 제615조).

5) 共同借主의 連帶債務

數人이 공동하여 물건을 사용대차한 경우 위와 같은 의무는 분할채권관계의 원칙(민법 제408조)에 따라 각 공동차주가 균등한 비율로 부담해야 하겠지만, 우리 민법은 공동차주가 차주로서의 의무를 연대해서 부담하도록 규정하고 있다(민법 제618조). 물론 이 규정은 강행규정이 아니므로 당사자의 특약에 따라 변경될 수 있다.

(6) 終了

1) 存續期間滿了

존속기간을 정한 때에는 그 기간이 만료한 때(민법 제613조 제1항)에 사용대차는 종료한다. 사용대차에는 임대차에서와 같은 법정갱신이 인정되지 않는다.

2) 使用受益의 終了

기간을 약정하지 않은 때에는 계약 또는 목적물의 성질에 의한 사용·수익이 종료한 때(민법 제613조 제2항 본문)에 사용대차는 종료한다.

3) 契約의 解止

사용대차는 편무계약이므로, 차주는 다른 특약이 없는 한 언제든지 차용물을 반환함으로써 계약을 해지할 수 있다. 그러나 대주는 일단 차용물을 인도한 이상 차주가 채무를 불이행했거나(민법 제610조 제3항, 제613조 제2항 단서) 차주가 사망, 파산했을 때에만 계약을 해지할 수 있다(민법 제614조).

4) 契約의 解除

사용대차는 무상계약이기 때문에 계약이 체결되었다고 하더라도 법적 구속력이 약하다. 따라서 대주가 목적물을 인도하기 전이면 차주는 물론이고 대주도 언제든지 계약을 해제할 수 있다(민법 제612조, 제601조). 해제로 말미암아 차주에게 신뢰손해가 생긴 때에는 대주가 그 배상의무를 부담하나(민법 제601조 단서 유추적용), 이 경우 후속적으로 발생한 신뢰손해는 대부분 특별손해이므로 대주에게 예견가능성이 없었다면 대주는 이를 배상할 의무가 없다(민법 제393조 제2항).

3. 賃貸借

(1) 意義

당사자 일방(賃貸人)이 자기 목적물을 상대방(賃借人)에게 사용·수익하도록 허락하고, 상대방이 이에 대하여 차임을 지급하기로 약정하는 계약이다(민법 제618조). 물건의 사용·수익을 목적으로 한다는 점에서 사용대차, 소비대차와 공통점을 갖는다. 그러나 유상계약으로서 임대인의 책임이 가중된다는 점에서 사용대차와 차이점을 갖고, 목적물의 점유가 이전되지만 소유권이 이전되지는 않는다는 점에서 소비대차와 차이점을 갖는다.

(2) 法的 性質

당사자 간의 합의만으로 성립하는 낙성, 불요식의 계약이다. 또한 당사자인 대주와 차주 사이에는 계속적 채권관계가 발생하므로 당사자 간의 인적 신뢰관계가 크게 강조된다. 따라서 사회적, 문화적, 민족적 생활습관에 크게 영향을 받는다.

(3) 社會的 機能

1) 不動産賃貸借

부동산임대차는 매매와 함께 서민의 실생활에 가장 큰 영향을 미치는 계약 중 하나이다. 그런데 대개의 경우 부동산임차인이 임차권을 상실한다는 것은 생존기반 자체를 상실하는 것이나 마찬가지이기 때문에, 부동산임차권을 물권에 접근시킴으로써 부동산임차인의 지위를 강화해 주는 게 오랜 추세이다. 그러한 취지로 1981년에 제정된 법이 住宅賃貸借保護法이다.

2) 農地賃貸借

대개의 경우 농촌은 근대화, 공업화되는 사회에서 낙후된 공간일 수밖에 없으므로, 인구의 수도권집중 및 농촌공동화 현상을 막기 위해서라도 영세농에 대해서는 사회적인 보호가 필요하다. 이런 취지로 1994년에 제정된 농지법은 싼값의 농지임차가 가능하도록 차임을 낮게 책정하고, 임차인이 쉽게 계약의 해지를 당하지도 않도록 규정하였다. 그러나 이는 농지소유자들이 사실상 농지의 임대를 꺼리게 만들어, 무자력 노동자들의 귀농기회를 실질적으로는 박탈하기도 하였다.

3) 動産賃貸借

동산임대차 역시 도서대여점이나 비디오대여점을 보면 알 수 있듯 우리 일상생활에서 활발히 행해지고 있다. 그러나 건설장비, 의료장비, 자동차 등 값비싼 동산의 렌트는 리스계약이라는 신종계약에 의해 규율되고 있으므로, 동산임대차의 중요성은 그렇게 크지 않다.

4) 權利賃貸借

특허권이나 영업허가권, 일정구역에서의 영업권, 광고권 등의 권리도 임대차의 목적이 될 수 있다. 최근에는 상표권의 임대차계약으로서 프랜차이즈계약이 큰 각광을 받고 있다. 그러나 권리의 임대차에 대해서는 광업권의 임대금지[452]나 프랜차이즈점 간의 가격담합에 대한 제재에서도 볼 수 있듯 법적으로 상당

---

452) 鑛業法 제11조.

한 제한이 가해지고 있는 것을 유의해야 한다.

(4) 成立要件

1) 目的物

임대차의 목적물은 대개의 경우 물건이다. 그러나 부동산, 동산 기타 물건에 한정되지 않고 권리의 임대차도 가능하다. 또한 임대차는 소비대차와 달리 목적물의 소유권을 상대방에게 이전하는 것이 아니므로, 임대인이 목적물에 대한 소유권이나 처분권을 가지고 있지 않아도 무방하다. 따라서 임차인이 자기가 임차한 물건을 다시 다른 사람에게 임대하는 것도 가능하다. 그리고 주거용 건물에 대한 임대차인 경우 주택임대차보호법이 적용되는 범위 내에서 임차인에게 불이익한 조항은 계약의 내용으로 정할 수 없다.[453] 예를 들어 임대차의 존속기간을 2년 미만으로 정한 임대차는 그 기간이 2년으로 늘어나게 된다.[454] 농지에 대한 임대차인 경우 농지법이 적용되는 범위 내에서 임차인에게 불이익한 조항은 계약의 내용으로 정할 수 없다. 예를 들어 농지임차료의 상한을 정한 농지법 제25조 제1항의 규정은 강행규정이므로, 이를 초과하여 약정한 부분은 효력이 없다.[455]

(5) 存續期間

1) 存續期間과 更新

당사자는 원칙상 약정으로 자유롭게 임대차의 존속기간을 정할 수 있다. 그러나 그 존속기간에는 법률상 최장기 또는 최단기의 제한이 있다. 그렇게 정해진 존속기간이 만료하게 될 경우 당사자는 합의로 약정기간을 경신하여 임대차를 계속 존속하게 할 수 있다(민법 제651조 2항).

---

453) 住宅賃貸借保護法 제10조.
454) 住宅賃貸借保護法 제4조 제1항.
455) 農地法 제25조 제2항.

2) 最長期의 制限

① 原則

임대차의 존속기간은 20년을 넘지 못한다(민법 제651조 1항 본문). 만일에 당사자의 약정에 의한 존속기간이 20년을 넘는 때에는 20년으로 단축된다(민법 제651조 제1항 단서). 당사자 간의 약정으로 기간을 경신하더라도 10년을 넘지 못한다(민법 제651조 제2항). 지나치게 장기에 걸친 임대차는 소유관계를 불투명하게 만들 수 있기 때문이다. 다만 경신의 횟수에는 제한이 없으므로, 계속 경신을 함으로써 결과적으로 매우 장기간 동안 물건을 임차할 수 있다.

② 一定目的의 土地賃貸借에 대한 例外

견고한 건물 기타 공작물(오락장, 수영장, 골프장, 유원지시설 등)의 소유나 식목, 채염을 목적으로 하는 토지임대차는 위와 같은 최장기의 제한을 받지 않는다(민법 제651조 제1항). 사견을 말하자면 입법취지를 알 수 없는 불필요한 규정으로 여겨진다.

③ 無權賃貸借의 例外

처분의 능력 또는 권한이 없는 자(부재자의 재산관리인, 권한을 정하지 않은 대리인, 후견인, 유산관리인)가 임대차를 하는 경우 이러한 임대차의 최장기는 더욱 제한된다. 수목, 채염 또는 석조, 석회조, 연회조 및 이와 유사한 건축을 목적으로 하는 토지의 무권임대차는 10년, 기타 토지의 무권임대차는 5년, 건물 기타 공작물의 무권임대차는 3년, 동산의 무권임대차는 6개월을 넘지 못한다(민법 제619조). 위 기간을 초과한 무권임대차는 위 기간으로 단축된다. 이러한 무권임대차를 경신하려면 토지에 대해서는 기간 만료 1년 이전, 건물 기타 공작물에 대해서는 기간 만료 3개월 이전, 동산에 대해서는 기간 만료 1개월 이전에 경신하여야 한다(민법 제620조). 경신되는 기간은 위의 최장기를 넘지 못하며, 이 규정은 강행규정이다.

3) 最短期의 保障

① 意味

어느 누구에게 있어서도 갑자기 임차공간에서 쫓겨나게 될 경우 새로운 공간을 하루아침에 구한다는 것은 결코 쉬운 일이 아니다. 만약 임대차와 같은 계속적 계약관계에서 초단기의 임대차나 갑작스런 해지의 자유를 인정하게 되면, 수시로 주거공간이나 사업공간을 바꿔야 하는 임차인은 큰 곤경에 처하게 된다. 따라서 민법 및 주택임대차보호법 등은 임차인에게 일정기간 동안 임차물을 안심하고 사용할 수 있는 최단기간을 보장해 주려 한다.

② 住宅賃貸借保護法上의 最短期間

1981년 제정된 주택임대차보호법은 기간을 정하지 않거나 기간을 2년 미만으로 정한 임대차에 대하여 그 기간을 2년으로 본다고 규정하여 2년의 최단기를 보장했다. 물론 이는 임차인의 보호규정이므로 임차인은 임대차기간 만료 전이라도 언제든지 계약을 해지할 수 있다. 다만 이로써 임대인에게 발생한 손해를 배상하여야 한다.

③ 農地法上의 最短期間

농지임대차의 기간은 1년 이상이다. 그러나 다년생 식물을 재배하는 경우나 농업용 시설을 설치하여 농작물을 경작하는 경우에는 최단기가 3년이다.[456) 특히 농지임대차의 기간이 1년 또는 3년보다 짧거나 이를 정하지 않은 경우에는 존속기간이 1년 또는 3년의 최단기간으로 정해진다.[457)

4) 解止의 效力發生 延期

존속기간의 약정이 없을 때 , 또는 존속기간의 약정이 있으나 양 당사자가 해지권을 유보한 때 당사자는 언제든지 계약의 해지를 통고할 수 있다(민법 제635조 제1항, 제636조). 그러나 이러한 해지의 통고는 부동산임대차의 경우 임대인이 해지를 통고했을 때는 6개월, 임차인이 해지를 통고했을 때는 1개월이 지나야 효력을 발생한다(민법 제635조 제2항 1호). 전차인이 있을 때에는 전차인이 이 통지를 받은 때로부터 위 기간이 지나야 해지의 효력이 발생한다(민법 제638조). 동산임대차의 경우에는 누가 해지를 통고하건 5일이 지나야 해지의 효력이 발생한다(민법 제635조 제2항 2호).

---

456) 農地法 제24조 제1항.
457) 農地法 제24조 제3항 본문.

5) 黙示의 更新

① 民法上 黙示의 更新

계약기간 만료 후 지상물이 현존하는 한 임차인은 임대인에 대하여 임대차계약의 경신을 청구할 수 있다(민법 제643조, 제283조). 임대차기간이 만료한 후 임차인이 임차물의 사용, 수익을 계속함에도 임대인이 상당한 기간 내에 이의를 제기하지 않은 때에는 전임대차와 동일한 조건으로 다시 임대차한 것으로 본다(민법 제639조 제1항 본문). 그러나 이는 강행규정이 아니므로 당사자는 묵시의 경신이 이루어진 후에도 계약해지의 통고를 할 수 있다(민법 제639조 제1항 단서). 이 묵시의 경신은 법률상의 의제로서 당사자의 의사는 문제되지 않기 때문에 민법 제532조의 의사실현에 의한 계약의 성립이나 사실상의 계약관계와는 성질을 달리한다. 따라서 착오를 이유로 취소할 수 없다. 또한 묵시의 경신도 계약의 경신에 해당하므로 전임대차계약기간 중 임차인을 위하여 임대인에게 제공한 담보는 소멸한다(민법 제639조 제2항).

② 住宅賃貸借保護法上 黙示의 更新

주택임대인이 존속기간 만료 6개월 전부터 1개월 전까지의 사이에 주택임차인에 대하여 경신거절의 통지 또는 경신조건의 통지를 하지 않는 경우에는 임대차기간이 만료된 때 전임대차와 동일한 조건으로 다시 임대차된 것으로 본다.[458] 그러나 이때 존속기간은 최단기간인 2년으로 정해진다. 한편 임차인이 2기의 차임액에 달하도록 차임을 지체하고 있는 때와 기타 임차인의 의무를 현저하게 위반하고 있는 때 위와 같은 법정경신은 인정되지 않는다.[459]

③ 農地法上 黙示의 更新

농지임대인이 임대차기간 만료 3개월 전까지 임차인에 대하여 경신거절의 통지 내지 경신조건의 통지를 하지 않는 경우에는 임대차기간이 만료된 때 전임대차와 동일한 조건으로 다시 임대차된 것으로 본다.[460]

---

458) 住宅賃貸借保護法 제6조 제1항.
459) 住宅賃貸借保護法 제6조 제2항.
460) 農地法 제26조.

④ 無權賃貸借의 例外

처분의 능력 또는 권한 없는 자가 임대차를 하는 경우에는 묵시의 경신이 인정되지 않는다. 따라서 민법 제620조의 기간 내에 경신을 하지 않으면 임대차계약은 그 기간의 만료로 소멸한다.

(6) 效果

1) 賃貸人의 目的物引渡義務

① 賃借物의 占有移轉

임대인은 임차인이 임차물을 사용, 수익할 수 있도록 임차인에게 임차물의 점유를 이전하여야 한다(민법 제623조). 임차물은 주물뿐 아니라 종물까지 모두 인도하여야 하며, 타인의 물건을 임대했을 경우에는 물건의 소유자로부터 임대의 동의를 얻어내야 한다. 만약 임대인이 임차물의 점유를 끝내 이전하지 못하면 채무불이행이 되어 계약해제권 내지 손해배상청구권이 발생한다(민법 제390조). 물론 임대차계약은 유상계약이므로 담보책임도 발생할 수 있다(민법 제567조, 제580조 이하).

② 登記節次 協力義務

부동산임대인은 당사자 간에 반대약정이 없으면 임차인의 임대차등기절차에 협력해야 한다(민법 제621조 제1항). 부동산임대차는 이러한 등기를 통해 제삼자에 대해서도 효력을 갖게 된다. 그러나 실제상 임차인이 임대인에게 등기절차협력을 요구하는 일은 없으므로, 임대인은 일반적으로 등기절차 협력의무를 부담하지 않는다. 다만 商法은 선박임차인에게 있어서도 등기절차협력청구권을 부여하고 있는데,[461] 이는 강행규정이므로 선박임대인은 무조건 등기절차협력의무를 부담한다.

③ 占有移轉後 物權的 請求權關係

비록 임대인이 임차인에게 임차물의 점유를 이전하더라도 임대인은 임차물의 소유자로서 제삼자에 대하여 所有物返還, 妨害除去, 妨害豫防請求權(민법 제213

---

461) 商法 제765조 제1항.

조 이하)을 행사할 수 있다. 물론 임차인 역시 임차물의 점유자로서 마찬가지로 제삼자에 대하여 점유물반환, 방해제거, 방해예방청구권을 행사할 수 있다(민법 제204조 이하).

2) 賃借人의 借賃支給義務

① 內容

임차인은 임차물을 사용·수익하는 대가로서 임대인에게 차임을 지급해야 한다(민법 제618조). 수인이 공동으로 임차한 경우에는 차임을 연대하여 지급해야 한다(민법 제654조, 제616조).

② 借賃支給時期

차임은 동산, 건물, 대지에 대해서는 매월 말에, 기타 토지에 대해서는 매년 말에 지급하는 것이 원칙이다(민법 제633조 본문). 그러나 收穫期에 있는 것의 임대차에 있어서는 그 수확 후 지체 없이 지급하게 돼 있다(민법 제633조). 사실상 차임후급의 원칙을 취하고 있는 셈이다.[462] 물론 이는 강행규정이 아니므로 차임선급의 특약이 있을 경우 특약이 우선한다.

③ 不履行의 效果

a. 原則

임차인이 차임지급을 지체할 경우 임대인은 이행지체에 관한 일반규정(민법 제395조, 제544조)에 따라 상당한 기간을 정하여 이행을 최고해야 한다. 그 기간 내에도 임차인이 차임을 지급하지 않은 때에는 임차인에 대하여 계약해지의 의사표시를 하고, 이행에 갈음한 손해배상을 청구할 수 있다.

b. 土地賃貸借의 例外

그러나 건물 기타 공작물의 임대차, 건물 기타 공작물의 소유 또는 식목, 채염, 목축을 목적으로 한 토지임대차에 대해서는 민법 제640조 이하의 특칙이 적용되어 임차인의 차임연체액이 2기의 차임액에 달하는 때에야 비로소 임대인은 계약을 해지할 수 있게 된다(민법 제640조, 제641조). 다만 차임지급의 연체

---

462) 독일의 경우 차임선급을 원칙으로 한다.

는 연속일 것을 요하지 않으며, 임대인은 상당한 기간을 정하여 이를 최고할 필요도 없다. 이 규정은 強行規定이므로 이에 위반하는 약정으로서 임차인에게 불리한 것은 무효이다(민법 제652조). 한편 지상에 있는 건물 기타 공작물이 저당권의 목적이 되어 있는 때에는 그 저당권자에게 통지한 후 상당한 기간이 경과하여야 해지의 효력이 발생한다(민법 제642조, 제288조).

c. 失權約款

차임의 1회 또는 2회 이상의 연체가 있으면 해지의 의사표시 없이도 임대차가 당연히 종료할 것을 정한 약관은 임대인에게 해지권의 행사요건을 완화하여 임차인에게 부당한 불이익을 줄 우려가 있으므로 무효이다(약관규제법 제9조).

④ 賃貸人의 法定擔保物權
a. 賃貸人의 法定質權

토지임대인 또는 건물 기타 공작물의 임대인이 임대차에 관한 채권에 의하여 임대지에 부속 또는 그 사용의 편익에 공용한 임차인 소유의 동산(살림살이 일체) 및 그 토지의 과실을 압류한 때에는 질권과 동일한 효력이 있다(민법 제648조, 제650조). 따라서 임차인은 연체된 차임을 지급하고 나서야 위 동산을 돌려받을 수 있고, 임대인은 위 동산으로 변제충당하거나 위 동산을 경매처분할 수 있다. 다만 일시사용을 위한 임대차의 경우에는 위의 규정이 적용되지 않는다(민법 제653조).

b. 土地賃貸人의 法定抵當權

토지임대인이 변제기를 경과한 최후 2년의 차임채권에 의하여 그 지상에 있는 임차인소유의 건물을 압류한 때에는 저당권과 동일한 효력이 있다(민법 제649조). 따라서 토지임대인은 위 부동산으로 우선변제받을 수 있다.

⑤ 借賃의 增減額請求
a. 賃借物의 一部滅失

임차물의 일부가 임차인의 과실 없이 멸실 기타의 사유로 인하여 사용, 수익할 수 없게 된 때 임차인은 그 부분의 비율에 의한 차임의 감액을 청구할 수 있다(민법 제627조 제1항). 이 차임청구권은 형성권으로서의 성질을 가지며, 임대인의 승낙을 요하지 않는다. 만약 차임청구를 하더라도 그 잔존부분으로는 임대차의 목적을 달성할 수 없다면 임차인은 계약을 해지할 수도 있다(민법 제627조 제2항).

b. 經濟事情의 變動

임대물에 대한 공과부담의 증감 기타 경제사정의 변동으로 인하여 약정한 차임이 상당하지 아니하게 된 때 당사자는 장래에 대한 차임의 증감을 청구할 수 있다(민법 제628조). 사실상 사정변경의 원칙이 수용된 규정이라고 볼 수 있으며, 계속적 채권관계를 전제로 하는 것이기 때문에 일시사용을 위한 임대차 또는 전대차에는 적용되지 않는다(민법 제653조). 이 청구권도 형성권의 성질을 갖지만, 증감액이 상당하지 않을 때에는 해지의 사유가 될 수 있다. 특히 주택임대차에서 증액의 경우에는 대통령령이 정하는 기준에 따른 비율, 즉 약정한 차임의 5%를 초과하지 못하도록 하고 있으며, 증액이 있은 후 1년 이내에는 하지 못하도록 하고 있다.[463] 위 규정들은 강행규정이며 이에 위반하는 약정으로서 임차인에게 불리한 것은 그 효력이 없다(민법 제652조). 따라서 차임을 일정기간 동안 감액하지 않는다는 특약은 언제나 무효이다.

c. 强行規定

본 조는 강행규정이며 이에 위반하는 약정으로서 임차인에게 불리한 것은 무효이다(민법 제652조). 따라서 당사자 간의 차임증가배제의 특약은 유효하나 감액배제의 특약, 즉 임차인에게 불리한 약정은 무효이다.

d. 批判

이 권리가 形成權이든 請求權이든 상관없으나 어느 경우를 막론하고 증감액의 객관적 상당성을 확보하기 위한 지역적 차임표준액의 설정이 필요하다. 그렇지 않으면 앞으로 임차주택이 남아돌게 될 경우에 임차인의 악의적인 감액청구권 남용을 막을 방법이 없다. 독일의 경우 각 지역의 주택, 상가에 따른 차임표준표가 매년 물가표준에 따라 결정되고 있는데 참고할 만하다 할 것이다.

---

463) 住宅賃貸借保護法 제7조, 施行令 제2조.

3) 賃貸人의 賃借物適正狀態維持義務

① 妨害物除去 및 修繕義務

임대인은 계약존속 중 임차인이 임차물을 사용, 수익하는 데 필요한 상태를 유지할 적극적 의무를 부담한다(민법 제623조). 설령 임차물을 임차인이 점유하고 있다 하더라도 임차인이 임차물을 사용, 수익하는 데 방해되는 것이 임차물 내에서 발견되면 임대인이 이를 제거해 줘야 하며, 계약기간 중 임차물이 훼손되었더라도 임차인이 그 훼손에 자기 귀책사유 없음을 입증하면 그 훼손에 대한 수선의무도 임대인이 부담해야 한다. 다만 이러한 수선의무는 드물지 않게 특약으로 배제된다.

② 費用償還義務

만약 임차인이 목적물에 必要費를 지출하면, 이는 본래 임대인이 지출해야 했을 비용이므로 임차인이 지출한 그 필요비는 임대인이 상환해야 한다(민법 제626조 제1항). 다만 有益費는 목적물 자체의 가치증가비용이므로 부당이득의 법리(민법 제741조 이하)를 적용하여 임대인이 선의일 경우 現存價額을, 악의일 경우 증가전액을 반환하여야 한다(민법 제626조 제2항). 임차인은 이러한 비용상환에 대한 청구권을 목적물반환 후 6개월 이내에 행사하여야 하며(민법 제654조, 제617조), 청구권의 확보를 위해 목적물상에 유치권을 행사할 수 있다(민법 제320조). 다만 유익비에 관하여 법원으로부터 임대인이 유익비상환을 유예받은 경우나 임대차가 종료한 후에 임차인이 불법점거 중 지출한 비용은 필요비, 유익비를 막론하고 유치권을 발생시키지 않는다.

③ 不履行의 效果

만약 이러한 의무를 임대인이 불이행하면, 임차인은 하자담보책임을 물어 차임의 지급을 일시적으로 거절하거나 차임의 감액청구를 할 수 있다. 물론 계약의 목적달성이 불가능할 때에는 임대인에 대하여 계약해지의 의사표시를 하거나(제544조), 손해가 발생했을 시에는 손해배상을 청구할 수도 있다(세390소).

④ 賃借人의 意思에 反한 保存行爲

임대인이 목적물의 보존에 필요한 행위를 하고자 할 때 임차인은 이를 거절하지 못한다(민법 제624조). 그러나 임대인이 임차인의 의사에 반하여 보존행위를 하는 경우에 이로 인하여 임차인이 임차의 목적을 달성할 수 없을 때에는 임차인이 계약을 해지할 수 있다(민법 제625조).

4) 賃貸人의 瑕疵擔保責任

임대차계약은 유상계약이므로 임대인도 매도인처럼 하자담보책임을 부담한다(민법 제567조, 제570조 이하).

① 賃借權의 瑕疵에 대한 擔保責任

권리의 하자로 목적물의 전부를 박탈당하여 임차물의 사용, 수익을 할 수 없게 되거나 제한받은 경우 임차인은 선·악의를 불문하고 계약을 해제할 수 있다. 만약 선의라면 신뢰손해에 대한 배상청구를 할 수 있다. 또한 권리의 일부가 타인에 속한 경우라면 임차인은 목적물의 비율로 대금감액을 청구할 수 있다. 임차인이 선의이고 잔존부분만으로 계약목적을 달성할 수 없을 때에는 계약을 해제할 수도 있다. 그러나 권리의 하자에 대해서는 임대인이 하자담보책임을 부담할 여지가 그리 크지 않다. 왜냐하면 권리에 하자가 있다 하더라도 임차인이 목적물을 사용·수익하는 데 지장이 없다면 임대차계약에 문제가 발생하지는 않기 때문이다. 이때는 단지 임차권의 하자를 알았다면 임차인이 계약을 체결하지 않았을 것이란 사정이 존재할 경우에 한하여 착오에 의한 계약취소의 문제가 발생할 뿐이다(민법 제109조).

② 賃借物의 瑕疵에 대한 擔保責任

물건의 하자(민법 제580조 이하), 즉 임차물의 하자에 대해서는 물건의 하자에 관한 규정이 적용되어 임대인은 담보책임을 부담한다. 따라서 임차인은 임차물의 하자를 증명한 다음, 하자보수, 차임감액, 계약해지(민법 제627조 제2항), 신뢰손해(계약비용 등)에 대한 배상 등을 임대인의 과실과 무관하게 청구할 수 있다. 다만 임차물의 하자로 인해 발생손해가 신뢰손해를 초과할 경우에는 임대인의 무과실책임으로 그 전체의 손해배상책임을 묻는 것은 불공평하므로, 하자담보책임이 아닌 채무불이행책임에 관한 민법규정이 적용된다(민법 제390조). 따라서 임대인은 이러한 손해배상청구에 대해서는 자기 무과실을 입증함으로써 책임을 면할 수 있으며(민법 제390조 단서), 무과실을 입증하지 못할 때에 한하여 통상손해 및 예견가능성 있는 특별손해 전체를 배상하게 된다.

5) 賃借人의 賃借物保管義務

① 善良한 管理者의 注意

임차인은 임대차관계의 종료로 임차물을 임대인에게 반환할 때까지 선량한 관리자의 주의로 임차물을 보관할 의무가 있다(제374조).

② 契約 또는 目的物의 性質에 의하여 定해진 用法

임차인은 계약 또는 그 목적물의 성질에 의하여 정해진 용법으로 임차물을 사용, 수익하여야 한다(민법 제610조 제1항, 제654조). 임차인이 계약 또는 목적물의 성질에 반하여 임차물을 사용·수익하는 경우 임대인은 위반행위의 정지를 청구하고 손해가 있으면 그 배상을 청구할 수 있다. 이때 손해배상청구권은 임대인이 목적물의 반환을 받은 날로부터 6개월 이내에 행사하여야 한다(민법 제617조, 제654조). 그러나 임대인은 이러한 위반행위를 이유로 계약을 해지할 수는 없다(민법 제654조의 반대해석).

③ 通知義務

임차인은 임차물이 수리를 요하거나 임차물에 대하여 권리를 주장하는 자가 있을 때 지체 없이 이를 임대인에게 통지하여야 한다(민법 제634조 본문). 다만 임대인이 이미 이를 알고 있을 때에는 통지할 필요가 없다(민법 제634조 단서). 임차인이 그의 귀책사유로 통지를 게을리하거나 통지하지 않고 자기가 함부로 수리하여 임차물을 훼손했을 때 임대인은 임차인에게 손해의 배상을 청구할 수 있다(민법 제390조).

④ 賃借物의 自己用益義務

임차인은 임대인의 승낙 없이 임차물을 타인에게 용익하게 할 수 없다(민법 세629조 세1항). 임자인이 임대인의 승닉 없이 타인에게 임차물을 용익하게 힐 경우 임대인은 계약을 해지할 수 있다(민법 제629조 제2항).

6) 賃借人의 賃借物返還義務

① 原狀返還의 原則

使用貸借에서처럼 임대차에서도 계약관계가 종료한 때 임차인은 임차물을 원상으로 회복하여 반환하여야 한다(민법 제654조, 제615조 전단). 따라서 목적물의 통상적인 用益을 방해하는 것이 부착되어 있을 때는 이를 제거하여야 하는 것이 원칙이다. 이것은 임차인에게 의무인 동시에 권리이기도 해서, 임차인은 임차물에 부속시켰던 자기 물건을 임대인이 남기고 가라고 요구하더라도 떼서 가지고 갈 수 있는 권리를 갖는다(민법 제615조 후단).

② 例外

그러나 임대차계약에 의하여 임대차의 목적이 임차물을 개조하는 데 있었던 경우에는 굳이 임차인이 이미 개조된 임차물을 다시 원상으로 회복시켜야 하는 것은 아니다.

③ 附屬物買受請求權

임차했던 건물 기타 공작물을 반환할 시에 임차인은 그 사용의 편익을 위하여 임대인의 동의를 얻어 부속했던 물건이나 임대인으로부터 매수했던 물건의 매수를 임대인에게 청구할 수 있다(민법 제646조 제1항). 부속한 물건은 임차인의 소유에 속하고 그 건물의 구성 부분을 이루지 않는 독립한 물건이어야 하며 사용의 편익에 제공되어야 한다. 이 청구권의 법적 성질은 형성권이며, 임대인의 승낙을 요하지 않는다. 또한 임차인의 채무불이행으로 인한 해지의 경우에도 행사될 수 있다. 본 조는 강행규정이나(민법 제652조), 일시사용을 위한 임대차에는 적용되지 않는다(민법 제653조). 덧붙여, 私見을 말하자면 부속물매수청구권은 목적물의 경제사회적 가치의 효용을 유지하기 위한 제도이나 구법시대의 殘在라고 볼 수 있다. 거래 실제에서도 방을 나가는 임차인이 임대인에게 부속물매수를 청구하는 일은 거의 없다.

(7) 賃借權의 對抗力

1) 意義

임차권은 채권이므로 임대인이 임차물의 소유권을 제삼자에게 양도하면 임차인은 제삼자의 반환청구에 응해야 한다. 그러나 이 경우 무주택자인 임차인이 입게 되는 피해는 생존을 위협당할 정도이므로, 임차권에 등기 등의 공시방법을 인정하여 제삼자에게 대항할 수 있게끔 해 주는 것이다. 역사적으로도 게르만법에서는 타인의 물건에 대한 사용·수익관계를 물권으로 편성한 바가 있으며, 그후 로마법이 다시 계수되면서 임차권이 채권으로 편성되었으나, 20세기 들어서서 임차권에 물권적 요소를 가미함으로써 중용의 묘를 찾는 것이 일반적 추세이다.

2) 登記에 의한 對抗力

① 不動産買受人의 賃貸借契約引受義務

민법상 임차인은 임대인에 대하여 임대차등기절차에 협력할 것을 청구할 수 있다(민법 제621조 제1항). 이로써 부동산임차권이 등기된 경우 임대인인 소유자가 제삼자에게 부동산소유권을 양도했을 때에 종래의 소유자와 임차인 사이에 존재하던 임대차관계는 그대로 신소유자와 임차인 사이에서 존속한다(민법 제621조 제2항).

② 地上建物의 登記로 인한 土地賃貸借의 對抗力

건물의 소유를 목적으로 하는 토지임대차는 이를 등기하지 아니한 경우에도 임차인이 그 지상건물을 등기한 때에는 제삼자에 대하여 대항력이 생긴다(민법 제622조 제1항). 그러나 건물이 임대차기간 만료 전에 멸실 또는 후폐한 때에는 토지임차인을 보호할 필요가 없으므로 임대차는 효력을 잃는다(민법 제622조 제2항).

③ 實效性의 問題

위와 같은 규정들에도 불구하고 실제상 임차인은 임대차계약을 체결할 때 임대인에 비해 불리한 위치에 있으므로, 임대인에게 감히 등기절차협력을 요구하지 않는다. 따라서 등기에 의한 임차권의 대항력문제는 거래 실제에 있어서 전혀 존재하지 않는다.

3) 住民登錄에 의한 對抗力

① 住宅賃貸借保護法上 住民登錄

주택임대차보호법의 보호를 받는 임대차에 있어서는 등기가 없는 경우에도 임차인이 주택의 인도를 받고 주민등록을 마치면 그다음 날부터 제삼자에 대하여 대항력이 생긴다.[464] 이 경우 주민등록은 동사무소 등에 적법한 전입신고를 한 때에 된 것으로 본다.

② 住宅賃貸借保護法上 引渡

주택임대차보호법 제3조에서 말하는 인도란 임차인이 직접점유를 취득하여 실제로 주거하는 경우만을 가리키는 것이다. 따라서 반환청구권의 양도나 점유개정에 의한 인도는 해당되지 않는다.

4) 動産賃借權의 對抗力

동산의 임차인이 이 목적물의 양수인의 반환청구권을 임차권으로 대항할 수 있는가? 다시 말해 임대인이 동산의 소유권을 반환청구권의 양도에 의해 이전했을 경우 발생하는 문제이다. 예를 들어 비디오대여점 주인이 비디오가게 및 비디오테이프 전체의 소유권을 처분했을 경우, 그 가게에서 비디오테이프를 빌려 간 사람이 갑자기 집 앞에 비디오가게 새 주인이라고 찾아온 사람에게 비디오테이프를 넘겨줘야 하는가이다. 민법 제451조 2항의 해석상 동산임차인은 양도의 통지를 받기 전까지 전 임대인에 대하여 생긴 사유로 새로운 양수인에게 대항할 수 있으므로, 임차한 동산을 반환할 의무가 없다고 보아야 한다.

(8) 保證金

1) 意義

부동산임차인, 특히 건물임차인이 임대차와 관련한 자기 채무를 담보하기 위하여 임대인에게 지급하는 금전 기타 유가물을 말한다.

---

464) 住宅賃貸借保護法 제3조 제1항.

2) 法的 性質

보증금은 임대차 종료시에 반환될 것을 조건으로 지급되는 금액이지만, 임차인의 채무불이행이 있을 것을 해제조건으로 하여 상계되므로, 연체차임 및 손해배상의 담보금이라는 성질을 갖는다. 보증금계약은 이를 목적으로 성립하는 계약으로서, 임대차계약에 종된 계약의 성질을 갖는다.

3) 效果

① 保證金의 擔保的 效力

임대인은 임대차에 관하여 임차인에게 손해배상청구권 기타 금전채권을 갖게 될 경우 다른 채권자에 우선하여 이 보증금으로부터 변제를 받을 수 있다.

② 賃貸借存續 중 保證金의 充當

임대차관계가 존속 중인 때에도 임대인은 보증금을 연체차임 등에 충당할 수 있다. 그러나 임대인이 임차인에게 연체차임의 지급을 청구할 경우 임차인은 존속기간이 끝나간다 하더라도 보증금의 존재를 이유로 차임지급청구를 거절하지 못한다.

③ 黙示의 更新과 保證金

묵시의 경신이 이루어졌을 경우 임대차관계와 함께 임차인이 제공한 보증금도 그대로 남는다. 그러나 제삼자가 제공한 보증금은 기간 만료와 함께 소멸한다(민법 제639조 제2항).

④ 保證金의 返還請求

임차인은 원칙적으로 보증금 전액의 반환을 임대인에게 청구할 수 있다. 이에 대하여 相計하기 위한 임차인의 금전채무를 입증할 책임은 임대인에게 있다. 보증금반환청구와 임차물반환청구는 동시이행의 관계에 있다. 특히 주택임대차의 경우는 임대차관계가 보증금반환 이후에야 비로소 종료된다.[465]

⑤ 保證金의 承繼

임차부동산의 소유권이 이전될 때 임차권이 대항력을 갖고 있을 경우 보증금

---

465) 住宅賃貸借保護法 제4조 제2항.

에 관한 권리와 의무도 신소유자에게 그대로 이전된다. 임차권이 대항력을 갖고 있지 않을 경우 임차인은 목적물의 양수인에 대하여 보증금의 반환을 청구할 수 없다.

⑥ 保證金의 優先辨濟

임차주택이 강제집행 등으로 경매처분되는 경우, 확정일자 있는 증서로 임대차계약서를 작성해 놓았고 주택임대차보호법 제3조 1항의 대항요건을 갖춘 주택임차인은 그 임차주택을 경락인 또는 양수인에게 인도하고서 후순위권리자나 일반채권자보다 우선하여 환가대금으로부터 그의 보증금을 변제받을 수 있다.[466]

⑦ 保證金의 增減請求

약정한 보증금이 경제사정의 변동으로 인하여 상당하지 않게 되었을 때 당사자는 장래에 대하여 그 증감을 청구할 수 있다.[467] 그러나 증액의 경우 약정한 보증금의 5%를 넘지 못한다.[468] 그 밖에 증액청구는 임대차계약 또는 보증금의 증액이 있은 후 1년이 지나야 다시 할 수 있다.[469]

4) 權利金

'권리금'이라고 하면 기존의 임차인이 새로운 임차인으로부터 받는다고 생각하는 것이 일반적이다. 그러나 실제로는, '바닥권리금'이라는 명목으로 임대차보증금과 별도로 건물주가 임차인으로부터 권리금조의 돈을 받고 있는 경우도 많다. 임대차계약기간이 종료되었을 때 반환되는 것을 전제로 한 임대차보증금과 별도로 반환되지 않는 것을 전제로 한 권리금을 전 임차인이 아닌 건물주가 받을 수 있는 것일까? 결론적으로, 건물주가 권리금을 수수하는 그 자체는 법적으로 별다른 문제가 없다. 대법원 역시, 영업용 건물의 임대차에 수반되어 행하여지는 권리금의 지급은 임대차계약의 내용을 이루는 것은 아니고 권리금 자체는 거기의 영업시설·비품 등 유형물이나 거래처, 신용, 영업상의 노하우

---

466) 住宅賃貸借保護法 제3의 2조 제1항.
467) 住宅賃貸借保護法 제7조.
468) 住宅賃貸借保護法 시행령 제2조 제1항.
469) 住宅賃貸借保護法 시행령 제2조 제2항.

(know‐how) 혹은 점포 위치에 따른 영업상의 이점 등 무형의 재산적 가치의 양도 또는 일정기간 동안의 이용대가라고 볼 것인바, 권리금이 그 수수 후 일정한 기간 이상으로 그 임대차를 존속시키기로 하는 임차권 보장의 약정하에 임차인으로부터 임대인에게 지급된 경우에는, 보장기간 동안의 이용이 유효하게 이루어진 이상 임대인은 그 권리금의 반환의무를 지지 않는다는 취지로 판단하고 있다.[470] 다만 임차인은 당초의 임대차에서 반대되는 약정이 없는 한 임차권의 양도 또는 전대차 기회에 부수하여 자신도 일정기간 이용할 수 있는 권리를 다른 사람에게 양도하거나 또는 다른 사람으로 하여금 일정기간 이용케 함으로써 권리금 상당액을 회수할 수 있을 것이지만, 반면 임대인의 사정으로 임대차계약이 중도 해지됨으로써 당초 보장된 기간 동안의 이용이 불가능하였다는 등의 특별한 사정이 있을 때에는 임대인은 임차인에 대하여 그 권리금의 반환의무를 진다고 할 것이고, 그 경우 임대인이 반환의무를 부담하는 권리금의 범위는, 지급된 권리금을 경과기간과 잔존기간에 대응하는 것으로 나누어, 임대인은 임차인으로부터 수령한 권리금 중 임대차계약이 종료될 때까지의 기간에 대응하는 부분을 공제한 잔존기간에 대응하는 부분만을 반환할 의무를 부담한다고 봄이 공평의 원칙에 합치된다고 판단하여, 권리금수수에 대한 건물주로서의 일정한 의무를 인정하고 있을 뿐이다. 그럼에도 불구하고 건물주는 권리금을 받지 못하는 것으로 많은 사람들이 오해하고 있다. 다음은 이러한 오해에서 빚어진 안타까운 실제 사례를 소개하겠다. 성남시 분당구에 건물을 가지고 있는 갑은 임차인 없이 공실로 있는 점포 하나를 임대하는 과정에서, 중개업자의 소개로 을과 임대차계약을 체결하게 되었다. 임대차계약체결과정에서 갑은 중개업자로부터 '을로부터 바닥권리금이라는 명목으로 권리금을 7천만 원 정도 받을 수 있는데, 건물주가 권리금을 받는 것은 법적으로 불가능하므로, 건물주가 아니라 종전의 임차인이 권리금을 받는 것처럼 꾸미자.'라는 제안을 받게 되어, 별생각 없이 이 제안을 수용하게 되었다. 그 후 갑과 중개업자는 갑의 아들을 마치 종전 임차인인 것처럼 신분을 위장하여 을로부터 권리금 7천만 원을 받게 하였다. 그 결과, 을은 건물주가 아니라 종전 임차인에게 권리금을 지급한 것으로 알고 임대차를 개시하게 된 것이다.

---

470) 大判 2002.7.26, 2002다25013, 大判 2000.9.22, 2000다26326.

그런데 문제는, 생각했던 것 이상으로 영업이 잘되지 않게 되자 권리금에 대해 의문을 가지게 된 을이 권리금문제에 대해 다시 면밀하게 조사한 결과, 건물주가 자신의 아들을 내세워 마치 종전 임차인이 권리금을 받아 간 것처럼 자신을 속였다는 사실을 알게 되었다는 것이다. 이에 을은 갑과 중개업자를 사기죄로 고소하겠다고 상당한 금액의 합의금을 요구하고 있다. 이 경우 임차인이 아니라 건물주라고 하더라도 권리금을 받는 것이 법적으로 아무런 문제가 없음에도 불구하고, 중개업자와 건물주의 잘못된 판단으로 임차인에게 불필요한 거짓말을 함으로써 화를 자초한 경우라고 볼 수 있다. 법적인 권리관계만 제대로 파악했더라면 거짓말하지 않고도 당당하게 권리금을 받아, 법적인 분쟁을 피할 수 있었을 텐데라는 안타까운 마음이 남는 사건이다. 흔히 영업소의 양도에서 거래관행상 발달한 것으로서, 임차부동산이 갖는 특수한 장소적 이익 내지 영업상 이익, 신용, 고객유지, 특수한 권리이용의 대가로 임차인이 임대인에게 지급하는 금전을 말한다. 권리금은 이를 지급한 임차인의 위험에 속하므로, 건물이 철거되거나 토지가 수용되는 사정이 발생한다 하더라도 임대인은 권리금을 반환해야 할 의무가 없다. 하지만 임차인은 임대인에게 차임만 지불하면 권리금보다 더 큰 영업상 이익을 얻었다 하더라도(예를 들어 근처에 갑자기 도로가 개설되거나 학원이 설립되는 등의 이유로) 그 대가를 임대인에게 지불할 필요가 없으며, 임대차 종료시에는 권리금의 반대급부로 인수한 부속물(고객관계, 영업상 신용 등도 포함)을 임대인에 대해서 매수청구할 수도 있다(민법 제646조). 물론 임차인은 더 많은 권리금을 붙여서 임차권을 제삼자에게 양도할 수도 있다. 특히 상가권리금에 대한 분쟁이 자주 발생하고 있다. 상가권리금을 법적으로 정의하자면, 상가 영업시설, 비품 등 유형물이나 거래처, 신용, 영업상의 노하우(know-how) 혹은 점포 위치에 따른 영업상의 이점 등 무형의 재산적 가치의 양도 또는 일정기간 동안의 이용대가라고 볼 수 있는데, 금액이 상당한 데다가 법적으로 반환이 보장되지 않으면서 액수산정 자체에 있어 특별한 기준이 없다 보니 법적으로 분쟁이 될 소지가 많을 수밖에 없는 것이다. 따라서 상가권리금거래를 하면서 실무상으로 자주 문제되면서 소홀히 되기 쉬운 점을 몇 가지 지적해 보고자 한다.

첫째, 권리금계약을 하기 이전에 건물주의 구체적인 의사를 사전에 정확히 확인할 필요가 있다. 권리금이 수수되는 영업용시설양수도계약은 건물주가 아니라 기존의 임차인으로부터 넘겨받는 것이 일반적인데, 이러한 계약이 궁극적으로 유효하기 위해서는 건물주의 동의가 필요하다. 따라서 건물주의 의사를 정확하게 파악하지 않은 채 무작정 기존의 임차인과 권리양수도계약만을 체결하는 것은 무모한 행동일 수 있는 것이다. 그럼에도 불구하고 현재의 관행은, 일단 권리양수도계약을 체결하면서 권리양수ㆍ양도계약에 따르는 계약금을 수수한 후, 건물주의 동의를 구하는 절차를 밟고, 만약 건물주가 이를 동의하지 않으면 체결한 권리양수ㆍ양도계약을 조건 없이 무효로 하면서 계약금은 반환하는 식으로 이루어지고 있다. 이와 같이 건물주의사확인 없이 계약금이 먼저 수수되는 관행하에서는 향후 건물주가 동의하지 않을 경우 계약금을 반환받는 것이 사실상 여의치 않을 수 있다. 기존 임차인인 권리양도인이 건물주의 동의를 확신하고 받은 계약금을 다른 용도에 써 버리기 때문이다. 한편, 건물주의 의사를 사전에 확인하지 않으면, 당초 예상했던 바와 달리 기존의 임대차 계약조건이 나중에 변경될 수 있는 곤란한 상황에 봉착할 수 있게 된다. 시설권리 양수도계약을 체결하는 새로운 임차인으로서는 당연히 기존의 임차인과 건물주 간에 종전에 체결된 임대차조건(보증금, 월세 등)을 그대로 인수받거나, 아니면 기존의 조건보다 약간만 증액된 조건으로 임대차계약을 체결할 수 있을 것으로 예상하는 데 반해, 건물주로서는 임차인이 변경되는 과정에서 임대차조건을 기존의 임대차조건보다 훨씬 유리하게 인상하고 싶어 하면서, 임차인변경에 동의하는 전제로 변경된 임대차조건을 수용해 달라고 내세우는 경우가 많기 때문이다.

둘째, 권리금액수를 산정하는 구체적인 기준을 사전에 정할 필요가 있다. 예를 들어, 전체 권리금 중 시설비와 순수권리금이 각각 얼마인지를 구분해서 정하는 것이다. 만약 이러한 근거를 기재하지 않으면 시설에 문제가 생긴다거나, 예정된 임대차기간이 부족하게 되는 등의 법률문제가 발생했을 때 어떤 기준으로 얼마의 권리금을 반환받을지 판단하기가 곤란하기 때문이다.

셋째, 건물주에게 직접 지급하는 권리금도 법적으로 유효하고, 향후 반환받기가 곤란할 수가 있다는 점이다. 건물주에게 지급되는 권리금을 통칭해서 '바닥권리금'이라고 칭하는데, 어떤 사람들은 이러한 바닥권리금은 향후 돌려받을 수 있다고 오해하고 있는데, 잘못된 생각이다. 판례 역시, 건물주도 임대차보증금과 별도로 권리금을 지급받을 수 있고, 권리금수수에 따른 대가로서 약정한 임대차기간만 보장해 주게 되면, 권리금의 반환의무를 지지 않는다는 판단하고 있다.

앞서 본 바와 같이, 시설권리금은 법적으로 반환이 보장되지 않는 것이 일반적인 반면, 거래되는 시설권리금의 액수는 상당한 실정이다 보니, 시설을 양도하는 측에서는 무리를 해서라도 다른 임차인에게 시설을 양도하고자 시도하면서 그 과정에서 편법과 거짓말까지 동원되는 것이 현실이다. 따라서 시설을 양수하는 입장에서 더욱 각별한 주의가 필요하다. 권리금계약을 체결함에 있어 권리금액수를 산정하는 방법에 있어 아무런 근거나 기준이 없다는 점이 큰 문제로 지적될 수 있다. 권리금계약 내지 권리양수도계약이라는 것은 현재의 임차인으로부터 시설, 영업노하우, 점포위치에 따른 영업상의 이점 등을 '권리'라는 명목으로 다음 임차인이 넘겨받는 내용의 계약이 일반적인데, 금액이 수천만 원 심지어는 수억 원이면서도 금액을 산정하는 구체적인 방법에 대해서는 전혀 나타나 있지 않은 경우가 대부분이다. 기존 임차인이 지급한 액수에서 일정금액을 빼고 더하는 주먹구구식으로 금액을 정하는 것이 일반적이다. 결국 어떤 명목으로 그만한 금액이 산정되었는지가 불분명하기 때문에 분쟁이 발생하더라도 해결하기가 용이하지가 않다. 예를 들어 모 백화점 내 매장의 권리를 2억 원에 양수하는 계약을 체결한 의뢰인의 이야기인데, 이 의뢰인은 임대인이 백화점이고 이를 임차하여 베이커리 매장을 운영하고 있는 기존 임차인 甲으로부터 권리금조로 2억 원을 주고 매장운영권을 매입하는 계약을 체결하면서, 계약체결할 때 계약금으로 5천만 원을 주고 나머지 잔금은 1달 후에 지급하기로 했다. 그런데 기존 임차인 甲이 의뢰인에게 이야기한 한 달 평균 매출액이 실제와 차이가 난다는 사실이 확인되면서 분쟁이 발생했다. 계약체결 당시에는 베이커리 한 달 평균 매출액을 3천만 원이라고 들었는데, 계약체결 이후에 영업장부를 통해 실사해 본 결과 실제 매출액은 2천4백만 원 정도에 불과하다는 사실이 확인되었다. 결국 당초 알고 있었던 매출액에 비해 20%나 매출액이 적었던 셈이다. 이런 사실을 확인한 의뢰인은 甲에게 항의했지만 '권리금계약이라는 게 원래 약간 과장해서 이야기하는 것이므로 법적으로는 문제없다. 억울하면 법적으로 해 보라.'는 식의 태도로 일관하고, 전혀 성의를 보여주지 않았다고 했다. 이 때문에 결국 필자의 사무실을 방문하게 되었다. 따라서 이 사건 또한 민사적인 쟁점은 크게 두 가지로 볼 수 있다.

첫째는 이렇게 체결된 계약을 없었던 상태로 돌릴 수 있는지, 즉 법적으로 계약해제나 취소사유가 되는지, 둘째는 계약을 되돌릴 수 없다면 권리금액을 감액할 수 있는 사유는 되는지였다. 그렇지만 두 가지 모두 결론 내리기가 쉽지 않다. 계약을 없었던 상태로 돌리기 위해서는 甲이 이야기했던 매출액달성이 계약의 내용이 되거나 계약을 체결한 매우 중요한 동기가 되어야 하는데, 권리금액을 산정함에 있어 기왕의 매출액은 하나의 고려요소에 불과할 뿐이고 또 금액차이가 20% 정도에 불과하여 계약을 해제하거나 취소사유가 된다고 단정하기 어렵기 때문이다. 또한 약속한 권리금액을 감액하는 것 역시 감액기준을 정하기가 쉽지 않다는 점에서 재판으로 해결하기가 용이하지 않다. 앞서 본바와 같이, 권리금이라는 것은 현재의 영업상태나 시설비, 앞으로의 전망 등이 복합적으로 어우러져 금액이 결정된다는 점에서, 예상했던 매출액이 20% 정도 차이난다고 해서 당초 약속한 금액에서 20%를 공제하도록 판단하는 것이 반드시 합리적이라고 할 수 없기 때문이다. 더구나 권리금 거래관행상 수천만 원 이상의 금액이 오고 감에도 불구하고 왜 그런 금액이 산정되었는지에 관한 기준이 전혀 정해지지 않는 경우가 태반이라는 점에서, 분쟁해결이 더욱 어렵다. 만약 총 2억 원의 권리금 구성을, 기존 시설비로 3천만 원, 집기로 3천만 원, 나머지 순수 권리로 1억 4천만 원 하는 식으로 액수를 산정할 수 있는 대략의 기준이라도 정했다면 분쟁해결이 훨씬 용이할 수 있다.[471] 결국, 지금과 같이 아무런 근거 없이 권리금을 정하는 관행하에서는 법원으로서도 판결의 형식으로 사건을 해결하기가 어려워져서 당사자의 양보를 구하는 조정으로 사건을 해결하고자 하는 경향이 있고, 이처럼 판결을 통해 사건해결이 어려운 사건은 입증책임이 있는 원고에게 아무래도 불리한 결론이 도출될 가능성이 높을 수밖에 없다. 권리양도인이 음식점을 새로이 개업하여 양수인에게 그 음식점의 영업권을 양도함에 있어, 비록 음식점의 시설비용 등 개업을 위하여 실제 소요되는 비용과 약정한 양도대금이 차이가 크게 난다고 하더라도 양수인으로서는 예상수익 등의 다른 사정을 고려하여 영업권을 양수하였을 수도 있다고 할 것이라

---

471) 서울西部地方法院 2007.5.1. 2006노1371호 권리금 산정기준 참조.

는 점에서, 양수인이 실제 소요되는 비용과 약정한 양도대금의 차이가 크다는 사실을 알았다고 하여 양수인이 영업권을 양수하지 않았을 것이 명백하다고 볼 수는 없다는 점에서, 양도인이 양수인에게 실제 소요되는 비용을 고지하지 않은 것이 기망에 해당되지 않는다고 판단한 것인데, 구체적인 기준 없이 정해진 권리금액수에 대해서는 비록 세부적인 항목이 당초 예상과 다르다고 하더라도 법적인 구제가 쉽지 않다는 것을 잘 보여주는 사례라고 할 수 있다. 거액을 주고 인수한 권리라고 하더라도 건물주와의 관계에서는 기본적으로 법적인 권리 주장을 전혀 할 수 없는 것이 권리금계약의 치명적인 한계일 수밖에 없는 상황에서, 지금처럼 권리를 사고파는 당사자 간의 법률관계마저 불분명하다면 그 불이익은 결국 권리를 사고판 거래당사자 모두에게 돌아올 수밖에 없다.

(9) 賃貸借의 終了

1) 終了原因

① 存續期間의 滿了

원칙적으로 존속기간이 확정되어 있는 임대차관계는 약정된 존속기간의 만료로 인하여 종료한다. 존속기간이 확정되어 있는 임대차에 있어서는 해지통고가 없어도 당연히 존속기간 만료로써 임대차관계가 종료한다.

② 契約解止

존속기간이 없거나 해지권을 유보했을 때에는 해지통고(민법 제635조 제1항, 제636조)로써 종료한다. 임차인이 파산선고를 받았을 경우에도 임대인 또는 파산관재인은 계약해지의 통고를 할 수 있으며(민법 제637조 제1항), 이 경우에 각 당사자는 상대방에 대하여 계약해지로 인한 손해배상을 청구하지 못한다(민법 제637조 제2항). 위와 같은 해지는 부동산 6개월, 동산 5일의 기간이 경과한 다음 효력이 발생한다(민법 제635조 제2항).

③ 解止

임대인이 임차인의 의사에 반하여 보존행위를 하는 때(민법 제625조), 임차물의 일부가 임차인의 과실에 의하지 않고 멸실한 경우에 특히 그 잔존부분만으로 임차의 목적을 달성할 수 없는 때(민법 제627조 제2항), 임차인이 임대인의 동의 없이 제삼자에게 임차권을 양도하거나 임차물을 전대한 때(민법 제629조 제2항), 2기의 차임이 연체된 경우(민법 제640조, 제641조), 임대인이 목적물을 사용, 수익에 제공하지 않는 경우(민법 제623조), 다른 특약이 없음에도 불구하고 임대인이 등기에 협력하지 않는 경우(민법 제621조), 기타 당사자 일방에 의한 이행불능이 발생한 경우 등에는 임대차계약이 즉시 해지될 수 있다.

2) 終了의 效果

임대차관계는 장래에 대하여 효력이 소멸한다(민법 제550조). 해지에 의하여 종료되었다 하더라도 상대방에게 과실이 있으면 손해배상을 청구할 수 있다(민법 제551조). 또한 임차인은 목적물을 원상에 회복하여 반환하여야 하고(민법 제654조, 제615조), 임대인은 보증금을 반환하여야 한다. 그 밖에 임차인은 임대인에 대하여 특히 유익비의 상환을 청구하거나 지상건물 또는 부속물의 매수를 청구할 수 있다. 임대인의 동의 없이 부착시킨 물건에 관해서는 매수청구권은 인정되지 않고 철거권만이 인정된다.

(10) 賃借權의 讓渡

1) 意義

임차인이 자기가 갖고 있는 임차권을 제삼자에게 이전하는 것이다. 종래의 임차인과 새로운 임차인 간에 낙성, 불요식의 계약으로 이루어진다.

2) 法的 性質

일종의 지명채권인 임차권뿐 아니라 그에 부수한 청구권 및 의무까지 포괄적으로 이전되므로, 채권양도라기보다는 계약인수로 보아야 옳다.

3) 社會的 作用

임차인이 임차물(주로 상점이나 영업소)에 대하여 대대적인 인테리어공사를 하거나 기타 등등의 이유로 자본을 투하했을 경우 그 자본을 임대차기간 만료 전에 임차권의 양도로써 회수할 수 있다. 또는 불가피한 사정으로 임대차기간 만료 전에 다른 곳으로 이사를 가야 하는 임차인은 원래 임대인에게 다음 달 월세 정도에 상응하는 손해배상을 해야 하는 게 원칙이나, 이 임차권을 다른 사람에게 양도함으로써 임차인은 임대인에 대한 손해배상 없이도 계약을 해지하고 건물을 비우게 될 수 있다.

4) 有效要件

① 賃貸人의 同意

임차권의 양도에서 계약당사자는 임차인(양도인)과 제삼자(양수인)이지 임대인은 아니다. 그러나 임대인의 동의가 없는 임차권의 양도는 임차인과 제삼자 사이에서만 유효할 뿐이고, 임대인 및 기타의 제삼자에 대해서는 대항력이 없다(민법 제629조 제1항). 임차인이 임대인의 동의 없이 임차권을 양도했을 경우 임대인은 임대차계약을 해지할 수 있다(민법 제629조 제2항). 그러나 임대인은 한번 동의하고 나서는 그 동의를 철회할 수 없다.

② 無斷讓渡의 法律關係

임차인이 임대인의 동의를 얻지 않고 임차권을 양도한 경우 양도인은 권한 없이 타인의 물건을 양도한 것이 되므로 양수인에 대하여 담보책임을 부담한다(민법 제567조, 제570조 이하). 또한 양수인이 임대인의 동의 없이 목적물을 점유, 사용하는 것은 불법점유가 되기 때문에 임대인은 양수인에 대하여 방해배제를 청구할 수 있다. 그러나 임대인은 임차인과의 임대차계약을 해지하지 않는 한 양수인에게 임차물을 임대인 자신에게 직접 반환하라고 청구할 수 없으며, 손해배상도 임대인이 임차인으로부터 차임을 받고 있는 한 아직 발생한 것이 아니므로 임대인이 계약을 해지하고 나서야 손해배상을 청구할 수 있다.

③ 批判

임차권의 물권화가 임차인의 목적물에 대한 사용·수익권의 보장뿐만 아니라 임차권의 양도에까지 확장될 수 있는 법원리라면 임대차의 목적물의 성질에 따라 이 제한이 완화되어야 할 것이다. 따라서 임차인의 인간됨에 따라 임차목적물의 훼손, 즉 임대인의 권리침해가 발생할 수 있는 가능성이 크게 달라지는 주택임대차에는 원칙적으로 임차권의 양도에 동의의 제한을 가하되(민법 제629

조), 그 외 이미 임대인의 자본증식수단일 뿐인 토지, 건물, 공작물, 영업장소의 양도는 그 제한을 완화함이 입법정책상 요구된다. 따라서 영업장소의 임차권은 양도를 원칙으로 하고 반대약정이 있을 경우에만 이를 제한하도록 함이 입법정책상 요구된다 하겠다.

5) 有效한 賃借權讓渡의 效果

임차권은 양수인에게 승계적으로 이전되고 양도인은 임차인의 지위에서 벗어난다. 임대차계약의 당사자는 기존의 임차인과 임대인에서 새로운 임차인(양수인)과 임대인으로 변경된다. 다만 연체차임채무나 기타 의무위반으로 인한 손해배상채무 등은 특약이 없는 한 이전하지 않으며, 종전의 임차인채무에 담보를 제공하고 있던 자의 채무는 당연히 소멸한다.

(11) 賃借物의 轉貸

1) 意義

임차인(전대인)이 제삼자(전차인)에게 임차물을 사용·수익하게 하는 채권계약을 말한다. 낙성, 불요식으로 성립하며, 임대인과 임차인(전대인)의 관계는 그대로 존속하면서 임차인(전대인)과 제삼자(전차인) 사이에 별개의 새로운 계약관계가 발생한다는 점에서 임차권의 양도와 다른 면이 있다. 임대인과 임차인, 전차인 사이에 중첩적 임대차관계가 성립하는 셈이다.

2) 社會的 作用

임차물이 자기 주거공간으로서는 너무 넓을 때 임차물의 일부를 전대함으로써 차임을 경감할 수 있다. 이때 전대인은 똑같은 비용을 들이면서 임차권의 공유자보다도 더 공동생활관계의 주도권을 장악하는 이점을 누릴 수 있다. 임차권의 양도가 주로 상점, 영업소의 임차인에 의해 이용되는 반면, 임차물의 전대는 주로 주택임차인에 의해 이용된다. 상점이나 영업소의 임대차는 금전관계가 중요한 반면, 주택임대차는 인적 관계가 중요하기 때문에 임차인이 함부로 계약관계를 탈퇴할 수 없는 것이다.

3) 有效要件

① 賃貸人의 同意

전대차에서 계약당사자는 임차인(전대인)과 제삼자(전차인)이지 임대인은 아니다. 그러나 임대인의 동의가 없는 전대차는 임차인과 제삼자 사이에서만 유효할 뿐이고, 임대인 및 기타의 제삼자에 대해서는 대항력이 없다(민법 제629조 제1항). 임차인이 임대인의 동의 없이 임차물을 전대했을 경우 임대인은 임대차계약을 해지할 수 있다(민법 제629조 제2항). 그러나 임대인은 한번 동의하고 나서는 그 동의를 철회할 수 없다.

② 無斷轉貸의 法律關係

임차인이 임대인의 동의를 얻지 않고 임차물을 전대한 경우 전차인이 목적물을 점유, 사용하는 것은 불법점유가 되므로 임대인은 전차인에 대하여 방해배제를 청구할 수 있다. 그러나 임차물은 임대인이 임차인과의 임대차계약을 해지하지 않는 한 자기에게 직접 반환하라고 청구할 수 없으며, 손해배상도 임대인이 임차인으로부터 차임을 받는 한 아직 발생한 것이 아니므로 임대인이 계약을 해지하고 나서야 청구할 수 있다. 한편 전차인은 임대인에게서 임차물의 소유권을 취득한 제삼자가 임차물의 반환을 청구할 경우 대항할 수 없으나, 임대차계약이 아직 해지되지 않았다면 임차인(전대인)의 대항력을 대위행사할 수 있다(민법 제404조).

4) 有效한 轉貸借의 效果

① 賃借人(轉貸人)과 前借人 사이

임차인(전대인)은 전대차계약에 따라 전차인에 대하여 마치 임대인이 임차인에게 부담하는 것과 같은 의무를 부담한다.

② 賃貸人과 前借人 사이

전차인의 임차인(전대인)의 이행대행자가 되어 임대인에 대하여 의무만 부담할 뿐 권리는 취득하지 않는다. 따라서 전차인은 원칙상 임대인에 대해서도 차임지급의무를 부담하며, 전대인에 대한 차임의 지급으로써 임대인에게 대항하지 못한다(민법 제630조 제1항). 그러나 임대차가 기간 만료나 채무불이행 등으로 소멸하더라도 임대인의 동의를 얻어 취득한 전차권은 아울러 소멸하지 않는다(민법 제631조). 임대인은 임대차계약을 해지하더라도 그 사유를 전차인에게 통지해야 전차인에게 대항할 수 있고, 그 해지의 효력은 전차인에 대해서 부동산은 6개월, 동산은 5일이 경과하여야 발생한다(민법 제638조 제1항). 또한 건물 기타 공작물의 소유 또는 식목, 채염, 목축을 목적으로 한 토지의 전차인은 임대인에 대하여 동일한 조건의 임대나 지상시설의 매수를 청구할 수 있다(민법 제644조). 건물 기타 공작물의 전차인도 임대인, 전대인에게서 매수하였거나 임대인의 동의를 얻어 부속한 물건의 매수를 전대차 종료시에 임대인에게 청구할 수 있다(민법 제647조). 이러한 모든 전차인보호규정은 강행규정이다(민법 제652조). 그러나 일시사용(1개월 이하의 사용)을 위한 전대차에는 적용되지 않는다(민법 제653조).

③ 賃貸人과 賃借人(轉貸人) 사이

기존의 임대차관계는 전대차의 성립에 아무런 영향도 받지 않는다. 그러나 전차인은 임차인의 이행대행자에 해당하므로, 전차인이 목적물을 멸실, 훼손한 경우 전차인의 과실은 임차인의 과실로 다루어진다(민법 제391조).

④ 前借人과 第3者 사이

등기 또는 주민등록을 통해 전차권의 대항력을 갖추었다면 제삼자에게 대항할 수 있고, 그렇지 않다면 대항할 수 없다. 그러나 대항력을 갖추지 못했다 하더라도 임차인의 임차권에 대항력이 있다면 이를 원용할 수 있다(민법 제404조).

⑤ 建物小部分의 轉貸借

건물의 소부분이 전대되었을 경우에는 전대차의 효과에 관한 모든 강행규정(민법 제629조, 제630조, 제631조)의 적용이 배제된다(민법 제632조).

(12) 賃借權의 相續

1) 原則

임차인이 사망하였을 때에는 임차권도 상속되어 상속인에게 임차권이 이전된다.

2) 同居者의 保護

임차인이 상속권자 없이 사망한 경우에는 그 주택에서 가정공동생활을 하던 사실상의 혼인관계에 있는 자가 있으면 그자가 사망한 임차인의 권리, 의무를 승계한다.[472] 임차인에게 상속권자가 있었으나 그 상속권자가 임차인이 사망한 당시 그 주택에서 공동생활을 하고 있지 않았을 때에는, 그 주택에서 가정공동 생활을 하고 있던 사실상의 혼인관계 있는 자와 2촌 이내의 친척은 사망한 임차인의 권리, 의무를 공동으로 승계한다(주택임대차보호법 제9조 제2항). 동거 가족 가운데 상속인이 있을 뿐만 아니라 동거하지 않는 상속인도 있을 경우에는 주택임대차보호법에 특칙이 없으므로 민법의 상속원칙에 의하여 해결된다 (민법 제1012조 이하).

3) 權利 및 義務移轉의 範圍

승계 전에 발생한 연체차임 또는 손해배상채무를 포함하여 임대차관계에서 생긴 모든 채무가 승계인에게 이전한다. 보증금에 대한 반환청구권도 승계되기 때문이다.

4) 相續의 拒否

임차인의 권리·의무를 승계할 수 있는 자는 임차인의 사망 후 1개월 이내에 임대인에 대하여 반대의사를 표시함으로써 임차권을 승계하지 않을 수도 있다.[473]

(13) 賃借人이 前所有者와 締結한 賃貸借契約을 維持해야 할 義務에 대한 法律的 分析

최근 부동산공급과잉으로 인해 세입자구하기가 점점 어려워지고 있는 상황에서 부동산, 특히 상업용 부동산을 거래함에 있어 현재 해당 부동산에 임차인이 존재하는 경우에 그 임차인과의 임대차보증금, 월차임, 임대차기간 등 임대차조건을 기대하고 해당 부동산을 매입하게 되는 경우가 많다.[474] 그렇다면 이러한

---

472) 住宅賃貸借保護法 제9조 제1항.
473) 住宅賃貸借保護法 제9조 제3항.

기대의 전제는 소유권변동에도 불구하고 세입자가 당초 전 소유자와 체결한 임대차조건대로 임대차계약을 유지해야 할 의무가 있다는 것인데, 법적으로는 그러하지 않은 데 문제가 있다. 현행 판례상으로, 당초 임대차계약을 체결한 임대인이 임대차목적물의 소유권을 상실하게 되면 세입자는 임대차계약을 해지할 수 있는 권리가 있다. 주택(상가건물)임대차보호법에서 정하는 "임차주택의 양수인은 임대인의 지위를 승계한 것으로 본다."는 규정은, 소유권변동으로 인해 비록 새로운 소유자와 임차인이 자동적으로 임대차계약관계가 형성된다는 취지이기는 하지만, 판례는 임차인으로 하여금 무조건 새로운 소유자와 임대차관계를 맺을 수밖에 없음으로 인해 임차인에게 올 수 있는 불이익(새로운 소유자의 무자력 등)을 감안하여, 소유자가 변동될 경우 임차인에게 임대차기간 도중이라도 임대차계약을 해지할 수 있는 권리를 인정하고 있다.

그러나 부동산거래실무는 이러한 법리에 거의 무지한 실정이다. 언급한 바와 같이, 좋은 조건의 임차인을 구하는 것이 부동산투자의 가장 중요한 관건인데, 현재의 임대차조건이 계속 유지될 것으로 기대하고 부동산을 매입한 사람으로서는 임차인이 중도에 계약을 해지하고 나가 버리게 되면 수익률에 대한 기대가 완전히 깨지게 되는 것이다. 그 결과, 매매계약 자체가 해제되거나 손해배상의 문제가 발생하고 심지어는 그 계약을 중개한 중개업자에게도 책임이 돌아올 수 있는 소지가 있는 것이다. 심지어 어떤 매도인들은, 영업이 부진해서 월차임을 내기가 버거운 등의 이유로 당초부터 세입자가 임대차계약을 해지하고자 하는 뜻을 계속적으로 전해 왔음에도 불구하고, 이러한 상황이 매수인에게 전달될 경우에 부동산매매에 지장을 받을 수 있음을 우려해서, 매수인에게 고의로 이를 알려주지 않는 경우도 있었다.

따라서 세입자의 계약해지로 인해 당초 기대했던 수익률이 깨지는 등 예상치 않은 손해를 입지 않기 위해서는 매매계약 이전에 미리 세입자의 의사를 타진한 후에 매매계약을 체결할 필요가 있다.[475]

4/4) 예를 들어, 매매대금 10억 원에 부동산매입을 결정함에 있어, 현재 임대차보증금이 5억 원이고, 월차임이 합계 5백만 원이라면, 실제로는 5억 원을 투자하고 월 5백만 원의 수입을 얻게 되는데다가 임대차기간도 상당히 남아 있어서 당분간 높은 투자수익률을 기대하고서 매입을 결정하는 경우이다.

475) 이와 관련하여 판례는 "임대차계약에 있어 임대인의 지위의 양도는 임대인의 의무의 이전을 수반하는 것이지만 임대인의 의무는 임대인이 누구인가에 의하여 이행방법이 특별히 달라지는 것은 아니고, 목적물의 소유자의 지위에서 거의 완전히 이행할 수 있으며, 임차인의 입장에서 보아도 신소유자에게 그 의무의 승계를

第8節 不當利得

1. 意義

(1) 法的 定義

법률상 원인 없이 타인의 재산 또는 노무로 인하여 이익을 얻고 이로 인하여 타인에게 손해를 가한 자가 그 이익을 타인에게 반환하는 것이다(민법 제741조). 계약이나 특별법으로 정당화될 수 없는 사실상의 재산증가를 조정하는 제도이다.

(2) 債務不履行 및 不法行爲와의 差異

부당이득은 부당이득자의 수익과정에 비난가능성이 있는가를 묻지 않는다. 오로지 그 목적물을 수익하고 보유하는 데 법적 원인이 있는가만을 파악할 뿐이다. 따라서 불법행위자나 채무불이행자가 자기 고의 내지 과실에 기해 손해배상의무를 부담하는 데 반해, 부당이득자는 자기에게 고의나 과실이 있건 없

인정하는 것이 오히려 임차인에게 훨씬 유리할 수도 있으므로 임대인과 신소유자와의 계약만으로써 그 지위의 양도를 할 수 있다 할 것이나, 이 경우에 임차인이 원하지 아니하면 임대차의 승계를 임차인에게 강요할 수는 없는 것이어서 스스로 임대차를 종료시킬 수 있어야 한다는 공평의 원칙 및 신의성실의 원칙에 따라 임차인이 곧 이의를 제기함으로써 승계되는 임대차관계의 구속을 면할 수 있고, 임대인과의 임대차관계도 해지할 수 있다고 보아야 한다. 그리고 임차 주택의 양수인에게 대항할 수 있는 임차권자라도 스스로 임대차관계의 승계를 원하지 아니할 때에는 승계되는 임대차관계의 구속을 면할 수 있다고 보아야 하므로, 임차주택이 임대차기간의 만료 전에 경매되는 경우 임대차계약을 해지함으로써 종료시키고 우선변제를 청구할 수 있다. 그 경우 임차인에게 인정되는 해지권은 임차인의 사전 동의 없이 임대차 목적물인 주택이 경락으로 양도됨에 따라 임차인이 임대차의 승계를 원하지 아니할 경우에는 스스로 임대차를 종료시킬 수 있어야 한다는 공평의 원칙 및 신의성실의 원칙에 근거한 것이므로, 해지통고 즉시 그 효력이 생긴다."(大判 1998.9.2, 98마100) "대항력 있는 주택임대차에 있어 기간 만료나 당사자의 합의 등으로 임대차가 종료된 경우에도 주택임대차보호법 제4조 제2항에 의하여 임차인은 보증금을 반환받을 때까지 임대차관계가 존속하는 것으로 의제되므로 그러한 상태에서 임차목적물인 부동산이 양도되는 경우에는 같은 법 제3조 제2항에 의하여 양수인에게 임대차가 종료된 상태에서의 임대인으로서의 지위가 당연히 승계되고, 양수인이 임대인의 지위를 승계하는 경우에는 임대차보증금 반환채무도 부동산의 소유권과 결합하여 일체로서 이전하는 것이므로 양도인의 임대인으로서의 지위나 보증금 반환채무는 소멸하는 것이지만, 임차인의 보호를 위한 임대차보호법의 입법 취지에 비추어 임차인이 임대인의 지위승계를 원하지 않는 경우에는 임차인이 임차주택의 양도사실을 안 때로부터 상당한 기간 내에 이의를 제기함으로써 승계되는 임대차관계의 구속으로부터 벗어날 수 있다고 봄이 상당하고, 그와 같은 경우에는 양도인의 임차인에 대한 보증금 반환채무는 소멸하지 않는다."(大判 2002.9.4, 2001다64615)

건 상관없이, 그에게 법적으로 귀속될 수 없는 이익이 현존하는 한에서 이를 법적 권리자에게 반환하는 점이 다르다.

(3) 物權的 請求權과의 差異

부당이득의 반환청구권은 원칙상 점유권이나 소유권만으로 해결될 수 없는 문제영역을 다루는 것이다. 예를 들어 어떤 자가 차용증을 써 주고 돈을 빌렸다가 나중에 돈을 갚았을 경우 차용증소지자는 더 이상 차용증을 보유할 법적 원인을 갖고 있지 않지만, 차용증을 써 준 자가 그 차용증의 소유권을 이미 회복한 것은 아니다. 이 경우 차용증을 써 준 자가 변제한 채무에 관한 차용증을 되돌려 받기 위해서는 부당이득반환청구권을 행사하는 수밖에 없다. 다만 원인행위가 무효, 취소된 경우에는 예외적으로 부당이득의 반환청구권과 소유권에 기한 반환청구권(민법 제213조)이 경합할 수 있다. 예를 들어 매수인이 미성년자인 줄 모르고 어떤 부동산매도인이 그와 부동산매매계약을 체결하여 목적부동산의 점유를 이전하고 등기까지 경료했는데, 나중에 매수인의 부모가 그 계약을 미성년자의 법률행위란 이유로 취소한 경우(민법 제5조 제2항), 물권변동에 관해 우리 판례가 有因主義를 취하고 있는 이상, 이 경우 부동산의 소유권은 매수인에게 자동적으로 되돌아온다. 따라서 미성년자인 매수인은 부당이득의 반환청구권과 함께 소유권에 기한 반환청구권도 아울러 행사할 수 있다. 그러나 부동산이 아닌 동산이 이미 선의, 무과실인 제삼자에게 전득되어 선의취득의 요건(민법 제249조)을 갖춘 때, 취득시효(민법 제245조, 제246조)를 경과한 때에는 소유권에 기한 반환청구권을 더 이상 행사할 수 없으며, 그 대신 매수인은 부당이득의 반환청구권만을 행사할 수 있을 뿐이다.

2. 不當利得의 種類

(1) 給付不當利得(Leistungskondiktion)

특정 당사자 간의 계약관계 기타 법률관계를 기초로 해서 급부가 제공되었으나, 이후 그 법률관계에 하자가 생겨 급부의 법률상 원인이 탈락함으로써, 제공

된 급부가 부당이득이 되는 경우를 말한다. 그 예로서는 법률관계가 무효, 취소
됨으로써 법률상 원인이 원래부터 존재하지 않았던 것으로 看做되는 경우(예를
들어 착오에 의한 부동산매매계약에서 이미 급부된 부동산과 매매대금), 사후에
원인이 충족될 것을 기대하고 급부를 미리 제공했으나 그 원인이 사후에 실현
되지 않은 경우(변제받기 전에 미리 영수증을 교부했으나 변제가 되지 않은 경
우 미리 교부한 영수증), 법률상 원인이 원래는 존재했으나 어느 시점부터 적법
하게 소멸한 경우(돈을 빌리고 차용증을 써 주었다가 나중에 돈을 갚았을 때
그 차용증) 등이 있다.

(2) 侵害不當利得(Eingriffskondiktion)

어떤 자가 법적 원인 없이 스스로 타인의 재산권을 침해하여 일정한 이익을
얻은 경우를 말한다. 예를 들어 어떤 동산임차인이 임차한 동산을 임대인 허락
없이 제삼자에게 매각했을 경우, 동산의 소유자인 임대인은 동산임차인에게 임
대차계약위반에 기한 손해배상을 청구할 수도 있겠지만, 제삼자와의 사이에는
아무런 계약관계도 없으므로 제삼자에 대해서는 침해부당이득을 이유로 그의
악의를 입증하여 소유물의 반환을 청구하여야 하게 된다(민법 제249조). 또한
어떤 竊盜犯이 가정집에 침입하여 귀중품과 현금을 절취해 모두 처분해 버린
경우, 그 집주인은 절도범에게 불법행위에 기한 손해배상을 청구할 수도 있겠
지만, 한편으로는 2년 내에 현금은 포기하더라도 귀중품에 대해서는 그 강도
로부터 귀중품을 매수한 선의의 제삼자에게 반환을 청구할 수 있게 된다(민법
제250조).

(3) 費用不當利得(Verwendungskondiktion)

어떤 자가 법률관계에 따른 급부 이외의 다른 이유로 타인에게 재산적 이익
을 제공하고, 그로 인해 자기가 손실을 본 경우를 말한다. 침해부당이득과 행태
가 비슷하지만 행위주체가 이득자 아닌 손실자라는 점이 다르며, 대개는 손실
자의 착오를 동반한다. 예를 들어 어떤 자가 실수로 자기 돈을 다른 사람의 은
행구좌에 입금시킨 경우와 어떤 자가 옆에 있던 타인의 자전거를 자기 자전거

로 오신하고 비싼 돈 들여 수리한 경우 등이 있다.

(4) 第3者의 介入에 따른 不當利得

법적 원인 없는 재산적 이득과 손실이 이루어졌는데, 그 행위주체가 이득자도 아니고 손실자도 아닌 경우이다. 예를 들어 채무자가 채권의 준점유자에게 변제함으로써 진정한 채권자의 채권을 소멸시킨 경우, 채권의 준점유자는 법적 원인 없이 변제받은 것을 진정한 채권자에게 이전해야 하는 것과 같다. 이때 부당이득의 원인행위주체는 이득자(채권의 준점유자)도 손실자(진정한 채권자)도 아닌 제삼자(준점유자에게 변제한 채무자)이다.

3. 不當利得의 要件

(1) 利得者가 利得을 보았을 것

여기서 이득이란 재산상의 이익을 의미한다. 즉 경제적 이익이다. 예를 들어 물권, 채권, 점유의 취득이나 경제적으로 환가할 수 있는 법적 지위, 금전의 대가로서 거래싱 취득한 목적물사용이익이나 노무제공의 취득, 또는 채무의 변제, 비용의 절감 등이 있을 수 있다. 물론 이득자가 직접 이득을 볼 필요는 없으며, 대리인 또는 이행보조자가 이득을 보는 것도 포함된다.

(2) 利得에 法的 原因이 없을 것

계약 또는 법률규정이 이득자의 재산상 이익을 허용하지 않았거나 그러한 재산상 이익을 더 이상 허용할 수 없게 되어야 한다. 예를 들어 이득자와 손실자 간의 계약이 원시적으로 불능하거나 성립하지 않거나 무효이거나 취소가 되는 것처럼 급부의 법적 원인달락이 가장 전형직인 경우이다(給付不當利得). 다만 계약이 해제된 경우에는 해제법의 원리에 따라 규율되므로, 악의의 제삼자가 급부자의 반환청구권으로부터 보호받을 수 있어(민법 제548조 제1항 단서), 부당이득법의 적용이 사실상 제한된다. 아니면 타인의 재산을 침해하여 이득을 얻은 것과 같이 이득의 원인이 불법인 경우도 법적 원인이 없는 것으로 볼 수 있다(侵害不當利得). 아니면 상대방의 착오나 물권법상 첨부(민법 제216조) 등을 원인으로 하여 타인으로부터 부당히 이득을 얻은 경우도 법적 원인이 없는 것으로 볼 수 있다(費用不當利得). 다만 점유자의 비용지출로 인한 부당이득인 경우에는 부당이득법이 적용되지 않고 점유권에 관한 민법 제202조 및 제203조의 규정이 우선적용된다. 그리고 이득의 법적 원인이 탈락되었다 하더라도 그 이득을 계속 보유해야 할 다른 원인이 생겼을 경우에는 법적 원인이 존재하는 것으로 본다. 예를 들어 매매계약이 취소되어 매수인이 사용이익을 반환해야 한다고 하더라도 매수인이 그에 상응하는 손해배상청구권으로 매도인에게 상계할 수 있을 경우 이득의 법적 원인은 존재하는 것으로 본다.

(3) 損失者가 損失을 보았을 것

이득자가 법률상 원인 없는 이득을 얻었을 뿐 아니라 이 이득이 손실자의 손실로써 얻어진 것이어야 한다. 다만 손실자의 손실과 이득자의 이득이 직접적인 인과관계에 놓여 있어야 하는 것은 아니며, 간접적인 영향을 미치는 것만으로도 충분하다.

4. 不當利得의 3角關係

(1) 意義

부당이득이 손실자와 이득자 양자 간의 관계에서 해결되는 것이 아니라 제삼자까지 여기에 끼어들어 다수 당사자 간에서 문제가 해결되는 경우를 말한다. 구체적으로 다음과 같은 경우들이 있다.

(2) 第3者가 轉得者인 경우

예를 들어 이득자가 손실자로부터 절취 또는 횡령한 금전을 전득자에 대한 자신의 채무를 변제하는 데 쓴 경우이다. 전득자인 제삼자가 평온, 공연하게 동산을 양수하고 선의, 무과실로 점유한 경우 동산의 선의취득규정(민법 제249조)에 의해 부당이득반환의 책임을 부담하지 않지만, 전득물이 부동산이거나 전득자에게 과실이 인정될 경우 전득자는 전득물을 부당이득으로서 반환해야 할 책임을 부담하게 된다.

(3) 第3者가 間接的 利益을 얻은 경우

계약상의 급부가 부당이득으로서 반환되어야 할 때 반환책임 있는 상대방이 무자력인 경우, 그 급부로부터 제삼자가 이익을 얻었다면 제삼자에게 부당이득반환청구를 할 수 있다는 견해가 있다. 이때의 소권을 轉用物訴權(Versionsklage)이라고 부른다. 예를 들어 건설회사가 불도저를 렌트했는데 이것이 고장 나서 수선전문회사에다 맡긴 경우, 수선전문회사가 수선을 마쳤을 때 건설회사가 부도가 났다면, 불도저를 렌트해 준 리스회사에 수선전문회사가 수선비의 부당이득을 반환청구할 수 있는지의 문제이다. 리스회사와 건설회사 사이의 리스계약에서 불도저의 수리를 건설회사가 부담한다는 특약이 있었다면 모를까, 법적으로는 리스회사에 이익을 인정할 수 없으므로 수선전문회사가 부당이득반환을 리스회사에 청구할 수 없다고 생각된다.

(4) 第3者가 不當利得을 贈與받은 경우

법적 원인이 없이 급부되거나 이전된 물건이 제삼자에게 증여되어 제삼자가 이를 선의취득한 경우, 제삼자에게 부당이득반환을 청구할 수 있다는 견해가 있다. 무상의 선의취득도 물권법상 대항력을 갖기는 마찬가지이므로 이 경우에 부당이득반환을 청구할 수는 없다고 본다.

(5) 無效인 債務를 第3者가 대신 辨濟한 경우

보증인의 변제, 착오에 의한 타인채무의 변제와 같이 제삼자가 채무자를 대신해서 채무를 변제했는데, 그 채무의 법적 원인이 무효가 된 경우이다. 채무자와의 계약에 따라 제삼자가 대신 변제한 경우에는 채무자가 채무소멸로 인해 부당이득을 얻었으므로 일단은 채무자가 제삼자에게 반환책임을 부담하며, 그렇게 되면 채무자가 손실을 보는 셈이므로 그 다음에는 변제수령자가 채무자에게 반환책임을 부담하게 된다. 착오에 의한 타인채무의 변제와 같이 채무자와의 계약 없이 제삼자가 대신 변제한 경우에는 제삼자가 변제수령자에 대하여 직접 반환청구를 할 수 있게 된다.

(6) 無效인 債權을 第3者가 대신 辨濟받은 경우

제삼자가 채권자를 대신하여 변제를 수령했는데, 나중에 이 변제의 원인이 무효가 된 경우이다. 제삼자에게 대리수령권이나 표현수령권이 주어져 있었다면, 변제자는 채권자에게 직접 부당이득반환을 청구할 수 있다. 그러나 제삼자에게 대리수령권이나 표현수령권이 주어져 있지 않았다면 변제자는 변제수령한 제삼자에 대해서만 부당이득반환을 청구할 수 있을 뿐이다.

5. 不當利得의 效果

(1) 原則

부당이득자는 법률상의 원인 없이 취득한 이득을 손실자에게 반환해야 한다 (민법 제741조).

(2) 返還의 對象

부당이득자가 소유한 전체 재산의 증가액이 아니라 부당이득과정을 통해 부당이득자가 구체적으로 취득한 것 자체를 반환해야 한다. 원물을 반환하는 것이 원칙이며, 가액반환은 원물반환이 불가능한 경우에 한해서 인정될 뿐이다 (민법 제747조 제1항). 다만 원물이 특정물이 아니고 대체물인 경우에는 동종의 다른 물건을 반환하는 것과 그 가액을 반환하는 것이 모두 가능하게 될 것이다.

(3) 返還의 主體

부당이득자가 반환을 해야 하는 것이 원칙이다. 그러나 부당이득자가 이득을 더 이상 갖고 있지 않고, 그 이득을 양수한 제삼자가 그 이득을 무상으로 양수했으며, 그 이득이 부당이득이라는 사실을 제삼자도 알고 있었을 경우에는, 그 제삼자도 부당이득반환책임을 부담할 수 있을 것이다(민법 제747조 제2항). 그 밖에도 채권이 무효인데 그 채권을 제삼자가 채권자 대신 변제받았다면, 그는 제삼자인데다 채권이 무효라는 사실을 몰랐다고 하더라도 그 변제받은 것을 부당이득으로서 채무자에게 반환하여야 할 것이다.

(4) 返還範圍

1) 善意受益者의 返還範圍

선의의 부당이득자는 그 받은 이익이 현존하는 한도에서만 반환책임을 부담한다(민법 제748조 제1항). 악의의 부당이득자는 받은 이익 모두를 반환해야 하지만, 그는 사실상 고의의 불법행위자에 해당하므로 선의의 부당이득자야말로 진정한 의미에서의 부당이득자라고 할 수 있다. 따라서 부당이득의 원칙적 반환범위는 현존이익으로 제한된다고 볼 수 있다.

① 不當利得者의 善意

부당이득자가 선의라고 하는 말의 의미는 그가 이득을 얻은 것에 법적 원인이 결여되어 있음을 알지 못했다는 것이다. 알지 못한 것에 대한 과실 여부는 묻지 않으므로, 설령 중과실로 몰랐다고 하더라도 선의의 부당이득자로서 현존이익만을 반환하면 된다. 그러나 부당이득을 받은 시점에는 선의였다 하더라도 나중에 어쨌든 그 이득에 법적 원인이 결여되어 있음을 알았을 때에는 그 안 때로부터 악의의 부당이득자가 되며(민법 제749조 제1항), 패소한 때에는 그 소를 제기한 때로부터 악의의 부당이득자로 看做된다(민법 제749조 제2항).

② 現存利益의 基準時點

현존이익은 그 부당이득을 돌려줄 때를 기준하여 그때 얼마만큼 남아 있었는가를 보아 결정한다. 그러나 소가 제기된 경우에는 그 소를 제기한 때로부터 악의의 부당이득자로 보아 현존이익을 결정하므로, 이때는 현존이익을 결정하는 기준시점이 그 소를 제기한 때로 거슬러 올라가게 된다.

③ 適用規定의 問題

부당이득법은 현존실정법에 규정된 청구권으로서는 형평의 목적을 달성할 수 없을 때 최후의 수단으로 동원되는 법규정 흠결의 보충수단이다. 따라서 부당이득법상 현존이익의 반환방법에 대해서도 보충법인 부당이득법보다는 특별법인 물권법상의 반환청구권규정이 우선적용되는 게 원칙이며, 이러한 점에서 부당이득 반환관계에 있어서도 부당이득자와 손실자 간의 소유권관계를 먼저 검토하는 것이 필요하게 되지만, 이는 부당이득의 유형에 따라 경우가 달라진다.

a. 侵害不當利得과 費用不當利得의 경우

물권법이 원칙적으로 부당이득법보다 우선적용된다. 따라서 손실자는 부당이득자에 대해 먼저 자신의 소유권에 기한 물권적 반환청구권(민법 제213조)을 행사하여야 하며 부당이득반환청구권을 먼저 행사하지는 못한다. 또한 부당이득한 물건에서 과실이 생겼거나 그 물건을 이용해서 부당이득자가 이득을 얻었다 하더라도, 손실자는 부당이득자에게 과실 또는 이득의 반환을 청구할 수 없다. 왜냐하면 이 경우 부당이득자는 물권법의 우선적용을 받아 선의점유자로서 과실에 대해 수취권을 갖게 되기 때문이다(민법 제201조 제1항). 그 밖에도 손실자는 부당이득자가 점유물을 위해 지출한 비용까지도 부당이득에서 공제해 주어야 한다(제민법 203조). 무엇보다도 유의해야 할 것은 선의취득의 규정(민법 제249조, 제250조)이 적용된다는 것으로, 설령 손실자가 동산을 아무런 하자 없는 계약에 따라 수치인 또는 임차인에게 점유이전했다가 수치인 또는 임차인의 계약위반에 의해 동산이 제삼자에게 점유이전되었다 하더라도, 선의의 제삼자는 그 동산을 선의취득해 버려 손실자는 동산의 반환청구를 할 수 없게 되고 만다(민법 제249조). 또한 손실자가 자기 동산을 절도나 잃어버린 경우라 하더라도 전득자가 그 동산을 선의이며 과실 없이 취득했을 때에는 그 동산을 잃어버린 날로부터 반드시 2년 내에 손실자는 전득자에 대해 물권적 반환청구권을 행사하여야 한다(민법 제250조). 그 밖에도 부당이득자가 손실자의 물건을 이미 자기 물건에 첨부시켜 소유권을 소멸시켜 버린 경우, 또는 부당이득자가 이득한 물건을 매각 내지 부당하게 탕진해 버린 경우에는 이를 물권에 기해 반환청구할 수 없으므로 손실자는 그 대금이나 대상물이 현존하지 않는 한 부당이득자에게 부당이득의 반환을 청구할 수 없게 된다.

b. 給付不當利得의 경우

계약이 무효, 취소된 경우 그 계약에 따라 이행된 것을 당사자들은 상대방에게 원상회복해 줘야 하는데, 이때의 관계는 물권법상의 소유물반환관계로 보기보다 특히 동산매매계약의 경우 부당이득반환관계로 보는 것이 더 타당하다고 할 것이다. 따라서 이 경우 물권법의 규정은 적용되지 않으며, 이때에야말로 드디어 부당이득법은 자기의 적용영역을 찾는다고 볼 수 있다(만약 이러한 경우까지도 물권법으로 규율하려 할 경우 우리 민법의 제748조 이하 부당이득반환범위에 관한 규정은 사실상 사문화될 수도 있을 것이다).

따라서 급부에 의해 부당이득을 수취한 자는 아무리 그 급부목적물(동산)을 선의, 무과실의 제삼자에게 인도했다고 하더라도, 물권법이 아닌 부당이득법에 따라, 그 물건에서 생긴 과실이나 수익을 수취할 수 없게 되며, 이를 계약상대방인 손실자에게 현존한도에서 모두 반환하여야 하게 된다. 물론 부당이득자가 그 원물에 대해 지출한 비용은 반환범위에서 공제되지만, 원물을 아식 소유하고 있을 경우 원물에다가 과실 및 수익까지 모두 반환해야 하는 급부부당이득자의 반환책임은 침해부당이득자, 비용부당이득자의 반환책임보다 더욱 가중된 것이라고 볼 수 있다. 마찬가지로 쌍무계약의 무효, 취소로 인한 급부부당이득의 반환시에도 물권법의 적용은 배제되므로, 쌍방의 반환의무 간에는 동시이행의 관계가 성립한다고 보아, 일방의 부당이득이 불가항력으로 멸실, 훼손된 때에는 상대방의 부당이득도 그 한도에서 같이 소멸된다고 해석해야 할 것이다(민법 제537조의 유추적용).

④ 現存利益의 立證

이익이 현재 부당이득자에게 남아 있다는 것은 일반적으로 추정되므로, 손실자는 부당이득자에 대해 이득의 현존 유무를 묻지 않고 모든 부당이득의 반환을 청구할 수 있다. 따라서 이에 대해 부당이득자는 이익이 현존하지 않음을 입증해야 한다.

⑤ 現存利益의 內容

부당이득자에 의해 멸실되거나 소비되지 않았다면 그것이 어떤 형태로 남아 있든지 간에 모든 이익이 현존이익이다. 예를 들어 부당이득인 물건을 과실로 손괴했거나 부당이득인 금전을 사업실패로 모두 날렸거나 아니면 사치, 낭비 등으로 모두 소비해 버렸다고 할 경우 이익은 부당이득자에게 현존하지 않는 것으로 인정된다. 그러나 부당이득이 멸실, 소비되었다고 하더라도 매각대금이나 대상물(예를 들어 손해보험금) 등이 남아 있을 경우에는 이익이 여전히 현존하고 있는 것으로 인정될 것이다. 생활비로 소비한 경우는 지금 생활하고 있는 것 자체가 현존이익이라고도 볼 수 있으나 선의의 부당이득을 한 결과 생활비 지출이 더 늘어났다면 그 늘어난 부분은 현존이익이라고 볼 수 없을 것이다. 그 밖에 문화비, 외식비 기타 모든 비정상적인 소비지출은 현존이익에 포함되지 않는다. 그러나 부당이득을 타인에게 증여한 경우 그 이득은 손실자에게 반환되어야 할 것이다. 물권법의 선의취득 규정(민법 제249조)을 적용한다 하더라도 무상전득자는 선의취득자에 포함되지 않기 때문이다.[476]

---

476) 독일민법은 물권행위에 있어 무인설의 입장을 취하기 때문에 선의수익자는 대부분의 경우 점유자가 아닌 당당한 소유자가 되고, 이에 따라 점유에 관한 규정은 선의수익자에게 적용될 여지가 거의 없게 된다. 따라서 무효·취소의 원인이 물권행위와 채권행위에 공통으로 존재하는 예외적인 경우가 아닌 한 선의수익자가 부당이득규정에 따라 果實을 반환하는 것은 당연한 일이 된다. 설령 선의수익자가 점유권만을 갖는 예외적인 경우(예를 들면 물권행위도 무효인 경우)여서 점유규정이 적용된다 하더라도 독일민법상 선의점유자는 그 점유를 유상으로 취득하였고, 수취한 과실이 통상의 경영법칙에 의하여 물건의 수익으로 인정되는 경우에 한하여 과실의 수취권을 갖게 될 뿐이다(제988조, 제993조 1항). 따라서 독일민법상 선의수익자가 과실의 수취권을 갖는 경우는 극히 제한되어 있다고 보아야 할 것이다. 하지만 독일민법에 있어서도 선의점유자가 선의수익자보다 과실수취문제에 있어 더 유리한 위치에 있는 것은 사실이다. 선의수익자가 부당이득법상 그의 수익을 언제나 손실자에게 반환해야 하는 반면, 선의점유자는 그 과실을 수취할 수 있는 길이 열려 있기 때문이다. 따라서 채권행위와 물권행위가 모두 무효인 경우 부당이득규정을 먼저 적용할 것이냐, 점유규정을 먼저 적용할 것이냐는 독일에서도 현실적으로 문제가 되지 않을 수 없다. 독일판례(RGZ 163, 348; BGHZ 32, 76, 94)는 일단 점유규정이 부당이득규정에 우선한다는 전제에서 출발한다. 그러나 제988조에서 "선의의 점유자가 그 점유를 무상으로 취득한 경우 소유자에 대해서 부당이득규정에 기하여 소 제기 전에 수취한 수익을 반환할 의무를 부담한다."고 규정한 것에 착안, 제988조를 법률상 원인 없는 점유자에 대해서도 적용함으로써 실질적으로 부당이득규정을 우선시키고 있다. 이러한 판결에 대해 독일의 통설은 법률상원인의 흠결과 무상성은 법적으로 유사한 개념이 아니라는 이유로 비판한다. 그 대신 통설은 선의점유자의 過失取得권規定(제993조 1항)이 목적론적으로 축소해석되어야 하며, 그 결과 급부부당이득에 대해서는 부당이득규정(제818조)에 따른 과실의 반환이 인정되어야 한다고 주장한다. 왜냐하면 제993조 1항의 보호목적은 점유자가 그 물건을 제삼자가 아닌 소유자로부터, 그것도 무효인 계약에 기해 취득했을 경우 적합하지 않게 되기 때문이다. 이때 잘못된 급부의 청산이라는 급부부당이득의 목적은 점유자보호라는 점유규정의 목적을 압도하며, 급부부당이득은 특별한 청산관계로서 점유규정을 밀어내 버린다. 또한 침해부당이득에 있어서도 점유자가 그 물건을 사용·수익한 이상, 소유자의 부당이득반환청구권은 점유규정에 의하여 배제되지 않는다고 본다. 왜냐하면 점유규정의 규율범위는 이러한 경우를 포함하는 것이 아니기 때문이다. 따라서 선의점

2) 惡意受益者의 返還範圍

악의의 부당이득자는 그가 받은 이득의 전부 및 이에 대한 이자를 반환하여야 한다. 만약 이득의 전부와 이자를 반환하여도 손실자에게 손해가 있는 때에는 그 손해도 아울러 배상하여야 한다(민법 제249조, 제748조 제2항). 다시 말해 악의의 부당이득자는 손실자에 대해 궁극적으로 불법행위책임을 부담하는 것이다. 악의의 부당이득은 대개의 경우 침해부당이득의 사례에서 많이 나타난다고 볼 수 있으나(예를 들어 竊盜나 橫領, 贓物取得 등), 사기 또는 강박으로 계약을 체결하게 한 경우에는 급부부당이득의 사례에서도 악의의 부당이득이 나타날 수 있다고 할 것이다.

6. 非債辨濟

(1) 意義

채무가 없음에도 불구하고 채무가 있는 것으로 오신하여 변제한 경우를 말한다. 예를 들어 회사구내 이발소는 무료인데도 불구하고 미련하게 이발의 대금을 서울 앞에 놓고 온 경우가 그와 같은 경우이다. 넓게 보아 급부부당이득의 범주에 넣을 수 있으나, 급부부당이득이 보통의 경우 급부의 법률상 원인이 사후에 탈락하는 것(無效, 取消)인 데 반해, 비채변제는 애초부터 법률상 원인이 아예 없었던 경우라는 점에서 급부부당이득과는 구별된다 하겠다. 원래는 당연

유자가 소유자의 점유이탈물을 소비해 버린 경우, 점유자는 소유자에 대해 부당이득규정에 따라 가액반환의무를 부담한다. 하지만 수익에 관해서는 점유규정(제993조 1항)이 그 고유의 적용영역을 갖는다고 본다. 왜냐하면 급부부당이득에서 이미 적용이 부인되었기 때문에, 침해부당이득에서까지 적용이 부인된다면, 선의점유자의 과실수취권규정은 사실상 기능을 상실할 것이기 때문이다. 그 결과 점유이탈물의 선의매수인은 소유자의 침해부당이득청구에도 불구하고 그 물건의 과실을 수취할 수 있게 된다. 그 다음 비용부당이득에 관해서 독일판례(BGHZ 41, 157)는 점유자의 비용상환청구권과 손실자의 비용부당이득반환청구권을 모두 부인하고 있다. 예를 들어 타인의 토지에 건축을 한 것과 같은 경우 제994조 이하의 의미에서이 비용이 지출되었나」 인성할 수 없고, 부당이득규정은 점유규정에 의해서 이미 배제되기 때문이라는 것이다. 하지만 독일연방대법원의 편협한 비용개념을 거부할 수 있다면, 선의점유자는 모든 비용지출에 있어서 제996조에 기한 상환청구권을 행사할 수 있을 것이다. 왜냐하면 소유자가 그 토지를 다시 취득했을 경우 그 건축을 통해 토지의 가격은 상승했을 것이기 때문이다. 이와 같은 비용부당이득의 사안에 있어서는 성질상 과실수취의 문제는 발생하지 않을 것이다. 이와 같이 독일의 학설은 부당이득의 각 유형에 따라 선의수익자의 과실수취 여부를 달리 규율하고 있다. 이러한 독일학설의 태도는 우리에게도 시사하는 바가 클 것으로 생각된다.

히 부당이득으로서 반환될 수 있으나, 민법은 악의의 비채변제와 도의관념에 적합한 비채변제의 경우에 한해 비채변제의 반환청구를 인정하지 않고 있다. 즉 다음과 같은 경우에는 이른바 자연채무의 이행으로서, 이행을 강제당하지는 않지만, 한번 이행하고 나면 부당이득이라는 이유로 다시 반환받을 수는 없게 되는 것이다.

(2) 惡意의 非債辨濟

채무 없음을 알고 이를 변제한 때에는 그 반환을 청구하지 못한다(민법 제742조). 예를 들어 채무가 시효로 소멸되었음을 알면서도 이를 변제한 경우가 그렇다. 다만 채권자라고 자칭하는 자의 강박에 의한 변제나 강제집행을 당할 염려가 있어서 이를 피하기 위해 변제한 경우에는 악의의 비채변제라도 반환을 인정하는 것이 공평의 관점에서 타당하다. 한편 비채변제자는 선의가 추정되므로, 변제자의 악의, 즉 변제자가 채무 없음을 알았다는 사실은 반환의무를 면하려는 변제수령자가 입증해야 한다. 물론 여기서 '악의'는 급부시점에서의 법률관계에 대한 인식을 말하므로, 손실자가 단순히 사실관계만을 인식하고 있었던 경우에는 제742조가 적용되지 않으며, 손실자가 법률착오나 사실착오를 일으켰을 경우에는 설령 그것이 손실자의 중과실이라 하더라도 민법 제742조가 적용되지 않는다.

(3) 道義觀念에 適合한 非債辨濟

채무 없는 자가 착오로 인하여 변제한 경우에 그 변제가 도의관념에 적합한 때에는 반환을 청구하지 못한다(민법 제744조). 예를 들어 부양의무 없는 친족을 부양한 경우와 같이 사회의 미풍양속과 도의관념을 고려했을 때 굳이 그 부당이득의 반환을 법률이 강제할 필요가 없다고 판단되었다면, 그때에 발생한 부당이득은 부당이득자와 손실자가 알아서 분배하도록 내버려 두는 것이 더 낫다는 것이다.

7. 期限前의 辨濟

(1) 意義

유효하게 성립하고 변제기가 존재하는 채무를 채무자가 변제기 도래 전에 변제한 경우를 말한다. 예를 들어 돈 천만 원을 꾸고서 설날까지 갚기로 했는데, 그만 착오를 일으켜 추석에 미리 갚아 버린 경우를 들 수 있다. 이 경우 채무자가 채권자에게 이미 변제한 것을 부당이득임을 이유로 채권자로부터 다시 반환받을 수 있는지가 문제된다.

(2) 法的 規律

민법은 변제기 전의 채무를 변제한 때 그 반환을 청구하지 못한다(민법 제743조 1문)고 규정하고 있다. 따라서 일단 유효하게 성립한 채무를 기한전이든 언제든 유효하게 변제했다면 아무리 기한 전에 변제했다고 하더라도 그 채무의 소멸효과는 확정적으로 이루어지게 된다. 그러나 채권자가 미리 급부받은 것을 변제기까지 이용함으로써 사실상 얻은 이익(예를 들어 그에 상당하는 이자)은 법률상 원인이 없는 것이므로, 만약 채무자가 착오로 변제했다면 변제한 채무자가 그 이익의 반환을 청구할 수 있다고 해야 할 것이다(민법 제743조 2문).

8. 他人債務의 辨濟

(1) 意義

자기가 채무자가 아님에도 불구하고 다른 사람의 채무를 자기가 직접 변제한 경우이다. 예를 들어 술집에서 술 마시고 나오면서 엉뚱한 테이블의 술값을 계산하고 나온 경우가 그에 해당한다. 다른 사람의 채무라는 것을 알면서 변제한 경우와, 다른 사람의 채무라는 것을 모르고 자기 채무인 줄로 착각하여 변제한 경우로 나누어서 살펴볼 수 있을 것이다.

(2) 他人債務임을 알면서 辨濟한 경우

만약 자기 채무가 아니고 다른 사람의 채무임을 알면서 변제했을 경우라면 이는 제삼자를 위한 변제로서 유효한 변제가 된다. 채권은 소멸하고, 채권자는 변제의 목적물을 유효하게 취득하게 되며, 변제자는 채권자로부터 아무것도 반환받을 수 없는 대신, 채무자에 대하여 사무관리 또는 비용부당이득에 관한 청구권을 행사할 수 있게 된다.

(3) 自己債務로 誤認하고서 辨濟한 경우

만약 다른 사람의 채무임에도 불구하고 자기 채무인 것으로 오인하고서 변제를 했다면, 이는 제삼자를 위한 변제로서 효력을 발생시킬 수 없게 된다. 따라서 채권은 소멸하지 않고, 채권자는 변제의 목적물을 유효하게 취득할 수 없게 되며, 변제자는 채권자에 대하여 그 목적물을 비용부당이득에 기해 반환청구할 수 있게 된다. 그러나 변제자의 변제로 인해 채권이 없어진 것으로 오인한 선의의 채권자가 선의로 채권증서를 훼손했거나, 담보를 포기했거나, 시효로 인하여 그 채권을 잃게 되었다면 변제자는 그 채권자에게 부당이득에 기한 반환청구권을 행사할 수 없게 된다(민법 제745조 제1항). 채권자에게 이익이 남아 있지 않기 때문이다. 이 경우 변제자는 채권자 대신에 채무면제라는 부당이득을 얻은 채무자에 대하여 비용부당이득에 기한 반환청구권을 행사하여야 한다(민법 제745조 제2항).

9. 不法原因給與

(1) 意義

부당이득자가 불법의 원인으로 이익을 얻고 손실자도 그만큼 손실을 입었지만, 그 불법의 원인이 손실자에게도 존재하는 경우이다. 다시 말해 손실자가 불법의 원인에 기해 자청해서 손실을 입었기에, 그 반환을 법적으로 인정해 주기가 곤란한 경우를 말한다. 누구도 자신의 부정한 행위를 청구권의 기초로서 원용할 수는 없기 때문이다. 이미 로마법 때로부터 위와 같이 'Nemo auditur propriam turpitudinem allegans' 내지 'In pari causa turpitudinis cessat repetitio'의 법언으로서 인정되어 왔던 이 원칙은, 영미법에서도 clean hands의 원칙(He who comes into equity must com with clean hands)으로서 표현되었던 바 있다.

(2) 民法 第746條의 逆機能

1) 衡平의 問題

그러나 이러한 제도는 필연적으로 '이미 이행한 자'에 대해 불이익을 주게 된다. 다시 말해 이미 급부를 이행한 자는 반대급부를 청구하지도 못하면서 이미 이행한 급부를 잃게 되며, 반대로 아직 급부를 이행하지 않은 자는 그 불성실로 인해 상대적으로 이득을 보고, 특히 운 좋게 급부를 먼저 받은 자는 반대급부를 제공할 필요 없이 급부를 계속 보유하게 되는 절대적 이득을 보게 된다.

2) 法體系內에서의 一貫性 問題

만약 법률에 위반하거나 선량한 풍속에 위반하여 법률행위를 한 자가 그만큼의 대가를 치러야 한다면, 급부를 주고받은 자 모두에게 그 불이익이 주어져야 하는데, 유독 급부를 먼저 준 자에 대해서만 형벌적 효과를 부여하고, 급부를 먼저 받은 사에 대해서는 형벌은키녕 특혜를 준다면 이는 불합리하다고 볼 수밖에 없다. 스스로 잘못을 저지른 자는 법의 보호를 받을 수 없다고 하지만, 불법행위에 관해 과실상계가 행해진 여러 판례들을 보면 알 수 있듯 우리나라 법원은 양 당사자 모두에게 잘못이 있는 경우라 하더라도 한쪽에게 잘못이 더 많은 경우에는 그 잘못을 한 사람들 간에 손해배상청구권을 인정하고 있는 것을 볼 수 있다. 따라서 민법 제746조의 역기능을 교정하기 위해 여러 가지 가능성을 검토해 볼 필요성이 생긴다.

(3) 旣存學說들이 보여준 問題點

1) 多數說의 問題點

다수설은 불법을 선량한 풍속 기타 사회질서에 반하는 것으로 해석함으로써 단순한 강행법규위반의 경우에는 민법 제746조가 적용되지 않는다고 한다. 그러나 선량한 풍속과 사회질서 이외에 별도의 가치판단기준으로서 위법성이 존재하는 것은 결코 아니다. 법률위반으로 인해 법률행위가 무효로 될 경우 그 근거는 모두 선량한 풍속 기타 사회질서에 대한 위반, 즉 민법 제103조의 위반에서 이끌어져야 하며, 그 이외는 모두 '단속규정위반'으로서 법률에 위반했다 하더라도 법률행위의 효력에 영향이 없는 경우가 된다. 따라서 민법 제746조에서 말하는 불법은 그것이 민법 제103조에 대응되는 개념인 한 효력규정위반까지도 포함하는 것으로 보아야 할 것이다.

2) 善良한 風俗과 社會秩序의 分離問題

민법 제746조의 불법과 제103조의 불법을 구별하여 한다고 하면서, 제746조에서 말하는 불법은 제103조의 표지 중에서 특히 선량한 풍속에 반하는 것으로 한정되어야 한다는 견해가 있다. 그러나 선량한 풍속 위반의 급부는 반환청구를 금지하면서 사회질서 위반의 급부는 반환청구를 허용하는 근거라고 하는 것이, 사회질서에 관계된 법률은 예방보다는 금지된 결과의 조정에 더 큰 의미를 두는 데 있다고 하는 것은 쉽게 수긍하기 어렵다. 사회질서에 관계된 법률도 선량한 풍속에 관계된 법률만큼이나 예방에 큰 의미를 둘 수 있기 때문이다. 또한 민법 제746조의 불법을 단지 선량한 풍속 위반에만 한정하는 것도 불법이라는 용어에 대해 일반인이 갖고 있는 관념과 거리가 너무 멀다는 문제점이 있다. 일반인들의 건전한 상식에 따르면 불법은 선량한 풍속 위반이거나 사회질서 위반이거나 간에 법적인 가치평가에서 부정적인 것으로 판단되는 모든 경우를 의미하기 때문이다.

3) 民法 第746條 但書의 活用問題

민법 제746조 단서는 '불법원인이 부당이득자에게만 있는 때' 급부자는 예외적으로 급여한 것의 반환을 청구할 수 있다고 규정하고 있다. 그러나 실제로 불법원인급여자에게는 불법원인이 전혀 없고 부당이득자에게만 불법원인이 있는 경우란 거의 없으며, 대개는 양자에게 모두 불법원인이 있는 게 보통이다. 따라서 양자의 불법성을 비교하여 부당이득자 측의 불법성이 현저하게 더 큰 때에는 불법원인급여자에게 조금의 불법성이 있더라도 그 불법성을 무시하고 불법원인급여자에게 반환청구를 허용해야 한다는 견해가 있다. 예를 들면 밀수출을 위해 돈을 빌려 주었다가 후회되어 그 돈의 반환을 청구한 경우, 조부가 손녀의 사통관계를 끊기 위해서 상대방 남자에게 돈을 주었다가 나중에 그 돈의 반환을 청구한 경우, 무효인 매춘계약에 기하여 포주에게 권리금 및 위약금을 지급했다가 나중에 그 돈의 반환을 청구한 경우 등은 모두 급여자에게보다는 이득자에게 불법성이 더 크므로, 이때에는 양자 모두에게 불법원인이 있다 하더라도 예외적으로 불법원인급여의 반환을 인정할 수 있다는 것이다. 그러나 사견을 말하자면 이는 민법 제746조의 단서문언에 반하는 해석이다. 그 불법원인이 수익자에게만 있을 때라는 법문언은 분명 그 불법원인이 수익자에게 더 클 때라는 문언과 다른 의미를 갖기 때문이다.

(4) 民法 第746條의 制限解釋可能性

1) 法의 目的에 따른 解釋

법의 목적 자체가 급부에 의하여 실현된 권리변경을 그대로 내버려 둘 수 없는 것일 경우에는 불법원인급여라 하더라도 그 반환을 청구할 수 있다는 시각이다. 예를 들어 법률이 특정한 복적을 위하여 일정한 종교단체로 하여금 특정한 재산을 보유하게 하는 경우,[477] 정부가 가격을 결정하거나 동결하는 경우, 독과점을 금지하는 경우, 외환판매 또는 소지를 금지하는 경우 등에는 급부된 것이 그대로 내버려 두어진다면 법의 목적을 실현할 수 없게 된다. 따라서 이때에는 특별법률의 목적이 일반법으로서의 민법 제746조에 우선적용되어, 불법원인급여의 반환을 청구할 수 있다고 볼 것이다. 그 밖에 민법의 또 다른 기초이념(예를 들어 무능력자 보호)으로부터 민법 제746조의 적용을 배제하거나(예를 들면 무능력자가 법정대리인의 동의를 얻지 않고 불법원인급여를 한 경우), 반환청구를 인정해도 出捐이 출연자에게 머물지 않고 원래 귀속되어야 할 제삼자에게 자동적으로 귀속되는 경우(예를 들어 이중매매의 경우)에는 불법원인급여라 하더라도 반환청구를 인정할 수 있어야 할 것이다.

---

477) 佛敎財團管理法 제11조.

2) 給付概念의 制限解釋

독일에서는 급부의 개념에 대해 목적론적 제한해석을 가하여, 신탁계약의 경우 신탁목적물의 인도는 급부의 성질을 갖는 것이 아니기 때문에 그 목적물에 대해서는 불법원인급여라 할지라도 반환을 청구할 수 있다고 한다. 고리임대차나 고리소비대차의 경우에서 임대차목적물이나 소비대차목적물 역시도 그 목적물 자체가 급부의 성질을 갖는 것이 아니고 오로지 그 목적물을 일정기간 사용하게 해 주는 것이 진정한 급부이기 때문에, 임대인이나 소비대주가 임대료 및 이자를 청구할 수는 없지만 목적물의 반환청구는 할 수 있다는 것이 독일판례의 입장이다.

3) 不法에 대한 主觀的 認知의 要件

민법 제746조의 적용에 주관적 요건을 추가한다면, 급부자가 선량한 풍속 기타 사회질서에 위반했다는 사실을 인지하지 못했을 경우 불법원인급여라 하더라도 반환청구를 인정할 수 있게 된다. 선량한 풍속 기타 사회질서에 위반했다는 사실을 인지하지 못한 자는 불법을 완전하게 실현했다고 볼 수 없기 때문이다. 그러나 이렇게 할 경우 법률에 대한 무지를 옹호하는 것이 될 수 있으며, 대부분의 불법원인급여는 사회적 약자인 손실자가 사회적 강자인 부당이득자의 요구에 대해 불법인 줄 알면서도 급여를 하는 것이기 때문에 주관적 인지를 굳이 요구하는 것 자체가 무의미한 일일 수도 있다.

(5) 다른 規定의 適用可能性

1) 一部無效規定의 適用

일부무효의 규정을 적용하면 그 계약에서 무효인 부분(예를 들면 무효인 담보설정, 지나치게 높은 임대료 등)을 제외한 나머지 부분들은 계속 유효가 되므로, 예를 들어 임차인이 지불한 비용이나 근로자들의 보수 같은 것들은 본 계약에 설령 불법인 부분이 있다고 하더라도 부당이득자에게 독립해서 청구할 수가 있게 된다. 하지만 이러한 이론이 적용될 수 있는 것도 법률행위의 일부가 무효인 경우에 그 무효의 부분 없이도 그 행위가 행하여졌으리라고 인정되는 때(독일민법 제139조의 반대해석)에 한정되는데다, 대부분의 경우 불법원인은 주된 급부에 직접 관련되는 것이므로, 그 적용범위는 협소할 수밖에 없게 된다.

2) 物權法規定의 適用

불법원인급여자가 물권행위의 有因性을 援用하면서 그 목적물의 소유권에 기해 반환청구권(민법 제213조)을 행사할 수 있는가가 문제된다. 예를 들어 어느 유부남이 불륜의 관계를 갖고 그 대가로 상대방에게 아파트를 한 채 마련해 주었을 때, 원래 이 아파트는 불법원인급여로서 반환청구를 주장할 수 없지만, 증여계약의 무효를 이유로 물권행위도 무효임을 주장하면서 소유권에 기한 반환을 청구할 수 있겠는가의 문제이다. 판례는 그렇게 할 경우 민법 제746조의 규정취지가 몰각될 것이라고 보기 때문에 소유권에 기한 반환청구를 부정하고 있다. 다만 사실상의 급부를 하였을 뿐이고 아직 이전등기까지 되진 않았을 때에는 불법원인급여 자체가 이루어지지 않은 것이므로, 소유권에 기한 반환청구가 당연히 인정될 수 있을 것이다.

3) 事務管理規定의 適用

선량한 풍속이나 법률에 위반한 신탁계약, 임대차계약, 소비대차계약 등에 있어서 수탁자, 임차인이나 소비차수가 그 복적물에 관해 비용을 지출한 경우에는 사무관리규정을 유추적용할 수 있지 않나 하는 시각이다. 그러나 사무관리는 그 요건상 관리자의 사무처리가 계약상의 의무 없이 개시되는 것이어야 하므로 이러한 해석론의 적용범위는 사실상 좁다고 볼 수 있을 것이다.

4) 不法行爲規定의 適用

우리나라의 판례는 양 당사자 사이에 불법한 원인으로 급부가 이루어진 경우에도 불법행위규정을 적용하여 해결한다. 즉 택시운송사업면허를 받기 위해 청탁금으로 뇌물을 주었는데 면허를 못 받게 되었을 경우 그 청탁금의 반환, 시기도박판으로 유인되어 도박을 했다가 돈을 잃은 경우 그 판돈의 반환에 있어서, 법원은 過失相計를 인정하여 일부의 불법원인급여를 반환토록 했다. 그러나 불법원인급여와 불법행위의 관계에서 불법원인급여는 특별법이고 불법행위는 일반법임을 감안하면 우리 법원이 위 사례에서 불법행위규정을 적용해 민법 제746조의 역기능을 회피한 것은 무리가 있었다고 생각된다. 이러한 식의 해결은 민법 제746조 규정을 사실상 사문화하는 것이 될 수 있으므로 그 적용에 신중을 기해야 할 것이다.

(6) 不法原因給與返還禁止에 대한 反對約定

불법원인급여의 반환금지규정에 대해 양 당사자가 이를 반대하는 묵시적 약정을 맺은 것으로 추단하여 반환청구를 인정하자는 시각이다. 민법 제746조는 강제규정이 아니며, 국가가 불법원인자에 대한 협력을 거부한다는 규정에 불과하므로, 이러한 합의까지 금지할 필요는 원칙상 없기 때문이다. 부당이득자가 임의로 반환하거나, 불법원인계약을 해제하고서 불법원인급여를 반환하기로 약정하는 것까지 막을 필요가 없는 것도 마찬가지 이유에서이다. 다만 의사해석에 있어서는 신중을 기해야 할 것이며, 불법목적이 달성되지 않는 것을 조건으로 하여 불법원인급여를 반환하기로 하는 약정은 탈법행위가 되므로 그 효력이 없다고 볼 것이다.

第9節 不法行爲

1. 槪觀

(1) 意義

불법행위란 고의 또는 과실로 타인에게 위법하게 손해를 가하는 행위를 말한다. 이러한 불법행위가 인정되면, 그 불법행위를 저지른 자(가해자)는 피해자에게 그 행위로 인한 손해를 배상할 의무를 부담한다(민법 제750조). 불법행위뿐 아니라 채무불이행 역시도 손해배상의 효과를 발생시키나, 이는 어디까지나 급부장애로 인한 제2차적 급부로서 손해배상을 결과하는 것일 뿐, 불법행위처럼 직접적으로 손해배상의 효과를 발생시키는 것은 아니다. 이처럼 불법행위는 그 자체로 손해배상을 지향하는 것이며, 그 이전의 특별한 법률관계나 계약관계는 없는 것으로 전제한다.

(2) 法的 性質

불법행위는 법률행위로 인한 채권관계가 아닌, 전형적인 법정채권관계에 속한다. 당사자의 자유의사에 기초해서 채권관계를 발생시키는 것이 아니라 법률에 의해 발생하는 채권관계이기 때문이다. 그런 점에서 사무관리나 부당이득과 같지만, 기본적으로 사건의 하나에 지나지 않는 부당이득과 달리 사람의 행위에 속하며, 준법률행위(혼합사실행위)인 사무관리와 달리 위법행위에 속한다는 점에서 차별성을 갖는다.

(3) 다른 制度와의 比較

1) 不法行爲責任과 刑事責任

민사책임으로서의 불법행위책임과 형사책임은 구성요건 – 위법성 – 책임이라는 동일한 구조를 갖지만, 개념적으로 명확히 구별된다. 다시 말해 불법행위책임은 민사책임으로서 피해사의 손해진보가 목적이기 때문에, 고의냐 과실이냐에 상관없이 손해배상책임이 발생하며, 미수는 문제되지 않으나, 형사책임은 행위자의 범죄성에 대한 응보 및 예방적 효과를 목적으로 하기 때문에 미수도 처벌되는 반면, 과실은 아무리 막대한 손해를 발생시켰다고 하더라도 형사상 범죄를 구성하지 않는 것이 원칙이다. 예를 들어 강간살인, 가정파괴, 유아성추행 및 토막살인 등 그 어떤 흉악한 범죄를 기도했다고 하더라도 미수에 그쳤고 정신적, 물질적으로 손해를 발생시키지도 않았다면 원칙적으로 민사상 손해배상책임은 발생하지 않지만, 예를 들어 개인적 사정으로 인해 본의 아니게 계약을 위반하여 계약상대방에게 막대한 재정손실을 입혔다고 하더라도, 민사상 손해배상책임이라면 모를까 고의가 없는 한 이 경우에 형사상 범죄의 책임은 발생하지 않는다.

2) 不法行爲責任과 契約責任

양자 모두 위법행위에 의해 손해배상책임이 발생한다는 점에서 공통점을 가지며, 손해배상의 범위 역시도 원칙적으로 일치한다(민법 제393조, 제763조). 그러나 계약책임은 특정인과 특정인 사이의 특별구속관계인 계약관계를 전제로 하기 때문에, 계약위반을 했다는 것만으로 귀책사유가 추정되며, 생명, 신체, 소유권 등의 절대적 권리뿐만 아니라 단순한 재산적 이익도 손해로서 배상되어야 하고, 소멸시효기간도 10년이나 되어 채무자(가해자)에게 더 엄격하고 채권자(피해자)에게 더 유리하다. 반면 불법행위책임은 계약관계가 존재하지 않는 불특정다수 사이의 관계를 전제하므로, 피해자가 손해를 입었다는 것만으로 가해자의 과실이 추정되지 않으며, 손해배상의 범위도 절대적 보호법익만으로 제한되고, 소멸시효기간도 3년밖에 안 되어 가해자(채무자)에게 더 관대하고 피해자(채권자)에게 더 불리하다. 따라서 계약관계가 존재한다면 가급적 불법행위책임보다 채무불이행책임이나 하자담보책임과 같은 계약책임으로 소구하는 것이 피해자에게 더 유리하다.

2. 要件

(1) 損害의 發生과 因果關係 있는 侵害行爲

침해행위란 인간의 의사에 의해 지배되어 나타난 행태로서 그 주체에게 귀속이 가능한 것만을 가리킨다. 어떠한 법익에 대한 침해행위가 불법행위로 인정될 수 있는지는 다음과 같은 유형적으로 고찰해 볼 수 있다.

1) 所有權侵害
① 適用法規의 問題

소유권에 대한 침해는 가장 대표적인 보호법익침해이지만, 대부분의 경우 물권법규정(민법 제192조 이하)에 의해 규율된다. 따라서 선의의 점유자는 설령 과실로 점유를 했다고 하더라도 점유물로부터 과실을 수취할 수 있으며(민법 제201조 제1항), 점유물을 훼손했다고 하더라도 현존이익만을 반환하면 소유자에 대하여 면책된다(민법 제202조 본문). 그러므로 소유권침해는 선의의 점유자를 제외하고, 점유 없이 타인의 소유권을 방해한 자, 선의의 점유자일지라도 소유의 의사 없이 점유한 자(예를 들어 임차인)나 악의의 점유자의 소유권침해에 한해서만 인정될 수 있다. 그러나 그 경우에도 계약규범(예를 들어 임대차보호법)이나 사무관리규정이 존재한다면 그 규정이 우선하며, 그 다음에 불법행위법이 개입하고, 불법행위법으로도 해결할 수 없는 문제에 한하여 비로소 부당이득법이 마지막으로 개입을 하게 된다.

② 所有權侵害의 形態

소유권침해는 대개 타인의 소유물을 전매하거나 그 소유권에 지상권, 전세권 등의 부담을 지우거나, 소유물을 멸실 또는 훼손시키거나, 타인의 소유물을 악의로 점유하거나, 전기공급차단, 입구차단 등을 통해 타인의 소유물이용을 막는 형태로서 나타난다. 그러나 단순히 소유물에의 접근을 어렵게 하거나, 유독 소유자만이 그 소유물을 사용할 수 없도록 만드는 것은 소유권침해에 포함되지 않는다. 소유권은 상대적 권리가 아니라 절대적 권리이기 때문에, 그 침해 역시도 절대적 침해일 것을 요구하는 것이다.

③ 所有權侵害와 慰藉料

생명, 신체, 자유, 명예 등의 비재산적 법익이 침해되었을 경우에는 그로 인해 정신적 고통을 입은 자가 가해자에 대하여 위자료배상을 청구할 수 있게 되나(민법 제751조 제1항), 그렇지 않고 소유권 기타 재산적 법익이 침해되었을 경우에는 그 어떤 경우에도 위자료배상의 청구가 불가능하다. 예를 들어 15대째 내려오던 가보를 어떤 손님이 실수로 깨뜨렸거나, 목숨보다도 더 아끼던 그림이 불에 타 없어졌다고 하더라도, 가해자는 그 물건의 가치만을 배상하면 될 뿐이지, 그로 인해 발생한 피해자의 정신적 고통은 손해로서 배상할 필요가 없다.

2) 所有權 以外의 物權에 대한 侵害

소유권 이외의 물권은 소유권에 준하여 많은 경우 보호법익으로 인정을 받을 수 있으나, 그 범위는 제한되어 있다. 따라서 가끔은 단순한 재산적 이익으로서 불법행위법의 적용대상으로부터 제외된다.

① 抵當權

소유권 이외의 대표적인 물권인 저당권의 경우, 설령 저당목적물이 아주 심하게 훼손되었다고 하더라도 피담보채권의 변제에 아직은 충분한 가치를 지니는 이상 저당권자는 가해자에 대하여 손해배상을 청구하지 못한다. 만약 저당권이 침해되었다면 이는 대개 소유권침해를 수반하는데, 이때 배상청구권은 소유권자와 저당권자에게 공동귀속하게 된다. 따라서 가해자가 그중 한 사람에게 손해 전액을 배상했다면, 그 배상액은 두 사람 간의 내부관계에서 분배되어야 하게 된다.

② 占有權

점유권은 그 자체로서 그 어떤 금전적 가치도 지닐 수가 없다. 오로지 점유의 원인이 되는 법률관계에서 그 금전적 가치를 부여받게 될 뿐이다. 따라서 점유권침해에 기한 손해배상은 결과적으로 그 원인이 되는 채권을 보호하고, 이로써 채권이 물권화되는 효과를 낳게 된다. 물론 점유권침해는 보통 소유권침해를 수반하므로, 점유권자는 가해자로부터 배상받은 것을 소유권자와 당연히 나누어 가져야 된다.

③ 其他의 絕對權

비단 물권뿐만 아니라 물권에 유사한 절대권, 예를 들어 저작권, 특허권, 실용신안권, 상표권 같은 권리도 침해되었을 경우 불법행위에 기한 손해배상을 청구할 수 있음은 물론이다.

3) 財産的 利益

소유권이나 기타 절대권침해를 제외한 다른 재산적 법익의 침해는 대개의 경우 단순한 재산적 이익의 침해로서 불법행위법의 규율대상에서 벗어난다. 다시 말해 한 개인이 갖고 있는 금전적 가치의 총합으로서 재산은, 그 성질상 너무나 포괄적이고 불분명한 것이기 때문에 보호법익에 포함되지 않는 것이다.

4) 債權侵害

① 原則

채권은 오로지 채무자만을 구속할 뿐, 다른 모든 제삼자에 대해서는 영향을 미칠 수 없는 것이 원칙이므로, 보호법익에 포함되지 못한다. 따라서 설령 어떤 회사에 고용된 노동자를 다치게 해서 그 노동자가 사용자에게 노무급부를 제공하지 못하게 했다고 하더라도 사용자에게 그로 인한 손해를 배상해 줘야 하는 것은 아니고, 설령 매매목적물을 멸실케 해서 매수인이 그 목적물을 제공받을 수 없게 되었다고 하더라도, 매수인이 그로 인한 손해를 가해자에게 배상청구할 수 있는 것은 아니다.

② 例外

다만 채권이 그 성질상 점유권을 수반하고 있을 경우, 점유권침해로 인한 손해배상을 청구함으로써 간접적으로 채권이 보호받는 경우는 있을 수 있다. 또한 제삼자가 순전히 채권자의 권리를 해할 목적으로 채권을 침해하거나 사기, 강박 기타 유사한 수단에 의하여 채권자의 자유로운 의사결정을 방해함으로써 채권을 침해한 경우에는 자유침해에 준하여 불법행위 성립이 인정될 수 있다.

5) 因果關係

위와 같은 침해행위와 그로 인해 발생한 손해 사이에는 인과관계가 존재해야 한다. 손해의 입증책임과 마찬가지로 인과관계의 입증책임 역시 보통은 원고(피해자)에게 있다. 그러나 의약품소송이나 공해소송에 있어서와 같이 피해자가 인과관계익 존재를 입증하기 어려운 경우에는 인과관계의 蓋然性만을 입증해도 충분하다.

(2) 違法性

타인에게 손해를 발생시킨 행위가 동시에 위법해야 불법행위가 성립한다. 다시 말해 그 행위를 법적으로 정당화할 수 있는 사유(위법성조각사유)가 존재하지 않아야 한다. 물론 위법성은 구성요건을 통해 적극적으로 징표될 수도 있지만, 구성요건단계를 벗어났을 때는 이렇듯 적극적으로 규정되기보다 소극적으로 규정된다.

① 違法性阻却事由

이러한 위법성조각사유는 正當防衛(민법 제761조 제1항)나 緊急避難(민법 제

761조 제2항)과 같이 불법행위법 내에만 존재하는 것이 아니다. 自救行爲[478]나 피해자의 승낙[479]과 같이 형법에서도 원용될 수 있고, 자식에 대한 부모의 친권(민법 제909조)이나 懲戒權(민법 제915조)과 같이 가족법에서도 정당화 사유로서 원용될 수 있다. 自力救濟는 점유의 침탈에 관해서만 규정이 존재하고 있으나(민법 제209조), 다른 경우에도 일반적으로 인정하는 것이 타당하다. 근로자의 쟁의행위[480]나 교원의 징계권행사[481] 역시도 권리가 남용되지 않는 한 그 위법성은 조각되므로 불법행위에 해당되지 않는다.

② 法益에 따른 比較形量

위와 같은 위법성조각사유에 따라 위법성을 판단할 경우 각 법익이 갖는 구체적 차별성을 고려해야 한다. 예를 들어 생명, 신체, 건강, 자유와 같은 인신적 권리가 침해되었을 때에는 정당방위나 긴급피난, 피해자의 승낙을 가급적 인정하지 말아야 할 것이며, 재산적 권리가 침해되었을 때에는 상대적으로 폭넓게 위법성의 조각을 인정하여야 할 것이다.

(3) 責任

민법에 있어서의 책임은 형법에 있어서의 책임과는 달리 고의냐 과실이냐에 큰 차별을 두지 않는다. 오히려 과실에 의한 불법행위의 손해배상이 고의에 의한 불법행위의 손해배상보다 더 일반적인 경우이다.

① 過失

채무불이행법에 있어서의 과실은 계약상 주의의무의 위반을 말하지만, 불법행위법에 있어서의 과실은 평범한 일반인이 사회생활을 하면서 지켜야 하는 안전의무의 위반을 말한다. 이러한 안전의무의 정도는 그 행위에 일반적으로 따르는 위험과 피침해이익의 크고 작음에 따라 달라진다.

---

478) 刑法 제23조.
479) 刑法 제24조.
480) 勞動組合法 제2조.
481) 敎育法 제76조.

② 立證責任

채무가 불이행되었을 경우 채무자의 과실은 추정되지만, 불법행위가 가해졌을 경우 가해자의 과실은 추정되지 않는다. 따라서 피해자가 그 과실의 존재를 입증해야 한다. 그러나 감독자책임(민법 제755조), 사용자책임(민법 제756조), 공작물점유자의 책임(민법 제758조) 등에서는 과실이 입법적으로 추정되므로, 가해자 측으로 입증책임이 전환된다. 한편 환경오염사고, 제조물책임, 의약품사고 등에서는 가해자의 과실이 사실상 추정되고 있다.

③ 責任能力

책임능력이란 법률상 불법행위책임을 변식할 수 있는 능력을 말한다. 예를 들어 행위자의 나이가 어리거나 심신이 상실된 상태에서 불법행위를 저질렀을 때에는 책임능력이 존재하지 않아 배상책임이 부정된다(민법 제754조 본문). 물론 고의 또는 과실로 심신상실을 초래한 때에는 설령 심신이 상실되었다고 하더라도 책임을 면하지 못하며(민법 제754조 단서), 책임능력 없는 미성년자가 불법행위를 저질렀을 때에는 법정감독의무자가 대신 배상책임을 부담하게 된다(민법 제755조).

3. 效果

(1) 意義

불법행위의 모든 성립요건을 피해자가 입증하면, 그 효과로 가해자는 피해자에게 손해의 배상을 해 줘야 한다(민법 제750조). 손해배상의 방법은 금전배상이 원칙이나, 예외적으로 명예훼손에 관해서는 법원이 피해자의 청구에 의하여 명예회복에 적합한 처분을 명할 수 있다(민법 제764조). 손해배상의 범위에 관해서는 채무불이행법의 규정(민법 제393조)이 준용된다(민법 제763조).

(2) 賠償請求權者

1) 被害者

손해배상의 청구권은 원칙적으로 피해자 자신이 갖는다. 예를 들어 성스러운 종교지도자나 조직폭력배의 두목이 교통사고를 당하여 그들이 손해의 배상을 청구하시기를 구차하게 여긴다 하더라도, 직접 당사자 아닌 다른 사람들이 그들을 대신하여 손해배상을 청구할 수는 없다.

2) 法人

법인이 그 재산이나 명예에 관련하여 손해를 입은 경우, 법인도 배상청구권의 주체가 될 수 있다. 다만 법인의 대표자가 손해를 입어 법인도 간접적으로 손해를 입게 된 경우에는, 이를 특별손해로 보아 예견가능성이 있었을 경우 제한적으로 배상청구를 인정할 수도 있을 것이다.

3) 胎兒

태아는 손해배상청구권에 관하여 이미 출생한 것으로 본다(민법 제762조). 예를 들어 산모에게 의사가 잘못된 피를 수혈했을 경우, 산모뿐 아니라 태아 역시도 가해자인 의사에 대하여 손해배상청구권을 갖게 된다. 다만 출생하기 전까지는 손해배상청구권을 행사하지 못하다가, 출생을 하고 나서야 비로소 해당 불법행위가 있었던 시기로 소급하여 마치 그때 이미 출생해 있었던 것처럼 손해배상청구권을 행사할 수 있게 된다(판례, 停止條件說). 기형아로 태어난 아이가 임신 중 마약을 복용했던 자신의 모친에게 주의의무위반으로 인한 손해배상을 청구할 수 있느냐가 문제되는데, 이때는 모친의 주의의무위반과 자식의 기형출생 사이에 존재하는 인과관계를 입증하는 것이 필요하다.

(3) 損害賠償額의 算定

1) 基準時點

판결시를 기준으로 산정한다. 다시 말해 사실심의 구두변론종결시를 기준으로 손해배상액을 정한다. 기준시점을 이렇게 늦춰서 잡는 것은 피해자에게 충분히 경제적 배상을 해 주기 위한 것이다.

2) 逸失利益의 算定

수입액과 평균적 노동가능연수를 기초로 산정한다. 일정한 수입이 없던 피해자에 대해서는 보통사람으로서 누구나 종사하여 얻을 수 있는 일반노동임금을 기준으로 하여 산정한다. 노임의 단가는 시중노임단가에 의해 산정된다. 가동연한에 대해서는 획일적인 기준이 없으나 보통 일반육체노동자의 가동연한은 만 60세까지이며, 월평균 25일 가동한다고 본다. 주부에 대해서는 여성고용근로자의 평균임금에 평균적인 가동연수를 곱하여 계산한다. 개인기업가에 대해서는 기업수익 중에서 기업주 개인의 기여분상당액을 기초로 하여 일실이익을 계산한다. 연소자의 가동연수는 보통 남자 23세, 여자 20세부터 수입이 있는 것으로 추정한다. 일실이익을 미리 배상받게 된다면 장래 수입액 중에서 그 이자만큼을 중간이자로 공제해야 한다.

3) 物的 損害賠償額의 算定

물건이 멸실했을 때에는 멸실 직전의 교환가격, 물건이 훼손되었을 때에는 수리비 및 휴업손해 그리고 수리하더라도 남게 된 가치감소분을 배상한다. 물건이 불법점유되었을 때에는 차임상당액이 損害액이며, 농지가 불법점거된 때에는 그 농지의 연수확량에서 비용을 공제한 액수가 손해액이다. 변호사비용은 부당소송에 대한 통상손해이지만, 실제로 지급한 전액이 아닌 상당액수로 제한된다.

4) 精神的 損害賠償額의 算定

위자료는 금전적 가치와 결부된 정신적 손해를 보정하는 기능만이 아니라 사죄를 통한 응보적 기능도 아울러 가지므로, 실제 발생한 정신적 고통의 크기 못지않게 가해자의 고의 및 과실 여부, 주의의무 여부, 배상능력, 형사처벌 여부 등도 산정에 중요한 기준으로 작용하게 된다. 따라서 고의의 기례사, 경제적으로 부유한 가해자는 더 많은 위자료를 지불하게 되며, 같은 가해행위로 형사책임까지도 부담하여 감옥에 징역 살러 들어간 가해자는 그만큼 더 적은 위자료를 지불하게 된다. 그러나 피해자가 자기 직업에 갖고 있던 개인적 애착, 자기 얼굴이나 몸매에 대해 유별나게 갖고 있던 개인적 자부심, 결혼에 대해 남달리 걸고 있던 기대 같은 것은 위자료 산정에 고려의 대상이 되지 않으며, 그러한 정신적 고통의 크기는 일반적 기준에 따라 평가받게 된다.

(4) 損害賠償額의 調整

1) 過失相計

불법행위의 성립 또는 손해배상의 확대에 피해자 측의 고의, 과실도 함께 존재하는 경우, 손해배상책임을 결정하는 데 있어서 법원은 이를 직권으로 참작해야 한다. 이때 채무불이행의 규정(민법 제396조)은 불법행위에도 준용된다(민법 제763조). 과실상계에 있어서 피해자의 과실은 불법행위책임을 적극적으로 부담시키는 것이 아니라 공평의 관점에서 피해자의 부주의를 참작하는 것에 불과하기 때문에, 불법행위법에 있어서와 같은 정도의 의무위반이 아니라 할지라도, 사회통념상, 신의성실상 요구되는 약한 부주의만 있으면 이것도 상계에 있어서는 고려의 대상이 된다.

2) 保險者의 代位

보험에 의하여 손해의 전보가 이루어진 경우, 보험자는 제삼자에 대한 피보험자의 손해배상청구권을 대위하게 된다.

3) 損益相計

불법행위의 피해자 또는 그의 상속인이 불법행위로 인하여 불이익만을 받은 것이 아니라 그와 동시에 비용을 절감하거나 뜻밖의 소득을 얻은 경우 그 액수는 배상액에서 공제되어야 한다. 대표적인 것이 손해보험금을 타게 된 경우이다. 다만 생명보험금은 공제대상이 아니며, 賻儀金도 공제대상이 아니라서 피해자가 그만큼 손해배상을 덜 받게 되는 것이 아니다. 연금도 손익상계의 대상이 되지는 않는다고 본다.

4) 生計를 勘案한 減輕請求

손해가 고의 또는 중대한 과실에 의한 것이 아니고 그 배상으로 인하여 배상자의 생계에 중대한 영향을 미치게 될 경우 배상의무자는 법원에 배상액의 감경을 청구할 수 있다(민법 제765조 제1항). 법원은 이러한 청구가 있는 때에 채권자 및 채무자의 경제상태와 손해의 원인 등을 참작하여 배상액을 경감할 수 있다(민법 제765조 제2항).

4. 工作物占有者 및 所有者의 責任

(1) 意義

공작물의 설치 또는 보존의 하자로 인하여 타인이 손해를 입은 때에는 공작물점유자가 그 손해를 배상해 줘야 한다(민법 제758조 제1항 본문). 그러나 점유자가 손해의 방지에 필요한 주의를 해태하지 않은 때에는 그 소유자가 손해를 배상해야 한다(민법 제758조 제1항 단서). 이는 수목의 식재 또는 보존에 하자 있는 경우에도 준용된다(민법 제758조 제2항).

(2) 要件

1) 工作物로부터 損害가 생겼을 것

공작물이란 인공적 작업에 의해 제작된 물건으로서, 토지의 공작물, 건물 내의 공작물, 기계류, 교통수단 등을 말한다. 공작물로부터 생기는 손해라면 건물의 붕괴로 인한 인명피해를 대표적인 예로 들 수 있으며, 기차탈선사고도 마찬가지의 예로서 볼 수 있다.

2) 工作物의 設置 및 保存에 瑕疵가 存在할 것

공작물이 그 용도에 따라 객관적으로 요구되는 성질 및 설비를 설치 당시부터 갖고 있지 않았거나 또는 설치 후 관리소홀로 인해 필요한 안전성이 결여되었어야 한다. 예를 들어 건물 옥상에 너무 무거운 냉각탑이 설치됨으로써 건물의 붕괴가 필연적으로 이루어지게 되었던 사정 등이 그와 같다.

3) 立證責任

공작물로부터 손해가 발생한 경우 그 설치, 보존상의 하자는 추정되므로 하자의 부존재는 점유자 또는 소유자가 입증하여야 한다. 또한 공작물의 하자와 손해발생 사이에 존재하는 인과관계 역시 추정되므로 인과관계의 부존재 역시도 점유자 또는 소유자가 입증하여야 한다.

(3) 效果

1) 占有者의 責任

간접점유자가 있는 경우에는 직접점유자가 1차적인 책임을 지고, 다음에 간접점유자가 책임을 지게 된다. 점유자는 손해의 방지에 필요한 주의를 해태하지 않았음을 입증하여야 책임을 면할 수 있다(민법 제758조 제1항 단서).

2) 所有者의 責任

점유자가 손해의 방지에 필요한 주의를 다하였다고 입증함으로써 공작물점유자의 책임을 면하게 될 때에는 소유자가 그 손해에 대한 배상책임을 진다. 여기서 소유자는 법적인 소유자를 말한다. 소유자의 책임에 대해서는 면책이 인정되지 않으므로, 공작물소유자에 대해서는 사실상의 무과실책임이 도입된 셈이라고 볼 수 있다. 우리나라 불법행위법에서는 아주 유일무이하게 찾아볼 수 있는 위험책임규정이며, 사견으로는 공작물소유자에게 너무 가혹한 규정인 것으로 생각된다.

3) 求償關係

피해자에게 손해를 배상한 점유자 또는 소유자는 그 손해의 원인에 대해 진정으로 책임이 있는 자에 대하여 구상권을 행사할 수 있다(민법 제758조 제3항).

4) 國家賠償關係

공작물이 국가나 지방자치단체에 의해 설치되어 관리될 경우, 공작물점유자 책임에 관한 규정은 적용되지 않으며, 그 대신 國家賠償法 제5조가 적용된다.

5. 共同不法行爲

(1) 意義

넓은 의미에서 공동불법행위란 고의 또는 과실로 타인에게 손해를 가하는 위법행위에 관계된 사람이 여러 사람인 경우를 말한다. 손해를 가한 위법행위의 주체가 여러 사람인 경우, 여러 사람의 행위 가운데에서 어느 사람의 행위가 손해를 가한 것인지 알 수 없는 경우, 어떤 사람의 위법행위를 다른 사람이 교사하거나 방조한 경우 등 여러 가지 경우가 있다.

(2) 要件

1) 協議의 共同不法行爲

여러 사람이 고의 또는 과실로 타인에게 손해를 가하는 위법행위를 공동으로 저지른 경우를 말한다(민법 제760조). 각 가해자는 모두 일반불법행위의 요건을 충족하여야 하며, 가해행위는 객관적으로 관련되어 공동으로 행해져야 한다. 하지만 가해자들 사이에 공모나 공동의 주관적 인식은 없어도 무방하다. 예를 들어 고속도로 위에서 두 대의 차량이 속도위반으로 달리다가 때마침 고속도로를 횡단하던 노파를 연달아 치어 숨지게 했을 경우, 두 차량의 운전수 사이에 공동으로 속도위반을 한다는 주관적 인식은 없었겠지만, 공동불법행위는 문제없이 성립한다

2) 加害者不明의 共同不法行爲

손해발생과 관련하여 여러 행위가 행해지고 그 행위 가운데 어느 행위가 구체적으로 손해를 야기한 것인지 알 수 없을 때에는 모든 행위자가 공동불법행위자로 추정된다(민법 제760조 제2항). 예를 들어 어둠 속에서 각목 들고 서로 패싸움을 벌였는데, 그 와중에 상대방의 한 사람이 머리가 깨져서 사망했다면 그 패싸움에 참가한 모든 사람들이 다 불법행위에 기한 손해배상책임을 부담하는 것이다. 단 자기 행위에 인과관계 없음을 입증한다면 그는 공동의 손해배상책임에서 빠져나갈 수 있다.

3) 狡詐 및 幇助行爲

손해를 야기하는 위법행위를 직접 저지르지 않았다 하더라도 그 행위를 옆에서 부추기거나 도왔을 경우에는 공동행위자로 간주된다(민법 제760조 제3항).

(3) 效果

1) 賠償連帶의 原則

공동불법행위자는 피해자에 대하여 연대하여 손해를 배상하여야 한다. 따라서 피해자는 어느 한 가해자에게 배상능력이 전혀 없다 하더라도 다른 가해자로부터 전액의 배상을 받아 낼 수 있다.

2) 不眞正連帶債務

그런데 다수설 및 판례는 이때 가해자가 연대하여 배상하여야 한다는 규정(민법 제760조 제1항)이 가해자 각자가 부담부분을 갖고 나중에 다른 채무자에게 구상할 수 있다는 의미가 아니라, 각자가 자기 입장에서 채무의 전부를 부담한다는 의미라고 한다. 다시 말해 이때 공동불법행위자들이 부담하는 채무는 부진정연대채무라는 것이다.

3) 債務者 1人에 대한 事由의 效力

따라서 공동불법행위자 1인에게 발생한 사유는 다른 공동불법행위자에게 많은 경우 영향을 미치지 못하게 된다. 예를 들어 연대채무는 履行請求(민법 제416조), 更改(민법 제417조), 相計(민법 제418조), 債權者遲滯(민법 제422조), 免除(민법 제419조), 混同(민법 제420조), 消滅시효(민법 제421조) 등의 사유가 폭넓게 다른 채무자에게 효력을 미치지만, 공동불법행위채무는 부진정연대채무이므로 위와 같은 사유가 다른 채무자에게 전혀 효력을 미치지 못하게 된다. 오로지 채권을 만족시키는 사유(辨濟, 代物辨濟, 供託, 相計)만이 다른 채무자에게 영향을 미친다.

4) 求償關係

부진정연대채무이므로 당연히 구상관계도 없다. 따라서 아주 가벼운 방조행위밖에 저지르지 않은 공동불법행위자라 하더라도 피해자에게는 손해 전액을 배상하여야 하며, 다른 공동불법행위자에게는 단 한 푼의 구상도 받지 못하게 된다. 그러나 이는 공동불법행위자에게 너무나 가혹한 결과이므로 판례는 각자의 고의나 과실, 위법성, 변제능력의 정도를 고려하여 공동불법행위자 간에 부담부분을 결정하고, 이미 피해자에게 전액을 배상한 공동불법행위자는 다른 공동불법행위자에 대해 구상권도 행사할 수 있다는 입장을 취하고 있다.

6. 消滅時效 및 除斥期間

(1) 法的 規定

불법행위로 인한 손해배상의 청구권은 피해자나 그 법정대리인이 그 손해 및 가해자를 안 날로부터 3년간 이를 행사하지 않으면 시효로 인하여 소멸한다(민법 제766조 제1항). 그 밖에 불법행위를 한 날로부터 10년을 경과한 때에도 손해배상청구권은 시효로 인하여 소멸한다(민법 제766조 제2항).

(2) 消滅時效의 起算點

피해자나 그 법정대리인이 손해뿐만 아니라 가해자가 누구인지까지 다 알아야 소멸시효가 기산하게 된다. 그러나 여기서 '손해'란 1차손해를 의미하므로, 병상의 악화나 후유증으로 인해 후속손해가 일어날 때에는 그 후속손해를 알게 된 날로부터 새롭게 소멸시효가 기산된다. 또한 손해의 발생을 알았다고 하더라도 그 가해행위가 위법함을 알지 못했다면 소멸시효는 기산하지 않는다. 피해자나 그 법정대리인은 손해 및 가해자를 모르고 있는 것으로 추정되므로, 그들이 그것을 알게 된 시기는 가해자 측에서 입증해야 한다.

(3) 除斥期間의 起算點

제척기간의 기산점은 불법행위를 한 날이다. 여기서 불법행위를 한 날이라 함은 가해행위로 인하여 현실적으로 손해의 결과가 발생된 날을 말한다. 만약 가해행위가 일회적이 아니고 계속해서 일어나는 경우라면, 손해는 나날이 발생하므로, 제척기간의 기산도 매일 일어나게 된다.

第 **7** 章

民事特別法

第1節 住宅賃貸借保護法

1. 法的性格

주택임대차보호법은 국민의 주거생활의 안정과 경제적인 약자인 세입자를 보호하기 위해 주거용건물의 임대차에 대하여 민법상 임대차의 특례를 규정하는 것으로 1981년 3월 5일 법률 제3379호로 제정된 뒤 최근까지 여러 차례 개정되어 왔다.

이 법 제정 당시인 1980년대 초반만 해도 급속한 산업화로 도시에 집중된 인구에 비해 주택의 보급은 턱없이 부족하여 만성적인 주택난에 따른 전세수요가 폭증하는 상태였고, 민법에도 임대차와 전세권에 관한 규정이 있으나, 민법상 임차권은 채권에 지나지 않고, 전세권은 강력한 물권이어서 집주인들이 전세권설정을 꺼려 사실상 채권적 전세가 보편적으로 행해져 왔다. 그러다 보니 집주인의 터무니없는 보증금 인상이나 명도요구, 경매 등으로 서민들이 엄동설한에 길거리로 내쫓기는 사태가 빈발하자 사회적 약자인 임차인들에 대한 최소한의 주거권 확보라는 차원에서 주택임대차보호법이란 민법의 특별법을 제정하게 된 것이다. 민법상 일반임대차의 경우 매매가 임대차를 깨뜨리나, 주택임대차의 경우 매매가 임대차를 깨뜨리지 못한다는 점이 특색이다. 또한 사회적 약자인 임차인 보호 차원에서 편면적 강행법규성을 가져, 주택임대차보호법에 위반한 약정으로서 임차인에게 불리한 것은 효력이 없다(주택임대차보호법 제10조).

2. 適用範圍

이 법의 적용범위는 주거용 건물에 한한다. 주거용 건물은 공부상의 용도가 아니라 실제 용도가 주거용이면 보호받을 수 있다는 것이 판례의 입장이다.

첫째, 자연인(내국인, 외국인)에 한하며, 법인은 보호를 받지 못한다.[482]

---

482) 그러나 2007년 8월 3일 개정법률에 따라 일정난의 경우 법인에게도 주택임대차보호법이 적용된다. 1. 국민주택기금을 재원으로 하여 저소득층의 무주택자에게 주거생활안정을 목적으로 전세임대주택을 지원하는 법인

둘째, 주거용 건물의 전부 또는 일부의 임대차에 적용된다.

셋째, 실지용도로 판단하므로 일시적으로 사용하기 위한 임대차는 대상이 아니다.

넷째, 주택이 미등기 건물이거나 무허가 건물일 경우에도 적용된다.

다섯째, 건물의 임대차에는 당연히 부지부분의 이용을 수반하므로 주택의 대지에도 적용대상이 된다.

여섯째, 하나의 주택에 임차인이 2인 이상이고 가정공동생활을 하는 경우 이들을 1인의 임차인으로 보아 각 보증금을 합산한다.

3. 對抗力

첫째, 임대차는 그 등기가 없는 경우에도 임차인이 주택의 인도와 주민등록을 마친 때에는 그 익일부터 제삼자에 대하여 효력이 생긴다. 이 경우 전입신고를 한 때에 주민등록이 된 것으로 본다.

둘째, 임차주택의 양수인(기타 임대할 권리를 승계한 자를 포함)은 임대인의 지위를 승계한 것으로 본다.

셋째, 민법 제575조 제1항, 제3항 및 제578조의 규정은 이 법에 의하여 임대차의 목적이 된 주택이 매매 또는 경매의 복석물이 된 경우에 이를 준용한다.

넷째, 민법 제536조의 규정은 제3항의 경우에 이를 준용한다고 하고 있다.

그러므로 임차인이 주택의 양수인에 대하여 대항력이 있는 임차인인 이상 양수인에게 임대인으로서의 지위가 당연 승계된다 할 것이다. 즉 임차인이 대항력이 있다는 것은 주택의 양수인이 임대인의 지위를 승계하므로 임대기간 동안 계속 거주할 수 있고 임대기간 만료시 양수인으로부터 보증금을 반환받을 때까지 임차주택을 비워 주지 않아도 되며 임차인은 양수인에 대하여만 임대보증금의 반환을 청구할 수 있다. 또한 양수인이란 매매, 증여, 상속 및 경매, 공매뿐만 아니라 미등기인 무허가건물의 소유권을 사실상 양수한 경우도 포함된다.

이 주택을 임차한 후 지방자치단체의 장 또는 해당 법인이 선정한 입주자가 그 주택에 관하여 인도와 주민등록을 마친 때에는 그 翌日부터 제삼자에 대하여 효력이 생긴다. 이 경우 전입신고를 한 때에 주민등록이 된 것으로 본다. 2. 대통령령으로 정하는 '대항력이 인정되는 법인'이란 다음 각 호의 법인을 말한다. ① '대한주택공사법'에 따른 대한주택공사 ② '지방공기업법' 제49조에 따라 주택사업을 목적으로 설립된 지방공사

4. 保證金의 回收

(1) 最優先辨濟權(少額保證金의 保護)

경매·공매 시 임차주택의 환가대금(대지포함)에서 선·후순위권리자 기타채권자보다 우선하여 변제받을 수 있는 권리로서, 경매개시결정 기입등기 전까지 대항력을 갖출 것 또한 첫 경매기일(매각기일)까지 대항력을 유지하고 배당을 요구해야 한다. 그리고 최선순위 담보물권설정일을 기준으로 하며, 최우선변제 대상 보증금액은 주택가액의 1/2 초과 시는 1/2까지만 우선변제를 받을 수 있다.

〈표 15〉 최우선변제권(소액임차인)의 범위와 기준(2008년 8월 21일 주임법 개정)

최선순위 담보물권설정일	지역구분	소액임차인의 범위	최우선변제액
1984.4.1.~1987.11.30.	서울 및 광역시(군지역 제외)	300만 원 이하	300만 원까지
	기타 지역	200만 원 이하	200만 원까지
1987.12.1.~1990.2.18.	서울 및 광역시(군지역 제외)	500만 원 이하	500만 원까지
	기타 지역	400만 원 이하	400만 원까지
1990.2.19.~1995.10.18.	서울 및 광역시(군지역 제외)	2,000만 원 이하	700만 원까지
	기타 지역	1,500만 원 이하	500만 원까지
1995.10.19.~2001.9.14.	서울 및 광역시(군지역 제외)	3,000만 원 이하	1,200만 원까지
	기타 지역	2,000만 원 이하	800만 원까지
2001.9.15.	수도권정비계획법에 의한 수도권 중 과밀억제권역	4천만 원 이하	1천600만 원까지
	광역시(군지역과 인천광역시지역을 제외)	3천500만 원 이하	1천400만 원까지
	그 밖의 지역	3천만 원 이하	1천200만 원까지
2008.8.21.	수도권정비계획법에 의한 수도권 중 과밀억제권역	6천만 원 이하	2천만 원까지
	광역시(군지역과 인천광역시지역을 제외)	5천만 원 이하	1천7백만 원까지
	그 밖의 지역	4천만 원 이하	1천4백만 원까지

(2) 確定日字印制度

주택임대차보호법 제3조의 2에서 말하는 확정일자란 법원 또는 동사무소 등에서 주택임대차계약을 체결한 날짜를 확인하여 주기 위하여 임대차계약서의 여백에 그 날짜가 찍힌 도장을 찍어 주는바,[483] 이때 그 날짜를 의미한다.

확정일자와 입주 및 전입신고를 마친 주택임차인은 임대주택에 관한 경매절차의 환가대금에서 자기 확정일자보다 늦은 후순위권리자 기타 채권자보다 우선하여 보증금을 변제받을 권리가 있다(주택임대차보호법 제3조의 2 제1항). 확정일자순위에 따른 우선변제적 효력은 주택임대차보호법이 인정하는 특수한 효력이므로 주택 이외의 상가에 대하여는 이러한 효력이 인정되는 것이 아니다. 우선변제권은 주택의 인도(입주), 주민등록의 전입, 확정일자라는 세 가지 요건을 모두 갖추어야 되고 3가지 요건 중 가장 늦은 날을 기준으로 순위가 정해진다. 주의할 점은 임차인이 입주와 전입신고를 하기 전에 그 집에 이미 저당권 등기나 가압류·압류등기, 가등기 등이 행하여졌고, 그 결과로 경매나 가등기에 의한 본등기에 의하여 소유권자가 변경된 경우에는 임차권은 소멸되어 임차인은 신소유자에게 대항할 수 없으므로, 확정일자를 받지 않은 임차인은 소액임차인이 아닌 한 보호받을 수 없으나, 확정일자를 받아 두면 후순위담보권자나 일반채권자에 우선하여 배당받을 수 있다.

따라서 확정일자는 임차인에게 우선변제권을 인정하는 중요한 요건이 되는 반면 그 절차는 간단하고 비용도 거의 들지 않으므로 임차인의 입장에서는 반드시 받아 두는 것이 좋을 것이다.

1) 傳貰權과 確定日字附賃借權의 比較

확정일자와 입주 및 전입신고 3가지 요건을 갖추어 대항력과 우선변제권을 취득한 임차인은 임차주택에 대한 전세권자와 별반 차이가 없는 지위를 갖게 된다. 그러나 전세권은 물권이고 임차권은 채권이므로 전세권을 설정하게 되면 전세권자는 집주인의 동의를 받지 않고 전세권을 양도하거나 전전세할 수 있는 반면, 단순히 임차인이 확정일자를 받은 경우에는, 임차권의 양도나 전전세에

---

483) 확정일자는 공증기관, 법원, 등기소, 읍, 면, 동사무소에서 받을 수 있다. 현재 주로 이용하는 방법은 인근 읍, 면, 사무소에 주민등록전입신고를 하면서 동시에 계약서에 확정일자를 부여받는 방법이 있다. 그리고 확정일자는 임대인의 동의 없이 임차인 또는 계약서 소지인이 언제든지 계약서 원본을 제시하고 구두로 청구하면 받을 수 있다. 확정일자인은 원칙적으로 임대차계약서에 받아야 할 것이지만, 임대차계약서가 일정한 양식이 있는 것은 아니므로, 영수증 서식이라도 임대차계약의 내용, 즉 임대인·임차인의 성명, 건물주소, 임차보증금액, 영수일자 등의 기재가 포함되어 있다면 거기에 확정일자인을 받아도 무방할 것이다.

집주인의 동의를 얻어야 한다는 차이가 있고, 그 밖에도 다음과 같은 구체적인 차이가 있다.

첫째, 확정일자인 제도에 의한 순위가 인정되기 위해서는 각 등기소나 공증사무소에서 확정일자인을 받는 이외에 전입신고의 경료 및 실제거주를 그 요건으로 함에 반하여, 전세권설정등기는 등기만 설정해 두면 그 설정순위에 따라 당연히 순위가 보호된다. 따라서 확정일자인에 따른 보호를 받기 위해서는 전입신고만 해 두고 실제거주는 다른 곳에서 한다거나, 실제거주는 하면서 전입신고를 해 두지 않는 경우는 보호받지 못한다는 단점이 있는 데 반하여, 전세권설정등기는 등기만 경료해 두면 되고 전입신고나 실제거주는 그 요건이 아니므로 보다 편리하다 할 것이다.

둘째, 확정일자인제도는 등기소나 공증인사무실에서 저렴한 비용으로, 또한 임대차계약서만 있으면 되므로 임대인의 동의 여부와는 관계없이 신속·간편한 절차에 의해 확정일자인을 받을 수 있음에 반하여, 전세권등기는 임대인의 협력 없이는 등기 자체가 불가능하며 절차의 복잡함으로 인하여 대부분의 경우 법률사무소 등의 협조를 얻어야 하고 비용 또한 확정일자인을 받는 데 비하여 많은 비용이 든다.

셋째, 전세계약기간이 만료된 경우에 이사를 하고자 하지만 임대인이 보증금을 반환치 않는 경우, 확정일자인을 받아 둔 임차인은 별도로 임차보증금반환청구소송을 제기하여 승소판결을 받은 후, 그 확정판결문에 기하여서만 강제집행을 신청할 수 있음에 반하여, 전세권설정등기를 경료한 전세권자는 위와 같은 경우 민사소송법의 담보권실행 등을 위한 경매(임의경매)규정에 근거하여 판결절차 없이도 직접 경매신청이 가능하다.

넷째, 확정일자만 갖춘 경우는 경매절차에서 별도의 배당요구를 하여야 하지만, 전세권설정등기를 한 경우는 별도의 배당요구 없이도 순위에 의한 배당을 받을 수 있다.

다섯째, 확정일자를 갖춘 경우에는 임차주택 외에 그 대지의 환가대금에서도 우선배당을 받을 수 있으나, 대지를 포함하지 않고 주택만 전세권등기한 경우는 대지의 환가대금에서 우선배당을 받을 수 없다. 다만 판례는 아파트 건물만에 저당권이 설정된 경우에 대지권을 건물의 종된 권리로 보아 저당권의 효력은 저당부동산의 종물 등에 미친다는 민법 제358조 규정을 유추하여 건물만에 설정된 저당권이라도 그 효력이 대지권에 미치므로 대지권의 경락대금에서도 배당받을 수 있다고 보고 있다.484)

2) 契約의 更新과 確定日字의 順位

계약서상에 보증금 및 계약기간을 갱신하였더라도 그 계약서상에 받아 둔 확정일자는 유효하다. 또한 기간연장의 재계약을 체결하여도 확정일자가 있는 원래의 계약서가 있고 주민등록이 그대로 유지된다면 앞선 확정일자에 의한 우선순위가 보존된다. 계약기간이 만료하였지만 계약해지의 통지를 하지 아니하고 계속 거주하여 계약이 묵시적으로 갱신된 경우에도 굳이 새로이 계약서를 작성할 필요 없이 그냥 살면 舊계약서의 확정일자의 효력이 지속된다. 다만 보증금이 증액된 경우 계약갱신 또는 재계약 이전에 임차주택에 저당권, 전세권이 설정되거나 확정일자 있는 임차인 등 새로운 이해관계인이 존재하게 된 경우에는 그 증액된 부분에 대하여는 선순위 확정일자로서 보호받을 수 없다. 따라서 증액된 보증금 전액에 대하여 보호를 받기 위하여 재계약서를 작성하고 이 계약서에도 확정일자를 받아 두는 것이 필요하나, 새로 확정일자를 받게 되면 증액된 보증금에 관하여 그 일자 이후의 후순위 근저당권 등 권리자보다 우선순위를 얻게 된다.

3) 賃借權의 讓渡·轉貸와 確定日字의 順位

주택임대차보호법 제3조 제1항에 의한 "대항력을 갖춘 주택임차인은 임대인의 동의를 얻어 적법하게 임차권을 양도하거나 전대한 경우에 있어서 양수인이나 전대인이 임차인의 주민등록 퇴거일로부터 주민등록전입신고 기간 내에 전입신고를 마치고 주택을 인도받아 점유를 계속하고 있다면, 원래의 임차인이 갖는 임차권의 대항력은 소멸되지 아니하고 동일성을 유지한 채로 존속한다고 보아야 한다."485) 다만 임차인의 권리를 승계하기 위해서는 반드시 집주인의 동의를 얻어야 하므로 분쟁의 소지를 없애기 위해 집주인의 인감증명서를 첨부한 동의서를 작성하는 것이 좋다. 또한 세입자의 퇴거신고 전에 새 입주자가

---

484) 大判 1995.8.22. 94다12722.
485) 大判 1988.4.25. 87다카2509.

전입신고부터 해 두는 것이 안전하다.

4) 多世帶住宅의 確定日字

공동주택에는 아파트, 연립주택, 다세대주택이 있다. 이러한 공동주택의 경우 대항력을 취득하기 위해서는 건물의 소재지 지번 다음에 공동주택의 명칭과 동, 층, 호수까지 구체적으로 정확히 기재하여야 한다. 다세대주택과 구별할 것으로 다가구용 단독주택이 있는데, 다가구용 단독주택이라 함은 연면적 660제곱미터 이하이고 4층 이하로서 2가구 이상 19가구가 함께 거주할 수 있도록 건축법상 단독주택으로 허가받아 건축된 주택으로 지번만 기재하면 대항력을 취득한다.

5) 確定日字 없는 賃借人의 地位

주택임대차보호법은 일정한 요건을 갖춘 임차인을 보호하고 있다. 그 첫 번째가 대항력 제도인데, 그것은 주택의 인도와 주민등록을 마친 임차인(확정일자가 없어도)에 대하여 그다음 날부터 제삼자에 대하여도 그 임대차의 유효함을 주장할 수 있게 하는 제도이다. 대항력 있는 임차인은 임차주택이 제삼자에게 매도되거나 경락되었을 때 제삼자에 대하여도 임대차를 주장할 수 있기 때문에 결국 양수인으로부터 보증금을 회수할 수 있다. 확정일자가 없는 임차인이라도 선순위담보권자가 없는 상태에서 주택의 인도와 주민등록을 마친 경우에는 그 주택이 경매되는 경우라도 임대차가 소멸하지 아니하고 경락인에게 대항할 수 있으므로 임대차기간 만료한 후 경락인으로부터 보증금을 회수할 수 있다.

그러나 임차인이 입주와 전입신고를 하기 전에 그 집에 이미 저당권등기나 가압류·압류등기, 가등기 등이 행하여졌고, 그 결과로 경매나 가등기에 의한 본등기에 의하여 소유권자가 변경된 경우에는 새로운 소유자는 이러한 선순위자를 승계하므로 임차인은 새로운 소유자에게 대항할 수 없어 임차권이 소멸되므로, 확정일자를 받지 않은 임차인은 소액임차인이 아닌 한 보호받을 수 없게 된다. 또한 경매절차에 배당참가하여 우선변제받기 위해서는 계약서상에 확정일자가 있어야 한다. 따라서 확정일자가 없는 임차인은 보증금 반환청구소송을 제기하여 그 주택에 대한 경매를 신청하더라도, 담보권자 및 다른 우선변제적 효력이 있는 임차인등의 후순위에서 다른 일반채권자들과의 평등배당을 요구할 수 있는 권리만을 가질 뿐이다. 다만 경매신청의 등기 전에 대항력의 요건(주택의 인도와 주민등록)을 갖춘 소액임차인에 대하여는 확정일자에 불구하고 일정금액에 한하여 가장 우선하여 변제를 받을 수 있는 제도가 있다. 만일 위 절차로부터 반환받지 못한 보증금이 있는 경우에는 임차주택 이외에 임대인이 소유하고 있는 다른 일반재산에 관하여 가압류 등을 통하여 강제집행을 하는 수밖에 없을 것이다.

6) 確定日字契約書 分失

확정일자를 받은 계약서를 분실하였다면 이를 재발급받아 순위를 보전할 방법이 없고, 새로이 확정일자를 받은 일자를 기준으로 우선변제권 여부가 가려지게 된다.

7) 確定日字 받은 後 잠시 住所移轉

어떤 사정으로든 임차인이 잠시 동안 전출했다가 다시 들어오는 경우, 만약 주민등록을 옮겼다가 다시 전입신고하면 임대차보호법상 대항력은 새로 전입신고한 그때로부터 발생하여 기존의 우선순위를 잃게 될 수가 있다.

8) 確定日字契約書에 住所와 番地가 잘못 적힌 경우

계약서상의 지번이 잘못 적혀 있거나 전입신고가 다른 지번으로 잘못 기재된 경우, 또는 공동주택의 실제 동표시가 공부와 다른 경우 등에는 주택임대차보호법상 보호를 받을 수 없다. 다만 임대차계약서상에 아파트 동·호수는 제대로 기재되었음에도 불구하고 지번만이 잘못 기재된 경우에는, 전입신고만 옳은 지번에 기재되어 있다면 대항력과 우선변제권의 인정에 아무런 문제가 없을 것이다.

(3) 賃借權登記命令

주택임차인이 주택임대차보호법에 의한 보호를 받으려면 대항요건(부동산의 인도와 주민등록)을 갖추고 있어야 한다. 그리고 그 대항요건은 최소한 경매절차에서 낙찰허가일까지는 유지하고 있어야만 대항력과 우선변제력을 인정받을 수 있다. 다시 말해서 세입자는 최소한 낙찰허가일까지는 임차주택에 대한 점유와 전입상태를 유지하고 있어야만 법의 보호를 받을 수 있는 것이다.

따라서 임차인이 그 전에 이사를 해야만 할 필요성이 있는 경우에도 주소를 옮김으로 인해서 자신의 대항력과 우선변제력이 상실되는 것이 두려워 이사를 가지 못하는 불편함이 있었다. 이러한 불편함을 해소하기 위하여 만들어진 제도가 임차권등기명령제도인 것이다.

1) 賃借權登記命令申請方法

임차권등기명령신청은 임대차기간이 만료되어야만 임차인이 단독으로 신청할 수 있다. 임차권등기를 마치면 임차인은 보증금을 받지 않고 주소를 옮기더라도 대항력과 우선변제력이 유지되므로 마음 놓고 이사를 할 수 있다. 한편, 임차인이 임대인과 합의하여 등기한 경우에도 동일한 효력을 갖는다.

임차권등기명령신청을 하기 위해서는 먼저 부동산 관할법원에 가서 임차권등기명령신청서를 작성하여야 한다.[486]

2) 賃借權登記의 效力

① 당초 對抗力要件의 具備日로부터 對抗力要件을 維持
② 당초 優先辨濟權의 內容대로 優先辨濟權維持
③ 賃借權登記住宅의 重複賃借權保護排除

임차권등기명령의 집행에 의한 임차권등기가 경료된 주택을 그 이후에 임차한 임차인은 소액임차인 최우선변제의 혜택이 없다.

④ 民法規定에 의한 住宅賃貸借登記의 效力

임대인의 협조로 합의에 의한 주택임대차등기를 한 경우에도 임차권등기명령과 같이 대항력과 우선변제권이 인정된다. 즉 등기일부터가 아닌 당초 대항력 요건의 구비일부터 대항력 요건이 유지되고, 당초 우선변제권의 내용대로 권리가 유지된다.

---

486) 신청서에 첨부하여야 할 서류는 주민등록등본, 부동산등기부등본, 전세계약서 사본, 건물 일부를 임차하였을 경우 점유 부분의 건물도면, 부동산 목록 등이다.

⑤ 迅速한 進行

등기부 등본을 확인하여 선순위 설정이 없거나, 있더라도 설정액이 집값과 임대보증금을 감안하여 과다하지 않아야 된다. 잔금을 치른 직후 주민등록 전입신고를 하고 전세계약서에 확정일자를 받는다. 이후 임대기간이 만료로 인하여 임대인이 보증금을 반환하지 않을 경우, 임차인은 임대인을 상대로 전세보증금 반환소송이나 독촉절차 등을 신청하면 소액사건심판법의 일부 조항이 적용되어 절차가 간단해진다. 즉 1회 변론으로 사건이 종결되고 다툼이 없으면 즉시 판결이 선고된다. 또한 판결이유를 쓰지 않고도 법원이 직권으로 증거를 조사할 수 있으며, 세입자나 집주인을 신문한 결과도 증거로 사용할 수 있다.

5. 存續期間의 保障

(1) 最短期의 制限

기간의 정함이 없거나 2년 미만으로 정한 임대차는 기간을 2년으로 본다. 다만 임차인은 2년 미만으로 정한 기간이 유효임을 주장할 수 있다(주택임대차보호법 제4조 제1항).[487]

(2) 保證金의 返還과 賃貸借關係의 存續

임대차가 종료한 경우에도 임차인이 보증금을 반환받을 때까지는 임대차관계가 존속하는 것으로 본다.

(3) 契約의 法定更新

1) 임대인이 임대차기간 만료 전 6개월부터 1개월 사이에 임차인에게 갱신거절의 통지 또는 조건을 변경하지 아니하면 갱신하지 않겠다는 뜻의 통지를 하지 않은 경우에는 그 기간이 만료된 때에 전(前) 임대차와 동일한 조

---

487) 大判 1996.4.26, 96다5551, 5568.

건으로 다시 임대차한 것으로 본다(최소 만료일 1개월 전에 통지).

2) 그러나 2기의 차임액에 달하도록 차임을 연체하거나 기타 임차인으로서의 의무를 현저히 위반한 임차인에 대해서는 법정갱신규정을 적용하지 아니한다(월세의 경우).

3) 임차인도 임대차기간 만료 전 1개월까지 갱신거절의 통지를 하지 아니한 때에는 법정갱신된다. 법정갱신되는 경우 임대차 존속기간은 기간의 정함이 없는 임대차로서 2년으로 의제되나, 다만 임차인은 임대인에 대하여 언제든지 계약해지통고를 할 수 있고 임차인이 해지통고하면 임대인이 그 통고를 받은 날로부터 3개월이 경과하면 그 효력이 생긴다.

6. 契約의 更新 및 解除

소유자는 계약기간 만료일 6개월 전부터 1개월 전까지 임차인에 대하여 계약거절의 통지 또는 계약해지의 통지를 하여야 한다(임차인은 만료 1개월 내에 통지). 만일 그 기간에 통지가 없으면 기간만 정하지 않고 종전 임대차 계약과 동일한 조건의 임대차 계약(묵시의 갱신)을 한 것으로 간주된다. 이때 임차인은 언제나 계약해지를 통지할 수 있고 임차인이 계약해지를 통지하면 3개월 후 효력이 발생한다.

7. 借賃 등의 增減請求權

임대인은 계약 후 또는 임대보증금의 증감이 있은 후 1년이 지나야 임대보증금을 5% 범위 내에서 증액 가능하다. 그러나 임대가격 하락시 임차인이 보증금 감액을 요구하는 경우는 제한이 없다.

8. 賃借權의 承繼

(1) 法定相續權者가 있는 경우

1) 임차인과 법정상속권자가 가정공동생활을 한 경우: 법정상속권자가 단독승계

2) 임차인과 법정상속권자가 가정공동생활을 하지 않은 경우: 가정공동생활을 한 사실혼 배우자와 2촌 이내의 친족이 공동승계

(2) 法定相續權者가 없는 경우

1) 임차인과 사실혼배우자가 가정공동생활을 한 경우: 사실혼배우자가 단독승계

2) 임차인과 사실혼배우자가 가정공동생활을 하지 않은 경우: 국고귀속(단 특별연고자 청구로 전부 또는 일부승계 가능)

(3) 賃借權承繼의 抛棄

승계권자는 임차인의 사망한 후 1개월 이내에 임대인에게 반대의사를 표시함으로써 임자권을 승계하지 않을 수 있다.

第2節 商家建物賃貸借保護法

1. 目的

상가건물의 임대차에 있어서 사회적·경제적 약자인 임차인들을 보호함으로써 상가임차인들의 경제생활의 안정을 도모하기 위하여 상가건물임대차보호법이 제정(2001년 12월 29일 법률 제6542호)되었으며 상가임대차보호법은 민법의 임대차에 관하여 여러 가지 특례를 규정하고 있다(상가건물임대차보호법 제1조).

2. 商家建物賃貸借保護法의 性格·地位

상가건물임대차에 대해서만 적용되는 상가건물임대차보호법은 민법에 대한 특별법의 성격을 가지며, 경제적 약자인 상가건물임차인의 보호를 위한 특별법이므로 강행규정(편면적 강행규정)의 성질을 갖는다. 즉 "본 법의 규정에 위반된 약정으로서 임차인에게 불리한 약정은 그 효력이 없다."(상가건물임대차보호법 제15조)고 규정하고 있다. 따라서 본 법의 규정에 위반하는 약정이라도 상가건물임차인에게 유리하면 유효하다.

3. 適用對象

(1) 對象商家建物

사업자등록의 대상이 되는 상가건물의 임대차에 대하여 적용한다(상가건물임대차보호법 제2조 제1항 전단). 즉 상가건물은 현행 소득세법·부가가치세법·법인세법에서의 사업자등록대상이 되는 건물을 말한다. 상가건물만 본 법의 적용대상이므로 상가건물의 임차인이라도 종교·자선 단체 및 친목모임 사무실 등은 적용대상이 되지 않는다. 사업자등록의 대상은 자연인(외국인 포함)은 물론 법인도 포함하고 있다. 주택임대차보호법의 적용대상은 자연인에 한하므로 법인은 제외되나, 상가건물임대차보호법은 자연인은 물론 법인까지 포함된다 할 것이다.

(2) 適用對象保證金의 範圍

상가건물임대차보호법은 대통령령이 정하는 보증금액을 초과하는 임대차에 대하여는 적용하지 않는다(상가건물임대차보호법 제2조 제1항 단서). 즉 모든 상가건물의 임차인에 대하여 적용되는 것이 아니라 환산보증금 '보증금＋차임(월세)환산액[차임×100]'이 해당 지역별로 다음 금액 이하인 경우에만 적용된다(상가건물임대차보호 시행령 제2조 제1항).[488]

그 적용범위에 관하여 같은 법 제2조는 "① 이 법은 상가건물(제3조 제1항의 규정에 의한 사업자등록의 대상이 되는 건물을 말한다)의 임대차(임대차 목적물의 주된 부분을 영업용으로 사용하는 경우를 포함한다)에 대하여 적용한다. 다만 대통령령이 정하는 보증금액을 초과하는 임대차에 대하여는 그러하지 아니하다. ② 제1항 단서의 규정에 의한 보증금액을 정함에 있어서는 당해 지역의 경제여건 및 임대차 목적물의 규모 등을 감안하여 지역별로 구분하여 규정하되, 보증금 외에 차임이 있는 경우에는 그 차임액에 은행법에 의한 금융기관의 대출금리 등을 감안하여 대통령령이 정하는 비율을 곱하여 환산한 금액을 포함하여야 한다."라고 규정하고 있고, 2008년 8월 21일부터 시행되고 있는 개정 '상가건물임대차보호법 시행령' 제2조는 "① 상가건물임대차보호법(이하 '법'이라 한다) 제2조 제1항 단서에서 '대통령령이 정하는 보증금액'이라 함은 다음 각 호[489]의 구분에 의한 금액을 말한다.

② 법 제2조 제2항의 규정에 의하여 보증금 외에 차임이 있는 경우의 차임액은 월 단위의 차임액으로 한다.

③ 법 제2조 제2항에서 '대통령령이 정하는 비율'이라 함은 1분의 100을 말한다."

라고 규정하고 있다. 다만 부칙에서 이 영 시행 당시 존속 중인 상가건물임대차계약에 대하여는 종전 규정을 따르도록 하고 있으며, 만일 이러한 위의 임차보증금을 넘는 금액의 상가임차인은 위 법의 보호대상에서 제외하고 있다.

(3) 適用對象 賃貸借契約

이 법은 2002년 11월 1일부터 시행되며 이 법 시행 후 체결되거나 갱신된 임대차부터 적용한다. 다만 제3조(대항력)·제5조(우선변제권) 및 제14조(최우

---

488) 따라서 이 사안의 경우 서울특별시 지역을 예를 들어 보자면 다음과 같다. 1. 보증금 1억 원에 월세 200만 원을 내는 상가임차인의 임치보증금액은 월세 200만 원에 1백을 곱한 2억 원에 보증금 1억 원을 더한 3억 원(1억 원＋200만 원×100＝3억 원)이 된다 할 것이므로, 상가건물임대차보호법 제2조 및 같은 법 시행령 제2조 제1항 제1호 서울특별시의 경우 2억 6천만 원까지인 보호범위를 초과하기에 영세상인 아니므로 상가건물임대차보호법의 보호를 받기 어렵다. 2. 보증금이 1억 원이고 월세가 100만 원일 경우 환산보증금은 1억 원＋100만 원×100＝2억 원이 된다. 따라서 서울지역이라면 상가건물임대차보호법의 적용을 받을 수 있으나, 과밀억제권역이라면 보호받을 수 없다.

489) 1. 서울특별시: 2억 6천만 원 2. 수도권정비계획법에 의한 수도권 중 과밀억제권역(서울특별시를 제외한다): 2억 1천만 원 3. 광역시(군지역과 인천광역시지역을 제외한다): 1억 6천만 원 4. 그 밖의 지역: 1억 5천만 원

선변제권)의 규정은 이 법 시행 당시 존속 중인 임대차에 대하여도 이를 적용하되, 이 법 시행 전에 물권을 취득한 제삼자에 대하여는 그 효력이 없다(상가건물임대차보호법 부칙 제1조, 제2조). 이 법 시행 당시의 제5조의 규정에 의한 보증금 우선변제의 보호를 받고자 하는 자는 이 법 시행 전에 대통령령이 정하는 바에 따라 건물의 소재지 관할 세무서장에게 임대차계약서상의 확정일자를 신청할 수 있다(상가건물임대차보호법 부칙 제3조). 이 법은 목적건물의 등기하지 아니한 전세계약(미등기전세)에 대해서도 준용하나 이 경우 전세금은 임대차의 보증금으로 보며(상가건물임대차보호법 제17조), 만일 일시 사용을 위한 임대차임이 명백한 경우에는 적용되지 아니한다(상가건물임대차보호법 제16조).

4. 對抗力

(1) 對抗要件 – 建物의 引渡와 事業者登錄

상가임대차는 그 등기가 없는 경우에도 임차인이 건물의 인도와 부가가치세법 제5조, 소득세법 제168조 또는 법인세법 제111조의 규정에 의한 사업자등록을 신청한 때에는 그다음 날부터 제삼자에 대하여 효력이 생긴다(상가건물임대차보호법 제3조 제1항).

(2) 대항력의 내용

상가임차주택의 양수인(기타 임대할 권리를 승계한 자를 포함한다)은 임대인의 지위를 승계한 것으로 본다(상가건물임대차보호법 제3조 제2항). '임차주택의 양수인'이란 대항요건을 갖춘 후에 매매, 증여, 상속 등으로 임차주택의 소유권을 취득한 자를 말한다. 이런 양수인은 종전 임대인의 지위를 그대로 승계하고 동시에 양도인은 기존의 임대차관계에서 벗어난다. 따라서 임차인은 양수인에게만 임차권을 주장하여 나머지 기간까지 거주하고 기간 만료 후 보증금을 반환받을 수 있다. 주의할 점은 임차인이 대항요건(건물의 인도와 사업자등록신청)을 하기 이전에 그 상가건물에 대해서 이미 저당권등기나 가압류, 압류등기, 가등기 등이 행하여졌고 그 결과로 경매나 가등기에 의한 본등기로 인해 소유권자가 변경된 경우에는 임차권은 소멸되기 때문에 상가임차인은 신소유권자에게 대항할 수 없다. 예를 들면 제1순위의 저당권과 제2순위의 저당권의 설정등기가 있고 그 중간에 상가건물임차인이 대항요건을 구비한 경우(1번 저당권자→ 대항요건을 갖춘 상가임차인→2번 저당권자)에, 그 상가임차인은 제2순위의 저당권자의 경매실행을 통해서 목적물을 경락받은 경락인에 대해서는 대항할 수 없다. 즉 이 경우의 경락인은 양수인의 개념 중에 포함되지 않는다.

5. 保證金의 優先辨濟權

(1) 保證金의 優先辨濟權

대항요건(건물인도와 사업자등록신청)과 관할 세무서장으로부터 임대차계약서상의 확정일자를 받은 임차인은 민사집행법에 의한 경매 또는 국세징수법에 의한 공매 시 임차건물(임대인 소유의 대지를 포함한다)의 환가대금에서 후순위권리자 그 밖의 채권자보다 우선하여 보증금을 변제받을 권리가 있다(상가건물임대차보호법 제5조 제2항). 상가임차인은 임차건물을 양수인에게 인도하지 아니하면 보증금을 수령할 수 없다(상가건물임대차보호법 제5조 제3항). 한편 우선변제의 순위와 보증금에 대하여 이의가 있는 이해관계인은 경매법원 또는 체납처분청에 이의를 신청할 수 있다(법 제5조 제4항). 이의신청을 받은 체납처분청은 이해관계인이 이의신청일부터 7일 이내에 임차인을 상대로 소를 제기한 것을 증명한 때에는 당해 소송의 종결시까지 이의가 신청된 범위 안에서 임차인에 대한 보증금의 변제를 보류하고 잔여금액을 배분하여야 한다. 이 경우 유보된 보증금은 소송의 결과에 따라 배분한다(상가건물임대자보호법 제5조 제6항). 임차인의 경매에 대한 특례로 임차인이 임차건물에 대하여 보증금반환청구소송의 확정판결 그 밖에 이에 준하는 집행권원에 기한 경매를 신청하는 경우에는 민사집행법 제41조의 규정에 불구하고 반대의무의 이행 또는 이행의 제공을 집행개시의 요건으로 하지 아니한다(상가건물임대차보호법 제5조 제1항). 즉 상가임차인이 건물을 비우지 않고서도 경매를 신청할 수 있도록 하였다.

(2) 少額保證金의 保護 – 最優先辨濟權

상가임차인이 건물에 대한 경매신청등기 전에 확정일자의 유무와 관계없이 대항요건(건물의 인도와 사업자등록)을 갖춘 경우 임차인의 보증금 중 대통령령이 정하는 일정액을 순위에 불구하고 국세나 다른 담보물권에 우선해서 일정금액을 최우선변제 받는다(상가건물임대차보호법 제14조 제1항). 최우선변제 대상 보증금은 제2조 제2항의 규정에 의하여 환산한 금액의 합계가 ① 서울은 4,500만 원 이하, ② 수도권정비계획법에 의한 수도권 중 과밀억제권역은 3,900만 원 이하 ③ 광역시는 3,000만 원 이하, ④ 기타 지역은 2,500만 원 이하여야 한다(시행령 제6조). 각각의 경우에 최우선변제 받을 수 있는 금액은 서울은 1,350만 원 이하, 수도권 중 과밀억제권역은 1,170만 원 이하, 광역시는 900만 원 이하, 기타 지역 750만 원 이하이다. 최우선변제 대상 보증금은 '제2조 제2항의 규정에 의하여 환산한 금액의 합계'(환산보증금)로 하기 때문에 순수한 보증금으로 생각해서는 안 된다. 즉 보증금과 월세가 있는 상가건물임대차의 경우에는 '보증금과 월세에 100을 곱하여 환산할 금액을 합한 금액'을 가지고 최우선변제 대상인지 여부를 판단해야 한다. 임차인의 보증금 중 일정액이 상가건물의 가액의 3분의 1을 초과하는 경우에는 상가건물의 가액의 3분의 1에 해당하는 금액에 한하여 우선변제권이 있다(시행령 제7조 제2항). 하나의 상가건물에 임차인이 2인 이상이고, 그 각 보증금 중 일정액의 합산액의 상가건물의 가액의 3분의 1을 초과하는 경우에는 그 각 보증금 중 일정액의 합산액에 대한 각 임차인의 보증금 중 일정액의 비율로 그 상가건물의 가액의 3분의 1에 해당하는 금액을 분할한 금액을 각 임차인의 보증금 중 일정액으로 본다(상가건물임대차보호법 시행령 제7조 제3항).

6. 賃借權登記命令制度

(1) 賃借權登記命令의 申請

임대차가 종료된 후 보증금을 반환받지 못한 임차인은 임차건물의 소재지를 관할하는 지방법원·지방법원지원 또는 시·군법원에 임차권등기명령을 임대인의 동의 없이 단독으로 신청할 수 있다(상가건물임대차보호법 제6조 제1항). 임대차가 종료된 후 보증금을 반환받지 못한 상태에서 점유를 상실하게 되면 상가임차인이 종전에 가지고 있던 대항력과 우선변제권을 상실하게 되어 보증금을 반환받는 것이 사실상 어렵다. 이러한 문제점을 해소하기 위해 임차권등기명령절차를 둔 것이다.

(2) 賃借權登記命令의 效果

임대차가 종료된 후 보증금을 반환받지 못한 임차인이 법원에 임차권등기명령을 신청하여 임차권등기가 경료되면 임차인은 제3조 제1항의 규정에 의한 대항력 및 제5조 제2항의 규정에 의한 우선변제권을 취득한다. 다만 임차인이 이미 대항력 또는 우선변제권을 취득한 경우에는 종전의 대항력 또는 우선변제권은 그대로 유지되며, 임차권등기 이후에는 제3조 제1항의 대항요건을 상실하더라도 이미 취득한 대항력 또는 우선변제권을 상실하지 아니한다(상가건물임대차보호법 제6조 제5항). 주의해야 할 점은 임차권등기명령의 효과는 임차권등기명령 신청시가 아니라 임차권등기가 마쳐진 시점부터 발생한다는 점이다. 임차권등기명령의 집행에 의한 임차권등기가 경료된 건물(임대차의 목적이 건물의 일부분인 경우에는 해당 부분에 한한다)을 그 이후에 임차한 임차인은 제14조의 규정에 의한 우선변제를 받을 권리(최우선변제권)가 없다(상가건물임대차보호법 제6조 제5항).

7. 商家賃貸借의 存續期間

(1) 最短存續期間의 制限

기간이 정함이 없거나 기간을 1년 미만으로 정한 임대차는 그 기간을 1년으로 본다. 다만 임차인은 1년 미만으로 정한 기간이 유효함을 주자할 수 있다(상가건물임대차보호법 제9조 제1항). 즉 1년 미만으로 정한 경우에는 임대인은 그 약정의 유효함을 주장할 수 없지만, 임차인은 1년 미만이 유효함을 주장할 수 있다. 임대차가 종료한 경우에는 임차인이 보증금을 반환받을 때까지는 임대차 관계는 존속하는 것으로 본다(상가건물임대차보호법 제9조 제2항).

(2) 賃借人의 契約更新要求權

임대인은 임차인이 임대차기간 만료 전 6개월부터 1개월까지 사이에 행하는 계약갱신요구에 대하여 정당한 사유 없이 이를 거절하지 못한다. 다만 다음의 사유가 있으면 임대인은 거절할 수 있다(상가건물임대차보호법 제10조 제1항). 임차인의 계약갱신요구권은 최초의 임대차기간을 포함한 전체 임대차기간이 5년을 초과하지 않는 범위 내에서만 행사할 수 있다(상가건물임대차보호법 제10조 제2항).

(3) 默示的 更新

임대인이 임대차기간 만료 전 6개월부터 1개월까지의 기간 내에 임차인에 대하여 갱신거절의 통지 또는 조건의 변경에 대한 통지를 하지 아니한 경우에는 그 기간이 만료된 때에 전임대차와 동일한 조건으로 다시 임대차한 것으로 본다. 이 경우에 임대차의 존속기간은 정함이 없는 것으로 본다(상가건물임대차보호법 제10조 제4항). 임대차의 존속기간이 정함이 없을 경우 임차인은 언제든지 임대인에 대하여 계약해지의 통고를 할 수 있고, 임대인이 그 통고를 받은 날로부터 3개월이 경과하면 그 효력이 발생한다(상가건물임대차보호법 제10조 제5항).

8. 其他

(1) 借賃 등의 增減請求權

약정한 차임 또는 보증금이 임차건물에 관한 조세, 공과금 그 밖의 부담의 증감이나 경제사정의 변동으로 인하여 상당하지 아니하게 된 때에는 당사자는 장래에 대하여 그 증감을 청구할 수 있다. 그러나 증액의 경우에는 대통령령이 정하는 기준에 따른 비율을 초과하지 못한다(상가건물임대차보호법 제11조 제1항). 현재 그 비율은 청구 당시의 차임 또는 보증금의 100분의 12의 금액을 초과하지 못한다(상가건물임대차보호법 시행령 제4조). 그리고 이 증액청구는 임대차계약 또는 약정한 차임 등의 증액이 있은 후 1년 이내에는 이를 하지 못한다(상가건물임대차보호법 제11조 제2항).

(2) 月借賃轉換時 算定率의 制限

보증금의 전부 또는 일부를 월 단위의 차임으로 전환하는 경우에 그 전환되는 금액에 은행법에 의한 금융기관에서 적용하는 대출금리 및 당해 지역의 경제여신 등을 감안하여 대통령령이 정하는 비율(연 1할 5푼)을 곱한 월차임의 범위를 초과할 수 없다(상가건물임대차보호법 제12조, 시행령 제5조).

(3) 轉貸借關係에 대한 適用

계약갱신요구권(상가건물임대차보호법 제10조), 차임 등의 증감청구권(상가건물임대차보호법 제11조), 월차임 전환시 산정율의 제한규정(상가건물임대차보호법 제12조)은 전대인과 전차인의 전대차관계에 적용하고, 임대인의 동의를 받고 전대차계약을 체결한 전차인은 임대인의 계약갱신요구권 행사기간 범위 내에서 임차인을 대위하여 임대인에게 계약갱신요구권을 행사할 수 있다(상가건물임대차보호법 제13조).

(4) 登錄事項 등의 閱覽 및 提供

건물의 임대차에 이해관계가 있는 자는 건물의 소재지 관할 세무서장에게 다음의 각 사항의 열람 또는 제공을 요청할 수 있다. 이때 관할 세무서장은 정당한 사유 없이 이를 거부할 수 없다(상가건물임대차보호법 제4조 제1항). 임대인과 임차인의 성명, 주민등록번호, 임차건물의 소재지, 사업자등록신청일, 보증금, 차임, 임대차기간 및 확정일자 등을 공개하여 이해관계인(건물매수희망자, 금융기관, 채권자 등)의 권리를 보호하기 위한 것이다.

(5) 競賣에 의한 賃借權의 消滅

임차권은 임차건물에 대하여 민사집행법에 의한 경우에 행하여진 경우에는 그 임차건물의 경락에 의하여 소멸한다. 다만 보증금이 전액 변제되지 아니한 대항력이 있는 임차권은 그러하지 아니하다(상가건물임대차보호법 제8조). 즉 보증금 전액을 변제받지 못한 대항력 있는 임차권은 잔액을 변제받을 때까지 존속한다고 규정함으로써 임차인의 보증금회수권에 대한 보호를 강화하고 있다. 여기서 '대항력 있는 임차권'이란 상가임차인이 최선순위의 가압류나 근저당보다 먼저 대항력을 갖춘 것을 말한다. 즉 상가임차인이 대항력을 갖추기 이전에 선순위 저당권이 설정되어 있거나 선순위의 가압류등기가 되어 있는 부동산에 대하여 경매절차가 개시되어 경락된 경우에는 저당권이나 가압류의 등기는 물론 그보다 순위가 뒤진 상가임차인의 임차권도 말소되기 때문에 임차인은 경락인에 대하여 자기의 임차권을 주장할 수 없다.

〈표 16〉 주택임대차보호법과 상가건물임대차보호법의 비교

구분	주택임대차보호법	상가건물임대차보호법
법시행	1981. 3. 5.	2002. 11. 1.
법적용 범위	주거용 건물의 임대차	상가건물의 임대차 - 비영리단체의 건물임대차에는 적용 안 됨 - 대통령령으로 정하는 보증금액이하의 임대차에 적용(서울: 2억 6천만 원 이하, 수도권 중 과밀억제권역: 2억 1천만 원 이하, 광역시: 1억 6천만 원 이하, 그 밖의 지역: 1억 5천만 원 이하)
대항력	대항요건(주택인도 + 주민등록) → 그다음 날	대항요건(건물인도 + 사업자등록신청) → 그다음 날

	주택가액의(대지가액 포함) 1/2 범위 안에서 대통령령으로 정함 ● 2008년 8월 21일부터 현재까지 수도권 중 과밀억제권역: 6천만 원 이하/2천만 원까지 ・ 광역시(인천 제외): 5천만 원 이하/1천7백만까지 ・ 기타 지역: 4천만 원 이하/1천4백만까지	임대건물가액(대지가액 포함) 1/3 범위 안에서 대통령령으로 정함 ● 2002년 11월 1일부터 현재까지 ・ 서울특별시 : 4천500만 원 이하/1천350만 원까지 ・ 수도권 중 과밀억제권역: 3천900만 원 이하/1천170만 원까지 ・ 광역시(군 및 인천 제외): 3천만 원 이하/900만까지 ・ 그 밖의 지역: 2천 500만 원 이하/750만까지
최우선변제권		
최소기간의 보장	2년	1년
법정갱신의 경우 기간	2년	1년
차임 등 증액범위제한(연간임대료 인상 상한선)	연 5% 이내	연 9%
월차임 전환시 산정률 제한	연 14% 이내	연 15%

第3節 假登記擔保 등에 관한 法律

1. 序說

(1) 意義

채권자가 채무자에게 금전을 대여하면서 대물변제의 예약 등을 체결하고 채무자 소유의 부동산에 관하여 소유권이전청구보존을 위한 가등기를 경료하고, 변제기까지 원리금을 지급하지 못할 경우에는 위 가등기에 기한 소유권이전등기를 경료하고 부동산을 명도받기로 하는 것

(2) 目的과 適用範圍

1) 目的

차용물의 반환에 관하여 차주가 차용물에 갈음하여 다른 재산권을 이전할 것을 예약함에 있어서, 그 재산에 예약 당시의 가액이 차용액 및 이에 붙인 이자의 합산액을 초과하는 경우에 이에 따른 담보계약과 그 담보의 목적으로 경료된 가등기 또는 소유이전등기의 효력을 정함에 있다.

2) 適用範圍

담보의 목적으로 경료된 가등기뿐만 아니라 양도담보·대물변제 등의 경우에도 적용(가등기담보 등에 관한 법률 제1조). 등기 또는 등록할 수 있는 부동산소유권 외의 권리를 취득하기 위한 담보계약에도 준용(가등기담보 등에 관한 법률 제18조). 단 전세권은 제외되며 담보의 목적이 없는 순수한 가등기에는 이 법이 적용되지 않는다.

2 假登記擔保의 設定

(1) 當事者

1) 가등기담보권자는 채권자
2) 가등기담보설정자는 채무자 또는 물상보증인

(2) 目的物

등기가 가능한 부동산과 그 밖에 등기·등록이 가능한 입목·공장재단·광업재단·자동차·항공기·선박·증기 등이다(가등기담보 등에 관한 법률 제18조).

(3) 擔保契約

가등기담보설정계약은 대물반환의 예약에 포함시켜서 하거나 이와 병존적으로 체결할 수도 있으나(가등기담보 등에 관한 법률 제2조 제1호), 대물반환의 예약은 환매·양도담보 기타 명목여하를 불문한다.

(4) 被擔保債權

1) 피담보채권은 금전채권뿐만 아니라 그 이외의 채권도 가능하다.
2) 피담보채권의 범위는 민법 제360조에 의하여 원본·이자·위약금·채무 불이행으로 인한 손해배상 및 담보권실행비용까지 포함한다.

(5) 公示方法

1) 가등기
2) 채권자만 등기될 뿐, 채권액 등은 등기되지 아니한다.

3. 假登記擔保權者의 擔保權實行

(1) 通知

채권의 변제기 후에 청산금의 평가액을 채무사 능(물상보증인 또는 담보가등 기 후 소유권을 취득한 제삼자)에게 통지하여야 하며, 통지에는 다음의 내용이 명시되어야 한다.

1) 청산금의 평가액(청산금이 없을 때에는 청산금이 없다는 내용)
2) 통지 당시의 목적부동산의 평가액
3) 민법 제360조에 규정된 채권액(원본·이자·위약금·손해배상금·지연배 상금은 1년분, 담보권실행비용)
4) 목적부동산이 2개 이상인 때에는 각 부동산의 소유권 이전에 의하여 소멸 시키려고 하는 채권액과 그 비용

그리고 채권자가 일단 위의 통지를 하고 난 후에는 통지한 청산금의 수액에 관하여 다툴 수 없다(가등기담보 등에 관한 법률 제9조).

(2) 淸算期間

통지가 채무자 등에게 도달한 날로부터 2개월(가등기담보 등에 관한 법률 제3조 제1항)

(3) 淸算金支給

1) 청산금의 지급의무로 채권자는 청산금을 채무자 등에게 지급하여야만 본등기가 가능하다(가등기담보 등에 관한 법률 제4조).
2) 청산금의 지급의무와 부동산의 소유권이전등기 및 인도의무는 동시이행관계에 있다(가등기담보 등에 관한 법률 제4조 제3항).
3) 청산금채권이 압류 또는 가압류된 경우에는 채권자는 청산금을 법원에 공탁하여야 한다(가등기담보 등에 관한 법률 제8조 제2항). 채권자는 지체 없이 채무자 등과 압류채권자에게 공탁의 통지를 하여야 한다(가등기담보 등에 관한 법률 제8조 제4항).

(4) 債務者 등의 抹消請求權

1) 채무자 등은 청산금의 변제를 받을 때까지는 그 채무액을 지급하고 담보가등기의 말소등기청구가 가능하다(가등기담보 등에 관한 법률 제11조).
2) 변제기가 경과한 때로부터 10년이 경과하거나 또는 신의의 제삼자가 소유권을 취득한 때에는 말소청구를 할 수 없다.

(5) 法定地上權

담보권실행으로 인하여 동일한 소유자의 토지 및 그 지상의 건물에 대하여 본등기가 행하여진 경우에는 그 건물의 소유를 목적으로 그 토지 위에 지상권이 설정된 것으로 본다(가등기담보 등에 관한 법률 제11조).

4. 假登記擔保權者의 競賣申請權 및 優先辨濟權

(1) 가등기담보권자는 경매청구도 가능하다.

(2) 가등기담보권은 저당권으로 보며(가등기담보 등에 관한 법률 제12조 제1항), 우선변제권은 인정된다.

5. 後順位權利者保護

(1) 債權者의 通知義務

1) 채권자는 채무자 등에게 통지가 도달한 때에는 지체 없이 그 통지의사실·내용 및 그 도달일을 후순위권리자에게 통지하여야 한다(가등기담보 등에 관한 법률 제6조 제1항).

2) 대항력 있는 임차권자가 담보가등기 후에 등기한 제삼자에게는 통지사실과 그 채권액만을 통지하여야 한다(가등기담보 등에 관한 법률 제6조 제2항).

(2) 淸算金處分의 制限

1) 채무자 등은 청산금 지급청구권을 청산기간 전에 양도 빛 기타 처분 등을 하면 후순위권리자에게 이를 대항하지 못한다(가등기담보 등에 관한 법률 제7조 제1항).

2) 채권자가 후순위권리자에게 통지를 하지 아니하고 청산금을 지급한 경우, 청산금 지급이 청산기간 전에 이루어진 경우에도 후순위권리자에게 대항하지 못한다(가등기담보 등에 관한 법률 제7조 제2항).

(3) 淸算金에 대한 權利行使

후수위권리자는 청신금 지급시까지는 통지된 청산금의 범위 안에서 직접 권리를 행사가 가능하다(가등기담보 등에 관한 법률 제5조).

(4) 競賣請求權

후순위권리자는 그 피담보채권의 변제기 도래 전이라도 청산기간 내에는 목적부동산의 경매를 청구가 가능하다(가등기담보 등에 관한 법률 제12조).

(5) 對抗力 있는 賃借權의 保護

담보가등기 후에 대항력 있는 임차권을 취득한 자에게는 청산금의 범위 안에서 동시이행의 항변권이 인정된다(가등기담보 등에 관한 법률 제5조 제5항).

6. 競賣節次와 假登記擔保

(1) 청산금이 지급되기 전 제삼자에 의한 신청에 의하여 경매개시결정이 있는 경우에는 본등기를 할 수 없고(가등기담보 등에 관한 법률 제14조), 경매에 참가함으로써 우선변제권이 있다(가등기담보 등에 관한 법률 제13조).
(2) 경매에 의하여 목적부동산이 매각된 때에는 가등기담보권은 소멸한다(가등기담보 등에 관한 법률 제15조).
(3) 경매개시결정이 있은 경우에는 법원은 담보가등기권리자에게 그 채권 등을 법원에 신고할 것을 상당한 기간을 정하여 최고하여야 한다(가등기담보 등에 관한 법률 제16조 제2항).

7. 破産財産 등의 경우 假登記擔保

목적부동산이 파산재단에 속하는 경우, 국세기본법·국세징수법·지방세법·회사정리법이 적용되는 경우의 담보가등기권리에 대하여는 이를 저당권으로 본다(가등기담보 등에 관한 법률 제17조 제3항).

第4節 集合建物의 所有 및 管理에 관한 法律

1. 民法 第215條

수인이 한 채의 건물을 구분하여 각각 그 일부분을 소유한 때에는 건물과 그 부속물 중 공용하는 부분은 그의 공유로 추정하며, 공용부분의 보존에 관한 비용 기타의 부담은 각자의 소유부분의 가액에 비례하여 분담한다.

2. 集合建物法의 制定

민법의 불충분함을 보충하기 위하여 집합건물의 소유 및 관리에 관한 법률(1984년 4월 10일 법률 제3725호)을 제정으로 민법 제215조는 사문화되었다.

3. 區分所有權 및 公用部分의 槪念

구분소유권은 1동의 건물 중 구조상 구분뇐 수개의 부분이 독립한 건물[490]로서 사용할 수 있는 경우에 그 각 부분을 목적으로 하는 소유권을 말한다. 이러한 소유권을 가진 자를 구분소유자라고 하며, 구분소유권의 목적인 건물은 전유부분이라고 한다. 공용부분은 전유부분 외의 건물부분, 전유부분에 속하지 아니한 건물이 부속물 및 규약 또는 공정증서에 의하여 공용부분으로 된 부속의 건물을 말한다.

---

490) 1동의 건물의 일부분이 구분소유권, 즉 독립한 소유권의 객체로 되기 위해서는 그 건물 부분이 구조상의 독립성과 기능상의 독립성이 있어야 한다.

4. 專有部分과 公用部分에 대한 持分의 一體性

공유자의 공용부분에 대한 지분은 그가 가지는 전유부분의 처분에 따르며, 공유자는 그가 가지는 전유부분과 분리하여 공용부분에 대한 지분을 처분할 수 없다. 따라서 공용부분에 관한 물권의 득실변경은 등기를 요하지 않는다.

5. 垈地使用權

(1) 意義

구분소유자가 전유부분을 소유하기 위하여 건물의 대지에 대하여 가지는 권리, 즉 소유권·지상권·임차권 등이다.

(2) 專有部分과 垈地使用權의 一體性

1) 구분소유권자의 대지사용권은 그가 가지는 전유부분의 처분에 따른다.
2) 구분소유자는 그가 가지는 전유부분과 분리하여 대지사용권을 처분할 수 없다.[491] 다만 규약으로써 달리 정한 때에는 그러하지 아니하다.

---

491) 집합건물의 대지권과 관련하여 건물 있는 토지만을 취득할 때 유의해야 할 점을 판례를 통해서 살펴보면 다음과 같다. 즉 구분건물의 전유부분만에 관하여 설정된 저당권의 효력은 대지사용권의 분리처분이 가능하도록 규약으로 정하는 등의 특별한 사정이 없는 한 그 전유부분의 소유자가 사후에라도 대지사용권을 취득함으로써 전유부분과 대지권이 동일 소유자의 소유에 속하게 되었다면, 그 대지사용권에까지 미치고 여기의 대지사용권에는 지상권 등 용익권 이외에 대지소유권도 포함된다(大判 1995.8.22. 94다12722). 구분건물의 대지사용권은 전유부분 및 공용 부분과 분리처분이 가능한 규약이나 공정증서가 없는 때에는 전유부분과 종속적 일체 불가분성이 인정되어 전유부분에 대한 경매개시결정과 압류의 효력이 당연히 종물 내지 종된 권리인 대지 사용권에도 미치며, 그와 같은 내용의 규약이나 공정증서가 있는 때에는 종속적 일체불가분성이 배제되어 전유부분에 대한 경매개시결정과 압류의 효력이 대지사용권에는 미치지 아니한다(大判 1997.6.10. 97마814). 구분건물의 전유부분에 대한 소유권이전등기만 경료되고 대지지분에 대한 소유권이전등기가 경료되기 전에 전유부분만에 관하여 설정된 근저당권에 터 잡아 임의경매절차가 개시되었고, 집행법원이 구분건물에 대한 입찰명령을 함에 있어 대지지분에 관한 감정평가액을 반영하지 않은 상태에서 경매절차를 진행하였다고 하더라도, 전유부분에 대한 대지사용권을 분리처분할 수 있도록 정한 규약이 존재한다는 등의 특별한 사정이 없는 한 낙찰인은 경매목적물인 전유부분을 낙찰받음에 따라 종물 내지 종된 권리인 대지지분도 함께 취득하였다 할 것이므로, 구분건물의 대지지분 등기가 경료된 후 집행법원의 촉탁에 의하여 낙찰인이 대지지분에 관하여 소유권이전등기를 경료받은 것을 두고 법률상 원인 없이 이득을 얻은 것이라고 할 수 없다(大判 2001.9.4. 2001다22604). 아파트와 같은 대규모 집합건물의 경우, 대지의 분·합필 및 환지절차의 지연, 각 세대당 지분비율 결정의 지연 등으로 인하여 전유부분에 대한 소유권이전등기만 수분양자를 거쳐 양수인 앞으로 경료되고, 대지지분에 대한 소유권이전등기는 상당기간 지체되는 경우가 종

3) 분리처분금지는 그 취지를 등기하지 아니하면 선의로 물권을 취득한 제삼
   자에 대하여 대항하지 못한다.

종 생기고 있는데, 이러한 경우 집합건물의 건축자로부터 전유부분과 대지지분을 함께 분양의 형식으로 매수하여 그 대금을 모두 지급함으로써 소유권 취득의 실질적 요건은 갖추었지만 전유부분에 대한 소유권이전등기만 경료받고 대지지분에 대하여는 앞서 본 바와 같은 사정으로 아직 소유권이전등기를 경료받지 못한 자는 매매계약의 효력으로서 전유부분의 소유를 위하여 건물의 대지를 점유·사용할 권리가 있다고 하여야 할 것인바, 매수인의 지위에서 가지는 이러한 점유·사용권은 단순한 점유권과는 차원을 달리하는 본권으로서 집합건물법 제2조 제6호 소정의 구분소유자가 전유부분을 소유하기 위하여 건물의 대지에 대하여 가지는 권리인 대지사용권에 해당한다고 할 것이고, 수분양자로부터 전유부분과 대지지분을 다시 매수하거나 증여 등의 방법으로 양수받거나 전전 양수받은 자 역시 당초 수분양자가 가졌던 이러한 대지사용권을 취득한다. 집합건물법의 규정내용과 입법취지를 종합하여 볼 때, 대지의 분·합필 및 환지절차의 지연, 각 세대당 지분비율결정의 지연 등의 사정이 없었다면 당연히 전유부분의 등기와 동시에 대지지분의 등기가 이루어졌을 것으로 예상되는 경우, 전유부분에 대하여만 소유권이전등기를 경료받았으나 매수인의 지위에서 대지에 대하여 가지는 점유·사용권에 터 잡아 대지를 점유하고 있는 수분양자는 대지지분에 대한 소유권이전등기를 받기 전에 대지에 대하여 가지는 점유·사용권인 대지사용권을 전유부분과 분리 처분하지 못할 뿐만 아니라, 전유부분 및 장래 취득할 대지지분을 다른 사람에게 양도한 후 그중 전유부분에 대한 소유권이전등기를 경료해 준 다음 사후에 취득한 대지지분도 전유부분의 소유권을 취득한 양수인이 아닌 제삼자에게 분리 처분하지 못한다 할 것이고, 이를 위반한 대지지분의 처분행위는 그 효력이 없다(大判 2000.11.16, 98다45652, 45669). 집합건물의 건축자가 그 대지를 매수하고도 아직 소유권이전등기를 경료받지 아니하였다 하여도 매매계약의 이행으로 대지를 인도받아 그 지상에 집합건물을 신축하였다면 매매계약의 효력으로서 이를 점유·사용할 권리가 생기게 된 것이고, 이러한 경우 집합건물의 건축자로부터 전유부분과 대지지분을 함께 분양의 형식으로 매수하여 그 대금을 모두 지급함으로써 소유권 취득의 실질적 요건은 갖추었지만 전유부분에 대한 소유권이전등기만 경료받고 대지지분에 대하여는 위와 같은 사정으로 아직 소유권이전등기를 경료받지 못한 자 역시 매매계약의 효력으로서 전유부분의 소유를 위하여 건물의 대지를 점유·사용할 권리가 있는바, 이러한 점유·사용권은 단순한 점유권과는 차원을 달리하는 본권으로서 집합건물의 소유 및 관리에 관한 법률 제2조 제6호 소정의 구분소유자가 전유부분을 소유하기 위하여 건물의 대지에 대하여 가지는 권리인 대지사용권에 해당한다고 할 것이고, 수분양자로부터 전유부분과 대지지분을 다시 매수하거나 증여 등의 방법으로 양수받거나 전전 양수받은 자도 당초 건축자나 수분양자가 가졌던 이러한 대지사용권을 취득한다(大判 2001.1.30, 2000다10741). 분양사가 지적정리 등의 지연으로 대지권에 대한 지분이전등기는 지적정리 후 해 주기로 하는 약정하에 우선 전유부분만에 관하여 소유권보존등기를 한 후 수분양자에게 소유권이전등기를 경료하였는데, 그 후 대지에 대한 소유권이전등기가 되지 아니한 상태에서 전유부분에 관한 경매절차가 진행되어 제삼자가 전유부분을 경락받은 경우, 그 경락인은 본권으로서 집합건물법 제2조 제6호 소정의 대지사용권을 취득한다. 분양자가 전유부분의 소유인인 경락인을 위하여 하는 부동산등기법 시행규칙 제60조의 2에 의한 대지권변경등기는 그 형식은 건물의 표시변경등기이나 실질은 당해 전유부분의 최종 소유자가 그 등기에 의하여 분양자로부터 바로 대지권을 취득하게 되는 것이어서 분양자로부터 전유부분의 현재의 최종 소유명의인에게 하는 토지에 관한 공유지분이전등기에 해당되고, 그 의사표시의 진술만 있으면 분양자와 중간소유자의 적극적인 협력이나 계속적인 행위가 없더라도 그 목적을 달성할 수 있으므로, 전유부분의 소유권자는 분양자로부터 직접 대지권을 이전받기 위하여 분양자를 상대로 대지권변경등기 절차의 이행을 소구할 수 있다(大判 2004.7.8, 2002다40210). 1동의 건물 중 구분된 각 부분이 구조상, 이용상 독립성을 가지고 있는 경우에 그 각 부분을 1개의 구분건물로 하는 것도 가능하고, 그 1동 전체를 1개의 건물로 하는 것도 가능하기 때문에, 이를 구분건물로 할 것인지 여부는 특별한 사정이 없는 한 소유자의 의사에 의하여 결정된다고 할 것이므로, 구분건물이 되기 위해서는 객관적, 물리적인 측면에서 구분건물이 구조상, 이용상의 독립성을 갖추어야 하고, 그 건물을 구분소유권의 객체로 하려는 의사표시, 즉 구분행위가 있어야 하는 것으로서, 소유자가 기존 건물에 증축을 한 경우에도 증축 부분이 구조상, 이용상의 독립성을 갖추었다는 사유만으로 당연히 구분소유권이 성립된다고 할 수는 없고, 소유자의 구분행위가 있어야 비로소 구분소유권이 성립된다고 할 것이며, 이 경우에 소유자가 기존 건물에 마쳐진 등기를 이와 같이 증축한 건물의 현황과 맞추어 1동의 건물로서 증축으로 인한 건물표시변경등기를 경료한 때에는 이를 구분건물로 하지 않고 그 전체를 1동의 건물로 하려는 의사였다고 봄이 상당하다(大判 1999.7.27, 98다35020).

(3) 專有部分의 處分에 따르는 垈地使用權의 比率

토지위에 건물이 얼마나 차지하고 있느냐를 나타내는 수치로 건물의 전체 면적에서 전체 토지면적을 나눈 다음 각 구분소유 건물의 평수 비율을 곱한 값으로 산출된다. 대지권의 비율에 대해 집합건물법 제21조는 전유부분(건물)의 처분에 따르는 대지사용권은 전유부분의 면적의 비율에 의하도록 규정하고 있다. 보통 아파트를 분양받을 때에는 대지권의 비율이 무엇인지 모르고 있다가 재건축 등이 표면화되면서 관심을 가지게 되는데 이것은 대지권의 비율이란 건물의 면적에 비례하여 당연히 계산되어 있는 것으로 생각하기 때문이다.

6. 區分所有者의 權利와 義務

(1) 專有部分에 대한 權利와 義務

1) 구분소유자는 건물의 보존에 해로운 행위 기타 건물의 관리 및 사용에 관하여 구분소유자의 공동의 이익에 반하는 행위를 하여서는 아니 된다(집합건물법 제5조 제1항).

2) 전유부분이 주거의 용도로 분양된 것인 경우에는 구분소유자는 정당한 사유 없이 그 부분을 주거 이외의 용도로 사용하거나 그 내부 벽을 철거 또는 파손하여 증·개축하는 행위를 하여서는 아니 된다(집합건물법 제5조 제1항).

3) 구분소유자는 그 전유부분 또는 공용부분을 보존 또는 개량하기 위하여 필요한 범위 내에서 다른 구분소유자의 전유부분 또는 자기의 공유에 속하지 아니하는 공용부분의 사용을 청구할 수 있다. 이 경우 다른 구분소유자가 손해를 입은 때에는 이를 보상하여야 한다(집합건물법 제5조 제1항).

4) 제1항 내지 제3항의 규정은 전유부분을 점유하는 자로서 구분소유자가 아닌 자(이하 '점유자'라 한다)에게 이를 준용한다.

(2) 公用部分에 대한 權利와 義務

1) 專有部分과 公用部分에 대한 持分의 一體性

각 공유자는 공용부분을 그 용도에 따라 사용할 수 있으며(집합건물법 제11조), 공유자의 지분은 그가 가지는 전유부분의 면적의 비율에 의한다(집합건물법 제12조 제1항). 그러나 일부공용부분으로서 면적이 있는 것이 있을 때에는 그 공용부분의 면적은 이를 공용하는 구분소유자의 전유부분의 면적의 비율에 따라 배분하여 이를 각 구분소유자의 전유부분의 면적에 산입한다(집합건물법 제12조 제2항).

2) 公用部分管理와 費用負擔

공용부분의 관리는 보통 집합 결의로써 결정. 보존행위는 각 공유자가. 각 공유자는 지분의 비율에 따라 공용부분의 관리비용 기타 의무를 부담, 공용부분에서 이익을 취득한다(집합건물법 제17조).

3) 公用部分變更

① 공용부분의 변경에 관한 사항은 구분소유자 및 의결권의 각 4분의 3 이상의 다수에 의한 집합결의로써 결정할 수 있다(집합건물법 제15조 제1항).
② 공용부분의 개량을 위한 것으로 과다한 비용이 드는 것이 아닐 때에는 통상집합결의로써 결정할 수 있다(집합건물법 제15조 단서).
③ 공용부분의 변경이 다른 구분소유자의 권리에 특별한 영향을 미칠 때에는 그 구분소유자의 승낙을 얻어야 한다(집합건물법 제15조 제2항).

(3) 義務違反者에 대한 措置

1) 行爲停止請求

구분소유자가 공동의 이익에 반하는 행위를 하거나 그러한 행위를 할 염려가 있을 때에는 공동이익을 위하여 그 행위를 정지하거나 그 행위의 결과를 제거 또는 그 행위의 예방에 필요한 조치를 취할 것을 청구할 수 있다.

2) 使用禁止請求

공동이익에 반하는 행위로 인하여 공동생활상의 장해가 현저한 때에는 상당한 기간 당해 구분소유자에 의한 전유부분의 사용금지를 소로써 청구할 수 있다(민법 제444조).

3) 區分所有競賣請求

구분소유자가 공동이익에 반하는 행위를 하거나 용도변경 및 증·개축행위 또는 규약상의 의무에 현저히 위반하는 행위를 한 결과 공동생활의 유지가 심히 곤란하게 된 때(반드시 3/4 이상의 집합결의를 거쳐 訴로써 하여야 한다).

7. 集合建物의 再建築 및 復舊

(1) 再建築

1) 再建築의 決意

건물건축 후 상당한 기간이 경과되어 건물이 훼손 또는 일부 멸실되거나 그 밖의 사정에 의하여 건물의 가격에 비하여 과다한 수선·복구비나 관리비용이 소요되는 경우 또는 부근 토지의 이용상황의 변화나 그 밖의 사정에 의하여 건물을 재건축하면 그에 소요되는 비용에 비하여 현저한 효용의 증가가 있게 되는 경우 관리단집회는 그 건물을 철거하여 그 대지를 구분소유권의 목적이 될 신건물의 대지로 이용할 것을 결의할 수 있다. 다만 재건축의 내용이 단지 내의 다른 건물의 구분소유자에게 특별한 영향을 미칠 때에는 그 구분소유자의 승낙을 얻어야 한다(집합건물법 제47조 제1항). 이때 결의는 구분소유자 및 결의권의 각 5분의 4 이상의 다수에 의한 결의에 의한다(집합건물법 제47조 제2항).

2) 再建築反對者에 대한 法律關係

① 反對者에 대한 催告

재건축에의 참가 여부를 회답할 것을 서면으로 최고하여야 한다(집합건물법

제48조 제1항). 최고수령일로부터 2개월 이내에 회답(집합건물법 제48조 제2항)을 하지 아니한 구분소유자는 재건축에 참가하지 아니하는 뜻을 회답한 것으로 본다(집합건물법 제48조 제3항).

② 區分所有權 및 垈地使用權의 賣渡請求

최고수령일로부터 2개월 이내에 재건축에 참가하지 아니한다는 뜻을 회답한 구분소유자에 대하여 구분소유권 및 대지사용권을 시가에 따라 매도할 것을 청구할 수 있다(집합건물법 제48조 제4항).

③ 建物明渡期間의 猶豫

재건축에 참가하지 아니하는 뜻을 회답한 구분소유자가 건물을 명도함에 따라 생활상 현저한 곤란을 받을 우려가 있고 또한 재건축의 수행에 심한 영향이 없는 때에는 법원은 그 구분소유자의 청구에 따라 대금의 지급 또는 제공일로부터 1년을 초과하지 아니하는 범위 내에서 건물의 명도에 관하여 상당한 기간을 허여할 수 있다(집합건물법 제48조 제5항).

④ 區分所有權 등의 還買請求

재건축의 결의일로부터 2년 이내에 건물철거의 공사가 착수되지 아니한 경우에는 제4항의 규정에 의하여 구분소유권 또는 대지사용권을 매도한 자는 이 기간의 반료일부터 6개월 이내에 매수인이 지급한 대금에 상당한 금액을 그 구분소유권 또는 대지사용권을 가지고 있는 자에게 제공하고 이들의 권리를 매도할 것을 청구할 수 있다. 다만 건물철거의 공사가 착수되지 아니한 것에 관하여 상당한 이유가 있는 때에는 그러하지 아니한다(집합건물법 제48조 제6항).

(2) 建物一部滅失 경우의 復舊

1) 復舊決意

건물가격의 2분의 1 이하에 상당하는 건물부분이 멸실되었을 때에는 가 구분소유자는 복구할 수 있다. 다만 5분의 4 이상이 다수에 의한 재건축에 대한 결의나 공용부분의 복구에 대한 결의가 있는 경우에는 그러하지 아니하다(집합건물법 제50조 제1항). 위의 경우를 제외한 경우에는 관리단집회는 구분소유자 및 의결권의 각 5분의 4 이상의 다수에 의한 결의에 의하여 멸실한 공용부분을 복구할 것을 결의할 수 있다(집합건물법 제50조 제4항).

2) 復舊者의 費用償還請求

전유부분의 지분비율에 따라 복구에 소요된 비용의 상환을 청구할 수 있다(집합건물법 제50조 제2항).

8. 集合建物의 管理

(1) 管理團

1) 管理團의 當然成立

건물에 대하여 구분소유관계가 성립되면 구분소유자는 전원으로서 건물 및 그 대지와 부속시설의 관리에 관한 사업의 시행을 목적으로 하는 관리단을 구성한다.

구분소유자는 전원으로써 관리단을 구성한다(집합건물법 제23조).

2) 管理團의 債務에 대한 區分所有者의 責任

관리단이 그의 재산으로 채무를 완제할 수 없는 때에는 구분소유자는 제12조의 지분비율에 따라 관리단의 채무를 변제할 책임을 진다. 다만 규약으로써 그 부담비율을 달리 정할 수 있다(집합건물법 제27조 제1항). 구분소유자의 특별승계인은 승계 전에 발생한 관리단의 채무에 관하여도 책임을 진다(집합건물법 제27조 제2항).

(2) 管理人

1) 管理人의 選任

구분소유자가 10인 이상일 때에는 관리인을 선임하여야 하며, 관리단집회의 결의에 의하여 관리인은 선임되거나 해임된다. 만일 관리인에게 부정한 행위 기타 그 직무를 수행하기에 적합하지 아니한 사정이 있을 때에는 각 구분소유자는 그 해임을 법원에 청구할 수 있다(집합건물법 제24조).

2) 管理人의 權限과 義務

① 管理人의 權限

a. 공용부분의 보존관리 및 변경(집합건물법 제15조, 제16조)을 위한 행위

b. 관리단의 사무의 집행을 위한 분담금액 및 비용을 각 구분소유자에게 청구·수령하는 행위 및 그 금원을 관리하는 행위

c. 관리단의 사업시행에 관련하여 관리단을 대표하여 행하는 재판상 또는 재판 외의 행위

d. 그 밖의 규약에 의하여 정하여진 행위

② 管理人의 代表權制限

관리인의 대표권의 제한은 선의의 제삼자에게 대항하지는 못한다.

③ 管理人의 義務

관리인은 매년 1회 일정한 기간에 구분소유자에 대하여 그 사무에 관한 보고를 하여야 하며, 관리인의 권리·의무에 대하여는 민법상 위임에 관한 규정을 준용한다.

(3) 團地管理團

한 단지 내에 수동의 건물이 있고 그 단지 내의 토지 또는 부속시설(이들에 관한 권리를 포함한다)이 그 건물의 소유자(전유부분이 있는 건물에 있어서는 구분소유자)의 공동소유에 속하는 경우에는 이들 소유자는 그 단지 내의 토지 또는 부속시설의 관리를 위한 단체를 구성하여 이 법률이 정하는 바에 따라 집회를 개최하고 규약을 정하고 또한 관리인을 둘 수 있다(집합건물법 제51조 제1항). 또한 한 단지 내에 수동의 건물이 있고 단지 내의 토지 또는 부속시설(이들에 관한 권리를 포함한다)이 그 건물의 소유자(전유부분이 있는 건물에 있어서는 구분소유자) 중 일부의 공동소유에 속하는 경우에는 이들 소유자는 그 단지 내의 토지 또는 부속시설의 관리를 위한 단체를 구성하여 이 법률이 정하는

바에 따라 집회를 개최하고 규약을 정하고 관리인을 둘 수 있다(집합건물법 제51조 제2항). 그리고 집합건물법 제51조 제1항의 단지관리단은 단지관리단의 구성원이 속하는 각 관리단의 사업의 전부 또는 일부를 그 사업목적으로 할 수 있다. 다만 이 경우 각 관리단의 구성원 및 의결권의 4분의 3 이상의 다수에 의한 관리단집회의 결의가 있어야 한다(집합건물법 제51조 제3항).

第5節 不動産實權利者 名義登記에 관한 法律

1. 名義信託의 一般

(1) 名義信託의 私法的 有效性

명의신탁이란 헌법상의 사적자치의 원칙 중 하나인 계약자유의 원칙을 근거로 하여 대법원 판례에 의하여 확립되었고, 개인 간의 명의신탁약정은 판례에 의하여 사법적으로 유효한 것으로 인정되어 왔었다. 판례에 의하면 명의신탁이란, "대내적인 관계에서는 신탁자가 소유권을 보유하며 목적물을 수익, 관리하면서 公簿上의 명의만을 수탁자로 하여 두고, 대외적으로는 수탁자에게 소유권이 이전되어 있는 법률관계를 말한다."[492]고 한다. 명의신탁은 식민지시대에 일본이 토지조사령 등을 통하여 査定을 통한 등기제도를 확립하는 과정에서부터 시작되었다. 당시 종중과 같은 권리능력 없는 社團은 자신의 명의로 등기할 수 있는 등법적 방법이 없었고, 조선에서의 사단의 설립에는 일본 국내와는 달리 허가주의를 취하여 종중재산은 등기부상 종중 자신 명의로 할 수 없었다. 대신, 종중의 종손 등의 종중원의 명의로 할 수밖에 없었고, 종중원 사이의 또는 종중과 제삼자 사이의 법률분쟁이 발생하면서 이를 구체적으로 타당하게 해결하기 위한 방법으로 명의신탁이론이 조선고등법원판례에서부터 인정되어 왔다(이는 당시 일본에서 명의신탁약정은 허위표시로 무효로 취급되었던 점에 비추어

---

492) 大判 1993.11.9, 92다31699.

보면 우리만의 독특한 사정에 의한 것이었다. 그 이후 다른 사람의 이름을 빌려 거래하는 명의신탁제도는 우리 사회의 관행처럼 인정되어 왔고, 그 목적이 비록 불법적인 것이라 해도 사법적으로 효력이 인정되어 오면서 여러 가지 폐해를 낳았다).

(2) 名義信託의 社會的 弊害

우리 사회가 1960년대 말부터 급격히 산업화가 진행되면서 일상적인 인플레이션, 화폐가치의 하락으로 인하여 부동산 투기가 계속되었고, 명의신탁은 투기, 탈세, 강제집행의 면탈 또는 위 문제점들을 막기 위한 법률이나 행정조치들을 회피하는 수단으로 이용되고 있다.[493]

1) 脫稅

상속부동산을 생전에서부터 친인척 등 제삼자 소유로 이전하여 상속재산에서 누락시키는 방법, 부모가 미성년 자녀에게 부동산을 증여하면서 증여세 시효기간 동안 제삼자에게 부동산을 명의신탁하여 두었다가 시효경과 후에 명의신탁을 해지하여 자녀 명의로 되찾아 오는 방법, 주택을 이미 소유하고 있는 자가 다른 주택을 제삼자 명의로 매수하고 기존 주택을 처분하여 1세대 1주택으로 위장하는 방법, 기업이 비자금 조성을 위하여 임직원 명의로 부동산을 매매하는 방법 등으로 상속세, 증여세, 양도소득세 및 법인세를 탈세할 수 있었다.

2) 各種公法上 規制의 回避

현지 농가가 아니면 농지를 소유할 수 없는 제재를 피하기 위하거나, 외국인 토지취득에 관한 제한을 피하기 위하여, 또는 택지소유상한 또는 토지거래의 허가의 제재를 피하여 부동산을 취득하거나 각종 부담금을 면제받기 위하여, 또는 기업 명의로 비업무용 부동산을 구입할 경우의 여신중단, 고율의 종합토지세의 부과를 피하기 위한 수단으로서 제삼자인 현지 농민, 내국인이나 기업 임직원 등의 명의로 신탁하는 방법이 사용되었다.

---

493) 재정경제원. 부동산실명제 백서. 1997.

3) 强制執行免脫

채무자가 채권자 또는 세금체납으로 인한 국가 및 행정관청으로부터의 압류, 경매 등 강제집행을 면탈하기 위하여 미리 제삼자에게 명의를 이전하여 놓았다가 채권의 소멸시효가 완성된 이후 재산을 회복하는 등의 방법으로 정당한 채권자의 이익을 훼손시키는 방법으로 이용되었다.

(3) 不動産登記特別措置法(1990. 8. 1. 法律 第4244號)의 施行

특별조치법 제7조 제1항은 "조세부과를 면하거나 다른 시점간의 가격변동에 따른 이득을 얻으려 하거나 소유권 등 권리변동을 구제하는 법령의 제한을 회피할 목적으로 타인의 명의를 빌려 소유권이전등기를 신청하여서는 아니 된다."고 규정하고, 위 법 제8조 제3호는 위 목적으로 명의신탁에 의하여 소유권이전등기신청을 한 자는 "3년 이하의 징역 또는 1억 원 이하의 벌금"에 처하도록 규정하였다. 위 부동산등기특별조치법 제7조에 위반한 명의신탁자는 형사처벌을 받게 되지만 그 명의신탁계약의 민사법적 효력에 대해서는 견해가 나뉘었다.

위 7조 1항을 效力規定으로 보는 견해는, 위 특별조치법 제정의 사회적 배경이나 입법목적에 비추어 위 조항에 위반되는 탈세, 탈법, 투기 목적의 명의신탁약정은 反社會秩序행위로 무효이고, 위 조항은 명의신탁행위 자체만의 금지가 아니라 위와 같은 반사회질서행위의 결과까지 금지하는 규정이라고 하였고, 이와 같은 취지의 하급심 판결이 있었다.494) 그러나 대법원은 판결에서, "위 부동산등기특별조치법 제7조 제1항, 제8조의 규정 자체에 의하더라도 등기신청의 원인인 위 7조 1항 목적에 의한 명의신탁약정 자체가 금지된다고 해석할 수는 없으므로 그와 같은 명의신탁약정의 효력까지 부인되는 것은 아니다."라고 판시하였다.495)

---

494) 釜山地方法院 92가단2901, 93가단32282, 93가단40949.

495) 大判 1993.8.13. 92다42561.

2. 不動産實名制法의 施行

(1) 不動産實名制法의 制定背景

앞서 본 부동산등기특별조치법에 위반한 명의신탁약정의 사법적 효력에 대한 판례로 인하여 사실상 탈세 등 탈법을 목적으로 하는 명의신탁계약을 규제할 방법이 없게 되자 정부(재정경제부)의 발의로 국회는 1995년 3월 18일 부동산 실명제법을 제정하였고, 위 법은 1995년 7월 1일부터 시행되었다.

(2) 名義信託制度의 全面的 廢止

부동산실명제법 제1조 목적에서, 부동산에 관한 소유권 등의 권리를 실권리자 명의로 등기하게 함으로써 등기제도를 악용한 투기, 탈세, 탈법행위 등 반사회적 행위를 방지하고, 부동산에 관한 거래의 정상화와 가격의 안정을 추구하고자 하였다.

위와 같은 목적을 위하여, 부동산실명제법 제3조 제1항은 "누구든지 부동산에 관한 물권을 명의신탁약정에 의하여 명의수탁자의 명의로 등기하여서는 아니 된다."고 명의신탁에 대한 일반적 금지규정을 두었을 뿐 아니라, 제4조 제1항은 명의신탁약정은 무효로 한다, 제2항 본문은 명의신탁약정에 따라 행하여진 등기에 의한 부동산에 관한 물권변동은 무효로 한다고 규정함으로써 명의신탁의 채권계약 및 그에 의한 물권적 합의의 사법적 효력까지 무효화하는 효력규정을 신설하였다.

위 법 제4조는 지난 수년간 판례가 명의신탁약정 및 그에 따른 물권변동을 유효라고 보았던 이론을 전면적으로 뒤엎은 것으로 부동산실명제법의 핵심내용 (核心內容)이 된다.

(3) 不動産實名制法上 有效인 名義信託約定

부동산실명제법은 예외적으로 명의신탁약정 중 그 입법목적에 반하지 않는 旣往 및 將來의 명의신탁약정 중 일부에 대하여는 그 사법적 효력을 인정하고 있다.

1) 相好名義信託

부동산실명제법 제2조 제1호 단서는 위 법상의 명의신탁약정의 적용범위에서, 부동산의 위치와 면적을 특정하여 2인 이상이 구분소유하기로 하는 약정을 하고 그 구분소유자의 공유로 등기하는 경우인 상호 명의신탁약정을 제외시키고 있다.

이는 부동산의 실제소유자가 등기부에 공유지분을 가지는 것으로 모두 노출되어 탈세나 탈법의 위험이 없기 때문이다.

2) 宗中 및 配偶者에 대한 特例

법 제8조는, 종중재산을 종중 외의 자 명의로 등기한 경우와 배우자 명의로 부동산에 관한 물권을 등기한 경우 중 "조세포탈, 강제집행의 면탈, 또는 법령상 제한의 회피를 목적으로 하지 않는 경우"에는 그 명의신탁약정의 효력을 인정하고 있다. 위와 같은 범위에서는 종중 및 배우자가 부동산실명제법 시행 이후에 체결한 명의신탁약정도 유효한 것으로 예외를 인정하고 있다.

3) 宗敎團體, 鄕校

부동산실명제법이 위 법 제정 이전의 기왕의 명의신탁약정에 대하여 실명전환의 유예기간(1년)을 둔 것은 그 이전까지의 명의신탁약정은 당연히 사법적으로 유효로 보는 전제에 서 있다.[496]

---

496) 유예기간이 경과에 대한 사례를 통해 살펴보면 다음과 같다. 예를 들어 甲은 10년 전 그 소유 토지를 乙에게 명의신탁하면서 매매를 원인으로 한 소유권이전등기를 해 두었고, 부동산실권리자명의등기에관한법률 시행 이후에도 실명으로 전환하지 못한 채 유예기간이 경과되었다. 그런데 최근 수탁자 乙의 채권자 丙은 乙에 대한 채권의 담보로 맺어진 대물반환의 예약에 기하여 위 토지의 시가에 훨씬 미치지 못하는 채권의 대물변제로 위 토지의 소유권을 이전해 갔다. 이러한 경우 甲이 丙을 상대로 진정한 등기명의의 회복을 원인으로 한 소유권이전등기청구를 할 수 있는지를 근거 법조항을 빌려 해석해 보면, 먼저 부동산실권리자명의등기에관한법률 제11조에 규정된 유예기간 내에 기존의 명의신탁자가 실명등기를 하지 않은 경우, 유예기간 경과 후 명의신탁해지를 원인으로 한 소유권이전등기청구가 가능한지에 관하여 판례를 보면, "부동산실권리자명의등기에관한법률 제11조, 제12조 제1항과 제4조의 규정에 의하면, 부동산실권리자명의등기에관한법률 시행 전에 명의신탁약정에 의하여 부동산에 관한 물권을 명의수탁자의 명의로 등기하도록 한 명의신탁자는 부동산실권리자명의등기에관한법률 제11조에서 정한 유예기간 이내에 실명등기 등을 하여야 하고, 유예기간이 경과한 날 이후부터 명의신탁약정과 그에 따라 행하여진 등기에 의한 부동산에 관한 물권변동이 무효가 되므로 명의신탁자는 더 이상 명의신탁해지를 원인으로 하는 소유권이전등기를 청구할 수 없다."라고 하였다(大判 1999.1.26, 98다1027). 그러므로 위 사안에서 위 토지의 소유권등기명의가 아직도 수탁자 乙에게 남아 있었다고 하여도 甲이 乙을 상대로 명의신탁해지를 원인으로 하는 소유권이전등기청구를 할 수는

위 법 제11조 본문은 부동산실명제법 시행 이전의 기존의 명의신탁 등기는 유예기간 내에 실명등기로 전환하도록 규정하면서, 그 단서 후단에, 종교단체, 향교 등이 '조세포탈, 강제집행의 면탈을 목적으로 하지 아니하고' 명의신탁한 부동산으로서 '대통령령이 정하는 경우'의 부동산에 대하여는 실명등기의무를 지우지 않고 이전의 명의신탁약정을 계속 유효로 보고 있다. 법 시행령 제5조 제1항은, '종교단체, 향교 등'이라 함은 첫째, 법인 또는 부동산등기법 제41조의 2 제1항 제3호의 규정에 의하여 등록번호를 부여받은 법인 아닌 사단, 재단으로서 종교의 보급 기타 교화를 목적으로 설립된 종단, 교단, 유지재단 또는 이와 유사한 연합종교단체(이하 이 조에서는 '종단'이라 한다) 및 개별단체, 둘째, 종단에 소속된 법인 또는 단체로서 종교의 보급 기타 교화를 목적으로 설립된 것(이하 이조에서 '소속종교단체'라 한다) 셋째, 향교재산법에 의한 향교재단법인 및 개별 향교와 문화재보호법에 의하여 문화재로 지정된 서원을 규정하고 있고, 제2항은, 법 제11조 1항 단서에서 '대통령령이 정하는 부동산'이라 함은 다음 각 호의 1에 해당하는 부동산을 말한다.

① 제1항 제1호의 종단과 제1항 제2호의 소속종교단체 간에 명의신탁한 재산
② 제1항의 종교단체 및 향교 등이 그 고유목적을 위하여 사용하는 농지법에 의한 농지를 규정하고 있다.

없었을 것이다. 그러나 甲과 乙 사이의 명의신탁약정과 乙 명의등기가 무효로 되어 위 토지의 소유권은 甲에게 귀속될 것이므로, 甲은 乙을 상대로 소유권에 대한 방해배제청구권을 행사하여 乙 명의로의 소유권이전등기의 말소를 청구할 수 있을 것으로 보인다(大判 2002.9.6, 2002다35157). 그런데 위 사안에서는 丙이 乙에 대하여 가지는 위 토지의 시가에 훨씬 미치지 못하는 채권에 대한 대물변제로 위 토지의 소유권등기명의가 乙에게서 丙에게로 이전되었는바, 이 경우 명의신탁자 甲이 제삼자인 丙을 상대로 진정한 등기명의의 회복을 위한 소유권이전등기청구를 할 수 있는지가 문제이다. 이에 관한 판례를 보면, "명의신탁에 있어서 대외적으로는 수탁자가 소유자라고 할 것이고, 명의신탁재산에 대한 침해배제를 구하는 것은 대외적 소유권자인 수탁자만이 가능한 것이며, 신탁자는 수탁자를 대위하여 그 침해에 대한 배제를 구할 수 있을 뿐이므로, 명의신탁 사실이 인정된다고 할지라도 신탁자는 제삼자에 대하여 진정한 등기명의의 회복을 원인으로 한 소유권이전등기청구를 할 수 있는 진정한 소유자의 지위에 있다고 볼 수 없다."라고 하였다(大判 2001.8.21, 2000다36484). 또한 "진정한 등기명의의 회복을 위한 소유권이전등기청구는 자기 명의로 소유권의 등기가 되어 있었거나 법률에 의하여 소유권을 취득한 진정한 소유자가 현재의 등기명의인을 상대로 그 등기의 말소를 구하는 것에 갈음하여 소유권에 기하여 진정한 등기명의의 회복을 구하는 것이므로, 자기 앞으로 소유권의 등기가 되어 있지 않고 법률에 의하여 소유권을 취득하지도 않은 사람이 소유권자를 대위하여 현재의 등기명의인을 상대로 그 등기의 말소를 청구할 수 있을 뿐인 경우에는 진정한 등기명의의 회복을 위한 소유권이전등기청구를 할 수 없다."라고 하였다(大判 2003.5.13, 2002다64148). 따라서 위 사안에서 명의신탁자 甲은 제삼자인 丙을 상대로 진정한 등기명의의 회복을 위한 소유권이전등기청구를 할 수는 없을 것이고, 다만 수탁자 乙과 그의 채권자 丙의 위 대물변제예약이 민법 제608조에 위반하여 무효가 되는 경우라면 신탁자 甲은 수탁자 乙에 대한 채권자서 채권자대위권에 기하여 乙로부터 丙에게로의 소유권이전등기말소청구의 소송을 제기해 보아야 할 것으로 생각된다.

3. 不當利得返還請求가 認定된다는 見解

그동안 판례에 의하여 사법적으로 유효하게 인정되었던 명의신탁약정이 부동산실명제법 제4조에 의하여 무효가 되면서, 그 무효인 명의신탁약정에 의하여 법적으로 연결되어 있는 신탁자와 수탁자 사이의 또는 제삼자와의 법률관계에 변화가 있어나게 되었다. 명의신탁의 법률관계에서 부당이득 반환청구나 불법원인급여의 성립 문제는 신탁자와 수탁자 사이의 내부적 법률관계, 즉 그들 내부 사이에서 부동산의 소유권이 누구에게 귀속되어야 하는가의 문제로서, 이 문제를 살피기 위하여 부동산실명제 이후의 변화된 일반적인 명의신탁의 법률관계를 알아볼 필요가 있다.

또한 앞으로 살펴볼 명의신탁에서 불법원인급여의 성립 여부에 대한 많은 견해의 차이는, 이론적으로 다른 사람의 이름을 빌려 거래하는 것은 헌법상 개인의 자유로운 행동 범위 내의 것이 아니냐 하는 데 대한 견해 차이에서 비롯되었으므로 먼저 이에 대한 헌법재판소의 결정을 살펴본다.

(1) 不動産實名制法 第4條에 대한 憲法裁判所決定

부동산실명제법 제4조의 명의신탁약정의 무효규정이 헌법상 사적자치의 원칙의 한 내용인 계약자유의 원칙에 위반되는지 또는 재산권 보장의 원칙에 위반되는지가 문제가 되었고, 헌법재판소는 2001년 5월 31일 선고 99헌가18 사건에서 다음과 같이 합헌결정을 하였다.

1) 부동산실명법이 제정됨에 따라 명의신탁약정의 효력과 그에 기한 물권변동의 효력은 계약주체의 의사에 상관없이 법률에 의하여 정하여지게 되었다. 그러나 사인 간에 어떠한 법률행위가 행하여지고 그 효과를 그대로 인정할 경우 헌법상의 기본원리나 공익에 근본적으로 배치되거나 실질적인 불평등을 초래할 때에 그 효력을 부인하는 예는 민법에서 반사회적 법률행위(민법 제103조)나 불공정한 법률행위 (민법 제104조)를 무효로 보는 규정 등 여러 분야에서 찾을 수 있다. 그러므로 계약주체의 의사와 상관없이 법률이 어떠한 계약의 효력을 무효로 본다고 하여 그것이 곧 기본권의 본질적 내용을 침해한다고는 볼

수 없다. 부동산의 실권리자는 처음부터 자신의 명의로 등기를 하여 권리를 행사하면 되는 것이고, 부동산실명법 시행 전의 명의신탁자도 같은 법 제11조 제1항에 의하여 주어진 1년의 유예기간 내에 실명등기를 하면 부동산실명법에 의하여 아무런 제한을 받지 않게 된다. 이런 점에서, 같은 법이 명의신탁을 무효로 본다고 하여 실권리자의 권리가 원천적으로 박탈되거나 봉쇄됨으로써 재산권보장이라는 헌법상 원칙이 훼손되는 것은 아니라 할 것이다.

2) 더욱이 부동산실명법은 '명의신탁약정'에 따라 행하여진 등기에 의한 '물권변동'도 무효로 하고 있으므로 재산권의 본질적 침해와는 더욱 거리가 있게 된다. 만일 명의신탁약정만을 무효로 하고 그에 기한 물권변동을 유효로 본다면, 명의신탁된 부동산에 관한 권리가 언제나 명의수탁자에게 확정적으로 귀속되는 결과가 되어 명의신탁자는 그 부동산에 관한 권리를 상실하게 되고, 이러한 경우 명의신탁자는 자신의 재산을 직접적으로 박탈당하는 결과를 감수하여야 하므로 재산권의 본질적 부분을 침해하게 될 소지가 크다고 하겠다. 그러나 부동산실명법은 명의신탁약정에 기한 물권변동도 원칙적으로 무효로 함으로써 등기명의신탁의 경우 명의신탁자가 부동산실명법에 대한 행정적 제재나 처벌은 별론으로 하고 "그 부동산에 대한 소유권을 회복할 가능성을 열어 놓고 있으므로, 재산권의 본질적 부분을 침해하는 정도에는 이르지 않았다고 볼 것"이다. 나반 계약명의신탁의 경우에는 명의신탁자가 계약의 당사자가 아니고 명의신탁도 무효가 되어 있으므로 명의신탁자는 매도인이나 수탁자에게 소유권이전을 구할 아무런 권원을 가지지 못하게 된다. 그러나 이 경우에도 부당이득의 법리에 따라 매매대금에 상당하는 금원을 반환받을 가능성은 열려 있다고 보이므로 이 역시 재산권의 본질적 침해가 있다고 보기는 어려운 것이다.

3) 명의신탁을 무효로 하여 제한되는 기본권은 명의신탁이 효력을 잃어 명의수탁자에게 '명의신탁해지를 원인으로 한' 소유권이전등기를 청구하지 못하게 되거나 경우에 따라서는 소유권을 회복하지 못하는 결과가 된다는 것이다. 그런데 이를 명의신탁의 유형에 따라 세분하여 살펴보면 다음과 같다.

첫째, 3자 간 등기명의신탁의 경우에는, 명의신탁자가 명의수탁자에게 직접 어떠한 권리를 행사할 수 없으나 명의신탁약정에 기한 물권변동도 무효가 되므로 권리자는 원소유자가 되고, 따라서 명의신탁자는 원소유자인 매도인에게 매매계약 등을 원인으로 한 이전등기를 청구하고, 명의수탁자에게 원소유자인 '매도인을 대위하여' 말소등기를 청구할 수 있을 것이다.

둘째, 2자 간 등기명의신탁의 경우에는, 명의신탁해지를 원인으로 한 이전등기를 구할 수는 없으나 물권변동이 무효가 되었으므로 '소유권에 기하여' 명의수탁자에게 말소를 구할 수 있을 것이다.

셋째, 계약명의신탁의 경우에는, 명의신탁자가 명의수탁자는 물론 원소유자에 대하여도 그 부동산에 관한 소유권이전등기를 청구할 수 없게 되는 지위에 있게 되지만, '부당이득의 법리'에 의하여 구제받을 수 있게 된다.

따라서 명의신탁자는 어느 경우에나 궁극적으로 소유권을 이전받거나 부당이득의 법리에 의하여 금전적인 반환을 받는 구제방법을 가지고 있다고 보이므로, 결국 부동산실명법에 의하여 달성되는 공익에 비하여 제한받는 기본권의 정도가 과하다고 볼 수 없으므로 법익균형성은 달성되었다고 한다.

(2) 大法院判例

1) 信託者와 受託者 사이의 法律關係

부동산실명제 시행 이후의 신탁자와 수탁자 사이의 내부적 법률관계에 대한 대법원의 판례는 위 헌법재판소가 명의신탁의 유형별로 판단한 바와 같다. 다만 계약명의신탁의 경우 법 제4조 2항 단서에 따라서 부당이득의 반환범위만이 달라진다.

① 不動産實名制施行以前 - 原物返還(大法院 2002.12.26. 宣告, 2000다 21123)

부동산실명제법 시행 전에 이른바 계약명의신탁에 따라 명의신탁약정이 있다는 사실을 알지 못하는 소유자로부터 명의수탁자 앞으로 소유권이전등기가 마쳐진 후 같은 법 소정의 유예기간이 경과하였다. 이 경우, 명의수탁자는 명의신탁약정에 따라 명의신탁자가 제공한 돈을 매매대금으로 지급하고 당해 부동산에 관한 소유명의를 취득한 것이고, 위 유예기간이 경과하기 전까지는 명의신탁자는 언제라도 명의신탁약정을 해지하고 당해 부동산에 관한 소유권을 취득할 수 있었다. 그러므로 명의수탁자는 부동산실명제법 시행에 따라 당해 부동산에 관한 완전한 소유권을 취득함으로써 당해 부동산 자체를 부당이득하였다고 보아야 할 것이다.

부동산실명제법 제3조 및 제4조가 명의신탁자에게 소유권이 귀속되는 것을 막는 취지의 규정은 아니므로, 명의수탁자는 명의신탁자에게 자신이 취득한 당해 부동산을 부당이득으로 반환할 의무가 있다.

② 不動産實名制法施行以後－買受資金(大法院 2005.1.28. 宣告, 2002다 66922)

부동산실명제법 제4조 제1항, 제2항에 의하면, 명의신탁자와 명의수탁자가 이른바 계약명의신탁약정을 맺고 명의수탁자가 당사자가 되어 명의신탁약정이 있다는 사실을 알지 못하는 소유자와의 사이에 부동산에 관한 매매계약을 체결한 후 그 매매계약에 따라 당해 부동산의 소유권이전등기를 수탁자 명의로 마친 경우에는, 명의신탁자와 명의수탁자 사이의 명의신탁약정의 무효에도 불구하고, 그 명의수탁자는 당해 부동산의 완전한 소유권을 취득하게 된다.

다만 명의수탁자는 명의신탁자에 대하여 부당이득반환의무를 부담하게 될 뿐이라 할 것이다. 그 계약명의신탁약정이 부동산실명제법 시행 후인 경우에는 명의신탁자는 애초부터 당해 부동산의 소유권을 취득할 수 없었으므로, 위 명의신탁약정의 무효로 인하여 명의신탁자가 입은 손해는 당해 부동산 자체가 아니라 명의수탁자에게 제공한 매수자금이라 할 것이고, 따라서 명의수탁자는 당해 부동산 자체가 아니라 명의신탁자로부터 제공받은 매수자금을 부당이득하였다고 할 것이다.

2) 不動産實名制施行以後의 名義信託이 不法原因給與에 해당하는지 여부

부동산실명제법이 규정하는 "명의신탁약정은 부동산에 관한 물권의 실권리자가 타인과의 사이에서 대내적으로는 실권리자가 부동산에 관한 물권을 보유하거나 보유하기로 하고 그에 관한 등기는 그 타인의 명의로 하기로 하는 약정을 말하는 것일 뿐이므로, 그 자체로 선량한 풍속 기타 사회질서에 위반하는 경우에 해당한다고 단정할 수 없다. 뿐만 아니라 위 법률은 원칙적으로 명의신탁약

정과 그 등기에 기한 물권변동만을 무효로 하고, 명의신탁자가 다른 법률관계에 기하여 등기회복 등의 권리행사를 하는 것까지 금지하지는 않는 대신, 명의신탁자에 대하여 행정적 제재나 형벌을 부과함으로써 사적자치 및 재산권보장의 본질을 침해하지 않도록 규정하고 있다. 따라서 위 법률이 비록 부동산등기제도를 악용한 투기·탈세·탈법행위 등 반사회적 행위를 방지하는 것 등을 목적으로 제정되었다고 하더라도, 무효인 명의신탁약정에 기하여 타인 명의의 등기가 마쳐졌다는 이유만으로 그것이 당연히 불법원인급여에 해당한다고 볼 수는 없다."497)

3) 檢討

다른 사람의 이름을 빌리고 자신을 숨긴 채 부동산을 거래하는 명의신탁의 관행은 그 시작이야 어떻게 되었든지 간에 우리 사회에서 흔한 거래의 관행(慣行)으로 자리잡아 왔다. 법원은 위와 같은 명의신탁의 관행에서 발생한 구체적인 사건에 대하여 이름을 빌린 사람과 빌려 준 사람 사이에서 누가 진정한 소유자로서 법의 보호를 받아야 구체적으로 타당성이 있는 결론에 이르는가를 고민해 왔고, 그래서 우리나라에서만 독특하게 존재하는 명의신탁이론이 나오게 된 것으로 보인다. 물론, 헌법적으로는 개인이 타인의 이름을 빌려서 하든 자신의 이름으로 하든 그것은 경제활동을 하는 개인이 선택할 범위 내의 것이고, 이는 헌법상 사적자치의 일부로서 허용되는 것이라는 논거를 가지고 있다. 만일 명의신탁이 혹 조세의 포탈이나 법규적용의 회피와 같은 불법한 목적으로 행하여졌다면, 그 행위에 대하여는 관련 공무원들의 단속을 통한 조세의 포탈로 또는 당해 법규의 위반으로 형벌 기타의 제재를 가하면 족할 것이고, 위와 같이 자신의 권리를 제삼자에게 위탁하는 명의신탁계약이 그 법적성질 자체로도 위법하다고 할 수는 없는 것이라고 한다. 우리 사회에서와 같이 법으로 금지되지 않는 것은 무엇이든 떳떳하게 할 수 있다는 생각이 용납되지 않는 禁忌가 많은 사회에서는 더욱 위법과 꺼려짐은 명확하게 구별될 필요가 있다.

위와 같은 판례의 태도는 실질적으로는, 부동산실명제법을 위반한 명의신탁자에게 수탁자로부터 부동산의 반환을 구할 수 없게 하여 결국 이름만 빌려 준

---

497) 大判 2003.11.27, 2003다41722.

수탁자가 부동산의 소유권을 차지하게 되는 것은 아무래도 부당하지 않느냐 하는 문제의식에서 출발하고 있다.

4. 不法原因給與에 해당한다는 見解

이는 상당수의 법학자 및 일부 하급심 판결[498]이 취하는 입장이다. 원고가 부동산실명제 이후 부동산을 매수한 후 이른바 '중간생략등기형 명의신탁'으로 제삼자에게 등기명의를 신탁하였다가 그 제삼자가 사망하였다. 원고는, 상속인이 된 피고들에 대하여는 그 제삼자 및 상속인들의 이전등기 말소를 구하고, 매도인인 다른 피고에 대하여는 소유권이전등기를 구한 사건이었다. 위 사건에서, '매도인'인 피고에 대하여 소유권이전등기를 구하는 원고의 청구부분에 대하여 다음과 같이 판결하였다.

첫째, 명의신탁은 반사회질서의 법률행위로서 무효이다. 명의신탁은 대내적으로는 신탁자가 부동산에 관한 소유권 기타 물권을 보유하거나 보유하기로 하면서 그에 관한 등기는 수탁자의 명의로 하여 두는 것으로서 온갖 탈법행위 또는 위법행위의 수단으로 악용되어 왔기 때문에 무효로 하여야 한다는 견해가 비등하였다. 그리하여 1995년 3월 30일 법률 제4944호로 부동산등기제도를 악용한 투기·탈세·탈법행위 등 반사회질서의 법률행위를 방지하고 부동산거래의 정상화와 부동산가격의 안정을 목적으로 하는 부동산실명제법이 제정되었고, 이 법은 이러한 목적을 달성하기 위하여 종중 및 배우자에 대한 특례 등을 제외하고는, 명의신탁약정 및 그에 따라 행해진 부동산에 관한 물권변동도 원칙적으로 무효로 하고, 과징금을 부과할 뿐만 아니라, 형사처벌까지 하게 되어 있다. 그러므로 부동산실명제법은 부동산실명제를 하나의 사회질서로 보아 이에 위반되는 명의신탁약정이나 명의신탁등기를 반사회질서의 법률행위로서 무효로 하는 취지라고 판단된다.

둘째, 명의신탁자의 말소등기 또는 이전등기 청구는 불법원인급여로 허용할 수 없다. 명의신탁약정이나 이에 따른 명의신탁등기를 반사회질서의 법률행위

---

498) 서울中央地方法院 2003.11.28, 2003가합49028.

로서 무효라고 보는 이상 명의수탁자 명의의 등기는 불법원인급여에 해당한다. 그러므로 명의신탁자나 매도인은 그 명의신탁을 하게 된 불법의 원인이 명의수탁자에게만 있다는 등의 특별한 사정이 없는 한, 명의신탁약정의 해지나 소유권 또는 부당이득 등의 어떤 근거로도 명의수탁자를 상대로 그 등기의 말소나 이전등기 등의 청구를 할 수 없다. 또한 명의신탁자가 명의신탁등기의 무효를 이유로 매도인에 대하여 당초의 매매계약을 원인으로 한 소유권이전등기를 청구하는 것도 허용할 수 없다. 명의신탁자가 매도인과 사이에 한 당초의 매매계약 그 자체만으로는 반사회질서의 법률행위라고 할 수 없겠지만, 명의신탁자가 당초의 매매계약에 관하여 매도인 및 명의수탁자와의 약정에 따라 명의수탁자 명의로 등기를 하고 나서 그 명의신탁등기가 부동산실명제법에 의하여 무효라는 이유로, 다시 당초의 매도인과의 매매계약을 원인으로 한 소유권이전등기를 구하는 것은 반사회질서의 법률행위를 인정하고 그에 기초하여 청구하는 것과 다를 바 없다. 게다가 명의신탁자가 매도인으로 하여금 명의수탁자 앞으로 마치게 한 명의신탁등기가 말소되지 않았고 위와 같이 불법원인급여에 해당하여 그 말소를 청구할 수도 없는 상태에서 매도인에 대하여 다시 당초의 매매계약을 원인으로 한 이전등기를 청구할 수는 없기 때문이다.

셋째, 이러한 해석은 새로운 사회질서 확립을 위해 필요하다. 사회질서에 위반하는 법률행위의 구체적인 내용은 때와 곳에 따라서 달라지는 것이며, 국민 전체의 이성적이며 공정하고 타당한 관념에 따라 결정되어야 한다. 사적자치를 기본이념으로 하는 개인 간의 법률행위에서 타인의 명의를 빌렸다는 이유만으로 반사회질서의 법률행위로서 무효라고 하는 것은 지나치다는 거부감을 가질 수도 있다. 그러나 사적자치라고 하여 무제한의 자유방임이 허용되는 것은 아니다. 그리고 부동산실명제법은 채무의 변제를 담보하기 위한 경우(제3조 제2항), 종중이나 배우자 간의 명의신탁에 관한 특례를 두고 있고(제8조), 그 밖에 신탁제도가 필요한 사람은 신탁법을 이용하면 된다. 그렇게 하지 않고 부동산실명제법이 금지하는 명의신탁을 감행하는 것은 온갖 탈법행위 또는 위법행위를 부추기는 것이므로 단순히 사적인 법률행위의 영역에 그치는 것이 아니다. 따라서 이러한 경우 명의신탁을 반사회질서의 법률행위로 보아 사법상의 보호를 차단하는 것은 바람직하며 사적자치의 본질을 침해하는 것도 아니다. 부동산실명제는 투명한 부동산거래질서를 확보하고 선진사회로 나아가기 위하여 필요할 뿐만 아니라 갈수록 중요성이 커지는 새로운 사회질서로서 반드시 확립되어야 한다. 그렇게 하기 위하여 부동산실명제법은 과징금이나 형사처벌 조항을 두고 있으나, 이것만으로는 한계가 있으며 명의신탁자에게 민사상의 구제를 허용하게 되면 부동산실명제의 근간에 심각한 훼손을 초래할 우려가 있다.

따라서 法院은 명의신탁자가 부동산실명제법에 위반된 명의신탁약정이나 그에 따른 등기의 무효를 원인으로 구하는 어떤 민사상의 청구에도 협력을 거부하여야 한다. 이렇게 할 경우 매도인이나 명의수탁자에게 부당이득을 주게 될 수도 있으나, 이는 보다 중요한 사회질서의 확립을 위해 불가피한 결과이다.

(1) 名義信託約定과 不法原因給與

1) 效力規定

개인 간의 사법상의 법률행위를 법적으로 규제하는 방법은 일반적으로 공법상의 규제규정에 해당하는 사법적 법률행위는 그 행위를 금지한다거나 또는 '효력이 없다'고 규정하는 형식을 띤다.

사법적 법률행위에 대하여 공법에서 '금지 또는 효력이 없다.'는 규정에 대하여는 그 계약 등의 법률행위를 효력규정이나 단속규정으로 해석할 여지가 있지만, 무효라고 규정한 경우에는 그 규정에 대한 가치판단의 논란의 여지가 없게 된다(부동산실명제법안도 당초 정부안에서는 "명의신탁약정은 그 효력이 발생하지 아니한다. 명의신탁약정에 의하여 직전 등기명의자와 명의수탁자 사이에 행하여진 등기에 의하여서는 부동산에 관한 물권변동의 효력이 발생하지 아니한다."고 규정하였다가, 대체된 국회 법제사법위원회안에서는 위 정부안을 각 무효로 한다로 수정하였다). 이 경우에는 그 대상이 되는 법률행위의 반사회질서성의 정도가 강하여 확실하게 그 사법적 효력을 없애고자 함에 그 입법적 취지가 있고, 부동산실명제법 이 명의신탁약정을 무효로 규정한 것은 그 반사회질서성이 강하기 때문에 위 특별조치법에서와 같이 법률의 해석에 의한 논란이 생기는 것을 차단하기 위하여 일반적 입법 방식을 채택하지 않은 것이다. 따라서 부동산실명제법에서 장래의 명의신탁약정을 무효로 한 것은 민법 제103조의 반사회질서의 법률행위의 하나로 구체화한 것으로 봄이 타당하다.

2) 不動産實名制法의 立法趣旨

신탁자에게 부당이득의 반환을 구할 수 없게 한다면 수탁자는 우리나라에서의 부동산 가격에 비추어 볼 때 생각지도 않게 많은 이득을 얻게 되고, 그것이 우리의 법 감정에 부당하게 느껴지는 것도 사실이다.

그렇지만 이것은 신탁자가 부동산실명제법의 규정을 정면으로 무시하고 위법하게 명의신탁을 강행한 데서 생긴 自業自得의 결과이므로 신탁자에게 가혹하다고 단정 지을 수 없다.

부동산실명제법의 입법취지는 각종 탈법행위의 수단으로 이용되는 명의신탁 제도를 완전히 제거하려는 것이고, 그런 입법취지를 살리고 부동산실명제가 가지는 제도적인 측면을 고려한다면 신탁자가 수탁자로부터 부동산 자체 또는 매매대금 상당액을 돌려받는 것을 원천적으로 봉쇄하여야 한다.

그렇지 않고서 부동산실명제 시행 이후에도 부동산 등이 신탁자에게 되돌아가는 것을 허용하여 준다면 부동산실명제의 存在意義는 없게 된다.

더욱이 앞서 본 바와 같이 부동산실명제가 모든 명의신탁을 일률적으로 금지하는 것이 아니라 반사회질서성이 없는 경우는 예외적으로 이를 허용하고 있다는 점을 감안하면 더더욱 그러하다.

(2) 檢討

위 견해는 부동산실명제법의 입법취지에 충실한 태도를 취하고 있다. 부동산실명제법이 금지하고 있는 명의신탁은 반사회질서성(민법 제103조)이 강하므로 무효인 명의신탁약정에 기한 給付를 명의신탁자가 부당이득으로서 반환을 청구할 수 있도록 하면 부동산실명제법의 핵심내용인 명의신탁약정이 무효라는 규정의 입법취지가 몰각된다는 점을 들고 있다. 부동산실명제법이 탄생하게 된 계기가 부동산등기특별조치법에 대하여 대법원이 명의신탁약정은 사법적으로는 유효하다고 판시함으로써 명의신탁에 대한 규제가 사실상 좌절되었고, 이에 대한 반성으로 명의신탁약정 자체를 무효로 하는 부동산실명제법의 연혁에 비추어 보아도 더욱 당연하다. 또한 위 견해는 그동안 대법원이 명의신탁을 제외한 나머지 강행규정 위반의 개인 간의 법률행위에 대하여 대법원이 가능하면 그 사법적 효력을 인정하는 범위를 넓게 하려는 경향에 대하여서도 비판적이다.

5. 不動産實名制에 대한 檢討

(1) 問題提起

앞서 본 부동산실명제 시행 이후의 명의신탁의 법률관계 및 불법원인급여에 관한 판례에 의하면, 결과적으로 1995년 언론의 호들갑 속에 탄생한 부동산실명제의 시행으로 인하여 탈세나 투기 등 목적으로 남의 명의를 빌려서 경제적 이익을 얻던 신탁자들의 입장에서 달라진 것은, 그 이익을 수탁자로부터 회복하는 법적인 방법이 명의신탁계약의 해지에서 부당이득의 반환이나 물권적 청구권 등으로 청구원인만이 바뀌었다는 점뿐이다. 위와 같이 명의신탁자가 부동산실명제를 시행과 상관없이 그 경제적 이익만을 예전같이 확보할 수 있다면, 굳이 법적인 청구원인이 어떻게 달라지는가 하는 점은 법률가에게 맡겨 놓으면 되는 문제일 것이다.

위와 같은 결과는, 그렇다면 왜 국가의 3권 중의 두 부문인 정부가 지난 80년 동안 法院에 의하여 유지되었던 명의신탁제도를 폐지하기 위하여 부동산실명제를 준비하였고, 국민의 대표기관인 국회가 부동산실명제법을 제정하여 이를 시행하여 왔는지 의문이 들게 한다.

(2) 不動産實名制法의 主된 立法目的

대법원의 입장은 부동산실명제법의 주된 목적을 부동산실명제법은 부동산에 관한 소유권 등의 물권을 실체적 권리관계에 부합하도록 실권리자 명의로 등기하도록 하는 것에 있는 것이지, 신탁자가 신탁부동산의 소유권을 취득하지 못하도록 금지하는 것은 아니라는 입장에서 출발한다. 부동산실명제의 주된 목적이 무엇인가 하는 점은 앞의 부당이득 내지 불법원인급여 논쟁의 출발점으로서의 의미가 있다.

부동산실명제법 제1조는, "부동산에 관한 소유권 기타 물권을 실체적 권리관계에 부합하도록 실권리자 명의로 등기하게 함으로써 부동산등기제도를 악용한 투기·탈세·탈법행위 등 반사회적 행위를 방지하고 부동산거래의 정상화와 부동산가격의 안정을 도모하여 국민경제의 건전한 발전에 이바지"하는 것을 목적으로 한다고 되어 있다. 위 규정에 의하면, 부동산실명제는 부동산에 관한 권리관계의 명의와 실질을 일치시키려는 목적과 함께 명의신탁자가 등기제도를 이용하여 투기·탈세·탈법행위 등 반사회적 행위를 하는 것을 방지하고 부동산에 관한 거래의 정상화와 가격의 안정을 이루려는 목적을 같이 가지고 있음을 알 수 있다. 그러나 위 규정을 자세히 보면 부동산실명제법의 입법자가 그 입법을 통하여 이루려는 주된 입법의 목적 내지 취지는, '부동산에 관한 소유권 기타 물권을 실체적 권리관계에 부합하도록' 하려는 데만 있는 것이 아니고 오히려 이를 수단으로 하여 산업화가 시작된 이래의 만성적인 '부동산등기제도를 악용한 투기·탈세·탈법행위 등 반사회적 행위를 방지'하여 부동산거래가 투기목적이 아닌 실수요자가 중심이 됨으로써 거래의 정상화와 부동산가격의 안정을 도모하려는 데 있다는 점을 알 수 있다. 즉 부동산실명제의 입법자는 명의신탁약정을 무효로 함으로써, 부동산에 관한 명의와 실질을 일치시키려는 목적보다는 오히려 이를 통하여 명의신탁자가 무효인 명의신탁약정에 의하여 부동산의 거래를 하고 그 부동산의 소유권을 취득하는 것을 헌법적인 틀 내에서 막고자 하는 적극적인 의미를 담고 있다.

위와 같은 입법자의 의도는, 부동산실명제법이 부동산등기특별조치법과는 달리 명의신탁약정의 사법적 효력을 무효화하고, 나아가 명의신탁자에 대해서만 형사처벌과는 별도로 그 경제적 이익까지 과징금(부동산가액의 30/100)이나 이행강제금(10/100)으로 박탈하려는 조항에서도 찾아볼 수 있다. 부동산실명제에서 명의신탁이 무효가 됨으로써 모든 형사적, 경제적 불이익은 명의신탁의 내부관계에 있는 자, 즉 신탁자와 수탁자에게 귀속하게 하고, 그 양자 중에서는 수탁자가 아닌 신탁자에게 그 불이익이 귀속되게 하려는 것이 위법의 취지이다. 단순히 부동산실명제 위반자가 형사처벌이나 행정적 제재를 받게 되면 그만이지 명의신탁자가 그 소유권을 회복하는 것은 부동산실명제법과 별 상관이 없는 것 아니냐는 주장은 위 특별조치법에 관하여 형사적 재제를 통하여 간접적으로 실체적 권리관계에 부합하도록 유도하는 것만을 입법취지로 하고 명의신탁의 사법적인 효력은 인정된다는 단속규정설과 유사한 입장으로 부동산실명제의 입법목적에서 벗어난 것으로 보인다. 부동산실명제법의 주된 목적을 위와 같이 보는 것은, 부동산등기특별조치법에 대하여 단속규정설이라는 판례의 견해를 뒤집음으로써 더 이상 법원에서 명의신탁의 법리를 이용할 수 없게 하려는 입법자의 취지에도 부합한다고 본다.

(3) 名義信託制度가 法律遺産이 될 수 있는지

1) 社會的 費用問題

민법상 하나의 물건에 대하여는 하나의 소유권만 존재한다는 것이 근대민법의 一物一權主義이고, 물권은 慣習法상으로도 창설할 수는 없다는 것이 민법의 규정이다. 그럼에도 명의신탁이론은 우리 사회에서 현실적 벌어지는 거래관행을 법이론적으로 합리화하기 위하여 1개의 부동산에 대한 소유권을 대내적인 소유권과 대외적인 소유권으로 나누는 유래 없는 이론 구성을 해 온 것이다. 이와 같이 1개의 물건에 대하여 1개밖에 존재할 수 없는 소유권이 둘로 나뉘면서 여러 가지 복잡한 문제를 낳게 되었다. 먼저 명의신탁에서는 첫째로 계약당사자가 누구인지, 계약명의지인지 또는 그 배후에 이름을 감추고 있는 신탁자인지 확정하는 문제가 쉽지 않다. 최근 대법원 판결에서 고등법원이 계약명의신탁으로 보아 횡령죄에 대하여 무죄를 선고한 사건에 대하여 계약명의신탁이 아닌 중간생략등기형 명의신탁으로 보아 유죄를 선고했던 것처럼 양자의 구별은 쉽지 않고 그에 따라 법률효과가 정반대가 되기도 한다.[499] 둘째로 부동산실명제법의 시행으로 명의신탁약정은 민법상 허위표시(민법 제108조)와 법률효과가 비슷하게 되었다. 그러면서도 보호되는 제삼자의 범위에서 무효인 명의신탁계약에서는 허위표시와는 달리 무권리자로부터 부동산을 취득한 전득자를 제외하고 있어 그 법률해석에 혼란이 있기도 하다.[500] 셋째로 조세포탈이나 강제집행을 면하기 위한 명의신탁계약의 경우에는 민사법정에서는 그 계약의 효력이 인정되어 신탁자가 보호를 받

---

499) 大判 2002.2.22, 2001도6209.

500) 大判 2005.11.10, 2005다34667, 34674.

지만, 그 옆의 형사법정에서는 같은 행위로 인하여 신탁자가 강제집행면탈죄나 조세포탈범으로 유죄판결을 받게 된다. 위와 같은 혼란은 결국 당사자로 하여금 상대방을 형사고소하여 구속당하게 하는 등의 형사적 절차에 의한 분쟁해결에 내몰리도록 하거나, 그것마저 어려운 경우에는 이른바 채권해결사를 통한 불법적 방법으로 분쟁을 해결하도록 한다. 이와 같은 명의와 실질의 불일치는 이로 인하여 첫째, 법률가는 물론이고 그 법률관계의 당사자에게 계약의 진정한 당사자가 누구인지, 해당 부동산의 진정한 소유권자가 누구인지, 횡령죄 등의 범죄가 되는지 등의 여러 가지 불필요한 시간과 노력의 사회적 비용을 낭비하게 한다. 둘째, 같은 행위로 인한 결과에 대한 민사나 형사상의 법적 평가가 달라짐으로써 시민에게 법적 혼란을 가져오게 되고 준법의식을 마비시키는 문제를 일으킨다.

2) 土地問題

우리나라에서 토지문제는 전 세계에서 몇 번째 안 가는 인구밀도와 그에 더하여 정치, 경제, 사회, 문화 등 전 분야에서의 서울 집중현상으로 인한 수도권의 인구과밀로 인한 토지문제를 안고 있다. 우리 헌법은 토지가 지닌 위와 같은 특성을 감안하여 "국가는 국민 모두의 생산 및 생활의 기반이 되는 국토의 효율적이고 균형 있는 이용·개발과 보전을 위하여 법률이 정하는 바에 의하여 그에 관한 필요한 제한과 의무를 과할 수 있다."[501]라고 규정함으로써, 토지재산권에 대한 광범위한 입법형성권을 부여하고 있다. 헌법재판소는 "입법자는 재산권의 내용을 구체적으로 형성함에 있어서 헌법상의 재산권보장과 재산권의 제한을 요청하는 공익 등 재산권의 사회적 기속성을 함께 고려하고 조정하여 양 법익이 조화와 균형을 이루도록 하여야 한다."는 견해를 밝힌 바 있고, 특히 토지에 대한 재산권과 관련하여 "토지는 원칙적으로 생산이나 대체가 불가능하여 공급이 제한되어 있고, 우리나라의 가용토지면적은 인구에 비하여 절대적으로 부족한 반면에, 모든 국민이 생산 및 생활의 기반으로서 토지의 합리적인 이용에 의존하고 있으므로, 그 사회적 기능에 있어서나 국민경제의 측면에서 다른 재산권과 같게 다룰 수 있는 성질의 것이 아니므로 공동체의 이익이 보다 강하게 관철되어야 한다."는 판단을 한 바 있다.[502]

---

501) 憲法 제122조.

이와 같은 우리 사회의 토지문제는 앞으로 통일 등의 변수가 있다 하여도 쉽사리 해결될 성질의 것은 아니고, 우리 사회에서 상당한 기간 동안 국가적 과제로 남아 있게 될 것이다.

6. 不法原因給與의 成立與否

부동산실명제 시행 이후 명의신탁계약에 대하여 불법원인급여에 해당한다는 입장은 부동산실명제법 제4조가 명의신탁약정을 무효로 한 것은 민법 제103조의 반사회질서의 법률행위를 구체화한 것이고, 이는 당연히 민법 제746조의 불법원인급여에 해당한다는 것을 전제로 하고 있다. 그러나 여기에서 민법 제103조의 '선량한 풍속 기타 사회질서'와 제746조의 '불법'이 반드시 일치하는가에 대하여는 의견이 나뉘고 있으므로 먼저 이를 살펴보고, 다음으로, 명의신탁을 하게 된 목적에 따른 명의신탁의 유형별로 민법 제746조의 성립 여부를 알아보고자 한다. 개인이 명의신탁약정을 체결하는 동기 내지 목적은 아주 다양하다. 예컨대 2명이 공동으로 땅을 사면서 편의상 1명 앞으로 등기를 해 놓은 경우, 이와 같은 명의신탁을 바로 선량한 풍속 기타 사회질서에 반한다거나 불법원인에 의한 것이라고 단정하기에는 힘든 면이 있다.

(1) 民法 第103條에 違反되는 行爲는 언제나 民法 第746條의 不法原因行爲인지

대법원은, 민법 746조는 민법 제103조에 대응하는 규정으로, 민법 746조의 불법은 민법 103조의 선량한 풍속 기타 사회질서에 위반된 행위를 말하고, 강행법규위반행위에 대하여는 선량한 풍속 기타 사회질서에 위반되는 경우도 있겠고 그렇지 않은 경우도 있을 것이므로 강행법규 위반행위를 모두 불법원인급여라고 할 수는 없다고 한다.[503] 賭博에 관련된 금전이 대여나 채무의 부담행위나, 또는 윤락행위를 하도록 권유, 유인, 알선 또는 강요하거나 이에 협력한 자

---

502) 憲裁 1998.12.24. 89헌마214.
503) 大判 1965.11.30. 65다1837.

가 영업상 관계있는 윤락행위를 하는 사람에 대하여 가지는 대여금채권을 행사하는 경우는 불법원인급여로 그 반환을 구할 수 없다고 한다. 강행법규 위반행위로 판례는 공무원에 대한 청탁을 위한 교제비, 변호사가 아니 자에게 소송대리를 위임하고 지급한 보수, 관세포탈이나 밀수를 위하여 제공한 대가, 선거출마 포기의 대가 등을 인정한다. 그런 반면, 민법 제105조는 임의규정을 선량한 풍속 기타 사회질서에 관계없는 규정으로 정의하고 있으므로, 민법 전체의 해석상 강행법규는 선량한 풍속 기타 사회질서에 관계되는 규정이 명백하고, 따라서 민법 746조의 불법의 개념에는 공서양속(公序良俗)위반과 강행법규 위반행위가 모두 해당된다고 한다. 다른 견해는, 민법 제103조의 공서양속 위반행위라도 민법 제746조의 불법성이 인정되기 위해서는 그 제도취지에 합당한 별도의 불법성이 필요하다고 한다. 민법 제103조는 불법의 실현을 위한 법적 도움의 요청을 거절하는 단계에서, 민법 제746조는 이미 실현된 불법의 복구를 거절하는 단계에서 작용하고 있고, 민법 제103조는 계약 등의 법률행위만을 대상으로 하나 민법 제746조는 법률행위를 전제로 하지 않을 수도 있는 점에 차이가 있다고 한다. 여기에서 민법 제746조가 적용되려면 당사자 간의 이익귀속의 부당함에도 불구하고, 그 반환을 거부하는 것이 불법원인의 발생을 억제하는 데 합목적적이라고 할 만큼 반사회성, 반윤리성이 현저한 경우로 파악하는 것이 타당하다.

위의 견해의 대립과 관련하여 아래에서 명의신탁의 유형별로 불법원인급여의 성립의 문제를 살펴보기로 한다.

(2) 強制執行免脫이나 租稅逋脫의 目的인 경우

대법원은 앞서 본 것처럼 위와 같이 채권자의 강제집행을 피하거나 세금을 포탈하기 위한 목적의 명의신탁계약에서, 不法의 原因이라 함은 재산을 급여한 원인이 선량한 풍속 기타 사회질서에 위반하는 경우를 가리키는 것이나 이 경우는 불법원인급여에 해당하지 않는다고 하고 있다. 불법원인급여의 성립을 부정하는 가장 중요한 근거는 다음과 같다. 만약 위와 같은 목적의 명의신탁행위가 불법원인급여에 해당하여 반환청구를 부정하게 되면 그 채권자도 해당 부동산에 대한 강제집행을 할 수 없게 됨으로써, 결국 형법이 보호하고자 하는 채권자의 이익을 해치게 되고 나아가 그런 행위를 조장하는 결과가 될 수 있다는 것이다. 그러나 위 견해에 대하여는 다음과 같은 비판을 제기할 수 있다.

1) 大法院判例의 態度

대법원은 부동산실명제와 상관없이 명의신탁받은 부동산을 그 신탁목적에 위반하여 수탁자가 임의로 양도하는 背信行爲를 하는 데 대하여 양수인이 적극 가담한 경우는 민법 제103조에 의하여 양도인인 수탁자와 양수인인 제삼자 사이의 매매 등 계약은 무효가 된다고 한다. 이 경우 양도인인 수탁자가 양수인에게 다시 그 계약이 위와 같이 103조 위반으로 무효가 되었으므로 이를 원인으로 반환을 청구하는 것(양수인 명의의 소유권이전등기의 말소 등을 구하는 것)은 민법 제746조의 불법원인급여에 해당하여 허용되지 않는다고 한다. 그러나 이 경우에도 신탁자가 양도인인 수탁자를 代位하여 양수인 앞으로 되어 있는 등기의 말소를 청구하는 것은 허용이 된다고 한다.

2) 問題點에 대한 檢討

여기에서 논리적인 문제점이 발생한다. 이는 양도인인 수탁자와 양수인 사이의 계약이 반사회적 행위로서 민법 제103조에 의하여 무효이고 그 이전등기도 불법위인급여에 해당한다면 양도인인 수탁자는 소유권에 기해서도 반환청구를 하지 못하는 것인데, 신탁자는 양도인인 수탁자의 도대체 어떤 권리를 代位하여 급부의 반환을 구할 수 있느냐 하는 것이다. 이와 같은 문제는 부동산의 이중양도를 권유, 조장하는 등 양도인의 배임행위에 제2양수인이 적극 가담하는 형태의 반사회적인 부동산의 이중양도의 경우에도 동일하게 발생한다. 부동산 이중양도의 경우, 그 이중양도계약은 민법 제103조에 의하여 무효이나, 제1양수인은 소유자인 양도인을 대위하여 제2양수인 앞으로 된 소유권이전등기의 말소를 구할 수 있다는 것이 확립된 판례이다.[504]

---

504) 이중매매는 매도인 甲이 제1매수인 乙과 먼저 매매계약을 한 후, 乙과의 매매계약을 해제하지 않은 상태에서, 제2매수인 丙에게 소유권을 이전하는 것으로서, 만일 이후 丙이 제삼자 丁에게 소유권을 이전한 경우 이중매매는 유효하다. 왜냐하면 제2매수인(丙)의 소유권이 유효이기에 제삼자 丁은 선악 불문하고 소유권을 취득하는 것이다. 그러나 제2매수인이 반사회적 법률행위에 해당하면 절대적 무효로 다시 매수한 제삼자는 선악 불문하고 소유권을 취득할 수 없다. 부동산의 제2매수인이 매도인의 배임행위(제1매수인에 대하여)에 적극 가담하여 제2매매계약이 반사회적 법률행위에 해당하는 경우에는 제2매매계약은 절대적으로 무효가 될 것이다. 따라서 부동산의 이중매매가 반사회적 법률행위에 해당하는 경우에는 이중매매계약은 절대적으

위와 같은 의문에 대한 대법원의 판례는 없고, 아래에서는 부동산의 이중양도의 경우에 대한 견해들을 살펴본다(앞의 수탁자의 배신행위에서와 논리가 같다).

학설상으로는, 반사회적 이중양도계약을 무효로 보는 것은 제1양수인을 보호하고자 하는 데 있으므로, 제1매수인에 대한 관계에서는 상대적으로 불법원인급여에 해당하지 않는다. 이중양도는 불법원인급여에 해당하지만 제1양수인이 채권자대위에 의하는 반환청구하는 경우 민법 제746조가 적용되지 않는다. 제2양수인의 이중매매는 제1양수인에 대하여 제삼자의 채권침해에 의한 불법행위를 구성하므로 손해배상에 갈음한 원상회복으로 반환청구가 인정된다. 제1양수인의 반환청구가 인정되는 것은 特定債權의 保全을 위한 채권자대위의 경우에는 채무자의 無資力 여부와 상관없이 목적물에 대한 追及을 인정하고자 하는 것이므로 이 경우에는 불법원인급여의 적용이 제한된다.

3) 이 事件에서의 判斷

위 견해의 대립이야 어찌 됐든, 앞서의 수탁자의 배신행위에서의 신탁자나 부동산의 이중양도의 경우에서 제1양수인의 반환청구권을 채권자대위의 한 특수형태로 이론을 구성하여 인정한 것은 대법원의 확립된 견해이고, 입법자가 예정하지 않은 것을 판례가 사실상 창출한 제도라는 연혁적 배경을 가지고 있다. 또한 수탁자의 배신행위에 대한 위 판례이론은 부동산실명제 시행 이전에 판례에 의하여 창안된 것으로서 명의신탁이 유효한 경우에 신탁자를 보호하기 위한 이론이었고, 부동산실명제 이후에도 여전히 유효하게 적용되고 있다.

위와 같은 판례이론을 부동산실명제가 시행된 이후의 명의신탁자의 채권자, 명의신탁자, 명의수탁자 사이의 3자 관계에 그대로 적용하는 경우, 신탁자와 수탁자 사이의 강제집행을 면하거나 세금을 포탈하기 위한 명의신탁계약을 민법 제103조에 의하여 무효이고 민법 제746조의 불법원인급여의 성립을 인정하여 신탁자의 수탁자에 대한 반환청구를 부정하여도, 신탁자의 채권자는 위 판례이론과 같이 채권자대위제도를 통하여 자신의 채권에 기하여 신탁자를 대위하여 수탁자 앞으로 된 소유권이전등기의 말소를 구할 수 있게 된다. 물론 위 판례

로 무효이므로, 당해 부동산을 제2매수인 丙으로부터 다시 취득한 제삼자는 설사 제2매수인이 당해 부동산의 소유권을 유효하게 취득한 것으로 믿었더라도 이중매매계약이 유효하다고 주장할 수 없다(大判 1996.10. 25. 96다2915).

이론은 특정물 채권의 보전을 위한 것이고, 이 경우 명의신탁자의 채권은 대부분 일반채권에 해당하는 경우일 것으로, 이는 위 판례이론이 당초 예정한 것은 아니다. 그러나 강제집행을 피하거나 세금을 포탈하기 위한 목적으로 명의신탁 약정에 의하여 등기를 마친 경우에는, 거의 대부분 채권자취소권의 요건이 충족될 수 없거나 그 일반채권의 시효가 완성되었을 시점일 것이므로 명의신탁의 채권자로서는 다른 권리구제 방법이 없게 된다. 또한 이와 같이 해석하는 것이, 부동산실명제가 시행되어 명의신탁약정이 무효가 된 이후에도 수탁자의 배신행위에 대한 위 판례이론이 여전히 적용되어 신탁자가 보호받는 것과 균형을 이룰 수 있다고 본다. 명의신탁이론이 세계에서 유일하게 우리나라의 판례에 의하여 창설된 독특한 제도인 점을 감안한다면, 이 사건의 문제점에 대한 해결방법도 우리의 판례이론에 기초하고 그에 의하여 해결되어야 한다고 본다.

(3) 不法原因給與의 成立을 否定하는 다른 論據

1) 反倫理性

불법원인급여의 성립을 부정하는 견해는, 부동산실명제법 시행 이후의 명의신탁에 대하여도 오랜 기간 그 유효성이 인정되어 온 명의신탁에 관한 일반국민들의 법 생활 감정에 비추어 신탁재산의 반환을 부정하고 수탁자로 하여금 그 재산을 보유하게 할 만큼 반윤리성이 없고, 그 반환을 부정하는 경우에는 부동산에 관한 실체적 권리관계에 부합하는 등기를 달성하고자 하는 위 법의 또 다른 규범목적에 배치된다고 한다. 그러나 위 견해에 대하여는, 부동산실명제법의 주된 입법목적이 어디에 있는가에 대하여는 앞서 본 바와 같이 부동산에 관한 소유권 기타 물권을 실체적 권리관계에 부합하도록 하려는 데만 있는 것이 아니고 오히려 이를 手段으로 하여 산업화가 시작된 이래의 만성적인 부동산등기제도를 악용한 투기·탈세·탈법행위 등 반사회적 행위를 방지하려는 데에 주된 입법의 목적이 있다고 보는 견해에서는 수긍하기 어렵다.

2) 社會的 衝擊

지금 당장 명의신탁자의 재산 반환의 길을 막는다면 사회적 충격이 너무 클 것이기 때문에 법을 떠나 사실상 상당기간의 유예기간을 두고 명의신탁을 금지하는 취지가 국민 일반에 보편적으로 인식되는 시점까지 미루자는 주장이 있다. 현실론으로는 수긍이 가는 면이 많다. 그러나 한편 재산권보다 헌법상 더 중요한 가치로 평가되는 신체의 자유, 즉 국가가 개인에게 형벌을 가하는 경우 그런 법이 존재한다는, 또는 자신의 행위가 법에 위반되는지 몰랐다는 피고인의 법의 무지의 주장에 대하여 대법원은 단순한 법률의 不知로는 처벌을 면할 수 없다는 견해를 일관되게 유지하고 있는 것과는 대조를 이룬다.[505] 대법원은 개인에게 형벌을 부과하면서 법의 무지를 인정하지 않고 있으면서, 개인의 재산권에 대한 사법상의 효력에 관한 문제에서 부동산실명제가 정착될 때까지 앞으로 수십 년이라도 기다리자는 주장은 어찌 됐든 문제가 있다. 위 주장의 현실적인 측면은 명의신탁을 그 목적에 따라 유형별로 나누어서 불법원인 급여의 성립을 검토해 보는 방향에서 해결하는 것이 타당하다고 본다.

(4) 다른 目的의 名義信託의 경우

부동산실명제법 제1조는 부동산등기제도를 악용한 투기, 탈세, 탈법행위 등 반사회적 행위를 방지하는 등을 목적으로 하고 있고, 위 법은 예외적으로 명의신탁을 허용하는 경우에도, 종중이나 배우자에 대한 특례에서 조세포탈, 강제집행의 면탈 또는 법령상의 제한을 회피할 목적으로 하지 않는 경우(제8조), 종교단체, 향교 등이 조세포탈, 강제집행의 면탈을 목적으로 하지 않는 경우(제11조 제1항 단서)를 규정하고 있다. 위 법 제1조의 투기는 경제학적인 용어로서 투자와의 구별을 법적으로 정의하기 애매모호하며, 다만 이른바 알박기와 같은 형법상의 부당이득죄에 해당하는 경우에는 투기 목적의 명의신탁도 불법원인급여가 성립한다고 볼 수 있을 것이다.

다음으로, 명의신탁의 주된 목적이 탈법행위 방지의 경우, 예컨대 농지법의 적용을 피하거나 토지거래허가를 피하기 위한 경우 등에는 그 불법성이 강제집행면탈이나 조세포탈의 경우보다 작다고 할 것이고, 행정상의 목적을 위한 것으로 볼 여지가 크다는 점에서, 단지 편의를 위한 경우라고 볼 수 있는 경우에는 부동산실명제가 아래 7.에서 보는 바와 같은 제도적 보완 장치를 갖추어 우

---

505) 大判 1985.4.9, 85도25.

리 사회의 부동산거래에서 생활의 일부분으로 받아들여지기 전까지는 한시적으로 민법 제746조의 불법원인급여를 인정하는 것이 곤란하다고 보인다. 부동산실명제가 하나의 법률이 아닌 사회제도로 정착시킬 몫은 국가에 있기 때문이다.

7. 다른 請求原因에 의한 返還請求에 대하여

(1) 所有權 또는 眞正名義回復을 原因으로

판례는 부동산실명제 시행 이후에 명의신탁자는 명의신탁 해지를 원인으로 하여서는 반환청구를 하지 못한다 하여도 부당이득이나, 소유권에 기한 방해배제청구권(물권적 청구권)이나 진정명의회복을 청구원인으로 하여 반환을 구할 수 있다고 한다. 앞서 강제집행 면탈이나 조세포탈 목적의 명의신탁약정에 대하여 민법 제746조의 불법원인급여의 성립을 인정하는 입장에서 물권적 청구권이나 진정명의회복을 청구원인으로 하는 반환청구의 문제를 살펴보고자 한다.

대법원은 1979년 11월 13일 선고 79다483 전원합의체 판결 이래, 민법 제746조는 단지 부당이득제도만을 제한하는 것이 아니라 동법 제103조와 함께 사법의 기본이념으로서, 결국 사회적 타당성이 없는 행위를 한 사람은 스스로 불법한 행위를 주장하여 복구를 그 형식 여하에 불구하고 소구할 수 없다는 이상을 표현한 것이므로, 급여를 한 사람은 그 원인행위가 법률상 무효라 하여 상대방에게 부당이득반환청구를 할 수 없음은 물론 급여한 물건의 소유권은 여전히 자기에게 있다고 하여 소유권에 기한 반환청구도 할 수 없고 따라서 급여한 물건의 소유권은 급여를 받은 상대방에게 귀속된다고 판시하고 있다. 따라서 불법원인급여가 성립하는 경우에는 신탁자는 그 약정의 무효로 부동산의 소유권이 자신에게 남아 있다는 이유로 소유권에 기한 방해배제로서 또는 진정명의회복을 청구원인으로 하든 수탁자 명의로 넘어간 이전등기의 말소를 구할 수 없다.

(2) 橫領罪의 成立與否

앞서 본 명의신탁유형에 따른 소유관계에 대한 판단에 따라서 타인의 물건을 보관하는 자가 주체가 되는 형법상 횡령죄에서 수탁자가 목적물을 처분한 경우에 횡령죄의 성립 여부가 달라진다. 판례는 2자 간 등기명의신탁의 경우 부동산 실명제법 시행 이후의 명의신탁이든, 위법 시행 전의 명의신탁으로 유예기간 동안 실명전환을 하지 않은 경우이든지 신탁자에 대한 횡령죄가 성립되고, 3자 간 등기명의신탁의 경우도 신탁자에 대한 횡령죄가 성립한다고 한다.[506] 그러나 계약명의신탁에서 매도인이 선의인 경우에는 수탁자가 신탁자 및 매도인에 대한 관계에서 소유권을 취득하였으므로 횡령죄나 또는 배임죄가 성립하지 않는다고 한다.[507] 이와 같은 명의신탁에서의 횡령죄의 성립 여부는 결국 불법원인급여가 성립하는지에 따라 달라질 것이다.

8. 不動産實名制 施行에 있어서의 몇 가지 問題

이 제도가 정권이나 당파적 이해관계를 초월한 우리 자본주의 사회질서의 한 축으로 앞으로 계속 기능하기 위해서는 부동산실명제법 내부의 문제점을 법률의 개정으로 해결하여야 하고, 그 입법취지를 유지하기 위하여 실명제법 밖의 제도 개선을 통하여 그 실효성을 제고하여야 할 것이다. 여기서는 부동산실명제법 시행 이후의 위 법 해석상의 몇 가지 문제 및 그 개선점을 살펴본다.

(1) 不動産의 流通問題

1) 惡意의 賣渡人을 幇助犯으로 處罰하는 問題

부동산실명법 제7조 제3항은, 법 제3조(명의신탁약정에 의한 수탁자 명의의 등기 금지)의 규정을 위반하도록 방조한 자는 1년 이하의 징역, 3,000만 원 이하의 벌금에 처하도록 규정하고 있다. 예컨대 부동산을 매도하려는 자가 미등

---

506) 大判 1999.10.12. 99도3170, 2000.2.22. 99도5227, 2001.11.27. 2000도3463.
507) 大判 2000.3.24. 98도4347, 2001.9.25. 2001도2722.

기 전매를 하려는 매수인의 요구로 매수인 명의를 매수인 또는 매수인이 지정하는 자 또는 매수인 외 1인으로 하는 경우가 실제 거래상 빈번하다. 이 경우 매수인이 어떠한 사정으로 자신 명의로 등기하는 경우에는 매도인의 형사처벌이 문제되지 않으나, 자기 앞으로 등기를 생략한 채 제삼자 명의로 등기하는 경우에는 매도인은 위 7조 3항의 방조범으로 처벌된다. 부동산을 매도하려는 자는 매수인의 우연한 사정에 의하여, 그것도 대부분 미등기 전매를 이용하여 경제적 이득을 취하려는 매수인의 의사에 따라서 그 처벌 여부가 결정된다. 물론 이 경우 매수인 명의를 위와 같이 한 경우에는 제삼자에게 명의가 넘어갈 것을 알 수 있었지 않았냐 하는 문제를 제기할 수 있으나, 이는 아래에서 보는 문제점이 있다.

2) 賣渡人과 買受人의 差別

법 제4조 3항은 명의신탁약정이나 그 등기의 무효로 인하여 매수인인 제삼자는 그 부동산에 관하여 명의신탁약정이 있었음을 알았든(善意), 몰랐든(惡意) 그 부동산에 관하여 유효하게 소유권 등을 취득할 수 있다. 매도인과 매수인은 모두 명의신탁관계(명의신탁자와 명의수탁자 내부의 관계)로부터 벗어난 외부에 존재하는 사람들로서, 매도인과 매수인 사이에 명의신탁 사실을 알았는가의 여부에 따라 방조범으로 형사처벌하고 더 나아가서 그 부동산의 소유권변동의 효력의 유효와 무효가 좌우되게 하는 것이 거래의 안전을 위하여 과연 타당성이 있는지 의문이다. 매도인은 매수인과 같이 명의신탁 외부의 사람으로서, 부동산의 매도를 통하여 경제적인 이득을 얻으려 할 뿐 누구 명의로 이전등기가 되는지는 별 관심이 없다. 오히려 선의, 악의에 따른 위와 같은 매도인의 처벌이나 매매계약 자체의 무효 가능성은 정상적인 부동산거래를 위축시키는 부정적 효과를 낳을 수 있다. 더욱이 위와 같은 상황은 부동산을 팔려는 매도인이 아니라 전매이익을 남기려는 매수인, 즉 명의신탁자에 의하여 전적으로 만들어지는 상황이고, 이후 계약 자체의 효력 유무도 신탁사에게 달려 있는 것이므로 더욱 그러하다. 따라서 위 방조범 처벌규정은 명의신탁 금지의 실효성을 높이기 위하여 신탁관계 외부의 자에게도 그 책임을 묻는 것이나, 이는 매수인에 대한 규정과 비교하여 볼 때 이유 없는 차별로서 폐지함이 타당하다고 본다.

3) 契約名義信託에서 賣渡人의 善意, 惡意의 問題

법 제4조 2항 단서는 계약명의신탁에서 매도인이 선의인 경우는 명의신탁약정은 무효라도 이전등기는 유효한 것으로 예외적으로 규정하고 있다.

이는 입법자가 선의의 매도인을 보호하기 위하여 결단한 것이기는 하나, 과연 매도인의 선의, 악의에 따라서 그 이전등기의 효력에 차별을 두어야만 하는가가 문제이다. 법률적으로는, 계약명의신탁(예컨대 농지매매의 경우)에서 수탁자는 신탁자에 대한 관계에서는 허수아비에 불과하여 매도인과의 계약은 허수아비에 의한 법률행위(Strohmanngeschaft)로 매도인의 선의, 악의를 묻지 않고 유효하다고 보는 것이 타당하다. 또한 경제적인 면에서는 앞서 본 것처럼 선의, 악의의 문제는 방조범으로 처벌 가능성이 없어진다 해도 매매계약의 유효성을 좌우하여 부동산의 거래를 혼란시키는 문제가 발생할 수 있다. 부동산실명제에서 명의신탁이 무효인 이상, 모든 형사적, 경제적 불이익은 명의신탁의 내부관계에 있는 자, 즉 신탁자와 수탁자에게 귀속되어야 하고, 그 밖에 있는 매도인이나 매수인에게 그 불이익을 돌려서는 안 될 것이고, 이는 거래안전을 위하여 필요하다고 본다. 또한 그 내부관계에서는 지금까지의 논의대로 수탁자가 아닌 신탁자에게 그 불이익이 귀속되어야 할 것이다. 입법론적으로 개정의 필요성이 있다고 본다.

(2) 不動産登記制度의 改善問題

부동산거래에 관한 앞서 본 각종의 과거 조치는 형사처벌이나 행정제재 등 공법적인 수단에 의한 것이었고, 부동산실명제법은 처음으로 사법상의 명의신탁약정에 대한 무효규정을 두었지만 공법적 제재규정은 더 엄중해졌다. 부동산거래의 실명화를 이루기 위해서는 일부 시민의 자발적인 준법행위를 기대하고 그렇지 않을 경우 형벌 등의 공적 제재를 가할 거라고 예고하는 방식보다는, 부동산 실명거래가 우리 사회의 자본주의적 생활질서의 하나의 자연스럽게 받아들여지도록 사법적인 제도 내지 시스템이 보완되어야 한다. 부동산실명제법의 입법과정에서 등기공무원에 대한 등기원인 실질심사제와 등기원인 서면의 공증제도가 등기공무원 및 공증인의 부족이라는 현실적인 문제로 인하여 채택되지 않았다. 동산실명제를 시행한 지 10여 년이 경과한 현재, 사법시험제도의 개선으로 변호사의 수자가 대폭 증원되어 공증인의 수가 늘어났고, 등기공무원의 충원 문제도 부동산실명제의 제도적 완성을 위하여 계속 미룰 수만은 없는 문제가 되었다. 프랑스나 독일의 경우 등기신청의 절차 면에서 공증, 등록, 등기의 3단계 과정, 즉 공증인으로부터 공증문서를 작성하여 행정관서인 지방지적사무소에 등록한 후 등기공무원의 실질적 심사를 거쳐 등기하는 과정을 취하게 된다고 한다. 등기원인서면에 대한 공증제도나 등기공무원의 실질심사제도가 확립되면 타인 명의로 등기하거나 등기원인을 다르게 할 수 없게 될 것이고, 위와 같은 등기를 신뢰한 이해관계인에 대하여는 국가배상제도나 보험제도 등으로 그 문제점을 보완할 수 있을 것이다.

第6節 土地去來許可區域內不動産賣買로 인한 法律關係

1. 意義

국토의 계획 및 이용에 관한 법률(이하 '동법'이라고 함)상 국토의 이용 및 관리에 관한 계획의 원활한 수립 및 집행, 합리적 토지이용 등을 위하여 토지의 투기적인 거래가 성행하거나 지가가 급격히 상승하는 지역과 그러한 우려가 있는 지역에 대하여 5년 이내의 기간을 정하여 국토해양부장관은 토지거래계약에 관한 허가구역으로 지정할 수 있다(동법 제117조 제1항). 토지거래허가구역으로 지정된 일정한 면적이상의 토지에 관한 거래계약의 경우 계약당사자는 반드시 그 토지관할 시장, 군수, 구청장(이하 '관할 관청'이라고 함)의 허가[508]를

---

508) 허가의 성질에 대하여는 논란이 있으나 판례는 "규제지역 내에서도 토지거래의 자유가 인정되나 다만 위 허가를 허가 전의 유동적 무효상태에 있는 법률행위의 효력을 완성시켜 주는 認可的 性質을 띤 것이라고 보는 것이 타당하다."라고 보고 있나(判例 1991.12.24, 90다12243 전원합의체판결 다수의견). 다만 "토지 등의 거래계약 허가는 다수의견과 같이 토지 등의 거래계약의 성립을 인정하는 바탕 위에서 그 거래계약의 효력을 완성시키는 인가적 성질을 갖는 것이 아니라 허가 없는 거래계약의 일반적 금지에 대한 개별적 해제인 許可的 性質을 갖는다."라는 별개의견이 제시되었다. 따라서 토지거래허가는 인가적 성질을 띠는 것이므로 투기의 목적 등이 없는 이상 허가를 해 주어야 할 것이다. 백태승, 『민법총칙』, 법문사, 2000, 523쪽, 엄동섭, 「유동적 무효의 법리와 손해배상책임」(민사판례연구 제17권), 박영사, 1995, 86쪽, 소재선, 「거래허가구역 내 토지의 허가구역지정해제와 유동적 무효 계약해제의 가부」, 판례월보 제348호, 1999, 14~15쪽.

받아야만 하고(동법 제118조 제1항), 만약 허가를 받지 아니하고 토지거래계약을 체결하면 그 효력은 무효이며(동법 제118조 제6항), 토지거래에 대한 가장 강력한 공법법규제[509])로써 계약당사자는 형사처벌도 받게 된다.

2. 土地去來許可制度

토지거래허가제는 거래목적, 거래면적, 거래가격 등을 통제하기 위한 제도이나 실제에 있어서는 토지의 거래가격을 허가기준가격의 범위 내로 억제하는 것이 주목적이라 할 수 있어 어떤 의미에서는 토지거래의 상한가격을 통제하는 제도라 할 수 있고 이러한 의미의 물가통제는 시장경제원리를 채택하고 있는 자유민주주의국가에서도 흔히 볼 수 있는 것이며 우리나라에만 있는 것은 아니다.[510]) 그러나 규제구역 내 토지거래라고 하더라도 대가관계 없이 이루어지는 명의신탁 해지로 인한 경우[511])나 경매절차로 인한 경우[512])에는 토지거래허가를 받을 필요가 없다.

허가를 받지 않고 체결한 매매계약의 효력은 어떠한가? 이에 관하여 (a) 債權行爲有效說, (b) 債權行爲無效說, (c) 流動的 無效說 등 학설이 대립하고 있으며, 초기의 判例는 채권행위유효설,[513]) 채권행위무효설[514])의 입장을 취한 것도 있었으나, "토지거래허가구역 내의 토지 등의 거래계약은 관할관청의 허가를 받아야만 그 효력이 발생하고 허가를 받기 전에는 물권적 효력은 물론 채권적 효력도 발생하지 아니하여 무효라고 보아야 할 것이나, 허가받을 것을 전제로 한 거래계약일 경우에는 일단 許可를 받으면 그 계약은 소급하여 유효한 계약이 되고 이와 달리 불허가가 된 때에는 무효로 확정되는 것으로서 허가를 받기까지는 유동적 무효의 상태에 있다고 보아야 한다."[515])고 판시하며, 이른바 유동

---

509) 김상용, 『토지거래허가·신고제의 검토』, 사법행정, 1989, 27~30쪽.

510) 憲裁 1989.12.22, 88헌가13, 손성태, 『부동산관계법규』, (주)코원, 2001, 274쪽.

511) 大判 1991.10.25, 91다29378.

512) 大判 1990.11.6, 90마769.

513) 水原地方法院 1989.12.21, 88가합9411.

514) 서울中央地方法院 1989.8.29, 89가합18738, 大判 1990.12.11, 90다8121, 김민중, 「유동적 무효 - 국토이용관리법상의 토지거래허가를 중심으로」, 법조 제523호, 2002, 50~52쪽.

적 무효(流動的 無效, schwebende Unwirksamkeit)의 法理를 선언하였고 이후 확고한 원칙으로 자리매김하였다.[516] 이와 같이 계약을 체결하였으나 그 효력이 발생하지 아니하고 허가에 의해 매매계약의 효력을 발생시킨다는 유동적 무효 상태의 법률행위는 停止條件附法律行爲와 유사하다고 할 것이므로, 유동적 무효상태에서의 매수인의 기대권을 보호하기 위하여 그 성질에 반하지 않는 범위 내에서 민법의 조건에 관한 규정을 유추적용하자는 견해가 있으나,[517] 토지거래허가는 당사자가 조건으로 삼지 않더라도 법률상 계약의 체결에 당연히 요구되는 유효요건이지 민법상의 조건이라고 볼 수 없으며, 해제조건부계약도 계약으로서의 유효한 요건을 갖추어야 하기 때문에 당사자가 토지거래불허가를 해제조건으로 매매계약을 체결하는 것은 불가능하다는 견해가 있다.[518] 한편 토지거래허가를 받아야 하는 것은 매매계약 체결일에 매매대상 토지가 토규제 지역으로 지정고시된 때에 한하므로, 토지거래허가규제지역 내에 있는 토지에 관한 매매계약 체결일이 규제지역으로 지정고시되기 전인 때에는 그 매매계약에 관하여 관할 관청의 허가를 받을 필요가 없다고 하겠다.[519] 또한 토지거래허가구역으로 지정된 토지에 대한 거래계약이 유동적 무효인 상태에서 그 토지에 대한 토지거래허가구역 지정이 해제되거나 허가구역 지정기간이 만료되었음에도 허가구역 재지정을 하지 아니한 경우, 그 토지거래계약은 확정적으로 유효가 된다. 다만 그 토지거래계약이 허가구역 지정이 해제되기 전에 확정적으로 무효로 된 경우에는 유효로 되지 않는다.

---

515) 大判 1991.12.24, 90다12243.

516) Karl Larenz, Allgemeiner Teil des deutschen Bürgerlichen Rechts, 7 Aufl.(1989), S 45; Diert Collier, Nichtigkeit und Unwirksamkeit im System der Bürgerlichen Rechtsordung, Rechtswissenschafeliche Dissertation der Universität Hamburg (1967), S. 106.

517) 이주흥, 「토지거래허가를 받지 아니한 토지매매계약의 효력(상)」, 법조(1990), 46쪽.

518) 이은영, 「토지거래허가를 조건으로 하는 매매계약 및 배상액예정의 효력」, 판례월보(1991), 제255호, 20쪽.

519) 大判 1996.8.23, 96도1514.

3. 流動的 無效狀態에서의 法律關係

(1) 契約履行請求權與否

　　토지거래의 허가를 요하는 규제구역 내의 토지에 대한 거래계약은 허가받기 전의 상태에서는 채권적 효력도 전혀 발생하지 아니하여 계약의 이행청구를 할 수 없다.[520] 왜냐하면 허가를 받기 전까지, 즉 유동적 상태인 기간 동안의 법률행위는 無效이며, 만일 채권적 효력을 인정하게 된다면 그러한 지위의 양도도 可能해져 토지의 투기방지라는 목적은 달성할 수 없게 되기 때문이다. 따라서 이러한 거래계약의 당사자는 허가받기 전의 상태에서 권리의 이전 또는 설정에 관한 어떠한 내용의 이행청구도 할 수 없고, 상대방의 거래계약상 채무불이행을 이유로 거래계약을 해제하거나 그로 인한 손해배상을 청구할 수 없다.[521] 따라서 허가가 있을 것을 조건으로 하여 將來履行의 訴로서 소유권이전등기절차이행청구도 할 수 없고,[522] 가등기설정을 청구하거나 사용수익을 위한 토지인도를 청구할 수도 없다. 그러나 토지거래허가라는 법정조건의 성취로 소유권이전등기청구권은 현실화될 수 있음이 명백하고 허가신청절차의 협력을 거절하고 거래계약의 효력을 다투는 경우라면 장래이행의 소로서의 요건을 갖춘 것이 되어 허가를 조건으로 한 소유권이전등기를 청구함에 하등 지장이 없고, 이를 부인하면 허가신청절차에 협력하지 않는 상대방을 먼저 허가신청절차협력의무 이행을 구하고 다음에 허가를 받은 후에 소유권이전등기청구소송을 제기하여한다는 것은 소송경제상으로도 타당하지 않다고 하겠다.[523] 매수인이 토지거래허가를 받지 아니한 상태에서 그 소유권이전등기청구권을 피보전권리로 하는 처분금지가처분은 허용되지 않으나,[524] 다만 보전명령신청이 긴급한 필요에 따른 것으로서 피보전권리의 법률적 구성과 증거관계를 신청 당시 충분하게 검토 확정할 만한 시간적 여유가 없이 이루어지는 사정에 비추어 보면 청구의 기초에

---

520) 大判 1992.9.8, 92다19989.

521) 大判 1997.7.25, 97다4357.

522) 大判 1991.12.24. 선고 90다12243 판결 사건에서 원고의 주위적 청구와 예비적 청구 중 허가조건부 소유권이전등기절차의 이행청구는 기각되었고, 예비적 청구 중 토지거래허가신청절차 이행청구부분은 인용되었다.

523) 서울中央地方法院 1989.8.29, 89가합18738.

524) 釜山高等法院 1998.7.31, 98나260.

변경이 없는 한 가처분이의 절차에서도 신청이유의 피보전권리를 변경할 수 있다고 할 것이므로,[525] 채권자가 그 피보전권리는 소유권이전등기청구권에서 토지거래허가신청절차협력청구권으로 변경하면 그 가처분결정은 부당하다고 볼 수 없겠다. 비록 그 매매계약이 허가를 받을 때까지는 법률상 미완성의 법률행위로서 소유권의 이전에 관한 계약의 효력이 전혀 발생하지 아니한다고 할지라도, 위와 같은 토지거래허가신청절차청구권을 피보전권리로 하여 매매목적물의 처분을 금하는 가처분을 구할 수 있다. 다만 계쟁물에 관한 가처분은 그 계쟁물 자체에 관한 급부청구권을 피보전권리로 하는 것인데, 토지거래계약허가신청절차이행청구권은 계쟁물과 관련한 급부청구권일 뿐 계쟁물 자체에 관한 급부청구권이라고 볼 수는 없다고 할 것이므로 이를 피보전권리로 한 처분금지가처분은 허용되지 않는다는 지적이 있다.[526] 만일 매도인이 그 매매계약을 다투는 경우 그 보전의 필요성도 있다고 보아야 할 것이며, 이러한 가처분이 집행된 후에 진행된 강제경매절차에서 당해 토지를 낙찰받은 제삼자는 특별한 사정이 없는 한 이로써 가처분채권자인 매수인의 권리보전에 대항할 수 없다.[527] 한편 토지거래규제구역 내의 토지와 지상건물을 일괄하여 매매하는 경우, 일반적으로 토지와 그 지상의 건물은 법률적인 운명을 같이하게 하는 것이 거래의 관행이고 당사자의 의사나 경제의 관념에도 합치되므로, 매수인이 토지에 관한 당국의 거래허가가 없으면 건물만이라도 매수하였을 것이라고 볼 수 있는 특별한 사정이 인정되는 경우를 제외하고는 토지에 대한 매매거래허가를 받기 전의 상태에서는 지상건물에 대하여도 그 거래계약내용에 따른 이행청구 내지 채무불이행으로 인한 손해배상청구를 할 수 없다.[528] 또한 규제지역 내 토지의 매매에 대하여 토지거래허가를 받은 바 없다면 그 매매계약은 채권적 효력도 없는 것이어서 매도인에게 그 매수인에 대한 소유권이전등기에 협력할 의무가 생겼다고 볼 수 없고, 따라서 그 매도인은 배임죄의 주체인 타인의 사무를 처리하는 자에 해당하지 아니하며, 매도인이 토지거래허가를 받도록 협력할 의무가 있다 하더라도 이는 아직 타인의 사무로 볼 수 없다.[529]

---

525) 大判 1982.3.9, 81다1221.

526) 최인선·장한문·변강림, 『가압류가처분실무』, 백영사, 2002, 643쪽.

527) 大判 1998.12.22, 98다44376.

528) 大判 1994.1.11, 93다22043.

(2) 協力義務履行請求權

허가받을 것을 전제로 한 거래계약일 경우에는 일단 허가를 받으면 그 계약은 遡及하여 유효한 계약이 되고 이와 달리 불허가가 된 때에는 무효로 확정되는 것으로서 허가를 받기까지는 유동적 무효의 상태에 있다고 보아야 하고 당사자 사이에 있어서는 그 계약이 효력 있는 것으로 완성될 수 있도록 서로 협력할 의무가 있다.530) 이와 같은 협력의무의 근거에 대하여는 첫째, 法律規定說, 둘째, 信義則說,531) 셋째, 附隨約定說 등이 대립하고 있으며, 신의칙설이 지배적인 것으로 보인다. 따라서 협력의무는 법률이나 거래계약에 명시적으로 규율되어 있지 않더라도 채권관계의 성질상 신의칙에 의해서 당연히 발생되는 부수적 급부의무로 볼 수 있겠다.

매매계약의 일방 당사자가 허가신청 협력의무의 이행거절 의사를 분명히 하였더라도 당사자 쌍방은 그 계약이 효력 있는 것으로 완성될 수 있도록 서로 협력할 의무가 있다고 할 것이므로, 다른 일방 당사자는 상대방에게 토지거래허가신청절차협력의무이행청구의 소를 제기할 수 있으나, "원고와 피고 모두 위 매매계약 당시 이 사건 토지가 위 법 소정의 규제지역에 속하여 있는 사실을 모르고 계약을 체결하였다가 매수인인 원고가 뒤늦게 이를 알고서 매도인인 피고에게 허가신청절차에 협력할 것을 요구하였으나 피고는 그 협력을 거부하고 오히려 원고의 잔대금미지급을 이유로 위 매매계약의 해제 및 계약금 몰수를 주장하고 있는 사실을 엿볼 수 있어 당사자 일방이 허가신청협력의무의 이행거절의사를 명백히 표시하였다고 할 것이고, 이러한 경우에는 허가 전 거래계약관계, 즉 계약의 유동적 무효상태가 더 이상 지속한다고 볼 수는 없고 그 계약관계는 확정적으로 무효라고 인정되는 상태에 이르렀다고 하여야 할 것이다."532)고 판시하고 있어, 언뜻 위 판결과 서로 조화가 되지 않아 보인다. 그러나 위 판결의 사안은 피고가 허가신청협력의무의 이행거절의사를 명백히 하고 있는 경우 매수인인 원고가 허가신청절차이행을 소구하지 않고 지급한 계약금

---

529) 大判 1995.1.20, 94도697.

530) 大判 1993.6.22, 91다21435.

531) 서울中央地方法院 1989.8.29, 89가합18738.

532) 大判 1993.6.22, 91다21435.

644

의 반환을 구한 사건으로 쌍방이 허가신청을 하지 않을 의사를 명백히 한 경우로 볼 수 있다고 하겠다. 따라서 판례는 당사자 쌍방이 허가신청을 하지 아니하기로 의사표시를 명백히 한 경우에 유동적 무효상태의 계약이 확정적으로 무효가 된다는 입장에 있다고 보아야 할 것이다. 상대방의 토지거래허가신청협력거절을 이유로 일방적으로 유동적 무효의 상태에 있는 거래계약 자체를 해제할 수는 없다.[533] 따라서 토지거래허가구역 내의 토지에 대한 거래계약을 체결하였으나 상대방이 허가신청절차의 이행을 하지 않아 곤란을 겪는 당사자는 먼저 토지거래허가신청절차협력의무의 이행을 소구하여 승소판결을 받은 후 토지거래허가신청을 하여 관할관청의 허가를 받고 나서 다시 상대방을 상대로 하여 소유권이전등기절차이행을 구해야 한다.

또한 민법 제404조에서 규정하고 있는 채권자대위권은 채권자가 채무자에 대한 자기의 채권을 보전하기 위하여 필요한 경우에 채무자의 제삼자에 대한 권리를 대위행사할 수 있는 권리를 말하는 것으로서, 이때 보전되는 채권은 그 발생원인이 어떠하든 보전의 필요성이 인정되고 이행기가 도래한 것이면 족하다고 할 것이므로, 유동적 무효상태에 있는 거래관계에 있어 매수인이 매도인에 대하여 가지는 토지거래허가신청절차의 협력의무의 이행청구권도 債權者代位權의 행사에 의하여 보전될 수 있는 채권에 해당한다고 할 것이다.[534] 亡人으로부터 土地거래규제지역 내에 있는 토지로서 등기부 등 관계공부가 멸실되어 토지대장상 소유자 미복구로 되어 있는 토지를 매수한 자는 망인의 상속인들에 대한 토지거래허가신청절차의 협력의무의 이행청구권을 보전하기 위하여 상속인들을 대위하여 위 토지가 상속인들 소유임의 확인을 구할 수 있다.[535] 만일 토지거래허가를 받지 아니하고 계약당사자의 표시와 불일치한 의사(비진의표시, 허위표시 또는 착오) 또는 사기, 강박과 같은 하자 있는 의사에 의하여 토지거래 등이 이루어진 경우에 있어서, 이들 사유에 기하여 그 거래의 무효 또는 취소를 주장할 수 있는 당사자는 그러한 거래허가를 신청하기 전 단계에서 이러한 사유를 주장하여 거래허가신청협력에 거절의사를 일방적으로 명백히

533) 大判 1999.6.17. 98다40459.
534) 大判 1995.9.5. 95다22917.
535) 大判 1993.3.9. 92다56575.

함으로써 그 계약을 확정적으로 무효화시키고 자신의 거래허가절차에 협력할 의무를 면할 수 있다.[536]

(3) 賣渡人의 土地去來許可申請節次協力義務와 買受人의 代金支給義務와의 履行關係

토지거래규제구역 내의 토지에 관하여 관할관청의 토지거래허가 없이 매매계약이 체결됨에 따라, 그 매수인이 위 계약을 효력이 있는 것으로 완성시키기 위하여 매도인에 대하여 위 매매계약에 관한 토지거래허가신청절차에 협력할 의무의 이행을 청구하는 경우에 있어, 매수인이 위 계약내용에 따른 매매대금 지급채무를 이행제공하여야 하거나 매도인이 그 대금지급채무의 변제시까지 위 협력의무의 이행을 거절할 수 있는 것은 아니다.[537]

(4) 協力義務不履行에 대한 損害賠償請求權

매매계약 자체로서는 유동적 무효상태에 있는 것이나 유동적 무효상태에 있는 계약을 효력이 있는 것으로 완성하여야 할 협력의무를 부담하는 한도 내에서의 당사자의 의사표시까지 무효상태에 있는 것이 아니므로, 이러한 유동적 무효상태에 있는 매매계약에 대하여 허가를 받을 수 있도록 허가신청을 하여야 할 협력의무를 이행하지 아니하고 매수인이 그 매매계약을 일방적으로 철회함으로써 매도인이 손해를 입은 경우에 매수인은 이 협력의무 불이행과 인과관계가 있는 손해는 이를 배상하여야 할 의무가 있다.[538] 또한 계약당사자 일방이 토지거래허가를 받는 데 방해행위를 하였다면 손해배상의무가 있다고 할 것이다. 그러나 관할관청에 토지거래허가를 신청하였으나 불허가처분을 받았다는 것을 이유로 손해배상의무는 발생하지 아니한다. 이때 배상되어야 할 손해는 협력의 신뢰를 파괴함으로써 생긴 손해, 즉 信賴利益의 損害라고 할 것이며, 그의 배상액은 계약이 유효함으로 인하여 생길 이익의 액을 넘지 못한다고 해석

---

536) 大判 1996.11.8. 96다35309.

537) 大判 1993.8.27. 93다15366.

538) 大判 1995.4.28. 93다26397, 양창수,「국토이용관리법상의 거래허가 대상토지에 대한 허가 없는 거래계약의 효력」, 고시연구, 2001. 127쪽.

해야 타당할 것이다.[539)

(5) 契約解除權

토지거래의 허가를 요하는 규제지역 내의 토지에 대한 거래계약은 허가받기 전의 상태에서는 채권적 효력도 전혀 발생하지 아니하여 계약의 이행청구를 할 수 없음은 당연하므로, 매수인의 계약상 채무불이행을 이유로 한 매도인의 계약해제주장은 최고의 적법 여부를 가려볼 것도 없이 이유 없는 것이다.[540) 따라서 매매계약에 대하여 토지거래허가를 받지 못하고 있는 상태에서 설사 매수인이 계약내용에 따라 중도금과 잔대금을 지급하지 아니하였다고 하더라도 매도인은 매수인에 대하여 매매대금지급채무의 불이행을 이유로 매매계약을 해제하거나 매매계약에 정한 바에 따라 계약금반환청구권 포기의 책임을 물을 수 없는 것이다.[541) 이와 같이 그 허가가 있기 전에는 매수인에게 그 계약내용에 따른 대금의 지급의무가 없는 것이므로 설사 그전에 매도인이 소유권이전등기 소요서류의 이행제공을 하였다 하더라도 매수인이 이행지체에 빠지는 것이 아니고 허가가 난 다음 그 이행제공을 하면서 대금지급을 催告하고 매수인이 이에 응하지 아니한 경우에 비로소 이행지체에 빠져 매도인이 계약을 해제할 수 있는 것이다.[542) 매매 당사자 일방이 계약 당시 상대방에게 계약금을 교부한 경우 당사자 사이에 다른 약정이 없는 한 당사자 일방이 계약 이행에 착수할 때까지 계약금 교부자는 이를 포기하고 계약을 해제할 수 있고, 그 상대방은 계약금의 배액을 상환하고 계약을 해제할 수 있음이 계약 일반의 법리인 이상 (민법 제565조 제1항), 특별한 사정이 없는 한 토지거래허가를 받지 않아 유동적 무효상태인 매매계약에 있어서도 당사자 사이의 매매계약은 매도인이 계약금의 배액을 상환하고 계약을 해제함으로써 적법하게 해제된다고 할 것이다.[543) 이와 같이 매도인은 매수인이 계약의 이행에 착수하기 전에 계약금의

---

539) 이은영, 「토지거래허가를 조건으로 하는 매매계약 및 배상액 예정의 효력」, 판례월보 제255호, 1991, 20
    ~23쪽, 이주흥, 「토지거래허가를 받지 아니한 토지매매계약의 효력(하)」, 법조 제406호, 1990, 63쪽.
540) 大判 1992.9.8, 92다19989.
541) 大判 1996.8.23, 96다17783.
542) 大判 1992.7.28, 91다33612.
543) 大判 1997.6.27, 97다9369.

배액을 상환하고 계약을 해제할 수 있으나, 이 해제는 통고로써 즉시 효력을 발생하고 나중에 계약금 배액의 상환의무만 지는 것이 아니라 매도인이 수령한 계약금의 배액을 매수인에게 상환하거나 적어도 그 이행제공을 하지 않으면 계약을 해제할 수 없다.[544] 따라서 유동적 무효상태인 매매계약의 매도인이 계약금의 배액을 제공하고 계약을 해제하려고 하는 경우, 매수인이 대금 지급기일 전에 매도인의 의사에 반하여 대금지급의 이행을 할 수는 없다. 토지거래허가를 전제로 하는 매매계약의 경우 허가가 있기 전에는 매수인이나 매도인에게 그 계약내용에 따른 대금의 지급이나 소유권이전등기 소요서류의 이행제공의 의무가 있다고 할 수 없을 뿐 아니라, 매도인이 민법 제565조에 의하여 계약금의 배액을 제공하고 계약을 해제하고자 하는 경우에 이 해약금의 제공이 적법하지 못하였다면 해제권을 보유하고 있는 기간 안에 적법한 제공을 한 때에 계약이 해제된다고 볼 것이고, 매도인이 매수인에게 계약을 해제하겠다는 의사표시를 하고 일정한 기한까지 해약금의 수령을 최고하였다면, 중도금 등 지급기일은 매도인을 위하여서도 기한의 이익이 있는 것이므로 매수인은 매도인의 의사에 반하여 이행할 수 없는 것이다.[545]

(6) 契約無效를 이유로 한 不當利得返還請求權

토지거래허가를 받지 아니하여 매매계약이 유동적 무효상태에 있는 경우, 이미 지급한 계약금의 반환을 부당이득으로 구할 수 있는지에 대하여, 判例는 허가를 배제하거나 潛脫하는 내용이 아닌 유동적 무효상태의 매매계약을 체결하고 매수인이 이에 기하여 임의로 지급한 계약금은 그 계약이 유동적 무효상태로 있는 한 이를 부당이득으로 반환을 구할 수는 없고, 유동적 무효상태가 확정적으로 무효로 되었을 때 비로소 부당이득으로 그 반환을 구할 수 있다고 판시하였다.[546]

---

544) 大判 1992.7.28. 91다33612.
545) 大判 1997.6.27. 97다9369.
546) 大判 1993.7.27. 91다33766.

(7) 損害賠償額豫定의 效力

토지거래허가를 받지 않아 유동적 무효의 상태에 있는 계약을 체결한 당사자는 쌍방이 그 계약이 효력이 있는 것으로 완성될 수 있도록 서로 협력할 의무가 있으므로, 이러한 매매계약을 체결할 당시 당사자 사이에 그 일방이 토지거래허가를 받기 위한 협력 자체를 이행하지 아니하거나 허가신청에 이르기 전에 매매계약을 철회하는 경우 상대방에게 일정한 손해액을 배상하기로 하는 약정을 유효하게 할 수 있다.[547] 다만 "토지거래허가를 받기 전의 상태에서는 매매계약은 무효이므로 채무불이행으로 인한 손해배상청구를 할 수 없다."[548]는 판결과 양립할 수 없는 문제가 발생할 수 있다. 따라서 그 정지조건(토지의 농지전용)을 성취할 의무가 있는 자의 책임 있는 사유로 인하여 그 정지조건의 불성취가 확정됨으로써 유동적 무효상태에 있던 매매계약이 확정적으로 무효가 되었다 하여도, 당사자 간의 위약금 약정은 손해배상액 예정의 약정으로서 유효하다고 할 것이고, 매도인이 그와 같은 협력의무를 이행하지 아니함으로써 매매계약이 확정적으로 무효가 된 이상 매도인은 매수인에게 위 위약금 약정에 따른 손해배상예정액을 지급할 의무가 있다고 할 것이다. 다만 당사자 사이에 당사자 일방이 토지거래허가를 받기 위한 협력 자체를 이행하지 아니하거나 허가신청에 이르기 전에 매매계약을 철회하는 경우 상대방에게 일정한 손해액을 배상하기로 하는 약정을 기본적 매매계약과 별개의 계약으로 체결한 것으로 인정되는 경우라야 비로소 유동적 무효인 매매계약과는 별개의 확정적 유효인 손해배상예정의 약정이 인정되는 것이라는 견해가 있다.[549] 토지거래허가 구역 내의 토지에 관한 매매계약을 체결함에 있어서 토지거래허가를 받을 수 없는 경우 이외에 당사자 일방의 계약 위반으로 인한 손해배상액의 약정에 있어서 계약 위반이라 함은 당사자 일방이 그 협력의무를 이행하지 아니하거나 매매계약을 일방적으로 철회하여 그 매매계약이 확정적으로 무효가 되는 경우를 포함하는 것으로 봄이 상당하다.[550] 한편 매도인이 협력을 고의로 게을리하여 매수

---

547) 大判 1998.3.27, 97다36996, 大判 1994.4.15, 93다39782.

548) 大判 1994.1.11, 93다22043.

549) 이광범, 「국토이용관리법상의 토지거래허가를 받지 않아 유동적 무효인 계약의 법률관계, 대법원판례해설 (1997년 하반기)」, 278쪽, 엄동섭, 「유동적 무효의 법리와 손해배상책임」(민사판례연구 제17권), 박영사, 1995, 86쪽.

인의 토지취득을 방해하려는 경우나 매도인이 이중매매를 위한 합의를 하고 제
1매수인을 골탕 먹이는 악질적인 경우에 매도인의 불성실은 손해배상으로 처리
되어야 하고 계약금을 그에 대비한 배상액예정으로 해석하는 것이 타당하다는
견해도 제시되고 있다.[551]

4. 無效의 確定에 따른 法律關係

(1) 確定的 無效로 되는 경우

그동안의 判例를 살펴보면, 대법원은 허가를 배제하거나 허가를 잠탈하는 내
용의 계약을 체결한 경우, 관할관청에 의한 불허가 처분이 있을 때, 당사자 쌍
방이 허가신청을 하지 아니하고 의사표시를 명백히 한 경우, 매매계약이 계약
당사자의 표시와 불일치한 의사 또는 하자 있는 의사표시에 의하여 이루어지
고, 취소권자가 위 취소사유를 이유로 거래허가신청협력의무에 대하여 이행거
절의 의사를 명백히 한 경우, 정지조건부계약인 경우 토지거래허가 전 조건불
성취로 확정된 경우 등 위 5가지 사유가 발생한 때로부터 유동적 무효상태의
계약이 확정적으로 무효가 된다고 보고 있다.

1) 許可를 排除하거나 許可를 潛脫하는 內容의 契約을 締結한 경우

허가구역 내 토지거래계약이 처음부터 허가를 배제하거나 잠탈하는 내용의
계약인 경우(토지거래허가구역 내의 토지를 중간생략등기의 합의 아래 전매차
익을 얻을 목적으로 전전매매한 경우 등)에는 허가 여부를 기다릴 것도 없이
확정적 무효로서 유효화될 여지가 없고, 토지거래허가구역 내의 토지가 거래허
가를 받거나 소유권이전등기를 경료할 의사 없이 중간생략등기의 합의 아래 전
매차익을 얻을 목적으로 소유자 甲으로부터 부동산중개업자인 乙, 丙을 거쳐
丁에게 輾轉賣買한 경우, 그 각각의 매매계약은 모두 확정적으로 무효로서 유

---

550) 大判 1998.3.27. 97다36996.

551) 이은영, 전게논문, 22쪽. 이 견해는 불허가처분이 확정된 경우에도 소멸하는 것은 매매의 합의일 뿐 협력약
정과 그 위반에 대비한 배상액예정은 유효하다고 하면서, 매매계약에 있어서 위약금의 성질을 갖는 계약금
은 협력의무위반시에 대비한 손해배상액예정으로 해석하여야 한다고 설명한다.

효화될 여지가 없고, 각 매수인이 각 매도인에 대하여 토지거래허가신청 절차 협력의무의 이행청구권을 가지고 있다고 할 수 없으며, 따라서 丁이 이들을 순차 대위하여 甲에 대한 토지거래허가 신청절차 협력의무의 이행청구권을 代位 行使할 수도 없다. 이와 같이 토지거래허가구역 내의 토지가 관할 관청의 허가 없이 전전매매되고 그 당사자들 사이에 최초의 매도인으로부터 최종 매수인 앞으로 직접 소유권이전등기를 경료하기로 하는 중간생략등기의 합의가 있는 경우, 이러한 중간생략등기의 합의란 부동산이 전전매도된 경우 각 매매계약이 유효하게 성립함을 전제로 그 이행의 편의상 최초의 매도인으로부터 최종의 매수인 앞으로 소유권이전등기를 경료하기로 한다는 당사자 사이의 합의에 불과할 뿐 그러한 합의가 있다고 하여 최초의 매도인과 최종의 매수인 사이에 매매계약이 체결되었다는 것을 의미하는 것은 아니고, 따라서 최종 매수인은 최초 매도인에 대하여 직접 그 토지에 관한 토지거래허가 신청절차의 협력의무 이행청구권을 가지고 있다고 할 수 없으며, 설사 최종 매수인이 자신과 최초 매도인을 매매 당사자로 하는 토지거래허가를 받아 최종 매수인 앞으로 소유권이전등기를 경료하더라도 그러한 소유권이전등기는 적법한 토지거래허가 없이 경료된 등기로서 무효이다.[552]

2) 管轄官廳에 의한 不許可處分이 있을 때

토지거래허가를 받지 않은 유동적 무효상태의 계약은 관할 관청에 의한 불허가처분이 있을 때뿐만이 아니라, 당사자 쌍방이 허가신청을 하지 아니하기로 의사표시를 명백히 한 경우에도 유동적 무효상태의 계약은 확정적으로 무효로 된다고 보아야 할 것이다.[553] 다만 토지거래허가를 받지 아니하여 유동적 무효상태에 있는 계약이라고 하더라도 일단 거래허가신청을 하여 불허되었다면 특별한 사정이 없는 한 불허가된 때로부터 그 거래계약은 확정적으로 무효로 되었다고 할 것이지만, 그 불허가의 취지가 미비된 요건의 보정을 명하는 데에 있고 그러한 흠결된 요건을 보정하는 것이 객관적으로 불가능하지도 아니한 경우라면 그 불허가로 인하여 거래계약이 확정적으로 무효가 되는 것은 아니

---

552) 大判 1996.6.28, 96다3982.
553) 大判 1993.7.27, 91다33766.

다.554) 또한 토지거래허가신청에 대한 관할 시장, 군수 또는 구청장의 불허가처분으로 인하여 매매계약이 확정적으로 무효상태에 이르게 되려면 매도인과 매수인이 공동으로 허가를 받고자 법에 따라 허가신청서에 계약내용과 토지의 이용 계획 등을 진실과 부합되게 기재하여 이를 관할 시장, 군수 또는 구청장에게 제출하였지만 그 진실한 허가신청서의 기재에도 불구하고 관할 시장, 군수 또는 구청장에 의하여 그 허가신청이 법의 허가기준에 적합하지 아니하다고 판단되는 경우를 전제로 하는 것이므로, 단지 매매계약의 일방 당사자만이 임의로 토지거래허가신청에 대한 불허가처분을 유도할 의도로 허가신청서에 기재하도록 되어 있는 계약내용과 토지의 이용 계획 등에 관하여 사실과 다르게 또는 불성실하게 기재한 경우라면 실제로 토지거래허가신청에 대한 불허가처분이 있었다는 사유만으로 곧바로 매매계약이 확정적인 무효상태에 이르렀다고 할 수 없다.555)

3) 瑕疵 있는 意思表示

계약당사자의 표시와 불일치한 의사(비진의표시, 허위표시 또는 착오) 또는 사기, 강박과 같은 하자 있는 의사표시에 의하여 토지거래 등이 이루어진 경우에는 이들 사유에 기하여 그 거래의 무효 또는 취소를 구할 수 있는 매수인은 토지거래허가신청 전 단계라도 위 사유를 이유로 거래허가신청협력의무에 대한 이행거절의사를 명백히 함으로써 그 계약을 확정적으로 무효화시킬 수 있다.556)

4) 停止條件附契約인 경우 土地去來許可前條件不成就로 確定된 경우

토지거래허가 전의 거래계약이 정지조건부계약인 경우에 있어서 그 정지조건이 토지거래허가를 받기 전에 이미 불성취로 확정되었다면 장차 토지거래허가를 받는다고 하더라도 그 거래계약의 효력이 발생될 여지는 없게 되었다고 할 것이므로, 이와 같은 경우에도 또한 허가 전 거래계약의 유동적 무효상태가 더 이상 지속된다고 볼 수 없고 그 계약관계는 확정적으로 무효가 된다고 봄이 상당하다.557)

---

554) 大判 1998.12.22. 98다44376.
555) 大判 1997.11.11. 97다36965.
556) 大判 1997.11.14. 97다36118, 大判 1996.11.8. 96다35309.

한편 토지거래허가신청절차청구권을 피보전권리로 하는 처분금지가처분의 집행을 마친 후 당해 부동산의 소유권이 낙찰로 인하여 타인에게 이전된 경우, 당해 거래계약이 확정적으로 무효가 되는지에 대해 判例는 토지거래허가신청절차청구권을 피보전권리로 하는 처분금지가처분의 집행을 이미 마친 채권자로서는 그 후 당해 부동산의 소유권이 낙찰로 인하여 타인에게 이전된 경우라도 그 가처분의 효력으로 새로운 토지소유자에게 대항할 수 있어 여전히 그 거래계약의 효력이 발생될 여지가 있으므로 그 때문에 당해 거래계약이 확정적으로 무효로 된다고 볼 수 없다고 본다.558)

5. 不當利得返還請求權

실무상 허가구역 내 토지거래매매와 관련되어 주로 문제가 되는 사례는, 토지거래허가를 받지 않고 매매계약을 체결한 후 계약금, 중도금 등의 대금을 임의로 지급하고서는 매수인이 매매계약을 철회하고 싶어지거나 매수인 측 귀책사유로 토지거래불허가처분을 받은 경우에 위 매매계약이 토지거래허가를 받지 아니하여 무효라면서 매도인에게 지급한 계약금 등의 반환을 청구하는 경우이다. 토지거래허가를 받지 않아 매매계약이 유동적 무효의 상태에 있는 경우, 매수인이 임의로 지급한 계약금 등은 그 계약이 유동적 무효상태로 있는 한 부당이득으로 그 반환을 구할 수 없고, 유동적 무효상태가 확정적으로 무효가 되었을 경우에는 비로소 부당이득으로서 계약금등의 반환을 구할 수 있다.559) 따라서 판례는 유동적 무효상태하의 계약에서 지급한 계약금은 법률상 원인 없이 지급된 것은 아니라고 본 것이다. 즉 유동적 무효상태의 계약하에서 수수된 계약금은 거래당사자 쌍방이 토지거래허가가 날 것을 예상하여 지급수수된 것이고, 당사자 쌍방은 계약이 효력 있는 것으로 완성될 수 있도록 서로 협력할 의무가 있다고 할 것이므로, 이를 민법 제741조의 법률상 원인 없이 수수된 것으로 볼 수는 없다고 할 것이다. 만약 유동적 무효상태에서도 부당이득의 반환을

---

557) 大判 1998.3.27, 97다36996.
558) 大判 1998.12.22, 98다44376.
559) 大判 1996.11.8, 96다35309, 大判 1993.6.22, 91다21435.

구할 수 있다고 하면, 유동적 무효상태에서 매수인이 허가 없음을 들어 부당이 득으로 이미 지급한 대금의 반환을 구하고, 반소로써 매도인이 허가절차이행을 구한 경우, 본소, 반소 모두 인용하여야 하는데, 나중에 관할관청의 허가가 나 는 경우 부당이득으로 반환한 대금을 다시 지급해야 하므로, 지급한 대금을 반 환한 것은 무용의 일이 되어 버리게 되는 문제가 있으므로, 매매계약이 확정적 인 무효로 되었을 때 비로소 계약금등의 반환을 구할 수 있다고 할 것이다.

6. 歸責事由 있는 契約當事者가 契約의 無效를 主張할 수 있는지 與否

매수인이 토지거래허가를 받을 수 있는 상황임에도 불구하고 계약체결 후 경 제성 및 수익성 등의 변화상태에 따라 고의로 토지거래허가를 받기 위한 협력 의무를 이행하지 않으면서 토지거래허가가 없어 매매계약은 무효라면서 원상회 복으로서 계약금 등의 반환을 구하는 사례가 있다. 이러한 경우 매수인의 계약 금반환주장은 타당한 것인가에 대해 이러한 주장은 신의칙에 반하여 허용될 수 없다는 견해도 있으나 判例는 토지거래허가를 받지 않아 거래계약이 유동적 무 효의 상태에 있는 경우, 유동적 무효상태의 계약은 관할 관청의 불허가처분이 있을 때뿐만 아니라 당사자 쌍방이 허가신청협력의무의 이행거절 의사를 명백 히 표시한 경우에는 허가 전 거래계약관계, 즉 계약의 유동적 무효상태가 더 이상 지속된다고 볼 수 없으므로, 계약관계는 확정적으로 무효가 된다고 할 것 이고, 그와 같은 법리는 거래계약상 일방의 채무가 이행불능임이 명백하고 나 아가 상대방이 거래계약의 존속을 더 이상 바라지 않고 있는 경우에도 마찬가 지라고 보아야 하며, 거래계약이 확정적으로 무효가 된 경우에는 거래계약이 확정적으로 무효로 됨에 있어서 귀책사유가 있는 자라고 하더라도 그 계약의 무효를 주장할 수 있다고 본다.[560]

---

560) 大判 1997.7.25, 97다4357.

參考文獻

－ 國內 －

강양원, 『뉴에이스 민법』, 네오시스, 2004.

권순한, 『요해민법 Ⅰ』, 도서출판 학우, 2004.

곽윤직, 『채권총론(민법강의Ⅲ)』, 박영사, 1994.

곽윤직, 『채권각론』, 박영사, 1995.

곽윤직, 『물권법(민법강의Ⅱ)』, 박영사, 1996.

김경열, 『신토지공법』, 경영문화원, 1992.

김경열, 『토지공법』, 사법행정문화원, 1997.

김남진, 『행정법(Ⅰ)』, 법문사, 1995.

김도창, 『일반행정법론(상)』, 청운사, 1985.

김동훈, 『계약법의 주요문제』, 국민대학교출판부, 2000.

김동희, 『행정법(Ⅰ)』, 박영사, 2003.

김상용, 『채권각론』, 법문사, 1998.

김상용, 『물권법(전정판증보)』, 법문사, 2003.

김용한, 『물권법론(재전정판)』, 박영사, 1993.

김용한, 『물권법론』, 박영사, 1996.

김종원, 『핵심정리민법』, 고시연구사, 2004.

김주수, 『채권각론』, 삼영사, 1992.

김주수, 『민법총칙(제5판)』, 삼영사, 2001.

김준호, 『민법강의(이론과 사례)』, 법문사, 1999.

김재덕, 『토지소유권제한의 이론』, 경영문화원, 1983.

김증한・김학동, 『물권법(제9판)』, 박영사, 1998.

김증한・김학동, 『민법총칙(제5판)』, 삼영사, 2001.

김철수, 『헌법학개론』, 박영사, 1993.

김철수, 『물권법(민법강의Ⅱ)』, 박영사, 1996.

김철수, 『민법학강의 민법총칙편』, 신조사, 2006.

노종천・김학환・최창귀・최준기 공저, 『민법학론』, 형성출판사, 2003.

박균성, 『행정법론(상)』, 박영사, 2003.

박문각 부설 부동산 교육연구소, 『부동산 공시법령』, 도서출판 박문각, 2007.

백태승, 『민법총칙』, 법문사, 2000.

박윤흔, 『행정법강의(상)』, 국민서관, 1993.

이광윤 · 김민호, 『최신행정법론』, 법문사, 2003.

이명구, 『행정법원론(개정중판)』, 대명출판사, 1986.

이은영, 『채권각론』, 박영사, 1993.

이은영, 『민법학강의』, 박영사, 1995.

이영준, 『물권법(전정판)』, 박영사, 1996.

이영준, 『물권법(민법강의Ⅱ)』, 1997.

이영준, 『새로운 체계에 의한 한국민법론』, 박영사, 2004.

임영호, 『민법의 정리』, 유스티니아누스, 2003.

석종현, 『일반행정법(상)』, 삼영사, 2003.

송영곤, 『민법의 쟁점1』, 유스티니아누스, 2004.

손성태, 『부동산관계법규』, (주)코윈, 2001.

손창환, 『민사집행법 실무연구』, 법률정보센타, 2002.

유지태, 『행정법신론』, 신영사, 2003.

지원림, 『민법강의 제5판』, 홍문사, 2007.

오시영, 『민법강의』, 학현사, 2006.

최인선 · 장한문 · 변강림, 『가압류가처분실무』, 백영사, 2002.

한삼인, 『판례로 본 법이야기』, 육서당, 1999.

한삼인, 『알기쉬운 생활민법(상)』, (주)엑스퍼트월드, 2006.

홍정선, 『행정법원론(상)』, 박영사, 2003.

황영선, 『사례중심의 민법』, 대학출판사, 1996.

－論文－

강인상, 「토지거래허가구역 내에서의 중간생략등기의 효력」, 판례연구, 1991.

공순진, 「토지거래허가제」, 토지법학 제12호, 1997.

김광태, 「국토이용관리법상의 허가 없이 체결한 토지거래계약」, 형사판례연구 제1권, 1993.

김민중, 「유동적 무효 － 국토이용관리법상의 토지거래허가를 중심으로」, 법조 제523호, 2002.

김상용, 「토지거래허가 · 신고제의 검토」, 사법행정, 1989.

김상용, 「토지거래허가의 법리구성」, 판례월보 제260호(1992. 5).

김정도, 「토지거래허가를 받지 아니한 토지매매계약의 법률관계」, 재판과 판례 제4집 (1995. 8).

김준호, 「유동적 무효에 관한 판례이론」, 사법행정, 1994.

김희태, 「토지거래허가지역내의 토지에 대한 거래허가 전의 이중양도와 배임죄의 성부 형사재판의 제문제」, 법조 제466호, 1995.

노종천, 「물권적 청구권과 비용부담의 문제」, 숭실대학교, 1997.

소재선, 「거래허가구역 내 토지의 허가구역지정해제와 유동적 무효 계약해제의 가부」, 판례월보 제348호, 1999.

양승두, 「행정행위의 내용상 분류에 대한 고찰」, 현대행정과 공법이론(南河徐元宇교수화갑기념논문집), 박영사, 1991.

양창수, 「국토이용관리법상의 거래허가 대상토지에 대한 허가 없는 거래계약의 효력」, 고시연구, 2001.

엄동섭, 「유동적 무효의 법리와 손해배상책임」(민사판례연구 제17권), 박영사, 1995.

오창수, 「토지거래허가를 받지 아니한 거래당사자간의 법률관계」, 판례월보,1995.

윤철홍, 「유동적 무효의 법리」, 고시계, 1999.

윤철홍, 「토지거래허가구역지정의 해제와 유동적 무효」, 법률신문 제2812호, 1999.

이광범, 「국토이용관리법상의 토지거래허가를 받지 않아 유동적 무효인 계약의 법률관계」, 대법원판례해설 제29호, 1998.

이규영, 「토지거래허가를 요하는 토지거래계약의 법리」, 부동산법학 제2권, 1991.

이상태, 「물권·채권준별론을 취한 판덱텐체계의 현대적 의의」, 건국대학교 출판부, 2006.

이영만, 「물권변동에 있어서 의사주의와 형식주의에 대하여」, 학술정보, 1959.

이주흥, 「토지거래허가를 받지 아니한 토지매매계약의 효력(상)」, 법조 제405호, 1990.

이주흥, 「토지거래허가를 받지 아니한 토지매매계약의 효력(하)」, 법조 제406호, 1990.

이주흥, 「토지거래허가에 있어서 이른바 유동적 무효에 기한 법률관계」, 민사재판의 제문제 제8권, 한국사법행정학회, 1994.

이시윤, 「토지거래에 관한 규제를 어긴 경우의 효력과 장래이행의 소」, 민사재판의제문제 제7권, 한국사법행정학회, 1993.

이은영, 「토지거래허가를 조건으로 하는 매매계약 및 배상액 예정의 효력」, 판례월보 제255호, 1991.

이충, 「토지거래허가제도의 법적 문제점과 개선방안」, 연세대학교(석사학위논문), 2003.

성옥태, 「부동적 결효」, 사법행정, 1992.

정옥태, 「물권행위의 무인성」, 고시계, 1991.

조규창, 「유동적 무효 – 대법원기본판결에 대한 비판적 고찰」, 고시계, 1996.

진영광, 「토지거래허가제에 관한 사법적 고찰」, 인천법조창간호 인천지방변호사회, 1993.

-外國文獻 및 論文 -

Diert Collier, Nichtigkeit und Unwirksamkeit im System der Bürgerlichen Rechtsordung, Rechtswissenschafeliche Dissertation zu der Universität Hamburg, 1967.

Ferid, Murad/Sonnenberger, Hans Jürgen: Das Französische Zivilrecht Band 2, 2. Aufl., Heidelberg, 1986.

Karl Larenz, Allgenmeiner Teil des deutschen Bürgerlichen Rechts, 7 Aufl. 1989.

Kellmann, Bereicherungsausgleich bei Nutzung fremder Rechtsgueter, Zugleich eine Besprechung des BGH − Urteils v. 7. 1. 1971, NJW 1971.

Koppensteiner, Probleme des bereicherungsrechtlichen Wertersatzes, NJW 1971.

Larenz/Canaris, Lehrbuch des Schuldrechts, Band Ⅱ Halbband 2, 13.Aufl., 1994.

Medicus, Buergerliches Recht, 15.Aufl., 1991.

Medicus, Schuldrecht Ⅱ, Besondere Teil, 5.Aufl., 1992.

Nelson, Grant S./Whitman, Dale: Real Estate Finance Law, 3rd, WestPublishing Co., 1994.

Reinecker, Heinrich/Petereit, Uwe H.: Recht der Kreditsicherheiten in europä ischen, Ländern, Teil Ⅱ, Frankreich, Berlin, 1978.

von Caemmerer, Bereicherung und Unerlaubte Handlung, Festschrift fuer Ernst Rabel, Bd. 1, 1954.

- 웹사이트 -

http://www.moleg.go.kr
http://www.scourt.go.kr
http://www.netlaw.co.kr
http://www.lawnb.com

부 록

비진의표시와 통정허위표시의 비교

구분	비진의표시(非眞意表示)	통정허위표시(通情虛僞表示)
의의	민법 제107조(진의 아닌 의사표시) ① 의사표시는 표의자가 진의 아님을 알고 한 것이라도 그 효력이 있다. 　그러나 상대방이 표의자의 진의 아님을 알았거나 알 수 있었을 경우에는 무효로 한다. ② 전항의 의사표시의 무효는 선의의 제삼자에게 대항하지 못한다.	민법 제108조(허위표시) ① 상대방과 통정한 허위의 의사표시는 무효로 한다. ② 전항의 의사표시의 무효는 선의의 제삼자에게 대항하지 못한다.
요건	① 일정한 효과의사를 추단(推斷)할 만한 의사표시가 있어야 한다. ② 진의(내심의 효과의사)와 표시(표시상의 효과의사)가 일치하지 않아야 한다. ③ 표의자가 그 불일치를 알고 있어야 한다. ④ 비진의표시의 동기나 이유는 불문한다.	① 일정한 효과의사를 추단(推斷)할 만한 의사표시가 있어야 한다. ② 진의(내심의 효과의사)와 표시(표시상의 효과의사)가 일치하지 않아야 한다. ③ 표의자가 그 불일치를 알고 있어야 한다. ④ 의사와 다른 표시를 하는 것에 관하여 상대방과 합의(통정)를 하여야 한다. ⑤ 통정허위표시의 동기나 이유는 불문한다.
효과	① 원칙: 표시한 대로 그 효과가 발생한다. 　(유효, 표시주의 이론) ② 예외: 상대방이 표의자의 진의 아님을 알았거나 알 수 있었을 경우에는 무효로 한다(의사주의 이론).	① 허위표시는 당사자 간에는 언제나 무효이다(의사주의이론). ② 민법 제746조(불법원인급여)는 허위표시에 적용되지 않는다.
제삼자	진의 아닌 의사표시의 무효와 통정허위표시의 무효는 선의의 제삼자에게 대항하지 못한다.	
적용 범위	① 상대방 있는 단독행위 → 적용 ② 상대방 없는 단독행위 → 적용(언제나 유효) ③ 계약 → 적용	① 상대방 있는 단독행위 → 적용 ② 상대방 없는 단독행위 → 부적용 ③ 계약 → 적용
추인	민법 제139조(무효행위의 추인) "무효인 법률행위는 추인하여도 그 효력이 생기지 아니한다. 그러나 당사자가 그 무효임을 알고 추인(追認)한 때에는 새로운 법률행위(法律行爲)로 본다."	

별표-2

착오와 사기·강박의 비교

구 분	착오로 인한 의사표시	사기·강박에 의한 의사표시
의의	민법 제109조(착오로 인한 의사표시) ① 의사표시는 법률행위의 내용의 중요 부분에 착오가 있는 때에는 취소할 수 있다. 그러나 그 착오가 표의자의 중대한 과실로 인한 때에는 취소하지 못한다. ② 전항의 의사표시의 취소는 선의의 제삼자에게 대항하지 못한다.	민법 제110조(사기·강박에 의한 의사표시) ① 사기나 강박에 의한 의사표시는 취소할 수 있다. ② 상대방 있는 의사표시에 관하여 제삼자가 사기나 강박을 행한 경우에는 상대방이 그 사실을 알았거나 알 수 있었을 경우에 한하여 그 의사표시를 취소할 수 있다. ③ 전 2항의 의사표시의 취소는 선의의 제삼자에게 대항하지 못한다.

요건	① 법률행위의 내용의 중요 부분의 착오
	  → 표의자가 입증(立證)
	② 표의자에게 중대한 과실이 없을 것
	  → 상대방이 입증(立證)
		① 사기자·강박자의 2단의 고의(故意)가 있을 것
		② 위법한 기망행위·강박행위가 있을 것
		③ 인과관계(因果關係)가 있을 것

효과	① 의사표시는 법률행위의 내용의 중요 부분에 착오가 있는 때에는 취소할 수 있다. 그러나 그 착오가 표의자의 중대한 과실로 인한 때에는 취소하지 못한다.
	② 취소한 경우에 그 법률행위는 소급하여 무효로 되며, 이미 이행한 것에 관하여 부당이득반환의무가 발생힌다.
	③ 착오로 인한 의사표시의 취소는 선의의 제삼자에게 대항하지 못한다.
	④ 화해계약은 착오를 이유로 하여 취소하지 못한다. 그러나 화해 당사자의 자격에 관한 착오 또는 화해의 목적인 분쟁 이외의 사항에 관하여 착오가 있는 때에는 취소할 수 있다(민법 제733조).
		① 표의가가 상대방으로부터 사기·강박을 당하여 의사표시를 한 경우에는, 표의자는 그 의사표시를 언제든지 취소할 수 있다.
		② 제삼자의 사기·강박
		  ㉠ 표의자가 상대방 없는 의사표시를 제삼자의 사기·강박에 의하여 한 때에는, 표의자는 언제든지 그 의사표시를 취소할 수 있다.
		  ㉡ 상대방 있는 의사표시에 관하여 제삼자가 사기나 강박을 행한 경우에는, 상대방이 그 사실을 알았거나 알 수 있었을 경우에 한하여 그 의사표시를 취소할 수 있다.
		③ 사기나 강박에 의한 의사표시의 취소는 선의의 제삼자에게 대항하지 못한다.

적용 범위	① 가족법상의 법률행위에는 민법총칙의 착오나 사기·강박에 관한 규정이 적용되지 않는다. ② 상법상 주식인수행위에도 민법총칙의 착오나 사기·강박에 관한 규정이 적용되지 않는다.	
기타	표의자가 상대방 또는 제삼자의 기망행위에 의하여 착오에 빠지고, 그에 기하여 의사표시를 한 경우에, 사기와 착오 중 양자를 선택하여 취소할 수 있다(통설·판례).	
	표의자의 착오에 의한 취소와 매도인의 담보책임이 경합되는 경우에, 매도인의 담보책임이 성립하는 범위에서 착오는 그 적용이 없다(통설).	매도인의 하자담보책임과 사기를 이유로 한 취소는 선택할 수 있다(통설·판례).

임의대리와 법정대리의 비교

구분	임의대리(任意代理)	법정대리(法定代理)
의의	본인의 의사에 의하여 대리권이 수여되는 경우	법률의 규정에 의하여 대리권이 부여되는 경우
대리권 발생	본인의 대리권 수여행위(授權行爲)에 의하여 발생 ① 수권행위의 성질: 상대방 있는 단독행위 ② 수권행위의 상대방: 대리인 ③ 원인된 법률관계와 수권행위의 구분 ④ 수권행위의 방식: 규정(제한)이 없다.	① 본인과 일정한 신분관계에 있는 자가 당연히 대리인이 되는 경우 (예: 친권자, 법정후견인, 일상가사대리의 부부 등) ② 일정한 자의 지정(指定)으로 대리인이 되는 경우 (예: 지정후견인, 지정유언집행자 등) ③ 법원의 선임으로 대리인이 되는 경우 (예: 부재자재산관리인, 상속재산관리인 등)
대리권 범위	① 임의대리권의 범위는 수권행위에 의하여 정해진다. ② 민법 제118조 "권한을 정하지 아니한 대리인은 다음의 행위만을 할 수 있다." ㉠ 보존행위 ㉡ 물건이나 권리의 성질을 변하지 아니하는 범위에서 그 이용 또는 개량하는 행위	법정대리권의 범위는 법률의 규정에 의해 정해진다. (예: 친권자는 무능력자의 재산상 법률행위를 대리)
대리권 소멸	① 본인의 사망 ② 대리인의 사망·금치산 또는 파산	
	※ 임의대리에 특유한 소멸사유 ① 원인된 법률관계의 종료 ② 수권행위의 철회	※ 법정대리에 특유한 소멸사유 ① 본인의 성년에 의한 친권의 소멸 ② 법원의 허가를 얻은 대리인의 사퇴 등
대리인 능력	민법 제117조(대리인의 행위능력) "대리인은 행위능력자임을 요하지 아니한다."	민법 제117조를 법정대리에 적용 여부: 학설 대립
복대리 (復代理)	① 임의대리인의 복임권(민법 제120조) "대리권이 법률행위에 의하여 부여된 경우에는 대리인은 본인의 승낙이 있거나 부득이한 사유가 있는 때가 아니면 복대리인을 선임하지 못한다." ② 임의대리인의 복대리인 선임의 책임(민법 제121조) ㉠ 임의대리인이 복대리인을 선임한 때에는 본인에 대하여 그 선임·감독에 관한 책임이 있다. ㉡ 대리인이 본인의 지명에 의하여 복대리인을 선임한 경우에는 그 부적임 또는 불성실함을 알고 본인에 대한 통지나 그 해임을 태만히 한 때가 아니면 책임이 없다.	법정대리인의 복임권과 그 책임(민법 제122조) "법정대리인은 그 책임으로 복대리인을 선임할 수 있다. 그러나 부득이한 사유로 인한 때에는 민법 제121조 제①항에 정한 책임만 있다."
표현 대리	모든 표현대리(민법 제125조, 제126조, 제129조) → 적용	민법 제125조 대리권수여의 표시에 의한 표현대리 →부적용

무효와 취소의 비교

구분	법률행위의 무효(無效)	법률행위의 취소(取消)
의의	법률행위의 무효란 법률행위가 성립한 때부터 법률상 당연히 그 효력이 없는 것을 말한다.	법률행위 취소란 유효하게 성립한 행위의 효력을 행위시에 소급하여 무효로 하는 것을 말한다.
사유	① 의사무능력자의 법률행위 ② 목적(내용)이 불확정한 법률행위 ③ 목적(내용)이 원시적 불능인 법률행위 ④ 목적(내용)이 강행법규에 위반한 법률행위 ⑤ 목적(내용)이 사회질서에 위반한 법률행위 ⑥ 목적(내용)이 불공정한 법률행위(폭리행위) ⑦ 불법(不法)의 조건(條件)이 붙은 법률행위 ⑧ 무권대리인(無權代理人)의 법률행위 ⑨ 상대방이 안 비진의 의사표시 ⑩ 통정한 허위의 의사표시	① 행위무능력자의 법률행위 ② 착오에 의한 의사표시 ③ 사기 또는 강박에 의한 의사표시
효과	① 무효인 법률행위는 법률상 처음부터 당연히 그 효력이 없다. 즉 그 법률효과는 발생하지 않는다. ② 무효행위에 기하여 이미 이행된 경우에는 원칙적으로 부당이득으로 반환되어야 한다. (예외: 불법원인급여외 경우에는 반환청구할 수 없다.)	① 취소할 수 있는 법률행위는 무능력자, 하자 있는 의사표시를 한 자, 그 대리인 또는 승계인에 한하여 취소할 수 있다. ② 취소한 법률행위는 처음부터 무효인 것으로 본다(민법 제141조).
추인	민법 제139조(무효행위의 추인) "무효인 법률행위는 추인하여도 그 효력이 생기지 아니한다. 그러나 당사자가 그 무효임을 알고 추인한 때에는 새로운 법률행위로 본다."	민법 제143조(추인의 방법, 효과) "취소할 수 있는 법률행위는 제140조에 규정한 자가 추인할 수 있고 추인 후에는 취소하지 못한다." 민법 제144조 "추인은 취소의 원인이 종료한 후에 하지 아니하면 효력이 없다."
경합	법률행위가 무효인 경우에도 취소의 원인이 별도로 존재하는 경우에 그 법률행위를 취소할 수 있는가에 관하여, 통설은 이를 긍정한다.	
기타	민법 제138조(무효행위의 전환) "무효인 법률행위가 다른 법률행위의 요건을 구비하고 당사자가 그 무효를 알았더라면 다른 법률행위를 하는 것을 의욕하였으리라고 인정될 때에는 다른 법률행위로서 효력을 가진다."	※ 민법 제145조(법정추인) ① 전부나 일부의 이행 ② 이행의 청구 ③ 경개(更改) ④ 담보의 제공 ⑤ 전부나 일부의 양도 ⑥ 강제집행 ※ 민법 제146조(취소권의 소멸) → 추인할 수 있는 날로부터 3년, 법률행위를 한 날로부터 10년.

조건과 기한의 비교

구분	조건(條件)	기한(期限)
의의	법률행위의 효력의 발생 또는 소멸을 장래의 '불확실한 사실'에 의존케 하는 법률행위의 부관을 말한다.	법률행위의 효력의 발생 또는 소멸을 장래의 '확실한 사실'에 의존케 하는 법률행위의 부관을 말한다.
분류	① 정지조건(停止條件)・해제조건(解除條件) 　㉠ "시험에 합격하면, 건물을 주겠다." 　㉡ "시험에 합격할 때까지, 생활비를 주겠다." ② 순수수의 조건・단순수의 조건 　㉠ "내 마음이 내키면, 자동차를 주겠다."(무효) 　㉡ "내가 독일을 여행한다면, 시계를 사 주겠다." ③ 우성조건・혼성조건 　㉠ "내일 비가 온다면, 우산을 사 주겠다." 　㉡ "네가 그녀와 결혼한다면, ……"	① 시기(始期)・종기(終期) 　㉠ "1월 1일부터, 건물을 임대(賃貸)한다." 　㉡ "12월 31일까지, 금전을 대차(貸借)한다." ② 확정기한・불확정기한 　㉠ "임대 기간을 1월 1일부터 12월 31일까지 한다." 　㉡ "첫눈이 오면……", "甲이 사망하면……"
부관	① 혼인・이혼・입양・상속의 포기 등 가족법의 법률행위에 는 조건(條件)을 붙일 수 없다. ② 단독행위에 원칙적으로 조건을 붙일 수 없다. 　(예: 상계・취소・해제・주식청약 등) ③ 어음・수표행위에는 조건을 붙일 수 없다. ④ 근로 계약에 조건을 붙일 수 없다.	① 혼인・이혼입양・상속의 포기 등 가족법상의 행위에는 기한(期限)을 붙일 수 없다. ② 소급효를 가지는 행위, 즉 취소나 상계(相計)에는 기한을 붙일 수 없다. ③ 어음・수표행위에는 조건을 붙일 수 없으나, 시기(이행기 또는 지급일)는 붙일 수 있다.
효력	① 조건 있는 법률행위 당사자는 조건의 성부가 미정한 동안에 조건의 성취로 인하여 생길 상대방의 이익을 해하지 못한다. 　이는 기한부 법률행위도 동일하다(준용). ② 조건의 성취가 미정한 권리・의무는 일반규정에 의하여 처분, 상속, 보존 또는 담보로 할 수 있다. 　이는 기한부 법률행위도 동일하다(준용).	
	① 정지조건 있는 법률행위는 조건이 성취한 때로부터 그 효력이 생기고, 해제조건 있는 법률행위는 조건이 성취한 때로부터 그 효력을 잃는다(민법 제147조). ② 당사자가 조건성취의 효력을 그 성취 전에 소급하게 할 의사(특약)를 할 수 있다.	① 시기(始期) 있는 법률행위는 기한이 도래한 때로부터 그 효력이 생기고, 종기(終期) 있는 법률행위는 기한이 도래한 때로부터 그 효력을 잃는다(민법 제152조). ② 기한도래의 효력에는 그 성질상 소급효가 없으며, 당사자의 특약으로도 절대 소급효(遡及效)를 줄 수 없다.
기타	① 조건이 법률행위의 당시 이미 성취한 것인 경우에는 정지조건이면 조건 없는 법률행위로 하고, 해제조건이면 그 법률행위는 무효로 한다(민법 제151조 제2항). ② 조건이 법률행위의 당시에 성취할 수 없는 것인 경우에는 해제조건이면 조건 없는 법률행위로 하고, 정지조건이면 그 법률행위는 무효로 한다(민법 제151조 제3항).	※ 기한의 이익과 그 포기(민법 제153조) ① 기한은 채무자의 이익을 위한 것으로 추정한다. ② 기한의 이익은 이를 포기할 수 있다. 　그러나 상대방의 이익을 해하지 못한다. ※ 기한(期限)의 이익의 상실사유(민법 제388조) ① 채무자가 담보를 손상하거나 감소 또는 멸실하게 한 때 ② 채무자가 담보제공의 의무를 이행하지 아니한 때 ③ 채무자가 파산한 때(파산법 제16조)

부동산 물권변동

구분	법률행위로 인한 부동산 물권의 변동(민법 제186조)	법률의 규정에 의한 부동산 물권의 변동(민법 제187조)
민법 규정	"부동산에 관한 법률행위로 인한 물권의 득실변경(得失變更)은 등기하여야 그 효력이 생긴다."	"상속·공용징수·판결·경매 기타 법률의 규정에 의한 부동산에 관한 물권의 취득은 등기를 요하지 아니한다. 그러나 등기를 하지 아니하면 이를 처분하지 못한다."
내용	① 증여·매매·교환의 계약에 의한 부동산 소유권의 취득 ② 부동산에 물권설정계약에 의한 지상권·지역권·전세권·저당권의 취득 ③ 소유권 등 물권의 포기에 의한 부동산 소유권 등의 상실 ④ 공유자 전원의 소유권 포기에 의한 부동산 소유권의 상실	① 상속(相續): 피상속인의 사망시 - 포괄적 유증(遺贈), 회사의 합병(合倂) ② 공용징수: 협의 또는 재결에서 정하는 시기 - 국가 등의 토지수용의 경우 ③ 판결: 형성판결(형성조서)의 확정시 - 공유물(상속재산) 분할판결 ④ 경매: 경매 매수인의 매각대금 완납시 - 공경매를 의미(사경매는 등기하여야 한다)
기타	① 부동산 점유권과 유치권은 등기능력이 없다. ② 부동산점유취득시효(민법 제245조 제1항) "20년간 소유의 의사로 평온·공연하게 부동산을 점유하는 자는 등기함으로써 소유권을 취득한다."	① 신축건물, 공유수면매립지에 대한 소유권의 취득 ② 부동산의 멸실에 따른 소유권의 소멸 ③ 피담보 채권의 소멸로 인한 저당권의 소멸 ④ 용익물권의 존속기간의 만료에 의한 소멸 ⑤ 원인행위의 실효(무효·취소·해제)에 의한 물권의 복귀 ⑥ 소멸시효의 완성에 의한 물권의 소멸 ⑦ 혼동에 의한 물권의 소멸 ⑧ 법정 지상권, 법정 저당권의 취득

상린관계와 지역권의 비교

구분	상린관계(相隣關係)	지역권(地役權)
의의	인접하고 있는 부동산 소유자 상호간의 이용을 조절하기 위한 권리관계(소유권의 내용 내지 효력이다)	일정한 목적을 위하여 타인의 토지를 자기의 토지의 편익에 이용하는 권리(용익물권이다)
성립	① 법률의 규정(제216조 이하)에 의하여 당연히 성립한다. ② 부동산 상호간의 인접성을 요한다.	① 당사자 사이의 설정계약과 등기에 의하여 성립한다. ② 토지(요역지와 승역지) 상호간의 인접성을 요하지 않는다.
효력	① 소유권의 내용이다(제한과 동시에 확장, 양면성). ② 지상권, 전세권에 준용된다(부동산임차권에 유추 적용).	① 독립된 용익물권이다. ② 지역권은 토지에 관한 권리이며, 건물은 제외된다.
소멸	상린관계는 소멸시효에 걸리지 않는다.	지역권은 소멸시효에 걸린다(20년간 불행사).
기타	판례는 상린관계에 관한 규정을 임의규정으로 본다.	지역권에는 부종성, 수반성, 불가분성이 있다.

간접점유와 점유보조자의 비교

구분	간접점유(間接占有)	점유보조자(占有補助者)
의의	"지상권·전세권·질권·사용대차·임대차·임치 기타의 관계로 타인으로 하여금 물건을 점유하게 한 자는 간접으로 점유권이 있다."(민법 제194조)	"가사상. 영업상 기타 유사한 관계에 의하여 타인의 지시를 받아 물건에 대한 사실상의 지배를 하는 때에는 그 타인만을 점유자로 한다."(민법 제195조)
성립	① 점유매개자가 물건을 직접 점유하여야 한다. ② 점유매개자의 점유는 언제나 타주(他主)점유이어야 한다. ③ 간접점유자와 점유매개자와의 사이에 점유매개관계가 존재하여야 한다. ④ 간접점유자는 점유매개자에 대하여 반환청구권을 가져야 한다. ⑤ 점유매개관계는 반드시 유효한 법률관계임을 요하지 않는다. ⑥ 점유매개관계는 중첩적으로 있을 수 있다.	① 어떤 자(점유보조자)가 타인을 위하여 물건에 대한 사실상의 지배를 하고 있어야 한다. ② 점유보조자가 타인의 지시를 받아 사실상의 지배를 하여야 한다(점유보조관계). ③ 부부(夫婦) 사이에는 명령·복종관계를 인정할 수는 없으므로, 처(妻)는 부(夫)의 점유보조자라고 할 수 없다. ④ 법인의 대표기관이 법인을 위하여 점유를 취득하면 그것은 곧 법인의 점유가 되고. 법인의 기관이 법인에 대하여 점유보조자가 되는 것은 아니다.
효과	① 간접점유자도 점유권을 가진다. ② 직접점유자가 그 점유를 침탈당하거나 방해당하고 있는 경우에는 간접점유자도 점유보호청구권을 가진다. ③ 한편 점유의 침탈을 당한 경우에 간접점유자는 그 물건을 직접점유자에게 반환힐 깃을 청구할 수 있고, 직접점유자가 그 물건의 반환을 받을 수 없거나 이를 원하지 않는 때에는 자기에게 반환할 것을 청구할 수 있다. ④ 간접점유자는 직접점유자에 대한 침해가 있더라도 자력제권은 인정되지 않는다.	① 점유보조자는 점유자가 아니므로 점유에 관한 모든 효과는 점유주에 관하여만 발생한다. ② 따라서 점유보조자에게는 점유권이나 점유보호청구권이 인정되지 않는다. ③ 그러나 점유보조자도 점유주를 위하여 자력구제권(自力求濟權)은 행사할 수 있다(통설). ④ 점유보소사가 사실적 지배를 취득하면 점유주가 점유를 취득하고, 이를 상실하면 점유주가 점유를 상실하게 된다. ⑤ 그리고 점유보조관계가 종료함으로써 점유보조자로서의 지위도 소멸하게 된다.

물권적 청구권과 손해배상청구권의 비교

구분	물권적 청구권(物權的 請求權)	손해배상청구권(損害賠償請求權)
원인	① 물권에 대한 침해로 발생한다. ② 침해자의 고의·과실을 요하지 않는다.	① 불법행위(不法行爲)로 발생한다. ② 가해자의 고의·과실을 요한다.
성질	① 물권적 청구권은 물권의 효력(내용)이다. ② 물권적 청구권은 소멸시효에 걸리지 않는다.	① 불법행위에 기한 손해배상청구권은 채권이다. ② 손해배상청구권은 소멸시효에 걸린다.
내용	방해의 염려만으로도 성립한다.	손해의 결과 발생을 요건으로 한다.
효력	물권적 반환, 방해제거, 방해예방의 청구권이다.	금전적인 손해의 배상을 청구한다.
※ 위의 양 청구권의 요건을 모두 갖춘 경우에는 양자는 병존(동시에 존재)한다.		

공동소유(공유·합유·총유)의 비교

구분	공유(共有)	합유(合有)	총유(總有)
형태	① 물건이 지분(持分)에 의하여 수인(數 人)의 소유로 되는 경우 ② 개인주의적 소유형태이다.	① 수인(數人)이 조합체로서 물건을 소유하는 경우 ② 조합체의 소유형태이다. (공유와 총유의 중간형태)	① 법인 아닌 사단의 사원이 집합체로 서 물건을 소유하는 경우 ② 단체주의적 소유형태이다.
성립	① 법률행위에 의한 성립 → 공유의 합의와 등기 ② 법률의 규정에 의한 성립 → 동산의 부합·혼화 등의 경우	① 법률행위에 의한 성립 ② 법률의 규정에 의한 성립 ㉠ 조합재산의 소유(제704조) ㉡ 수탁자가 수인인 신탁재산	종중, 교회, 사찰, 정당, 동창회 등의 부동산에 관한 재산소유 형태
지분	① 공유 지분의 비율은 법률의 규정 또는 공유자의 계약(특약)에 의하여 정하여진다. ② 공유자는 그의 지분을 자유로이 처분할 수 있다.	① 합유 지분은 계약이나 법률의 규정에 의하여 정하여진다. ② 합유자는 전원의 동의 없이 그의 지분을 처분하지 못한다.	총유관계에는 지분(持分)이 없다.
사용 수익	공유자는 공유물 전부를 지분(持分)의 비율로 사용·수익할 수 있다.	합유자의 지분(持分)은 합유물 전부에 미친다.	각 사원(社員)은 정관 기타의 규약에 좇아 총유물을 사용·수익할 수 있다.
처분 변경	① 공유자는 다른 공유자의 동의 없이 공유물을 처분 또는 변경하시 못한다. ② 공유물의 관리에 관한 사항은 공유자의 지분의 과반수로써 결정한다. ③ 보존행위는 각자가 할 수 있다.	① 합유물을 처분·변경함에는 합유자 전원의 동의가 있어야 한다. ② 보존행위는 각자가 할 수 있다.	총유물의 관리 및 처분 등은 사원총회의 결의에 의한다. ※ 총유물외 보존행위에 있어서 특별한 사정이 없는 한 사원총회의 결의에 의한다.
분할 청구	공유자는 언제든지 공유물의 분할을 청구할 수 있다. (공유물 분할금지 특약은 유효)	합유자는 합유물의 분할을 청구하지 못한다.	총유물은 그 분할을 청구할 수 없다.
등기	공유자 전원의 명의로 등기하되, 그 지분(持分)을 기재하여야 한다.	합유자 전원의 명의로 등기하되 합유의 취지를 기재하여야 한다.	권리능력 없는 사단의 명의로 대표자나 관리인이 등기를 신청한다.
기타	① 공유 지분의 탄력성 → 공유자는 그의 지분을 포기하거나 상속인 없이 사망한 때에는 그 지분은 다른 공유자에게 각 지분의 비율로 귀속한다. ② 공유물 분할의 방법 ㉠ 협의에 의한 분할 → 현물분할, 대금분할, 가격배상 ㉡ 재판에 의한 분할	① 합유관계가 종료한 경우에 합유물의 분할에 관하여는 공유물의 분할규정이 준용된다. ② 합유자 중의 일부가 사망한 경우에 합유자의 지위는 상속인에게 승계(상속)되지 않는다. 따라서 그 상속인에게는 지분(持分) 계산의 방법으로 청산(淸算)되어야 한다.	교회가 2개 이상으로 분열된 경우에 교회 분열시의 재산의 귀속에 관하여 분열 당시의 교인들의 총유에 속한다.

전세권과 주택임차권의 비교

구분	전세권(민법)	주택임차권(주택임대차보호법)
성립	① 민법 제303조【전세권의 내용】 전세권자는 전세금을 지급하고 타인의 부동산을 점유하여 그 부동산의 용도에 좇아 사용·수익하며, 그 부동산 전부에 대하여 후순위 권리자 기타 채권자보다 전세금의 우선변제를 받을 권리가 있다. ② 전세권설정자와 전세권자의 전세권설정계약 + 등기	① 주택임대차보호법 제2조【적용범위】 이 법은 주거용 건물(주택)의 전부 또는 일부의 임대차에 관하여 이를 적용한다. 그 임차주택의 일부가 주거 외의 목적으로 사용되는 경우에도 또한 같다. ② 임대인과 임차인의 임대차계약 (유상·쌍무·낙성계약)
법적 성질 객체	① 전세권은 용익물권이다(한편 담보물권성이 있다). ② 전세권의 객체는 토지·건물이다(농경지는 제외).	① 주택임차권은 채권이다. ② 주택임차권의 객체는 주거용 건물(주택)이다.
대항력	① 전세권은 물권으로서 누구에게나 대항력이 있다. ② 전세권은 절대권(絕對權)·대세권(對世權)이다.	주택임대차보호법 제3조【대항력】 임대차는 그 등기가 없는 경우에도 임차인이 주택의 인도와 주민등록을 마친 때에는 그 익일(다음 날)부터 제삼자에 대하여 효력이 있다.
양도성	민법 제306조【전세권의 양도, 임대 등】 전세권자는 전세권을 타인에게 양도 또는 담보로 제공할 수 있고 그 존속기간 내에는 그 목적물을 타인에게 전전세 또는 임대할 수 있다. 그러나 설정행위로 이를 금지한 때에는 그러하지 아니하다	민법 제629조【임차권의 양도, 전대의 제한】가 준용 "임차인은 임대인의 동의 없이 그 권리를 양도하거나 임차물을 전대(轉貸)할 수 없다."
존속 기간	① 최장기간: 10년 ② 최단기간: 1년(건물 전세권의 경우) ③ 기간의 약정이 없는 경우 → 양 당사자는 언제든지 소멸통고를 할 수 있다(6월). ④ 계약 갱신청구권 → 규정이 없다. ⑤ 묵시의 갱신 → 건물 전세권에 있다.	① 최장기간: 원칙적으로 20년 ② 최단기간: 2년 ③ 기간의 약정이 없는 경우 → 2년(묵시의 갱신의 경우 임차인이 해지 - 3월) ④ 계약 갱신청구권 → 규정이 없다. ⑤ 묵시의 갱신 → 규정이 있다.
전세금 차임	① 전세금의 지급은 전세권의 성립요소이다. ② 전세금은 금전에 한한다. ③ 전세금의 증감청구권이 있다. ④ 전세금의 증액에는 제한규정이 있다(1/20 초과 금지).	① 차임의 지급은 임대차의 성립요소이다. ② 보증금의 지급은 주택임대차의 성립요소가 아니다. ③ 차임 증감청구권이 있다. ④ 차임의 증액에는 제한규정이 있다(1/20 초과 금지).

구분	전세권(민법)	주택임차권(주택임대차보호법)
유지 수선 의무	① 민법 제309조【전세권자의 유지, 수선의무】 전세권자는 목적물의 현상을 유지하고 그 통상의 관리에 속한 수선을 하여야 한다. ② 전세권자는 전세권설정자에 대하여 유익비 상환청구권을 갖는다.	① 민법 제623조【임대인의 의무】 임대인은 목적물을 임차인에게 인도하고 계약 존속 중 그 사용·수익에 필요한 상태를 유지하게 할 의무를 부담한다. ② 임차인은 임대인에 대하여 필요비·유익비 상환청구권을 갖는다(민법 준용).
부속물 매수 청구권	민법 제316조【원상회복의무, 매수청구권】 ① 전세권자의 원상회복의무 및 부속물 수거권 ② 전세권설정자의 부속물 매수청구권 ③ 전세권자의 부속물 매수청구권	민법 제646조【임차인의 부속물 매수청구권】 준용
기타	민법 제318【전세권자의 경매청구권】 전세권설정자가 전세금의 반환을 지체한 때에는 전세권자는 민사집행법의 정한 바에 의하여 전세권의 목적물의 경매를 청구할 수 있다.	주택임대차보호법 제3조의 2【보증금의 회수】 대항요건과 임대차계약증서상의 확정일자를 갖춘 임차인은 민사집행법에 의한 경매 또는 국세징수법에 의한 공매시 임차주택(대지를 포함한다)의 환가대금에서 후순위권리자 기타 채권자에 우선하여 보증금을 변제받을 권리가 있다.

용익물권(지상권 · 지역권 · 전세권)의 비교

구분	지상권(地上權)	지역권(地役權)	전세권(傳貰權)
의의	지상권자는 타인의 토지에 건물 기타 공작물이나 수목을 소유하기 위하여 그 토지를 사용할 권리가 있다.	지역권자는 일정한 목적을 위하여 타인의 토지를 자기의 토지의 편익에 이용하는 권리가 있다.	전세권자는 전세금을 지급하고 타인의 부동산을 점유하여 부동산의 용도에 좇아 사용·수익하며, 그 부동산 전부에 대하여 후순위 권리자 기타 채권자보다 전세금의 우선변제를 받을 권리가 있다.
성격	① 지상권은 타인의 토지에 대한 사용·수익권이다. ② 지상권은 건물 기타 공작물, 수목의 소유를 목적으로 한다. ③ 지료(地料)의 지급은 지상권의 성립요소가 아니다.	① 지역권의 설정 목적에는 민법상 제한 규정이 없다. ② 지역권은 부종성, 수반성, 불가분성이 있다. ③ 지료(地料)의 지급은 지역권의 성립요소가 아니다.	① 전세권은 부동산(토지·건물)의 사용·수익권이다 ② 전세권은 용익물권이며, 담보물권의 성격이 있다(경매권, 우선변제권). ③ 농경지는 전세권의 객체가 아니다. ④ 전세금은 전세권의 성립요소이다.
취득	지상권설정계약, 지역권설정계약, 전세권설정계약 + 등기(법정지상권은 등기 없이 취득)		
기간	① 최장 기간: 제한규정이 없다. ② 최단 기간: 30년, 15년, 5년 ③ 기간의 약정이 없는 경우 → 최단 존속기간이 된다. ④ 법정 갱신: 규정이 없다. ⑤ 지상권자의 계약 갱신청구권 → 있다(지상물 매수청구권).	① 최장 기간: 제한규정이 없다. ② 최단 기간: 제한규정이 없다. ③ 기간의 약정이 없는 경우 → 민법에 규정이 없다. ④ 법정 갱신: 규정이 없다. ⑤ 지역권자의 계약 갱신청구권 → 없다.	① 최장 기간: 10년을 초과할 수 없다. ② 최단 기간: 1년(건물 전세권의 경우) ③ 기간의 약정이 없는 경우 → 언제든지 소멸통고(6개월 경과로 소멸) ④ 법정 갱신: 규정이 있다(건물 전세권). ⑤ 전세권자의 계약 갱신청구권 → 있다.
효력	① 지상권자의 토지 사용·수익권 ㉠ 지상권자의 수선·유지의무 ㉡ 상린관계에 관한 규정이 준용 ㉢ 점유권과 물권적 청구권 ② 지상권의 처분(양도·임대 등) → 이를 금지하는 특약은 무효이다. ③ 지료 지급의무(특약이 있는 경우) ㉠ 지료는 금전에 한하지 않는다. ㉡ 지료의 증감청구권이 있다.	① 지역권의 취득시효 → 계속되고 표현되는 지역권 ② 승역지 소유자의 인용 의무 ③ 물권적 청구권 → 물권적 반환청구권은 없다.	① 전세권자의 사용·수익권 ㉠ 부동산 용도에 좇아 사용·수익 ㉡ 전세권자의 유지·수선의무 ㉢ 전세금의 증감청구권이 있다. ㉣ 상린관계에 관한 규정이 준용 ㉤ 점유권과 물권적 청구권 ② 전세권의 처분 ㉠ 전세권의 양도·담보·전전세 등 ㉡ 이는 특약으로 금지할 수 있다.
소멸	① 지상권의 소멸사유 ㉠ 지상권설정자의 소멸청구 → 2년 이상 지료 지급의 연체 ㉡ 지상권의 포기와 등기 ㉢ 약정 소멸사유의 발생 ② 지상권 소멸의 효과 ㉠ 지상권자의 지상물 수거의무 ㉡ 지상권자의 지상물 매수청구권 ㉢ 설정자의 지상물 매수청구권 ㉣ 지상권자의 유익비 상환청구권	① 제삼자의 승역지 시효취득 ② 지역권 소멸시효 (20년 불행사) ③ 지역권의 포기와 등기 ④ 약정 소멸사유의 발생 ⑤ 승역지 소유자의 위기(委棄)	① 전세권의 소멸사유 ㉠ 설정자의 전세권 소멸청구 ㉡ 전세권 소멸의 통고 ㉢ 전세권의 포기와 등기 ㉣ 부동산의 전부멸실 ② 전세권 소멸의 효과 ㉠ 동시이행의 관계 ㉡ 경매권과 전세금의 우선변제권 ㉢ 부속물 수거권·부속물 매수청구권 ㉣ 전세권자의 유익비 상환청구권
기타	① 법정 지상권(민법 제305조 등) ② 구분(區分) 지상권(민법 제289조 제2항)	특수 지역권(민법 제302조)	① 전세권의 담보물권성(민법 제318조) ② 전전세(轉傳貰)의 법률관계(민법 제308조)

담보물권(저당권·가등기담보권)의 비교

구 분	저당권(抵當權)	가등기담보권(仮登記擔保權)
의의	채무자 또는 제삼자가 점유를 이전하지 아니하고 채무의 담보로 제공한 부동산 기타 목적물에 대하여 우선변제를 받을 권리를 가지는 약정 담보물권이다.	차주가 차용물에 갈음하여 다른 재산권을 이전할 예약과 그 담보의 목적으로 경료된 가등기·소유권 이전등기를 규율하기 위하여 제정된 법이 가등기담보등에관한법률이다.
성격	① 저당권은 약정(約定) 담보물권이다. ② 저당권에는 유치적 효력이 없다. ③ 담보물권의 통유성(通有性)이 있다. ③ 그 대상은 부동산 기타 재산권이다.	① 가등기담보권은 약정 담보물권이다. ② 가등기담보권은 비전형 담보이다. ③ 가등기담보권은 통유성이 있다. ④ 그 대상은 부동산 기타 재산권이다.
성립	① 저당권설정계약과 등기 ② 법정 저당권(제649조: 등기 없이 취득)	① 채권 담보계약과 가등기(이전등기) ② 목적물의 인도는 성립요건이 아니다.
요건	① 저당권설정계약 ㉠ 당사자 → 채권자, 채무자 또는 제삼자 ㉡ 등기시 필요적 기재사항 → 채권액, 채무자 ㉢ 저당권의 객체 → 부동산, 지상권과 전세권 ㉣ 피담보 채권 → 금전채권 또는 非금전채권 ② 저당권설정등기	① 대물변제(代物辨濟)의 예약과 가등기 ② 양도담보(讓渡擔保) 계약과 이전등기 ③ 매도담보(賣渡擔保) 계약 ㉠ 환매(還買)의 특약(特約)과 부기등기 ㉡ 재매매(再賣買)의 예약(像約)과 가등기 ※ 질권, 저당권, 전세권 취득의 가등기와 매매대금, 물품대금, 공사대금 채권의 담보를 위한 가등기에는 가등기 담보법이 적용되지 않는다. 한편, 동산의 양도담보에도 가담법은 적용이 없다.
효력	① 피담보 채권의 범위 → 원본, 이자, 위약금, 손해배상금, 저당권의 실행비용(지연이자 1년분) ② 목적물의 범위 → 부합물, 종물에도 저당권의 효력이 미친다. → 과실에는 원칙적으로 효력이 미치지 않는다. ③ 저당권자의 경매권과 우선변제권 ④ 저당권자의 일괄 경매청구권 ⑤ 저당물의 제3취득자의 지위(보호) ⑥ 저당권자의 물권적 청구권 ⑦ 저당권자의 손해배상청구권 ⑧ 저당권자의 저당물보충청구권	① 피담보 채권의 범위 → 저당권과 동일 ② 목적물의 범위 → 저당권과 동일 ③ 가등기담보권의 실행 ㉠ 경매에 의한 실행 → 가등기담보권은 저당권과 동일 ㉡ 권리취득에 의한 실행 (귀속청산) • 담보권의 실행통지 • 청산기간(2개월)의 경과 • 청산금의 지급 • 본등기에 의한 소유권 취득
소멸	① 피담보 채권의 소멸(부종성) ② 저당권의 처분(수반성) ㉠ 저당권부 채권의 양도 ㉡ 저당권부 채권의 입질(入質)	① 피담보 채권의 소멸 ② 본등기에 의한 소유권 취득
기타	① 공동저당 ② 근저당(根抵當) ③ 입목·공장·동산(신박 등) 저당	① 처분청산(處分淸算)의 금지 ② 매도담보(환매특약과 재매매의 예약)의 비교

계약의 해제와 법률행위의 취소의 비교

구분	계약의 해제(解除)	법률행위의 취소(取消)
의의	계약의 해제란 유효하게 성립한 계약의 효력을 소급적으로 소멸시키는 것을 말한다.	법률행위 취소란 유효하게 성립한 행위의 효력을 행위 시에 소급하여 무효로 하는 것을 말한다.
사유	① 약정(約定) 해제권 - 손해배상책임의 부적용 ② 법정(法定) 해제권 ㉠ 이행지체 - 보통의 이행지체와 정기(定期)행위 ㉡ 이행불능 ㉢ 불완전 이행 ㉣ 채권자 지체(수령지체) ※ 사정변경, 부수적 채무의 불이행은 판례가 부정	① 행위무능력자의 법률행위 ② 착오에 의한 의사표시 ③ 사기 또는 강박에 의한 의사표시
효과	① 해제권자가 계약을 해제하면 그 계약은 소급하여 그 효력을 잃는다. ② 해제 후 당사자는 계약의 구속에서 해방되며 미(未)이행 채무는 이행할 필요가 없으며, 기(旣)이행채무는 원상으로 회복하여야 한다. ③ 계약이 해제되면 등기 없이 물권이 복귀한다.	① 취소할 수 있는 법률행위는 무능력자, 하자 있는 의사표시를 한 자, 그 대리인 또는 승계인에 한하여 취소할 수 있다(민법 제140조). ② 취소한 법률행위는 처음부터 무효인 것으로 본다(민법 제141조).
반환 의무	① 당사자 일방이 계약을 해제한 때에는 각 당사자는 그 상대방에 대하여 원상회복의무가 있다(민법 제548조). 그러나 제삼자의 권리를 해하지 못한다. ② 계약의 해지 또는 해제는 손해배상의 청구에 영향을 미치지 아니한다(민법 제551조).	① 취소 후 무능력자는 그 행위로 인하여 현존하는 한도에서 상환할 책임이 있다. ② 일반 수익자의 반환 "법률상 원인 없이 타인의 재산 또는 노무로 인하여 이익을 얻고, 이로 인하여 타인에게 손해를 가한 자는 그 이익을 반환하여야 한다."
경합	매도인이 매매계약 해제 후에 매수인이 착오를 이유로 취소할 수 있는가에 관하여, 판례는 계약해제에 따른 매수인의 불이익(손해배상책임)을 면하기 위하여, 해제 후에도 매수인은 착오를 이유로 매매계약을 취소할 수 있다고 한다.	
차이점	① 해제는 계약에 적용되는 특유한 제도이다. ② 해제의 발생원인은 약정해제와 법정해제이다. ③ 해제는 원상회복과 손해배상의무가 발생한다.	① 취소는 모든 법률행위에 적용되는 제도이다. ② 취소는 그 발생원인이 법률에 규정되어 있다. ③ 취소는 부당이득반환의무가 발생한다.
공통점	① 양 제도는 모두 권리자의 일방적 의사표시에 의하여 행위의 효력을 소급적으로 소멸시키는 점에서 같다. ② 양자는 모두 상대방 있는 단독행위이며, 형성권이다. 따라서 조건·기한을 붙일 수 없다. ③ 양자는 모두 소급효가 있다. 그러나 제삼자의 권리를 해하지 못하는 경우가 있다.	

유치권과 동시이행의 항변권의 비교

구분	유치권(留置權)	동시이행(同時履行)의 항변권(抗辯權)
의의	유치권자는 타인의 물건 또는 유가증권을 점유한 자는 그 물건이나 유가증권에 관하여 생긴 채권의 변제를 받을 때까지 그 물건 또는 유가증권을 유치할 권리가 있다.	쌍무계약의 당사자 일방은 상대방이 그 채무이행을 제공할 때까지 자기의 채무이행을 거절할 수 있는 권리를 동시이행의 항변권이라 한다.
성립	① 유치권은 법률의 규정에 의하여 성립하는 법정(法定) 담보물권이다. ② 유치권의 성립요건 　㉠ 채권과 목적물의 견련관계(견련성)가 있을 것 　㉡ 채권이 변제기에 있을 것 　㉢ 타인의 물건 또는 유가증권을 점유할 것 　㉣ 유치권을 배제하는 특약이 없을 것	① 동시이행의 항변권은 쌍무계약의 효력으로서 연기적(延期的) 항변권이다. ② 동시이행의 항변권의 성립요건 　㉠ 쌍방의 채무가 동일한 쌍무계약으로부터 발생할 것 　㉡ 쌍방의 채무가 변제기에 있을 것 　㉢ 상대방이 이행 또는 이행의 제공을 하고 있지 않을 것 　㉣ 동시이행의 항변권을 배제하는 특약이 없을 것
효력	① 유치권자는 목적물을 유치(留置)할 수 있다. → 유치물을 점유＋인도를 거절 ② 유치권자는 경매권과 간이변제충당이 있다. ③ 유치권자는 과실 수취권이 있다. ④ 유치권자는 비용상환 청구권이 있다.	① 이행거절의 항변권 　㉠ 항변권자는 자기의 모든 채무의 이행을 거절할 수 있다. 　㉡ 당사자의 주장이 없는 한 법원은 고려(심판)하지 않는다. ② 항변권을 가지는 자는 이행지체의 책임이 면제된다. ③ 이 항변권이 붙은 채권은 상계(相計)할 수 없다.
소멸	① 피담보 채권의 소멸 ② 유치권자의 의무위반에 대한 채무자의 소멸청구 ③ 다른 담보의 제공 ④ 유치권자의 점유의 상실	쌍무계약상의 채권·채무의 소멸 외에 특별한 소멸사유가 없다.
공통점	① 양 권리는 모두 공평의 원칙 및 신의성실의 원칙에 기초한 제도이다. ② 양 권리의 성립을 배제하는 당사자 사이의 특약은 유효하다. ③ 양 권리를 피고가 소송상 주장하는 경우, 법원은 상환급부판결(원고 일부승소판결)을 한다. ④ 양 권리의 요건을 모두 갖춘 경우에 양자는 동시에 존재(병존)한다.	

지상권과 임차권의 비교

구분	지상권(地上權)	임차권(賃借權)
성립	① 민법 제279조【지상권의 내용】 "지상권자는 타인의 토지에 건물 기타 공작물이나 수목을 소유하기 위하여 그 토지를 사용하는 권리가 있다." ② 지상권설정자와 지상권자의 지상권설정계약 + 등기	① 민법 제618조【임대차의 의의】 "임대차는 당사자의 일방이 상대방에게 목적물을 사용·수익하게 할 것을 약정하고, 상대방은 차임을 지급할 것을 약정함으로써 그 효력이 생긴다." ② 임대인과 임차인의 임대차계약(유상·쌍무·낙성계약)
법적 성질 객체	① 용익물권 ② 토지	① 채권 ② 물건(동산·부동산)
대항력	① 지상권은 물권으로서 누구에게나 대항력이 있다. ② 지상권은 절대권(絕對權)·대세권(對世權)이다.	① 임차권은 채권으로서 채무자에게만 대항할 수 있다 ② 임차권은 상대권(相對權)·대인권(對人權)이다.
양도성	민법 제242조【지상권의 양도, 임대】 "지상권자는 타인에게 그의 권리를 양도하거나 그 권리의 존속기간 내에서 토지를 임대할 수 있다."	민법 제629조【임차권의 양도, 전대의 제한】 "임차인은 임대인의 동의 없이 그 권리를 양도하거나 임차물을 전대(轉貸)할 수 없다."
존속기간	① 최장기간: 제한이 없다. ② 최단기간: 30년, 15년, 5년 ③ 기간의 약정이 없는 경우: 최단기간으로 본다. ④ 계약 갱신청구권: 지상권자에게 있다. ⑤ 묵시의 갱신: 규정이 없다.	① 최장기간: 원칙적으로 20년 ② 최단기간: 제한이 없다. ③ 기간의 약정이 없는 경우: 언제든지 해지할 수 있다. ④ 계약 갱신청구권: 토지임차인에게 있다. ⑤ 묵시의 갱신: 규정이 있다.
지료·차임	① 지료의 지급은 지상권의 성립요소가 아니다. ② 지료는 금전에 한하지 않는다(지급특약이 있는 경우). ③ 지료 증감청구권이 있다. ④ 지료의 증액에는 제한규정이 없다. ⑤ 지상권자가 2년 이상 지료를 지급하지 아니한 때 → 지상권설정자는 지상권의 소멸을 청구할 수 있다.	① 차임의 지급은 임대차의 성립요소이다. ② 차임은 금전에 한하지 않는다. ③ 차임 증감청구권이 있다. ④ 차임의 증액에는 제한규정이 없다. ⑤ 임차인의 차임 연체액이 2기의 차임액에 달하는 때 → 임대인은 계약을 해지할 수 있다.
유지·수선 의무	① 지상권자가 유지·수선의무를 부담한다. ② 지상권자는 지상권설정자에 대하여 유익비 상환청구권을 갖는다.	① 임대인이 유지·수선의무를 부담한다. ② 임차인은 임대인에 대하여 필요비·유익비 상환청구권을 갖는다.

구분	지상권(地上權)	임차권(賃借權)
지상물의 매수청구권	민법 제283조【지상권자의 갱신청구권, 매수청구권】 ① 지상권이 소멸한 경우에 건물 기타 공작물이나 수목이 현존한 때에는 지상권자는 계약의 갱신을 청구할 수 있다. ② 지상권설정자가 계약의 갱신을 원하지 아니하는 때에는 지상권자는 상당한 가격으로 전항의 공작물이나 수목의 매수를 청구할 수 있다. 민법 제285조【수거의무, 매수청구권】 ① 지상권이 소멸한 때에는 지상권자는 건물 기타 공작물이나 수목을 수거하여 토지를 원상에 회복하여야 한다. ② 전항의 경우에 지상권설정자가 상당한 가액을 제공하여 그 공작물이나 수목의 매수를 청구한 때에는 지상권자는 정당한 이유 없이 이를 거절하지 못한다.	민법 제643조【임차인의 갱신청구권, 매수청구권】 건물 기타 공작물의 소유 또는 식목, 채염, 목축을 목적으로 한 토지임대차의 기간이 만료한 경우에 건물, 수목 기타 지상시설이 현존한 때에는 제283조의 규정을 준용한다.
부속물 매수	없다.	건물 기타 공작물의 임차인에게 부속물 매수청구권이 있다.
기타	민법 제289조 제2항【구분지상권】 지하 또는 지상의 공간은 상하의 범위를 정하여 건물 기타 공작물을 소유하기 위한지상권의 목적으로 할 수 있다.	민법 제621조【임대차의 등기】 부동산 임차인은 당사자 간에 반대약정이 없으면 임대인에 대하여 그 임대차 등기절치에 협력할 것을 청구할 수 있다.

매도인의 담보책임

1. 권리의 하자에 대한 담보책임

담보책임의 발생원인	매수인의 선의·악의	책임의 내용(매수인의 권리)			제척기간
		대금감액청구권	계약해제권	손해배상청구권	
권리의 전부가 타인에게 속하는 경우(민법 제570조)	선의		있다.	있다.	
	악의		있다.		
권리의 일부가 타인에게 속하는 경우(민법 제572조)	선의	있다.	있다.	있다.	안 날 1년
	악의	있다.			계약일 1년
목적물의 수량부족 또는 일부 멸실의 경우(민법 제574조)	선의	있다.	있다.	있다.	안 날 1년
	악의				
용익적 권리에 의한 제한이 있는 경우(민법 제575조)	선의		있다.	있다.	안 날 1년
	악의				
저당권·전세권에 의한 제한이 있는 경우(민법 제576조)	선의		있다.	있다.	
	악의		있다.	있다.	

※ 권리의 하자에 대한 담보책임
① 제척(除斥)기간이 없는 경우 → 전부 타인의 권리, 저당권의 실행

② 대금감액청구권이 있는 경우 → 일부 타인의 권리, 수량 부족

③ 악의의 매수인에게 인정 → 전부 타인의 권리, 일부 타인의 권리, 저당권
   의 실행

(해제권)(대금감액청구권)(해제＋손해배상)

2. 물건의 하자에 대한 담보책임

담보책임의 발생원인	매수인의 선의 · 악의	책임의 내용(매수인의 권리)			제척기간
		대금감액 청구권	계약해제권	손해배상 청구권	
특정물 매매의 하자에 대한 담보책임(민법 제580조)	선의＋무과실		있다.	있다.	안 날 6월
	악의				
불특정물 매매의 하자에 내한 담보책임(민법 제501조)	선의＋무과실		있다 또는 완전물급부청구권	있다	안 날 6월
	악의				

임차권의 양도·전대

1. 임대인의 동의 없는 임차권의 양도·전대

임대인의 동의 없는 임차권의 양도 임차물의 전대	① 임차인(양도인·전대인)과 양수인(전차인)의 관계 ㉠ 당사자 사이의 임차권 양도·전대계약은 유효하다. ㉡ 다만 임차권 양도·전대계약으로 임대인에게 대항하지 못한다. ㉢ 임차인은 양수인(전차인)에 대한 관계에서 임대인의 동의를 얻을 의무를 진다. ② 임대인과 양수인·전차인의 관계 ㉠ 양수인·전차인의 목적물에 대한 점유는 임대인에 대한 관계에서 불법점유가 된다. ㉡ 임대인은 목적물을 임차인에게 반환할 것을 청구할 수 있다(방해배제청구). ㉢ 임대인은 양수인·전차인에게 손해배상은 청구할 수 없다. ③ 임대인과 임차인의 관계 ㉠ 임대인은 임차인에게 임대차계약을 해지할 수 있다. ㉡ 해지를 하지 않은 동안에는 임대차관계는 그대로 유지되므로, 임대인은 임차인에 대하여 차임을 청구할 수 있다.

2. 임대인의 동의 있는 임차권의 양도·전대

임대인의 동의 있는 임차권의 양도	① 임차권은 그 동일성을 유지하면서 양수인에게 이전한다. ② 임차인(양도인)은 임대차 관계에서 벗어난다. ③ 임대인과 양수인 사이에 임대차관계가 존속한다. ④ 다만 양도인의 연체차임채무 등은 원칙적으로 양수인에게 이전하지 않는다. ⑤ 그 외에는 당사자의 특약으로 결정된다.
임대인의 동의 있는 임차물의 전대	① 임차인(전대인)과 전차인의 관계 　- 전대차(轉貸借) 계약의 내용에 따라 결정된다. ② 임대인과 전차인의 관계 　㉠ 임대인과 전차인의 사이에 임대차관계가 발생하는 것은 아니지만, 전차인은 직접 임대인에 대하여 의무를 부담한다. 　(예: 목적물 보관 및 반환의무, 차임지급의무 등) 　㉡ 전차인이 전대차 계약에서 정한 '변제기 전에' 차임을 임차인에게 지급하는 경우, 그로써 임대인에게 대항하지 못한다. 　㉢ 임차권이 기간의 만료나 채무불이행으로 인한 해지 등으로 소멸하면 전차권도 소멸한다. 　㉣ 그러나 임대인과 임차인의 '합의'로 계약을 종료한 때에는 전차권은 소멸하지 않는다. 　㉤ 임대차계약이 해지의 통고로 종료된 경우에는, 임대인은 전차인에게 그 사유를 통지하지 아니하면 해지로써 전차인에게 대항하지 못한다. 　㉥ 전차인의 임대인에 대한 임대 청구 및 지상물 매수청구권 　- 토지 전대차의 경우, 임대차·전대차가 동시에 만료, 지상시설이 현존하는 경우 　㉦ 전차인의 임대인에 대한 부속물 매수청구권 　- 임대인의 동의를 얻어 부속한 물건 또는 임대인으로부터 매수한 부속물 　- 임대인의 동의를 얻어 임차인으로부터 매수한 부속물 ③ 임대인과 임차인의 관계 　- 종전의 임대차 관계는 그대로 유지되며, 전대차에 의하여 아무런 영향을 받지 않는다.

유병조

▌약력

· 국민대학교 법과대학(법학박사)

▌주요논문 및 저서

· 중국의 담보제도에 관한 연구
 (A Study on the Guaranty System of the People's Republic of China)
· 부동산 간접투자의 법제 개선방향에 관한 연구 – REITs 중심으로 –
· 중국 물권법의 최근 동향과 전망 – 저당권을 중심으로 –
 (Recent Trend and Prospect of the Property Law of the People's Republic of China
 – Centered on Mortgage –)
· 중국 담보물권의 법적 이해 等

不動産 私法
民法 及 民事特別法의 理論과 事例

초판인쇄 | 2009년 4월 15일
초판발행 | 2009년 4월 15일

지은이 | 유병조
펴낸이 | 채종준
펴낸곳 | 한국학술정보㈜
주　소 | 경기도 파주시 교하읍 문발리 513-5 파주출판문화정보산업단지
전　화 | 031) 908-3181(대표)
팩　스 | 031) 908-3189
홈페이지 | http://www.kstudy.com
E-mail | 출판사업부 publish@kstudy.com

등　록 | 제일산-115호(2000. 6. 19)
가　격 | 46,000원

ISBN　978-89-534-1768-7 93360 (Paper Book)
　　　　978-89-534-1769-4 98360 (e-Book)